유아사회과교육

추 정 훈 저

청목출판사

머리말

인간은 태어나면서 가족의 일원이 되고 다시 지역사회의 일원이 되며, 나아가서는 국가, 세계시민의 한사람이 된다. 인간이 태어나서 자신을 알고 부모와 관계를 맺고, 형제와 관계를 맺고 또래와 관계를 맺고 교사와 관계를 맺고 이웃과 관계를 맺는다. 아이는 이러한 관계를 맺으면서 각자의 경험과 활동 범위 내에서 사회를 인식하고 지식을 구성한다. 그러므로 누구나 사회를 보는 눈은 차이가 있게 마련이다. 이러한 사회를 보는 눈이 인간의 사고를 결정하고 인간의 사고가 가치관과 신념을 결정한다. 가치관과 신념은 인간의 행동 경향인 태도를 결정하고 어떤 상황에서는 행동하게 한다.

사회과는 이러한 인간의 관계에서 태동한 지식을 기초로 하여 아이가 스스로 사회를 보는 안목을 가지게 하고 그 안목에 따라서 판단하고 의사결정을 하여 본인이 처한 사회적 문제를 해결할 수 있도록 하자는 취지에서 발생한 교과이다. 그런데 사회가 급격히 변하고 복잡해지면서 단순히 잡다한 지식만으로는 합리적 판단을 내리기 어려운 상황으로 변하였다. 따라서 사회과는 사회과학에 근거하여 사회에 대한 과학적 인식을 통해 합리적 의사결정하는 단계로 변모하였다. 따라서 사회에 관한 잡다한 지식보다는 보다 의미 있고 정제된 지식인 학문적 개념을 사용하는 것이다. 그러므로 어린 시절부터 생활 속에서 이러한 사회과학적 개념을 발견하고 사고를 정리하는 습관을 가져야한다. 사회과와 현대교육에서 포괄적으로 지향하는 목표가 민주시민성의 함양이라고 할 때 민주시민은 먼저 자신과 이웃에 대하여 합리적인 판단을 하는데서 출발하며 이러한 경향성을 통해 그 반대 방향에 있는 가족, 이웃으로 이어지는 공동체의식이 싹트는 것이다. 맹목적으로 주입된 공동체의식이나 충성심은 다양성을 추구하는 현대사회에서 이미 의미를 상실해 가고 있는 것이다. 따라서 민주시민성은 합리적 판단에 근거한 비판력과 공동체의식에 근거한 협동력이라는 인식의 틀에서 나오는 가치·태도인 것이다.

이러한 인식에 근거하여 볼 때 현재 초·중등 교육과정은 1-12간의 계열성을 가지고 있다. 그러나 유치원 교육과정의 경우 공교육화를 말하면서도 초등과 단절되어 있다고 본다. 온전한 국민교육이 되고 가치관을 올바르게 형성하기 위해서는 태어나면서부터 시작되어야 하지마만 적어도 언어를 자유롭게 구사하면서 인지적·도덕적 판단력이 발달하고 인성이 확립되기 시작하는 유아(3-5세)단계에서부터는 국민교육이 시작되어야 하는 것이다. 이 때 이미 정치적, 경제적, 사회적, 문화적 태도가 확립되기 시작한다는 많은 연구 보고가 이를 말해 주고 있다.

그러므로 유치원교육은 초등과 연계하여 사회과교육을 하여야 하는 것이다. 그러나 유치원 교육과정에서는 교과보다는 생활영역으로 분야를 표기하고 활동을 강조하고 있어서 현장에서 교육과정을 취급하는 교사 입장에서는 혼란스러울 수밖에 없다. 이것은 명확한 지침이 부재하기 때문인 것으로 판단된다. 통합된 영역으로서 생활영역을 말하며 사회과와 관련성하여 볼 때 사회생활 영역이 있다면 교사는 자연스러운 상황에서 표출되는 유아의 사회적 행동에 내포된 사회적 개념을 파악하여 사회과학의 개념과 연계하여 가르치고, 이를 바탕으로 스스로 문제에 대처하여 판단하는 능력을 함양해야 하는 것이다. 이것이 시민성교육의 기초이며 공동체 의식 함양의 바탕이 되는 것이다. 그렇지 않으면 여러 가지 경험을 한다고 하더라도 체계성과 계열성을 잃게 되어 중요한 능력의 반복훈련이 연결되지 못하고 유치원 교육이 그때그때의 유행이나 어떤 조류에 휘말려 표류하고 말 것이다. 즉 유아교육이 활동위주라 하더라도 그것이 개념적 지식과 구조화되지 못하면 의미를 상실하게 될 우려가 높다.

이러한 의미에서 유아사회과교육은 중요한 의미를 지닌다고 본다. 그런데 초·중등교육에서는 '사회과교육(social studies education)'이란 용어에 대한 개념정립이 확립된 상태지만, 유아교육에서는 '교육인적자원부 고시'에서부터 사용하고 있어서 인지는 모르겠으나 '유아사회교육'이라는 용어를 사용하고 있다. 그러나 사회과에서는 비공식 학제의 교육인 '사회교육'과 구분하기 위해 '사회과교육'이라는 용어를 이미 쓰고 있는 바, 본서에서는 개념을 명확히 하기 위해 '유아사회과교육'이라는 용어를 사용한다.

본서는 유아사회과교육을 공부하고자 하는 유아교육(학)과 학생이나 유아교육 관련자 그리고 유아사회과교육에 관심이 있는 사람들에게 도움을 주고자 저술하였다. 본서는 사회과교육의 출발이 유아사회과교육에서부터라고 보지마는 초·중등 사회과와 연계된다는 취지에서 사회과교육 전반과 유아사회과교육을 연결시키고자 하였으며, 사회과교육은 크게는 교육학의 한 부분인 바, 모든 설명을 일반 교육학에서 출발하였다.

본서의 구성을 보면, 먼저 제1부는 제1장, 제2장, 제3장으로 구성되어 있으며 사회과교육과 유아사회과교육의 기초로서 그 내용을 담았다. 그리고 제2부는 제4장, 제5장, 제6장, 제7장으로 구성되어 있으며 유아사회과교육의 과정을 보여주기 위해 교육의 과정을 담았다. 마지막으로 제3부는 제8장, 제9장, 제10장으로 유아교사양성 내지 현장에서 활용할 수 있도록 유아사회교육의 실제를 유치원교육과정의 사회생활 내용영역과 생활주제로 나누어 담았다.

유아사회과교육을 저술함에 있어서 선배 제현들의 연구와 저술에 힘입은 바 크다. 이 자리를 빌어 감사드리며 아울러 미흡한 부분에 대해서는 질책과 조언을 기대한다.

본서를 출판하는 데 도움을 주신 청목출판사 유성열사장님과 최이사님, 관계자 여러분께 감사의 말씀을 전한다. 동료교수의 격려와 자료정리를 도와준 학생 란이에게도 감사드린다. 그리고 언제나 나의 힘의 원천이 되어준 사랑하는 가족 진우, 지윤 특히 아내에게 깊은 감사를 전한다.

2011년 6월
이원퍼스트에서
추정훈 識

차 례

제1부

유아사회과교육의 기초이론

제 1 장

유아사회과교육의 기초

제 1 절 사회과교육의 의의

1. 사회과의 발생과 쟁점

'사회과(Social Studies)'가 새로운 교과의 개념으로 등장한 것은 20세기 초 미국에서의 일이다. 즉, '미국교육연합회(NEA)'가 1913년 발족하여 '중등교육재조직위원회'를 구성하고 그 산하에 '사회과위원회'를 두고 여기서 1916년 발표한 보고서가 〈중등교육에서의 사회과〉(*The Social Studies in Secondary Education*)이며 이보고서에서 사회과를 설치할 것을 주장하였다. 그 후 1918년부터 학교교과에 사회과가 반영되기 시작하였다. 그리고 미국시회과교육학회(National Council for the Social Studies, 1921)가 본격적으로 사회과에 대하여 연구하여 사회과교육(Social Studies Education)을 확립하고 주도하기에 이르렀다.

사회과의 발생은 당시 미국사회의 변화와 맥을 같이 한다. 20세기 초의 미국은 정치와 경제 그리고 사회전반에 걸쳐서 고도의 산업화와 민주화를 향해 변화하고 있었다. 그런데 전통적인 교육의 내용과 방법으로 이렇게 변화된 사회에 적응할 수 있는 구성원을 양성할 수 있을 것인가에 대한 의구심을 갖게 되었다. 그래서 교육에서의 실제 생활에 대한 '과학적 조사'를 통한 교육과정의 구성에 대한 연구가 활발하였다. 이를 바탕으로 진보주의 교육의 물결이 미국 교육의 중심 화두가 되었다. 진보주의 교육은 소위 산업화되고 민주화된 사회에서 살아갈 수 있는 민주시민을 어떻게 하면 양성할 것인가에 몰두하였다. 전통적 교육과는 전혀 다른 내용과 방법을 요구하였다. 여기에 민주시민적 자질(democratic citizenship)을 양성하기 위한 핵심교과로서 사회과가 요청되었던 것이다.

그리고 사회과 발생의 두 번째 원인으로 들 수 있는 것이 교육학의 발전이다. 전통적 형식적 도야론에 근거하여 인간의 능력을 도야할 수 있다는 포괄적 전이에 관한 이론이 행동주의 교육학자 등에 의해 도전을 받게 되었다. 특히 손다이크(E. Thorndike) 등에 의해 주도된 결합설(connectionism)에서의 전이의 동일요소설(identical element theory of transfer)과 Dewey의 실용주의(pragmatism)과 진보주의(progressivism) 철학의 발달은 사회과가 현실적으로 민주시민적 자질을 함양하기 위한 교과의 중심역할(core)을 할 수 있게 하였다.

마지막으로 사회과 발생에 중요한 역할을 한 것은 바로 사회과학(social science)의 발달이다. 역사와 지리에 치우쳤던 사회과가 사회과학이 발전함으로써 민주사회와 현실사회를 이해하기 위한 정치학, 정부론, 시민론, 경제학, 사회학, 문화인류학 등의 사회과학을 교과에 도입하였던 것이다. 그래서 현대 사회과의 중요한 한 특징인 사회과학교육(social science education)의 요소를 형성하게 되었다. 그리고 또한 사회과는 사회과학의 성과와 방법을 습득하고 활용하는 요소를 중시하게 되었다.

따라서 사회과는 그 설치 당시부터 사회적 효율성 제고 및 시민성의 계발을 그 직접적인 목적으로 하는 것이었다. 따라서 특정의 단일 학문을 배경으로 하는 타교과와는 근본 성격이 다르다고 할 수 있다. 사회과에 동원되는 제 사회과학의 성과와 방법은 사회과의 목표에 기여하는 하나의 도구에 불과하며, 그 학문 자체의 지식 습득이 본질적 목표가 될 수는 없는 것이다. 이러한 점이 사회과를 매우 포괄적인 과목으로 만들었으며, 이는 앞서 논의한 다양한 발생 배경에 기인한다. 즉 민주시민적 자질을 양성해야 하면서도 가치중립적인 사회과학을 가르쳐야하는 모순을 안게 되어 그 성격 파악에 있어서 애매한 점도 있다.

이러한 사회과는 두 가지 점에서 중요한 논쟁점을 제시한다.

첫째 사회과가 궁극적 목적으로 하는 시민성(citizenship)의 함양에 도달하기 위해 사회과학의 성과와 방법을 활용하게 되는 데, 어떻게 하여 도달되는지 그 과정에 대한 논의이다. 이것이 교육과정을 결정하는 데에도 결정적인 영향을 미치게 된다. 현실적으로 사회과학의 지식과 방법을 통해 가치 태도에 도달한다고 할 때, 그 중간 단계의 지적 기능을 상정한다. 즉, 합리적 의사결정이나 반성적 사고, 문제해결력 등이다.

둘째 사회과가 특정의 단일학문에 의거하지 않고 다학문을 바탕으로 포괄적인 목표를 달성하고자 하는 데서 알 수 있듯이, 사회과는 출발부터 통합적이라는 것이다. 그러나 현실적 실행의 문제에 있어서 통합의 문제가 용이하지 않다. 우리나라 사회과 교육과정의 변천에 있어서 주요 논점이 되었던 것이 바로 통합과 분과에 관한 것이었다.

사회과의 본질적 목표에 초점을 둘 때 통합을 지향해야 할 것이나, 각 사회과학의 관점에서 볼 때는 내용의 체계와 계열성, 교수의 용이성 등을 고려하여 분과주의를 취하는 것이다. 그리고 이러한 분과주의의 이면에는 분과별 학문공동체, 대학의 학과 및 영역 이기주의도 존재한다고 할 수 있을 것이다.

2. 사회과교육의 개념

사회과를 교육하는 사회과교육(social studies education)은 사회교육(social eudcation)과는 다른 개념이며, 사회과학의 각 학문을 그 지식체계에 따라 가르치는 사회과학교육(social science education)과도 의미상 차이가 있는 것이다.

사회교육은 "학교에서의 정규교육을 제외한 모든 조직적인 교육활동"으로 교육의 장이 학교가 아닌 일반사회라는 점에서 사회교육이라 부르며, "서구에서는 주로 성인교육(adult education)이라는 용어를 많이 사용한다"(브리태니커 세계 대백과사전, 11권, 161). 그러나 넓은 의미에서 사회교육과 성인교육은 큰 차이가 없지만 사회교육이 유아, 아동, 노인까지를 포함하여 교육대상층이 넓다는 점에서 사회교육과 성인교육은 구분된다(브리태니커 세계 대백과사전, 11권, 161).

사회과학교육은 특히 1960년대 학문중심교육과정을 강조한 이래 사회과의 중대한 핵을 이루고 있다. 사회과학의 학문적 특성 즉 지식의 구조와 방법론에 근거하여 학생들에게 제사회과학의 개념과 원리를 가르치거나, 지식의 발견과정을 수업에 도입하여 학생들 스스로 탐구활동을 통해 지식을 발견하게 하는 방법 등을 집중 연구하고 발전시켰다. 그러므로 학교의 정규교육을 제외한 교육인 사회교육과 다르며, 민주시민적 자질(민주시민성)을 함양하고자 문제 또는 주제중심으로 지식을 도구로 하여 통합적으로 접근하고자 했던 당초의 사회과교육과는 다른 것이다.

따라서 사회과(Social Studies)는 인간의 문제 특히 인간간의 관계(Human Relation)에서 발생하는 복합적 문제를 교과에 가져옴으로써 그 본질적 의미를 갖게 되는 것이다.

특이한 것은 사회과교육을 이론적 · 실천적으로 연구하는 미국사회과교육학회(NCSS)에서는 'Social Education'을 사회과교육(Social Studies Education)의 개념으로 사용하는 예를 발견할 수 있다. 여기서는 성인교육이라는 대안적 용어가 존재하기 때문이 아닐까 생각한다. 우리나라에서는 각 교과교육을 국어교육, 수학교육, 영어교육, 과학교육, 미술교육, 음악교육, 기술교육 등으로 표시하지만 사회과는 기존의 학교교육에 대비되는 '사회교육'이란 용어와 개념상 혼란을 피하기 위해 '사회과

교육'이라고 한다. 그런데 유아교육의 세부과목으로서 유아사회과교육은 교육과학기술부 고시에서부터 '유아사회교육'이라고 불려지고 있다. 그러나 초·중등에서 사회과교육은 이미 학문공동체의 인정을 받는 용어이며, 유아교육도 초·중등교육과 연결선상에서 봐야하고, 본 교과를 취급하는 곳이 주로 유아교사 양성기관임을 감안할 때, 본 저서에서는 "유아사회과교육"이라고 용어를 개념 규정하고자 한다.

교육학대사전에 의하면 "사회과교육은 사회과학적 내용을 통하여 이 사회의 유능한 시민을 양성하기 위하여 생겨난 교과이다. 따라서 사회과에서는 공민을 위한 훈련을 위하여 ① 자기실현(self-realization) ② 인간관계(human relationship) ③ 경제적 효율(economic efficiency) ④ 공민적 책임(civic responsibility)의 네 가지를 주요골자로 하는 목표를 세우고 있다"(교육학대사전, 1986 : 468). 여기서 볼 때 사회과학의 내용을 통해 유능한 시민을 양성하기 위한 교과라는 인식을 하고 있다.

또한 미국사회과교육학회(NCSS)의 사회과의 정의[1)]는 "유능한 시민을 양성하기 위하여 사회과학과 인문학에 대하여 통합적으로 연구하는 교과"로 정의하고 있다.

따라서 사회과교육의 개념은 한 사회의 구성원이 사회를 인식하고 민주사회의 구성원으로서 사회생활을 하는데 요구되는 사회과학 및 관련 지식을 이해하고 활용하여 사회적 문제 해결능력을 갖추게 하고, 사회공동체의 일원으로서 타인과 상호관련 되어 있음을 자각하게 하여 사회의 발전을 위해 상호 협력할 수 있는 품성을 기르고자하는 교과의 교육이다.

3. 사회과교육의 목적

사회과교육의 목적은 개념에서 내포하는 바와 같이 사회과학의 내용을 통하여 유능한 민주시민적 자질(민주시민성)을 함양하는 것이다. 그

1) http://www.socialstudies.org/standard/introduction

러므로 "사회과의 첫째 목표는 상호의존하는 세계에서 젊은 사람들이 문화적으로 다양하고 민주적인 사회의 시민으로서 공공의 이익을 위하여 정보에 입각한 합리적인 결정을 내리도록 돕는 것"(NCSS)이다. 한 마디로 "유능한 시민을 양성하는 것(the promotion of civic competence)"이다. 이를 위해 미국사회과교육학회(NCSS)는 사회과의 프로그램을 조직하는 틀로서 10가지 주제를 제시한다.[2)]

① 문화
② 시간, 연속성, 그리고 변화
③ 사람, 장소, 그리고 환경
④ 개인적 발전과 정체성
⑤ 개인, 집단, 그리고 제도
⑥ 권력, 권위, 그리고 통치
⑦ 생산, 분배와 소비
⑧ 과학, 공학, 그리고 사회
⑨ 세계적 연결
⑩ 시민적 이상과 실제

10가지 주제는 이 세계에서 인간의 경험에 관한 지식을 조직하는 양식을 보여주고 교육과정 구성의 기준으로서 학문적 내용 기준을 보기 위한 전체적 시각을 제공한다고 한다(NCSS).

그런데 유능한 시민을 나타내는 시민적 자질은 개인과 사회의 관계에서 볼 때 몇 가지 조건들을 포함한다(신정현 외, 33-34).

첫째 한 사회를 구성하는 시민들은 시민들의 생존에 필요한 경제적 생산과 분배체계를 유지하고 있어야 한다. 변화하는 환경에 적응할 수 있어야 하며 인적 물적 자원들을 효과적으로 활용할 수 있어야 한다.

둘째 시민들은 세계를 보는 하나의 공통된 기본방법에 대하여 견해를 같이 하고 있어야 하며 기본적인 것들에 대하여 합의권을 형성하고 있어야 통일된 방향에 따라 어떤 목적들과 목적을 달성하기 위한 수단

2) http://www.socialstudies.org/standard/introduction

이 무엇인지 인지할 수 있는 능력이 있어야 한다.

셋째 시민들은 사회구성원이 사회적으로 행동하는데 필요한 규범, 절차 등을 다음 세대에 전달하는 교육제도 및 과정을 가지고 있어야 한다. 그들 자신은 물론 다음세대들에게 담당해야 할 역할이나 책임을 주지시켜 민주적 질서를 유지할 수 있도록 해야 한다.

넷째 시민들은 민주주의 사회의 조화적인 기능 수행을 위협하는 어떠한 파괴적 행위도 적당히 통제 내지 관리할 수 있어야 한다. 민주주의 사회의 기반을 다지면서 불법행위를 제거할 수 있는 역량을 갖추고 있어야 한다.

다섯째 시민들은 주권을 가진 정치의 주체로서 전반적인 사회기능 수행과 동시에 균형 있는 사회발전이 가능하도록 정치적 역할을 잘 수행하여야 한다. 그러기 위해 정치적 과정에 관해 관심을 가지고 참여할 수 있는 자질을 갖추어야 한다.

이상의 자질들은 민주시민사회를 유지하고 발전시키기 위한 기본적 요소로 판단된다. 따라서 사회과의 영역들은 제 사회과학과 인문학 및 관련교과를 통해 이러한 자질들을 육성하기 위한 것들이어야 정당성을 확보할 수 있을 것으로 보인다. 앞서 제시한 미국사회과교육학회의 10개 주제도 또한 이러한 능력과 관련성이 있는 것으로 보인다. 따라서 사회과의 최종목표를 민주시민적 자질을 함양하는 것이라고 한다면 민주주사회의 구성원으로서 사회에 적응하고 사회를 발전시키기 위해 필요한 이상과 같은 품성들을 갖추어야 하는 것이다.

4. 사회과교육과 사회과학교육

사회과교육과 사회과학교육의 관계는 사회과와 사회과학과의 관계로 바꾸어 말할 수 있다. 사회과는 사회과의 태동과 더불어 산업화되고 민주화된 사회에서 사회적 효율성과 민주사회의 구성원으로서 자질을 함양하기 위해 태동한 교과이다. 사회과는 사회구성원으로서 사회문제를 해결하기 위한 능력을 함양하기 위해 사회과학의 내용을 문제해결의 도구로서 도입한다. 사회기능, 생활경험 등을 주요 내용으로 하여 학습자의 경험을 확대시키고자 한다. 우리나라에서는 1946년 '사회생활과'란 명칭으로 도입되어 사회과의 성격을 반영하였다.

반면 사회과학과는 1960년대 학문중심교육과정이래 사회과에서의 사회과학화를 시도함으로써 시작되었다. 사회과학의 내용인 개념과 원리를 통해 학습자의 지적 우수성을 개발하고자 하였으며, 사회과학의 학문적 체계적 지식을 중시하고 지식을 생산하게 된 방법을 통해 지식을 학생 스스로 발견하도록 한다는 데 역점을 두고자 하였다. 그러나 사회과학을 그대로 교과에 도입했을 때 가치중립을 강조하여 행동주체의 실천지침을 제공하여 주지 못하며 개념, 원리 등의 학습은 매우 추상적이어서 사회현실과 괴리될 가능성도 있었다. 그리고 탐구를 중시하면서도 자칫하면 사회과학의 성과를 무조건적으로 암기하는 학습과정이 될 우려도 있었다.

그러나 사회과학과는 사회과학중심의 교육을 통해 사회과의 성격을 명백히 규정하고 도덕주의, 교화주의적 사회과를 극복하는 데 기여했다고 할 수 있으며, 사회과에서 지식의 생성과정인 탐구과정을 도입하여 사회과탐구를 촉진하게 되었다.

사회과와 사회과학과는 상이한 목적을 지니면서도 사회과교육으로 통합한다면 사회과가 사회과학의 성과를 활용하여 사회를 인식시키는 교과로서 사회과에 의미를 부여하게 된다. 복잡한 현대사회를 규정하고 정리하고자 할 때 사회과학을 통해 인식하는 것이 가장 체계적이며 합리적이기 때문이다. 그러므로 사회과에서는 사회과학에서 활용할 사회과학의 성과와 방법을 확정하고 사회에 대한 사회과학적 인식과 민주시민적 자질을 어떻게 연결하느냐가 관건인 것이다.

5. 한국사회과의 변천[3)]

한국의 사회과는 도덕, 국사, 세계사, 한국지리, 세계지리, 정치, 경제, 법, 사회 · 문화를 바탕으로 구성된다. 사회과는 학문적 분화가 많고 자체 내의 각 영역교과 집단의 이해관계에 의해 분화와 통합을 거듭하는 양상을 보이고 있다. 사회과에서 먼저 도덕(국민윤리, 윤리)과 국사가 정치 · 사회적 요구와 교과이해집단의 영향으로 독립교과로 분과되었다. 특히 사회과 내에서도 국가적 목표나 정권의 이념 합리화를 위한 수단으로서 정치적 요구가 민감하게 수용되었다. 도덕(국민윤리, 윤리)의 명칭은 제5차 교육과정까지는 도덕, 국민윤리로 제6차 교육과정에서는 도덕 · 윤리로 변경되었고, 제7차 이래 도덕으로 일원화되었다. 그리고 국사 교과는 사회과 내에서의 통합이냐 독립교과냐의 문제가 제기되었지만 외적 요구가 매우 강하였다. 교육과정의 변천을 중심으로 사회과를 고찰해 보면 다음과 같다.

(1) 제1차 교육과정(1954-1963)

당시 교육과정에 관한 용어는 교수요목, 교과과정, 교육과정으로 혼돈되어 사용되었다(유봉호 외 1996: 59). 제1차 교육과정은 '교과중심의 교육과정'으로 교과교육과정으로 체계를 갖추었다.

초등과 중학교에서 사회생활, 고등학교는 사회(일반사회, 도덕, 국사, 세계사, 지리) 등이었다. 전쟁의 와중에서 청소년의 탈선행위가 증가하고 국민도덕의 피폐화가 가속화되어 도덕교육이 강조되었는데, 도덕과의 신설로 나타났다.

이 때의 교육과정은 지적인 체계가 중심이 되어 교과중심이라고 알려져 있지만 생활중심교육 과정의 개념이 침투되어 있는 것이 특색이

3) 한국사회과의 변천은 "추정훈, 『교과교육론』, 서울 : 청목출판사, 2010" 38쪽에서 46쪽을 참조하였다.

다(김종화 외, 1999: 22).

(2) 제2차 교육과정(1963-1973)

생활교육을 강조하여 생활중심 내지 경험중심 교육과정의 시기이다. 교육내용면에서는 자주성, 유용성, 생산성을 강조하고, 운영에 있어서 지역사회와의 연계를 중시한다. 교육과정계열에서 합리화를 추구하였다. 초·중고의 교과 자체는 제1차와 거의 동일하다. 중학교의 경우 사회생활과가 사회과로 바뀌었다. 사회과의 일반목표 중 공민과 관련 분야는 민주국가건설의 신념 육성이라는 전체목표와 민주사회의 생활기능의 함양을 강조하였다. 고등학교 사회과에서는 필수 과목이 대폭적으로 늘어나 일반사회, 국민윤리, 국사, 세계사, 지리의 5과목으로 되었다. 지리과가 강화되었으며, 종전의 도덕은 국민윤리로 명칭이 바뀌었다.

(3) 제3차 교육과정(1973-1981)

1960년경부터 미국에서 진보주의 교육이 특히 과학 등의 교과에서 한계를 나타내며, 경험중심 교육과정으로 인하여 교육현장이 목표와 의미를 상실하게 되는 현상을 겪었다. 그리고 당시 눈부신 발전을 거듭한 자연과학과 사회과학 등의 학문을 어떻게 가르칠 것인가에 초점을 두고 학문중심 교육과정에 대한 논의와 지지가 있었다. 그리고 우리나라에서는 1968년 12월 5일 공포된 국민교육헌장의 교육이념을 구현하기 위한 교육과정 개편이 이루어졌다. 이로 인해 종래의 경험중심교육과정에서 학문중심교육과정으로 교육과정을 개편하였다.

국적 있는 교육의 강화(국민교육헌장)를 위해 이 때 두드러진 변화를 보인 교과가 도덕(국민윤리)교과의 채택이며, 국사를 사회교과에서 분리하였다.

고등학교 사회과에서 있어서는 정치·경제, 사회·문화, 국토지리, 인문지리 등과 같이 학문적 분류법에 따라 과목을 나눈 것도 두드러진다. 1979년의 교육과정 부분 개정에서는 인문계 고등학교의 경우 정치·경제가 필수과목으로 되었다.

(4) 제4차 교육과정(1981-1987)

다가올 미래사회(민주사회, 고도산업사회, 건전한 사회, 문화사회, 통일 조국사회)에 기대되는 인간상, 건강한 사람, 자주적인 사람, 창조적인 사람, 도덕적인 사람과 제5공화국 출범에 따른 교육개혁 조치를 고려하여 개정한 것으로 종래 교육부 편수관의 주도아래 개정하던 방식에서 한국교육개발원에 연구개발을 위탁하여 개발하도록 한 연구·개발형의 교육과정이다(김종화 외, 1999: 25). 국민정신교육의 체계화, 과학기술교육의 강화, 전인교육의 충실화 등을 기본 방침으로 하여 교육과정과 이에 따른 교과서를 개발하였다.

이 때는 특정의 교육과정 이론을 따르지 않고 모든 교육과정이론을 종합적으로 받아들이면서 교과의 통합과, 인간주의 교육과정을 실현하고자 하였다. 이 시기의 가장 두드러진 특징은 초등사회과에서 1, 2학년의 바른생활, 슬기로운 생활과 같은 통합교과의 신설이다. 중학교 사회과에서 특이점은 통합을 위한 접근이 시도되었다. 1학년은 지리와 공민, 2학년은 지리와 세계사, 3학년은 세계사와 공민으로 합본하였다.

또한 유치원 교육자료의 개발이 시도되었다. 당시 문교부는 1980년 한국행동과학연구소에 유아용 그림책 10책을 개발하여 줄 것을 위촉하고 이와 함께 유치원교사용 지도서도 개발 편찬하였다(한국정신문화연구원, 337).

(5) 제5차 교육과정(1987-1992)

제5차 교육과정은 교육과정의 적정화, 내실화, 지역화를 개정의 방침으로 하고 지속성, 점진성, 효율성 등을 개정의 전략으로 하였다. 이 교육과정의 초점은 기초교육의 충실, 정보화 사회에 대응하는 교육의 강화, 교육과정 효율성의 제고이다(김종화 외 1999: 26).

사회과의 경우 중학교는 지도내용의 통합화를 발전적으로 시도하였고, 교육과정의 지역화 시도, 학년별 단원수의 조정으로 1학년에 많은 단원을 배정하였다. 고등학교는 경제교육 강화 방안의 하나로 1974년판에 비하여 정치·경제 가 공통과목의 성격을 그대로 가지면서 그 단위수가 증가한 것이 특징이다.

(6) 제6차 교육과정(1992-2000)

민주화, 정보화, 국제화를 향해 급속하게 변화함으로써 새로운 시대와 사회전개에 대한 불안과 기대가 교차되는 전환기(김종화 외, 27)에 바람직한 인간상은 건강하며, 자주적이며, 창의적이며 도덕적인 인간이었다.

이에 전체적으로 시도교육청에서 교육과정을 일부 재구성하여 운영할 수 있도록 하고, 지역화, 학교별 자율성을 인정함으로써 교육과정의 분권화를 시도하였다(제6차 교육과정, 교육부고시 제1992-11, 16, 19호).

사회과는 초등의 경우 1, 2학년 바른 생활, 슬기로운 생활을 포함하여 사회로 편성되었다. 중학교의 경우 필수과목으로 사회과를 편성하고 교과의 통합과 지역화 강화가 주요 특징으로 한다. 일반사회 영역은 경제를 제외하고는 전 학년에 고루 분산되었다. 국사과가 사회과에 통합되어 사회과는 지리, 세계사, 정치, 경제, 사회, 문화, 국사의 전 영역을 학년별로 고루 배당하고 통합을 시도하였다.

고등학교의 경우 제6차 교육과정에서는 교육부에서 정하는 공통필수과목으로 공통사회(8단위) 국사(6단위)를 두고, 시·도 교육청이 정하는 과정별 필수과목으로 정치(4단위) 경제(4단위) 사회·문화(4단위) 세계사(6단위) 세계지리(6단위)로 나누고 학교가 선택하는 과정별 선택과목으로 전 교과를 포괄해서 과정별 필수과목에서 제외된 교과목 중에서 선택(8단위)을 할 수 있다. 교육과정의 다양성과 자율성에 초점을 두고 있다.

(7) 제7차 교육과정(2000-2007)(교육부, 1997)

초·중등 교육과정을 종래 공급자 중심에서 학습자 중심으로의 개편을 시도하였다. 초등학교 1학년부터 연계하여 고등학교 1학년(10학년)까지 10년간을 국민공통기본교육과정으로 하고 고등학교 2-3학년을 11-12학년으로 하여 학생의 흥미, 능력, 진로를 고려하여 일반선택과목과 심화선택과목으로 분류하였다. 다양한 선택과목을 허용함으로써 학생이 스스로 진로에 적합한 교육과정을 구성할 수 있도록 하였다.

사회과는 국민 공통 기본 과정이며 다만, 초등학교 1, 2 학년의 교과는 바른 생활, 슬기로운 생활 및 우리들의 1학년으로 하였다.

그리고 고등학교 선택 중심 교육 과정은 교과와 특별 활동으로 편성하고 교과는 보통 교과와 진문 교과로 하였다. 사회과는 보통교과이며 3학년에서 10학년까지 국사를 포함하여 단일 과목명으로 유지하다가 11, 12학년에서 일반선택과목으로 인간사회와 환경(4단위), 심화선택과목으로 한국지리(8단위), 세계지리(8단위), 경제지리(6단위), 한국 근·현대사(8단위), 세계사(8단위), 법과 사회(6단위), 정치(8단위), 경제(6단위), 사회·문화(8단위)를 두었다.

(8) 제8차 교육과정(2007 이후)(교육인적자원부, 2007)

교육과정이 추구하는 인간상이나 전체의 구성은 7차 교육과정과 큰 차이가 없으나 일부과목의 조정과 동일 교과에서도 내용구성을 달리하였다.

다른 점은 국민공통기본교육과정의 사회과에서 사회와 역사를 명시적으로 구분하고, 고등학교 선택중심 교육과정의 보통교과에서 제7차 교육과정에서는 일반선택과목과 심화선택으로 나누었는데 제8차 교육과정에서는 선택과목으로 단일화하였다.

사회과는 보통교과 선택과목으로 모두 6단위씩 한국 지리, 세계 지리, 경제 지리, 한국 문화사, 세계 역사의 이해, 동아시아사, 법과 사회, 정치, 경제, 사회 · 문화를 두었다.

이상의 교육과정의 변천은 교육과정 사조의 영향과 정치, 경제, 사회의 변화를 반영하는 문제, 그리고 교과의 논리인 통합과 분과의 문제, 공통 필수과목과 선택과목의 문제, 교과공동체의 이해관계 문제 등의 영향을 받음을 알 수 있다.

제 2 절 사회과교육의 유형

사회과를 유형화함으로써 목표나 성격을 밝힐 수 있다. 사회과의 유형은 올리버(D. W. Oliver)의 사회과학 수업의 범주(Categories of Social Science Instruction), 엥글(S. H. Engle)의 사회과의 분류, 바아 · 바아스 · 셔미스(R. Barr, J. L. Barth, S. S. Shermis)에 의한 미국의 사회과의 3전통을 중심으로 사회과교육을 유형화함으로써 사회과의 방향설정에 시사를 얻을 수 있을 것으로 본다.

1. 올리버(Oliver)의 사회과학 수업의 범주

사회과수업의 실천에서 관찰되거나 문헌에 나타난 각종 접근법을 직관적인 범주화와 체계적 연구의 일반적 요소를 분석한 결과 사회과의 유형을 다음과 같이 제시한다(신정현 · 신용철 · 권오정, 1987 : 152-156 재인용).

(1) 지혜로운 인간형성을 위한 접근법(the wisdom approach)

사회과학자들에 의해 생성된 지식을 전달하는 것을 목표로 하는 접근법이다. 실질적 내용적 지식을 될 수 있는 한 빠짐없이 많이 전달하면 지적으로 성장하여 새로운 지식을 수용할 수 있는 그릇이 준비

될 수 있으며 이것으로 인해 지혜롭게 인간이 발달할 것이라는 생각을 한다.

그러므로 개념적이거나 이념적 지식보다 사실적이며 기초적인 지식에 주목하며 내용의 선정기준도 명확하지 않다. 따라서 교수-학습 과정은 단편적인 지식의 주입과 암기가 주를 이루며, 달리 교수-학습전략이 개발되지도 않는다. 그러므로 수업의 과정은 주입하고 암기하는데 주력하므로 폐쇄적일 수밖에 없다. 예를 들어 '민주주의의 원리'를 학습하는 경우, 어떤 것이 민주주의 원리라는 권위 있는 설명을 의심할 여지가 없는 것으로 보아 주입하고 암기하게 된다. 그러므로 민주주의 원리를 비민주적인 방법에 의해 가르치게 되는 것이다.

(2) 사회과학적 접근법(the social science discipline approach)

사회과학자들이 사회현상을 연구하는 것과 같이 이론의 증명과정이나 인과적 설명과정을 중시한다. 그러므로 사회과학의 성과로서 지식을 가르친다 해도 지식 자체를 기억시키기 위해서가 아니라 새로운 문제를 밝히기 위한 도구의 제공이라고 본다. 교수-학습의 과정은 과학의 연구과정이나 방법을 활용한다. 사회현상을 엄밀하고 객관적으로 관찰, 분석, 설명해가는 가운데 사회를 과학적 합리적으로 이해하고 그것을 바탕으로 비판적 민주시민의식이 형성된다고 본다. 그러므로 시민적 자질은 가르쳐지는 것이 아니라 각 개인이 스스로 형성시키는 것이라고 본다.

(3) 조화된 인격형성을 위한 접근법(the harmonist approach)

지식의 내용이나 방법의 교수에 중점을 두지 않고 학습자의 조화로운 인격을 집중 추구한다. 협동적으로 공동생활에 참여하려는 태도 형성을 중시하며 교수-학습과정도 협동적으로 문제를 해결해가도록 한다. 이러한 과정을 통해 민주시민으로서의 가치와 태도를 익히게 된다. 이 접근법은 개개인의 도덕적 품성의 발달을 중시하며 전체로서 국민 의식 같은 것은 관심이 없다. 개별적 도덕교육의 입장을 취한다.

(4) 위대한 국민형성을 위한 접근법(the image of greatness approach)

사회의 역사적 문화적 정치적 통합을 지향하여 가치, 이상, 문화 등 통일된 국민적 이미지를 심으려는 접근법이다. 역사적으로 자극적이거나 극적인 표상을 제시하여 위대하고 감동적인 국민상을 부각시키려 한다. 예를 들어 독립열사가 목숨을 걸고 끝까지 투쟁하는 모습, 처참하게 죽어가면서도 최후의 일각까지 국가와 민족을 사랑하는 모습 등을 생생하게 전달하여 국민적 일체감을 높이려 한다.

교수-학습 방법으로 설교나 해설, 혹은 시청각 교재를 이용한 영상효과 등을 활용한다. 객관성이나 진실성보다는 감동적 효과를 우선시키며 인간형성이라는 교육의 본래 목적보다 체제 유용성에 활용할 가능성이 많다.

(5) 법리적 접근법(the jurisprudential approach)

법학연구의 '케이스 스터디(case study)'의 방법을 통해 사실과 가치의 관계를 동시에 판단하고자 한다. 현실사회에서는 개인과 개인, 개인과 집단, 집단과 집단간 갈등이 존재한다. 개인의 권리와 사회의 전체의 이익이나 복지는 충돌할 수 있고, 개인의 사유재산권 보호와 사회전체의 개발사업 등으로 인한 사유재산권의 제한은 충돌할 수밖에 없다.

이러한 갈등문제를 분석하고 합리적인 판단을 내릴 수 있도록 훈련하는 것이 법리적 접근법이다. 사실관계와 가치관계를 동시에 파악함으로써 보다 정당하고 합리적인 판단이 가능하다고 본다. 가치에 대해서도 선악의 판단을 유보하고 사실탐구와 마찬가지로 가치중립적 입장에서 이를 분석하고 가치를 명료화하여 선택한다는 것이다. 교수-학습과정으로 가져올 때 학습자의 자발적 노력과 지적 능력이 뒷받침되어야 성공할 수 있을 것이다.

(6) 시민적 행동 접근법(the civic action approach)

이 접근법은 지식이나 가치의 판단에 그치지 않고 사회에서 직접 시민으로서 행동하고 구체적인 실천을 통해 민주시민성을 배양해야 한다고 본다. 시민으로서의 권리와 의무를 교육한다고 할 때 이론적 설명이나 이해, 판단에 그치지 않고 실제로 선거에 참여하여 투표한다든지 세금을 납부한다든지 하는 실제 행동을 통해 시민성을 기를 수 있다고 보는 입장이다. 즉, 시민적 자질은 추상적인 개념으로 익혀지는 것이 아니라 실천과 행동을 통해 구체적으로 정착될 수 있다고 보는 것이다.

그러나 이 접근법은 구체적인 행동을 지나치게 강조하다보니, 시민적 자질이 지식이나 가치, 태도를 수반하며 행동 이전에 이러한 가치, 태도가 형성되어야 하는 경우도 있다는 것을 간과하고 있다. 그리고 구체적인 행동에 몰두하다보면 시민성교육의 폭과 깊이를 극히 제한할 우려가 있다.

2. 엥글(Engle)의 사회과의 목표에 의한 2대 분류

사회과의 목표를 분석하면서 단순화된 사회과학으로서의 사회과(the social studies as simplified social sciences)와 시민성교육으로서의 사회과(the social studies as citizenship education)로 2대 분류하고, 다시 시민성교육으로서의 사회과를 다시 통합사회과(unified social studies), 주입(indoctrination), 의사결정과정(the decision-making process)으로 분류하였다(Engle, 1965 : 3-15).

(1) 단순화된 사회과학으로서의 사회과

사회과학자들은 사회과와 사회과학이 같다는 생각을 쉽게 받아들인다. 그들은 사회과를 단순히 넓게는 관련되지만 이질적인 주제들의 집합이라고 보기 때문이다.

이 입장은 사회과는 교육적 목적을 위해 단순화된 사회과학이라고 보는 입장이다. 이렇게 될 때 선량한 시민적 속성의 발달을 사회과의 중심목표로 하려는 것에는 미치지 못하거나 사회과학 학습의 부산물로 생각할 수 있다. 전체 사회문제보다는 보다 구체적이고 관찰가능하고 측정 가능한 문제에 대한 탐색과 자료수집에 관심이 많을 것이다. 단순화된 사회과학의 단일 교과에 몰두하면 학생들은 숙달되고 안목 있는 사고방식을 갖게 되고 자동적으로 더 넓은 사회장면에 전이될 것이라고 주장한다. 그렇다면 각 사회과학의 방법론이 구성하는 통찰과 기능과 태도의 획득이 사회과수업의 목표가 될 것인가? 아니면 지식의 전달을 목표로 하여 학생들을 몇몇 사회과학의 연구 성과의 단순한 소비자로 만들 것인가의 문제가 제기된다. 실제 수업 시 이론의 형성과정은 경시된다. 그리고 사회과학의 사실, 법칙을 알면 전이가 잘 일어난다고 주장하지마는 실제 문제에 대한 지적 대처능력을 길러주지 못하고 사회과학 지식의 교수를 목적화 할 우려가 있다(Engle : 3-8). 따라서 사회과학을 단순히 단순화한 형태로서의 사회과는 시민적 자질 육성을 위한 내용, 방법 등을 명시하기가 어렵다고 본다.

(2) 시민성교육으로서의 사회과

시민성 개발을 위해 사회과학의 내용을 재구성 내지 통합하거나 하여 접근하는 사람도 있고, 사회과를 문제해결이나 반성적 방법과 관련하여 의사결정과정으로 보는 사람도 있고, 젊은이들에게 국가의 통합과 시민의 충성심을 위해 정당한 신념과 태도의 주입이 필요하다고 보는 사람도 있다.

가. 통합 사회과(unified social studies)

사회과학의 내용을 재구성하거나 통합하여 시민성을 개발하고자 하는 접근법이다. 사회과를 통합되거나 응용된 사회과학과 동일시하는 시각이다.

한나(Hanna, 1963 : 191-192)는 특히 초등학교에서 사회에 살고 있는 사람들에 대한 통합되고 조직화되고 전체적인 학습이 바람직하다고 언급하였다. 분화된 사회과학에 집중하기보다 전체적인 문화 양상에 대하여 관찰하고 일반화하도록 하는 것이 중요하다고 보았다. 인간 삶의 9가지 기본영역을 확인하고 3,005가지의 일반화된 진술을 확인하고 종합하였다. 9기본영역은 생명과 자원을 **보호하고 보존하기**, 재화와 서비스의 **생산**, **교환**, **분배**, 심미적 정신적 욕구 **표현하기**, **교육하기**, **조직하기**, **통치하기** 등이다. 이 영역들은 각기 몇몇 사회과학을 관통하고, 항구적으로 사회문제가 발생하는 영역과 일치한다.

또한 미국사회과교육학회의 위원회나 캘리포니아 주 사회과위원회에서도 사회과프로그램을 구성하는 틀로서 기본적 주제나 일반화를 확인하였다. 그리고 엥글도 항구적인 사회과문제에 주된 영역과 일치하고 사회과에서 반복적으로 강조되는 9개의 기본 아이디어를 제안했지만 이러한 아이디어의 조합이 어떤 등급, 주제, 토픽에서 사회과에서 작용할 지 명확히 하지는 못하였다(Engle, 1965 : 10).

다만 사회과학을 통합하고 종합하고자 하는 사람들의 분명한 목표는 사실의 문제와 가치의 문제에 관한 사람들의 신념의 질에 영향을 주고 아마도 개선시키는 것이다. 이러한 신념들은 인생경험의 넓고 중요한 영역과 관련이 있다. 그러므로 사회과를 구성하는 각 사회과학의 설명을 통해 숙달하고자 하는 '사회과학을 단순화한 사회과'와는 차이가 있는 것이다. 교육적 목적을 위해 단순화한 사회과학의 입장에서는 신념에 대한 직접적이고 체계적인 발날이 조작적 목표가 되지 못한다. 이 입장의 목표는 인생 경험에 대한 신념이나 가치관보다는 사회과를 구성하는 각 사회과학의 중요한 사실과 일반화에 관한 지식 내지 재생능력을 숙달시키는 것에 불과하다(Engle : 11-12). 따라서 사회과학의 통합과 종합이 사람들의 민주적 가치를 함양하기 위해 필요하다고 보는 것이다. 그러나 실제의 교수-학습 과정에 있어서는 통합적 활동이 이루어지기가 쉽지 않다. 교사의 준비도와 학생의 지적 성숙도와 열정이 좌우할 것으로 보인다.

나. 주입(indoctrination)

의심의 여지가 없는 결정적 가치를 주입함으로써 시민성을 형성하고자 하는 것이다. 여기서 관심이 있는 것은 가치화의 과정이나 가치탐구보다 가치 자체이다. 모든 사람들이 수용하는 정당한 가치의 근거가 되는 가치는 반드시 알아야 되므로 사회과의 목표는 학생들에게 갈등하는 여러 가치 중에서 어떤 가치를 선택할 것인가 보다 무엇이 가치인가를 가르쳐야 한다고 주장한다. 극단적 집단과 애국적 조직은 사회과를 폐쇄된 가치와 사실의 체계로 본다. 그리고 이러한 입장이 사회과학의 객관성과 가변성과의 명료한 관계로부터 사회과를 분리한다(Engle : 13).

"충성, 효도, 근면, 절약, 성실과 같은 덕목은 분석할 필요도 없고 비판적으로 음미할 필요도 없으며 오로지 효과적으로 주입하여 교화된 국민, 시민을 육성"(신정현 외 : 157)하려고 하는 것이다. 실제로 이러한 시민성교육이 널리 행해져 왔다고 볼 수 있다.

그러나 이 주입 내지 교화형은 몇 가지 중요한 문제점, 혹은 논쟁거리가 있음(신정현 외 : 157-159)수 있다.

첫째 의심할 여지가 없는 절대적인 가치, 이데올로기가 존재할 수 있을까?의 문제이다. 시민성교육과 관련하여 절대적인 것의 존립을 지지하는 의견이 지배적인 것처럼 보이지마는 절대적인 가치가 저질러온 오류를 간과해서는 안 될 것이다.

둘째 의심할 여지없는 절대적인 가치, 이데올로기가 성립될 수 있다고 하더라도 구체적인 실현방법에는 다양한 방법이 있을 수 있다는 것이다. 예를 들어 '충성'을 해야 한다는 규범적 생각에 대해서도 무엇을 어떻게 해야 하는 것이 충성일까? 하는 점에서 다양한 절차나 방법이 존재할 수 있기 때문이다. 그런데 주입 내지 교화형으로 시민성교육을 담당하는 자는 교화받는 자의 절차적, 방법적 가치까지 일률적으로 규제하고 스스로의 신념만을 강요하게 된다.

셋째 주입은 민주주의의 원리를 교육하는데 비민주적인 교수-학습방법을 채택한다는데 모순을 내포한다. 폐쇄적인 과정을 통해 교수자의 절대적인 권위를 빌어 교화, 주입한다는 것은 민주주의 절차와는 상반된 것이다.

그러므로 주입형 시민성 교육은 매우 제한적이어야만 할 것이다. 선동적 정치 선전에 가까워지면 이미 시민성 교육은 아닌 것이다.

다. 의사결정 과정(the decision-making process)

가치 논쟁의 문제에 대처하여 합리적인 판단을 하는 의사결정능력을 함양하는 방식이다. 의사결정과정은 정의(definition)의 문제해결과 관련된 것, 설명(explanation)의 문제해결과 관련된 것, 가치화(valuing)의 문제해결과 관련된 것 등 불일치하는 영역에서 어떻게 일반화를 갖게 될 것인가에 대한 문제이다.

의사결정과정을 사회과 교수의 핵심과제로 보는 사람들은 사회과교육의 목표로서 가치화의 과정에 민감해 보인다. 의사결정과정을 지지하는 사람들은 첫 번째 목표가 가치문제의 탐구과정에 대한 완벽성이다. 지식의 매우 다른 개념과 결과물의 다른 이미지를 기정 사실로 받아들인다. 그러므로 지식은 다른 입장에서는 상대적이며 알려진 어떤 것일 따름이다. 지식은 항상 변화하고 끊임없이 새로운 해석이 가능하다.

그러므로 결국 합리적으로 정확한 결론에 도달하는 방법을 아는 학생을 양성하는 것이다. 시민성 교육에서 가르쳐야할 것은 결론으로서의 지식이나 가치가 아니라 그것을 생성, 발전하고 선택하는 과정이라는 것이다. 결론으로서의 지식은 급변하는 세계 속에서 수시로 변화하기 때문에 실제로 적용하려 할 때에는 이미 쓸모없을 수도 있기 때문이다(Engle : 15).

3. 바아(Barr) · 바아스(Barth) · 셔어미스(Shermis)의 사회과에서의 3전통

바아 등은 미국 사회과를 분석하고 사회과의 기본 3가지 전통을 정의하였다. 즉 시민성전달로서의 사회과, 사회과학으로서의 사회과, 반성적 탐구로서의 사회과로 분류하였다(Barr · Barth · Sermis, 1977 : 59-69)

가. 시민성 전달로서의 사회과(social studies taught as citizenship transmission)

가장 오래되고 가장 많이 채택되는 방법이기도 하다. 대부분의 교사들은 이 접근법을 사회과에 반영한다. 시민성 전달의 본질은 성인인 교사가 모든 학생들이 공유했으면 하는 시민성에 대한 특별한 신념을 갖는 것이다(Barr et al. : 61).

교사는 이러한 신념들이 학생들에게 확실히 전달되도록 하기 위해 다양한 기법들을 사용한다.

목적은 의사결정의 틀로서의 정당한 가치를 심어 줌으로써 시민성이 잘 발달한다고 본다. 좋은 시민에 요구되는 것과 그것을 전달하는 것 즉, 학생들이 충실한 신봉자가 되는 방식으로 이러한 구상들을 전달하는 것이다. 방법으로는 교재 설명, 강의, 질의응답시간, 구조화된 문제해결연습 같은 기법에 의한 개념과 가치를 전달하는 것이다. 그리고 내용은 교사가 인정하는 권위자에 의해 선택되고 가치, 신념과 태도를 보여주는 기능을 한다(Barr et al. 67).

나. 사회과학으로서의 사회과(social studies taught as social studies)

이러한 입장은 1900년 이전 역사학자와 미국역사학회(American Historical Association)의 전문위원회에 의해 정형화되었다. 그 후 1960년대 신사회과 기간에 가장 두드러진 특징이 되었다. 그리고 오늘날 여전히 사회과학교육 협력단에 의해 개발되고 있다(Barr et al. 61).

목적은 사회과학의 개념, 과정, 문제들을 완전히 익히는 것을 바탕으로 한 의사결정에 의해 시민성이 가장 잘 발달된다고 본다. 젊은 사람들이 사회과학의 학문으로부터 지식, 기능, 방법(devices)을 획득하여 궁극적으로 실질적인 시민이 되는 것이다(Barr et al. 62). 방법은 각 사회과학은 그 자체의 자료를 수집하고 지식을 입증하는 방법을 갖고 있으므로 학생들은 이것을 익혀 각 사회과학에 적절한 방법을 발견하고 적용해야 한다. 주된 내용은 사회과학과 관련된 구조와 개념, 사회 문제, 이슈, 토픽들이다. 그리고 분과되거나 통합된 사회과학 학문의 과정들이다(Barr et al. 67).

다. 반성적 탐구로서의 사회과(social studies taught as reflective inquiry)

반성적 탐구는 알고 가르치는 고대 방식의 새로운 이름일 뿐이다. 반성적 탐구는 과거에 뿌리를 둔 철학적 입장에 근거한 전통을 가르치는 것이며, 좋고 많은 고대 그리고 새로운 이론과 실제들을 확인하게 하는 근거가 된다. 이 입장은 1916년 미국교육학회 사회과 위원회에 의해 처음으로 개발되었고 위원회에 강한 영향을 주었다.

목적은 시민성은 탐구과정을 통해 가장 잘 개발되는데, 탐구과정을 통해 시민들이 결정을 하고 문제를 해결하기 위해 알 필요가 있는 것으로부터 지식은 유래된다고 하는 것이다. 한마디로 사회·정치적 맥락에서 의사결정을 하는 것으로 정의된 시민성이 목적이다(Barr et al. 64). 방법은 문제를 확인하고 통찰을 검증하는 수단에 의해 갈등에 응하는 것을 목표로 하는 반성적 탐구과정을 통해 의사결정과정은 구조화되고 훈련된다고 한다. 내용은 개인적 시민의 가치분석은 필요와 관심을 낳고 반대로 필요와 관심은 학생 자신의 문제 선택의 기초를 형성한다. 그러므로 문제는 반성(숙고)을 하기 위한 내용을 구성한다(Barr et al. 67). 한마디로 반성적 탐구를 통한 시민성의 개발은 합리적인 의사결정을 통해서 이루어진다고 볼 수 있다.

제 3 절 유아사회과교육의 의의

1. 유아사회과교육의 성격

사회과가 시작되면서 유아사회과에 대한 고려도 응당 있어야 한다. 사회과를 편의상 발달단계의 계열로 분류한다면 현행학제에 맞춰 유치원에서 12학년(K-12)까지의 계열로 유아사회과, 초등사회과, 중등사회과(중·고등학교 사회과)로 분류할 수 있을 것이다. 사회과에서 유아사회과가 달리 특별할 수는 없으나 유아교육이 초등교육을 시작하기 전 준비교육으로서의 의미를 강조하다보니 유아사회과교육이 초등사회과교육과 연계되어 체계적 연구를 하지 못한 것으로 보인다. 그러나 유치원 교육을 공식학제로 편입하여 초등교육과 중등교육으로 이르는 과정으로 본다면 반드시 초·중등교육과 연계되어 연구되고 발전되어야 할 것이다.

교과영역의 역할이 그 자체로서 목적이 아니고 학생들에게 그들이 더욱 효과적으로 행동하는데 도움이 되는 사고방식과 감정, 행동방식과 더 큰 위엄과 만족감을 갖도록 하기 위하여 사용될 수 있는 자원(Taylor, Ralph, 1963 : 125)이라면 유아사회과교육도 초·중등 사회과교육과 연계되어 교과를 파악하여야 할 것이다.

유아사회과교육이 발달단계의 미숙을 이유로 사회과학영역 지식의 이해를 경시한다면 계열성(K-12)에 있어서 단절을 가져올 것이다.

현행 유치원교육과정(교육인적자원부 고시 제2007-153호)에 근거하여 사회과와 관련한 사회생활 영역을 본다면

"사회 생활은 유아가 자신을 알고 소중하게 여기며, 다른 사람과 함

께 살아가는 방법을 익히고, 주변 세계에 관심을 갖고 적응해 나갈 수 있는 기초 능력을 기르기 위한 영역"이라고 하고 있다. 그리고 "이 영역은 '나를 알고 사랑하기', '가족과 함께 생활하기', '이웃과 더불어 생활하기', '사회 현상에 관심가지기'의 네 가지 내용으로 구성한다."

네 가지 내용을 다시 구체적으로

"'나를 알고 사랑하기'는 유아가 자신을 소중하게 여기며 이를 바탕으로 자신의 일을 스스로 하고, 자기감정을 알고 조절하는 데 중점을 둔다."

"'가족과 함께 생활하기'는 유아가 가족과 화목하게 지내고, 협력하며 생활하는 태도를 기르는 데 중점을 둔다."

"'이웃과 더불어 생활하기'는 유아가 다른 사람들과 함께 살아가는 데 기본적으로 필요한 예설 바른 생활 태도를 가지며 다른 사람을 이해하고 존중하며 협력하는 능력을 기르는 데 중점을 둔다. 특히 친구와 사이좋게 지내고 공공장소에서 지켜야 할 질서와 규칙을 실천하도록 하는 데 중점을 둔다."

"'사회 현상에 관심가지기'는 유아를 둘러싼 문화와 생활양식에 바탕을 두어 유아가 생활하는 주변 지역, 경제생활, 우리나라와 세계 여러 나라의 문화에 관심을 갖는 데 중점을 둔다."고 하였다.

이를 분석해 보면

첫째 유아가 자신을 인식하고 자신을 둘러싼 환경적 요소인 가족과 이웃과의 관계를 형성하여 기본생활습관을 기르고

둘째 사회현상에 관심을 가지도록 한다는 것이다.

먼저 도덕과와 미분화한 상태로서 사회과를 인식하고 있음을 알 수 있다. 자신을 인식(자아를 형성)하고 주변 사람과 좋은 관계를 유지하면서 협력할 것을 강조한 것은 사회의 주요 가치관을 훈련 내지 주입하자는 것이다. 사회의 주요 가치관을 주입하는 것은 기본 생활 습관을 형성하는데 매우 중요한 것은 사실이다. 그리고 유아기(만 3세-5세)의

발달단계를 고려한다면 그것은 더욱 중요한 요소이기도하다. 그러나 발달단계에 적합한 보다 다양한 방법의 시도가 필요하다고 본다. 즉, 여기서 과정상 사회의 가치관을 주입을 한다고 하더라도 자발성과 주도성을 염두에 둔 교육과정상의 시도가 필요하다고 보며, 교육과정의 해설과 실행을 위한 요소가 좀 더 치밀하게 제시된다면 민주시민적 자질의 함양이라는 사회과의 대전제에 접근을 할 수 있을 것으로 본다.

그리고 사회현상에 대한 관심이라고 한 것은 사회과를 지나치게 소극적으로 가져가고 있다. 그리고 문화와 경제에 초점을 맞추고 있다. 특히 그중에서도 다양한 문화를 덧붙이고 있다. 사회과가 제 사회과학의 성과와 방법을 활용하여 민주시민성을 함양하는 교과라고 한다면 유아기의 발달단계가 아직 미숙하다고 할지라고 주변현상에 야기되는 사회과학의 개념을 생활개념으로 번역하여 다양하게 제시하고 유아들에게 사회현상을 보다 적극적으로 관심을 가지게 하고 나아가서 살아갈 사회에 대하여 관찰하고 문제에 능동적으로 대처하게 하는 과정이 아쉽다. 유아기에 그야말로 통합적으로 접근하려 한다면 단계에 적합한 문제와 문제의 해결에 관하여 보다 적극인 교육과정이 요구되는 것이다.

따라서 현행 유치원교육과정 사회생활 영역의 성격은 지나치게 기본생활습관의 주입 등 규범적 상황으로 일관하고 있으며, 사회현상에 대한 탐구는 거의 시도되지 않은 교육과정으로 초등과의 연계에 있어서도 수정의 여지가 많다고 할 수 있다.

그리고 사회생활 영역의 교육활동을 다음과 같이 제시하였다.

"유아의 생활을 중심으로 토의, 역할놀이, 공동 작업, 협동 게임 등의 다양한 방법을 통하여 다루도록 한다. 교사의 설명이나 지시보다는 유아가 적극적으로 참여하게 하여 사회적 기능, 태도 및 사회 과학적 지식을 형성하도록 한다. 특히, 기본생활습관은 생활 전반에 걸쳐 꾸준히 지도하여 유아가 바른 습관을 자연스럽게 형성하도록 하며, 가정과 긴밀한 협조가 이루어지도록 한다."

제시된 교육활동으로 본다면 무리없이 보이지만 앞서 논의한 성격 내지 내용과 연계시킨다면 어떻게 관련시킬 수 있는지에 대하여 구체적인 제시가 필요한 부분이다. 특히 어떻게 하여 사회과학적 지식을 형성 즉 탐구할 것인지에 대하여는 연구가 필요하다고 본다. 그리고 가치지향적인 기본생활습관의 형성과 가치중립적인 **사회과학적 지식의 형성**(탐구)을 섞어서 혼란을 가중시키고 있다. 유아사회과가 도덕과와 미분화 상태를 유지한다고 할지라도 취급에 있어서는 분리하는 것이 사회과와의 연계와 탐구, 합리적인 의사결정, 문제해결 등과 관련해서 볼 때 유용할 것으로 보인다.

2. 유아사회과교육의 개념

사회과 교육의 목적이 사회과학의 성과와 방법을 활용해 유능한 시민을 양성하는 것이라고 정의할 때 유아사회과교육에 있어서 핵심 목적(Melendez et al., : 27)을 다음과 같이 정의할 수 있다.

(1) **개인적 발달** : 독특한 개인으로서 그리고 다른 사람과의 관계 속에서 자신을 인식하는 것을 발달하게 하고, 경험을 통하여 개인이 유식한(informed) 선택을 할 수 있도록 효과적인 의사결정능력을 발달시킨다.

(2) **사회적 시민적 유능함** : 실제 사회생활에 필수적인 적절한 지식, 기능, 태도를 발달시킨다.

(3) **사회 현실의 개념에 근거한 지식** : 교실 활동을 통하여 사회 현실에 관한 아이디어를 발전시키고 획득한다. 이러한 경험들이 사람들과 그들의 행동을 보고 가치 있게 생각하고, 평가하는 다양한 방식을 발전시킨다.

(4) **인간의 다양성에 대한 인정과 존중** : 교실경험을 통해 다른 사람과 형평성에 대한 인식을 촉진시키고, 개인적 차이와 육체적 장애는 아이의 삶에서 일찍부터 토론되어야 한다. 또한 교실활동을 통해 사회

적·문화적으로 다양한 사회에서 살아가는 데 필요한 태도를 구축하고 명료화할 기회를 가져야 한다. 다른 생각, 다른 외관, 다른 생활방식, 다른 행동들에 대한 공감대가 형성되어야 한다.

(5) **세계적 시민성** : 활동을 통하여 세계의 일부라는 생각을 발전시켜야 한다. 아이들은 다른 사람에 대한 그들의 영향과 행동에 대한 책임감을 가져야 한다.

위에 제시한 세부적 목표는 개인에 대한 인식에서 사회과학적 지식의 습득과 탐구를 통해 다양성에 대한 인정과 가치의 명료화 그리고 세계의 시민으로서 책임감을 논하고 있다. 사회과에 부합한 유아사회과교육의 목표제시라고 할 수 있다.

한국의 유치원교육과정(교육인적자원부 고시 제2007-153호)에 따른 유치원교육과정해설 중 사회생활영역 해설에 의하면 사회생활영역 개정의 배경은

가. 21세기 공동체적 삶의 태도와 관계 중심의 교육강화

나. 유아기에 적합한 사회화 과정 경험 강조

다. 가족 구조의 변화와 자아개념 고려에 대한 요구증대

라. 민족 정체성과 다문화 교육의 필요 증대

마. 사회과학적 지식과 문제 해결 능력에 대한 요구

라고 설명하고 있다.

공동체적 삶의 태도와 관계 중심의 교육에서는 유아가 가족, 친구, 이웃과 화목하게 지내고 정서적 유대감을 가질 것을 주장하고 있다.

유아기에 적합한 사회화 과정 경험 강조는 유능한 사회구성원이 되기 위해 기본적인 사회적 지식, 기능, 태도를 형성하고 사회적 자아, 자기주도성, 사회적 의사소통의 기능을 갖추어 사회문제를 능동적으로 해결 할 수 있도록 하여야 한다고 한다.

가족 구조의 변화와 자아개념 고려에 대한 요구증대는 가족의 다변화로 유아의 사회·정서적 발달과 성격에 왜곡을 가져올 수 있어 유치

원이 긍정적인 자아 개념을 형성할 수 있는 물리적, 사회적 경험을 제공할 필요성이 강조되고 있다고 주장한다.

민족 정체성과 다문화 교육의 필요 증대에서는 다문화 배경을 가진 사회구조로의 변화에서 내 민족에 대한 정체성의 확립이 선행되고 이를 바탕으로 타문화도 인정할 수 있도록 유도해야 한다고 주장한다. 이를 통해 가치의 혼란과 사회적 혼동을 예방하고 다양한 문화의 공존과 창조적인 발전을 가져올 수 있다고 한다.

사회과학적 지식과 문제 해결 능력에 대한 요구에서는 유아의 생활과 연관될 때 기본 개념들을 의미 있게 형성하게 되므로 일상생활과 놀이중심으로 사회과학적 지식을 습득할 수 있는 다양한 프로그램의 안내가 필요하다. 사회과학적 지식을 통해 사회를 인지하고 문제를 주도적으로 해결하려는 의지를 가진다고 주장한다.

이러한 배경을 가지고 개정의 중점으로는

가. 자신과 타인을 이해하고 존중하는 태도 강조

나. 가족 간에 화목하고 협력하는 태도 강조

다. 민주시민적 태도와 기능 강조

라. 전통문화와 다문화에 대한 이해와 존중강조

마. 유아기에 필요한 사회과학적 지식에 대한 이해 강조

바. 초등학교 교육과정의 연계성 고려를 들고 있다.

유아사회과교육의 기본 개념과 목적에 크게 벗어나지 않고 있으나 사회과학 지식에 대한 이해에 있어서 보다 체계적이고 구체적인 제시가 필요하다고 본다. 그리고 개별 지식과 생활(사회 현실)과 관련성, 그것이 어떻게 활용되는 지에 대한 발달단계에 맞는 고려, 그리고 아이의 수준에 맞는 선택에 관한 것에 대한 연구가 필요하다고 본다.

즉, 유아사회과에서 흥분되고 발달상으로 적절한 경험을 제공하여야 하는 바, 다음의 요소를 고려하여야 하는 것이다(Melendez et al. : 27-28).

가. 사회과 교육과정의 목적은 무엇인가? 그것은 유아기의 발달과업

과 일치하는가?

나. 사회과의 내용은 무엇인가? 그것은 어디에 근거하는가?

다. 발달지체를 겪는 아이들을 포함하여 어린 아이의 발달적 특징과 욕구는 무엇인가?

라. 사회과 내용의 어떤 면이 발달상 적절한가?

마. 유아기 수업에서 어떤 종류의 사회과 수업전략이 적절한가?

이상과 같은 고민을 해보아야만 유아사회과 교육과정이 의미 있고, 통합되고, 도전적이며, 지식 · 기능 · 태도에 근거하여야 하며, 활동적이어야 본질적이며 효과적이라고 할 수 있을 것이다.

한국의 유치원교육과정(교육인적자원부 고시 제2007-153호)상 유아사회과교육의 목표는 다음과 같다.

자신과 다른 사람을 존중하고, 더불어 살아가는 능력을 기른다.

가. 자신을 소중하게 여기고 스스로 생각하여 행동하며 감정을 조절한다.

나. 가족과 화목하게 지내며 서로 협력한다.

다. 예절 바르게 행동하고 질서를 지키며 이웃과 더불어 생활한다.

라. 우리가 살고 있는 사회 현상에 대하여 관심을 가진다.

앞서 지적한 바와 같이 사회과학의 지식과 기능 태도에 관한 내용과 지식의 활용과 그를 통한 결과의 도달에 있어서 보완의 필요가 있다고 본다.

결국 "유아사회과교육은 유아가 사회의 구성원으로서 사회적 현실로부터 자아를 인식하고, 자신을 둘러싼 사람들과 사회적 관계를 성숙시키면서 사회과학적 지식을 구성하며, 그것을 활용하여 자신이 처한 사회적 문제에 대한 해결력을 기르고, 자신이 속한 사회에 기여함으로써 더불어 살아갈 수 있는 능력을 기르는 것"이다. 이를 수행하기 위해 유아사회과는 이와 관련한 사회과학과 관련내용을 다루어 유아들의 민주시민성을 함양하는 것이다. 그리고 최근의 다문화나 반편견 등의 교육은 하나의 사회현상으로 다루는 것이 바람직하다고 본다.

3. 한국유아교육의 변천과 유아사회과교육

한국 유아사회과교육의 변천을 알아보기 위해 유치원교육과정 변천을 탐색해보고자 한다(유치원교육과정 해설(Ⅰ), 2008 : 138-147 ; 김경배 · 김재건 · 이홍숙, 2009 : 234-249 참조함).

유치원은 유아를 교육하고 유아에게 알맞은 교육환경을 제공하여 심신의 조화로운 발달을 조장하는 곳이다. 우리나라에서 국가수준의 유치원 교육과정은 1969년 이래, 1979년, 1981년, 1987년, 1992년, 1998년, 2007년에 이르기까지 6차례에 걸쳐 개정, 고시되었다.

최초의 공식적인 유치원교육과정은 1969년 2월 19일 문교부령으로 공포되었으며 이후 6차례의 개정을 거쳐 현재 제7차 유치원교육과정(교육인적자원부 고시 제2007-153호)이 시행되고 있다.

공식적 유치원교육과정이 공포되기 전인 1969년 이전의 유치원 교육은 매우 소극적 수준이었다. 최초의 유치원은 일본인 자녀를 위해 설립된 '부산유치원(1897년)'이었다. 그 후 유치원에 관한 최초의 법령은 일제시대 조선총독부에 의한 제2차 조선교육령(1922. 2. 4.)의 소학교령(2. 16)에서 유치원 규정이 포함되어 공포된 것이었다. 해방 후 1949년 교육법에서 유치원교육(목적, 대상)을 규정하고 1952년 교육법 시행령에서 유치원 설립 인가, 폐지규정을 두었지만 공식적 교육과정은 마련하지 못하였으며 개인이나 단체가 운영하여 유아의 오락, 보호, 초등준비교육의 수준에서 교육이 이루어졌다.

(1) 제1차 유치원 교육과정(1969-1979)

제1차 유치원 교육과정은 문교부령 제207호(1969. 2. 19.)로 공포되었으며, '자라나는 어린이들의 바람직한 성장 발달을 조성하는 유치원 교육의 특수한 목적과 기능을 소중히 여기고 이를 구현하기 위한' 취지로 제정되었다.

총론에서는 유치원 교육의 필요성과 유아기의 특징으로 신체적, 사회적, 지적, 정서적 특징을 서술하였다. 교육의 목적은 튼튼한 몸과 마음, 기초적인 생활습관, 올바른 사회적 태도와 도덕성, 과학적이고 민주적인 사고력, 심미적 태도, 창조적인 표현능력, 자연 및 사회의 제 현상에 관심을 갖게 하는 것이었다.

각론에서는 건강, 사회, 자연, 언어, 예능의 5개영역에 걸쳐 목표와 지도내용을 제시하고 있다. 초등학교 교과목과 동일한 명칭을 사용하고 있으나 구체적인 내용 진술의 방식에서는 5개의 생활영역으로 내용을 조직하고 유치원 교육을 통합적으로 접근하여야 함을 강조하고 있다. 교육 내용의 선정과 지도상의 유의점에서 유아의 생활경험, 흥미와 욕구를 고려할 것을 제시하여 경험중심 교육과정임을 표명하고 있다.

교육일수는 연간 200일 이상, 하루 3시간 기준이었으나 지역사회의 실정에 맞추어 조정 운영할 수 있게 하였으며 방법으로는 흥미중심, 놀이중심의 교육, 개인차에 따른 교육을 하도록 하였다. 그리고 5개 생활영역과 하루일과를 통합적으로 운영하게 하고, 다양하고 균형 있는 활동을 하게하고, 가정과 긴밀한 협력을 하도록 하였다.

제1차 유치원 교육과정의 '사회영역'은 개인 생활, 사회생활, 국가 생활의 3개 상위 내용과 30개 하위 내용으로 구성되어 있으며, 사회생활 영역의 교육목표는 바람직한 개인 생활을 통한 자주적 행동, 바람직한 사회생활을 통한 원만한 인간관계 및 사회에 대한 적응에 두었다. 이는 듀이(Dewey)의 경험중심 교육 철학에 영향을 받았다고 볼 수 있다(『유치원 교육 과정 해설 Ⅱ』, 2008 : 136).

(2) 제2차 유치원 교육과정(1979-1981)

제2차 유치원 교육과정은 문교부 고시 제424호(1979. 3. 1.)로 공포되었다. 1968년 제정·공포된 국민교육헌장과 1972년의 유신이념에 기초하였다.

교육의 목적은 남과 잘 사귀고 남과 더불어 생활하는 것을 즐기게 하며, 표현하는 능력 습관 태도를 기르고, 탐구능력, 언어구사력, 기초적인 운동능력, 건강 및 안전생활 습관을 기르는 것이었다. 교육의 구성은 4영역으로 전인적 발달 강조하여 사회·정서 발달, 인지 발달, 언어발달, 신체발달 및 건강으로 하였다. 시수와 운영은 연간 200일, 주당 18-24시간, 하루 학습시간 3-4시간으로 하고 유아와 지역사회, 유치원 실정에 적합한 계획과 운영, 통합적 학습, 유아의 흥미 중심, 놀이 중심, 개인차에 의한 학습, 가정과 연계를 지침으로 하였다. 그리고 특히 1970년대부터 인지발달을 강조하였다.

제2차 유치원 교육과정의 '사회·정서발날영역'은 사회, 정서의 2개 상위 내용과 20개 하위 내용으로 구성되어 있다. 사회·정서발달영역의 목표는 일상생활에 필요한 기본적인 능력과 태도를 기르고, 집단생활에 참여하여 남과 더불어 즐겁게 생활하는 능력과 태도를 기르는데 두었다. 이는 피아제(Piaget)를 비롯한 발달심리학자들의 발달이론에 영향을 받아 교육과정의 영역을 발달중심으로 체계화하였다고 볼 수 있다. 따라서 제2차 유치원 교육과정의 사회·정서발달영역은 제1차 유치원 교육과정에서 다루지 않았던 정서발달 측면을 강조한 점이 특징이다(『유치원 교육 과정 해설 Ⅱ』, 2008 : 136).

(3) 제3차 유치원 교육과정(1981-1987)

제3차 유치원 교육과정은 5공화국이 출범하면서 문교부 고시 제442호(1981. 12. 31.)로 발표되었다.

초·중등학교 교육과정의 개정과 연계되어 개정이 된 것이 특징이다.

이 때 문교부 주도에서 한국교육개발원에 연구 개발을 위탁하여 유아교육전문가, 심리학자, 현장교사 등 개발에 참여하였다. 수차례의 심의 끝에 개발하였다.

교육의 목적은 민주, 복지, 정의 사회 건설에 이바지하는 자주적, 창의적 국민을 육성하는 것이었다. 구성영역은 5개 발달 영역으로 신체발달, 정서발달, 언어발달, 인지발달, 사회성 발달을 두었다. 교육일수는 하향 조정하여 180일 이상, 하루 교육시간 3-4시간을 하도록 하였다.

운영지침으로는 융통성 있는 교육과정 운영계획, 교육자료의 확보 및 활용, 다양한 학습활동, 발달영역의 통합적 지도, 개인차와 흥미에 따른 놀이중심 지도, 가정과 연계한지도 방법을 강조하였다.

그리고 최초로 평가에 관한 지침을 제시하고 교육과정 해설서인 '유치원 새 교육과정 개요'를 발간하였다.

제3차 유치원 교육과정의 '사회성 발달영역'은 정서발달 영역과 분리하여 개인 및 가정생활, 집단생활, 국가생활의 3개 상위 내용과 25개 하위 내용으로 구성되어 있다. 사회성 발달영역의 목표는 개인 및 가정에서 필요한 기본적인 태도와 습관을 기르고, 집단생활에 참여하여 남과 더불어 즐겁게 생활하는 태도를 기르며, 민주시민으로서 나라 사랑하는 마음을 기르는데 두었다. 제3차 유치원 교육과정은 초・중등 교육과정과 처음으로 함께 교육과정을 연구, 개발하였다는 점에 의의가 있으며, 이에 따라 초・중등교육과 일관되게 국민정신교육의 체계화, 전인교육의 강화, 자주적이고 창의적인 국민 양성, 도덕적 인격의 형성 등을 역점으로 하였다(『유치원 교육 과정 해설 Ⅱ』, 2008 : 136-137).

(4) 제4차 유치원 교육과정(1987-1992)

제4차 유치원 교육과정은 1987년 6월 30일에 문교부 고시 제87-9호로 발표되어, 문교부의 위촉으로 한국교육개발원이 개정하였다.

교육목적은 건강과 안전에 대한 올바른 생활 습관과 신체의 조화로운 발달 도모, 다른 사람의 말을 이해하며, 주변 현상에 대한 느낌을 표현, 자부심 및 가족과 이웃을 사랑할 줄 아는 마음씨를 지니게 하는 것이었다.

발달영역으로 3차와 동일하게 5개 영역을 설정하였으니 신체발달, 정서발달, 언어발달, 인지발달, 사회성 발달로 전인으로의 발달을 위한 교육을 강조하였다. 각 영역별 내용은 제시하지 않고 교육목표 수준만 제시하였으며 내용은 교사가 자율적으로 선정하게 하였다.

연간 교육일수 180일 이상으로 하고 하루 교육시간은 3시간을 기준으로 하였으며 유아, 지역사회, 유치원의 특성에 따라 조정 운영할 수 있도록 하였다.

지도상의 유의점으로는 각 영역의 통합적 운영, 유아의 흥미중심, 놀이중심 교육의 중요성을 강조하였다.

제1, 2, 3차 유치원 교육과정 등 이전의 교육과정과 달리, 제4차 유치원 교육과정의 '사회성 발달영역'은 내용 없이 목표 중심의 구성 체계를 갖추고 있다. 즉 제4차 유치원 교육과정의 '사회성 발달영역'은 내용에 대하여 "발달영역을 기초로 하여 편성한다"로 설명하면서, 발달영역은 목표의 구성영역임을 명시하였다. 이는 내용을 별도로 제시하지 않고, 목표 안에 내용이 포함되어 있음을 가리킨다. 이 영역의 목표는 개인으로서의 일상생활에 필요한 기본적인 습관과 태도를 기르고, 집단생활에 참여하여 남과 더불어 즐겁게 생활하는 태도를 기르며, 나라 사랑하는 마음을 기르는데 두었다. 사회성 발달영역의 내용이 제시되지 않는 반면에 총론에서 「지도상의 유의점」을 신설한 것이 특징이다(『유치원 교육 과정 해설 II』, 2008 : 137).

(5) 제5차 유치원 교육과정(1992-1998)

제5차 유치원 교육과정은 1992년 9월 30일에 문교부 고시 제1992-15호로 발표되었다. 교육과정의 개발은 교육부가 고시하고 한국유아교육학회에 연구 개발 위촉하였다. 전문 연구진의 연구와 수차례의 각 시·도별 유치원 교육관계자 협의회를 거쳐 개정 고시되었다.

유치원 교육목적은 건강한 사람, 자주적인 사람, 창의적인 사람, 도덕적인 사람을 이상적 인간상으로 추구하였다. 교육과정은 기본 생활교육의 강조, 유아의 흥미, 요구, 개별성의 존중, 놀이중심 교육, 유아의 전인적 성장 발달 등을 중심으로 구성하였다.

1991년 교육법이 개정되어 유치원 입학연령이 만 4, 5세에서 만 3-5세로 조정되어 1992년 3월부터 만 3세 유아의 유치원 입학이 허가되었다.

교육과정의 내용은 Ⅰ수준과 Ⅱ수준으로 구분 제시되었으며 1995년부터 지방자치제에 의한 교육자치가 실시되어 유치원 교육과정도 지역화를 강조하였다. 종일반 운영을 강조하여 취업모의 증가로 인한 사회적 요구에 부응하였다.

교육과정의 영역은 종래 발달영역별로 구성하였던 것과는 달리 5개 생활영역으로 구성하였다. 즉, 건강생활, 사회생활, 표현생활, 언어생활, 탐구생활로 구성하였다. 발달 영역의 목표를 직접 교육활동에 연결시키는 것이 어려웠던 교사들에게 지침과 명료성 부여하기 위한 것이었다.

유치원의 연간 교육일 수 180일을 기준으로 하고 하루 교육시간 3시간 기준으로 하여 조정하여 운영할 수 있도록 하였다. 유치원의 교수-학습방법에 대한 지침으로 교육활동의 통합적 운영, 민주적이고 수용적인 활동 분위기의 조성, 균형 있는 일과 활동, 실물을 통한 직접 경험, 부모와의 관계 등 강조하였고 평가의 내용과 방법, 유의점도 제시하였다.

제2차, 3차, 4차 유치원 교육과정이 발달중심의 사회성발달을 표방한 것과 달리, 제5차 유치원 교육과정은 유아의 생활경험 중심으로 영역을 구분하고 있다. 즉 제5차 유치원 교육과정의 '사회생활영역'은 기본생활습관, 개인의 생각과 행동 조절, 가족이해, 집단생활, 사회현상과 환경에 대한 관심의 5개 구분과 21개 내용으로 구성되어 있으며, 각 내용별로 Ⅰ수준, Ⅱ수준, 공통수준으로 체계화하였다. 사회생활영역은 상위목표와 4개의 하위 목표를 두었으며, 4개의 하위 목표를 포괄하는 내용으로 상위 목표를 진술하였다. 즉 기본생활습관과 조절능력을 기르고, 사회적 지식과 태도를 익히며, 자신과 다른 사람을 존중하며 더불어 생활하게 하는 데 목표를 두었다. 제5차 유치원 교육과정의 사회생활영역은 구성주의 교육이론을 교육과정에 적극적으로 반영하여 유아의 사회생활을 통한 능동적 지식의 구성, 사회적 상호작용을 통한 지식의 확장, 협동을 통한 문제해결력 등을 강조하여 사회생활경험과 사회성발달을 통합한 점이 특징이다(『유치원 교육 과정 해설 Ⅱ』, 2008 : 137).

(6) 제6차 유치원 교육과정(1998-2007)

제6차 유치원 교육과정은 1998년 6월 30일 교육부 고시 제1998-10호로 발표되었다. 개정의 기본방향은 초·중등학교 교육과정과 같이 21세기 세계화 정보화 시대 주도할 자율적이고 창의적인 한국인 육성으로 설정하였다.

교육부는 한국유아교육학회에 위탁하여 한국유아교육학회는 제5차 교육과정의 문제점을 분석하고, 유치원 현장, 각계의 전문가의 의견을 폭 넓게 반영하였다.

한편으로는 대통령 자문 교육개혁위원회가 유아교육의 공교육 체제 확립방안 제시하였다. 3세 이상 취학 전 유아들을 공교육 체제 안에 포함시키고, 교육과 보육 서비스를 함께 제공하도록 하고, 저소득층 유아들에게 교육기회를 우선적으로 제공함으로써 교육기회의 형평성을 유지할 것을 제안하였다.

제6차 교육과정이 추구하는 인간상으로는 전인적 성장의 기반위에서 개성을 추구하는 사람, 기초능력을 토대로 창의적 능력을 발휘하는 사람, 우리문화에 대한 이해의 토대위에 새로운 가치를 창조하는 사람, 민주시민의식을 기초로 공동체의 발전에 공헌하는 사람을 들었다.

5개 생활영역으로 건강생활, 사회생활, 표현생활, 언어생활, 탐구 생활을 구성하였다. 영역별 기본 내용은 다음과 같다.

- 건강생활 : 신체 운동, 건강교육(개인 건강, 안전교육)
- 사회생활 : 기본생활습관, 개인생활, 가정생활, 집단생활, 사회생활과 환경

- 표현생활 : 탐색, 표현, 감상
- 언어생활 : 기초적 언어능력(듣기, 말하기, 읽기 · 쓰기)
- 탐구생활 : 탐구에 필요한 기초능력과 태도(과학적 탐구, 수학적 탐구, 창의적 탐구)

특히 사회생활의 목표는 기본 생활습관과 자기조절능력을 기르고 다른 사람과 더불어 생활하며 사회현상에 대하여 관심을 갖게 하는 데 있다.

제6차 유치원 교육과정의 '사회생활영역'은 기본생활습관, 개인생활, 가정생활, 집단생활, 사회현상과 환경의 5개 구분과 19개 내용으로 구성되어 있으며, 제5차 유치원 교육과정과 마찬가지로 Ⅰ수준, Ⅱ수준, 공통수준으로 체계화하였다. 사회생활영역은 상위 목표와 4개의 하위 목표를 두었으며, 4개의 하위 목표를 포괄하는 내용으로 상위 목표를 진술하였다. 즉 기본생활습관과 자기조절능력을 기르고, 다른 사람과 더불어 생활하며, 사회현상에 관심을 갖는데 목표를 두었다. 제6차 유치원 교육과정은 제5차 유치원 교육과정의 기본 철학과 구성 체계를 계승하였다고 볼 수 있으나, 특히 유아가 경험하게 되는 사회생활의 범위를 중심으로 기본생활습관, 개인생활, 가정생활, 집단생활, 사회현상과 환경 등 구분의 명칭을 체계화하였다는 점이 주목할 만하다(『유치원 교육 과정 해설 Ⅱ』, 2008 : 137-138).

(7) 제7차 유치원 교육과정(2007-현재)

제7차 유치원 교육과정은 교육인적자원부 고시 제2007-153호로 2007년 12월 19일 발표되었다.

추구하는 인간상은 다음과 같다.

가. 전인적 성장의 기반 위에 개성을 추구하는 사람
나. 기초 능력을 토대로 창의적인 능력을 발휘하는 사람
다. 폭넓은 교양을 바탕으로 진로를 개척하는 사람
라. 우리 문화에 대한 이해의 토대 위에 새로운 가치를 창조하는 사람

마. 민주 시민 의식을 기초로 공동체의 발전에 공헌하는 사람

교육과정의 구성 방침은 다음과 같다.

가. 사람과 자연을 존중하고 사랑하는 세계관을 바탕으로 구성한다.

나. 유아의 기본 생활 습관과 전통문화, 창의성을 강조하여 구성한다.

다. 지역과 유치원의 자율성을 확대하도록 구성한다.

라. 유치원 교육의 정체성을 살리며 초·중등학교와 연계하여 구성한다.

마. 유아의 발달 특성을 고려하여 수준별 교육과정을 구성한다.

바. 교육과정 평가 체제를 통하여 교육에 대한 질 관리를 강화하도록 구성한다.

유치원 교육 목적과 목표는 유아에게 알맞은 교육 환경을 제공하여 유아를 교육하고 심신의 조화로운 발달을 돕는 것을 목적으로 한다. 이를 실현하기 위하여 다음과 같은 교육 목표를 둔다.

가. 몸과 마음을 건강하게 하며 기본 생활 습관을 기른다.

나. 더불어 사는 태도와 우리 전통문화를 사랑하는 마음을 가진다.

다. 자신의 생각과 느낌을 자유롭고 창의적으로 표현하는 경험을 가진다.

라. 의사소통을 위한 언어 능력을 기르며, 바른 언어 사용 습관을 기른다.

마. 호기심을 가지고 주변 세계를 탐구하며 자연을 존중하는 태도를 가진다.

교육과정의 영역과 시간은 다음과 같다.

가. 교육과정은 건강 생활, 사회생활, 표현 생활, 언어 생활, 탐구 생활의 5개 영역으로 구성한다.

나. 연간 교육 일수는 180일, 하루 교육 시간은 180분을 최소 기준으로 하되, 연간 교육 일수 및 하루 교육 시간은 시·도 교육청의

지침과 유치원 실정에 따라 유치원에서 자율적으로 결정한다.

4. 제7차 유치원 교육과정에서의 '사회생활영역'

제7차 유치원 교육과정의 사회생활영역의 전문의 내용을 게재한다(유치원 교육과정, 교육인적자원부 고시 제2007-153호) : 17-21).

〈사회생활영역〉

(1) 성 격

사회 생활은 유아가 자신을 알고 소중하게 여기며, 다른 사람과 함께 살아가는 방법을 익히고, 주변 세계에 관심을 갖고 적응해 나갈 수 있는 기초 능력을 기르기 위한 영역이다.

이 영역은 '나를 알고 사랑하기', '가족과 함께 생활하기', '이웃과 더불어 생활하기', '사회 현상에 관심가지기'의 네 가지 내용으로 구성한다.

'나를 알고 사랑하기'는 유아가 자신을 소중하게 여기며 이를 바탕으로 자신의 일을 스스로 하고, 자기감정을 알고 조절하는 데 중점을 둔다.

'가족과 함께 생활하기'는 유아가 가족과 화목하게 지내고, 협력하며 생활하는 태도를 기르는 데 중점을 둔다.

'이웃과 더불어 생활하기'는 유아가 다른 사람들과 함께 살아가는 데 기본적으로 필요한 예절 바른 생활 태도를 가지며 다른 사람을 이해하고 존중하며 협력하는 능력을 기르는 데 중점을 둔다. 특히 친구와 사이좋게 지내고 공공장소에서 지켜야 할 질서와 규칙을 실천하도록 하는 데 중점을 둔다.

'사회 현상에 관심가지기'는 유아를 둘러싼 문화와 생활양식에 바탕을 두어 유아가 생활하는 주변 지역, 경제생활, 우리나라와 세계 여러 나라의 문화에 관심을 갖는 데 중점을 둔다.

사회생활 영역의 교육 활동에서는 유아의 생활을 중심으로 토의, 역할놀이, 공동 작업, 협동 게임 등의 다양한 방법을 통하여 다루도록 한다. 교사의 설명이나 지시보다는 유아가 적극적으로 참여하게 하여 사회적 기능, 태도 및 사회 과학적 지식을 형성하도록 한다. 특히, 기본생활습관은 생활 전반에 걸쳐 꾸준히 지도하여 유아가 바른 습관을 자연스럽게 형성하도록 하며, 가정과 긴밀한 협조가 이루어지도록 한다.

(2) 목 표

자신과 다른 사람을 존중하고, 더불어 살아가는 능력을 기른다.

가. 자신을 소중하게 여기고 스스로 생각하여 행동하며 감정을 조절한다.
나. 가족과 화목하게 지내며 서로 협력한다.
다. 예절 바르게 행동하고 질서를 지키며 이웃과 더불어 생활한다.
라. 우리가 살고 있는 사회 현상에 대하여 관심을 가진다.

(3) 내 용

가. 내용 체계

내 용	하위 내용
나를 알고 사랑하기	나를 소중하게 여기기 나의 일 스스로 하기 나의 감정 알고 조절하기
가족과 함께 생활하기	가족과 화목하게 지내기 가족과 협력하기
이웃과 더불어 생활하기	예절 바르게 생활하기 다른 사람을 이해하고 존중하기 질서와 규칙 지키기 두레의 소중함을 알고 협력하기
사회 현상에 관심 가지기	주변 지역에 관심 가지기 경제생활에 관심 가지기 우리나라와 우리 전통문화에 관심 가지기 다양한 문화에 관심 가지기

나. 수준별 내용

<table>
<tr><th rowspan="2">내 용</th><th rowspan="2">하위 내용</th><th colspan="2">수준별 내용</th></tr>
<tr><th>I</th><th>II</th></tr>
<tr><td rowspan="9">나를 알고 사랑하기</td><td rowspan="2">나를 소중하게 여기기</td><td colspan="2">· 나에 대해 알아보고 소중하게 생각한다.</td></tr>
<tr><td colspan="2">· 내가 하는 일에 자신감을 가진다.</td></tr>
<tr><td rowspan="4">나의 일 스스로 하기</td><td colspan="2">· 내가 할 수 있는 일을 스스로 한다.</td></tr>
<tr><td colspan="2">· 해야 할 일을 책임 있게 한다.</td></tr>
<tr><td>· 하고 싶은 일을 스스로 선택하고 해 본다.</td><td>· 하고 싶은 일을 계획하고 실천한다.</td></tr>
<tr><td>· 하루 일과에 적응한다.</td><td>· 하루 일과를 알고 생활한다.
· 규칙적인 생활을 한다.</td></tr>
<tr><td rowspan="2">나의 감정 알고 조절하기</td><td>· 여러 가지 감정이 생길 수 있음을 안다.</td><td>· 상황에 따라 감정이 변할 수 있음을 안다.</td></tr>
<tr><td>· 나의 감정을 조절해야 할 필요성을 안다.</td><td>· 나의 감정을 조절하여 적절하게 표현한다.</td></tr>
<tr><td rowspan="4">가족과 함께 생활하기</td><td rowspan="2">가족과 화목하게 지내기</td><td colspan="2">· 가족의 소중함을 알고 화목하게 지낸다.</td></tr>
<tr><td colspan="2">· 부모, 형제 등 가족과 사이좋게 지낸다.</td></tr>
<tr><td rowspan="2">가족과 협력하기</td><td>· 가족 구성원을 안다.</td><td>· 다양한 가족 구조에 대해 알아본다.</td></tr>
<tr><td>· 가정에서 내가 할 수 있는 일을 찾아보고 해 본다.</td><td>· 가족을 위해 할 수 있는 일을 알아보고 실천한다.</td></tr>
<tr><td rowspan="9">이웃과 더불어 생활하기</td><td rowspan="4">예절 바르게 생활하기</td><td colspan="2">· 정직하게 말하고 행동한다.</td></tr>
<tr><td colspan="2">· 친구와 어른께 바르게 인사한다.</td></tr>
<tr><td>· 도움을 받거나, 잘못했을 때 표현하는 말을 안다.</td><td>· 도움을 받거나, 잘못했을 때 적절한 말과 태도로 표현한다.</td></tr>
<tr><td colspan="2">· 옷차림을 바르게 한다.</td></tr>
<tr><td rowspan="2">다른 사람을 이해하고 존중하기</td><td colspan="2">· 친구와 사이좋게 지낸다.</td></tr>
<tr><td>· 사람은 서로 다르다는 것을 안다.</td><td>· 사람의 서로 다른 점을 존중하며 함께 지낸다.</td></tr>
<tr><td rowspan="3">질서와 규칙 지키기</td><td colspan="2">· 다른 사람과 한 약속을 지킨다.</td></tr>
<tr><td>· 질서를 지켜야 함을 안다.</td><td>· 질서를 지킨다.</td></tr>
<tr><td colspan="2">· 공공장소에서 지켜야 할 규칙을 알고 지킨다.</td></tr>
</table>

	두레의 소중함을 알고 협력하기	· 친구와 함께 활동에 참여해 본다.	· 친구의 의견을 존중하며 집단 활동에 참여한다.
		· 다른 사람을 도와주는 경험을 해본다.	· 다른 사람과 협력한다.
		· 물건을 함께 사용해 본다.	· 물건을 나누어 쓰고 양보한다.
사회 현상에 관심가지기	주변 지역에 관심 가지기	· 우리 동네의 이름과 집의 위치를 알아본다.	· 우리 동네의 특징을 알아본다.
		· 우리 동네에 있는 여러 기관을 알아본다.	· 우리 동네에 있는 여러 기관의 역할을 알아본다.
	경제생활에 관심 가지기	· 물건을 잘 간수하고 아껴 쓴다.	
		· 다시 쓸 수 있는 물건을 재활용한다.	
		· 물건을 살 때 돈이 필요함을 안다.	· 필요한 물건을 계획해서 사 본다.
		· 우리 가족의 직업에 대해 알아본다.	· 여러 가지 직업에 대해 알아보고 모든 직업이 소중함을 안다.
	우리나라와 우리 전통문화에 관심 가지기	· 태극기, 애국가, 무궁화 등 우리나라 상징에 관심을 가진다.	· 태극기와 애국가에 대한 예절을 알고 지킨다.
			· 통일에 관심을 가진다.
		· 전통문화에 관심을 가진다.	· 전통문화를 존중하고 친밀감을 가진다.
	다양한 문화에 관심 가지기	· 여러 나라 사람에 대해 관심을 가진다.	· 여러 나라의 사람에 대해 알아보고 존중한다.
		· 여러 나라의 문화에 관심을 가진다.	· 여러 나라의 문화를 알아보고 존중한다.

(4) 지도상의 유의점

교사는 다음 사항에 유의하여 지도하도록 한다.

첫째, 사회생활에 관한 교육 활동의 계획과 운영은 유아가 기초적인 사회적 태도와 기능, 지식 등을 포괄적으로 익히고 활용하는 데 중점을 둔다. 유아가 규범이나 사회적 지식을 아는 데 그치지 않고 그것을 행동에 옮겨 습관화하여 바람직한 사회생활 태도를 가지도록 지도한다.

둘째, 현대사회에서 사회생활 영역이 갖는 교육적 개념은 상호 존중과 상호 의존임을 명확히 인식하고 이러한 개념들이 유아의 생활 속에서 자연스럽게 형성되도록 교육 활동을 계획하고 운영한다. 인간과 인간 간의 관계가 더욱 중요시 되는 현대사회에서 유아들이 자신과 다른 사람의 유사점, 차이점을 인식하고 존중하며 더불어 살아갈 수 있도록 하며, 특히 다문화 교육, 반편견 교육에 대한 교육 내용 요소를 교사가 먼저 바르게 인식하여 교육 활동을 계획하고 사회생활 영역 전반에 걸쳐 지도한다.

셋째, 기본 생활 습관은 생활 전반에 걸쳐 반복적으로 꾸준히 지도하여 유아가 바른 생활 습관을 자연스럽게 형성하도록 한다. 교사는 좋은 모범을 보이도록 하며, 특히 가정에서 기본 생활 습관의 기초가 이루어지므로 유치원과 가정에서의 교육이 일관성 있는 교육이 되도록 학부모와 밀접한 관계를 갖고 협력하여 지도한다.

넷째, 유아가 다양한 사회적 관계를 경험할 수 있도록 교사의 언어적 설명이나 지시보다는 따뜻한 격려와 직접적인 문제 제기, 문제 해결을 위한 유도, 확산적 질문 등을 사용하도록 한다. 그리고 공동 작업, 협동 게임, 소집단 토의 활동, 극화 활동 등을 통해 유아들 간의 갈등과 경쟁을 극복하여, 경험을 공유하고 협동하는 능력을 기르도록 한다. 또한 현장을 견학하거나 자원 인사를 초빙하여 일터의 소중함과 일하는 사람의 보람 등을 직접 공감하는 기회를 갖도록 한다.

다섯째, 각 지역의 특성과 문화적 자원을 충분히 활용하도록 한다. 유아가 생활하는 지역 사회의 특성과 문화를 경험하게 함으로써 지역 사회 문화에 대한 이해와 더불어 애향심, 공동체 의식, 지역에 대한 자긍심 등을 기를 수 있도록 지도한다.

제 4 절 유아사회과교육의 전망과 동향

1. 한국 유아사회과교육의 연구 동향

사회과 교육의 연구는 역사에 있어서나 그 다양성과 심도에 있어서 아직 원리적 수준에 머물러 있다고 보아야 할 것이다. 물론 몇몇 대학을 중심으로 활발한 연구가 진행 중인 것은 사실이나 전문적 인력의 부족과 현장과의 연계 문제가 중대한 문제로 지적되고 있다. 각 분야별로 단편적인 연구는 다수 보이고 있으나, 한 분야를 연구하고 관련하여 그 분야를 심화시키고 인접 분야로 접근함으로써 연구의 지평을 넓혀 가는 연구가 부족하다. 그리고 연구자와 현장 교사간의 연계도 매우 중요하다. 사회과교육은 결국 현장에 문제가 제기되고 현장에서 그 결실을 맺는다고 할 수 있다. 그러므로 이론적 탐색만으로는 부족하다. 그리고 이론적 바탕이 없이 현장 경험만으로는 지속적 발전과 체계적 전달이 어렵다. 그러므로 연구자의 현장 접근이 쉬워야하고, 교사의 연구물에 대한 접근이 자주 있어야 할 것이다. 무엇보다 중요한 것은 현장 교사의 연구 자세가 중요하다 할 것이다.

특히 유아사회과는 초·중등과 연계되는 계열성(K-12)에 있어서 부실함을 알 수 있다. 물론 유아교육에서 있어서 단독교과로 분류하는 것은 무리가 따른다. 통합적인 생활영역으로 나누고 사회과는 그 중에서도 사회생활 영역과 밀접한 관련을 갖는다. 사회생활영역은 기본생활습관의 형성부터 중시하기 때문에 도덕교과적 성격이 강하다. 그러나 유아가 성장하면서 주변환경(인적, 물적)과 관련을 맺게 되고 주변에서 일어나는 현상 특히 사회현상과의 관련에서 관심을 갖고 스스로 지식을 구성해간다는 사회적 구성주의 입장에서 본다면 유아교육이라 해서 사회과교육과 동떨어져서 논할 수는 없는 것이다.

그런데 현재 한국 유아사회과교육의 현실을 본다면 사회생활 영역과 관련해서 볼 때 초등과 연계되는 사회과의 주요개념의 형성과 관련해서 논의하기 보다는 발달심리의 틀을 벗어나지 못하고 있다. 주요 과제로서 사회성에 초점을 맞추고 애착, 사회적 자아, 친사회적 행동, 도덕성 등에 주력한다. 그리고 사회적 관계에 대하여 논하지만 사회과학적 연계성이 부족한 가운데 이루어지고 있다. 유아사회과교육에서 사회과학의 개념을 그대로 가져오는 것이 무리한 경우가 있다고 하더라도 발달단계에 맞게 표현을 하면 굳이 브루너(Bruner)를 들먹이지 않더라도 생활 속에서 쉽게 이해를 시킬 수가 있을 것이다. 결국 유아사회과가 초·중등 사회과와의 연결선상에서 논의되지 않는다면 그 만큼 의미를 잃게 되고 낙후성을 면하기 어려울 것이다.

그리고 한국 유아사회과교육이 연구 업적을 쌓아가며 연구가 살아 있기 위해서는 경험연구가 장려되어야 한다. 이론을 바탕으로 한 경험적 연구야말로 한국 유아사회과 교육 발전의 바탕이 되며, 보다 현장에 도움을 줄 수 있는 연구를 할 수 있게 할 것이다.

2. 유아사회과교육의 과제

먼저 한국유아사회과교육은 내용 선정 조직과 수업에 있어서 체계성이 부족하다. 그것은 전혀 이질적인 개념들을 연결하다보니 그리된 것으로 보이지만 한편으로 사회과교육적 사고의 부족에서 온다고도 볼 수 있을 것이다.

유아사회과교육에서도 무엇인가 잡다한 내용들을 많이 가르치려하기 보다 처음부터 과정(방법) 중시에 익숙할 수 있도록 지도를 할 필요가 있다. 내용과 방법은 분리할 수 없는 관계이지만 교육사조별로 학습의 방법에 있어서 중점을 두는 것에는 차이가 있다. 즉, 현실적으로 내용을 한 극으로 하고 방법을 한 극으로 하는 연속체에서 어느 한 점을 차지하고 있음을 알 수 있다. 그러나 앞으로의 추세는 지식의 급증과 사회의 급격한 변동에 비추어 볼 때 방법 쪽으로 접근하지 않고서는 유아사회과도 목적을 달성할 수 없을 뿐만 아니라 유아사회과도 무용론이 나올지도 모른다는 사실이다. 필수 불가결하며 기능적 이해의 열쇠가 될 수 있는 핵심개념과 정보 처리와 탐구 기능을 중시하는 방향으로 내용구성하며 학습이 이루어지고 평가도 그와 관련하여 이루어지는 것이 진정한 교육개혁이라고 본다. 이와 더불어 주장할 수 있는 것이 사회과학의 지식을 바탕으로 하고 그것을 발달단계와 목적에 맞게 가공하여 선택 활용할 수 있는 방안을 연구해야 한다.

인성교육을 들 수 있다. 유아사회과가 도덕과를 내포하는 생활영역에서 이루어진다면 기본적인 생활습관을 통한 인성교육에 대하여 구상해야 한다. 막연히 특정한 예절이나 공중도덕을 주입하기 보다는 그것에 대한 이해와 지키지 않았을 때 타인과의 관계 등 사회생활의 관계망에 초점을 두고 사회과의 지식을 구성할 수 있게 해야 한다. 그러므로 사회과가 결국 민주시민성을 기르는 교과라고 할 때, 어떤 가치나 태도를 가르치지 못하고 단순히 지식이나 기능만을 교수하는 데 치중한다면 또한 한계에 부딪히게 될 것이다. 사회과학의 지식이 가치중립적이라고 가정하더라도 사회과의 목표는 가치지향적인 것이므로, 사회과의 내용은 결국 어떤 가치를 지향하게 되는 것이다. 인성교육의 핵심은 가정교육에 있겠으나, 학교교육 특히 유아사회과교육에서 보다 체계적이며 종합적으로 다룰 수 있다고 본다. 현대사회의 가족은 핵가족화 및 결손가정으로 인해 과거의 가족이 할 수 있는 인성교육을 감당하는데 한계가 있음을 알 수 있다. 현대 한국사회에서 태어난 영아와 유아는 보육시설과 유아교육시설에서 어릴 적부터 사회교육기관 내지 공식 교육기관과 접하게 되어있는 바 보다 체계적인 또래집단과 더불어 공동체를 이루고, 보다 체계적인 교육이 이루어질 수 있도록 교육과정을 구상해야 할 것이다. 유아사회과에서 현장을 접하고 공동으로 문제를 해결하고, 의사결정을 하는 훈련을 함으로써 이를 통해 가치 내면화와 명료화가 이루어질 수 있다고 본다.

현대 사회의 중요 문제가 인간 이기심의 발로라고 가정한다면, 유아사회과에서의 참여와 협동을 강조하는 학습은 개발되어야 할 것이다. 최근 우리나라에서 1970년대 후반 미국에서 개발된 협동학습에 관한 연구와 실행이 이루어지고 있는 것은 고무적이다. 그러나 현장에서 교사가 학습방법을 적절히 구사하지 못한다면 의미가 없을 것이다.

국제교육(Global Education)을 들 수 있다. 최근 국제화, 개방화 추세와 더불어 사회과에서 지향해야 할 부문이다. 국제화를 통해 국가 간의 상호의존성이 증가하고 국제 경쟁이 치열해 진 상황에서, 이러한 경쟁에 낙오하지 않기 위해서 교육을 개혁하자는 목소리도 높다. 사회과에서는 사회과 자체의 개혁과 더불어 국제이해의 폭을 넓히는 교육이 절실하다 할 것이다. 보다 폭넓은 사고와 우리 자신의 것에 대한 소중함의 인식, 나아가서는 국제적 공감을 얻을 수 있는 전환적 사고, 변화에 대한 신축적 대응, 상대방에 대한 인식의 확대 등이 중요한 요소가 될 것이다. 특히 유아사회과에서는 농촌지역에 다문화 가정이 늘어남으로 인해 다문화에 대한 이해와 반 편견 교육이 국제교육과 더불어 이루어져야 한다. 현재 다문화 가정의 자녀가 대다수 영·유아교육의 단계에 머물러 있지만 곧 이어 초등교육, 중등교육으로 이어지게 되고 그리고 현재 다문화 가정에 대한 성인교육의 필요성도 커지고 있다. 피부색이나 인종, 문화의 차이에 관계없이 대한민국의 구성원으로서 원만히 성장하고 살아갈 수 있도록 해야 하며 나아가서는 세계 전 인류와도 편견 없이 조화되고 원만히 살아갈 수 있는 인간을 길러야 하는 것이다.

최근에 다문화 교육의 중요성이 점차 사회문제화 되고 한국사회의 주요 이슈가 됨에 따라 유아교육에 있어서도 주요 연구과제 내지 교육과제가 된 것이다. 유아사회과교육에서는 다문화가 단순히 다문화에 그칠 것이 아니라 하나의 사회현상이며 사회현상에 대한 탐구로서 지식과 가치를 구성하는 방향으로 사회생활 영역을 구성해야 할 것이다.

마지막으로 유아사회과교육의 성패를 좌우하는 것은 역시 현장 교사일 것이다. 결국 유아사회과 교육의 개혁은 교사의 전문성 제고에서부터 시작되어야 한다는 것은 재론의 여지가 없다. 교사가 유아사회과교육에 대한 인식과 능력을 갖출 때 유아사회과교육의 개혁은 매우 자연스럽게 일어나게 될 것이다. 그리고 유아사회과교육이 유아교육에서 사회생활 영역이지마는 교사의 입장에서 단순히 생활영역만으로 취급해서는 초·중등과 연계된 주요 개념을 형성하고 민주시민성의 양성이라는 가치를 심어주기 어렵다는 것을 유아교사는 인지해야 할 것이다. 현장의 문제에 보다 적극적으로 대응하고 연구함으로써 유아교사의 전문성은 길러진다는 것을 인식해야 할 것이다.

제 2 장

유아의 사회화

제 1 절 유아의 사회화

1. 사회화이론

(1) 사회화의 개념

인간이 자기가 속해있는 사회집단의 행동양식, 가치관, 규범과 같은 문화를 학습하여 내면화하고 자기 자신의 독특한 개성과 자아를 형성해 가는 과정을 사회화(socialization)라고 한다. 사회화는 사회적 측면에서 볼 때 동물적 상태의 아동을 사회적 존재로 성장시켜 가는 과정, 즉 문화 전달과정이다. 개인적 측면으로는 개성의 형성과정으로 볼 수 있다. 즉, 한 개인이 그가 소속하고 있는 사회 집단의 구성원들이 기대하는 대로 행동을 수정·발달시켜 가는 학습과정을 의미한다. 따라서 사회화는 문화화 내지 자아형성·발달의 과정으로 이해될 수 있다. 사회적 측면으로는 문화적 유산을 다음 세대에 전승한다는 의미가 있다. 개인이 조직화된 생활양식에 적응하게 함으로써 사회를 유지 존속시킨다는 의미가 있다.

사회화의 정의를 그 내용과 결과와 관련하여 좀 더 구체적으로 논한다면 다음과 같다(윤덕중, 1987 : 93-94).

첫째 사회화란 사회성원이 되어가는 과정으로 독특한 개성을 가진 인성이 사회문화적 조건 속에서 형성된다.

둘째 사회화란 기억하고 사유하는 것과 같은 인지적 능력을 습득하는 것과 동시에 감정이나 정서와 같은 정의적 영역의 발달을 의미하기도 한다.

셋째 사회화란 다양한 상황에서 구성원들이 역할 수행을 가능하게 하는 사회규범과 가치관을 내면화하는 과정이다.

넷째 사회성원이 하나의 독립된 경제인으로서 생존할 수 있게 하는 직업상의 지식과 기능을 습득하는 과정이다.

다섯째 사회화는 어린 시절에 특정한 인성을 형성함으로써 끝나는 것이 아니라 일생을 통하여 끝임 없이 일어나는 변화이다. 즉, 어린 시절에 맨 먼저 일어나는 가장 중요한 사회화를 일차적 사회화(primary socialization)라 하고 인간이 성인이 되면서 새로운 직업이나 직위를 갖게 될 때 그러한 직업이나 직위에 상당한 태도나 사회적 이념을 갖게 되는 것을 이차적 사회화(secondary socialization)라고 한다.

(2) 사회화의 내용

사회화를 통해 무엇을 습득하고 내면화하는 것인지에 대하여 알아보기 위해 사회화의 내용(강재태 외, 2009 : 80-81을 참조함)을 보다 구체적으로 논의할 필요가 있다.

첫째 사회화를 통하여 세상을 살아가기 위해 필요한 기본적인 지식과 기술을 습득하게 된다. 언어를 기본적인 요소로 하여 욕구 충족의 절차와 방법을 익히게 된다.

둘째 사회화를 통해 사회생활에 적응할 수 있는 능력과 태도를 학습해야 한다. 조직생활에 적응할 수 있는 자질과 태도의 함양이 주 내용이 된다. 집단 내에서 지위와 역할의 학습, 집단규범의 준수 등을 내면화하는 내용이 요청된다.

셋째 주류문화의 가치와 도덕적 신념에 대한 학습이 사회화의 학습내용에 포함되어야 하며 사회화를 통하여 이를 내면화 한다. 도덕교육을 통하여 아동의 도덕성 발달이 타율적 도덕성에서 자율적 도덕성으로 변화하게 된다.

넷째 사회화를 통해 자아정체성을 확립해야 한다. 인간은 자신에 대한 인식과 존중감, 자신이 나아갈 길에 대하여 스스로 선택할 수 있어야 한다.

다섯째 사회화는 사회의 문화유산을 전승하는 과정이다. 문화유산을 다음세대로 전승함으로써 구성원을 적응시키고 사회를 유지·존속할 수 있게 한다.

이상에서 보는 바와 같이 사회화는 인간이 태어나서 사회에 적응하고 살아가기 위해 학습해야할 모든 것을 내포한다고 볼 수 있다. 매우 기본적인 생활 습관에서부터 고도의 과학·기술이나 철학의 내용까지 매우 포괄적으로 다가 온다. 그리고 이러한 내용들 특히 규범과 가치관이 개인의 의식 속에 이입되는 것을 내면화(internalization)라고 하는데 사회화는 내면화되어야 한다. 내면화는 주로 구조기능주의자들에 의해 개념화되었다.

그런데 모든 사회화가 개인에 다 같이 일어나지는 않는데, 그것은 상징적 상호작용론자들에 의하면 사회화가 단순히 개인이 특정 사회의 가치관이나 규범을 흡수하는 것 이상의 것으로서 다양한 사회적 여건하에서 사회의 다른 성원과의 능동적인 협상을 통해 상황을 정의, 재정의하는 과정으로 이루어지기 때문이다. 사회화를 통한 인성의 형성과정은 인간간의 접촉에서 일어나는 상황정의와 반응의 과정을 통해 일어나는 것으로 설명할 수 있다. 상징적 상호작용에 의해 어린아이가 사회화되는 과정을 예를 들어 보면 다음과 같다.

즉, "어린아이는 아주 의존적이고 쾌락을 추구하고 있다. 그는 그의 욕구를 충족시키기 위해 타인의 도움을 필요로 하고 이러한 단순한 사실로 인해 사람에게 의존하게 된다. 처음에는 부모가 어린아이를 정답게 대해 주고 자주 치켜 올리지만 부모는 곧 그가 제공하는 것에 대한 대가를 더욱 더 요구하게 된다. 이에 어린 아이는 점차 종래의 방법을 바꿔야 하고 하기를 원하지 않는 일도 해야만 하고 원하는 일도 그만두어야 한다. 이와 같이 하여 책임 있는 구성원이 되는 과정이 시작된다(Campbell, 1975 : 17)."

이렇게 하여 사회화의 과정은 사람들마다 조금씩 다르며 그 결과도 개인차가 나는 것이다.

(3) 사회화의 유형

사회화가 일단 성인이 되었다 해서 끝나는 것은 아니다. 인간은 일생을 통해 무수한 변화를 겪게 되므로 사회화에도 여러 유형이 있을 수 있다. 앞서 말한 1차적, 2차적 사회화가 존재하겠지만, 이것을 구체적으로 나누면 예기사회화, 재사회화, 정치사회화, 직업사회화(강재태 외, 2009 : 82-84)로 개념화할 수 있다.

가. 예기사회화

예기사회화는 다가올 미래를 미리 예견하여 필요한 사회적 역할, 가치관, 지식, 기술을 미리 습득하는 것을 말한다. 예를 들면 조기 영어교육, 신병교육훈련, 신입생 오리엔테이션, 소꿉놀이 등을 들 수 있다.

나. 재사회화

재사회화는 생활환경의 환경의 변화로 새로운 환경에 적응하기 위해 과거에 가지고 있던 것과는 근본적으로 다른 규범과 가치를 내면화하는 경우 재사회화라고 한다. 예를 스마트폰 활용교육, 새롭게 필요성이 증가된 나라의 언어에 대한 외국어 교육 등을 들 수 있다.

다. 정치사회화

정치사회화는 어린이나 청소년이 자신이 속한 사회의 정치 환경에 대해 정치적 인지, 태도와 가치, 참여양상 등을 학습하는 과정이다. 이렇게 형성된 정치성향은 지속성과 안정성을 가지고 성인에 이르게 된다. 이러한 정치사회화는 사회를 안정적으로 유지하고 발전시키는데 중요한 역할을 수행한다고 보았기 때문에 어린이나 청소년은 자신의 입장에 맞게 정치적 신념을 내면화하여 정치사회화 된다.

(4) 사회화와 교육

사회화는 사회 구성원을 그 사회에 적응시키기 위해 문화유산을 전달하고 그 사회 특정의 신념과 가치를 내면화시킨다. 문화유산에는 인간의 삶과 관련하여 인간이 만든 모든 것이 포함된다. 지식과 기술, 도덕, 생활규범, 가치와 신념, 종교, 심미적 감성 등 인간의 생활양식 전반을 내포한다. 이러한 것을 학습하는 과정으로 이를 통해 인성을 형성한다고 할 때, 넓은 의미의 교육으로 볼 수 있다. 교육과 엄격히 구분한다면 교육은 보다 의도적이고 계획적인 인간 행동의 변화를 의도하나, 사회화는 무의도적인 행동의 변화 내지 교육적 영향까지 포함하는 개념이다. 그리고 교육은 인간의 변화를 통한 사회변화까지 의도하나 사회화는 사회에의 적응과 사회 유지 · 존속이 주가 된다.

2. 유아의 사회화에 영향을 주는 요인

유아의 사회화에 영향을 주는 요인으로 가족, 또래 집단, 유아관련 교육기관, 지역사회, 대중매체 등을 들 수 있다. 이러한 요인들이 유아에 어떤 영향을 주며 그것을 어떻게 조정할 것인지에 대하여 논의하고자 한다.

(1) 가족

가족은 아이가 태어나서 최초로 접하게 되는 환경이다. 태어나서 부모로부터 양육되면서 신체의 발육은 물론, 언어를 습득하고, 기본적인 생활습관과 예절을 배우고 은연중 부모의 가치관과 신념을 내면화하는

1차적인 교육의 장이다.

가. 가족구조의 변화

가족구조의 변화는 가정의 유아에 대한 교육력을 저하시키고 가정교육의 변화를 가져왔다. 과거 전통사회에서 농업, 임산, 수산업 등 1차 산업위주의 업에 종사하며 대가족을 이루며 살던 때에는 가족들 간에 교류가 활발하였으며 성인가족의 풍부한 경험과 행동이 어린세대에 자연스럽게 전수되었다. 그러나 현대 산업사회에 들어오면서 인구의 이동과 도시집중 현상으로 인해 핵가족이 주류를 이루게 되었다. 가족수의 감소와 가족구조의 변화는 가족의 유아에 대한 교육환경에 심각한 변화를 초래하였다. 핵가족하의 유아는 부모의 일관된 신념과 가치의 영향을 받으며 전통사회의 대가족에 비해 평등한 관계로 양육되지마는 가족수의 감소로 과보호 또는 무관심의 우려가 있다.

더구나 양부모 모두 직장에 나가게 될 때 유아는 별도로 돌보는 사람이 없게 되면 방치되는 상황에 놓일 수도 있다. 이러한 환경에서 영·유아 보육 및 교육은 더욱더 절실한 상황이다. 그리고 또 중대한 문제의 소지가 있는 것은 이혼, 사고 등에 의한 결손 가정의 증가이다. 결손가정 유아의 사회적 태도, 성격, 성역할 습득에 부정적일 가능성이 크다. 또한 이혼과 재혼에 의한 복합가족의 구성은 유아교육의 문제를 더욱 복잡하게 하고 있으며, 가족의 유아에 대한 교육적 영향력은 감소되고 있다.

그러나 여전히 가족은 부모의 양육태도에 따라서 유아의 인격형성과 정의적 측면에서 정서적 안정성을 유지하는데 가장 큰 역할을 하고 있는 것으로 보인다.

나. 부모

현대 핵가족제 하에서 유아에게 가장 큰 교육적 영향력을 행사할 수 있는 사람은 부모이다. 부모는 자녀의 모델이 되며 가치관 형성에 지대한 영향을 준다.

부모의 역할은 먼저 교사로서의 역할이다. 부모는 사회화의 과정에서 유아에게 언어를 가르치고, 사회규칙을 가르친다. 특히 규칙을 지켰을 때 강화하고 어겼을 때 벌을 사용함으로써 유아에게 바람직한 행동기준을 습득하게 해준다.

그리고 모델로서의 역할이다. 유아는 동일시 과정을 통해 부모의 태도 흥미, 행동특성을 관찰하고 도덕원리를 내면화하며 유아가 성인이 된 후에도 그들의 행동에 영향을 준다(전예화 외, 2006).

산업화로 여성취업률이 증가추세를 보이고 있다. 어머니가 취업을 한 가정의 유아들은 그렇지 않은 유아보다 남·여아 모두 평등적인 개념을 갖고 있었으며, 성역할에 대한 고정관념이 적었으며 학교에서의 사회적 적응도 더 활발하였다. 취업모의 여아의 경우 학업성취에 높은 포부를 가지며 자신의 직업을 원하고 있었다. 어머니가 취업을 했을 경우 남아는 학업과 인지기술이 어머니가 가정에 있는 유아보다 뒤지나 그 차이는 미미한 것으로 나타났다.

독립심 훈련에 있어서 취업모는 유아가 자아통제적이고 독립적일 것을 어려서부터 격려하여 초기 독립심 훈련은 높은 성취동기와 성취 행동, 자신감 형성에 도움을 준다고 한다.

취업모가 자녀와 함께 보내는 시간은 그렇지 않은 어머니보다 적었지만 대부분의 취업모들은 자녀와 정규적으로 시간을 갖고 특별한 활동을 계획하는 등 보상을 하고 있다고 한다. 그러므로 취업모의 경우 유아에게 적절한 지도를 하고 따뜻한 애정을 줄 때 취업으로 인한 부정적인 영향은 줄어 들 것이라고 본다(전예화 외, 2006 : 123).

(2) 또래 집단

가. 또래집단의 개념

"또래 집단(peer group)은 주로 놀이를 중심으로 비슷한 나이의 어린이들이 형성한 집단을 말한다. 같은 지역이나 공동체 속에서 생활하는 비슷한 나이의 어린이들이 주로 놀이를 중심으로 형성한 동아리를 말한다."

"스위스의 심리학자 피아제(J. Piaget)의 이론은 또래집단의 중요성을 정확하게 강조하고 있다. 피아제에 의하면, 또래집단에서의 구성원 상호간의 관계는 아이들과 그 부모 사이의 관계보다 민주적이다. '또래'라는 말은 '평등'이라는 것을 의미하며, 어린이들 사이에 수립된 친구관계에는 나름대로의 평등주의적 경향이 있다. 물론 힘이 세거나 육체적으로 강한 어린이가 어느 정도 다른 어린이들을 지배하는 경우는 있을 수 있다. 그러나 또래 관계는 상호 합의의 기반 위에서 성립하는 것이므로 그들 사이에서는 서로 주고 받는 것이 많다. 피아제는 부모들은 그들의 지배력으로 인해 자녀들에게 여러 가지 행위 규칙들을 일방적으로 강요한다는 점을 지적하였다.

이와는 대조적으로 또래집단에서는 어린이들이 서로 다른 상호 작용의 맥락 위에 놓이게 되며, 거기에서는 행위 규칙에 대하여 검토를 하고 그 수용 여부를 결정하게 된다고 한다. 또래 관계는 종종 한 개인의 전 생애를 통틀어 가장 중요한 관계로 남아 있기도 한다. 특히 이동이 별로 없는 지역에서는 개인들이 그들 삶의 대부분 또는 평생 동안 동일한 비공식집단의 구성원들로 남아 있거나 동일한 친구 집단을 유지한다. 그렇지 않은 곳에서도 또래 관계는 어린 시절과 사춘기를 지나서도 그 사람의 생활태도와 행동양식 등에 중요한 영향을 끼친다"(네이버 백과사전, 또래집단).

그러므로 또래집단에서 유아는 또래의 행동을 관찰함으로써 사회적 행동기술, 성취행동, 도덕적 판단, 즉각적 만족을 연기하는 전략, 성유형화된 태도와 행동 등을 습득하고(전예화 외, 2006), 성인이나 다른 유아들의 친사회적인 행동들을 관찰함으로써 건설적인 행동들을 선택하여 자신의 것으로 형성한다. 유아들은 또래의 친구들과 상호작용을 하는 과정에서 스스로 문제를 해결하고 사회적인 행동을 학습한다(장혜순, 2007 : 106).

나. 또래와의 상호작용 발달단계

뮐러와 루카스(Mueller & Lucas, 1998)는 유아의 또래와의 상호작용이 어떻게 발달하는가에 대하여 3단계를 말하고 있다(김규수 · 고정곤, 2005 : 80에서 재인용).

제1단계 : 대상 중심의 단계(object-centered stage)

생후 2개월 된 아이들은 서로 가까이 있을 때 상호작용을 시작한다. 이들은 서로 바라보고 접근하여 서로를 탐색하며 얼마 후 장난감을 가지고 놀게 된다. 그러나 이러한 접촉은 1분 이상 지속되지 않는 간단한 상호작용이며, 대개 그들의 관심은 다른 영아들보다 인형이나 대상물에 있다.

제2단계 : 단순 상호작용의 단계(simple interactive stage)

생후 6개월이 지나면 영아들은 서로 만지고 쳐다본다. 옆의 아이가 울면 따라 울지만 이러한 반응들이 사회적이라고 보기는 어렵다. 유아 초기의 사회적 행동은 1년 후반부에 들어서야 나타난다. 이때는 영아들이 또래의 행동에 더 반응을 보이며 가끔 다른 영아의 행동을 규제하려고 한다.

제3단계 : 상보적 상호작용의 단계(complementary interactive stage)

이 단계에서는 더욱 복잡한 순서의 사회적 교류가 일어난다. 모방이 더욱 흔해지고 호혜적 또는 상보적 역할관계가 나타난다. 즉 쫓는 자와 쫓기는 자, 숨는 자와 찾는 자, 또는 주는 자와 받는 자 등의 관계가 나타난다. 이때는 긍정적인 사회적 상호작용이 일어나며 웃음이나 미소가 동반되거나 적절한 애정표현도 나타난다. 사회적 교류가 점점 복잡해짐에 따라 긍정적인 교류뿐만 아니라 부정적인 교류도 증가한다.

이상에서 볼 때 영아들은 또래와 일찍부터 상호작용을 하며 상호 영향을 준다는 것을 알 수 있다. 그리고 유아기에 또래 간 상호작용이 더욱 활발하여 인성형성에 영향을 준다는 것을 알 수 있다.

(3) 유아교육기관

유아교육기관은 유아가 최초로 가정을 떠나 가장 많은 시간을 보내는 곳으로 교사와 또래들과의 상호작용이 활발하게 일어나는 곳이다. 그러므로 유아교육기관의 환경은 가정환경만큼이나 중요하다고 본다.

유아교육기관의 물리적 환경과 유아교육프로그램에 대하여 알아보고자 한다.

가. 유아교육기관의 물리적 환경

(가) 교육기관의 크기

유치원의 크기도 유아의 사회성 발달에 영향을 미친다는 연구결과가 있다. 많은 유아들이 있는 큰 학급의 교사는 자신의 교육방식을 공식화, 형식화하는 경향이 있으며, 유치원의 생활규칙을 강조하면서 통제적 구속적 그리고 직접적 지도방법을 잘 사용하는 경향이 있다. 이와 대조적으로 적은 수의 유아들로 구성된 학급에서의 교사는 자유스러운 분위기를 비교적 쉽게 조성할 수 있다. 따라서 유아들과 자주 상호작용하면서 유치원 생활에 구속적인 규칙을 별로 만들지 않는 경향이 있다(김규수 · 고정곤, 2005).

유아의 수가 적은 유치원에 있는 유아들은 큰 유치원의 유아들보다도 교육프로그램에 따른 여러 활동에 보다 능동적이고 적극적으로 참여한다. 작은 규모의 학급에서는 '소외되는 유아'가 적으며, 일반적으로 그들의 유치원 생활에 만족을 느낀다(김규수 · 고정곤, 2005 : 86). 적은 유아교육기관의 경우 유아들이 활동에 참여하도록 하는 압력을 받고 있으며, 활동 참여에 있어 중도 탈락이 적은 것으로 나타났다. 유아 자신들도 책임감을 더 느끼고 있었으며, 특히 또래의 기대를 받고 있다고 느끼는 것으로 나타났다(이영자 외, 2001).

(나) 교실의 공간배치

유치원의 개방된 공간과 밀폐된 공간에 대한 데이와 쉬한(Day & Sheehan)의 연구에서 개방된 공간은 유아에게 소란스러움을 제공한 반면 밀폐된 작은 공간은 개인적인 자유, 자기반성, 은닉처 역할을 제공한다고 밝혔다. 그리고 시끄럽고 공격적인 특성이 많이 나타나는 개방된 공간을 6개의 작은 영역으로 구분시키고 놀이자료의 정리를 위해 낮은 선반을 설치해준 후 유아의 행동을 다시 관찰한 결과 공격적인 행동과 소란스러운 행동이 감소되고 협동적인 행동이 증가되었다고 하였다(전예화 외, 2006).

지퍼블라트(Zifferblatt)는 교실의 공간설계와 유아의 행동 간의 체계에 관한 연구에서 행동양식의 차이는 각 교실의 공간배치 방법의 차이에 기인한다는 것을 관찰하였다. 즉, 교실의 공간 배치는 바람직한 행동을 유도하기도 하고 바람직하지 못한 행동이 발생할 확률을 증가시키기도 한다는 것이다(이경영, 1997).

그리고 교실내의 유아들의 좌석위치에 따른 수업 참여도에 대한 솜머(Sommer, 1969)의 연구에서 교사와 정면으로 앉은 유아가 수업에 가장 적극적으로 참여했고 옆쪽으로 앉은 학생들은 말을 조금 밖에 하지 않았다. 줄로는 첫째 줄의 학생이 뒷줄의 학생들보다 더 열심히 수업에 참여했고 가운데 앉은 학생이 주변에 앉은 학생들보다 더 열심히 수업에 참여했다. 그 영향이 여러 연구들 간에 일관성이 있어 그러한 지역을 활동작용영역(action zone)이라고 하는데 심리학자들은 이것을 심리적 거리감이 작용하기 때문인 것으로 보고 있다.

이러한 연구들은 교사들이 수업활동을 할 때, 그 활동에 따라 유아들을 어떻게 배치하여야 할 것인가에 대해 시사점을 주고 있다.

(다) 학급의 크기

도우(Dawe, 1934)는 15명에서 46명까지 다양한 유치원 학급에서 이야기 나누기 시간에 각 유아의 말 수를 기록해 본 결과 학급의 크기가 증가함에 따라 전체적인 이야기 수가 줄어들었을 뿐 아니라 참여 유아수도 줄었다는 것을 발견하였다. 이와 같이 학급의 크기가 증가하면 할수록 토론의 양이 감소했을 뿐 아니라 토론에 참여하는 유아의 비율도 감소한다고 하였다(전예화 외, 2006). 이렇게 학급의 크기와 유아의 수업 참여도를 연구한 결과 호우즈(Howes, 1983)는 큰 집단은 더 적은 사회적 자극과 반응과 관련이 있고, 작은 집단의 유아는 말하기를 더 좋아하고 작은 집단의 유아가 더 많은 가상놀이와 정교한 놀이를 한다고 한다. 작은 학급은 유아들의 학급활동 참여가 증가하고 이를 통해 유아들은 더 많이 배우게 되었다. 이는 일상적인 상호작용에서 언어적 의사소통이 증가하고 유아들이 가깝게 앉아 있으면 더 많은 참여의 기회를 가진다는 것을 시사하고 있다(전예화 외, 2006).

이렇게 볼 때 적절한 학급의 규모는 어느 정도 일까?의 의문이 든다.

히메즈(Hymes, 1981)는 3세에게 적절한 학급 크기는 유아 12명에 교사 2명, 4세의 경우 유아 16명에 교사 2명, 5세의 경우 유아 20명에 교사 2명이라고 하였다. 미국유아교육협회(NAEYC, 1984)는 3세의 경우 유아 10-16명에 교사 2명, 4세의 경우는 유아 16-20명에 교사 2명, 5세의 경우 유아 16-20명에 교사 2명을 제시하고 있다(전예화외, 2006).

(라) 놀이자료 및 설비

바디(Body)는 놀잇감의 수가 적을 때 더 많은 공격적 행동이 나타난다고 했으며, 스미스와 코놀리(Smith & Connolly)는 놀잇감이나 교구의 감소는 유아의 공격적 행동을 증가시켰다고 했다.

퀼리치와 리슬리(Quilitch & Risley)는 사회적 놀잇감과 고립적 놀잇감을 가지고 놀이를 한 집단을 연구한 결과 퍼즐과 같은 고립적인 놀잇감을 가지고 논 유아들은 대개 혼자서 놀이를 하였으며 놀이 지속시간도 짧은데 비해 테이블 게임과 같은 사회적 놀잇감을 가지고 논 유아들은 다른 유아들과 어울려 놀았으며 놀이시간도 길게 나타났다고 밝혔다(전예화외, 2006).

이상의 연구결과를 볼 때 유아교육기관은 놀이자료와 설비를 유아 수에 맞게 적절하게 준비할 필요가 있으며 고립적 놀잇감보다는 사회적 놀잇감을 준비해야 한다는 것을 시사한다.

나. 유아교육기관의 교육프로그램

교육프로그램에 따라서 유아들의 사회화는 영향을 받는다고 한다. 개방적이고 구조화되지 않은 교육프로그램이 전통적이고 구조화된 프로그램보다 유아를 더 창의적이게 하며 서로 협조적이고 적응도 잘하게 한다(박순이 · 최국남, 1996)고 한다. 이와 달리 스타인(Stein)과 그의 동료들(1977)의 연구에 의하면 프로그램의 구조화 정도가 높은 학급의 유아들은 그렇지 않은 유아들에 비하여 또래들에게 친사회적 행동은 덜 하였지만 또래와의 상호작용은 우호적이었다. 구조화가 높은 학급의 유아들은 집단 활동 시간에 더 참여적이었으며, 자유놀이가 끝난 후 정리 정돈을 하는데 협조적이었다. 그러나 독립적인 활동에는 참여도가 낮았다. 반면 구조화가 낮은 개방학급에서 생활하는 유아들은 전통적으로 짜여진 학급에서 생활하는 유아들에 비하여 친사회적인 활동에 더 많이 참여하고 독립심이 크며 학급활동에 적극적이고 대답의 창의성도 높았다고 한다(전예화 외, 2006).

이상의 연구를 볼 때 단정적으로 개방적이고 구조화되지 않은 프로그램이 유아의 사회성 발달에 도움이 된다고 말하기는 어렵다. 교사가 현장에서 상황에 맞는 선택을 하여야 한다고 본다. 그러나 개방적인 프로그램을 운영하려고 한다면 그만큼 더욱 치밀한 준비가 필요할 것이다.

(4) 교사

가. 교사의 역할과 자질

교사(敎師)는 학생의 배움의 과정에서 이끌어주거나 도움을 주는 사람을 의미한다. 교육법상 교원이라 하며 각급 학교에서 원아, 학생을 직접 지도·교육하는 사람을 말한다. 교사의 역할은 문화권에 따라 다양하다. 유교적인 전통이 강한 우리나라에서는 지식의 전수도 중요하지만 인격의 연마와 교사에 의한 교화의 역할을 더욱 중시하였다.

현대교육에서 유아 교사의 역할을 논한다면

첫째 담당교과에 대한 전문적인 지식과 기술을 갖추고 그 영역을 전문적으로 가르치는 것이다. 그렇게 하기 위해 자신이 가르치고자 하는 영역에 관한 보다 정확한 지식이 정리되어 있어야 하며 그것을 학습자의 단계에 맞게 해석하여 수업을 계획하고 실행할 수 있어야 한다.

유아교육의 경우 발달단계에 따라 생활영역에 관련된 활동에 대한 체계적인 연구와 그것을 실제로 수업에서 구현할 수 있는 전문적 능력을 갖추어야 한다. 그리고 스스로 유아의 발달을 도울 수 있는 환경을 조성하여야 하며 유아의 행동을 이해하고 자연스런 발달단계로 안내하여야 한다. 또한 조성된 교육 환경에서 발현되는 유아의 잠재적 능력을 발견하고 개별적 지도를 하여야 한다. 이에 관련한 전문적 능력과 실행의지를 가져야 한다.

둘째 모든 교육이 그러하지만 특히 유아교육은 전인교육을 지향하는 바, 특정한 지식만을 전달하기보다 유아와 접촉하는 모든 생활에서 교사의 생각과 행동이 표출되므로 교사는 스스로 유아에게 인간으로서 행동의 표상이 되어야 한다.

셋째 이를 위해 교사는 유아에 대한 사랑과 교육에의 열정을 가지고 유아들을 격려해야 하며, 때로 냉정한 규칙의 엄수자이며, 공정한 평가자여야 한다. 유아의 발달과 발달 정도에 대한 기준과 기준에 의한 평가를 하고 개선해가는 자세를 가져야한다.

그러므로 현대사회에서 유아교육과 관련하여 유아의 사회화에 영향을 주는 요소 중 부모의 역할만큼이나 중요한 것이 유아교사의 역할이라고 할 수 있다.

이러한 역할을 하기 위한 교사의 자질을 고찰해 해보면 다음과 같다.

첫째 스스로 연찬하여 유아교육에 대한 전문적 능력을 길러야 한다. 교사양성기관에서 배운 전문지식과 기술 외에 현장에 적응하여 스스로 연구하고 전문성을 연마하여야 한다. 인간과 유아교육에 대하여 끊임없이 연구하고 그것을 실행에 옮기는 자세가 기본적인 자질이다.

둘째 교육은 그 대상자에 대한 사랑과 존중이 바탕이 되어야하며 유아의 발달과 변화에 대한 확신과 열정이 있어야 한다. 이것이 교육혼이다. 단순히 지식이나 기술의 전달자가 아닌 인간에 대한 사랑과 열정이 우선되어야 교육이 바로 설 수가 있다. 그러므로 교육자는 교육혼을 가지고 있어야 한다.

셋째 아이들을 바르게 이해하기 위해 유아교사는 원만한 인격을 갖추어야 한다. 항상 따뜻하며 밝아야 한다. 그러므로 어느 한쪽에 치우

친 편협된 사고를 해서는 아니되며 공정하여야 한다.

그러므로 유아교사의 자질은 끊임없는 자기연찬을 통한 전문성 제고, 유아에 대한 사랑과 열정을 갖춘 교육혼, 그리고 원만하고 공정한 인격을 갖추어야 하는 것이다.

나. 유아의 사회화에 영향을 주는 교사의 특성

(가) 교사의 성(性)

유아교육기관에서 교사는 대부분 여성으로 구성되어 있다. 여교사는 대체로 섬세하고 이해심이 많으며 감성적이다. 부드러운 모성적 특성을 가지고 있어서 육아에 있어서 남성보다 더 적절하다고 할 수 있다. 그러나 유아기는 프로이트의 남근기와 거의 일치하며 성적 불안과 동일시의 대상이 필요한 시기이다. 가정에서 아버지의 부성적 요소와 어머니의 모성적 요소가 조화를 이루어야 하듯 유아들이 대부분의 시간을 보내야하는 유아교육기관에서 여교사만 있다고 할 때, 남아의 경우 동일시의 대상을 찾기가 어려워 여성화되어가는 경향이 발생할 수 있다. 그러므로 유치원에서도 일정 비율의 남교사가 필요하며 이를 제도적으로 뒷받침하여야 한다.

(나) 교사의 기대

유아를 맡게 된 교사는 유아를 어떻게 가르치겠다는 계획과 더불어 유아들이 어떻게 발달할 것이라는 기대를 갖게 된다. 그리고 현장에서 유아를 접하고 그 기대는 유아들 개개인 별로 달라 질 수도 있다. 그런데 이러한 기대가 지적 능력이나 정의적 능력에서도 발달의 차이를 가져올 수 있다는 것이다.

교사의 학업성취에 대한 기대의 고하가 결과적으로 학생의 성적에 강력한 예언력을 갖는다는 것을 블룸(Bloom, 1976)의 '완전학습'이나 로젠탈과 제이콥슨(Rosenthal & Jacoson, 1968)[1]의 자기충족예언

1) 로젠탈과 제이콥슨은 샌프란시스코 소재 초등학교 1학년에서 6학년까지의 학생 650명에 대하여 비언어지능검사를 하고 그 중에서 20% 학생을 무작위로 선발하여 교사들에게 '성장가능성이 매우 높은 아이들'이라고 통보하였다. 두 학기 후 지

(self-fulfilling prophecy)에서 잘 예시해 주고 있다. 그리고 이 연구는 아울러서 교사의 선입견이나 편견이 얼마나 무서운 결과를 초래할 지도 잘 보여주고 있다.

교사의 기대는 교사의 수업행동 즉, 수업계획, 자료준비나 자료제시 방법, 수업에 임하는 시간(time-on task), 그리고 학생과의 상호작용 과정 등에서 다르게 표출되어지며 그것이 특정학생에게 전달되어진다는 것이다. 부로피와 굿(Brophy & Good, 1970)은 보다 구체적으로 ① 교사는 학급의 수업행동에서 학생들의 학습 행동의 차이를 기대하며 ② 교사는 자기의 기대수준에 따라 학생을 다르게 취급하고 ③ 학생 역시 교사의 기대수준에 맞추어 적절히 반응하게 됨으로 해서 행동이 강화되거나 약화되어 나타나게 되며 ④ 결과적으로 어떤 학생의 학습행위는 더 촉진되고 반대로 다른 학생의 학업성취는 더 저조하게 된다고 하였다.

퍼셀(Persell, 1977)은 교사기대의 근원과 그 결과에 관한 분석적인 모형을 제시하면서 이러한 기대차는 교사 자신의 경험, 교육의 구조, 그리고 학생의 가정배경, 용모, 성격, 우열반 소속 등에 따라 유발된다고 하였다.

이와 같이 교사의 기대는 학생에 대한 태도로 나타나게 되므로 유아의 정서적 발달에 영향을 주는 것은 자명하다.

(다) 유아의 사회화를 손상시키는 교사의 행동

교사가 유아들과 상호작용을 하면서 의도적이거나 비의도적 아니면 무의식적으로 유아의 사회성을 손상시키는 행위를 할 수가 있다. 다음은 카츠(L. G. Katz)의 연구를 토대로 설명한다(홍용희 역, 2001).

① 실없이 협박하기

유아들이 유치원이나 학급의 규칙을 어기게 되면 교사들은 보통 협

능검사를 다시 하였다. 그 결과 실험집단에서는 12.2점, 통제(비교)집단에서는 8.4점 상승하여 통계적으로 유의미하다는 결과를 얻었다. 이 연구는 교사의 기대가 실제로 지능발달에 영향을 미친다는 것을 시사하고 있다.

박을 한다. 그러나 교사들은 이 위협을 그대로 실행하는 경우는 거의 없다. 그러므로 유아들은 교사를 신뢰하지 않게 된다. 결국 위협은 교사와 유아의 신뢰가 약하다는 증거이다. 교육현장에서 흔히 있을 수 있는 경우이다. 교육 현장에서 교사와 유아의 신뢰관계는 매우 중요하다. 규칙을 현실성 있게 정하고 반드시 지켜야 한다는 원칙을 정립해야 한다.

② 암암리에 비난하기

유아교사가 유아의 어떤 행동을 변화시키기 위해 다른 유아의 행동을 비교하여 칭찬하는 경우이다. 이 경우 당해 유아의 행동을 변화시키기보다 오히려 시기심이나 열등감을 초래할 가능성이 있다. 이 경우 당해 유아의 행동에 초점을 맞추어야 한다. 쓸데없는 비교는 유아에게 상처가 될 수 있다.

③ 부적절하게 칭찬하기

유아는 비난보다 칭찬을 해주어야 하지만 지나치게 칭찬을 남발하는 경우 진실성과 의미, 가치를 상실하기 쉽다. 칭찬은 경우와 그 정도에 있어서 적절해야 한다. 실제와 동 떨어진 칭찬은 유아도 이미 알고 있다. 유아들은 솔직하게 표현하는 교사로부터 긍정적인 반응을 원한다.

④ 혼란스런 질문을 던지기

교사가 이미 알고 있는 답을 심문하듯이 질문하는 것이다. 이 경우 교사는 그가 원하는 답을 내놓도록 유아에게 압력을 가하게 되고 유아는 방어적인 태도를 취하게 된다. 그리고 교사가 의식적인 질문을 하게 되면 유아는 교사가 자기를 무시하는 것으로 받아들인다.

⑤ 유아들의 필요를 지나치게 강조하기

유아교사가 유아들에게 "너는 내가 네 이름을 부를 때까지 기다려야 겠어", "바른 자세로 앉아"라고 말하면 위협으로 들릴 수 있다. 이보다는 "네 이름을 부를 때까지 기다리면 좋겠다" "바르게 앉아 볼래" 등으로 교사의 기대를 간접적으로 표현한다면 차분하게 권위를 잃지도 않으면서도 유아들의 집단생활이 원만하게 이루어질 수 있게 한다.

⑥ 간접적인 불찬성으로 유아에게 동기를 부여하기

유아교사가 "너는 이제 유치원에 다니지 말아"라고 말하면서 유아를 질책한다면 미성숙한 유아에게 자애롭지 못한 태도이다. 이 경우 교사가 기대하는 행동에 대해 구체적으로 이야기하는 것이 좋다.

⑦ 타임아웃(time-out)을 부적절하게 사용하기

규칙을 위반하거나 공격적 행동으로 학급 분위기를 산만하게 한 유아에게 "생각하는 의자"에 앉아 있게 하거나 타임아웃을 가끔씩 사용할 수 있다. 그러나 매번 소수의 같은 유아에게 자주 쓰게 되면 충동조절 능력을 발달시키기보다 오히려 상대 유아에게 보복하겠다는 생각을 갖게 한다. 타임아웃은 바람직하지 못한 행동을 중단시킬 수는 있지만 바람직한 대안행동을 제시하지 못한다. 그러므로 타임아웃은 잠시 격리하여 충동을 조절하는데 그쳐야 한다.

(5) 지역사회

유아는 태어나 자신을 인식하면서 가족을 안다. 그리고 가족과 생활하다 이웃과 더불어 살아가야한다는 것을 안다. 유아는 발달하면서 경험의 범위를 점차 넓혀간다. 그래서 사회과의 교육과정도 경험확대의 원칙을 따르고 있다. 이웃과 접하면서 상호작용을 한다. 그러므로 유아의 사회화에 지역사회는 중요한 기능을 하게 된다. 지역적 여건이 유아의 사회성에 미치는 영향에 대한 연구는 많이 발견된다.

학교의 환경요인으로 학교를 둘러싸고 있는 사회문화적 및 정치·경제적 환경요인이 학업성취에 직접·간접으로 영향을 준다. 특히 학교자체가 위치하고 있는 지역사회는 학교에 직접적인 영향을 미친다고 한다. 즉, 사회·경제적 지위가 낮은 지역의 학교는 교육조건이 불리하고 학업성취가 낮은 경향이 있다고 한다(Levin, 1970).

지역이 학업에 미치는 영향을 보면 유아의 학습 준비도에 있어서 도시의 유아가 농촌의 유아보다 높으며(정계숙, 1989), 학교의 서열이 분명한 사회에서는 어느 학교를 졸업했느냐가 사회적 연대 또는 사회적 자본을 형성하는 고리역할을 수행하고 있어서 대도시 부모의 성취지향적인 태도는 유아의 지적, 동기적 발달 및 학업성취도에 직접 반영될 것으로 기대된다(전예화 외, 2006).

대도시의 부모의 유아의 발달에 관한 태도와 더불어 대도시에서는 도서관, 박물관, 극장, 학원, 음악회, 인형극회 등 각종 문화적 자원을 활용할 기회가 매우 높아 중소도시나 농어촌에 비하여 유아의 경험을 폭 넓게 해줄 것으로 기대된다.

그리고 지역의 사회·경제적 배경은 구성원의 신념, 가치, 태도에 영향을 미치고, 이것은 자녀의 양육태도를 결정하며 교육에의 지원 정도를 결정하게 된다. 결국 지역사회의 사회·경제적 배경이 유아의 사회적 발달에 영향을 미치게 될 것이라는 것이다.

그러나 맥딜(McDill, 1973) 등은 지역사회의 사회·경제적 조건이나 문화시설 등의 외적 요인은 학교교육 효과에 별로 영향을 미치지 못하며, 학부모의 참여정도가 중요한 영향을 미친다고 한다. 학부모의 학교시책 및 자녀의 학업성취에의 관심정도, 교사와의 협의 요청 정도 등의 변인이 학교풍토 및 학업성취 수준에 영향을 미친다고 한다. 그리하여 학교와 지역사회간의 협조체제를 강화하는 일이 학교교육의 효과 증진을 위해 매우 중요한 일임을 강조한다. 그리고 사회계층구성의 영향력이 지역사회의 크기에 따라 뚜렷이 다르게 작용하는 것을 발견하였다.

(6) 대중매체

오늘날에 있어서 유아의 사회적 발달에서 경시할 수 없는 것이 바로 대중매체이다. 영아에서 노인에 이르기까지 일상생활에서 항상 접하게 되며 현대인의 생활과 분리해서 생각할 수 없게 되었다. 대중매체란 대중전달의 매체로서 오늘날 가장 대표적인 것이 텔레비전(TV)이며 그 다음으로 컴퓨터 통신을 통한 인터넷과 스마트폰, 그리고 라디오이며 그 다음이 가장 전통적인 대중매체인 신문, 잡지, 그림책, 동화 등의 인쇄매체이다. 그리고 기타 영화, DVD 같은 영상매체 등이 있다.

이러한 대중매체의 교육적 영향력은 긍정적인 면과 부정적인 면으로 엇갈린다.

가. 텔레비전(TV)

대중매체 중에서도 유아에게 영향력이 가장 큰 매체는 역시 텔레비전이라고 할 수 있다. 유아 뿐 아니라 대다수 국민들이 텔레비전을 통해 많은 정보를 접하고, 즐거움을 얻는다.

유아들이 텔레비전을 보는 이유를 살펴보면 다음과 같다(전예화 외, 2006).

첫째 텔레비전은 유아들이 서로 모여서 이야기할 수 있는 공통적인 경험을 제공하는 사회적 유용성이 있다.

둘째 텔레비전은 각종 뉴스, 영화, 다큐멘터리를 통해 새로운 지식을 얻을 수 있는 정보의 출처이다.

셋째 텔레비전을 보면서 유아들은 보면서 흥미나 기쁨을 느끼며 편안히 쉴 수 있는 오락성이 있다는 것이다. 그리고 문제를 가진 유아들에게 현실 도피적 요소를 제공한다는 것이다.

넷째 일반적으로 유아는 빠르게 변화하는 화면을 좋아하며 청각적 측면에서 음악이나 웃음, 괴상한 소리 등에 매력을 느낀다는 것이다.

유아의 사회적 발달과 더불어 유아의 텔레비전 시청에 대한 우려는 다음의 문제점에 대한 것이다(장혜순, 2007).

첫째 유아들의 학습이 유아들이 직접 참여하기보다 수동적 시청으로만 이루어진다면 발달에 어떤 영향을 미칠 것인지에 관한 것이다.

윈(Winn, 1977)은 텔레비전 시청은 유아의 시각-공간적 과정이 포함되는 뇌의 우반구의 발달을 자극하므로 과도한 우반구의 자극은 좌반구의 발달이 지연되거나 정체되는 현상을 초래한다고 한다.

둘째 대부분의 프로그램에 등장하는 인물들과 상업적 프로그램이 유아의 학습을 고양시키거나 유아로 하여금 심도 있게 참여하도록 하는 것이 아니라 재미만을 목적으로 하여 주의 집중력이 떨어지는 것이 아닌가의 문제를 제기한다.

셋째 유아의 공격성에 미치는 폭력성 있는 프로그램의 영향을 지적한다.

반두라(Bandura)와 그의 동료들은 유아들이 공격적인 모델에 노출된 경험의 결과로 좀더 공격적인 행동이 증가될 것이라는 연구를 하였다. 이러한 효과는 보여지는 모델이 살아 있는 인물인지 아닌지에 상관없이 또는 만화속의 인물들이 실제인물인지 아닌지에 상관없이 공격성이 증가되는 것으로 나타났다(Bandura, Ross & Ross, 1961).

반두라, 로스와 로스는 유치원 유아들을 대상으로 성인이 오뚝이 인형을 옮기면서 인형과 권투하는 장면을 녹화한 필름을 실험집단에 보여주고, 통제집단에는 인형을 조심스럽게 옮기는 장면을 녹화한 필름을 보여주었다. 그리고 유아들을 오뚝이 인형이 있는 방으로 들여보내니 실험집단의 유아들은 필름에서 본 것처럼 오뚝이 인형을 발로 차거나 권투를 하였고, 통제집단의 유아들은 오뚝이 인형을 조심스럽게 다루었다.

넷째 텔레비전의 인물들이 유아들에게 상투적인 성역할의 형성에 영향을 줄 것이라는 것이다.

다섯째 친사회적인 행동을 증진시키는데 어떤 프로그램이 효과가 있는가 하는 점이다.

스타인(Stein)과 프리드리히(Friderich)는 'Rogers씨의 이웃들'이라는 프로그램을 비교적 단기간 본 유아들은 그들의 협동, 타인 감정의 이해, 나누어 갖기 등의 친사회적 행동이 증가한 반면 공격성은 줄어들었다고 한다(이영자 외, 2001).

나. 컴퓨터

최근 컴퓨터의 보급과 인터넷 통신의 활성화로 컴퓨터의 아동에 대한 영향력이 날로 커지고 있다고 볼 수 있다. 컴퓨터는 학습의 보조자로서, 자료의 검색자로서, 여러 가지 문제해결을 제시해주는 해결자로서, 재미와 흥미를 주는 오락의 담당자로서 친숙하게 다가와 있다.

정보화 사회의 핵심은 컴퓨터와 인터넷 기술이라 할 수 있다. 이를 매개로 한 가상공간인 사이버 공간이 새로운 세계로 부상하였다. 정보화 시대의 사람들은 현실과 사이버 공간을 오가며 생활하고 있다. 그런데 현실 상황과는 달리 사이버 공간에서의 윤리 의식과 도덕성은 쉽게 마비되기도 한다. 사이버 공간을 자주 드나들다 보면 현실의 '나'와 상상의 '나' 사이에서 갈등을 느끼게 된다. 그러다 보면 자아 정체성이 흔들리게 된다.

"마크햄(Markham)은 인터넷 이용자들이 자신의 인터넷 사용 경험을 어떻게 이해하는가에 따라 세 단계의 연속적인 발전과정을 겪는다고 설명하였다. 첫째 단계는 인터넷을 도구(tool)로 이해하는 경우로 커뮤니케이션을 하고 정보에 접근할 수 있도록 해주는 진보된 경제적 도구로 이해하는 경우이다. 둘째는 인터넷 또는 인터넷(사이버) 공간을 하나의 장소로 이해하는 경우로 인터넷 사이트, 채팅룸, 가상공동체 등과 같은 경우이다. 마지막으로 인터넷에서의 활동이 존재양식이 되는 경우이다. 이는 인터넷을 통해 구체적인 사회적 관계가 이루어지고 실제 생활(real life)의 대안이 되는 것이다(김현수)." 마크햄이 말하는 인터넷 사용경험 이해단계는 점점 가상 공간에 사람들이 빠져들고 있다는 것을 잘 말해 주고 있다. 인터넷의 익명성과 다원성 그리고 광역성이 현실의 굴레를 벗어버리게 하는 요소로 작용하고 있다(추정훈, 2003 : 257-261).

그런데 여기서 문제는 인터넷 이용인구 중 초등학생의 증가가 활발하며 마침내 유아들에까지 점차 영향을 미친다는 것이다. 초등학생들이 컴퓨터를 이용하는 주목적이 게임, 자료검색, 학습 등의 순으로 우선순위를 차지하는 것으로 보아 컴퓨터 게임이 초등학생과 유아의 사회성에 미치는 영향이 점차 커진다고 할 수 있으며 최근 보도를 보면 초등학생의 폭력성 컴퓨터 게임에의 몰입은 위험수준인 것으로 보인다.

따라서 유아수준의 컴퓨터에 대한 인식과 기초적이며 올바른 사용법 그리고 예절을 가르치는 것이 사회성 발달에 긍정적인 영향을 미칠 것으로 보인다. 컴퓨터의 유아에 대한 긍정적인 요소를 최대한 개발하고 부정적요소를 차단하거나 멀리 할 수 있는 인식의 기초가 유아시절 형성되어야 한다고 본다.

그리고 컴퓨터와 더불어 최근 매우 중요한 요소는 스마트폰의 보급이다. 컴퓨터의 기능과 카메라, 캠코더의 기능까지 매우 간편하면서도 다양하게 변해 가고 있는데 유아교육에서도 이에 대한 대비가 필요하다고 본다.

다. 대중매체를 통한 올바른 사회적 발달 지도

텔레비전에서 서로 협동하고 정을 나누는 등 친사회적 행동을 시청한 유아들의 경우 친사회적 행동이 늘어나고, 폭력적 프로그램을 많이 시청한 유아의 경우 공격성을 보인다는 보고는 텔레비전이 어떻게 활용되어야 하는지를 잘 보여주는 예라고 본다.

그리고 텔레비전의 프로그램 내용이나 구성에 있어서도 국가적 차원에서 고려할 점이 있다는 것이다. 텔레비전에서 정보를 왜곡하거나 어떤 고정관념을 심어준다면 유아뿐 아니라 전 국민에게 미치는 부정적 영향이 크다는 것이다. 그리고 텔레비전 드라마 등에서 사회적 상류층이나 중산층 이상의 생활만을 보여주게 될 때 매우 현실감이 떨어지게 되고 계층별로 왜곡된 시각마저 키워질 소지가 있다.

따라서 주로 가정에서 텔레비전을 본다고 할 때 부모의 역할이 매우 중요하다. 시청시간, 프로그램 선별 등 시청습관 지도가 중요하다. 적어도 가정에서 시청규칙을 정하고 준수하는 습관 형성이 중요하다. 친사회적 행동을 격려하고, 텔레비전 속 프로그램의 내용과 현실의 구분 등의 지도가 필요하다.

그리고 컴퓨터를 통한 인터넷 가상공간에서 활동은 이제 나이가 점차 내려가는 추세인 만큼 유아교육에서 사전 대비하는 교육과 사이버공간에서의 윤리도 가르칠 단계에 왔다고 본다. 그리고 스마트폰 사용의 예절도 이제 유아부터 대비를 해야 할 때이다.

결국 대중매체의 활용은 현실생활에서 불가피하다. 그렇다면 매체별로 유아의 사회성 형성에 부정적인 요소는 최대한 줄이고 긍정적 요소는 늘이는 방법을 연구하고 각 가정에서 지도하여 유아기부터 대중매체의 긍정적 측면을 느끼게 하고 올바른 습관형성을 유도해야 한다.

제 2 절 유아의 사회적 관계 발달

1. 자아 정체성

(1) 자아의 개념

자아(self, ego)란 "나는 누구인가?" 또는 "나는 무엇인가?"에서 나 자신에 대한 생각이나 느낌 그리고 신념과 가치관을 말한다. 자아에 대한 개념은 먼저 다른 사람과 구별되는 자신을 인식하는 자아인지(self-cognition, self-knowledge)에서, 다른 사람과의 관계에서 자신을 다른 사람의 자신에 대한 관점과 조화를 이루어 긍정적 자아를 이끌어 내고자 하는 자아존중(self-esteem)으로 단계적으로 분류할 수 있다. 그리고 사회적 관계에서 자신의 욕구를 통제하여 사회에 적응함으로써 더 큰 만족을 얻고자 하는 자아통제(self-control) 내지 자아규제(self-regulation)를 발달시킨다.

(2) 자아개념 형성이론

자아개념 형성 및 발달에 관한 이론은 정신분석학의 입장과 상징적 상호작용론의 입장으로 설명할 수 있다.

가. 정신분석학의 입장

정신분석학의 입장에서는 성적에너지인 리비도(libido)의 신체부위를 통한 표출과 욕구의 충족을 중심으로 자아의 형성을 말하는 프로이트(Freud)의 심리성적 발달이론과 심리사회적 인간관계의 갈등을 통해 일생을 두고 자아를 형성한다고 보는 에릭슨(Erikson)의 심리사회적 이론이 있다.

프로이트는 성격의 구조를 원욕(id)과 자아(ego), 초자아(super-ego)로 나누고 원욕은 정신에너지의 공급자이며 자아, 초자아의 작동 에너지를 제공하며 모든 동인과 충동의 원천으로 본다. 원욕은 쾌락의 원리에 따라 작동하며 쾌락을 위해 욕구가 발생하면 즉시 충족시키고자한다.

자아는 원욕에 현실의 원리를 강제하여 현실적으로 수용될 수 있는 방법으로 욕구를 충족시키고자 한다. 그러므로 자아는 현실의 원리에 따라 욕구충족을 지연시킴으로서 개체의 현실적 보존을 꾀한다. 그리고 초자아는 양심과 자아이상에 의해 도덕적 표준과 이상을 설정하고 그것을 내면화함으로써 자아와 원욕을 통제한다. 자신의 욕구 뿐 아니라 타인의 욕구도 존중하는 단계이다.

여기서 프로이트는 자아와 초자아의 작동에너지(원욕) 중 가장 강력한 성적에너지(libido)에 집중한다. 성적에너지가 표출되는 신체 부위를 단계적으로 제시함으로써 각 단계마다 인간의 욕구 충족과 갈등을 원만히 해결할 때 자아와 초자아가 형성된다고 본다. 특히 구강기에서 항문기에 접어들면 배변훈련을 통해 자아가 형성된다고 보았으며, 남근기를 통해 외디푸스 콤플렉스를 극복하면서 적대적 관계인 아버지와 동일시하겠다는 생각으로 초자아가 형성된다고 보았다.

심리사회적 환경을 경험하면서 자아를 발달시킨다고 보는 에릭슨은 자아는 평생을 통해 단계별로 나타나는 심리적 인간관계의 위기를 성공적으로 해결하면 긍정적 자아가 형성된다고 보는 입장이다. 8개 단계의 위기와 극복과제를 상정하고 자아의 발달을 논하였다(Erikson, 1950).

나. 상징적 상호작용론이 입장

상징적 상호작용론 쿨리(Cooley)와 미드(Mead)에 자아는 사회적 상호작용론의 결과로 보는 입장이다.

쿨리는 자아정체성(self-identity)은 다른 사람들과의 상호작용을 통해 형성된다고 하는 이론을 전개하였다. 쿨리는 우리의 자아상은 타인과의 상호작용의 소산이라는 점을 강조하여 거울상 자아(looking glass self)라고 하는 개념을 정립하였다. 거울상 자아의 시각에서 보면 자아의 형성과정은 3단계로 구성되어 있다.

제1단계는 "자신이 타인에게 어떻게 보였을까?"를 상상한다.

제2단계는 "타인들이 자신을 매력적이고 지적이라 생각할 것인가?" "아니면 아주 못나고 재미없는 인간이라고 생각할 것인가?" 등을 생각한다.

제3단계는 이와 같은 생각을 바탕으로 각자가 자기 자신에 대하여 존경하거나 그렇지 않으면 창피하게 생각하거나 하는 것과 같은 느낌을 갖게 된다.

이러한 쿨리의 거울상 자아는 자아형성에 영향을 미치는 '의미 있는 타자(significant others)'영향을 받는다고 한다. 즉, 의미 있는 타자가 자신을 어떻게 보느냐 하는 것이 자아형성에 가장 큰 영향을 미친다고 하는 것이다. 이 부분이 유아의 사회적 발달에 의미 있는 타자의 영향력과 행동을 시사해 준다(Cooley, 1902). 여기서 의미 있는 타자는 부모, 형제, 또래, 교사 등이다.

미드(Mead)는 자아형성과정으로 모방, 놀이, 게임의 3단계를 제시하였다(Mead, 1934).

① 모방(imitation)단계 : 어린이가 부모나 일상생활에서 자주 접촉하는 사람들의 행위를 모방하는 단계이다. 예를 들어 엄마가 걸레질을 한다든가, 아빠가 설거지를 한다든가 하는 행위 등을 모방한다.

② 놀이(play)단계 : 어린이는 부모와 같은 의미 있는 타자의 역할을 하는 것은 중요한 사회화의 단계에 속한다. 어린이는 놀이를 통해 타인이 기대에 부응하는 것을 배운다. 놀이는 어린이들이 평소에 관찰한 여러 가지 역할을 재현하는 것을 뜻한다. 예를 들어 소꿉놀이를 통해 엄마, 아빠, 아기, 의사 등의 역할을 한 번에 한 가지씩 한다. 이 단계에서 자신과 타인의 존재와 자신을 타인의 입장에서 볼 수 있는 능력을 개발하나 한 개인이 두 개 이상의 복잡한 지위를 가지며 동시에 복잡

한 역할을 수행한다는 사실은 아직 이해하지 못한다.

③ 게임(game)단계 : 개인에게 두 개 이상의 역할이 있으며 역할 수행 시에는 다양한 사람들의 기대를 고려해야 된다는 것을 게임을 통해 배우게 된다. 예를 들어 야구경기에서 투수이거나 포수이거나, 외야수건 내야수든 상관없이 각자의 위치에서 적합한 역할을 수행하자면 팀의 다른 선수들이 자기에게 기대하는 것이 무엇인가를 고려해야 한다. 즉, 팀의 모든 멤버가 자신에 대한 여러 가지 기대를 고려하여 행동하게 되는 경험을 통하여 장차 사회성원으로서 다양한 사회적 상황에 적절한 행동을 할 수 있게 된다는 것이다. 미드는 이렇게 하여 사회 전체의 태도와 견해를 이해할 수 있게 된다는 의미로 일반화된 타자(generalized others)란 용어를 사용하였다.

결국 자아의 형성은 상호작용을 통해 타인이 나를 어떻게 볼 것인가 내지 나에게 어떤 기대를 하는가를 고려하여 행동하게 됨으로서 사회적 자아를 형성하게 된다고 하는 것이다.

(3) 자아개념 발달과정

피아제에 의하면 영아는 먼저 외부의 대상보다는 자기의 신체에 관심을 둔다. 영아초기에 영아는 신체적 자아(physical self)를 인식한다(Vasta, Haith, & Miller, 1992). 자신의 신체와 신체가 아닌 것을 알게 되고 신체 각 부분의 역할을 깨닫게 된다. 2-3개월 된 영아는 다리와 팔에 연결된 끈이 모빌을 움직이고 소리내는 것을 즐거워했으며, 2-3일 이후에는 끈을 잡기 위해 팔을 뻗거나 발을 차려고 하였다(Lewis, Alessandri, & Sullivan, 1990).

루이스(Lewis)와 브룩스-군(Brooks-Gun)(1979)은 영아의 코에 빨간 립스틱을 바르고 영아에게 거울을 보여주어 자기의 모습을 알아보는지 조사하였다. 9-24개월 된 영아에게 이 검사를 했을 때 어린 영아일수록 자아인식이 없었다. 거울 속에 비친 자신의 모습에 대해 마치 다른 영아인 것처럼 반응하였다. 그러나 18개월-24개월경이 되면 거울에 비친 자신의 얼굴에 낯선 붉은 점을 알아보고는 코를 만졌다(Asendorph, Wardentin, & Baudonniere, 1996 재인용). 그리고 18개월 된 유아는 여러 사진 중 자신의 사진을 훨씬 오래 바라보며 자신을 알아보았다.

18개월 이상이 되면 표상을 인식하므로 자신의 모습에 대한 감각운동도식을 내면화하기 때문으로 보인다.

영아기에 자아에 대하여 타인과 분리된 자신에 대한 기초적인 이해가 형성되고 나서, 만 2세-5세경이 되면 유아기로 접어들면서 범주적 자아(categorical self)인지를 보인다. 이 시기에 주로 사용하는 범주는 연령과 성이다. 유아는 자신과 다른 사람에 대하여 남자인지 여자인지, 아이인지 어른인지를 구별한다.

그리고 자아개념의 발달과 더불어 자율성과 분리-개별화되는 독립심에 관련한 주장이 늘어난다. 자신의 의지에 따른 행동을 수위로부터 격려 받게 되면 자율성을 얻게 된다. 2세경부터 사물을 조작하는 조작능력이 발달하고, 자신이 부모와 타인에게 어떤 영향을 미칠 수 있다는 것을 알게 된 유아는 부모의 지시나 명령에 '아니야' '싫어' 등으로 응답하거나 부모와는 다른 주장을 하기도 한다. 이것은 유아의 자기 자신에 대한 탐색과정으로 나타난다. 그리고 '내가 어디에 갈 수 있을 것이다', '만약에 내가 ...라면 어떻게 될까? 라는 생각을 하면서 자신의 능력이나 한계를 확인해보고자 하는 것이다(이은화 · 김영옥, 2008).

3세부터 유아는 언어능력이 급격히 발달하여 자신의 특성에 관하여 언어로 표현하는 자기진술을 한다. 이 시기의 유아들은 '나는 혼자 놀아요', '나는 얼굴이 까매요', '나는 아이스크림을 좋아해요' 등 자신의 생활습관, 신체특징과 기호 등의 외형적 특성에 관해 자주 진술한다. 반면 '나는 행복해', '나는 열심히 노력해'와 같은 자신의 심리적 특성에 관한 진술은 듣기 어려운데(전예화 외, 2006) 이러한 현상은 외현적 신체적 자아에서 아직 심리적 자아로까지는 발달하지 않았기 때문인 것으로 보인다.

4-5세가 되면 아동들의 자아는 상당히 성숙한 수준으로 발달한다. 아

동은 자신을 여러 가지 다양한 차원에서 설명할 수 있고 같은 차원에서도 자신과 타인을 비교할 수 있다.

초등학교 시기 동안 아동의 자기진술은 점차 외적 특성의 나열보다 자신의 성격, 가치, 생각, 신념 등 심리적 특성들을 묘사하게 된다. 또한 범주적 자아도 더 세분화되어 구체화되며 위계적인 유목범주를 따라 진술된다. '나는 노래를 못해요', '나도 엄마가 없으면 슬퍼요.' 등은 심리적 자아가 발달했다는 것을 말하며 '나는 대한민국 사람이에요', '나는 여자고, 내 동생은 남자예요.' 등은 유목범주화라고 할 수 있다. 이러한 현상은 학령전기의 유아들에 비해서 사고의 구체성이 증가했기 때문이다. 청소년기로 넘어가면 더욱 추상적인 심리적 자아인지가 발달한다(전예화 외, 2006).

(4) 자아존중감

아동은 자아개념을 발달시키면서 자신이 가지고 있는 특징을 평가한다. 자신에 대한 만족감이나 강점과 약점을 인식하고 자신에 대하여 긍정적으로 평가한다. 자아의 평가적 측면을 자아존중감(self-esteem)이라고 한다. 자아존중감은 자신의 역량 또는 유능함에 대한 평가적 신념으로서, 개인의 바람직한 환경 적응 및 건전한 인성 발달, 나아가 자아실현에 가장 중요한 요소이다(이은화 · 김영욱, 2008).

마치(March, 1990)는 자아존중감의 3가지 측면을 아동의 연령이 증가함에 따라 다시 세분화된다고 한다. 예를 들면, 학업적 자아존중감은 다시 국어, 수학, 기타 다른 과목으로 세분화되고, 사회적 존중감은 또래와의 관계 및 부모와의 관계로 나누어진다. 그리고 신체적 자아존중감은 다시 외모와 신체적 능력으로 세분화된다(권민균 외, 2006 재인용).

자아존중감에 영향을 주는 요인은 부모의 양육태도에 따라 긍정적 또는 부정적 영향을 주었다. 즉, 영 · 유아기에 부모의 양육 민감성, 학령기와 청소년기에도 온정적이며, 지지적이고 양육하는 데 분명한 기준을 세우고 자녀의 의견을 수용하는 부모일수록 자녀들의 자존감이 높았다(Coopersmith, 1967).

그리고 또래의 영향을 들 수 있다. 5-6세부터 유아는 자신과 또래를 비교하면서 또래보다 자신이 월등한지 열등한지 구별하기 위해서 사회적 비교(social comparison)를 사용하면서 자신과 또래간의 차이를 인식한다. 이런 종류의 비교는 연령이 증가하면서 더욱 정교화되고 아동의 자존감 형성에 중요한 역할을 하게 된다(권민균 외, 2006).

자아존중감은 약 8세경이면 비교적 안정적이며 긍정적 또는 부정적으로 표출된다(송명자, 1995).

(5) 자아통제력

자신의 행동에 대한 고려 없이 욕구나 충동에 따라 행동하는 경우 타인의 권리를 침해하고, 규칙을 위반하며, 장기적인 목표를 성취하기 위한 자기 희생과 인내를 하지 못할 것이다. 그러므로 자신의 행동의 통제하고 조절하는 능력은 아동이 사회화의 과정에서 반드시 획득해야 할 과제이다. 자아통제력은 목표를 달성하기 위해 순간의 충동적인 욕구나 행동을 억제할 수 있는 능력을 말하며, 목표와 갈등을 일으키거나 용납될 수 없는 행동을 조절하고 억제하는 능력이다(정옥분, 2003 ; 전예화 외, 2006)

아동의 자기 통제 능력의 발달과정을 나누면 먼저 1-2세경이면 통제의 외재적 요소에 의한 부모나 양육자의 지시나 금지, 순종에 의한 타율적 통제행동이 나타난다. 그리고 4세경이 되면 타인이 자신에게 가하는 언어적인 지시나 통제를 내면화하여 자기통제의 수단으로 삼음으로써 타율적 통제에서 자율적 통제로 전이되어 발달한다. 자율적 통제능력은 인지 능력과 책략 생성의 발달과 함께 적절한 사회화과정을 거쳐 아동후기까지 서서히 계속적으로 발달한다(Kopp, 1987).

자아통제력은 유혹에 저항하는 능력, 만족을 지연하는 능력, 충동을 억제하는 능력으로 구성된다(송명자, 1995). 유혹에 저항하는 능력은 바람직한 과업을 위해 일시적 즐거움을 주는 대상의 유혹을 뿌리칠 수 있는 능력이며 3-4세경 시작하여 학령기 동안 발달한다. 장난감을 갖고 놀고 싶은 유혹을 억제하는 능력으로 실험(장난감 금지기법) 한 결과 3세경부터 유혹을 억제하는 능력을 보였으며, 5-6세경의 경우 책략을 사용하여 즉, 장난감에 등을 돌리거나, 그림을 그리거나 장난감 바구니를 종이로 덮어 자신의 욕구를 억제하려 했다.

만족을 지연하는 능력은 보다 큰 만족과 보상을 얻기 위해 순간의 즐거움을 가져다주는 욕구를 억제하거나 자신이 하기를 원하는 행동을 통제하고 지연시키는 능력이다. 미셸(Mischel, 1974)의 전형적인 만족 지연실험에 따르면 연구자는 아동에게 머쉬멜로우나 크래커 중에서 좋아하는 것 하나만 선택하라고 하고, 선택한 후 연구자는 아동에게 잠시 나갔다 오겠다고 하면서 그때까지 기다리면 좋아하는 과자를 먹을 수 있지만, 참을성 없이 벨을 눌러 연구자를 부르면 덜 좋아하는 과자를 먹어야 한다고 일러주었다. 이 때 벨을 누르기까지 기다린 시간이 아동의 만족 지연능력이다. 3-5세의 유아는 두 종류의 과자를 보고 있다가 참지 못하고 1-2분 후에 연구자에게 신호를 보내 자기가 덜 좋아하는 과자를 받았다. 6-8세가 되면 대부분의 아동은 자신의 눈이나 유혹의 대상을 가리거나(물리적 분산)해서 유혹에 저항하는 방법을 사용하였다. 11-12세가 되면 추상적인 관념이 먹고 싶은 욕구를 감소시키고 충동을 잘 억제시켜준다는 것을 알게 된다. 예를 들어 '머쉬멜로우는 구름이다'라고 생각하거나(인지적 분산) '나는 머쉬멜로우를 싫어해' 같은 사실이 아닌 자기지시적 전략을 사용하여 만족을 지연한다(Mischel & Mischel, 1983).

충동을 억제하는 능력은 성급한 감정, 정서, 행동, 판단, 선택 등을 자제하고 통제하는 능력이다. 충동억제능력은 다른 능력과 마찬가지로 학령 전부터 발달하기 시작하여 아동기 동안 크게 발달한다. 맥코비(Maccoby, 1980)는 아동기에 발달하는 충동억제능력을 행동억제, 정서억제, 결론억제, 선택억제의 4가지 형태로 설명하고 있다. 행동억제능력은 진행 중인 행동을 중단하는 것을 의미하는데, 어린아동은 '사이몬

가라사대' 놀이에서 '코를 잡아라'하는 지시보다 '코를 잡지 말아라'라는 지시에 따르는 것에 더 많은 오류를 나타낸다. 정서억제능력은 아동에서 성인에 이르기까지 전 생애에 걸쳐 발달하는 중요한 자기통제능력으로 정서를 통제하는 능력이다. 결론억제능력은 충동적인 판단을 삼가고 신중하게 숙고하는 능력으로 6세아까지는 높은 결론억제능력을 기대하기 어렵다. 그리고 단기간 내에 만족할 수 있지만 보상의 크기가 작은 단기 보상을 포기하고, 시간을 기다려야 하지만 보다 큰 만족을 가져다 줄 보상을 선택하는 선택억제능력은 만족지연능력과 밀접한 관계가 있으며, 12세경은 되어야 보다 큰 장기적 보상을 주는 선택을 할 수가 있다.

2. 애착

(1) 애착의 개념과 발달단계

애착(attachment)은 한 인간이 가까운 사람들에 대해 느끼는 강하고 지속적인 유대라고 정의(Bowlby, 1969)할 수 있다. 영아가 자신을 돌봐주는 사람 특히 어머니와 밀접한 유대관계를 갖는 것을 말한다. 애착은 극히 제한된 대상에 대해 형성되며, 부모와 자식 간의 상호적 관계로 형성된다. 어머니가 자녀에 대해 애착을 형성하는 민감기가 출산 후 몇 시간 동안으로 미처 자녀에 대한 부정적 측면을 경험하기 전에 애착되며, 생후 첫 두세 달 동안 양육자와 유아 간에 이루어지는 동시적 일과가 애착의 발달에 중요한 기여를 한다는 것이다(전예화 외, 2006, 재인용).

유아기에 있어도 애착의 형성은 매우 중요하며 어머니와 형성하는 정서적 유대로서 어머니에게서 안심과 보호를 얻으려는 것이다(이은화 · 김영욱, 2008).

보울비(Bowlby, 1969)는 애착의 형성단계를 4단계로 설명하고 있다.

제1단계 : 인간에 대한 비변별적 반응성(출생-3개월)

출생후 2, 3개월경까지 아기가 보이는 다양한 반응은 비선택적이며, 대부분의 사람에게 비슷하게 반응한다. 이시기에 나타나는 여러 행동들 즉, 울음과 미소, 시각적 고정, 눈으로 따라가기, 빨기, 파악행동 등은 성인의 관심을 자극하여 어머니 또는 보호자의 애착행동을 유발시키는 중요한 기제가 된다.

제2단계 : 낯익은 사람에게 초점 맞추기(3-6개월)

약 3개월 초부터 아기의 반사행동들은 사라지고 사회적 반응들이 선택적으로 이루어진다. 아기는 점차 낯익은 사람을 보고서야 미소를 지으며 옹알이도 대상에 따라서 선택적으로 이루어진다. 이 단계에서는 영아가 보내는 신호에 가장 잘 응해주는 대상에 강한 애착을 형성하게 된다.

제3단계 : 능동적 접근 추구(6개월-3세)

이 단계에서 영아는 다른 사람보다 부모를 더 좋아하게 되고 부모와 격리되면 불안을 뚜렷이 나타낸다. 울고 떨어지지 않으려 저항을 한다. 7개월경에는 기어 다닐 수 있으므로 떠나려는 부모를 능동적으로 뒤따라가거나 매달리고 소리쳐 부르는 등 다양한 접촉행동을 하려한다. 이 단계에서 애착의 형성의 보여주는 특징인 낯선 사람에 대한 불안(stranger anxiety)과 격리불안(separation anxiety)이 나타난다. 전자는 낯가림이라고도 하며 생후 6개월경 나타나기 시작하여 2세까지 지속되며, 후자 즉, 격리불안은 보통 생후 6-8개월경 나타나기 시작하여 10-12개월경 절정에 달하고 2세경 소멸된다.

제4단계 : 동반자 행동(3세-아동기말까지)

전단계의 영아는 애착대상과 가깝게 있으려는 데만 관심을 기울이고 애착대상인 부모의 계획이나 목표에는 관심이 없다. 그러나 이 단계가 되면 인지능력의 증대로 유아는 부모의 행동에 대한 의도를 어느 정도 이해하여 부모가 없는 동안 부모의 행동을 상상할 수 있다. 따라서 유아는 부모가 떠나려는 것을 인정하게 되며, 부모와 동반자와 같은 관계로 행동하기 시작한다.

(2) 애착의 이론

애착행동이 왜, 어떻게 해서 형성되는가에 대하여 고찰하기 위해 애착을 설명하는 이론을 알아본다(Schffer, 2000).

가. 정신분석 이론

프로이트(Freud)는 정신분석 이론에서 수유를 어머니와 영아의 친밀한 유대관계를 맺는 가장 중요한 요소로 보았다. 즉, 어머니가 젖을 먹임으로써 영아의 구강욕구를 충족시켜주기 때문에 영아는 어머니에게 정서적으로 유대감을 갖게 되는 것이라고 보았다. 젖을 주고 만족감을 주는 어머니는 영아의 일차적 애정의 대상이 된다. 프로이트는 어머니에 대한 영아의 정서적 유대가 이후 사회적 관계의 기초가 된다고 보았나. 한편 에릭슨(Erikson)의 경우는 수유자체보다 영아의 요구에 대한 어머니의 반응성이 더 중요하다고 했다. 배고픈 영아를 방치하거나 너무 일찍 이유하게 되면 영아는 인간관계에서 신뢰감을 형성하지 못해 불안해 한다. 유아기 동안 양육자를 신뢰하지 못하면 일생동안 친밀하게 상호 신뢰하는 관계를 회피하게 된다.

나. 학습 이론

학습 이론에서는 애착 행동도 강화에 의해 학습된 결과라고 본다. 학습 이론에서도 수유가 정신분석 이론에서와 같이 중요한 역할을 하지만 애착형성과정에 대한 설명에는 차이가 있다. 아기는 어머니의 수유를 통해 배고픔을 해결할 뿐만 아니라 수유하는 동안 눈을 맞추고 신체접촉을 통해 따뜻하고 포근한 느낌이나 청각적 자극을 통해 만족감을 제공 받는다. 이런 일이 반복되면서 아기는 어머니와 즐거운 감정을 연결시키게 됨으로써 어머니는 2차적 강화인의 지위를 획득하게 된다. 2차적 강화인은 처음에 중립적 자극이던 것이 다른 자극과 연결됨으로써 강화인의 지위를 얻게 된 것을 말한다. 어머니가 2차적 강화인으로서 역할을 하게 되면 아기는 어머니의 관심을 끌기 위해서 어머니와 가까이 있기 위해 필요한 행동 즉, 미소짓기, 울기, 옹알이하기, 따라가기 등을 하게 된다고 한다(정옥분, 2004).

따라서 애착은 수유가 아니더라도 영아는 자신의 욕구에 민감하게 반응해 주고 다양한 보상(강화)경험을 제공하는 사람에게 애착한다.

다. 인지발달 이론

인지발달론에 의하면 애착이 형성되기 위해서는 대상이 존재한다는 것을 인지하는데서 출발하고 영아가 친숙한 대상과 낯선 대상을 구별할 수 있는 지각적 변별력을 갖추어야 한다고 한다. 그리고 안정된 애착관계를 형성하기 위해 대상이 눈앞에서 사라져도 어딘가에 존재한다는 것을 아는 대상의 영속성이 획득되어 있어야 한다. 애착이 나타나는 시기가 7-9개월인 것은 인지발달에서 대상의 영속성 획득시기와 유사한 것은 애착의 발달이 인지의 발달과 관련이 있다는 것을 시사하는 부분이다(Schaffer & Emerson, 1964).

라. 동물행동학 이론

동물행동학에서 애착은 종의 보존과 생존에 중요한 의미를 갖는 본능적 반응의 결과로 보았다. 어미나 보호자와 밀접한 접촉을 유지하게 하는 애착 행동이 새끼의 생존확률을 높이기 때문에 진화된 것이라고 본다. 아기는 어머니와 근접해 있을 가능성을 높이는 종 특유의 신호 내지 행동을 가지고 태어난다고 본다. 즉, 울기, 미소짓기, 붙잡기 같은 행동들을 들 수 있다(Keller & Scholmerich, 1987). 이러한 신호에 반응하여 어머니는 아기에게 다가가 주목하고 보살피게 된다. 그리고 아기의 넓은 이마, 토실토실 살찐 볼, 부드럽고 둥근 얼굴 생김은 양육자가 영아를 귀엽고 사랑스럽게 느끼게 만든다. 양육자와 영아가 서로 호의적 반응을 보임으로써 밀착된 애착이 형성되고 영아는 생존할 확률이 높아지는 것이다.

애착형성에서 사회적 상호작용과 접촉이 중요하다는 것은 할로우와 짐머먼(Harlow & Zimmermam, 1959)이 밝혔다. 새끼 원숭이를 생후 첫날부터 어미와 격리하여 철사로 만든 모형어미와 부드러운 천으로 싸인 모형어미에서 길렀다. 새끼 원숭이는 우유를 어느 모형어미에서 먹었는가와 관계없이 헝겊어미에 훨씬 더 오래 매달려 있었다. 즉, 철사 모형어미에 우유를 달았을 때도 우유를 먹을 때만 철사 모형어미에게 머물고 대부분의 시간은 헝겊 모형어미에게 매달려 있었다. 무서운 대상을 우리에 넣거나 큰 소리를 내어 새끼 원숭이가 공포감을 느꼈을 때도 헝겊어미를 찾아 심리적 위안을 얻었다. 이 실험은 통해 수유보다 부드러운 접촉이 애착형성에 더 중요한 요인이 된다는 것을 시사한다.

(3) 애착의 유형

아인스워드(Ainsworth, Blehar, Waters, & Wall, 1978) 등은 8개의 일화로 구성된 '낯선 상황 실험(strange situation procedure)'을 통해 1-2세 유아들의 애착의 질을 측정하고 개인차가 있다는 것을 보여주었다. 이 실험을 통해 영아의 반응을 기록하고 3가지 애착유형으로 구분하였고, 뒤에 동료에 의해 추가되어 4가지 유형이 되었다.

〈표 2-1〉 아이스워드의 낯선 상황 실험

번호	등장 인물	지속 시간	관찰되는 애착행동	내 용
1	어머니와 아기 관찰자	30초		관찰자가 어머니와 아기를 장난감과 여러 가지 놀이 기구들이 있는 실험실에 안내한 후 남겨두고 나간다.
2	어머니와 아기	3분	안전기지로서의 어머니	어머니는 아기가 방안을 탐색하도록 허용한다. 아기가 아무것도 하지 않을 때는 2분이 지난 후 놀이를 하도록 격려한다.
3	낯선 이, 어머니와 아기	3분	낯선 이에 대한 반응	낯선 이가 들어온다. 최초의 1분은 침묵, 두 번째 1분은 낯선 이가 어머니와 대화, 세 번째 1분은 낯선 이가 아기에게 접근, 3분이 다 지난 후 어머니가 조용히 방을 나간다.
4	낯선 이와 아기	3분 또는 보다 짧게	격리불안	첫 번째 격리. 낯선 이가 영아와 상호작용 하고, 영아가 불안 반응을 보이면 진정시킨다.
5	어머니와 아기	3분 또는 보다	재결합 반응	첫 번째 재회. 어머니가 아기를 반기거나 달랜 후, 아기가 다시 놀이를 하도록 도

		길게		와준다. 낯선 이가 방을 나간다.
6	아기 혼자	3분 또는 보다 짧게	격리불안	두 번째 격리. 어머니가 방을 나간다.
7	낯선 이와 아기	3분 또는 보다 짧게	낯선 이에 의해 진정되는 정도	낯선 이가 들어와서 영아를 진정시킨다.
8	어머니와 아기	3분		두 번째 재회. 어머니가 들어와서 아기를 반기고 안아준다. 그 사이에 낯선 이는 가만히 방을 나간다.

출처 : Ainsworth, Blehar, Waters, & Wall, 1978

가. 안정 애착(Secure attachment)

안정 애착 유형의 영아는 어머니를 안전기지로 사용하여, 어머니와 함께 있을 때 주위를 적극적으로 탐색한다. 부모와 분리되었을 때 일부는 울지 않고 일부는 울기도 하지만 다른 유형과 구별되는 점은 어머니가 돌아왔을 때 이들이 보이는 반응이다. 안정 애착된 영아는 위로받기 위해 능동적으로 신체접촉을 하고 정서적 안정감을 회복한다. 연구 대상 영아의 약 65% 정도가 안정 애착에 해당 된다.

나. 회피 애착(Anxious-avoidant insecure attachment)

회피 애착 유형은 어머니와 함께 있을 때도 어머니에게 별로 반응을 보이지 않는다. 어머니가 주의를 끌려고 해도 돌아서서 무시한다. 낯선 이나 부모나 유사한 반응을 한다. 어머니가 방을 떠날 때도 별로 반응을 보이지 않는다. 스트레스도 받지 않는 것처럼 보인다. 어머니가 다시 방에 들어왔을 때도 잘 안기지 않으며 반갑게 맞이하지도 않는다. 연구 대상 영아의 약 20%가 이 유형에 속한다.

다. 저항 애착(Anxious-resistant insecure attachment)

저항 애착 유형은 어머니 옆에 붙어서 거의 탐색을 하지 않는다. 어머니가 방을 나가면 매우 심한 스트레스 행동을 보이며 어머니가 돌아와서 안아주어도 계속 울면서 화를 내고 쉽게 진정되지 않는다. 어머니가 시도하는 물리적 접촉에 저항하면서 어머니와 많이 접촉하려고 하는 양극적 반응을 보인다. 즉, 어머니가 떠났던 것에 대해 화를 내면서도 어머니가 신체접촉을 하려하면 저항한다. 어머니와 함께 있을 때에도 낯선 이를 두려워한다. 연구 대상 영아의 약 10%가 이 유형에 속한다.

라. 혼란 애착(Disorganized/disoriented attachment)

혼란 애착은 낯선 상황에서 가장 큰 스트레스를 받고 가장 불안정하다. 아이는 격리되었을 때 울기도 하지만 어머니가 돌아왔을 때 어머니를 회피하거나 가까이 가기도 하다가 그 다음에 얼어붙은 듯 가만히 있거나 바닥에 쓰러지기도 한다. 어떤 아이는 앞뒤로 흔들거리거나, 자신을 반복적으로 때리는 등 상동행동을 보여준다(Main, M and Solomon, J., 1990). 연구 대상 영아의 약 5-10%를 차지한다.

(4) 애착의 효과

유아기에 형성되는 애착의 정도는 후기의 사회, 정서적 발달과 인지발달에도 지속적 영향을 미친다. 안정애착을 형성한 유아는 나이가 들면서 낯선 이에 대해 더 잘 반응하고 정서적으로도 안정되고 자기 신뢰의 정도가 더 높았다. 또래와의 상호작용에 있어서도 주도적이며 주변세계에 대해서도 능동적으로 탐색한다. 그러므로 초기 애착이 청소년기, 성인기의 인간관계를 형성하는 기초가 된다.

3. 성역할

(1) 성역할의 개념

아동은 자신이 속한 사회에서 규정하고 있는 성별에 관한 기준을 받아들이도록 교육을 받는다. 그것은 사회가 성별에 따라 적합하다고 생각하는 특성을 규정하고 있기 때문이다. 이처럼 사회가 규정하고 있는 성별에 따른 행위나 태도와 관련한 기준을 성역할(gender role)이라고 한다. 인간은 사회화를 통하여 자신이 성에 맞는 성역할을 습득하게 된다.

성역할은 특정 문화에 따라 차이가 난다. 그리고 행동과 인성에서 보이는 성적 차이는 적어도 부분적으로 문화적, 사회적 요소이므로 사회화의 산물이지만 생물학적 육체적 차이는 존재한다.

직장에서 그리고 대인관계에서 성에 근거한 차별은 많은 변화를 겪었지만 여전히 거의 모든 사회에서 성역할의 차이는 존재한다. 때로 전쟁 중이거나 위급한 상황에서 여성들은 보통 남자 일이라고 생각되는 일을 하기도 했다.

그러므로 성역할은 특정 성정체성에 의해 사회적으로 기대되는 일련의 태도와 행동이라고 할 수 있다.

(2) 성역할의 인식

성역할을 어떻게 인식하는가에 따라 성고정관념, 성정체성, 심리적 양성성을 논한다.

가. 성고정관념

성고정관념(gender stereotype)은 특정 성별로 어떤 감정적 표현이나 감정적 반응에 대한 기대를 갖게 한다. 성고정관념은 성의 속성, 차이 그리고 개인이나 집단의 역할에 대하여 지나치게 단순화한 일반화이다. 성고정관념은 긍정적일 수도 있고 부정적일 수도 있지만 다른 사람에 대하여 정확한 정보를 전달하는 일은 거의 없다. 사람들은 반대 증거도 없이 다른 사람에 대하여 성고정관념을 적용한다. 따라서 성고정관념은 영속화되고 고착된다. 많은 사람들이 성고정관념의 위험성을 인지하지만 여전히 고정관념을 만든다.

전통적으로 여성에 관한 성고정관념은 결혼해서 애를 낳고, 그 자신보다 가족의 행복을 먼저 생각하고, 사랑하고, 열정적이고 아이를 양육하고 동정적이며 섹시하게 될 시간을 찾고 아름다움을 느끼는 것이다. 반대로 남성에 관한 고정관념은 재정적 지원자이며 적극적이면서 경쟁적, 독립적이며, 용기 있고 직무에 집중해야 한다. 그리고 감정을 억제하고 항상 성적으로 먼저 시작해야 한다는 것이다.

이러한 종류의 성고정관념은 해로우며, 개인적, 전문적 성장을 방해하는 것과 마찬가지로 개인의 표현과 창의성을 질식시킨다.

과학적 증거에 의하면 유아는 성인들로부터 성고정관념을 배운다는 것을 알 수 있다. 성역할과 마찬가지로 유아의 사회화의 동인 즉, 부모, 교사, 동료, 종교지도자 그리고 대중매체들이 성고정관념을 세대간 전승시킨다.

2세 6개월-3세 유아에게 남자 인형과 여자 인형을 보여주고 요리, 바느질, 인형놀이, 트럭놀이, 기차놀이, 수다 떨기, 뽀뽀하기, 싸우기, 나무타기 등과 어울리는 인형이 어느 것인지 질문하였을 때, 대부분의 2세 유아는 성고정관념을 어느 정도 획득하고 있다고 하는 것이 보고되었다. 즉, 여자는 수다스럽고, 거친 싸움을 하지 않으며, 노움을 요구하며, 인형놀이를 좋아하고, 엄마를 도와서 요리나 청소하기를 좋아하는 것으로 알고 있었다. 반면에 남자는 자동차 놀이를 좋아하고, 아버지를 돕고, 블록놀이를 좋아하고, 싸움을 잘하는 것으로 알고 있었다(Kuhn et al., 1978; 권민균, 2006 재인용).

이렇게 남과 여에 관한 성고정관념을 상당히 일찍부터 전승되고 있음을 알 수 있다.

나. 성정체성

성정체성(gender identity)은 남성, 여성 또는 양성 어디에 포함되는가를 확인하는 것이다. 성정체성에 영향을 미치는 생물학적 요소는 출생전과 후의 호르몬 수준과 유전자 조절을 포함한다(Wikipedia, the free encyclopedia). 사회적 요소는 가족, 대중매체, 다른 기관에 의해 전달되는 성 메시지 등을 포함한다. 그리고 성정체성은 사회학습이론의 영향을 받기도 하는데 아이들이 성과 관련된 행동을 관찰하고 모방하고 그리고 그 행동에 대해서 보상받거나 처벌받음으로써 성정체성을 발달시킨다고 가정한다.

어떤 사례에서 사람들의 성정체성은 그들의 생물학적 성특성과 일치

않는 경우도 있다. 그래서 다른 사람들이 문화적 성규범이 아닌 것으로 인식되는 방식으로 옷을 입고 행동하게 된다. 이러한 성표현은 성변종 또는 성전환자로 취급될 것이다(Wikipedia, the free encyclopedia).

이것은 자아정체성과 관련이 있으며 어떤 사람이 다른 사람들이 그를 인식하는 방식을 어떻게 이해하는가를 의미하게 된다.

성정체성의 형성은 잉태기간 중, 출생 후 학습경험을 통하여 결정적 성장 과정을 내포하는 복잡한 과정이다. 그 방식은 다르더라도 많은 사회의 언어와 전통은 남자나 여자로 모든 개인이 범주화 될 것을 요구함으로써 형성되는 것이다. 결국 성정체성은 자신의 성별을 인식함으로써 발달한다.

생후 6개월경의 아기는 목소리의 높낮이를 통해 남·여를 구분할 수 있고, 생후 1년이 지난 아기는 사진을 보고 남·여를 구분할 수 있고, 목소리와 사진을 모두 고려하여 남·여를 구분하기 시작한다(권민균 외, 2006 재인용).

2-3세가 되면 유아는 엄마, 아빠, 여성, 남성처럼 성별에 적합한 명칭을 정확하게 사용하게 된다고 한다. 이 시기의 유아는 주로 옷, 머리 모양 같은 외적 특성으로 남성과 여성을 구분하며, 대부분의 유아는 성별이 불변하다는 것을 인식하지 못하지만 자신의 성별을 정확히 알고 있다. 즉, 3-5세 유아는 옷, 머리모양 등 외모만 바꾸면 남아는 엄마가 될 수 있고, 여아는 아빠가 될 수 있다고 생각한다. 이러한 관점은 5-7세가 되어야 성 항상성 개념을 형성하기 시작한다(권민균 외, 2006 재인용).

다. 심리적 양성성

심리적으로 남녀 양성의 성격을 갖는 것을 양성성(androgyny)이라고 한다. 양성성은 그리스어의 'andros'(ἀνδρος : 남자를 의미)와 'gyne'(γυνή : 여자를 의미)에서 유래된 합성어이다. 남성과 여성의 특성이 조합된 것을 의미한다(Oxford English Dictionary).

종래에 남성성과 여성성의 사고는 남성성이 강하면 여성성이 약하고, 여성성이 강하면 남성성이 약하다고 하는 방식으로 해석하여 동일 차원에서 양극단을 가정하였다.

그러나 양성성의 개념은 심리적으로 두 가지 특성을 동시에 지니고 있는 것으로 정의할 수 있다(ambigender). 그런가 하면 많은 양성구유자들은 정신적으로 남과 여 사이에 있거나, 전적으로 성이 없는 존재로 인식한다. 아니면 남 또는 여에 속하지 않는 성이분법 구분 밖에 있는 존재로 인식할 수도 있다(genderqueer).

벰(Bem)은 성측정도구로서 성역할 표를 구성했다. 개인은 4가지의 성역할 성향중 하나를 가진 것으로 분류된다고 한다. 즉, 남성성(masculine), 여성성(feminine), 양성성(androgynous), 미분화된 성(un-differentiated)으로 분류하여 분류의 준거로 제시하였다(Santrock, 2008).

양성성은 가진 사람은 여성(표현적)과 남성(도구적)의 특징을 둘 다 고도로 가진 여자 또는 남자이다. 여성성을 가진 사람은 여성적(표현적) 특징은 높고 남성적(도구적) 특징은 낮은 사람이다. 남성성을 가진 사람은 도구적(남성적) 특징은 높고 표현적(여성적) 특징은 낮은 사람이다. 미분화된 사람은 여성적, 남성적 특성 모두 낮은 사람이다.

벰(Bem)에 의하면 성역할에 있어서 양성성이 있는 남자와 여자는 남성성이나 여성성 있는 사람들보다 더 융통성 있고 정신적으로 더 건강하다고 한다. 그리고 미분화된 사람들은 덜 유능하다고 한다.

그렇지만 어느 정도까지는 맥락에 의해 어느 성역할이 가장 적용성이 있을지에 영향을 받는다. 즉, 긴밀한 관계에서는 여성성 또는 양성성 성역할이 긴밀한 관계의 표현적 성격 때문에 더 바람직하며, 남성성과 양성성 성역할은 학문적 작업처리에 있어서 활동성과 적극성을 요구하는 특성 때문에 더 바람직하다고 한다.

4. 친사회적 행동

(1) 친사회적 행동의 개념

친사회적 행동(prosocial behavior, 親社會的 行動)을 사전상의 의미로 보면 "사회적으로 긍정적인 결과를 가져오게 하는 행동이다. 주로 외적인 보상을 기대하지 않고 타인의 이익을 위해 자발적으로 수행되는 경향이 있다. 대부분 친사회적 행동은 나누기(sharing), 협동(cooperation), 감정이입(empathizing), 조망수용(perspective) 등의 의미로 정의되었으나 최근에는 사회적 기술, 사회적 능력, 또래와의 상호작용 기술이라는 광의적인 의미로 사용되기도 한다"(특수교육학 용어사전)로 되어 있다. 또한 친사회적 행동은 다른 사람의 행복과 권리에 관해 다루는 것으로 다른 사람에 대한 관심과 감정이입을 느끼고, 다른 사람에게 이익이 되는 방식으로 행동하는 것을 말한다(Wikipedia).

결국 친사회적 행동(prosocial behavior)은 다른 사람에 대한 관심으로 시작되며 다른 사람을 이롭게 하는 행동 즉, 돕기, 나누기, 위로하기, 협력하기 등을 포괄해서 말한다. 다른 사람을 이롭게 하는 행위의 출발은 다른 사람에 대한 관심과 공감이며 나아가서 감정이입과 가치의 내재화로 발달한다. 이러한 친사회적 행동과 유사한 개념으로 이타주의(altruism)를 들 수 있다. 이타주의를 넓게 정의해서 '다른 사람을 이롭게 하는 행동'이라고 한다면 친사회적 행동과 동일한 의미로 혼용하여 사용할 수 있을 것이다. 그러나 친사회적 행동은 외적 보상이나 내적 보상(죄의식 소멸)을 받는 행동을 포함하며 내부에 상호성(reciprocity)의 개념이 내포될 수 있다. 상호성이란 다른 사람의 호의에 대하여 반드시 보답해야 한다는 의무감 같은 것이 있다. 즉, 사람들은 다른 사람의 친사회적 행동에 보답을 하지 않을 때 죄책감을 느끼며, 다른 사람이 보답하지 않으면 화를 내게 된다(Sanstock, 2008 : 489-491). 외형적으로 이타적이지마는 내부적으로 이러한 상호성을 내포할 경우가 많다. 그러나 이타주의의 근본은 감정이입에서 나오며, 이를 통해 도덕적 가치를 내재화한 것을 이타주의라고 정의할 수 있다. 이렇게 정의한다면 친사회적 행동은 이타주의를 포함하는 보다 포괄적인 개념이라고 할 수 있다. 즉 이타주의는 친사회적 행동의 핵심이며 순수한 형태로 볼 수 있다.

(2) 친사회적 행동의 발달이론

친사회적 행동의 형성과 발달을 설명하는 이론으로는 생물학 이론, 정신분석이론, 사회학습 이론, 인지발달 이론 등을 들 수 있다. 여기서는 제시한 4가지를 순서대로 고찰하고자 한다.

가. 생물학 이론

생물학 이론은 진화론적 관점에서 인류 집단이 환경에 적응하여 살아남기 위해서는 집단생활을 해야 하고 협동해야 함을 깨달을 수 있었다. 협동을 포함한 친사회적 행동은 개인과 집단의 생존전략의 일환이었을 것이다. 그러므로 친사회적 행동이나 협동을 하지 않은 집단은 자연 도태되고 친사회적 행동을 하는 집단의 사람들이 생존하여 그들의 유전자를 전승시킴으로 종의 보존이 이루어 졌다고 보는 관점이다.

나. 정신분석 이론

정신분석 이론에서 친사회적 행동은 남근기에 외디푸스 콤플렉스를 극복하는 과정에서 발생하는 초자아(super ego)의 발달과 관련이 깊다고 본다. 양육자의 보호를 받고 배려 속에서 성장하다가 인간에 대한 갈등을 겪고 강한 사람(부모)에 대한 동일시를 통하여 초자아를 발달시킨다고 본다. 초자아를 통해서 타인에 대한 관심과 발달하면서 이타적 행위 및 친사회적 행동을 할 수 있는 것으로 본다.

다. 사회학습 이론

사회학습 이론에서는 아이가 태어나서 부모, 또래, 교사, 이웃 등과 상호작용을 하면서 아이의 특정 행동이 강화되거나 처벌됨으로써 사회적으로 바람직하다고 평가 받는 친사회적 행동이 학습된다고 본다. 아이가 바람직한 행동을 보였을 때 부모가 칭찬을 하거나 교사가 격려를 하였을 때 아이는 그 행동을 계속하고자 할 것이고, 특정 행동을 통해 불쾌한 경험(처벌, 무시 등)을 하였을 때 그 행동을 회피하고자 할 것이다. 그리고 또래나 성인의 친사회적 행동을 모방하여 행동할 수도 있다. 사회학습에 의하면 조건화, 강화와 처벌, 그리고 모델링(모방)을 통하여 친사회적 행동이 발달할 수 있다고 본다.

라. 인지발달 이론

인지발달 이론은 태어나서 아이가 대상을 인식하고 다른 사람을 인식하고 다른 사람과의 관계를 인식하는 인지가 발달됨으로써 친사회적 행동도 발달한다고 본다. 특히 다른 사람과 감정을 교류하고 공감함으로써 기쁨과 슬픔을 공유하고 나아가서 조망능력이 생기면 다른 사람의 입장에서 동정하여 감정이입을 할 수 있다고 본다.

감정이입은 친사회적 행동이 도덕적 행동으로 발달하는 중요한 포인트가 될 수 있다고 본다. 즉, 감정이입을 통해 다른 사람의 감정을 느끼고(자신의 입장이 아닌 다른 사람의 입장에서) 그 다음에 행동의 정당성을 찾고 내재화함으로써 보다 고차적으로 도덕적 행동을 발달시킬 수 있다고 본다. 그러므로 인지발달이론은 인지의 발달 중 타인 지각, 공감, 조망능력, 감정이입 등이 친사회적 행동의 발달과 관련이 있다고 본다.

(3) 친사회적 행동의 발달

일상의 환경에서 아이들이 부모, 놀이 친구, 다른 사람들과 상호작용할 때 나타나는 감정이입 내지 친사회적 행동에 대한 연구(Zahn-Waxler, Radke-Yarrow, Wgner, & Chapman, 1992)에서 연구자는 다른 사람이 곤경에 처한 것에 대한 아이의 반응을 체계적으로 관찰하고 녹음하도록 미리 아이 어머니의 협조를 얻었다.

10-12개월의 영아는 엄마가 슬퍼하거나 고통스러워하면 마음의 평정

을 잃거나 우는 반응을 보였으며, 13-14개월의 영아는 고통스러워하는 사람에게 접근하여 위로하였다. 그러나 구체적이지는 못했다. 1.5세의 영아는 고통 받는 사람에게 접근하여 구체적 도움 제공하였다. 즉, 부서진 장난감을 가진 유아에게 놀이할 다른 것을 제시하다든가 손가락을 다친 엄마에게 1회용 반창고를 가져다주는 행동을 하였다. 2세의 경우 언어적 충고(조심해 등)를 하거나 간접적으로 도와주기, 동생에게 음식을 주는 등 나누기, 주의를 흩뜨리기(엄마를 슬프게 하는 그림책 덮기), 보호 또는 방어하기(다른 사람들이 고통을 받거나 공격당하는 것을 막으려 함) 등의 친사회적 행동을 보였다. 그러나 때로 다른 사람의 고통에 웃거나, 공격적 행동, 유아자신이 고통 주기까지 하는 행동도 보였다. 이 연구는 유아의 친사회적 행동이 상당히 일찍부터 시작되고 있다는 것을 보여준다.

영아기를 거쳐 유아기, 학령기에 이르면서 친사회적 행동은 보다 구체적으로 나타나게 되는 데 인지의 발달과 매우 밀접한 관계를 보인다. 특히 친사회적 도덕적 추론의 발달에 대한 연구에서 친사회적 행동이 어떻게 발달하는가를 보여준다.

연구(Eisenberg, Lennon, Roth 1983)는 먼저 다음의 일화를 들려준다.

"메리는 친구의 생일파티 가는 길이었다. 가는 도중에 메리는 넘어져서 다리를 다친 아이를 보았다. 그 아이는 메리에게 그 아이의 부모에게 가서 알려, 자신을 병원으로 데려가도록 요청을 하였다. 그러나 만약 메리가 그 아이의 부모에게 간다면 메리는 생일 파티에 늦어서 아이스크림과 케이크를 먹지 못하고 모든 게임을 못하게 될 것이다. 메리는 어떻게 하여야 할까? 왜?"

이 일화를 들려주고 난 뒤 아이들이 하는 추론을 토대로 친사회적 추론의 수준을 다음과 같이 제시하였다.

1수준 : **쾌락주의적 · 자아집중 지향적**(자기에게 직접적 이익, 미래의

상호성, 필요로 하고 좋아하는 사람에 대한 관심 : 유아와 초등 저학년)

2수준 : **다른 사람의 요구지향적**(타인의 물리적 심리적 요구에 관심 : 유아와 초등 아동)

3수준 : **인정과 대인간 정형화된 형태 지향**(좋고·나쁜 사람-행동의 정형화된 상-다른 사람으로부터 인정과 수용의 고려 : 초등, 중·고등)

4수준 : (a) **감정이입**(동정적 반응, 타인의 인간성에 관심, 행동결과에 대한 긍정/죄의식 : 초등고학년, 중·고등)

(b) **과도기**(감정이입과 내재화)(정당성-도와주고/도와주지 않는 것-에 내재화된 가치, 규준, 의무, 책임포함)

(타인의 권리와 존엄성의 보호 필요성 언급-분명하게 말하지 않음 : 중·고등 일부)

5수준 : **강한 내재화 지향**(정당성-도와주고/도와주지 않는 것-은 내재화된 가치, 규준, 책임, 개인과 사회의 계약적 의무 유지 욕구)

(모든 인간의 존엄성, 권리의 동등성 신념에 근거-긍정/부정 정서-자아존중의 유지와 관련 : 소수의 중·고등-초등학생 거의 나타나지 않음)

이상을 보면 친사회적 행동의 추론 수준은

자아중심적 사고 → 타인 지향(타인의 요구-정형화) → 감정이입(동정-정당화-가치내재화)의 단계를 거쳐 친사회적 도덕적 추론이 발달하는 것을 알 수 있다.

라. 친사회적 행동의 발달 전략

친사회적 행동은 상당히 안정적 경향을 보인다는 것을 알 수 있다. 바움린드(Baumrind, 1971)는 유치원에서 유아를 대상으로 또래에 대한 동정, 사려성, 다른 유아의 관점에 대한 이해 등을 측정하고, 5-6년 후에 초등학교에서 다시 측정한 결과 두 연령간 결과는 비교적 안정적이었다. 이처럼 어린 시절의 친사회적 행동은 안정적이며 일관성 있게 그 뒤로 영향 미친다는 연구 결과들이 많이 보인다.

친사회적 행동은 다른 사람에게 도움을 주는 행동을 말하므로 이러한 행동은 도덕적 성향을 띠므로 개인적으로 건전한 자아를 실현하는데 도움을 주고 친밀한 인간관계를 유지할 수 있게 해준다. 사회적으로는 사회가 보다 우호적이고 협조적이 되는데 기여하게 될 것이다. 그러므로 어릴 때부터 친사회적 행동을 의도적으로 격려하고 발전시킬 필요가 있을 것이다.

친사회적 행동을 발달시키기 위해서는 그것을 설명하는 이론들을 고찰해 볼 필요가 있다. 친사회적 행동의 발달이론은 앞서 논의한 바와 같이 생물학 이론, 정신분석학 이론, 사회학습 이론, 인지발달 이론을 들 수 있다. 이 중 생물학 이론은 진화와 유전자의 전승에 대해서 논하므로 학습 전략으로서는 문제가 있다. 그렇지만 정신분석 이론에서 말하는 초자아 형성의 시기, 사회학습 이론에서 말하는 조건화, 강화와 처벌, 모델링, 인지발달 이론에서 말하는 인지발달과 더불어 나타나는 대상의 영속성, 조망수용능력, 추론의 능력 등과 더불어 친사회적 행동 전략을 짠다면 효과적일 것으로 보인다.

이것을 유아교육과 관련하여 정리한다면 먼저 조건화와 관련하여 친사회적 행동을 이끌어 낼 수 있는 분위기를 조성해야 한다. 그리고 강화와 더불어 본다면 친사회적 행동이 발현될 수 있는 기회를 만들어야 한다. 그리고 다른 사람의 친사회적 행동을 보여주고 따라 할 수 있도록 모델링의 기회를 주어야 한다. 그리고 정신의 발달과 인지의 발달을 고려하여 자료를 제시하여야 한다.

첫째 분위기의 조성은 친사회적 행동을 권장하며 인정해주고 격려하는 분위기를 만들어야 한다. 친사회적 행동은 선행이며 그것으로 인해 칭찬을 받을 수 있다는 기대를 갖게 하는 것이 중요하다. 교사는 여러 여건에서 친사회적 행동에 관한 내용이 나오면 격려해 주어야 한다.

둘째 친사회적 행동이 발현될 수 있는 기회를 만들어야 한다. 교사는 교수-학습 활동 과정에서나 작업 활동, 놀이 활동 등을 통해서 친사회적 행동이 발현될 수 있는 기회를 조성해 주어야 한다. 그리고 이야기 나누기를 통해 그러한 가치관에 대하여 인식할 수 있게 하여야 한다.

셋째 모델링의 기회를 만들어야 한다. 모델링은 다른 사람이 친사회적 행동을 보고 따라하는 것을 말하는데 교사나 부모의 시범과 이야기, 영화, 극 등을 통해 이러한 행동들의 모델을 탐색하고 유아들에게 제시하여야 한다.

넷째 위에 말한 전 과정에서 항상 강화와 벌을 적절히 활용하여야 하며, 제시된 자료들이 정신 및 인지의 발달단계에 맞는지도 고려하여야 한다.

5. 공격성

(1) 공격성의 개념

공격성(aggression, 攻擊性)은 타인에게 고통이나 해를 주기 위한 행동을 말하며, 육체적 정신적 언어적 형태를 띤다(Wikipedia). 그리고 다른 정의를 보면 "적의나 증오와 관계가 있는 모든 종류의 파괴적 행동, 특히 육체적인 타격이나 악의를 품은 발언 등으로 상대방에게 손상을 입히려는 행위와, 그런 행동을 하려는 욕구 경향"(네이버 백과사전)이라고 할 수 있다. 이렇게 볼 때 공격성은 타인에 대하여 육체적, 정서적, 정신적, 언어적으로 피해를 주는 행동을 말한다.

(2) 공격성의 유형

타인에게 고통이나 피해를 주는 행동인 공격성을 유형화하면 다음과 같다(전예화 외, 2006).

가. 우발적 공격성

의도하지 않았지만 피해를 주는 경우의 공격성을 말한다. 예를 들어 숨바꼭질을 하다가 다른 친구를 너무 세게 친다든가, 생각 없이 한 말이 다른 사람의 마음을 상하게 한 경우 등과 같은 것은 우발적인 공격성을 말한다.

나. 표현적 공격성

공격을 통해 유쾌하고 감각적인 경험을 하는 경우이다. 상대방에게 피해를 주려고 하는 것이 아니라 공격적 행동 자체의 감각에 몰두하는 것이다. 예를 들어 다른 친구가 만든 블록을 무너뜨렸을 때 공격자는 정확한 일격에 만족을 느낀다. 혹은 유아가 웃으면서 다른 사람을 깨무는 것은 감각적으로 기분이 좋게 느껴지기 때문이다.

다. 도구적 공격성

다른 사람에게 해를 끼칠 의도는 없지만 원하는 것을 가지려 하기나 자신의 것이라고 믿는 것을 지키려다가 나타나는 행동이다. 예를 들어 두 유아가 자전거를 먼저 타려고 밀치고 당기면서 공격적인 행동을 한다면 도구적 공격성이라고 할 수 있다.

라. 적대적 공격성

다른 사람을 해치려는 의도를 가지고 한 고의적 행동이다. 적대적 공격성을 나타내는 유아는 다른 사람의 신체적 혹은 심리적 고통에 만족을 경험한다. 적대적 공격성은 이전의 모욕이나 상해에 대한 보복이거나 공격자가 원하는 대로 상대방이 피해를 입도록 하는 목적적 공격성이다. 유아는 자신의 체면이나 안전이 손상당한다는 위협을 느낄 때, 자신이 하려고 하는 것을 다른 사람이 고의로 방해를 할 때, 자신이 다른 사람보다 힘이 더 있다고 느끼기를 원할 때 적대적 공격성을 나타내는 경향이 있다.

(3) 공격성의 발달적 경향

공격성 빈도, 형태 및 원인에 대한 발달적 경향을 2-4세와 4-8세로 나누어 살펴보면 다음과 같다(Bee, 1989).

신체공격성의 빈도는 2-4세 때 가장 많이 발생하다가 4-8세 때 점차 줄어든다.

언어적 공격성의 빈도는 2세 때는 거의 나타나지 않지만 유아의 언어적 기술이 향상됨에 따라 증가하고, 4-8세 때는 신체적 공격성보다 언어적 공격성 더 많이 나타난다.

공격성의 형태는 2-4세 때는 주로 도구적 공격성이 나타나다가 4-8세 때는 적대적 공격성이 보다 많이 나타난다.

공격성의 원인은 2-4세 때는 부모와 갈등 후 자주일어나지만 4-8세 때는 또래와 갈등후 자주 나타난다.

이처럼 생의 초기에는 주로 도구적 공격성 내지 신체공격이 많이 나타나다가 점차 유아기와 학령기에 접어들면서 적대적 공격성 내지 언어공격으로 변화하는 경향이 있다. 그리고 도구적 공격성은 유아기를 거치면서 성인이 갈등을 해결하기 위한 협상이나 분배의 방식을 제시하게 되면 점차 감소하는 경향이 있다. 그리고 만3세에서 5세 사이의 유아는 신체적 공격성은 점차 감소한 반면 고자질하기, 놀리기 등 언어적 공격이 증가하는 경향을 보였다. 그리고 점차 나이가 들면서 타인의 의도를 추론할 수 있는 역할 조망능력이 획득되면 상대방이 자신을 해치려는 의도를 보이면 자신도 이에 대항 하려는 행동을 선택하는 경향(김태련 외, 2004)이 있다.

(4) 유아의 공격성을 감소시키기 위한 전략

가. 전통적 가정(假定)

첫째 귀한 자식 매로 키워라.

체벌의 가정은 매를 맞는 고통 회피하기 위하여 성인의 기준에 맞는 행동을 학습할 것이라는 것이다. 그러나 실제에 있어서 신체적 체벌은 공격적 행동을 증가(Bandura, 1973)시킨다는 연구보고가 있다. 어릴 때 신체적 체벌 경험한 유아는 청년기에 공격적이 되는 경향(Farrington, 1993)이 있다고 한다.

따라서 체벌로 공격성을 감소시키기보다 오히려 증가 시킬 가능성이 있다.

둘째 억압된 욕구의 출구를 찾아라.

공격적으로 행동할 안전한 기회를 제공하면 반사회적 공격성은 줄어든다는 것이다. 이것을 정화(catharsis)과정이라고 본다. 즉, 정화이론은 축적된 내적 충동이 폭발하면서 나타나는 것이 공격성이라고 보고 그것을 다른 사람에게 위해를 가하지 않는 방식으로 풀어 스트레스를 해소해야 한다고 한다. 그러므로 유아에게 수용할 수 있는 방법으로 공격적 행동의 기회를 제공함으로써 타인에 대한 공격적 행동 감소시킬 수 있다고 가정하는 것이다. 예를 들어 장난감 총, 무기 등으로 공격성을 표현하는 놀이를 하면 실제 생활에서는 공격성이 나타나지 않을 것이라고 본다.

그러나 어린이들을 대상으로 한 연구에서 공격적 경험은 공격성을 고갈시키기보다 오히려 촉진시킨다는 결과가 나왔다(Mallick & McCandless, 1966).

나. 효과적 방법

공격성이 모방, 강화 등에 의해 학습된다면 비공격성도 학습될 수 있다. 그러므로 공격성과 상반되는 상호작용의 가치와 방법을 내재화시켜서 공격성을 감소시킬 수 있을 것으로 본다.

첫째 공격성의 원인을 제공하지 않는 환경을 조성한다.

유아가 좌절감을 느낄 수 있는 환경을 최소화하고 유아가 스스로 유능감을 느낄 수 있도록 한다. 적절한 물리적 환경과 부드럽고 따뜻한 분위기를 조성한다.

둘째 의사의 소통을 통해 갈등을 해결하는 갈등 해결의 대안을 가르친다. 공감이나 감정이입을 통해 상대방의 입장에서 생각하게 하고 스스로 대안을 찾도록 유도한다.

6. 다문화교육(multi-cultural education)

(1) 다문화 교육의 필요성과 목적

"2010년 한국사회는 국내체류 외국인이 118만 명에 육박하며 다문화 사회로의 본격 진입을 앞두고 있다. 저출산, 고령화에 따른 생산가능 인구 감소로 성장잠재력 저하가 우려되는 상황에서 경제 활력을 유지하기 위해서는 외국인 유입이 불가피하다. 따라서 다문화 진전의 편익을 극대화하는 동시에 문화와의 공존이 초래할 미래의 비용을 최소화하는 전략이 필요하다"(위키백과). 다문화주의, 다문화 교육은 이제 한국사회의 불가피한 현실이다. 생산인력으로서 외국인 근로자 문제를 생각할 수 있지만, 그보다 중요한 사실은 결혼으로 인한 농촌에서의 다문화 가정의 출현이다. 결혼으로 인하여 아이를 출산하고 그들이 유아교육을 받고 초등, 중등 그리고 대학교육을 받게 될 것이다. 그런데 심각한 문제는 특히 농촌지역의 다문화 가정에서 중국, 동남아 등 외국 출신의 어머니가 한국어와 한국문화를 제대로 인식하지 못하고, 한국인 아버지는 어머니 나라의 언어와 그 나라의 문화를 제대로 인식하지 못한 상황에서 태어난 아이는 문화적 갈등을 겪을 수밖에 없다. 더구나 아버지가 농촌일로 어머니가 주로 아이 양육을 해야 하는 입장에서는 아이가 한국어를 제대로 습득하지 못할 가능성마저 있다. 다문화 교육의 문제는 처음에 의사소통의 문제로 외국인 출신 신부들에 대하여 한국어 교육을 어떻게 하는가에 있었다. 그러나 아이들이 어린이집과 유치원에 가면서 어떻게 하면 차별받지 않고 원만하게 교육받을 수 있는가에 집중되었다.

다인종 국가인 미국에서는 이러한 연구가 일찍부터 있었다. 따라서 미국의 경우를 예를 들어 설명(Meledez et al., 2000 : 234)한다.

미국에서의 다문화 교육은 모든 아이에게 동등한 권리와 기회를 탐색하기 위해 발달해 왔다. 이것은 모든 연령대를 망라하여 교육과정의 우선순위가 된다. 다문화 교육의 목적은 사회적, 문화적으로 다양한 사회에 생산적으로 살고 있는 모든 아이에게 힘을 주고 그 뿌리와 문화적 배경에 대한 자부심을 발달시키는 것이다. 뱅크스(Banks)는 다문화 교육을 사회 평등성의 이상에 근거한 접근과 교육철학이라고 정의 했다.

다문화의 중심 교육과정은 아이들이 사람들의 유사성과 독특함에 관한 개념을 구축하도록 하는 것이다. 자신의 문화와 문화적으로 다양한 사람들에 관한 지식을 가르치는 것은 사회 평등성과 형평성의 기초를 확립하고 다문화 교육의 목적을 지지하는 것이다.

유아기의 다문화 교육은 유아들에게 그들과 다른 개인들이나 집단과 공정성에 기초한 상호작용, 긍정적인 상호작용을 할 기회를 제공한다. 이것은 편견의 발달을 막기 위하여 필수적이다. 아이들이 생의 초기에 차이가 있지만 사람들에게 유사성이 있다는 것을 배우도록 안내하지 못하거나 그러한 경험을 제공하지 못한다면 사회의 화합을 위기에 빠뜨릴 것이다.

결국 다문화 교육은 다문화 가정의 엄마나 아이를 위한 교육이라기보다 교육과정상 보편적인 목적이 되어야 한다.

(2) 다문화 교육과 국제교육

다문화 교육과 국제교육은 같은 목표를 갖고 있다. 다른 사람의 문화에 대해 문화적으로 지적이며 민감한 개인을 육성하는 것이다. 둘 사이의 공통된 연결점은 다른 문화에 대한 지식과 이러한 문화를 가진 구성원과 상호작용하는 사회적 유능성을 촉진한다는 목표를 가지고 있다는 것이다. 그러나 차이점은 시각의 차이이다. 다문화 교육은 당면한 문화 환경에 초점을 맞추고 있다면 국제교육은 국제문화 환경을 목표로 한다(Meledez et al., 2000 : 235-236). 그러므로 다문화 교육은 국제교육의 일환이면서 우리의 당면한 현실교육인 것이다.

(3) 다문화 교육과 사회과교육

다문화에 대한 연구는 학생들이 다음과 질문에 대답할 수 있게 하는 것이다(NCSS, 1994).

① 다른 문화의 공통적 특징은 무엇인가?

② 종교, 정치적 이상 같은 신념체계는 문화의 다른 부분에 어떤 영향을 미치는가?

③ 다른 생각과 신념을 수용하기 위해서 문화는 어떻게 변하는가?

학교에서 이러한 주제는 교육과정을 아우르는 다문화 주제와 마찬가지로 지리, 역사, 사회학, 인류학을 취급하는 과정과 단원에서도 발견된다.

유아사회과교육이 유아들에게 장치 민주사회의 구성원으로서 살아갈 수 있도록 그 발달단계에 맞게 민주시민성을 양성하는 것이라면 현재 한국사회의 다문화 교육은 유아사회과에서 필수 요소임에 틀림이 없다. 다문화 교육은 단순히 다문화 가정에 태어난 아이의 부적응을 도와주는 차원이어서는 미흡하다고 할 수 있다. 다문화 교육은 세 가지 차원에서 전개되어야 한다.

첫째 다문화 가정의 외국인 출신의 성인이 한국사회에 적응하여 한국국민으로서 공동체에 참여하고 자부심을 느끼고 살아가도록 하는 차원에서 교육적 구상을 하여야 한다.

둘째 다문화 가정의 자녀들이 소외되지 않고 동등하게 교육을 받고 모(부)의 고향 나라의 문화와 우리의 전통문화를 아울러 이해하고 이에 대한 문화적 다양성에 대한 자부심을 갖게 하는 것이다.

셋째 다문화 가정외의 아이들이 다문화를 차별이 아닌 차이의 개념으로 이해하고, 전통문화와 비교하면서 문화의 다양성과 동질성에 대한 이해를 바탕으로 보다 폭넓은 사고를 함으로써, 더불어 사는 사회를 만들어야 한다는 가치와 태도를 길러주어야 한다.

제 3 절 공동체 형성과 유아의 사회화

유아교육 내지 유아의 사회화란 결국 유아가 사회 속에서 자신을 어떻게 인식하고 그 사회의 원형인 공동체에 어떻게 적응하여 살아가는가의 문제이며, 나아가서는 어떻게 공동체의 일원이 되어 공동체에 기여하여 공동체를 발전시키는가의 문제로 귀착된다. 비록 어린 시절 유아기의 교육이라 하더라도 이러한 연결선상에서 유아사회과교육은 논의되고 연구되어야 할 것이다. 유아사회과가 사회생활 영역 즉, 하나의 생활영역과 관련된다하더라도 종국적으로는 어떻게 건전한 시민으로서 발달시키는가의 문제로 귀착되는 바, 공동체의 개념을 명료하게 할 필요가 있는 것이다.

현대사회에서 공동체가 왜 필요하며 어떻게 발전하게 되었고 공동체의 구체적인 개념은 무엇이며 어떻게 될 것인가에 대한 개념 규정이 필요한 시점이다. 왜냐하면 공동체하면 무조건적 선으로 받아들여 공동체에의 기여를 시민교육의 목표로 삼지마는 그것이 민주주의를 구성하는 자유주의 사상이나 자유계약 내지 합리주의 사상과는 배치되는 면을 가지고 있다는 것을 간과한다면 이 모순을 극복하지 못할 것이다. 특히 유아가 아닌 교사의 입장에서 이러한 점을 명확히 인식할 필요가 있다고 보아 공동체에 대한 논의를 하고자 한다.

1. 공동체의 발생

현대사회에서의 인간은 누구나 자신의 이익을 극대화하고자 노력하고 합리적으로 사고하고 행동한다고 자부할지라도 불안감과 공허함은 여전히 존재하는 것이다. 원자화되어가고 비인간화되어가는 현대사회에서 어떻게 하면 개인이 사회에의 일체감을 느끼며 그것을 통하여 서로 협동하면서 살아 갈 수 있을까? 그리고 어떻게 하면 그러한 삶을 바탕으로 사회통합을 이룩하여 국가와 민족의 번영을 도모할 수 있을까 하는 것이 사회과학도들의 주요한 관심사였음은 부인할 수 없을 것이다. 또한 이 문제는 현대사회에서의 인간이 어떻게 하면 이기주의에 희생되지 않고 홉스(T. Hobbes)가 말하는 "만인에 의한 만인의 투쟁 상태"에서 벗어나 새로운 사회를 구성할 수 있을 것인가 하는 문제와 관련된다.

급격한 변화의 소용돌이 속에 휘말려 있는 현대사회에서 산업화는 민주화와 더불어 시기와 방식은 다소 차이가 있다하더라도, 세계 역사에 있어서 전통사회와 근대사회를 가르는 중대한 전환점의 역할을 하였다. 합리주의에 바탕을 둔 산업화와 민주화는 전통사회의 모든 구속으로부터 인간을 정신적 물질적으로 해방시키는 결정적인 요소가 되었던 것이다. 그러나 산업사회의 진전은 전통사회의의 요소를 무조건적인 타도 대상으로 보고, 매우 빠르게 진전함으로써 전통사회에 있어서의 가치 있는 것들에 대해서 마저 깊이 있게 생각해 볼 여유를 갖지 못하게 하였다. 초기의 새로운 세계 건설에 대한 열정이 식으면서 전통적 질서 철폐 중심의 이성의 시대는 원자화된 개인의 시대로 몰아갔다. 개인주의는 이기주의적 성향을 표출하고, 산업화와 더불어 급성장한 자본주의는 자유경쟁의 미덕아래 빈익빈 부익부로 말미암아 사회적 소외 계층을 양산(量産)하였다. 이러한 사회분위기는 사회 해체(social disorganization)의 위기의식을 낳게 하였으며, '20세기 사람의 자연적 상태는 불안'(Nisbet, 1963 : 11)이라고 하는 생각에 도달하게 하였다.

이러한 불안정과 변화는 안정을 추구하는 인간의 본능적 욕구(Maslow, 1954)를 자극하게 되었다. 따라서 현대 "인간관계를 연구하는 학도는 해체와 특이한 와해 가능성에 대한 인식으로부터 시작"(Nisbet, 1969 : 9)하여 "불안과 분열에 대한 폭넓은 관심이 지위, 구성원 그리고 공동체의 가치에 대한 깊은 우려"(Nisbet, 1969 : 6)를 나타낸다.

18세기 이성의 시대에는 중세사회의 억압과 불합리성으로부터 인간을 해방시키기 위해 공동체로부터 인간을 분리시키고 사회계약에 의해 이성으로 사회를 재조직하고자 하였다. 그러나 그러한 사회를 구성했음에도 불구하고 합리주의자들에 의해 열렬히 받아들여졌던(Nisbet, 1969 : 4) 투쟁, 개인주의, 도덕적 익명성 등은 세상을 더욱 살벌하고 메마르게 하였다. 이에 19세기 사회사상가들은 은연중 중세적 모델을 이상으로 생각하는 공동체의 형성에 관심을 가지게 되었다. 19세기 사회사상가들은 시민혁명과 산업혁명을 통하여 개인적 자유와 물질적 풍요를 얻는 대신 공동체를 통한 안정감과 정신적 유대는 상실하였다고 생각하였다.

결국 전통사회에서 인간을 억압한 것은 봉건제도와 신분에 기인한 폐쇄된 상황이었지 공동체가 아니었다고 생각함으로써 '공동체의 가치'를 재발견하고자 하였던 것이다. 공동체의 형성을 통하여 개인주의와 합리주의에 의해 야기된 경쟁 비인간성, 기존가치의 거부로 인한 기존 조직의 해체와 같은 혼란을 극복하고 새로운 질서에 의한 이상국가를 건설하고자 하였다. 이러한 사상적 경향은 20세기에 들어와 두 차례의 세계 대전을 겪으면서 위축되었다.[2] 그러나 제2차 대전이 종결된 후 20세기 후반부터 미국을 중심으로 한 자본주의의 발달은 심각한 구조적 모순을 드러내었으며 이로 인해 소외계층은 늘어갔다. 다른 한편에서는 마르크스·레닌주의를 바탕으로 하여 공산주의 실험에 들어갔지만 이 또한 인류를 소외에서 해방시키지 못하였으며 행복을 가져다주지도 못하였다.

높은 정도의 개인적 친밀도, 감정적 깊이, 도덕적 헌신, 사회적 응집, 시간적 연속과 미래의 인류성을 특징(Nisbet, 1966 : 47)으로 하는 '공동체적 삶'은 현재의 꿈이며 이상이기도 한 것이다.

2) 공동체이론은 전체주의 체제의 이론적 기반이 될 수도 있었다.

2. 공동체의 개념

공동체라는 말은 매우 다양하게 사용되기 때문에 어디에나 두루 통하는 용어로 생각되어 왔다(Bell and Newby, 1972 : ch2). 사회학자들은 200년 이상에 걸쳐 공동체의 개념에 관하여 관심을 기울여 왔지만 아직까지 만족스럽게 정의되지 못하고 있다(Bell and Newby, 1972 : ch2). 특히 "공동체라는 말에 의해 떠올려 지는 주관적 감정들에 의해서 공동체란 '어떠한 것인가(경험적 기술)'하는 것과 공동체란 '이러한 것이어야 한다(규범적 규정)'는 것 사이에 혼란"이 있음으로 해서 공동체의 의미가 명확하지 못하고 애매 모호성을 띠게 된다.

그러나 공동체론이 사회과학의 연구과제로 부각된 이래 공동체의 실체를 어떤 관점에서 보느냐 하는 것은 기존의 연구를 종합해 볼 때 크게 4가지로 구분하여 볼 수 있다.[3)]

첫째 공동체의 의미를 동일 행위 동일 직종의 구성원과 같이 동일성을 갖춘 조직체나 범주의 구성원을 포괄적으로 지칭하는 용어로 쓰인다(D. W. Minar, S. Greer... 등).

즉, 종교공동체, 학문공동체, 군사공동체... 등으로 쓸 수 있다.

둘째 공동체를 "법적으로 확정된 시경계내에 사는 사람들"(Polsby, 1968 : 157)로 정의하는 바와 같이 '지역사회'에 초점을 두고 공동체를 연구하는 경향을 들 수 있다(N. W. Polsby, Floyd Hunter, James Coleman, D. E. Poplin, M. B. Sussman...). 이 연구들은 공동체를 '지역과 결부된 조직체의 단위'를 지칭하는 경향으로 정의한다.

지역적 단위로서의 공동체는 지역을 독립변수로 보는 견해와 종속변수로 보는 견해로 분리하여 볼 수 있다(Poplin, 1979 : 1-25). 먼저

---

3) D. Poplin 은 동질성을 가진 소집단, 심성적, 정신적 현상, 지역사회 의 3가지 관점으로 나타냈고 , G. A. Hillery 는 크게 포괄적 공동체(generic community)와 농촌 공동체(rural community)로 한홍수는 지역사회 권력 연구, 기능적 공동체론(통합이론가들의 공동체론), 사회심리학적 측면의 공동체론으로 구분하였다.

독립변수로 보는 관점은 "지역적이며 지리적인 요인들이 공동체들의 보편성과 성장 및 지속성을 설명하는 데 도움이 된다"고 보고 "사람들이 거대한 공동체들 내에 점차적으로 모이는 것은 산업혁명과 근대 경제의 발전이 가져온 부산물"로 본다. "인간이 공간을 뛰어 넘을 수 없기 때문에 공동체가 나타난 것"이며 그것은 "사회적이며 심리적인 욕구 충족이 근린성(nearness)을 수반"한다. 또한 "근린성은 접촉을 쉽게 하고 보호를 제공하며 집단의 조직과 통합을 더 쉽게"(Davis, 1948 : 311)하므로 지역적 요소가 독립변수로서의 중요성을 띠게 된다. 지역을 종속 변수로 보는 경향은 "사람들이 지역적 환경을 조정하고 그에 적응하는 방식은 여전히 그들이 지닌 문화적 유산이나 기술적 지식에 크게 의존하고 있다. 지형은 순응성이 있으며 직접적 행동이나 다른 활동들의 잠재적 결과로서 변형될 수 있다"고 보는 것이다(Poplin, 1979 : 1-25). 즉 인간이 물리적 환경을 파괴하고 자연을 보호하고자하는 일련의 활동이라든지 법률과 가치관에 의해 지역 공동체의 모습이 상이하다든지 하는 것을 들 수 있다.

셋째 공동체를 구성원이나 사회체계들의 상호의존성 내지 전문성에 초점을 맞추는 기능적 시각을 들 수 있다. 이 관점에는 모든 국가를 정치적 공동체로 보고, 초국가적 공동체 실현을 위한 상호작용을 중시하는 입장(K. Deutch, Ernst Hass, J. Bernard 등)과 공동체를 사회조직체의 기본적인 단위로 보는 입장으로 나누어 볼 수 있다. 사회조직체로 보는 입장은 공동체를 사회집단이나 사회체계로 인식하는 관점과 상호작용의 연결망으로 분석하는 입장을 들 수 있다.

사회집단은 성원들의 결집체, 성원이 되기 위한 하나 또는 그 이상의 자격요건, 할당된 역할의 집합, 일련의 규범들을 포함한 몇 가지 기본적 속성들(Hillery, 1941 : 189)을 가지므로 공동체를 사회집단으로 보는 것이다(E. T. Hillery...). 그런데 이 입장은 사회집단이라는 말을 지나치게 확장하게 되어 개념 구성력을 잃어버리게 한다. 이를 보완하여 공동체를 지역적 적합성을 지니며 주요한 기능들을 수행하는 사회 단위들과 체계들의 결합(Warren, 1972 : 9)이라고 보는 입장이 있다. 공동체를 하위체제로 구성된 전체 체제로 보는 관점이다. 이 접근 또한 사회집단으로 보는 관점을 포괄적 준거틀로서 묶은 데 불과하다.

공동체를 상호작용의 연결망으로 보는 입장(Long, Freilch 등)은 상호작용[4]이 개개인 사이에서 일어날 뿐만 아니라 공동체를 구성하는 다양한 집단과 제도 사이에서도 일어난다고 함으로써 사회 체계적 접근과 연결될 수 있다. 투입-산출의 연결을 통해 각각의 하위체계는 다른 하위 체계로부터 필요한 투입들을 받아들이고 이를 통하여 거꾸로 다른 하위체계들과 전체 공동체에 기여한다고 본다. 공동체를 상호작용의 연결망이라고 보는 입장은 공동체를 구성하는 다양한 단위들의 상관관계를 체계적으로 기술하는 유용한 도구가 될 수 있다는 점에서 장점을 발견할 수 있다. 상호작용의 과정에서 기본적인 사회화 과정을 드러낸다(Poplin, 1979 : 38). 기본적 사회화과정들이란 협동 경쟁 및 갈등을 말한다. 협동이 촉진되고 경쟁과 갈등이 완화되는 하위과정들은 적응, 융합 및 동화 등이다. 어떠한 공동체에서의 사회관계는 협동적 성격을 띨 수 있는 반면에 다른 공동체들에서는 경쟁이나 갈등이 지배적으로 나타날 수 있다. 사회과정적 접근 방식은 주어진 일정한 공동체의 역동성을 분석하기 위한 유용한 도구가 될 수 있다.

넷째 도덕적이며 정신적인 현상으로서 다른 사람들과 일체가 되어 함께 관계를 맺고자하는 현상을 나타내기도 한다(S. Grazia, R. A. Nisbet, B. Brownwell, R. M. Maclver). 마이너와 그리어(Minar and Greer)도 이점에 있어서는 동의(Minar and Greer, ix)하며 "이웃 사람들과의 공동의 유대관계... 우리와 운명을 함께 하는 모든 사람들에게도 친족적이며 우애적인 유대를 확장"시키는 것으로 보고 있다.

이러한 관점에서 볼 때 도덕적 현상으로서의 공동체는 "자신이 속한 집단에 대한 일체감과 통일성을, 또한 개개인의 입장에서 보면 자발성

4) 상호 작용이란 각각의 사람이 다른 사람들을 생각하면서 둘 또는 그 이상의 사람들 사이의 대면적 만남이라고 정의 할 수 있다.

과 전체성의 감정을 수반하는 것 같이 보인다. 쉽게 말해서 공동체란 인간이 자신의 동료들과 촘촘하게 짜여진 의미 있는 관계의 망에 자신이 짜여들어 있다고 느끼는 상태를 말하기 위해서 사용되어 온 것"이며 이에 대비하여 많은 연구들에서 대중사회의 특성으로는 "20세기의 사람들은 소외되어 있으며 좌절되어 있고 고독하다고 결론"을 내릴 수 있다.

이러한 관점은 주로 문화심리학적 측면에서 접근하고 있는 데 동질적 가치관과 신념체계의 중요성을 강조한다. Nisbet과 Brownwell은 20세기에 들어와서 사람들이 절실히 갈망하는 안정감과 확실성의 근원으로서 공동체 형성을 들고 있다.

심리적 관점에 의하면 사람들은 그들이 속해 있는 공동체와 자신들을 동일시하기 때문에 일종의 안정감을 얻는다고 한나(Poplin, 38). 이러한 공동체 감정은 우리임(Weness)의 느낌을 포함하여 많은 사물들을 포괄한다. 한 개개인이 누리는 어떠한 심리적 안정감도 공동체의 성원이 됨으로써 가능하며, 사회가 고도로 복합적으로 되어 가는 시대에 개개인이 보다 거대한 틀 속에 자신을 놓을 수 있는 유일한 방법은 그들의 공동체와 동일성을 유지하는 것이 된다.

문화적 시각에 의하면 공동체의 성원들이 가치와 신념 규범 및 목표를 공유하기 때문에 이러한 동일체감이 생겨나게 된 것이라고 주장한다(Poplin, 38). 또한 문화적 변수에 의해 공동체 구성원들이 적응하는 일련의 공유된 행동의 기대를 지니게 된다.

결국 그 원인이 문화적이든 심리적이든 공동체 구성원간의 공동의 유대와 동일체의식이 존재한다고 보고 그 것을 공동체의 실체로 보고자하는 것이 도덕적 심성적 내지 문화·심리학적 차원의 관점이다.

이상에서 살펴본 공동체를 보는 4가지 관점은 각기 복합적 현실의 한 측면을 부각시켜 본 것이라 할 것이다. 그러나 한 번에 모든 관점을 취한다면 오히려 애매모호한 결과를 초래할 것이다.

공동체 이론 중 동일 요소를 가진 집단이나 범주를 모두 공동체라

한다면 그 개념이 지나치게 확장되어 과학적 분석도구로서는 무용하다고 볼 수 있다. 지역적 근린성을 공동체의 주된 요소로 볼 때 지역적 요소가 공동체의 성장과 발달에 기여할 것이라는 것은 매우 높은 상관도를 나타내는 듯하다. 그러나 지역을 강조하다보면 지나치게 소규모 농촌의 마을이나 특정도시, 원시인 부락 등에 초점이 맞추어지게 되어 개인을 구성요소로 하는 현대국가를 정치 공동체화하는 개념정립[5]에는 다소 그 힘이 미미한 것 같다. 사실상 19세기의 주제는 사람들 사이의 연대적 관계를 증진시킨다는 것인데 이것이 그 기반이 되는 한 가지 요인 즉, 지역적 요인인 장소나 지방만을 강조하는 경향도 나타나게 된 것이다.

본 연구에서는 지역적 요소를 '근린성'으로 보기보다 한 민족이나 국가단위로 그 범위를 확대해서 보고자 한다.

그리고 기능적인 요소는 사회통합의 현실적인 요소로 간주된다. 상호의존성은 사회의 존재 이유이기도 하지만 사회를 분석하는데 매우 유용한 사회학적 분석도구로 간주된다. 한흥수는 기능 공동체론을 주장하여(한흥수, 1985 : 207-208) 군사적 공동체와 경제적 공동체 그리고 정치적 공동체 3가지로 구분하였다.

"공동체의 한 기능의 수행과정은 또 다른 기능에의 필요성을 유발시키게 됨으로써 기능의 전이 과정을 수반"하고 이러한 기능의 '발전적 전이 과정'을 통하여 통합이 이루어진다고 본다. 따라서 군사공동체에서 경제공동체로, 경제공동체에서 정치공동체로의 전이가 일어나게 될 때 사회기능의 유기적 연관성을 강조하게 된다. 가장 상위 기능으로서 '정치적 공동체'결성은 단순한 권력 구조의 연합을 의미하는 것이 아니라 구성원들의 공동의 신념체계 형성까지 의미하게 되므로 기능적 측면과 동시에 문화심리학적 관점(심성적 관점)에서 공동체를 볼 수 있으며 양자의 관점을 통합적으로 볼 수 있다는 장점이 있다. 이러한 관점은 국민형성 및 사회통합체로서의 공동체를 보는 기반이 될 것으로

5) 국민통합을 새로운 Ideologie의 모색을 상정한다.

보인다. 그러므로 공동체는 "종교, 일 ,가족, 문화를 포함하는 지역 공동체를 포함하면서 그것들을 초월"하며 "감정적 응집, 깊이, 계속성, 충분성을 특징으로 하는 사회 연대를 의미"(Nisbet, 1969 : 6)하는 것으로 산업사회에 있어서 그러한 연대는 기능적 하위체계의 조화에 의해 뒷받침된다.

따라서 공동체의 개념은 기능적 측면과 심성적(도덕적 정신적 현상) 측면을 포괄하여, 주체적 의지에 의해 집단에 대해 일체감을 느끼면서 구성원 간에 상호작용하는 사회유대 관계를 뜻하며, 개인과 사회의 조화를 의도하는 정치적 공동체를 의미한다.

3. 사회과교육의 목표로서의 공동체 형성의 요청

공동체야말로 19세기 사상을 이성의 시대의 사회사상과 확연히 구별짓는 것이다. 공동체 사상은 이성의 시대에서의 계약사상에 비견해 볼만하다. 이성의 시대에 사회관계의 정당성을 부여하기 위한 이론적 근거로서 제시하였던 계약사상은 19세기에 이르면 쇠퇴하고 공동체 사상이 점차 힘을 얻게 된다. 공동체는 국가, 교회, 노동조합, 혁명운동, 직업집단, 소비조합 등의 다양한 인간 결합에 대해 정당성을 나타내 주는 수단으로 되었다(Nisbet, 1967 : 47).

개별의지의 매몰을 통해 자신을 완성하고자 하는 공동체 의식은 사상과 감정, 전통과 헌신몰입, 소속과 의지가 하나로 융합된 것이다. 공동체의 유대는 경쟁, 갈등, 효용 또는 계약적 합의와는 반대되는 것이다. 따라서 공동체의 원형은 가족이다(Nisbet, 1967 : 48). 특정한 공동체의 거의 모든 형태에서 가족의 명명법이 현저한 것은 이 때문이다. 산업혁명과 프랑스 대혁명에 의해 전통적 공동체 및 그 정신에 대한 적대시는 추진되었다 계몽주의는 모든 형태의 전통적 공동체적 결합에 대하여는 결코 타협하지 않고 반대를 하였다(Nisbet, 1967 : 49). 그들의 견해는 공동체적 관계가 도덕적, 정치적으로 모순되며 자연법과 이성을 결여한 것으로 생각되었다. 프랑스 계몽주의가 도달하고자 했던 사회모델은 합리주의가 지배하는 사회이었으며, 그들이 추구하는 인간상은 자유롭게 합리적으로 서로 맺고 의지가 담긴 관계로 이루어지는 "자연적 인간"이었다. 이러한 점에서 본다면 사회과의 목표로서 민주시민성을 양성하고자 하면서 공동체형성이나 공동체에의 기여를 논한다면 목표상의 모순이 발생하는 것이다.

그러나 합리주의적 사회란 결국 비인격적 개인주의와 익명성, 의지, 동의, 계약 등으로 대표된다. 구제도의 파괴와 개인의 원자화에서 오는 불안정과 개인차는 19세기에 이르러 인간을 고립화시키고 인간소외를 느끼게 하였다. 이성에 의하여 전통적 공동체와 제도를 철저히 파괴함으로써 이상사회를 건설하고자하는 것은 인간사회를 보다 비인간적이고 삭막하게 하였다. 산업화가 가져다 준 물질적 풍요와 민주화가 초래한 개인주의는 이기주의 내지 사회 해체의 위기에 이르기까지 했다. 즉, 자유주의와 개인주의에 근거한 민주주의를 건설하고자 하였으나 오히려 바로 개인주의에 의해(정확히 말하면 개인주의로 성장하지 못한 이기주의로 인해) 민주주의 사회는 붕괴위기에 처했던 것이다.

따라서 개인주의와 더불어 공동체 형성에 관한 논의도 활발하였다. 그러나 이 당시의 공동체논의는 근대 개인주의에 대한 공격에 초점이 모아졌으며 중세적 미덕을 숭상함을 그 기반으로 하고 있었다. 즉, 중세 교회, 가족, 프랑스 혁명이전의 "길드, 코뮌과 같은 집단들에서 나타났다. 공동체적 안정을 재확립하는 것"(Nisbet, 1967 : 51)이 19세기 사회 사상가들의 주된 과제였다.

보날(D. Bonald)은 집단들의 가부장제적 안정과 새로운 질서가 가져다 준 불안정을 대비시켰으며, 모리스(W. Morris)는 "친목, 이웃, 공동체야말로 그 특유의 방식으로 (유토피아)를 형성"한다고 보았다(Nisbet, 1967 : 52). 결국 19세기 공동체론은 근대적 통치권, 법률, 시민권의 기초가 개인의 의지와 동의 또는 계약에서 나왔다기보다 중세적 공동체 및 단체가 파괴되는 과정에서 역사적으로 출현한 것으로 이해하는 것이다.[6] 당시의 책자들은 "사라져 버린 촌락 공동체와 길드의 유대야말로 당대의 이기주의와 탐욕에 대항하는 힘"이라는 주장을 담고 있다. 다분히 중세의 향수를 담고 있으며 현실비판의 근거로서 중세적 모델을 염두에 두고 있다.

이러한 상황은 다소의 공방을 거듭하면서 20세기로 넘어 오게 되었다. 마침내 산업화에 의해 확립된 자본주의의 폐해에 반발해 사회주의 국가가 등장하게 되었다. 또한 미국 등지에서도 소규모 집단인 코뮌(Commune)[7] 등이 출현하여 나름대로 공동체 사상을 근거로 하여 이상사회 즉, 인간다운 인간이 사는 사회건설을 의도하였다. 그러나 현실은 70 여 년간의 공산주의 실험은 끝이 났으며 코뮌과 같은 소규모 집단은 그들의 주장에도 불구하고 현실 도피적 요소가 농후하였다.

그러함에도 불구하고 개인주의 내지 힙리주의가 산업화의 물결을 타고 확산될수록 공동체로의 향수는 짙어져 갔다. 갈등에서 협동으로, 더욱 자유로우며 평등하게 인간과 인간의 긴밀한 유대 전인격적 관계 감정적 응집 그리고 정의롭고 평화로운 사회는 이루어질 수 있는가?

현대사회는 이렇게 되는 삶을 '공동체적 삶'으로 규정하고 그리워하고 있다. 이러한 '공동체적 삶'으로의 욕구는 자신의 욕구를 극대화시키고자 하는 것과 더불어 인간의 본능에 가까운 것이다. 결국 인간은 평화롭고 안전함을 느끼는 가운데 자신의 이익을 추구하고자 하고 양면성을 띠고 있는 것이다.

"오늘날 한국의 현실에서 볼 때 60년대 이래 급속히 진전 되어온 산업화의 여파는 숱한 사회문제를 야기 시켜 왔다." 그 중에서도 가장 우려되는 사회발전에의 장애 요인은 집단적 이기주의의 심리적 발산과

6) Nisbet은 상게서에서 H. Maine, Otto Von Gierke, F. W. Maitland 등에 의하여 입증되었다고 주장함.

7) 코뮌의 역사는 기원전까지 잡는 사람도 있으나 D. Poplin에 의하면 15세기 형제단(Hutterites) 이래로 19세기 중반 미국에는 수백의 코뮌이 있었다고 보고 있다. 그리고 1960년대 후반이래로 다시 새로운 관심을 불러일으켰다. 코뮌은 상부사회의 압력과 타락한 분위기에서 벗어나고자하는 욕구와 보다 완전한 생활을 추구했다는 것을 공통요소로 들고 있다.

그 조직화의 역기능적 측면(권오훈, 1991 : 112-113)이었다. 더구나 우리나라에서는 산업화, 도시화 및 개인주의적 사고 그리고 일제 강점기를 거치면서 전통적인 조직[8])이 붕괴되고 사회의 구성원으로서보다 개인으로서 개인적 쾌락과 탐욕의 주체로서 원자화되었다. 이로써 사회는 공통의 가치관이나 신념을 상실한 듯한 사회해체의 위기에 도달하게 된 것이다. 더구나 우리 민족이 처한 현실은 분단의 문제 극복과 관련되어 매우 복잡한 양상을 띠고 있다고 할 수 있다.

우리 사회의 산업화는 급속히 이루어졌으며 민주화는 서구와 같이 점진적인 단계를 거치지 못하였다. 그러다보니 외형은 산업사회로 진전되었으나 내부적으로는 - 정신적인 면에서 - 합리주의적이라기보다 개인주의적인 요소를 띠면서도 사회 구성원들 간의 결속의 이면을 보면 "혈연, 지연, 학연 등의 일차적 집단의 사회 구성체의 조직원리"(권오훈, 1991 : 113)가 근간을 이루고 있다. 이러한 사회는 산업화에 의한 급속한 사회변동과 더불어 야기되는 불안 심리에 편승하여 "서로 기대어 뭉치기'와 '자기 몫 챙기기'라는 집단이기주의의 기형적 모습을 잉태케 한다."(권오훈, 113) 즉, 우리 사회의 기본구조는 뒤르껭(E. Durkheim)이 말하는 전통적 사회의 기계적 연대에서 이질성을 기반으로 한 유기적 연대로의 진행이 완벽히 이루어졌다고 보기 어려울 것 같다.

그리고 뒤르껭이 주장하는 도덕적 개인주의(의무함축적 개인주의)는 형성되지 못하였다고 생각된다. 역사가 '보다 많은 인간에게 보다 많은 자유를 주는 방향으로 흘러왔다'면(Fromm) 공리주의와 그것에 바탕을 둔 개인주의는 산업화와 민주화라는 역사의 흐름에 비추어 볼 때 돌이킬 수 없는 세계사적 추세로 볼 수 있을 것이다.

그렇다면 현시점에서 우리나라가 민족통일과 21세기를 대비한 사회통합을 추진할 계획이라고 한다면 이러한 도덕적 개인주의의 건설이 필요하며 그것을 바탕으로 국민의 합의를 이끌어 낼 수 있는 국민적 신념과 감정[9])의 형성이 요청되는 것이다.

---

8) 가부장적 대가족제도, 두레 등

공동체의 개념을 "전산업사회에 대한 향수에 젖게 하는 것과 같은 특성을 포함하지 않고 최소한의 합의를 내포"(Bernard, 1968 : 163)하는 것으로 재정의 할 때 공동체의 형성과 그 형성요소의 분석은 민주시민성의 함양을 궁극 목표로 하는 사회과교육에 시사점을 줄 것이다. 아울러 민주시민성의 한 요소로서의 공동체의식은 유아교육 사회생활 영역에서도, 나와 가족 그리고 이웃으로 확대되는 생활 공동체에서 더불어 생활하기를 기초적인 개념으로 제시하고 있다. 그러나 공동체에 대한 막연한 생각은 자칫하면 환상과 회의를 낳게 된다. 그러므로 공동체에 대한 정확한 인식이 중요하다. 더구나 가르치는 교사 입장에서 공동체에 대한 개념이 명확하지 않으면 유아의 지적, 정서적 능력을 심도있게 유도하기 어려울 것이다. 공동체는 가벼운 실천에서부터 형성되지만 논의한 바와 같이 결코 가벼운 주제는 아닌 것이다. 사회과교사 및 유아 교사, 유아교육전문가, 유아교육 학문공동체에서 유아에게 더불어 사는 공동체 의식을 함양시키는 것이 중요하다고 본다면, 이에 대한 체계적인 고찰과 연구가 필요하다고 본다. 이를 통해 유아사회과교육의 목표도 명료하게 정의할 수 있을 것으로 생각된다.

9) Durkheim은 이를 집합의식이라고 하였다.

제 3 장

가치화의 과정과 가치교육

제 1 절 가치교육의 분류와 가치화과정

1. 가치교육[1)]의 분류

가치란 삶에 있어서 어떤 사람이 중요하다고 생각하는 관념이다. 가치는 특정한 사물이나 사물의 부류가 좋은지 나쁜지를 결정하는 데 도움을 주며, 우리의 어떤 종류의 행동이 가치가 있으며, 어떤 종류의 행동이 그렇지 못한지를 결정하는 기준으로서의 역할을 하며 이러한 기준이 되는 것이 도덕적인 가치이다. 도덕적인 가치는 옳음과 공정의 지침을 제시하며(Fraenkel, 1986 : 18 - 19) 한 사회의 보편적인 가치를 나타낸다. 따라서 가치의 문제는 궁극적으로 도덕의 문제를 말한다.

사회과교육의 궁극적인 목표가 민주시민적 자질의 함양이라고 볼 때 가치의 문제는 사회과교육의 최종적인 문제가 되므로, 가치교육의 문제

1) 본고에서 가치교육은 도덕교육을 포괄하는 개념으로 사용하였다. 그리고 가치교육의 핵심이 도덕교육이라고 보는 입장이다. 가치교육은 사회 기본적 가치의 내재화를 바탕으로 하여 주체적 자아를 함양하는 것이라고 정의한다. 그러나 이러한 정의와 관련하여 볼 때 가치교육과 도덕교육은 구별 없이 쓸 수 있다고 본다.

는 사회과교육의 핵심적인 위치를 점하게 된다. 사실상 "우리가 하는 모든 것, 우리가 하는 모든 결정과 우리가 취하는 행동의 과정은 우리가 의식적 무의식적으로 가지는 신념과 태도, 가치에 근거"(Simon, Howe, Kirschenbaum, 1972 : 13)하므로, 민주사회의 구성원들이 어떤 가치를 가지느냐하는 것은 국가의 운명과 방향을 결정하게 될 것이다.

(1) 지적도덕성과 행적도덕성

가치는 전통적 도덕에 근거한 가치의 발생과 개인의 인격형성 및 사회의 변화에 따른 창조적 형성과정에서의 가치 형성으로 나누어 볼 수 있다. 이에 따라 가치의 교육도 또한 공동체 삶의 양식 확산과 자기 판단능력과 수준의 제고에 중점이 주어진다. 도덕성은 이처럼 도덕적 덕목을 이해하고, 합리적 판단과 선택에 중점을 두는 지적 도덕성과 그것을 실천하는 능력이나 성향을 나타내는 행적 도덕성으로 나누어 볼 수 있다. 학교에서 가치교육은 현실여건상 지적 도덕성에 중점이 두어진다. 지적도덕성을 통해 깨달음을 얻을 때(도덕성에 대한 본질적 이해) 확고한 신념과 행동하고자하는 의지를 가져와 행적 도덕성으로 연계된다고 본다.

물론 도덕성은 주체적인 행동이 보편적인 원리를 거스르지 않을 때 완성되지마는 지적도덕성이 어떻게 행적도덕성으로 연계될 것인가가 도덕교육 내지 가치교육의 본질적인 문제가 될 것이다. 지적도덕성을 통해 신념을 수반하는 깨달음을 얻기 위해서는 기본적으로 인지구조가 발달될 것을 요구한다. 즉 논리에서 사회적 지각으로 도덕 판단으로 이동해가는 단계의 수평적 계열이 존재하며 수평계열의 최종지점이 도덕행동이다. 도덕적으로 높은 방식으로 행위한다는 것은 높은 단계의 도덕추리를 요구하지만 어떤 단계의 도덕 추리를 한다고 해서 그 추리에 의해 행동할 것인가의 여부는 다양한 요소들에 의해 결정될 것이다(Kohlberg, 1984 : 162-163). 그러나 여기서 중요한 것은 도덕적 추리 즉 지적 도덕성이 바로 행적 도덕성으로 연결되는 것은 아니지만 지적인 추리 없이 같은 단계의 도덕행동도 없다는 것이다. 지적도덕성은 행적도덕성의 필요조건이지만 충분조건은 아니란 의미이다. 따라서 학교교육에서의 지적인 가치교육은 기본적으로 이루어져야할 과업인 것이다.

다만 문제가 되는 것은 지적 도덕성이 단계에 맞게 적절히 길러지고 있느냐 하는 것이다. 지적 도덕성이 단계와 부합한다면 그만큼 행동으로 연계될 개연성은 커지는 것이다. 사실상 가치교육은 특정 교과만의 문제는 아니다. 즉, 윤리과나 사회과만의 문제가 아니라 전 교과에서 많든 적든 가치문제는 내포하고 있으며 학생들은 은연중 영향을 받고 있는 것이다. 가치문제는 범교과적인 문제이며, 심지어는 잠재적 교육과정에 의해서도 중대하게 영향을 받을 수 있을 것이다.

(2) 가치교육의 내용주의와 형식주의

가치교육은 크게 보아 그 방법 면에서 가치의 내용을 직접적 주입 또는 내재화시켜서 자율적인 행동을 이끌어 내고자 하는 내용중심의 내용주의 가치교육과 특정한 내용과 연계시키지 않고 합리적인 가치 판단과 선택에 중점을 두고 판단력의 향상을 통하여 합리적 행동을 의도하는 형식주의 가치교육으로 나누어 볼 수 있다. 가치교육에 있어서 특정의 내용의 전달이나 내용에 의한 가치내재화를 의도하는 가치의 주입은 내용주의에 경사 되었다고 볼 수 있으며, 특정의 내용을 상정하지 않고 합리적 의사결정과 가치판단력의 함양을 의도하는 가치명료화는 형식주의라 볼 수 있다.

그리고 뒤르켕(E. Durkheim)의 도덕성의 실증적 분석과 그것을 바탕으로 한 도덕교육론은 특정의 내용을 상정하지 않으면서 규칙과 선에 대해서 말하고 있으므로 중간자라 할 수 있다. 그러나 이분법으로 분류한다면 규칙의 준수와 권위를 강조하므로 내용주의에 경사 되어 있다고 할 수 있을 것이다. 그러므로 본고에서는 이를 가치형성이라고 명명하기로 한다.

가치명료화에 있어서 가치를 특정하지 않고 합리적 판단만 중시하다보니 도덕적 상대주의의 입장을 취하게 된다. 가치분석은 이러한 점을 보완하여 의미 있는 사실들의 관련성을 평가하여 임시적 가치결정을 하고 결정에 내포된 가치원칙을 보다 보편적 원칙이나 사회의 여러 상황과 관련하여 검증하는 단계를 거쳐 중간자를 취하면서 형식주의에 가까운 방법이라고 할 수 있다.

실제에 있어서 가치교육의 내용주의냐 형식주의냐 하는 것은 하나의 순수체를 말하는 것으로 내용주의에서 형식주의에 이르는 가치교육의 연속체라 할 수 있으며, 일종의 이념형(Ideal Type)이라고 할 수 있다([그림 3-1]). 따라서 현실의 가치교육의 방법은 완전한 내용주의나 완전한 형식주의는 존재하지 않는다고 할 수 있다.

[그림 3-1] 가치교육의 분류

2. 가치화의 과정

학교에서의 가치교육의 목표는 지적 추리 능력을 행동으로 연계시키기 위해 가치를 내재화시키는 것이라고 할 수 있다. 그렇다면 가치의 특정 내용을 거론하지 않는 가치 명료화의 경우는 어떤 가치를 내재화하는 것인가의 문제가 나온다. 여기서 가치 내재화의 논리적 단계를 발견할 수 있다. 우선 특정 내용의 가치를 주입할 때 가치를 받아들이는 가치수용이 일어난다. 수용은 가치를 주입하는 사람의 권위[2]나 수용하는 사람의 인성에 따라 강도가 달라진다고 할 수 있다. 가치가 수용되면 다음단계는 가치를 이해하여 자신의 가치로 형성하고자하는 노력을 하는 단계이다. 즉, 가치의 지적 이해를 통해 가치 내재화가 이루어진

2) 가치수용자가 권위가 있다고 느끼는 정도

다. 이를 통해 자발적인 행동이 유도 된다.[3] 그 다음 2개 단계를 거쳐서 내재화된 가치가 기본이 되어 가치현상을 파악할 때 내재화된 가치에 근거하여 가치를 분석하고 정당화시킴으로써 가치의 영역을 확대하게 된다. 기본 가치가 다양한 형태로 나타나는 것을 체계화할 수 있을 때 특정의 가치를 상정하지 않더라도 복잡한 상황을 명료하게 정리하여 보편적 원리에 근거한 가치선택을 할 수 있는 단계에 도달하면 또다시 한 차원 높은 가치내재화(인격화)가 이루어졌다고 생각한다. 그러므로 최초에 내재화된 가치를 근거로 가치정당화와 선택을 하게 됨으로써 가치내재화를 보다 심화시키고 있음을 알 수 있다. 따라서 전자의 가치내재화를 "1차 가치내재화"로 후자의 보다 심화된(인격화된) 가치내재화를 "2차 가치내재화"로 단계로 구분하고자 한다. 이것은 가치내재화의 2원적 단계이며 교육에 있어서도 구분할 실익이 있다고 본다. 여기서 단계라고 하는 것은 반드시 1차 내재화를 통하여 2차 내재화가 가능할 수 있다고 보는 것이다.

1차 가치내재화를 통해 도달하는 것은 개인과 사회의 기본가치를 이해하고 자발적으로 이를 지키고 행동하는 것을 말하며 2차 가치내재화는 내재화된 기본가치를 바탕으로 다양한 상황에서 가치를 정당화하고, 가치를 선택하는 훈련을 쌓음으로서(의도적이든 비의도적이든) 보편적 도덕원리를 체득하고 주체적 자아에 따라 행동하는 것을 말한다. 이렇게 될 때 가치자유의 상태에서 주체적 판단을 할 수 있는 것이다. 만약에 2차 내재화가 이루어지지 않은 상태에서 1차 내재화나 그 이전의 단계에서 주체적 내지 양심적 판단(결정)을 하였다고 한다면 그것은 사회의 보편적 원리나 진정한 양심에 근거했다기보다 어떤 개인이나 집단의 가치가 전수되어 나타난 아집이나 편견일 뿐이다. 이러한 사례는 특정한 종교 집단이 양심에 의해 어떤 판단을 했다고 하지만 그것은 보편적인 합리적 원리나 가치에 근거한 개인의 관점이라기보

3) 이점에 관해서는 E. Durkheim의 『도덕교육론』을 참조할 수 있다. 주요내용은 후술한다.

다는 자신의 종파나 집단이 해석하는 신의 법을 의미할지도 모른다(Kohlberg, 1984 : 169)는 것이다.

이러한 논리는 크라스울(Krathwohl) 등에 의한 정의적 영역의 교육목표 분류학에서도 확인해볼 수 있다(Krathwohl et al., 1964).

크라스울 등은 정의적 목표의 행동을 5단계로 분류하였다.

1. 감수(receiving) : 어떤 현상이나 자극에 주의를 기울이는 단계
2. 반응(responding) : 단순한 주의를 넘어서 적극적으로 반응하고, 이러한 반응에 만족을 느끼는 단계
3. 가치화(valuing) : 어떤 사물이나 현상, 행동에 그 의의를 느끼고 가치를 부여하는 수준의 내면화의 단계
4. 조직화(organization) : 여러 가지 다른 종류의 가치를 종합하여 그간의 갈등을 해소하고 자기 나름의 내재적으로 일관성 있는 가치체계 확립의 기초단계
5. 인격화(characterization) : 어떤 가치관이 오랫동안 한 개인의 생활을 지배함으로써 그 개인은 독특한 생활양식을 갖게 되며 포괄적으로 조직화된 단계

크라스울의 단계를 볼 때, 1, 2, 3단계는 가치수용과 이해의 단계를 거쳐 가치가 형성되는 1차 가치내재화(가치화)의 단계라 할 수 있다. 그리고 4, 5단계는 갈등하는 가치의 분석과 해결을 내용으로 하는 가치정당화와 가치선택의 과정을 거쳐 2차 가치내재화(인격화)에 도달하게 되는 과정이라 할 수 있다.

가치교육의 내용주의에서 형식주의에 이르는 연속체([그림 3-1])는 이것을 단계별로 나누어 계열화하면 내용주의에서 형식주의로 가면서 점차 1차 내재화에서 2차 내재화로 이행함을 알 수 있다. 그리고 크라스울 등의 『교육목표 분류학』의 각 단계는 다음 단계로 가기 위한 필수조건 내지 기초적인 요소이므로, 논리적으로 1차 가치내재화 없이 2차 가치내재화는 불가능하다고 본다. 따라서 어느 특정의 가치교육 방법만을 중시한다는 것은 논리적으로 맞지 않는다고 할 수 있다. 그러므

로 가치교육을 통한 가치화의 과정은 [그림 3-2]와 같다.

[그림 3-2] 가치교육을 통한 가치화과정

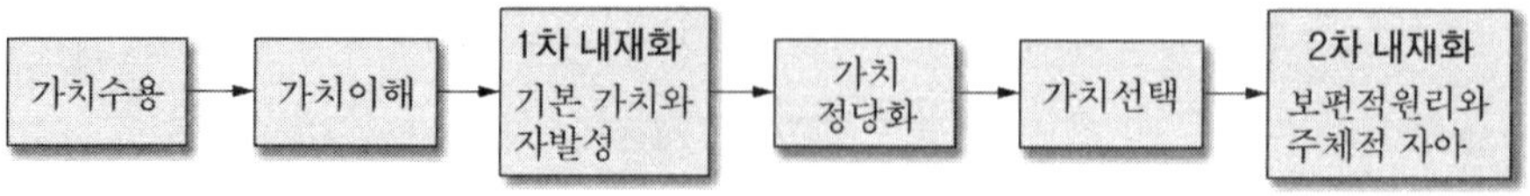

제 2 절 가치교육방법의 계열

위에서 논의한 가치화의 과정과 가치교육의 분류에 의거해 종래에 개발된 가치교육의 방법을 계열화시킬 수 있다고 본다. 먼저 기본가치의 습득과 자발적 행동을 의도하는 1차 가치내재화와 보편적 원리의 체득과 주체적 자아에 의한 행동을 의도하는 2차 가치내재화로 2원적 체계로 계열화 할 수 있다.

1. 1차 가치내재화(도덕교육)

1차 가치내재화 방법은 가치 수용을 위해 가치주입을 하는 가치수용 모델과 가치이해와 이를 통해 자발성을 습득시키고자 하는 뒤르껭의 가치형성 모델을 들 수 있다.

(1) 가치 주입

가치교육의 제1보는 가치 주입에 의한 가치수용이다. 가치 주입은 가치교육에 관한 한 가장 원초적이며 역사도 길다고 생각한다. 그리고 우리가 의식하든 아니하든 많은 부분에 있어서 가치교육은 가치 주입으로부터 시작한다. 먼저 가정교육에서 부모의 영향을 받아 가치를 수용한다. 그리고 유치원이나 학교에서 선생님이나 또래집단에 의해 가치를 수용한다. 그러므로 어떤 가정에 태어나서 접하게 되는 특정 가치는 그 사람의 평생을 좌우하게 된다. 특히 두뇌에서 인간의 종합적 사고기능과 인간성, 도덕성, 종교성 등을 담당하는 전두엽이 집중적으로 발달하는 유아기(만 3세에서 6세)의 (서유헌, 2001) 인성교육은 주로 가치 주입과 수용에 의해 일어나는 만큼, 가치의 주입은 굉장히 중요하며 주의를 요하는 부분이기도 하다. 이 때의 가치주입은 부모나 선생님의 권위나 위협으로부터 시작되지만 주입이라 하더라도 일방적(강제적)인 주입보다는 사고를 자극하는 방법으로 개인과 사회의 기본 가치를 습득하도록 도와주어야 한다. 이 때는 구체적인 상황에서 많은 연상 작용을 통해 사고하여 사회의 기본 가치를 수용할 수 있도록 하여야 한다.

가치 수용모형은 의심할 여지가 없는 특정의 결정적 가치를 주입(Indoctrination)하려는 것으로서

① 문제파악 : 아이들이 가치문제에 대하여 흥미를 가지게 하고 그에 관한 지적 배경을 이해하게 한다.

② 수용 : 대부분의 사람들이 옳다고 생각하거나 당연히 수행하여할 가치를 학생들이 충분히 이해하고 받아들이는 과정을 말한다.

③ 유지 : 학생들이 수용한 가치를 계속적으로 실천에 옮길 수 있도록 신념을 보이게 하는 것이다(한면희 외 , 1994 : 390 - 391).

이 방법은 사회적으로 합의된 기본적 가치를 아이들에게 심어주고자 하는 것이다. 이것은 1차 내재화의 가장 기본이 된다.

여기서 중요한 것은 수용하여야 할 가치는 무엇인가? 하는 것이다. 크게 보아 받아들여야할 전통사회의 가치와 현대사회의 구성의 근본이 되는 민주주의 가치라고 할 수 있을 것이다. 미국에서도 개인주의 가치의 만연으로 인한 가치의 상대성에 대한 우려에서 젊은 세대에게 훌륭한 시민성을 함양하기 위해 필요한 신념과 가치를 가르쳐야 한다고 하였다. 그러한 신념으로서 미국문화의 최고이상(모든 사람은 평등하게 창조되었고 인간 삶의 가치와 존엄성) 그리고 민주주의 내재된 것으로 생각되는 행동양식(법 지키기, 투표하기, 세금내기) 그리고 특정 계급

가치(청교도 윤리, 권위에 대한 존경과 정직)를 들었다(Barr, R., Barth, L., Shermis, S. S., 1978 : 36). 이것은 근본으로 돌아가자는 운동(the Back To Basic Movement)과도 맥이 통한다고 볼 수 있다.

사회의 근본이 되는 가치를 구성해 본다면 먼저 개인에 대한 관념과 사회에 대한 관념을 기본으로 한다. 개인지향(개인주의)이냐 사회지향(사회주의)이냐에 따라 가치의 성격은 달라지며 적절한 선에서 개인과 사회의 조화점을 찾는 것이 중요하다. 합의된 조화점이 그 사회의 근본 가치를 형성한다고 본다. 이러한 조화점을 찾는데 기여하는 가치가 바로 전통적 가치 중 인간생활의 원리에 관한 것과 현대 민주주의의 근본이념인 인간의 존엄성과 그것을 지키기 위한 자유와 평등의 가치, 그리고 그 이념에서 파생된 민주주의 생활 양식이 현대사회의 기본 가치라고 생각되며 개인들의 가치가 조화 균형을 이룰 때 정의가 성립되는 것이다. 그러므로 조화를 이루는 정의가 사회의 최고 가치라고 생각한다.

(2) 가치형성

뒤르껭은 도덕교육론에서 규율의 내용을 명시하지 않고 도덕적 사실의 상대성을 주장하며 "아이들에게 도덕적으로 영향을 주는 것은 그들에게 특별한 덕목을 가르치는 것만이 아니라 그러한 처리 능력을 적당한 방법으로 개발하거나 완전하게 구성하는 것도 포함"하는 것이라고 함으로써 형식적인 면도 주장하나 이 때의 처리능력에 대한 분명한 언급이 없으며, 적극적으로 갈등하는 가치의 비교분석, 선택의 문제가 거론되지 않았으므로 내용주의와 형식주의 2분법에 의하면 뒤르껭은 내용주의에 경사된 것으로 판단되며, 가치의 이해를 통해 자발성을 유도하여 아이가 가치를 형성하게 된다는 점에서 가치형성으로 보았다.

먼저 뒤르껭이 주장하는 도덕과학의 실증적 분석에 의한 도덕성의 요소를 고찰한 다음, 요소에 입각한 도덕교육의 방법을 분석하기로 한다.

가. 도덕성의 요소

뒤르껭은 전통사회에서 산업사회로의 사회변동에서 야기되는 무질서 상태에 대처하여 새로운 사회질서에 알맞은 도덕률의 확립과 도덕교육에 깊은 관심을 가졌다. 그는 사회사상(社會思想)의 핵심을 도덕으로 간주함으로써 도덕에 대한 연구를 실증적으로 전개하여 지금까지 관념적 선험적 수준에 머물던 도덕에 대한 연구를 과학적이고 합리적으로 시도하였다. 도덕성의 사회학적 분석을 통하여 도덕의 세속화를 꾀하고 합리적이고 자율적인 '도덕적 개인주의'를 주장하였다. 그의 목적은 사회의 무질서에 대처하여 현실에 맞는 도덕을 재구성하고, 이를 학교를 통해 교육함으로써 사회통합을 의도하는 것이었다(추정훈, 1988 : 25-30).

뒤르껭은 도덕성의 요소를 규율의 존중, 집단에의 애착, 자율성으로 나누고 이중 제3의 요소인 자율성은 규범을 지적으로 이해하는 것과 관련되며 규칙을 준수하고 개인의식 속에 내재화함으로써 자유롭다고 하였다. 도덕의 지적 이해를 통한 자율성의 고양을 인정하면서도, 선험적 관념적 인식을 배격하고 도덕의 현실적 양태(의무・선)에서 출발하고자 하는 것은 이상과 현실간의 갈등에서 나오는 것으로 생각된다.

(가) 규율의 정신(the spirit of discipline)

도덕이라고 부르는 모든 행위의 공통된 하나의 관점은 "모든 행위들이 이미 제정되어 있는 규칙에 따른다"(Durkheim, 1973: 23)는 것이다. 그러나 규칙성 자체만으로는 도덕이 되지 않는다. 이러한 규칙이 지켜져야 하며 지켜지기 위해서는 어떤 우월한 힘이 필요하다. 규칙에 있어서 인간의 선택을 초월하는 의지의 개념이 바로 '권위'의 개념이며 "모든 도덕적인 힘"에 있는 "우리자신을 초월하는 것으로서 우리의 의지를 굽히게 하는 무엇"(Durkheim, 1973 : 29)이다. 이러한 점에 있어서 내용주의의 요소를 강하게 내포한다.

규칙과 권위로 인간의 행동과 욕망을 제한한다면 도덕은 인간을 완전히 자유가 없는 노예로 만드는 것이 아닌가하는 반문이 생길 수 있으나 뒤르껭의 생각은 반대이다. "일정한 한계 내에 자신을 제한할 능력이 없는 것은 인간 행위의 어느 면에 있어서나 병적인 현상"(Durkheim, 1973 : 45)이며 자제는 자유와 모든 진정한 힘의 첫째 조건이다. 인간은 필연적으로 존재하게 되는 사회제약에 잘 적응하고 스스로 자신을 통제하는 '자기조절능력'이 있을 때 자유와 해방을 느낄 수 있다고 본다.

(나) 집단에의 애착(attachment to social groups)

'규율의 정신'이 외적 · 형식적으로 전체의 개인에 대한 영향력이라면 '집단에의 애착'은 내적 · 내용적이며 개인의 전체에의 부속을 의미한다.

"도덕적 법칙에 의해 규정되는 행동은 비개인적 목적을 추구" 하는 것이다. "도덕적 목표는 사회적 목표이며 도덕적으로 행동한다는 것은 집단이익에 맞게 행동하는 것이다. 도덕적 목표를 개인을 초월하는 전체와 일치시킴으로써 개인과 전체를 연결시키고 있다. 이것은 "사회는 개인을 초월한 심리적 실체이며 경험적으로 관찰되고 우리의 의지에 연결될 수 있는 도덕적 실체"라고 함으로써 좀더 명백해 진다. 전체는 부분의 합 이상의 무엇이라고 하는 것은 단체의 영향이 계속적으로 그 속에 포함되는 개인을 유사하도록 강요하며 조직의 영속성을 유지하므로, 집단이 개인의 합 이상의 무엇이라는 최선의 증거가 된다(Durkheim, 1973 : 63).

(다) 자율(autonomy)

제1요소인 규율의 정신과 제2요소인 집단에의 애착을 관통하는 요소로서 두 요소에 어느 정도 내재해 있다고 할 수 있다.

규칙에 복종할 때나 집단 이상에 대한 헌신을 위하여 자신을 희생할 때 우리는 그러한 행위 동기에 관하여 가능한 한 명백하고 완전하게 알고 있어야 한다. 이러한 의식이 우리의 행동에 자율을 부여하며 이것은 앞으로 모든 진실 되고 완전한 도덕적 존재에 필수적인 것으로 된다. 그러므로 우리는 도덕의 세 번째 요소인 자율을 도덕에 대한 이해라고 말할 수 있다. 이러한 이해를 통해 1차 가치내재화는 완성되는 것이며, 자발적 행동의 바탕이 되는 것이다.

뒤르껭의 도덕교육론은 이상과 같은 도덕성의 제 요소를 학교라고 하는 특정 환경에서 교사가 일정한 연령에 도달한 아동들에게 심어 주는 것이라고 할 수 있다. 그는 사회를 유지시키는 근본을 도덕이라고 보았으므로 교육의 핵심을 도덕교육에 둔다는 것은 당연한 귀결일 것이다.

나. 가치의 형성

(가) 규율의 정신 함양

도덕적으로 행동하는 것은 도덕성의 규칙에 순응하는 것이다. 도덕 법칙은 아동의 의식 외부에 있다. 이러한 규칙성에 익숙하게 하고 그것에 가해지는 우월한 힘을 느끼게 하는 것이 규율의 정신 즉 의무감을 심어주는 것이다. 그러나 이러한 것이 교육적 영향으로 구성되고 아동에게 행동 변화를 일으키기 위해서는 아동 자신에게 완전하지 못하더라도 영향을 받아들이는 통로가 있다고 보았다.

아동의 심리적 특성은 매우 불안정하고 이동성이 강하여 자신을 제어하지 못한다. 반면에 그 반대되는 성향도 있다. 전통주의(traditionalism) 즉, 습관의 피조물로서의 특징과 피암시성(suggestibility) 특히, 강제적 암시에의 개방성이다(Durkheim, 1973: 134).

관습성에 의한 규칙의 기계적 반복으로는 도덕적이지 못하지만 아동은 그 속에서 자신을 초월하는 도덕적 힘(moral forces)이 있다는 것을 깨닫게 된다. 아동이 수동 상태에 있고 교사가 아동보다 경험적 문화적으로 우월한 위치에 있음으로 해서 아동에게 강하게 영향력을 행사하여 권위를 느끼게 할 수 있다고 한다.

이러한 규율의 정신을 지도하는 데는 몇 가지 원칙이 있다.

첫째, 규칙이 너무 세세하게 규정되어서는 안 된다. 지나치게 확대된 규율은 진정한 규율의 이익에 반한다. 그 이유는 아동이 그를 제한하고 성가시게 하는 규칙에 진저리가 나고 터무니없는 절차만 보게 될 것이며, 저항 없이 복종만 하는 것을 배우며, 명령 없이는 아무 것도 못하게 되어 창의성을 잃게 될 것이기 때문이다.

둘째, 규칙은 교사를 통해서만 알려지므로 교사가 권위를 줄 때만 권위를 가지고 있다. 그러므로 교사는 단호해야 하며 의지력이 있고 무엇보다도 스스로가 권위를 진정으로 느껴야 한다. 권위는 그것에 복종하는 사람에 의해 정당한 것으로 간주될 때만 도덕적 성격과 도덕적 가치를 갖는다. 교사는 그가 불어넣는 공포로부터가 아닌 그 자신으로부터 권위를 얻어야 하는 것이다. 교사는 자신의 개인적 능력의 우월성을 믿지 말고 그의 역할과 임무의 위대성을 믿어야 한다. 그는 그를 초월하고 그가 전달하는 도덕적 실체의 수단인 것이다. 성직자가 신의 해설자라면 교사는 그 시대 그 사회의 위대한 도덕 관념의 해설자이다 (Durkheim, 1973 : 154-156).

교사가 규칙의 힘을 유지하기 위해서는 그것이 위반되었을 때 어떻게 대처하느냐에 달려 있다. 제재(sanction) 즉, 벌에 관한 문제이다.

규칙은 침해되는 만큼 불가침한 성격을 잃는다. 그러므로 교사는 위반에 대응하여 철저하고 확실한 방식으로 규칙에 대한 그의 믿음은 여전히 강력하고 그것은 그 가치를 잃지 않았으며 그의 관점에서 규칙은 여전히 규칙이며, 여전히 그것을 존경해야 한다는 것을 보여줘야 한다. 이렇게 하기 위해 교사는 범해진 행동에 대해 분명하고도 강하게 비난해야 한다. 이러한 활기찬 비난(blame)이 벌의 본질이다(Durkheim, 1973 : 161-165).

(나) 집단에의 애착심 함양

'집단에의 애착'의 원천이 되는 것은 우리 이외의 것에 애착하는 능력 즉, 이지적이고 비사리적 경향이다. 도덕교육에 있어서 도덕성의 또 하나의 요소인 집단에의 애착심 함양은 아동에게 이러한 이타적 경향을 최초부터 개발하는 것이다.

이러한 어린이의 이타주의는 2가지의 원천을 들 수 있다. 하나는 전통주의 (traditionalism)와 관련 있는 것으로 습관에의 애착이다. 이것은 사람이나 사물에도 확대될 수 있다. 또 하나는 모방성으로 그의 눈앞에 전개되는 모든 것들을 재생하고자 한다. 즉 주변사람들의 얼굴 표정, 말, 행동, 웃음 그리고 그들의 표정에서 느끼는 사고와 감정까지도 재생하려고 한다.

"어린이의 내부의 삶은 빈약"하므로 "외부로부터 오는 강한 암시를 피할 수 없고" 강한 선택 능력을 가지지 못하므로 모방을 하게 된다(Durkheim, 1973 : 219-220).

어린이의 이해 범위는 매우 제한되어 있으나, 그에게 집단에의 애착을 갖게 하기 위해서는 집단 이미지(image)를 반복하여 제시하고, 또 마음속이나 상상의 세계만이 아니라, 현실적으로 집단생활을 해 보아야 한다. 특히 학급에서 교사는 공통의 관념과 공통의 감정을 자유롭게 형성할 수 있는 상황을 증가시키고 긍정적인 효과를 얻기 위해 그것을 조정하고 안정되게 해야 한다. 교사는 공동의 계획(enterprise)에서 학급의 아동들이 그들의 통합을 느낄 수 있도록 모든 것을 시도해야 한다. 그리고 뒤르껭은 집단적인 벌과 상을 신중하게 사용함으로써 연대감을 일깨워 줄 수 있다고 하였다.

이상에서 고찰한 도덕교육의 방법에서 '자율성의 요소'는 별개의 것이라기보다 '규율의 정신'과 '집단에의 애착'에 내부적으로 관련되는 요소이며 도덕교육의 마지막 단계라 할 수 있는데 그것이 따로 있다기보다 제1요소(자제), 제2요소(자발성)에 내재하며 그것들을 연결하는 기능을 하고, 그것들이 개인내부에 내면화될 때 발현하는 것이며, 도덕이상으로 연결되는 요소라 볼 수 있다. 즉, 가치에 대한 이해를 통해 1차 가치내재화는 이루어진다고 볼 수 있다.

2. 2차 가치내재화

1차 가치내재화를 통해 사회의 기본가치를 습득하였다면 다양한 사례에 접근하여 기본가치에 의해 가치를 정당화하고 가치를 명료화하여 선택하는 훈련을 쌓음으로서 자유로운 선택을 하더라도 보편적 원리를 벗어나지 않는 2차 가치내재화에 도달하게 된다. 2차 가치내재화는 우선 기본가치를 바탕으로 가치정당화를 주로 하는 가치분석모형을 들 수 있으며, 그리고 특정한 가치를 미리 상정하지 않고 자유로운 판단과 선택을 하는 가치명료화 모형으로 계열화 할 수 있다.

(1) 가치 분석

가치 분석은 크게 2개 단계로 이루어진다. 먼저 결론이 아닌 평가적 추론과정을 거친다. 그리고 합리성 기준에 의해 평가자가 그의 가치기준에 근거한 자신의 태도와 선호를 사실들에 관련시킴으로써 결론에 도달(Metcalf, 1971 : 19)하는 것으로 나누어 볼 수 있다. 추론과정을 통하여 유도된 사실들을 원리에 근거하여 수용할 수 있는 가를 분석하는 것으로 가치 정당화 과정이라고 할 수 있다.

가치 분석의 목적은(Metcalf, 1971 : 29)

① 학생들이 숙고 후에 가치문제를 가장 합리적으로 결정할 수 있도록 도와주기

② 학생들이 합리적 가치결정을 하는 데 요구되는 능력과 성향을 개발하도록 도와주기

③ 학생들이 그들 자신 그리고 집단의 다른 구성원들과의 가치갈등을 해결하는 방법을 가르치기

가치 분석에서 중시하는 것은 역시 가치문제를 합리적으로 결정하는 것과 집단구성원들과의 조화이다. 합리적 과정과 집단의 원리에 어긋나지 않는 결론의 형성을 말한다고 볼 수 있다.

쿰즈(J. R. Coombs)와 묵스(M. Meux)에 의하면(Metcalf, 29-74) 가치분석의 과정은 다음의 6단계로 정리된다.

① 가치문제 확인하고 명료화하기
② 의미 있는 사실들을 결합하기(모으기, 조직하기)
③ 의미 있는 사실들의 진실성 평가하기
④ 사실들의 관련성 명료화하기
⑤ 임시적인 가치결정에 도달하기
⑥ 결정에 내포된 가치 원칙 검증하기

단계를 보다 구체적으로 설명하면 다음과 같다.

가. 가치문제 확인 및 명료화

먼저 가치대상에 사용된 용어에 대한 개념정의를 한다. 그리고 용어의 의미를 명백히 하기 위해 예시를 하기도 한다. 그리고 학생이 가치문제를 제기하면 교사는 학생들에게 용어에 대한 개념 정의나 예시를 질문한다. 때로 토론에 의해 가치문제를 명료화한다.

나. 사실 결합하기

모든 가치 판단은 사실적 고찰에 근거해야 하며 성공적으로 수행하기 위해 교사는 다음을 확실하게 해야 한다.

-가치 주장이 관련사실체계의 한 부분으로 우연히 결합되지는 않는다.
-의문시되는 가치대상을 판단하는데는 관련된 꽤 넓은 범위의 사실들이 결합된다.
-사실수집은 사실적 자료의 복잡성으로 말미암아 학생들을 압도하지 않는 방식으로 수행된다.

평가적 주장과 사실적 주장을 구별하고, 상당히 넓은 범위의 사실들을 모은다.

다. 사실적 주장 평가(진실성, 근거 확인)

학생이 책임질만한 결정을 하려면 진실이거나 증거에 의해 지지되는 사실적 주장에 근거해야 한다. 가치결정에 관련된 사실은 3종류이다.

-특수 사실 : 주장이 기술하는 사건이나 업무를 관찰함으로써 증명

예) 3만 이상의 미군요원이 1965년 이래 베트남에서 죽었다.

-일반적 사실 : 그것을 지지 또는 거부하는 특수사실을 발견함에 의해 증명 또는 거짓임이 증명

예) 대부분의 우유는 DDT를 함유하고 있다.

-상황적 사실 : 유사한 주장이 과거에 발생했는지를 발견함으로써 증명

예) 남베트남에서 미국이 철군하면 그곳은 공산주의자 손에 떨어질 것이다.

대부분의 경우 교사나 학생은 직접적 형태로 결합된 사실적 주장을 증명할 수 없고 오히려 공식 기록, 목격자 설명, 전문가의 증언에 의존하며, 사실을 주장하는 사람이 사실을 알만한 위치에 있는가, 혜안이 있는가, 정확하게 상황을 평가할 경험과 훈련이 되어있는가, 정직과 신뢰에 대한 명성, 다른 전문가의 주장, 그 사실을 속임으로써 얻을 게 없는 사람인가 등을 따져봐야 한다.

그리고 사실적 주장에 대하여 다음과 같이 질문함으로써 학생들이 사실을 평가하도록 해야 한다.

-너는 이것이 사실인지 어떻게 알았느냐?

-이것이 사실이라고 하는 증가가 있느냐?

-누가 이것이 그러한 경우라고 말했느냐?

-왜 우리는 이 사람이 말하는 것을 믿는가?

-다른 권위자는 그가 말하는 것에 동의하는가?

다. 사실들의 관련성 명료화(기준과의 관련성에 대한 신뢰)

평가자가 사실에 영향을 주는 기준을 가능한 한 분명하게 형성함으

로써 주어진 사실들의 관련성을 결정할 수 있다. 그러므로 가치결정이 이루어지는 것과 같은 관점에서 기준이 판단을 할 수 있게 하는지, 이러한 준거가 그가 진정으로 믿는 것을 나타내는지, 그것을 믿을 만한 어떤 이유가 있는지를 고려해야 한다.

예를 들어 "사람들은 그가 벌지 않은 이익을 취해서는 안 된다"고 기준을 형성했을 때, 그러면 그가 진실로 이것을 믿는지, 그것을 믿을 만한 적절한 이유가 있는지 신중하게 고려해야 한다. 그가 믿지 않는다는 것을 발견한다면 의문이 있는 사실은 관련성이 없는 것이다.

학생들이 그들 스스로 가치결정을 할 때 가치들의 관련성을 명료화하는 것을 학습하도록 하기 위해 임시적 제안을 할 수 있다.

-의미 있는 사실들의 관련성을 조사하는 것이 중요하다는 것을 학생들에 지적
-어떻게 어떤 사실의 관련성을 조사하는지 설명
-어떤 사실의 관련성을 조사하기 위해 질문하고 행동을 할 때 이러한 질문과 행동의 기능에 주목하라고 요구
-학생들이 곤경에 처할 때 준거를 형성하도록 유도

라. 임시적 가치결정에 도달하기

가치를 결정 또는 선택하는 행동

마. 원리 수용성 검사하기

가치분석에서 전 단계가 합리적 절차에 의한 가치결정이라면 이 단계에서는 발견된 원리가 용인될 수 있는 있는지를 검사하는 가치정당화의 과정이다. 가치원리의 수용성을 결정하는데 4가지 검사를 제시하고 있다(Metcalf, 1971 : 54- 61).

① 새로운 사례검사(New Cases Test)

가치 원칙(value principle)이 명백히 형성되고 난 뒤, 평가자는 논리적으로 관련된 다른 사례에서 그것을 적용하려고 시도할 때 수반되는 판단을 받아들일 수 있는지를 고려하는 것이다.

② 포함 검사(Subsumption Test)

가치원칙이 형성되고 난 뒤 평가자는 그 가치원칙이(그가 수용하는) 보다 더 일반적인 가치원칙의 한 사례임을 보여주는 사실들을 결합하려한다.

③ 역할 교환검사(Role Exchange Test)

평가자는 상상 속에서 원칙의 적용에 의해 영향을 받는 다른 사람과 역할을 교대한 다음, 그가 지금 역할에서 그에게 적용되는 원칙을 여전히 받아들일 수 있는지를 생각한다.

④ 보편적 결과검사(Universal Consequences Test)

평가자는 유사한 상황에 있는 모든 사람들이 평가되는 행동에 몰두한다면 결과가 어떻게 될지를 상상하고 그가 이러한 결과들을 받아들일 수 있는지 생각한다.

다른 사람의 입장에서 자신을 생각할 수 없는 학생들이 있으며 이것은 어떤 학생들은 원칙수용성 검사들을 사용할 수 없는 것을 의미한다. 이러한 원칙 수용성 검사는 사실분석을 통해 얻은 가치원칙을 토대로 가치를 정당화하는 과정이라고 할 수 있다.

(2) 가치 명료화

합리적인 가치판단능력을 높여서 가치문제를 자신의 의사에 따라 자유롭게 선택할 수 있도록 하기 위해 고안된 것이 가치 명료화라고 할 수 있다. 이 방법을 개발한 초기의 주요 인물로는 래스(Louis Raths)를 들 수 있고, 이후로 사이먼(Sidney Simon), 하민(Merrill Hamin), 키르센바움(Howard Kirschenbaum), 뱅크스(James A. Banks) 등을 들 수 있다.

이 방법은 뒤르껭처럼 이론적 틀을 먼저 개발한 것이 아니고 귀납적·실용주의적·실험적으로 개발된 가치교육의 방법이라 볼 수 있다. 가치 명료화 방법은 새로운 가치 교육 접근법으로 주목을 받고 있다.

그 이유는 가치교육에 있어서 가장 많이 사용하는 가치의 주입이 몇 가지 점에서 한계를 갖고 있기 때문이다. 학생들이 두 가지다 좋은 가치들 가운데서 선택을 해야 할 경우, 갈등을 더욱 심각하게 한다. 그리고 우리는 어떤 사람에게 가장 적절하고 가치 있는 삶의 유형이 무엇인지도 확실하게 규정할 수 없다. 교사나 다른 어른이 학생에게 가치를 강제로 주입하려 한다면 그 학생들은 그 가치를 흡족하게 여기지도 않으며 강요된 기준들은 학생들이 성인들의 권위밖에 있을 때엔 학생들의 행동에 거의 영향을 미치지 못할 것(Banks, 1977 : 409-412)이라고 하는 취지에서 가치명료화를 주장한다. 그러나 이것은 너무나 추상적인 견해이며 가치를 선택한다고 할 때 이미 어떤 가치기준이 성립되어 있다는 것을 간과한 소치라고 생각한다. 가치명료화가 가치에 대한 자유로운 판단과 의미를 가지는 것은 전 단계의 1차 가치내재화가 이루어졌을 때라고 생각한다.

래스(Raths) 등(Raths, Harmin, Simon, 1978 : 28)은 가치 명료화 과정에 대해 다음과 같이 요약하고 있다.

가. 선　　택 : ① 자유롭게 선택
② 대안들로부터 선택
③ 각 대안들의 결과에 대해서 사려 깊은 생각을 한 후에 선택

나. 지　　지 : ④ 선택에 대해 소중히 하고, 만족해하며
⑤ 기꺼이 선택한 것을 공적으로 확인하려 하고

다. 행　　위 : ⑥ 선택한 것에 따라 행동
⑦ 그 행동을 계속 반복

래스의 모형은 공적 확인 또는 타인에게 확인을 강조함으로써 가치명료화의 기본 아이디어인 개인 중심성을 손상시킨다는 비판이 일자(Chazan, 1985 : 47), 키르센바움(Kirschenbaum, 1976 : 122)은 가치명료화는 가치화 과정을 가르치기 위해 질문이나 행동을 활용하며, 사람들이 가치화 과정을, 그들 인생의 가치 영역에 기술적으로 적용할 수 있도록 하는 접근방식으로 정의하고, 래스의 모형을 수정하여 가치명료

화 모형을 다음과 같이 제시하였다(Kirschenbaum, 1973 : 105-106).

가. 사　　고 : ① 여러 수준에서 생각해 보고
② 비판적으로 사고해 보며
③ 더 높은 수준에서 도덕적 추론을 해보고
④ 분산적이고 창조적인 생각을 한다.

나. 느　　낌 : ① 평가하고, 소중히 하며
② 스스로 좋다고 느끼며
③ 스스로의 느낌을 안다.

다. 선　　택 : ① 대안들로부터
② 결과를 고려해 보고서
③ 자유롭게
④ 성취할 것을 계획한다.

라. 의사소통 : ① 명료한 메시지를 보낼 능력
② 감정 이입-다른 사람의 준거 체제를 듣고 가짐.
③ 갈등 해결

마. 행　　위 : ① 반복적으로
② 일관성 있게
③ 우리가 행동하는 영역에서 능숙하게 행위함.

여러 모형을 종합적으로 연구하여 가치탐구 모형으로 체계화한 뱅크스(Banks)는 일상생활의 당혹스런 문제에 대처하여 반성적 의사결정을 하기 위해 지식의 탐구와 더불어 가치탐구로서의 가치명료화 모델을 다음과 같이 제시하였다(Banks, 1977: 433).

① 가치문제의 정의 : 관찰-분별
② 가치와 관련된 행동의 기술 : 기술-분별
③ 기술한 행동이 예증하는 가치를 명명 : 동일시-기술, 가설수립
④ 기술한 행동에서 상충되는 가치들을 분석 : 동일시-분석
⑤ 분석된 가치원천에 대하여 가설 수립 : 가설을 옹호하는 자료인용
⑥ 관찰된 행동이 보여주는 대안이 되는 가치를 명명 : 회상

⑦ 분석된 가치들이 초래할 예상되는 결과들에 대해 가설 수립 : 예측, 비교, 대조

⑧ 가치의 선호 표명 : 선택

⑨ 가치선호의 이유, 원천 : 예상되는 결론들을 진술 : 정당화, 가설 수립, 예측

뱅크스의 모델은 가치를 분석하고 대안을 선택하는 데는 매우 정교하며 현실성 높으나 행동의 적용과 수정이 빠져 있다. 교실에서의 한계를 상정한 것으로 생각되나 행동과 연결될 때 완전한 모델이 된다는 점을 감안하면 다음과 같이 5단계로 단순화 및 수정할 것을 제안한다.

① 가치문제의 인식

② 갈등하는 가치의 발견과 원천 분석

③ 대안의 마련과 결과의 예측

④ 비교 검토를 통한 선택

⑤ 행동에의 적용 및 수정

가치명료화에서는 도덕 원리나 가치의 결론, 즉 합의되고 정의된 실체는 없다고 본다. 인간 행동을 결정할 수 있는 도덕적 진리의 명백한 실체는 없으며, 아동에게 가르칠 도덕적 진리도 없다고 본다. 그래서 아동에게 도덕이나 덕목을 가르치려 해서는 안 된다고 본다. 즉, 가치의 내용을 다루는 것이 도덕 교육이 아니라, 가치 판단의 과정을 다루는 것이 도덕 교육이어야 한다고 보는 것이다. 가치명료화에서는 가치를 신념, 태도 또는 아무런 가치가 없는 다른 무엇이라고 보는 것이다. 다만 명료화 과정을 거치지 않은 것은 가치라고 할 수 없다고 본다. 가치 명료화 주장자들은 도덕성이나 덕목이라는 말을 사용하기를 거부하고, 가치라는 말을 사용한다. 그리고 가치보다는 과정을 중시하는 가치화라는 용어를 자주 사용한다.

가치명료화에서 교사의 역할은 도덕 내용을 가르치는 것이라기보다는 가치화 기술을 증진시키는 것이라고 볼 수 있다. 가치명료화에서 교사는 교사의 가치가 학생들의 가치화 과정을 개발하는 것을 방해하지

않도록 해야 한다. 교사는 치료자나 촉진자의 입장에 서서 적절한 질문과 유도를 사용하여 학생이 스스로의 능력을 개발하고, 유도할 수 있도록 하여야 한다.

그러나 가치명료화에서의 문제점을 지적한다면

① 가치 판단이 개인 신념에 기초하고 있다는 점

② 당위(ought)보다 존재(is)를 추구한다는 점

③ 도덕-비도덕적인 구별을 소홀히 한다는 점

④ 윤리적 상대주의에 있다(문용린, 1988: 124-125).

이러한 문제는 가치교육의 계열을 무시하고 가치교육으로서 가치명료화만을 사용하고자 할 때 발생하는 중대한 문제이며 특히 ③, ④의 문제를 간과한다면 가치명료화는 더 이상 가치교육의 방법이라고 할 수 없다고 본다. 가치교육은 2단계의 가치내재화 과정을 거쳐서 개인과 사회에 의미 있는 진정한 가치가 형성된다고 본다. 가치명료화는 계열화된 방법 중의 하나일 따름이다.

형식주의의 표본으로서의 가치명료화는 가치문제의 인식하고, 갈등하는 가치를 발견하고 원천 분석한 다음, 해결 대안을 마련하고 결과를 예측하게 한다. 그리고 결과의 비교 검토를 통해 어떤 가치를 스스로 선택하고 그 가치에 의해 행동하고 오류가 있으면 수정하여 보편적 원리를 형성해 가는 것이다. 이 때 이미 내재화된 기본가치가 올바르게 존재하지 않으면 선택의 기준이 없어 선택자체가 상황적 논리나 이해관계의 지배를 받아 혼란을 겪게 될 것을 보인다. 가치명료화를 위한 전제로서 사회의 기본 가치가 내재되어 있어야 선택된 가치에 대한 확신과 행동의 의지가 표출될 수 있으며 기꺼이 오류를 수정하고 보편적 원리를 체득하여 2차 가치내재화로 전이되는 것이다. 2차 가치내재화가 되어야 체득된 보편적 원리로 말미암아 주체적 자아가 형성된다고 본다. 이로 인해 조화의 정의를 체득한 진정한 자유인이 될 수 있는 것이다.

3. 발달단계와 가치교육

가치교육의 분류와 가치화의 과정에 따라서 가치교육방법을 계열화하였다. 가치교육은 특정한 방법에만 몰두해서는 여러 가지 부작용을 낳을 수 있다. 예를 들어 내용주의의 가치주입에만 몰두한다면 가치 갈등상황에서 상당한 혼란을 겪게 될 것이며 주체적인 판단을 내리기가 어렵게 된다. 반면에 기본가치가 내재화되지 않은 상황에서 형식주의의 가치 명료화만 주장한다면 가치를 판단하고 선택한다고 하면서 가치판단의 근거도 없이 판단하고 선택하는 모순에 빠지게 된다. 또한 반복훈련을 통해서 보편적 원리에 대한 확신을 얻기보다는 상황논리에 빠져서 이해관계와 개인적 감성의 범수를 벗어나지 못할 가능성이 크다. 기본 가치의 내재화 없이는 가치교육은 윤리적 상대주의에 빠져 그 의미를 상실하게 될 수도 있을 것이다.

따라서 특정한 가치교육의 방법만을 주장하는 것은 의미가 없다고 본다. 가치화의 과정에서 과정 목표를 가장 효과적으로 달성할 수 있는 방법으로 가치주입을 통해서 가치수용을, 가치형성을 통해서 가치이해를 단계적으로 습득하여 1차 가치내재화에 도달하여 사회의 기본가치와 자발성을 획득하여 다시 가치분석을 통해 가치 정당화를 가치명료화를 통해 가치선택을 할 수 있음으로 해서 2차 가치내재화에 도달하여 보편적 원리를 체득하고 주체적 자아에 의한 행동이 가능하다고 본다. 이러한 일련의 가치교육을 통한 가치화 과정은 인간의 인지발달 및 도덕 발달 단계와 밀접한 관련이 있을 것으로 본다.

칸트(I. Kant)는 아동의 성격형성의 요소로서 가장 먼저 복종의 원리를 내세운다. 복종의 원리는 처음에 명령(강제)에 의한 절대적 복종에서 선의지와 이성적 의지에 따르는 자발적 복종으로 나아간다고 하는 것이다. 절대적 복종은 아동이 성장하여 시민으로서 법칙을 준수하는데 준비수단으로 중요하며 성장함에 따라 어떤 문제에 대해 자기 자신의 확신에 따라 행동하게 되는 것이 자발적 복종이다(장찬익, 1986 : 148). "도덕성이 인간최고의 목표이며 동시에 교육의 최고 목표"(장찬익, 1986 : 144)라고 하나 어린 아동에게서 합리적인 선택이나 판단을 기대할 수 없는 것이다. 그러므로 발달의 초기 단계에서는 아동들에게 무엇이 옳고 무엇이 그른가를 구별할 수 있는 아이디어를 주입시켜주어야 한다(장찬익, 1986 : 147). 결국 가치교육의 문제는 선택의 문제이며 선택의 범위를 인지의 발달단계에 맞추어 점차 확대하는 것이 바람직한 인간 형성으로 나아가는 정도라고 해석된다.

그렇다면 가치화의 과정은 도덕발달단계와 어떤 관계에 있는지 고찰해볼 필요가 있다. 우리나라에서는 아직 몇 살부터 논리적 사고가 가능한가를 밝히고 그것이 여러 사람에게 받아들여지는 연구는 별로 없는 것 같다(정세구, 1986: 154).

다만 피아제(J. Piaget)에 의하면 형식적 조작이 되는 아동이 모든 류의 문제 곧, 현재 과거 미래 등에 관한 것과 가설적 언어 문제까지도 다룰 수 있다고 본다. 그리고 형식적 조작은 과학적 추리, 가설설정, 검증 등이 가능하다는 특성을 갖는 동시에 인과관계의 참 뜻도 반영해주며, 추론을 내용에 의존하지 않고 논리적으로 조작할 수가 있다고 할 수 있다(정태위 역, 1986 : 151). 이러한 형식적 조작기를 피아제는 11-15세까지라고 본다.

또한 피아제에 의하면 아동의 도덕적 문제에 관한 사고에 있어서 눈에 띄는 뚜렷한 변화는 약 7세경에 나타나는데 7세 이전의 아동은 그들이 일으킨 '손해'에 비추어 일탈된 행동이라고 판단하며, 7세에서 11세 사이의 아동은 주관적 도덕성 판단시기에 들어가며, '의도'에 비추어 잘잘못을 판단한다고 한다. 그리고 약 11세가 된 아동들은 형식적 조작기로 접어들어 추상적인 원칙을 확인할 수 있는 능력이 발달하여 다양한 추론방식의 타당성을 분석할 수 있는 능력이 생긴다고 본다. 그러나 아직은 이상과 실제를 합치시키는 데는 어려움을 겪는다고 한다(Fraenkel, 1986 : 83-85). 이러한 논의는 도덕성의 발달과 인지발달은 매우 밀접한 관계에 있음을 나타내고 있으며, 11세 이전의 경우 분석적 판단이나 선택의 문제 해결은 무리가 따름을 알 수 있다. 따라서 이 경우 1차 가치내재화가 주된 방법이 될 수밖에 없다. 그리고 몇몇 학자들은 미국 성인의 40%정도는 형식적 조작기에 도달하지 못할 것이라고 말한다(Fraenkel, 1986 : 85). 그렇다면 적어도 40% 이상은 2차 내재화에 도달하지 못한다는 것을 시사한다. 가치 정당화와 가치 선택은 적어도 인지구조가 형식적 조작기에 들어서야 그 효과를 거둘 수 있다고 본다.

콜버그(L. Kohlberg)도 대부분은 부분적 형식적 조작의 단계에 도달하며 일부만이 형식적 조작의 가장 높은 단계에 도달하게 될 것으로 보았다. 그리고 도덕적 추리도 분명히 추리이기 때문에 진보한 도덕추리는 진보한 논리추리에 의존하므로 개인의 논리단계와 도덕단계 간에는 모종의 병행론이 존재한다고 보았다. 콜버그는 가설적인 도덕적 갈등사태에서 제시하는 이유의 유형에 따라 도덕단계를 인습이전 수준(단계 1과 2), 인습수준(단계 3과 4), 인습이후 수준(단계 5와 6)의 세 수준으로 나누고 각 수준별로 2개 단계씩 두어 6단계의 도덕발달 단계를 제시하였다.

논리단계가 구체적 조작적인 사람은 도덕단계도 인습이전의 단계인 1과 2에 묶여 있고, 논리단계에서 형식적 조작적 단계의 낮은 수준에 속하는 사람들은 인습적인 도덕단계인 단계 3과 4에 묶이게 되며, 많은 개인들의 논리단계는 그와 병행하는 도덕단계보다 높다. 본질적으로 누구도 자신의 논리단계보다 높은 도덕단계에 있지는 않다(Walker, 1980 : 131-140)고 본다. 도덕단계에서 수직적 계열이 있듯이 논리에서 사회적 지각으로, 도덕적 판단으로 이동해가는 단계의 수평적 계열이 존재(Kohlberg, 1984 : 162)한다고 할 수 있다.

인습 이전 도덕 수준은 9세 미만의 대부분 아동과 약간의 청소년들 그리고 많은 범법 청소년과 범법 성인들의 수준이고, 인습 수준은 우리 사회 및 다른 사회의 대부분의 청소년과 성인들의 수준이다. 인습이후 수준은 소수의 성인들만이 도달하고 또 대개 20세가 넘어서야 도달한다고 한다. 인습이전 사람에게 규칙 및 사회적 기대란 자아의 외부에 있는 어떤 것이고, 인습적인 사람에게 자아란 타인의 기대와 규칙 특히 권위자의 규칙 및 기대와 동일시되며 내재화해 왔다고 한다. 인습이후 사람으로서 자아를 타인들의 규칙과 기대로부터 분화시키고 자기 선택적 원리에 의거하여 자신의 가치를 규정한다. 그리고 각 수준에 두개씩의 단계를 두어 첫 번째 단계에 작용하고 있는 사회적 조망을 발달시켜 두 번째 단계에 이른다고 본다(Kohlberg, 1984 : 163-171).

〈표 3-1〉 콜버그의 도덕성 발달단계와 논리단계 및 가치교육

수준	단계 (Kohlberg)	논리단계 (Piaget)	가치화의 단계	효과적인 가치교육 방법
인습이전	단계 1 타율적 도덕성(복종과 처벌)	구체적 조작	가치 수용	가치 주입
	단계 2 개인주의, 도구적 목적, 교환	구체적 조작	가치수용과 가치이해	가치 주입 가치 형성
인습	단계 3 개인 상호간의 기대, 관계 맺음, 끼리끼리 동조(착한 소년/소녀)	낮은수준의 형식적 조작	가치 이해	가치 형성
	단계 4 사회체제와 양심(법과 질서)	낮은수준의 형식적 조작	1차적 가치내재화 (기본 가치내재화와 자발적 행동)	가치 형성 가치 분석
인습이후	단계 5 사회계약 내지 유용성과 개인권리	높은수준의 형식적 조작	가치 정당화 가치 선택	가치 분석 가치 명료화
	단계 6 보편적 윤리적 원리	높은수준의 형식적 조작	2차적 가치내재화 (보편적 원리 체득과 주체적 자아에 의한 행동)	가치 명료화

이상을 기술한 가치화의 과정과 비교 해보면 인습이전 수준의 단계는 가치수용의 단계 수준으로 평가되어 주로 가치주입에 의해 가치교육이 이루어지는 것이 효과적일 것으로 판단된다. 그리고 인습수준은

규칙과 기대를 내재화시키는 수준으로 가치를 이해하고 1차 가치내재화하는 단계로 해석된다. 그러므로 효과적인 가치교육의 방식은 가치형성 및 가치분석 수준일 것으로 생각된다. 그리고 인습이후 수준은 자기선택적 원리에 의거하여 자신의 가치를 규정할 수 있으므로 가치의 선택이 주가 되는 가치명료화를 통해 마지막 단계인 보편적 원리를 체득할 수 있을 것으로 보인다. 이상의 논의를 바탕으로 콜버그의 도덕성 발달단계와 피아제의 논리단계, 가치화 과정 및 가치교육을 관련시키면 〈표 3-1〉과 같다. 그런데 단계와 가치화과정 및 가치교육이 정확히 일치한다고 보기보다는 그러한 경향성을 내포한다고 보는 것이 좋을 것이다. 그리고 교육자체는 미래지향적인 요소가 있어 현재의 부족한 것을 채우고자 하는 것이라는 관점에서 이해해야 할 것이다. 따라서 가치화의 과정과 가치교육에 있어서 일부 중복되지만 주된 요소는 여전히 기술한 바와 같다.

제2부

유아사회과교육의 과정

제 4 장

유아사회과교육의 목적

제 1 절 유아사회과교육 목적의 개념

유아사회과교육 목적의 문제는 결국 유아사회과에서 어떤 인간을 기를 것인가의 문제이다. 유아사회과교육 목적의 문제를 추상화시켜 나가면 일반적인 교육목적에 연결된다고 본다. 그러므로 유아사회과교육의 목적은 일반 교육목적에 뿌리를 두고 있다. 교육목적의 문제는 현실적으로 국가·사회적 요구와 관련되며 이것은 교육철학에서 규명하는 이상적 인간상과 관련이 된다. 이것은 국가나 사회가 지향하는 인간의 문제이며 필요의 문제이기도 하므로 전반적인 교육의 방향을 잡아주는 문제이다. 그리고 교육목적은 학문적 요구에도 영향을 받는다. 이것은 교육의 내용과 관련되는 문제이지만 목적과도 관련을 갖는 것이다.

유아사회과교육 목적이 국가·사회적 요구를 반영하고 각 교과의 근거가 되는 학문적 요구를 반영하면서도 교육적 요구인 발달단계나 수업 방법이나, 평가의 방법을 간과해서는 올바르게 형성될 수 없는 것이다. 그러므로 교육목적과 마찬가지로 유아사회과교육의 목적에 영향을 주는 3개 요소는 국가·사회적 요구와 학문적 요구, 교육적 요구를 들 수 있다.

교육목적(goal)과 목표(objective)는 혼용되어 쓰이기도 하지만 엄밀히 말하면 목표는 목적의 하위 단계이며 수단이기도 하다. 그러나 목적과 목표는 상대적이며 연쇄적(chain)이기도 하다. 교육의 목적은 교육 활동을 통해 이룩하여야할 학습자의 행동변화의 도달점이라고 정의할 수 있을 것이다.

이러한 목적이 있음으로써 교육의 방향이 정립될 수 있을 것이다. 방향이 있어야 구체적인 하위 지침이 생성될 수 있다. 그리고 이러한 목표를 달성하기 위해 동원되는 내용이나 모든 자원의 평가 근거가 될 수 있으며, 교육의 성과를 확인할 수 있는 잣대가 되기도 한다. 따라서 유아사회과교육의 목적은 교육과정에 정한 바 있지마는 초·중등 사회과와의 연결선상에서 보았을 때 유아를 대상으로 기초적인 민주시민적 자질을 함양하는 것이다(제6절에서 구체적으로 논함).

제 2 절 유아사회과교육 목적 설정의 절차와 방법

1. 유아사회과교육 목적 설정의 절차

유사회과교육의 목적 설정 절차는 타교과와 교과의 특성과 더불어 상이할 수 있으나 그것을 공통적으로 추상화시킨다면 일반 교육목적의 설정절차와 동일하다고 본다.

교육목적 설정의 절차는 일반적으로 다음과 같다(강봉규, 1996).

첫째 교육 목적 연구 집단을 구성한다. 연구 집단은 경우에 따라서는 몇 개의 소분과를 조직한다. 각 분과의 인원수는 일정하지는 않으나 6-12명 정도가 바람직하다.

둘째 교육목적의 자원을 확보한다. 각 분과별로 교육목적의 제 자원을 수집하여 확보한다. 아동조사 연구 분과의 경우, 아동의 성장발달의 심리적인 제반요인, 능력, 동기, 흥미, 관심, 요구 등 여러 방법을 활용하여 다각적으로 연구하여 교육목적의 기초자원을 확보한다.

셋째 교육목적을 추출해 낸다. 수집 확보한 각종 자원 속에서 바람직한 교육목적을 추출하는 작업을 한다. 교육목적 연구자의 전문적 소양이 필요하다. 교육 목적 설정의 제 원리에 입각하여 그 타당성이 검토되어야 한다. 유아교육의 경우 제 생활영역과 관련하여 목표를 설정하고, 사회생활의 경우 개념적 지식까지 연계 내지는 구성주의와 관련하여 목표를 구축하는 방안을 모색하여야 한다.

넷째 추출된 교육목적을 종합, 분석, 정리, 검증한다. 여러 목적들을 중점적으로 종합, 정리하고 목적들의 타당성을 검증하여야 한다.

다섯째 교육목적을 진술한다. 교육목적의 진술은 그 기준에 맞게 진술되어야 한다. 하위 수준의 교육목표와 연결되도록 진술하여야 한다.

2. 유아사회과교육 목적 설정의 방법

유아사회과교육 목적을 설정하는 방법(강봉규, 1996)은 크게 3가지로 요약된다.

첫째 전문가 중심으로 의견을 조사한다. 전문가를 중심으로 위원회를 구성하고 교육목적을 설정하는 것인데 간편하여 많이 사용하지만 주관에 흐르기 쉬운 결점이 있다.

둘째 사회의 실태를 조사한다. 사회기능별로 혹은 사회영역별로 나누어 질문지, 면접, 관찰 등의 방법으로 사회실태를 조사하여 사회가 지니고 있는 당면 문제화 해결해야 할 과제를 분석한다. 분석한 과제 중 이 과제를 해결하는데 피교육자에게 우선적으로 요구되는 지식·기능·태도 등을 교육목적으로 설정한다.

셋째 사회생활 영역의 활동을 분석한다. 보비트(Bobbit)가 제안한 방법으로 전형적인 인간 생활 활동을 분석하여 이것을 사회적 유용도의 순서로 배열하고 다시 피교육자들에의 유용순서로 수정하고 그 중에서 가정이나 사회에서 습득되는 것은 제외하고 학교에서 지도해야 할 가장 중요한 항목만을 정하여 피교육자들의 발달 계열에 맞추어 교육목적을 정하는 방법이다.

제 3 절 유아사회과교육 목적 진술의 일반원리

유아사회과교육의 목적은 일반적인 목적과 하위 단계의 명세적 목표로 위계화 된다. 일반적 목표는 전체계획의 방향을 잡아 주며, 명세적 목표는 목적을 구체적으로 달성하기 위한 행동적 목표로서 적절한 내용, 자료, 행동을 선택하기 위한 직접적 지침을 제공한다.

따라서 목표는 일반적인 목적과 명세적인 목표의 통합적인 체계로서 인식되어야 한다. 수업활동과 관련하여 보다 명세화된 형태는 교수목표(수업목표) 또는 학습목표라 불린다. 교수목표는 교사의 수업활동을 계획하고 효율화하는 데 필요할 뿐만 아니라 학생들의 학습활동을 효율화하기 위해서도 중요하다.

수업목표의 진술방법으로는 타일러(Tyler), 메이거(Mager), 가녜(Gagne), 그론룬드(Gronlund) 등의 유형이 있다.

1. 타일러(Tyler)의 진술방법

타일러에 의하면 바람직하고, 실현성 있는 교수목표에는 1) 학습 내용 또는 자료와 함께 2) 학습자의 3) 도달점 행동이 명세적으로 진술되어야 한다고 하였다.

블룸(Bloom)이 제시한 『교육목표 분류학』은 타일러가 제시한 교육과정 구성원리를 토대로 발전된 것이기 때문에 블룸과 타일러는 거의 같은 형식으로 목표를 진술하고 있다.

예) 유아는 자신의 감정을 표현할 수 있다.
2) 1) 3)

2. 메이거(Mager)의 진술방법

메이거는 프로그램학습에서 적합한 교수목표의 진술방법을 발전시키고자 하였다. 교수목표에는 1) 학습자의 2) 도달점 행동과 3) 그 도달점 행동이 일어나는 상황 및 조건 4) 그 도달점 행동이 어느 정도로 숙련되어야 하는지를 밝혀 놓은 준거가 명시되어야한다고 했다. 이때 학습의 내용은 조건 속에 포함되어 있다. 그리고 도달점 행동은 반드시 관찰되고 측정될 수 있는 외현적 행동(外顯的行動)으로 표현되어야 한다.

메이거의 목표진술 방식은 교수목표가 아주 구체적이고 명확해진다는 이점도 있지만 지나치게 세분화시켜 명시적으로 진술함으로써 그 의미가 극히 한정되고 의사전달능력이 약화되어 실용성이 적어진다는 단점도 있다. 특히, 도달수준 또는 준거를 어느 정도로 잡아야 하는가? 라는 문제는 많은 논란이 있다.

예) 유아에게 직업의 종류를 5가지 제시했을 때, 유아는
3) 1)
유아는 최소한 3가지의 직업의 종류를 구분하여 쓸 수 있다.
4) 2)

3. 가네(Gagne)의 진술방법

가네는 교수목표에는 1) 학습자의 2) 도달점행동과 3) 그 행동이 일어나는 조건이 구체적으로 진술되어야 한다고 하였다. 여기에 준거가 빠진 것은 언제나 100%의 교수목표 도달을 요구하고 있으므로 일일이 진술할 필요가 없다고 보았기 때문이다. 그리고 행동의 표시 방식으로

핵심동사와 보조동사를 엄격히 구분 지우고 학습능력이 내포된 행동을 묘사하는 동사를 핵심동사라 하고, 반면에 어떤 내용을 통해 그 학습능력을 표현하는데 수단이 되는 동사를 보조동사라고 한다.

예) 여러 나라의 전통의상을 제시하면 (3) 유아는 (1) 큰소리로 정확하게 (2) 보조 동사(표현수단) 나라 이름과 옷 이름을 말할 수 있다. (2) 핵심동사(학습능력 내포)

4. 그론룬드(Gronlund)의 진술방법

교수목표를 일반적 교수목표와 명세적 교수목표로 구분한다. 먼저 일반적 교수목표를 먼저 진술한 다음, 그것을 기초로 명세적 교수 목표를 만들어 내야한다.

교수목표에는 1) 내용과 함께 2) 학습자를 주어로 하여 3) 교수-학습의 결과로서 변화되기를 바라는 행동이 빠짐없이 진술되어야 한다는 것이다. 한편으로 목표진술을 간단명료하게 하기 위해 주어에 해당하는 '학습자'를 생략하고, '할 수 있다'는 동사를 '하기'와 같이 부정사로 표현할 것을 권장하고 있다.

예) 1.0 선비촌 문화 체험하기(일반적 교수목표)
  1.1 선비촌의 형태 말하기(명세적 교수목표)
  1.2 선비촌 가옥 구조 말하기(명세적 교수목표)
  1.3 가옥내의 장롱이나 기구 말하기(명세적 교수목표)
  1.4 재미 있었던 점과 불편했던 점 말하기(명세적 교수목표)

이상의 목표진술에서 볼 때, 목표진술의 요소는 어떤 내용을 통해 도달하고자 하는 학습자의 도달점 행동으로 기술하되 그 행동은 외현적이어야 하며, 가능하면 수락의 준거도 제시하는 것이 좋다.

제 4 절 유아사회과교육 목표의 분류

유아사회과교육 목표는 일반교육목표와 마찬가지로 내용과 행동으로 분류할 수 있는데 내용의 분류는 교육의 진행과정으로 볼 때 학습경험을 선정하는 과정이 있으니 이 때 선정되는 모든 경험은 교육목표에 도달하기 위한 수단으로서 내용이 되는 것이다. 내용분류는 설정한 교육 목표에 부합된 학습경험의 자료를 논리성, 배열의 전후관계, 난이도 등을 고려하여 학습경험의 조직원칙에 따라 적의 분류하면 된다. 내용은 교과별로 차이는 있으나 사실, 개념, 일반화, 원리, 법칙, 가치, 이념, 과정과 절차 등으로 나타난다.

교육목표의 행동분류 중 대표적이라 할 수 있는 것이 미국대학평가위원회가 주관하여 B. S. Bloom(1956) 등이 발달시킨 교육목표 분류학을 생각해 볼 수 있다. 교육목표 분류학(Taxonomy of Educational Objectives)은 지적영역(cognitive domain), 정의적 영역(affective domain), 심리운동적 영역(psychomotor domain)으로 되어 있다. 지적영역은 기억 재생 등 단순한 지식의 상기에서 새로운 아이디어, 자료를 결합하여 종합하는 고도의 독창적 창의적 기능 등을 포괄하며, 정의적 영역은 감정적 색조나 정서, 수용 또는 거부의 태도 등이 강조되며, 단순한 주의에서 일관성 있는 인격과 양심까지 체계화되어 있다. 그리고 심리운동적 영역은 운동기능적 영역이라고도 하는데 근육의 운동 기능을 강조한다. 자료나 대상의 조작과 신경 근육적 조정이 요구되는 활동의 체계를 말한다. 분류학은 이들 각 영역을 위계에 따라 체계화하고 구조화시켜 주고 있다.

1. 지적영역

지적영역의 체계화는 복잡성의 원리(principle of complexity)에 따랐으며 능력이나 작용으로 보아서 단순한 것에서 점차 복잡한 것으로 차례대로 위계를 지우고 있다.

지적영역은 여섯 단계로 되어 있으며 다음과 같다.

1. 지식(knowledge) - 이미 배운 내용 즉, 사실, 개념, 원리, 방법, 유형, 구조 등을 기억하는 것을 의미한다.
2. 이해력(comprehension) - 배운 내용에 관한 의미를 파악하는 능력을 말하며, 단순히 자료를 기억하는 수준을 넘어 자료의 내용이 다소 치환되어도 그 의미를 파악하고 해석하고 추론하는 능력을 말한다. 세분하면 번역, 해석, 추론이 있다.
3. 적용력(application) - 배운 내용 즉, 개념, 규칙, 원리, 이론, 기술, 방법 등을 구체적인 또는 새로운 장면에 활용하는 능력을 가리킨다.
4. 분석력(analysis) - 조직, 구조 및 구성요소의 상호관계를 이해하기 위하여 주어진 자료의 구성 및 내용을 분석하는 능력을 의미한다.
5. 종합력(synthesis) - 비교적 새롭고 독창적인 형태, 원리, 관계, 구조 등을 만들어 내기 위하여 주어진 자료의 내용 및 요소를 정리하고 조직하는 능력을 의미한다.
6. 평가력(evaluation) - 어떤 특정한 목적과 의도를 근거로 하여 주어진 자료 또는 방법이 갖고 있는 가치를 판단하는 능력을 말한다.

각 단계는 다시 하위 단계로 세분된다. 지적 영역은 크게 지식과 지적 능력 및 기능으로 2분된다. 지적 능력 및 기능은 이해력, 적용력, 분석력, 종합력, 평가력의 5영역이다. 이들의 위계는 전 단계가 성취되어야 다음 단계로 넘어 갈 수 있다고 보는 것이다.

지적 영역은 블룸(Bloom)의 목표 분류를 많이 쓴다. 그러나 국어, 영어 등은 읽기 쓰기 말하기 듣기와 같이 경험 영역으로 나누어 볼 수도 있다. 이 경우 Bloom의 분류는 적절하지 못하며 위계도 명확하지 못하다.

2. 정의적 영역

크라스울(Krathwohl, 1964)은 정의적 영역을 수용, 반응, 가치화, 조직화, 인격화의 다섯 단계로 나누었다. 크라스울은 정의적 영역에도 위계관계가 성립한다고 한다. 정의적 영역의 행동을 보다 체계적으로 분류했다는 점에서 의의가 크지만 지적 영역과 달리 실제로 목표를 확인하고 진술하기에는 난점이 따른다.

1. 수용(receiving) - 어떤 자극이나 활동을 기꺼이 수용하고 자발적으로 주의를 기울이게 되는 것과 같은 민감성을 의미한다.
2. 반응(responding) - 어떤 자극이나 활동에 적극적으로 참여하고 자발적으로 반응하며 그러한 참여와 반응에서 만족감을 얻게 되는 행동을 말한다.
3. 가치화(valuing) - 특정한 대상, 활동 또는 행동에 대하여 의의와 가치를 직접 추구하고 행동으로 나타내는 정도를 가리킨다.
4. 조직화(organization) - 일관성 있는 가치체계를 내면화시키는 전초단계로서 서로 다른 수준 또는 종류의 가치를 비교하고 연관시켜 통합하는 것을 의미한다.
5. 인격화(characterization) - 개인의 행동 및 생활의 기준이 되며 가치관이 지속적이고 일관성 있고 또 그것이 그의 행동을 예측할 수 있을 가능한 정도로 확고하게 그의 인격의 일부로 내면화된 정도를 의미한다.

3. 심리운동적(운동기능적) 영역

운동기능적 영역은 음악, 미술, 체육, 기술 등의 교과뿐만 아니라 다른 교과에서도 운동기능의 학습과 훈련을 요구하고 있지만 경시된 분야였다. 그 후 심프슨(Simpson, 1966)과 해로우(Harrow, 1972)가 운동기능적 영역의 목표를 분류하였다. 그러나 그 타당성과 실용성은 검증되었다고 보기 힘들다. 심프슨과 해로우의 분류를 간략하게 소개한다.

(1) 심프슨(Simpson)의 분류

1. 지각(perception) - 감각기관을 통해서 대상 및 대상의 특징 및 관계 등을 알아보는 첫 단계이다.
2. 태세(set) - 신체적 준비 자세를 의미하며 특정한 행동에 필요한 준비적 적응을 뜻한다.
3. 인도된 반응(guided response) - 타인의 지도 또는 조력을 받아서 나타난 외현적 동작을 말하며 다음에 올 복잡한 운동기능을 발전시키는 데 필요한 기초동작을 의미한다.
4. 기계화(mechanism) - 어떤 동작을 할 때 숙련도와 자신감의 정도를 말하며 습관적으로 반응하게 되는 동작을 가리켜 동작의 기계화가 되었다고 한다.
5. 복합적 외현반응(complex overt response) - 비교적 복잡한 동작을 최소한의 노력과 시간으로 아주 자연스럽고 효과적으로 표현하는 것을 의미한다.

(2) 해로우(Harrow)의 분류

1. 반사적 운동(reflex movements) - 개인의 의지와는 관계없이 나타나는 단순한 반사운동을 말한다.
2. 초보적 기초동작(basic fundamental movements) - 잡고, 서고, 걷고와 같이 여러 가지 또는 몇 개의 반사적 운동이 함께 발달되고 통합됨으로써 이루어지는 동작을 의미한다.
3. 운동지각능력(perceptual abilities) - 감각기관을 통하여 자극을 지각하고 해석하며 그것을 토대로 환경에 대처하고 적응하는 기능을

말한다.

4. 신체적 기능(physical abilities) - 숙달된 운동기능의 발달에 반드시 필요한 부분으로 민첩하고도 유연하게 일련의 숙달된 운동을 연속시켜 가는데 필요한 기초 기능을 가리킨다.
5. 숙련된 운동기능(skilled movements) - 타자 및 기계체조 같이 비교적 복잡하고 숙련된 기능을 요구하는 운동을 할 때 동작의 능률성, 숙달도, 통합성을 요구하는 운동기능을 의미한다.
6. 동작적 의사소통(non-discursive communication) - 간단한 안면표정을 비롯해서 무용과 같이 신체적 운동 및 동작을 통하여 감정, 흥미, 의사, 욕구 등을 표현하고, 그 표현 자체를 창작하는 운동기능을 말한다.

제 5 절 유아사회과교육 목표의 원리

우리의 교육이 홍익인간을 목표로 하면서 그 세부적으로 인격의 도야와 생활 능력을 갖춘 시민적 자질의 육성을 목표로 한다고 되어 있다. 그러므로 시민적 자질이라고 한다면 모든 교과가 관련이 될 것이다.

시민적 자질은 매우 자연스러운 일이면서도 하나의 목표로서 그리고 달성해야 할 민주사회의 인간적 품성으로서, 그리고 사회통합을 위한 수단적 목표로서 기능할 수 있을 것으로 보인다.

여기서 이러한 가치를 내포한 목표에 도달하기 위해 어떤 과정을 거치느냐 하는 데에는 논란의 여지가 많다. 그러나 가치를 직접 주입하는 것이 아니라 객관적인 사회인식을 통해 그것을 바탕으로 하여 합리적인 의사결정능력 내지 문제해결능력을 기르고, 여기에다 그 과정에서의 참여를 통해 바람직한 시민적 자질을 함양하고자 하는데 있다고 보는 시각에 폭 넓은 공감대를 형성해가고 있다고 볼 수 있다.

교육목적을 달성하기 위한 하위목표 차원은 관습적으로 3범주로 나누고 있다. 즉, 지식(knowledge), 기능(skill), 태도(attitude)로 나누고 있으며, 많은 변화가 있지만 결국 3범주를 크게 벗어나지 못하고 있다. 이를 보다 구체적으로 살펴보면 다음과 같다. 유아사회과 교육의 목적 또한 같다.

1. 지식

사실, 개념, 일반화, 원리와 법칙, 이론으로 구성되어 있으며, 각 교과의 주요 내용을 이루기도 한다. 이러한 지식은 문화유산의 이해에 기초가 되며, 이해와 탐구의 수단이 된다. 브루너(Bruner)는 이러한 지식들을 상호관련 하에서 파악하고, 독특한 방법론과 더불어 지식의 구조를 이룬다고 본다. 브루너가 지식의 구조를 중시하는 것은 학문의 구조가 이해, 유지, 전이를 높이기 때문인 것으로 파악된다. 교과의 구조를 파악한다는 것은 많은 다른 것들이 의미 있게 관련된 것을 이해하는 것이다.

2. 기능

기능은 방법론 또는 탐구과정을 포괄하는 개념으로 파악될 수 있다. 기본적 인지 기능, 정보의 습득과 처리기능, 탐구 방식과 의사결정 기능 을 포함한다. 여기서 명확히 해두어야 할 부분은 기능(skill)이라고 하였을 때 사회과학적 탐구력, 합리적 의사결정력, 문제해결력을 포괄하는 지적 기능과 정보의 습득과 처리 및 이에 관련된 제반 동작을 포괄하는 동작기능[1]을 명확히 구분 정의할 필요가 있다. 동작기능은 동작의 정교함과 신속성에 초점을 두는 반면, 지적기능은 지식이나 방법

1) 정보의 습득과 처리 및 이에 관련된 부수적 행동을 포괄하여 동작기능이라 정의한다. 이것은 합리적 의사결정력과 문제해결력 과학적 탐구력을 포괄하는 지적 기능과 구분하여 개념 정의하고자 한다. 이에 동작 기능은 1차 기능, 지적 기능은 2차 기능이라고 정의할 수 있지 않을까 생각한다.

을 활용하는 능력이다. 유아사회과에 관련하여 본다면 사회과학의 개념이나 일반화를 다른 상황이나 문제해결에 활용하는 능력을 의미한다. 두 가지 기능은 물론 관련된다고 보지만 목표 설정에 있어서 구분할 필요가 있다고 본다. 이들의 구분이 명확하지 않아 현장에서는 상당한 혼란을 빚고 있다고 본다.

기능은 지식이나 정보 자체보다 그것을 습득하고 처리하는 방법과 더불어 그 결과 야기될 지적 기능(능력)을 중시한다. 이를 통틀어 과정 중시 내지 방법중시라고 정의한다면 교육을 하는 데는 지식과 과정(방법)이 다 필요하지마는 어느 부분에 초점을 둘 것인지는 교육의 사조에 따라, 학습의 방법에 따라 상당한 차이가 있을 수 있다. 물론 지식 자체를 중시한다고 해서 전적으로 지식에만 경사될 수 없으며, 기능이나 과정을 중시한다고 해서 기능을 내용과 분리할 수는 없을 것이나. 결국 현실적으로 교육은 지식(내용)과 과정(방법)의 연속선상의 어떤 점에 머무른다고 볼 수 있을 것이다.

3. 가치 · 태도

정의적 영역에 속하며, 가치, 태도, 감정, 민감도 등과 관련하여 행위에 이르는 과정을 포괄하는 개념으로 파악한다. 사실상 지식과 방법과 가치는 엄격히 분리하기는 불가능한 점이 있다. 과학적 방법이라 하더라도 그것은 방법이며 가치이며 그 과정상 어떤 가치를 내포하게 되어 있으며, 태도를 형성하게 한다. 그러므로 이러한 정의적 영역의 가치, 태도를 지식의 과정과 분리해서 보기보다 상호 관련하여 보는 것이 학교교육의 목표를 정립하는 데 도움을 줄 것으로 보인다. 정의적 영역은 생활 자체와 관련되는 문제이나, 그렇게 볼 경우 지적 영역에 관련된 가치, 태도는 그 범위가 축소될 수밖에 없다. 최근 가치 자체도 하나의 탐구의 대상으로 보는 견해도 있으나 지적 과정과 종합적으로 판단하는 것이 바람직하며, 효과적이라고 본다. 기본적으로 각 교과에서 의도하는 가치·태도는 지식과 지식을 활용한 방법론을 기초로 하여 인식의 틀이 형성되고 이러한 틀이 하나의 신념과 가치관을 형성함으로서 행동과 연계될 때 완성되는 것이다. 기본적인 인식의 틀(비판력과 협동력)을 기초로 하여 다양한 형태의 가치와 태도가 민주시민적 자질로서 형성되는 것이다.

제 6 절 유아사회과교육 목표에의 도달과정

지식교육을 바탕으로 가치를 내포한 교과의 목표에 도달하기 위해 어떤 과정을 거치느냐 하는 데에는 논란의 여지가 많다. 그러나 가치를 직접 주입하는 것이 아니라 객관적인 사실 인식을 통해 그것을 바탕으로 하여 합리적인 의사결정능력 내지 문제해결능력을 기르고, 여기에다 그 과정에서의 참여를 통해 바람직한 시민적 자질을 함양하고자 하는데 있다고 보는 시각에 폭 넓은 공감대를 형성해가고 있다고 볼 수 있다.

민주 시민적 자질에 도달하기 위해서는 "개인적인 수준에서나 집단적인 수준에서 무엇을 어떻게 해야 할 것인가에 깊은 지식을 갖고 있어야"(신정현 외, 1987)하며 그것을 실천에 옮기는 절차나 방법을 인식해야 한다.

교육과정상의 목표는 과학적 지식을 이해하고 그 지식을 바탕으로 합리적인 판단을 하여 민주시민으로서의 자질을 가질 수 있다는 것이다. 이것은 교과 목표의 전통적 3분류 즉, 지식, 기능, 가치·태도의 분류를 벗어나지 않고 있다.

즉, 지식을 습득하고 그 다음 기능을 습득한 다음 마지막으로 가치·태도를 형성한다고 하는 일련의 과정에 대한 연결이 명확하게 밝혀질 필요가 있는 것이다. 이를 위해 먼저 지식에서 기능에 이르는 과정을 고찰한 다음 다시 기능에서 가치·태도에 이르는 과정을 고찰하고자 한다.

1. 지식에서 기능으로의 전이

논의한 바와 같이 블룸(Bloom, 1984: 9)과 그의 동료들에 의하면 교육목표의 행동부문에 있어서 지적영역을 크게 지식(knowledge), 이해(comprehension), 적용(application), 분석(analysis), 종합(synthesis), 평가(evaluation)로 6단계로 나누고 위계화하고 있다. 즉, 지식을 습득하고 난 뒤 이해단계에 도달하고, 이해가 되어야 적용단계에 도달된다는 등이다. 그리고 이를 다시 이분하여 지식과 지적 능력 및 기능(이해 이상의 단계)으로 분류하고 있다. 여기서 블룸은 지식을 바탕으로 하여 지식을 변환시키거나(이해) 활용(적용), 표면적으로 나타나 있지 않은 것을 발견(분서), 새로운 것을 창작(종합), 기준에 의한 판단(평가)하는 기능적 영역으로 발전할 수 있다고 보았다. 즉, 지식이 재생될 정도가 되어야 그 다음 단계인 기능에 들어갈 수 있다고 보았다. 지식의 재생 내지 암기는 그것을 깊이 사고하기위한 준비이며 활용하기위한 바탕이 되므로 과기부디 중시되있던 것이다. 물론 지식도 사실적 지식에서 개념적, 원리적 지식으로 나아가고 추상화되어야한다. 기능에서 중심이 되는 요소는 무엇보다도 지식을 활용하는 것이다. 그것이 지적 기능인 것이다. 그러나 여기서도 지식이 어떻게 지적 기능에 연결되는 것인가에 대한 설명은 약하다.

먼저 교육목표로서 지식은 사회과학의 성과와 방법을 습득히는 것이다. 단순히 있는 그대로를 재생하는 정도(암기)의 수준이라 할 수 있다. 그런데 이러한 지식이 기능으로 연결되어 문제 상황에서 활용되기 위해서는 암기된 여러 지식이 상호 연결되어 있어야 하며, 연결되어 어떤 구조를 형성해야 한다. 다시 말하면 일정 수준의 구조화를 말한다. 개개의 지식이 분류되어 어떤 연결성을 가져야하며, 하나의 지식은 다른 지식과 관련하여 파악되어야 한다는 것이다. 이것은 브루너(Bruner, 1960)가 말하는 지식의 구조를 좀 더 심화시켜서 보아야 한다고 본다.

브루너는 기본개념과, 일반 원리를 구조의 요소로 파악했다. 그러나 지식이 연결됨으로써 어떤 이미지를 나타내는 하나의 인식체계(schema)로 파악되어야 한다고 본다. 그렇게 함으로써 교과에 대한 흥미를 가지고, 학습사태에서 획득한 지식을 다른 사태에서 활용할 수 있는 것이다(Bruner, 1960 : 31-32). 다시 말하면 개개의 지식이 연결됨으로 형성된 어떤 이미지는 지적 희열을 느끼게 하며, 상호 연결됨으로써 오래 기억되게 하며(Bruner, 1961 : 21-32) 종국적으로 다른 사태에서 활용할 수 있게 함으로써 지적 기능을 가능하게 하는 것이다.

2. 기능에서 가치 · 태도로의 전이 : 민주시민적 자질의 달성

지식의 구조화를 통해서 도달해야할 기능적 단계는 크게 3가지로 분류할 수 있다고 본다. 즉, 탐구력, 의사결정력, 문제해결력이다.

탐구력은 과학적 지식이 형성된 과정을 탐구함으로써 탐구력을 기르고자 하는 것이다. 바로 탐구수업을 말한다.

의사결정력은 어떤 상황에 처하여 자신의 의사를 결정하기 위해 가능한 대안을 마련하고 대안의 결과를 판단하여 스스로 선택할 수 있는 능력이다. 여기서는 무엇이 절대적으로 옳다는 것보다 상대적이며, 선택의 문제가 따라 나오는 것이다. 현실적 사회생활에서 흔히 전개되는 상황이다. 인간이 어떤 판단을 할 때는 기존의 지식이 상호연결 되었을 때 최적의 선택할 수 있는 것이다.

문제해결력은 어떤 문제 사태에 처해서 자신의 기존 지식을 총동원하고, 또 문제해결을 위한 자료의 수집을 통해 새로운 지식을 습득함으로써 문제의 해결에 나서는 능력이다. 수업에서 가장 매크로한 분야라 할 수 있다. 문제의 해결과정에 여러 기법이 동원될 수 있을 것이다. 이 때도 지식은 상호 연결되어 있어야 효용성이 있다.

과학적 지식의 구조화를 통해 지적 기능에 도달했다고 할 때 탐구, 의사결정, 문제해결의 반복되는 경험을 통해 학습되는 것은 개개의 지식이나 단순한 지식의 결합체라기보다 어떤 현상에 대한 인식의 틀(mind)을 형성한다고 본다. 이것은 법학도들이 법학의 공부를 통해 어떤 인식의 틀(legal mind)을 형성하는 것과 같다고 본다. 이러한 인식의 틀은 바로 세상을 보는 눈(안목)이며, 사람들은 자신에게 축적된 경험의 소산인 인식의 틀에 의해 세상을 보고(안목), 사고하는 것이다. 예컨대 강에 가로막혀 서로 내왕이 없던 두 지점을 연결하는 다리가 건설되었다고 하자. 같은 다리이지만 토목공학자가 이것을 보았다면 토목 공법이나 다리의 재료에 대하여 생각할 것이고, 경제학자가 보았다면 두 지점 간 물류의 이동이나 경제적 변화에 중점을 둘 것이고, 정치학자가 보았다면 두 지점 주민들 간의 상호 이동에 의한 정치 행태의 변화 등에 관심이 많을 것이며, 사회학자가 보았다면 다리로 인해 상호작용이 활발하여 두 지점이나 특정지점의 인간관계의 변화가 어떻게 일어나는 가에 관심이 많을 것이다. 이렇게 같은 현상을 보고도 그의 사고가 천차만별인 것은 그가 지니고 있는 인식의 틀(mind)이 다르기 때문일 것이다. 물론 이러한 인식의 틀은 그가 공부한 지식과 지식의 상호작용 그리고 연구 방법론에서 왔을 것으로 보인다.

사회과학적 지식을 바탕으로 하여 이러한 지식을 실제 수업에서 여러 방법을 활용하여 취급함에 따라 하나의 신념체계를 수반하는 인식의 틀(mind)이 형성되고 이러한 인식의 틀이 어떤 신념을 낳고, 행동지향적이 됨으로써 가치·태도 목표인 민주시민적 자질에 도달한다고 보는 것이다. 여기서 중요한 것은 행동지향의 인식의 틀을 상정한다는 것이다. 인식의 틀은 민주시민적 자질의 내용을 분석할 때, 지적인 능력을 바탕으로 하여 사회, 국가, 인류의 발전에 기여하는 것을 의미하므로 인식의 틀은 지적인 능력의 결집인 문제해결력이나 의사결정력을 포괄하여 이러한 능력의 핵심이 되는 **'비판력(비판적 안목)'** 을 상정할 수 있고, 다시 구성원과 조화하며 공동체에 기여할 수 있는 **'협동력'** 을 필요로 한다. 공동체가 존속하는 것은 각각의 구성원들이 서로 협동하기 때문인 것이다(Poplin, 1979: 1-25). 따라서 민주시민적 자질(민주시민성)은 사회과의 지식과 제 방법을 통하여 인식의 틀인 비판력과 협동력을 형성함으로써 도달할 수 있다고 본다. 합리적인 의사결정 내지 문제해결력은 자발적인 참여와 협동을 통해 보완될 때 진정한 민주시민성은 함양될 수 있다고 본다.

협동력은 공동의 목표를 갖고 참여하여, 목표를 달성하고자 할 때 발생하는 상호의존성 내지 상호작용의 능력을 말한다. 따라서 협동의 전단계는 바로 참여인 것이다. 사회과의 주된 목표로서 전통적 3분법(지식, 기능, 가치)외에 참여를 별도로 강조(NCSS)하는 것은 참여를 통해서 사회과의 목표가 달성될 수 있다고 보는 것이다. 물론 내부과정으로서 참여를 통해 협동력의 함양되었을 때, 미국사회과교육학회(NCSS)[2]가 주장하는 공동체에 기여할 수 있는 인물이 양성될 수 있는 것이다. 결국 민주시민성 교육에서 참여를 주장하는 것은 참여자체로서의 의미보다 참여를 통한 협동력 내지 공동체에의 기여 능력(태도)를 함양하기 위한 것이며 이러한 협동력에 도달하기 위한 외현적 행동이 바로 참여인 것이다. 따라서 교육현장에서는 협동력의 전단계로서 일차적으로 참여가 강조될 것이다.

문제는 사회과학의 성과와 방법을 활용하는 사회과라고 하는 지적교과에서 어떻게 참여능력을 기르고 협동력을 기를 것인가이다. 참여력을 기르기 위해 여러 사회활동에의 참여를 말하고 있지만 이것은 시민성 교육의 일환으로서는 가능하겠으나 사회과에서 이를 다 망라하기에는 시간과 장소 등의 제약이 따른다. 따라서 사회과의 수업과정과 문제해결과정, 의사결정과정, 사회과 평가 등에서 참여 및 참여능력에 대한 고려가 있어야 한다.

이러한 인식의 틀은 그 사람의 가치관과 신념 형성에 기여한다고 본다. 그리고 신념은 행동지향적인 것이다. 신념을 가진 사람은 신념에

---

2) 미국사회과교육학회는 시민성의 요소로서 공동체의 사건과 업무에 능동적으로 참여하기, 나 자신과 이웃, 공동체에 관하여 걱정하기, 개인적 재능과 기능을 공유함으로써 공동체에 기여하기, 자발적인 행동, 문제에 관하여 스스로 교육하고 토론에 참여하기, 투표하기, 봉사와 기부를 통해 다른 사람을 도와주기를 들고 있다.

따라 행동하고자 할 것이다. 그러므로 민주 시민성 내지 민주 시민적 자질은 비판력에 기인하는 가치 · 태도로서 **사회현상에 대한 지적 대처 능력(합리적 판단력)**과 협동력에 기인하는 가치 · 태도로서 **공동체에 기여하는 품성**으로 구성되어 있음을 알 수 있다

따라서 사람들은 지식과 지적 기능을 바탕으로 형성된 인식의 틀을 통해 어떤 가치관이나 태도를 형성한다고 할 수 있을 것이다. 그렇지 못하고 국민이 자신의 역할을 지적으로 다하지 못하고, 각자의 책임에 소극적이 되거나 무관심하게 된다면, 국가 그 자체가 위기에 빠지게 될 것이기 때문이다.

이상에서 논증한 지식에서 가치 · 태도에 이르는 과정은 [그림 4-1]과 같다.

[그림 4-1] 교과교육 목표의 단계적 도달 과정

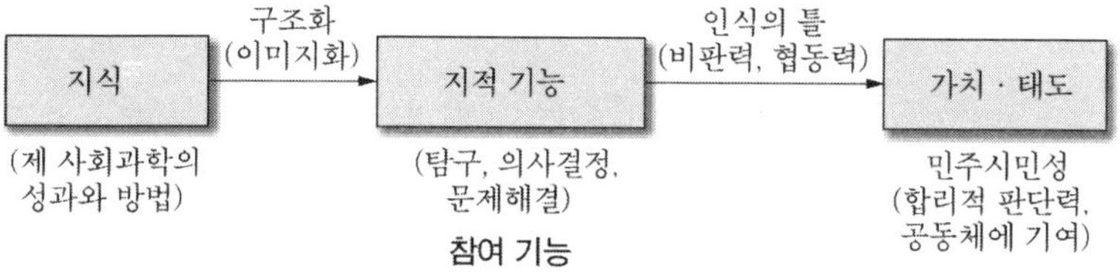

제 7 절 영 · 유아교육 사회관련 영역의 목적

1. 교육기본법상의 교육목적

우리나라 교육의 목적이자 최고 이념은 교육기본법에 나와 있다.

"교육은 홍익인간의 이념아래 모든 국민으로 하여금 인격을 도야하고 자주적 생활능력과 민주시민으로서 필요한 자질을 갖추게 하여 인간다운 삶을 영위하게 하고 민주국가의 발전과 인류공영의 이상을 실

현하는데 이바지하게 함을 목적으로 한다."(교육기본법 제 2조)고 함으로써 우리나라 교육의 최고 이념 내지 목적은 '홍익인간'임을 알 수 있다. 이것이 교육자체가 인간을 이롭게 하여야 하며 교육을 받은 사람은 누구나 자신이 받은 교육을 토대로 사회적 기여를 하게 될 때 사회구성원으로서 누군가를 이롭게 하여야 한다는 것을 의미한다. 단순하면서도 명백하다고 할 수 있다. 교육이 사람을 널리 이롭게 하고 교육을 받은 사람이 다른 사람을 널리 이롭게 하여야 하는 사명을 부여하고 있다. 여기서 기본적 인격의 도야를 통한 인성교육과 자주적 생활능력을 갖추기 위한 직업교육을 받음으로써 민주사회를 살아가는 민주시민적 자질을 갖추게 되는 것이 교육의 목적인 것이다. 그리고 그것을 바탕으로 개인의 인간다운 삶과 국가, 인류에 대한 기여를 최종 목적으로 한다.

2. 유치원 교육과정상의 교육목적

교육의 실천 지침이 되는 유치원 교육과정(제7차 교육과정, 2007)에 나타난 바람직한 인간상과 목적은 다음과 같다.

(1) 추구하는 인간상

우리나라의 교육은 홍익인간의 이념 아래 모든 국민으로 하여금 인격을 도야하고, 자주적 생활 능력과 민주 시민으로서 필요한 자질을 갖추게 하여 인간다운 삶을 영위하게 하고, 민주 국가의 발전과 인류 공영의 이상을 실현하는 데 이바지하게 함을 목적으로 하고 있다.

이러한 교육 이념을 바탕으로, 유치원 교육과정이 추구하는 인간상은 다음과 같다.

가. 전인적 성장의 기반 위에 개성을 추구하는 사람
나. 기초 능력을 토대로 창의적인 능력을 발휘하는 사람

다. 폭넓은 교양을 바탕으로 진로를 개척하는 사람
라. 우리 문화에 대한 이해의 토대 위에 새로운 가치를 창조하는 사람
마. 민주 시민 의식을 기초로 공동체의 발전에 공헌하는 사람

(2) 유치원 교육 목적과 목표

유치원 교육은 유아에게 알맞은 교육 환경을 제공하여 유아를 교육하고 심신의 조화로운 발달을 돕는 것을 목적으로 한다. 이를 실현하기 위하여 다음과 같은 교육 목표를 둔다.

가. 몸과 마음을 건강하게 하며 기본 생활 습관을 기른다.
나. 더불어 사는 태도와 우리 전통문화를 사랑하는 마음을 가진다.
다. 자신의 생각과 느낌을 자유롭고 창의적으로 표현하는 경험을 가진다.
라. 의사소통을 위한 언어 능력을 기르며, 바른 언어 사용 습관을 기른다.
마. 호기심을 가지고 주변 세계를 탐구하며 자연을 존중하는 태도를 가진다.

(3) 사회생활영역의 목표

자신과 다른 사람을 존중하고, 더불어 살아가는 능력을 기른다.

가. 자신을 소중하게 여기고 스스로 생각하여 행동하며 감정을 조절한다.
나. 가족과 화목하게 지내며 서로 협력한다.
다. 예절 바르게 행동하고 질서를 지키며 이웃과 더불어 생활한다.
라. 우리가 살고 있는 사회 현상에 대하여 관심을 가진다.

이상의 사회생활 영역의 목표를 살펴보면 추구하는 인간상 중 특히

"라. 우리 문화에 대한 이해의 토대 위에 새로운 가치를 창조하는 사람"과 "마. 민주 시민 의식을 기초로 공동체의 발전에 공헌하는 사람"에 근거하여 작성한 유치원 교육목표 "나. 더불어 사는 태도와 우리 전통문화를 사랑하는 마음을 가진다."를 사회과에서 재해석하여 사회생활 영역의 목표는 자신, 가족, 이웃 그리고 사회 현상 으로 표현된다.

여기서 목표의 체계로 볼 때 총론의 개념이 각론으로 오면서 어긋나고 있음을 알 수 있다. 특히 추구하는 인간상에서 우리문화를 토대로 가치를 창조하는 사람이라고 했는데 하위 목표에는 전통문화에 대한 언급이 없으며 하위 내용에 '전통문화'에 관심가지기가 나와 있다. 그리고 민주시민의식과 공동체에 기여하는 사람에 대하여 볼 때 민주시민의식을 공동체에 치우쳐 해석하는 경향이 있다. 자신에서 가족, 이웃에 이르는 1차 집단인 공동체를 나타내고 있지만 민주시민의식의 또한 요소인 비판력 내지 사회를 객관적으로 보는 안목에 대한 훈련이 전무하다. 발달단계상 생활 속에서의 활동을 지향한다 할지라도 생활상황 속에서 유아도 판단을 해야 할 경우가 발생한다. 이러한 판단을 막연히 주입에 의해서만 해결할 것인지?에 대하여 의문을 갖는다. 유아의 선택과 선택이유인 판단을 학습하여야 한다고 할 때 목표의 민주시민성에의 지향성은 미약하다고 할 수 있다. 즉 민주시민성은 합리적인 판단과 공동체에의 기여로 표현할 수 있는바, 유아시절부터 활동에 있어서 두 가지 요소를 조화시키려는 노력이 필요하다.

3. 표준보육과정 사회관계 영역의 목표

(1) 사회관계 영역 목표

자신에 대해 존중감을 키우고, 자신과 다른 사람의 정서를 인식하고, 이를 사회적 관계에서 적절히 조절하여 활용할 수 있도록 하며, 가족, 또래, 지역사회와 긍정적인 관계를 형성하고, 유능한 사회 구성원으로 기능하게 하기 위하여 필요한 사회적 지식을 획득하도록 한다.

가. 자신의 독특한 자아에 대해 인식하고 자신감과 독립심을 기른다.

나. 자신과 다른 사람의 정서를 이해하고 표현하며, 자신의 정서를 조절하고 활용한다.

다. 다른 사람과의 관계를 이해하고 더불어 살아가는 능력을 기른다.

라. 자신을 둘러싼 사회현상에 관심을 가지고 이해한다.

(2) 연령별 목표

가. 만 2세 미만 영아의 사회관계 영역 목표

다른 사람과 분리된 존재로서의 자신을 인식하고, 양육자와 긍정적으로 애착 관계를 형성하며, 기본 정서를 다른 사람과의 관계에서나 주변 환경의 맥락 속에서 느끼고 표현한다.

① 나와 다른 사람을 분리된 존재로서 인식한다.

② 분화된 정서를 느끼고 표현한다.

③ 주변 환경을 탐색하고 주요 어른과 밀접한 관계를 형성한다.

나. 만 2세 영아의 사회관계 영역 목표

자아를 정확하게 확립하고 독립적으로 행동하며, 자신의 정서를 적절한 방법으로 표현하고 다른 사람의 정서를 이해한다. 또 주변의 어른, 또래와 긍정적인 관계를 형성한다.

① 자기 존중감을 확고히 형성한다.

② 자신과 다른 사람의 정서를 인식하고 표현한다.

③ 주변 환경에 반응하고 어른, 또래와 사회적 관계를 형성한다.

다. 만 3~5세 유아의 사회관계 영역 목표

자기 존중감을 키우고, 자신과 다른 사람의 정서를 이해하고 표현하며, 다른 사람과 더불어 생활하고, 자신을 둘러싼 사회현상에 관심을 가지며 이해한다.

① 자신의 독특한 자아에 대해 인식하고 자신감과 독립심을 기른다.

② 자신과 다른 사람의 정서를 이해하고 표현하며, 자신의 정서를 조

절하고 활용한다.

③ 다른 사람과의 관계를 이해하고 더불어 살아가는 능력을 기른다.

④ 자신을 둘러싼 사회현상에 관심을 가지며 이해한다.

표준보육과정 사회관계 영역은 영역의 목표와 연령별 목표로 세분하고 있다.

목표는 전체적으로 자기존중, 정서인식과 조절, 사회적 관계, 사회적 지식 4부분으로 기술하고 있으며, 연령은 발달 단계에 따라 만 2세 미만과 만 2세, 그리고 만 3세에서 5세아로 세분하고 있다.

제 5 장

유아사회과의 내용의 선정과 조직

제 1 절 유아사회과 내용으로서의 교육과정

유아사회과교육의 목적이 정립되었으면 목적을 하위단계의 목표로 세분하여 그 목표를 달성하기 위한 수단으로서 내용을 구성하여야 한다. 내용을 구성하기 위해서는 교육과정을 검토해 보아야 한다.

교육과정(教育課程, curriculum)은 광의로 정의한다면 교육의 전반적인 흐름으로서의 교육과정(教育過程, process)과 유사한 의미를 지닐 수 있지만 좁은 의미로 본다면 교육의 목표를 설정하고 그 목표를 달성하기 위한 수단으로서 내용을 선정하고 조직하는 것으로 한정하여 볼 수 있다. 어원적 측면에서 보면 교육과정(커리큘럼: curriculum)은 라틴어의 'currere'(달린다)에서 유래하였으며 'race course'로서 말이나 사람이 달리는 'course'를 의미하였다. 교육에 사용될 때는 학생입장에서 보면 어떤 학교에 들어가서 배워야 할(달려가야 할) 교과 내용 내지 교과목이 되는 것이다. 그러므로 교육과정은 교육의 내용을 의미한다고 볼 수 있다. 최초로 교육적으로 의미 있게 교육과정을 취급한 것은 보비트(F. Bobbitt)의 '*The Curriculum*'에서이다.

교육과정으로서 내용을 구성할 때 중심이 되는 것은 기본적으로 생활영역이나 제 학문 분야의 지식이 될 것이다. 그리고 그에 대비하여 경험 즉, 인간의 활동을 중심으로 교육과정을 구성할 수도 있다. 이 문제는 교육과정의 사조하고도 연관을 갖는다. 즉, 교과의 지식을 중시하는 교과중심 교육과정, 아동의 흥미를 바탕으로 경험을 중시하는 경험중심 교육과정, 학문적 지식체계와 탐구과정을 중시하는 학문중심 교육과정, 인간 경험의 총체와 자아실현에 중점을 두는 인간중심 교육과정을 들 수 있다.

제 2 절 유아사회과 내용선정 및 조직의 일반원리

유아사회과의 내용을 선정하거나 조직하는데 있어서 계열성(K-12)을 가지기 위하여 넓은 범위의 사회과의 내용조직 및 선정 원리를 사용하는 것이 타당하다고 본다. 또한 유아교육 내지 유아사회과교육이 생활영역을 대상으로 한다고 할지라도 관련된 사회과학의 내용을 발달단계에 맞게 표현한다면 무리가 없을 것으로 본다.

1. 사회과 내용의 선정원리

사회과의 내용을 선정(Scope)하는 데 있어서 근거가 되는 것은 역시 학문의 성과와 방법이 될 수밖에 없다. 내용 선정에 있어서 학문은 하나의 수단으로 이해되어야 할 것이다. 또한 유아사회과의 경우 생활영역과 사회과학의 개념을 연결시키는 작업이 필요하다. 급증하는 지식을 따라 잡기 위해 주입식 교육을 한다는 것은 비생산적이라고 할 수 있을 것이며, 학습의 위기 상황이라고 할 수 있을 것이다.

피닉스(Phenix)에 의하면 이러한 상황에서 유일하고 분명한 한 가지 방법은 인간 지성에 혼란스런 경험의 복잡성으로부터 질서와 단순함을 부여하는 것이라고 보고 있다. 따라서 각 분야의 핵심 개념(key concept)과 정보처리 기능 교수를 더 중시하며, 중요개념과 기본 기능으로 교육과정을 조직할 때 변화에 효과적으로 대응할 수 있다고 본다.

개념개발과 탐구모형, 분석적 문제를 강조하고 학생이 접근법과 기능을 개발할 수 있음으로 해서 계속적인 학습을 가능하게 하고 문제에의 대처 능력을 기를 수 있게 하는 것이 중요 내용이 되어야 할 것이다. 이것은 제8차 교육과정에서 기본지침으로 하는 자기주도적 학습의 근간이 된다. 따라서 내용선정의 기준은 주제의 유용성에서 찾고 그것은 곧 개념형성(concept-formation)과 기능형성(skill-building)을 가능하게 하는 것이어야 한다.

그리고 교과내용의 선정에 있어서 일반적 원리를 몇 가지 고찰해 보면 다음과 같다.

(1) 기회의 원리 : 수업목표를 행동으로 옮길 수 있는 기회가 제공될 수 있어야 한다는 것이다. 학생이 실제로 해볼 수 없다면 목표의 달성은 어려운 것이다.
(2) 만족의 원리 : 학생이 수업목표를 달성하기 위한 학습경험을 하는 과정에서 만족감을 느낄 수 있어야 한다는 원리이다. 학습경험이 유쾌하지 못하다면 목표의 달성은 기대하기 어려운 것이다.
(3) 가능성의 원리 : 학습내용을 통해 도달하고자 하는 목표가 학생의 능력 범위 안에 있어야 한다는 것이다. 학습내용은 학생의 현재 능력, 학습성취, 발달정도에 맞아야 한다.
(4) 동목표 다경험의 원칙 : 같은 목표를 달성하는 데 수많은 학습내용을 경험할 수 있어야 한다.
(5) 동경험 다성과의 원리 : 하나의 학습경험으로 동시에 여러 가지 목표를 달성하게 하거나 여러 가지 성과를 낳게 하는 것이다.
(6) 동기 유발의 원리 : 교육 내용을 선정할 때 동기 유발이 될 수

있는 내용을 선정하여야 한다는 원리이다.

이상의 원리를 참고로 하여 내용을 선정하는 구체적 방법은 다음과 같다.

(1) 교과서 및 교재법 : 특정한 교과서나 교재를 분석하여 교육내용을 선정하는 것이다.
(2) 목표법 : 교육목적과 명세화된 목표를 분석하여 제시할 내용을 선정하는 것이다.
(3) 주제법 : 먼저 교육할 주제를 선정하여 그 주제에 필요한 내용을 선정하는 것이다.
(4) 활동분석법 : 사회 속에서의 일상적 활동을 분석하여 선정된 활동을 중심으로 내용을 구성하는 것이다.
(5) 흥미중심법 : 아동의 필요와 흥미를 중심으로 교육내용을 선정하는 것이다.
(6) 사회기능법 : 사회의 중요한 기능을 중심으로 교육내용을 구성하는 것이다.
(7) 문제중심법 : 해결해야 할 문제를 중심으로 교육내용을 구성하여 문제해결의 경험을 쌓게 하는 것이다.

내용의 선정방식은 교육과정의 사조와도 밀접한 관련을 가지며, 또한 사회과의 분과주의와 교과의 통합주의에 중대한 영향을 주고받는다.

2. 사회과 내용의 조직원리

선정된 내용을 효과적으로 학습할 수 있도록 체계적으로 배열(Sequence)하는 것이 조직이다.

내용을 조직할 때 충족시켜야 할 원리는 계속성, 계열성, 통합성이다.

계속성은 교육내용을 종적으로 배열할 때 동일한 내용이 계속적으로 반복되도록 배열하는 원리이다. 계열성은 계속성을 초월하여 내용의 단순 반복을 넘어서 내용의 기본 줄기에서 좀더 넓고 깊게 의미가 더해갈 수 있도록 내용을 배열하는 것을 말한다. 통합성은 교육내용의 횡적 조직과 관련하여 내용 상호간에 보강하고 강화할 수 있게 조직되어야 한다는 원리이다. 분야 별 내용에 있어서 상호 모순이나 단절이 있어서는 안 된다는 것이다.

내용을 조직하는 방법으로는 크게 논리적 방법과 심리적 방법이 있다. 논리적 방법은 지식의 논리적 순서에 따라 배열하는 것이다. 그리고 심리적 방법은 아동의 흥미와 필요, 관심이 있는 것에서 없는 것으로, 경험영역이 확대되는 방식으로 배열해 나가는 방식이다.
그리고 두 가지를 절충하는 방식이 사용될 수 있다.

제3절 사회과내용의 구성요소(지식)

사회과를 포함한 교과의 내용을 분류하는 방식은 매우 다양하여 하나의 체계로 설명하기 어렵다. 임인재(1976)는 과학교과의 내용을 사실, 용어와 개념, 법칙과 원리, 과정과 절차로 나누었다. 그리고 탱크(M. L. Tanck)는 지식 구조모형을 제시하였다. 다음은 탱크의 지식구조를 소개한다.

지식은 사람들이 그 자신의 심리적 과정을 통해 결합한 지적 산물이며 모형은 추상적 지식을 분류 구조화한 것으로 교수, 학습을 보다 쉽게 할 수 있도록 구성한 것이다.

[그림 5-1] 지식 구조의 모형

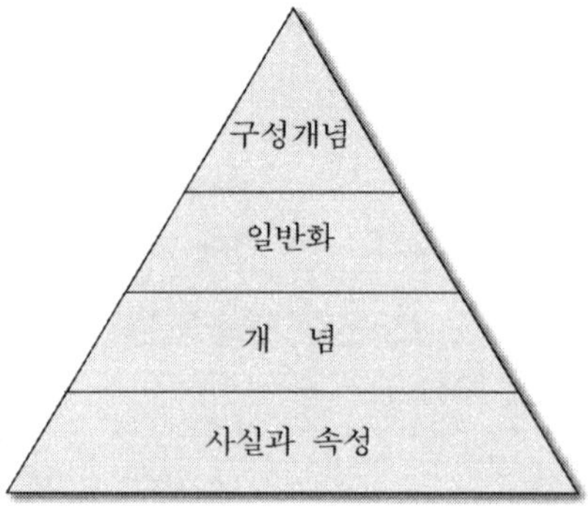

1. 개념(concept)

개념은 속성의 일반화된 체계로서 사물, 사건, 아이디어의 분류를 위한 상징과 결합한 것이다.

가. 속성(attributes)

구별되는 특성이나 사물, 사건, 관념의 성질을 나타낸다. 즉 다음의 2가지 사례를 제시 한다면

① 농부가 옥수수 재배를 위해 트랙터로 밭(토양)을 갈고 있다.

② 벌목공이 톱을 사용하여 나무를 벌목하고 있다.

위의 사례에서 밭(토양), 나무의 속성은 '자연적'이며, 트랙터, 톱의 속성은 '인공적'이다. 그리고 농부와 벌목공은 '노동'을 제공하는 속성이 있다.

나. 분류(classes)

분류는 사물, 사건, 관념의 범주를 분류한 것으로 동일하거나 유사한 속성을 내포하고 다르거나 비관계 속성을 배제한다. 분류는 하나 또는 몇 개의 명세적 속성에 근거한다.

예) 농부, 벌목공-노동자(class)

토양, 나무-자연적 물질(생산에 사용)

트랙터와 톱-인공의 도구 또는 장비(생산에 사용)

다. 상징(symbol)

분류(class)를 명명하거나 언급하는 것으로 단어, 기호, 몸짓, 숫자, 또는 다른 상징을 말한다. 상징은 분류를 전달하는 방법이다.

예) 생산요소 또는 생산자원-생산에 사용된 모든 것의 분류
토지 또는 자연자원-토양, 나무 같은 것
자본-생산하기 위해 사용된 인공적 물건의 분류
노동 또는 인간 자원-생산에 기여하는 인간의 범주

라. 예시와 비예시

예시는 주어진 분류에 속하는 것이며 분류의 구별되는 속성을 가진다. 비예시는 명시된 분류에 속하지 않는 것으로 분류에서 지정된 속성을 가지지 않는 것이다.

예) 벌목공-생산요소의 예시-생산에 내포된 속성을 가짐
방랑자-생산요소의 비예시-분류(class)에 속하는 구별할 수 있는 속성이 없음
벌목공-노동이라 불리는 분류의 예시-토지나 자본의 비예시

마. 개념

사물, 사건, 관념의 상징과 관련되는 요소를 의미하는 추상적 체계로서 상징이 의미하는 분류의 속성을 아는 것이다. 개념은 추상적(abstract)이다-분류의 특별한 예시보다 모든 가능한 분류의 일원에 관련된 의미로 구성된다. 개념은 존재하지 않는 모형 예시로 분류의 많은 요소들을 일반화하는 정신적 방법으로 주관적이며 내면적이다. 또한 개념은 언어화라기보다 추상적 인지(분류의 일반적 속성)이며, 외부행동에 영향을 주는 내부적 정신적 인지이다. 따라서 학생이 그것을 알고 있는지의 여부는 외부적 행동으로 결정한다.

2. 일반화(generalization)

일반화는 개념간의 관계를 이해하는 것이다. 대개 언어적 진술로 전달된다. 즉, "사회제도는 자체적으로 영속화하는 경향이 있다. 그러나 일반화는 한 용어나 상징으로도 진술-사회영속화의 법칙 또는 사회영속화-되기도 한다. 그리고 진술에 의해 주장된 관계로서-"토지 노동 자본은 모든 생산에 사용된다"(일반화의 예시).

-토지, 노동, 자본, 생산과 경제적 재화의 개념 내포하며 포함된 것들의 관계를 주장한다.

일반화의 속성은 다음과 같다.

① 관계(둘 이상의 개념)

② 전체 분류와 관련(특수한 예시가 아닌)

③ 개념보다 높은 단계의 추상

④ 추론에 근거(관찰이 아닌 추론이나 암시에 의해 유도

⑤ 진실성이나 타당성 있는 것으로 판단 됨(개념 정의는 임의적 주관적)

⑥ 제시된 이해의 체계(언어적 진술이나 주장이 아님)

학생이 개념을 안다고 하는 가장 좋은 증거는 언어화가 아니고 내부적 이해에서 오는 외부적 행동이다.

일반화의 사례(case)는 일반화에 내포된 개념의 예시가 포함되는 환경이다.

긍정적 사례는 예시의 관계가 일반화에서 주장되는 대로인 예시이다.

예) 종이산업 — 토지의 예시 — 나무 ┐
자본의 예시 — 다이제스터 ├ 일반화의 긍정적 사례
노동의 예시 — 실험기술자 ┘

부정적 사례는 예시가 일반화에 주장된 것과 관계없거나 반대되는 상황

"영원히 사는 사람"은 "모든 인간은 죽는다"고 하는 일반화의 부정적 사례이다.

비사례는 예시가 나타나나 전체적으로 무관한 또는 모든 개념의 예시가 포함될 수 없는 상황으로 "영생하는 신"은 "모든 인간은 죽는다"고 하는 일반화의 비사례

3. 구성 개념(construct)

구성 개념은 상호 관련된 일반화와 개념의 조직이다. 상호 관련되고 하위의 수많은 관념이나 이미지로 구성된 복잡한 관념이나 이미지를 말한다. 의미와 동일성으로 통일성을 구성하는 지식 부분들의 조합이다.

구성개념의 전달은 언어화, 다이어그램, 차트, 물리적 모형 등으로 이루어진다. 구성개념은 전달에 있어서 상징화된 개념과 일반화의 체계에 대한 인간 자신의 이해를 내포한다.

예) 명명이나 상징에 의해 전달 - 원자이론, 도교
개념인 토지 노동 자본과 이 세요소가 모든 생산에 내포된 일반화는 구성개념의 일부-구성개념은 '경제체제'

가. 상황(situation)

구성개념속의 관념체계가 작동하는 환경체계로서 학습되고 검증 가능하다. 구성개념 속에서 주된 일반화의 사례와 주된 개념의 예시는 구성개념 속에서 상호 관련된 상황에서 확인된다.

예) 1870년대 대평원(미국)에서의 생활은 경제체계라는 구성개념의 상황
이로쿼이 인디안 통치체계-사회조직이라는 구성개념의 상황

나. 구성개념의 속성

① 상호 관련된 개념과 일반화의 복합체
② 요소인 개념과 일반화는 한 유형을 이룸
③ 지식의 가장 추상적 수준
④ 추론에 의해 유도
⑤ 사실성과 타당성
⑥ 추상적인 이해 체계-외부적 행동으로 표현

제 4 절 유아사회과교육과 사회과학

유아사회과교육은 유아의 사회생활영역에서의 활동을 통해 구현되지마는 유아를 둘러싼 가족, 이웃, 사회는 이미 사회에서 개념화된 사회개념 내지 사회과학적 개념을 내포하고 있다. 그러므로 그러한 개념의 정립과 개념의 변화와 응용에 대하여 숙지하여야, 유아교사로서 유아의 행동이 내포하는 사회적 개념을 이해하고 그것을 구분하고 발달시킬 수 있는 능력을 함양할 수가 있다. 이하 설명하는 사회과학의 시각과 개념은 주로 뱅크스(Banks, 1977 : ch 7-12)가 정리한 내용을 기초로 하여 유아교육의 측면에서 예시하고 재해석하였다.

1. 역사학

(1) 시각

역사는 시간의 변동을 의미한다. 시간 속에서 인간과 인간의 관계에서 비롯된 정치, 경제, 사회, 문화 전반의 변화에 관심을 갖는다. 그러므로 역사는 특정 시점의 시대적 배경, 사회의 속성 특히 지배, 피지배

계급의 특성에 영향을 받는다. 역사는 특정 관점에서 사건을 기술하는 것이 대부분이지만 학교에서 가르칠 때는 수정을 하거나 비판할 수 없는 것으로 간주되어 가르친다. 간혹 역사가 애국심을 고취시킨다는 신념을 갖게 되면 더욱 왜곡될 소지가 많게 된다. 역사는 동시대를 살았던 사람들의 관점에 따라서 상당히 달라 질 수 있을 것이다. 즉, 노예제도를 역사가들이 정확하게 기술하려할 때, 노예를 부리는 사람과 노예, 농장노예와 일하는 노예에 의한 관점은 분명히 다를 것이다. 이렇게 역사적 자료들이 상충하거나 다른 한쪽 관점에 의한 기술이 없거나 부실할 때, 역사가는 모든 자료를 구할 수 없으므로 선택의 기준을 사용해야 한다. 따라서 그 기준은 주관적이다.

그러므로 역사를 공부할 때 항상 다른 관점이 존재할 수 있다는 것을 생각해야 한다

(2) 주요 개념

가. 변동

우리의 사회・자연 환경이나 현상은 매일, 매주, 매년 계속 달라지고 있다는 것을 의미한다. 이 개념은 모든 학문에 존재하므로 간 학문적이다. 변동과 관련하여 교사는 학생들이 사회적, 문화적 변동의 역동성을 이해하는 것을 도와줄 수 있도록 모든 사회과학의 개념들을 활용하여야 한다. 예를 들어 조선시대의 한복과 현대인의 의복과 비교해 보고 장단점과 원인 등을 비교해 볼 수 있을 것이다

나. 갈등

목표 달성에 대해 수단이 다를 경우 아니면 목표가 다를 경우 의견차이가 나고 심하면 적대감이 나타난다. 갈등은 사회에 순기능적일 수도 있고 역기능적일 수도 있다. 전쟁이 갈등의 가장 대표적이지만 전쟁이 반드시 부정적인 요소만 있는 것은 아니다. 문화적 갈등, 권력투쟁갈등, 재화와 용역의 희소성에서 발생하는 경제적 갈등, 그리고 가치갈등, 세대간 갈등은 교사가 교육의 소재로서 쉽게 가져올 수 있다.

다. 혁명

혁명은 갈등의 한 유형으로 주로 정치사적 측면에서 많이 나타난다. 그러나 경제적인 산업혁명, 문화면에서 문화혁명 등 매우 급격한 구조적인 변동을 말한다.

라. 민족주의

국가 내의 지도자나 개인들이 특정 민족을 중심으로 하여 국가를 부강하게 하고 구성원들에게 충성심을 불어 넣고자 할 때 많이 주장된다. 2차대전 이전 일본과 독일, 백년전쟁시의 영국과 프랑스 등은 강한 민족주의를 표출한다.

2. 지리학

(1) 시각

지리학은 한 장소에 어떤 특성을 주고 그것을 다른 장소와 구별시키는 특징에 관심을 갖는다. 그리고 장소 사이의 상호관계와 장소 사이의 공간에 있어서의 연결고리(connecting link)를 발견하는 것에 관심을 갖는다. 지리학자는 사람과 장소와 그들이 사는 공간을 통합시키는 것에 대하여 설명하고자 한다. 결국 지리는 장소 즉, 산, 골짜기, 시, 하천계, 불모의 사막, 빽빽한 밀림, 눈과 얼음의 극지대 그리고 그 장소의 기후, 그 장소 안팎으로의 인구 인동, 고속도로, 철도, 항공로의 유형에 관심을 갖는다.

(2) 주요 개념

가. 위치

위치는 장소에 대한 공간적 확인이다. 지리학자는 도시와 강, 대륙과 대양, 그리고 다른 지형의 정확한 위치에 관심을 가진다. 위치라는 개념을 확장하면 절대적 위치(site), 관계적 위치(situation), 그리고 환경(environment)을 들 수 있다.

절대적 위치는 지방적인 내부의 특징과 자원간의 견지에서 본 한 장소의 위치를 말한다. 관계적 위치는 그 장소의 외부와의 관계와 다른 장소와의 상호 작용을 다룬다. 환경은 자연적, 생물적, 문화적 특징과 그들의 상호작용을 포함한다.

이와 관련하여 학생에게 '지표를 묘사하기'를 할 때는 인간의 문화, 기술의 발달의 영향을 고려하여야 한다.

나. 공간적 상호작용

공간적 상호작용은 공간에서 장소간 확립된 관계를 말한다. 즉, 장소들의 상호의존, 한 장소가 다른 장소에 의존하는 다양한 정도에 관심을 둔다. 공간적 상호 작용을 이해하는데 핵심 개념이 유통(circulation)과 접근도(accessibility)이다. 유통은 여러 장소 안이나 주위에서 인구, 관념, 생산물의 이동 유형을 언급한다. 접근도는 유통의 쉬운 출입을 말한다. 철도, 항공로, 인터체인지 등이 있는 도시는 유통으로 접근도가 높다.

학생들과 어떤 지역이나 지역사회의 특정 물품의 이동이나 접근도를 조사해 보는 것도 흥미로울 것 같다.

다. 도시 공간 유형

도시 지역의 공간유형은 여러 개념을 발생시킨다. 먼저 도시의 개념은 집중되고 전문화된 서비스를 인접지역에 제공하는 장소이다. 도시의 세력권은 도시의 세력이 도시의 자치 한계를 넘어 얼마나 멀리 확장되는가?

즉 학생은 어느 도시의 광고지가 어디까지 배달되는가? 매일 집으로 어떤 신문이 배달되는가? 어머니는 옷을 사기 위해 주로 어느 도시에 가는가? 등을 알아봄으로써 그 도시의 세력권을 확인해 볼 수 있다.

라. 도시의 내부 구조

도시의 내부구조는 가로의 기본유형 즉 가로의 격자형, 방사선식, 강유형 등으로 분류된다. 중앙업무지구, 주택지구, 교외의 쇼핑센터, 유통망, 환승지역 등의 개념을 사용한다.

마. 문화 전파

지리학에서 말하는 문화전파는 특정 지역안의 언어, 교육, 민족적 혈통, 종교 또는 기술 발달과 같은 문화 특징의 분포를 말한다.

학생은 다른 언어를 사용하는 이웃을 확인하고 오락 활동에의 참여 유형이 변하는 것 등을 조사해 볼 수 있다.

사. 환경 지각

환경 지각은 자연 및 사회 환경의 인지적 구조로부터 나타난 감정, 태도, 심상 또는 관념을 말한다. 같은 환경지역을 지각하는데도 소속 집단이나 입장에 따라 환경지각은 다름을 알 수 있다. 즉, 강유역의 환경 사용에 대하여 제조업자, 자연주의자, 야영하는 사람, 뱃놀이 하는 사람 등은 각자의 입장이 달라서 환경 지각도 다를 것이다.

3. 정치학

(1) 시각

정치학의 개념은 국가의 합법적 통치와 경쟁 집단 간 권력의 투쟁, 그리고 사회적 제가치의 권위적 배분의 연구로 다양하게 정의된다. 제가치의 권위적 배분은 정치를 체계론적으로 접근하는 것이다. 즉 사람들은 공공정책에 반영되고 사회에서 실시되기를 바라는 경쟁적인 가치 요구, 포부 등을 갖고 있다. 이 때 정치체계는 사람들이 어떤 요구와 목표를 공공 정책에 반영될 것인가를 결정하는 과정이라고 본다.

(2) 주요 개념

가. 사회 통제

사회 통제는 외적·사회적 강제에 의한 인간 행위의 규율이고 모든 사회와 제도 안에 나타나는 법과 규칙에 의해 유지된다.

학생들은 가족, 유치원, 교회 등에서 그들이 지켜야 하는 규칙을 기록할 수 있고, 이 규칙들 중 중요하다고 생각하는 것과 그렇지 않은 것을 말할 수 있다.

나. 국가

국가의 개념은 전통적 개념에 의하면 지리적이고 법적으로 정의된 영토 안에서 사회질서를 유지하는데 최종적인 책임을 지는 제도라고 정의할 수 있다.

학생은 사회통제를 유지하기 위해 국가가 사용하는 법전, 헌법, 법 그리고 제재를 조사할 수 있다. 이 개념을 통해 법의 개념도 소개할 수 있다.

다. 정부

정부는 사회질서를 유지하기 위해 국가가 사용하는 국가의 기관이다. 그것은 법적 구속력을 갖는 결정을 하는 법적 근거를 갖고 있는 사회의 제도들로 구성된다.

라. 권력

권력은 한 개인이나 집단이 다른 사람이나 집단의 행동에 영향을 미치거나 변화, 수정, 또는 다른 방법으로 영향을 주는 힘이다. 정치학을 권력 투쟁에 대한 연구라고 정의하기도 한다.

아동들의 정치행위에 대한 일반화를 추출하려고 할 때 이 개념이 유용하다는 것을 발견할 것이다. 가족, 유치원, 어린이집, 또래집단 등에서의 인간관계 등을 인식하는 데 유용한 도구가 될 것이다.

마. 권위

정치지도자가 정치 체계 안의 개인들에게 법적 구속력이 있는 결정과 법을 만들 수 있을 때에 권위를 갖는다. 정치체계가 순조롭게 기능하려면 권위가 정당할 것이 필요하다.

사. 이익집단

이익집단은 공통적인 관심과 목표를 갖는 개인들의 모임이다. 그들은 공유한 목표를 더 효과적으로 달성하기 위해 조직적으로 단결한다. 이익집단은 국회의원들에게 영향력을 행사하기 위해 로비활동을 한다.

아. 정치 사회화

개인이 정치체계에 대한 태도, 신념 그리고 지각을 습득하는 과정이 정치 사회화이다. 행태주의 정치학자는 아동의 정치체계에 대한 태도에 영향을 주는 많은 제도 중에서 가장 중요한 것은 가족이라는 연구 결과를 내놓았다. 아동의 기본적인 정치적 태도는 어린나이인 3세에서 13세 사이에 형성된다고 하는 연구는 유치원교육에서의 정치교육이 얼마나 중요한가 하는 것을 보여준다.

자. 정치문화

개인이 정치에 대하여 갖고 있는 태도, 지각, 그리고 신념을 정치문화라고 한다. 정치문화는 주로 정치 행동에의 심리적 정향의 유형과 관계가 있다고 한다.

우리나라 국민이 정치문화에 대한 시각은 매우 부정적이다. 정치문화에 대한 일반화를 추론하기 위해 아동들은 여러 나라의 정치문화를 비교, 대조할 수 있다. 이 경우 교사의 도움이 필요하다. 그리고 어느 정도의 깊이인지는 발달단계와 상관관계가 있다.

차. 정치 체계

정치 체계는 공공 정책의 형성을 가져오는 모든 과정과 제도로 구성된다. 정치 권력의 획득을 위한 경쟁적인 집단의 투쟁은 정치 체계의 주요국면이다. 정치 체계의 필수적 요소는 피지배자, 권위 있는 공무원, 정책과정, 통치구조, 정책 결정 과정, 권위 있는 정책 등이다.

학생은 우리의 정치 체계를 분석할 수 있고, 다른 정치 체계와 비교할 수도 있다.

4. 경제학

(1) 시각

경제학의 핵심 개념은 '희소성'이며, 희소성에서 경제학은 출발한다. 즉, 인간들이 한정된 자원으로 어떻게 무한한 욕망을 잘 충족시키려고 하는가에 초점이 맞춰진다. 경제학의 중요한 원리는 모든 인간들이 필요를 충족시키는데 자연적인 자원이나, 인간적인 자원이 그다지 충분하지 못하다는 것이다. 경제학자들은 인간들이 재화와 용역을 생산, 교환, 소비하기 위해 한정된 자원을 어떻게 이용하는지를 연구한다.

(2) 주요 개념

가. 희소성

사람들이 무한한 욕망을 갖는데 그 사회 안의 자원량은 한정되어 있어, 한정된 자원으로 어떤 재화와 용역을 생산할지 결정할 때 사람들은 합리적인 선택을 해야 한다.

아이는 크리스마스 선물로 새 자전거를 가질 것인지를 결정해야 하거나, 인형극이나 영화를 보기 위해 얼마 안 되는 돈을 써버려야 할지를 결정할 수밖에 없는 경우가 있다. 이러한 상황을 역할극을 통해 이해 할 수 있다.

나. 생산

생산은 인간의 욕망을 만족시키는 재화와 용역을 만드는 과정이다.

즉, 인간의 욕망을 만족시킬 수 있는 재화의 양을 증가시키거나 용역을 제공하는 과정이다.

학생들은 사회의 구성원이라면 누구든지 우리가 소비하는 재화와 용역의 생산에 어떤 방식에 의해서든 이바지한다는 생각을 가질 수 있다. 즉, 잔디 깎기, 접시 닦기 등도 가족을 위해 용역을 생산한 것이라는 것을 이해할 수 있을 것이다.

다. 재화와 용역

재화란 소비자의 필요를 만족시키는 생산품이고, 용역이란 소비자가 원하는 일들을 하는 노동이다. 책, 음식, 장난감, 자동차는 재화의 예이고, 가르치기, 창문 닦기, 간호하기 등은 용역의 예이다.

아이가 인간 행동을 생산의 개념에서 생각해보도록 하는데 매우 유용한 개념이다.

라. 소비

소비는 인간의 욕구를 만족시키기 위하여 재화와 용역을 사용하는 것을 말한다. 차를 운전하여 의사에게 가거나, 학교에 가는 사람들은 모두 소비자이다. 모든 인간은 생존하기 위해 재화와 용역을 소비해야 한다는 사실을 어린이들이 깨달아야 하므로 이 개념은 중요하다.

마. 상호의존

상호의존이란 우리의 욕망을 충족시키는데 필요한 재화와 용역을 다른 생산자들에게 의존하고 아울러 그들이 소비하는 재화와 용역의 생산에 참여함으로써 그들의 욕망을 만족시키도록 도와주는 것이다.

우리의 생활은 우편배달부, 쓰레기 수거인과 같은 공공 노동자들에 상당히 의존하고, 버스 운전사, 철도종사원의 활동에 의존하므로 그들의 파업은 우리의 경제를 상당히 위태롭게 한다. 그러므로 고도로 분업화되어 상호의존하는 사회는 강점과 약점을 아울러 갖고 있다는 것을 아이들에게 인식시켜야 한다.

바. 분업

분업은 재화와 용역의 생산을 좀 더 작은 부분들로 세분하는 과정으로 구성된다. 분업은 전문화를 가져온다. 분업은 효율성과 전문성을 가져오지만 노동정신의 자부심이 사라져 근로자의 사기를 저하시킨다.

학생들은 복잡한 과정이 있는 작업을 한 팀은 분업을 통해 수행하고 다른 한 팀은 분업을 사용하지 않고 한다. 작업 후 장단점을 토론한다.

사. 교환

교환은 재화들을 자발적으로 바꾸는 것이나 혹은 다른 재화, 용역, 화폐에 대한 대가로 용역을 수행하는 것이다. 시장경제에서 화폐는 가장 많이 쓰이는 교환의 매개체이다.

아이들은 역할극을 통해 물물교환이나 재화와 용역의 교환을 경험해 볼 수 있다.

아. 소득순환

화폐는 기업으로부터 나와 노동자에게로 가고, 다시 기업으로 되돌아간다. 즉, 화폐로 주어지는 소득의 순환이 계속된다. 즉 노동자들은 기업에서 재화와 용역을 생산할 때 노동을 제공하고 임금을 받는다. 받은 임금은 가계 소득이 되어 필요한 재화나 용역을 구입하기 위해 지불하게 되면 기업으로 돈은 다시 들어온다. 이렇게 소득은 계속 순환한다.

아이들은 역할극이나 시뮬레이션 활동을 통해 소득순환의 원리를 깨닫게 된다.

5. 사회학

(1) 시각

사회학은 사회적 행위와 그 상호관계에 대하여 연구하는 학문이다. 인간이 사회를 의식한 행동을 하고 상호작용하는 인간과 인간사이의 관계에 관한 학문인 것이다. 사회학이 사회과학을 지향할 때 가치로부터의 중립을 주장하지마는 사회학자도 이미 사회 구성원으로서 사회화된 개인의 가치를 지니고 있다. 그러므로 대부분의 사회학자들이 과학적인 객관성을 이상으로 받아들이지만 사회과학에서 완전한 객관성을 성취하는데 어려움이 있다는 것을 깨닫고 있다. 그렇지만 사회현상의 유형과 그 공통된 특징의 연구에 1차적인 관심을 가진다. 사회학에서 주요 개념으로 공통되게 제시할 수 있는 개념은 다음과 같다.

(2) 주요 개념

가. 사회화

사회화는 사람들은 인간으로 태어나는 것이 아니라 그 환경내의 사람들과의 상호작용에 의해 인간이 된다는 것이다. 즉, 다른 사람과 어울림으로써 아이들은 공동체와 사회에서의 생존에 필요한 행동양식과 의사소통 기능을 가진다. 그러므로 사회화의 개념을 교육현장에 적용하면 학생들이 자기의 행동이 주위 환경내의 사람들에 의해 얼마나 많이 결정되고 구체화되는지 이해하는데 도움을 주기 때문에 이 개념이 필요하다.

나. 역할

역할은 개인에게 정당하게 기대되는 일련의 행동이다. 대부분의 사람들은 매일 여러 가지 역할을 수행해야 한다. 즉 유아교사는 낮에는 아이들에게 사회성 등을 가르치고 퇴근해서는 아이의 엄마로서 아이를 돌보고, 가정주부로서 요리를 한다. 이 역할 개념은 유아가 자기 자신의 사회적 역할과 의무의 다양성을 보다 더 잘 이해하는 데 도움을 줄 것이다.

다. 규범

규범은 행동의 지표가 되는 표준 또는 기준이다. 규범은 시대와 문화에 따라 다르며 같은 사회와 문화 속의 상이한 사회 계층, 하위 문화

집단간에도 다르다. 규범은 가장 간단하게는 "아이는 어른들에게 공손해야 된다"는 등의 사회적 기준이다. 그러나 사회규범은 실질적인 변화를 겪고 있다는 것도 깨달아야 한다.

라. 제재

제재는 규범이 준수되고 역할 기대가 충족되도록 하기 위해 집단이 사용하는 상과 벌이다. 집단은 규범이 준수되도록 다양한 압력과 통제를 사용한다. 예를 들어 시험에서 부정한 행위를 한 학생이 교사에게 발각되면 수치심을 느끼게 된다. 우리 모두는 가끔 규범을 어기지만 사회화를 통해 우리 문화의 규범과 가치를 대부분 터득하기 때문에 보통 사람의 경우 이를 지키는 경우가 더 많다.

마. 가치

가치는 집단이 높은 의미를 부여하는 문화의 한 측면이다. 어떤 사회의 규범과 제재는 그 가치의 표현이다. 예를 들어 "여성을 존중한다"거나 "인간적으로 사는 것을 높이 평가하는 것" 등은 가치의 표현이다. 가치에도 위계가 있으며 사회마다 다르다. 유아교사는 유아들에게 은연중 가치를 심어준다. 그것은 의도하든 아니하든 유아는 교사의 말과 행동, 생각에서 가치를 느끼고 학습한다.

바. 지위

개인의 지위나 사회 내에서의 위치는 그가 그 사회 내에서 집단에 얼마나 중요하게 인식되는가를 나타낸다. 즉, 대통령은 국회의원보다 사회적 지위가 높다. 그것은 더 중요하게 여겨진다는 뜻이다. 높은 지위에 있는 개인은 그 지위에 맞는 사회적 책임을 가지기 마련이다.

지위는 획득지위와 귀속지위가 있다. 영국의 수상은 획득지위이고 영국의 여왕은 귀속지위이다. 유아들은 어떤 사람들이 다른 사람보다 왜 중요하게 여겨지는지에 대해 궁금해 할 것이다. 그렇지만 개인의 지위가 사회적 공헌도와 반드시 일치하는 것은 아니다.

사. 제도

제도는 특정 목표를 달성하기 위해 조직된 일련의 상관된 역할들의 묶음이다. 유치원은 유아들을 교육하는 목적을 달성하기 위하여 조직된 제도이다. 유치원은 각 역할들로 이루어지며 역할은 한정된 기능과 기대를 가진다. 유치원의 역할들에는 원장, 원감, 교사 그리고 학생 등이 있다. 그리고 제도들이 모여서 사회체계를 이룬다.

아. 공동체

사람들이 빈번히 상호작용을 하고 지리적으로 밀접한 곳에 살고 소속감을 공유할 때 공동체가 존재하는 것이다. 공동체의 본질은 공통된 유대감, 동질감, 신체적·정신적 소속감, 상호존중, 그리고 이렇게 규정되는 다른 모든 사람들에 대한 권리와 의무의 인정이다. 이웃은 작은 공동체이다. 현행 유치원 교육과정 사회생활 영역의 주된 개념이 바로 공동체에의 기여이다. 그러기 위해서는 먼저 공동체의 실체를 아는 것이 중요하다. 맹목적인 공동체에의 기여의 주입은 오히려 공동체에 대한 회의를 가져올 수 있을 것이다.

자. 사회

사회는 제도나 공동체보다 더 포괄적이다. 사회는 자기 충족적인 단위이며 독립적으로 존재할 수 있는 단위이다. 다른 공동체와의 상호의존이 없이도 존재하며 다음 세대로 전승될 수 있으면 사회이다.

차. 상호의존

사람들은 집단 속에서 살며 사회 내에서 기능을 수행하는데 필요한 비물질적 요소, 재화와 용역을 얻기 위해 서로 돕는다. 아이들은 점차 좁아지는 세계에서 자기의 욕구를 충족시키기 위해 서로 돕는 것을 배워야 한다.

6. 인류학

(1) 시각

인류학은 사람들의 행위와 신체적 특성에 관심이 있다. 즉, 문화와 인간을 생물학적 특성 사이에 관계에 관심을 가진다. 인간이 문화를 창조하고 획득할 수 있게 하는 생물학적 특성 중에는 긴 의존 기간, 직립보행, 큰 뇌, 상징화 능력이 있다. 인류학의 구조를 형성하는 모든 개념, 일반화, 이론은 인류학자들이 문화라고 부르는 인간에게 독특한 현상, 즉 인간 활동, 인공물, 그리고 신념체계와 관계가 있다. 문화개념의 형성과 문자에 의한 기록이 없는 사회의 연구는 인류학이 사회과학과 현세계에 기여한 가장 중요한 두 가지 공헌이다.

인류학은 인간의 진화와 다른 동물과의 관계를 연구하는 형질 인류학과 문화변동, 문화접변 그리고 전파를 포함하는 문화전체를 연구하는데 주력하는 문화 인류학으로 대별해 볼 수 있다.

(2) 주요 개념

가. 문화

문화는 행위 유형, 신념 체계, 인공물, 그리고 사회의 다른 인공적인 요소로 구성한다. 그것은 사람들이 먹는 음식, 사용하는 도구, 의복, 신화, 종교 그리고 언어를 포함한다. 인간이 그의 물리적, 사회적 환경에 적응하기 위해서 사용하는 그러한 요소들로 구성된다. 그것은 생존문제에 대한 해결책이다.

학생은 문화가 다른 지역과 다른 사회에서 그리고 다른 사람들 사이에서 크게 다르다는 것을 알 수 있을 것이다.

나. 문화 요소

문화의 가장 작은 단위는 특징 또는 요소이다. 문화특징은 행위 유형

혹은 인공물로 구성될지도 모른다. 각 문화는 창조된 특징 혹은 요소뿐만 아니라 차용된 특징 혹은 요소로 구성되어 있다. 도끼와 같은 도구, 숙녀에게 인사할 때 모자를 살짝 벗는 관습, 집이라는 단어 모두가 문화의 한 특징이다. 한 문화의 특징은 형태, 용도, 기능 그리고 의미의 네 가지 특색을 갖고 있다.

다. 문화 복합

기능적으로 상호 관련된 일련의 문화 특징들이 문화 복합이다. 예를 들어 우리나라에서 결혼이라는 문화의 결혼복합은 구혼기간, 약혼, 예식, 신혼여행 등으로 구성된다. 전통혼례는 보다 복잡하다.

라. 문화화

문화화란 개인이 그가 속하는 사회의 문화에 참여하는 것을 배우는 과정이다. 사회화와 비슷한 개념인데 사회화와 다른 점은 사회화는 주로 집단의 규범과 기대에 이끌려지는 학습에 초점을 맞춘다.

마. 문화영역

문화영역은 많은 문화 특징과 복합을 공유하는 지리적인 지역이다. 보통 한 지역을 다른 지역과 가장 쉽게 구별할 수 있게 해주는 그러한 문화 특징과 복합을 지침으로 선택한다.

아동들이 문화영역을 나타내고 사람들의 중요한 특성을 묘사하기 위하여 윤곽지도를 사용할 수 있다.

바. 전파

문화의 특징이 한 문화 영역에서 다른 문화 영역으로 확산되는 것이 전파이다. 전파와 관련 있는 개념은 독립적으로 새로운 문화 특징 또는 인공물을 개발하는 과정을 나타내는 발명이다. 인류학자들은 문화를 구성하는 대부분의 특징들은 발명되지 않고 차용된 것이라는 것을 발견했다. 현재 한국문화라 하더라도 많은 단어, 관습, 행위유형 등에서 주변국의 문화를 차용한 증거를 많이 발견할 수 있다.

그리고 하위문화에서의 발명이 더 넓은 문화 속으로 전파되기도 한다. 흑인 하위문화에 발명된 재즈는 이제 미국의 중류 계층 문화의 중요한 요소이다.

사. 문화 접변

상이한 두 문화가 광범위한 접촉을 할 때 일어나는 문화교환을 문화 접변이라 한다. 문화 접변은 강력한 집단이 보다 약한 집단을 정복할 때 종종 발생한다. 그렇지만 문화 접변은 선택적 과정이다. 문화는 그 문화적 요소와 섞일 수 있는 문화 요소들을 외래문화로부터 수용한다. 교사와 학생은 문화 접변에 대한 올바른 인식을 통해 보다 덜 자민족 중심주의가 될 것이다.

아. 자민족 중심주의

모든 집단은 그 문화가 다른 모든 문화에 비해서 우월하다고 생각하는 경향이 있다. 인류학자들은 많은 집단들이 다른 집단은 인간이하라는 표현을 사용한다는 연구를 보고했다.

학생들은 이 개념을 일찍 깨닫게 된다면 자문화 중심주의를 척결하는데 도움이 될 것이다.

자. 전통

오랜 기간 동안 한 문화의 부분이 되어 온 행위 유형 또는 신념을 전통이라 한다. 우리사회 전통에는 설날 세배를 한다든지, 떡국을 먹는다든지, 한복을 입는 전통이 있다. 이러한 문화 특징을 묘사하기 위해 관습이라는 용어를 사용하기도 한다.

차. 문화적 상대주의

문화적 상대주의자는 각각의 문화는 독특한 특성을 지니고 있기 때문에 한 사회에서 정상적인 행동으로 간주되는 것이 다른 사회에서는 비정상적이라고 판단 될 수 있다고 생각한다. 그러므로 한 문화의 표준이 다른 문화 안의 행위를 판단하는데 사용될 수 없다고 본다. 어떤 문화에 표현된 가치는 관련된 사람들이 어떻게 그들의 인생관을 형성하였는가에 의거하여서만 이해될 수 있고 평가될 수 있다.

그러나 이 개념은 남용될 수도 있기 때문에 최근 공격을 받고 있다. 예를 들어 최근 이슬람교 지역에서 간통한 여인에 대하여 군중이 돌을 던져 죽이는 잔혹한 장면이 동영상으로 유포되었다. 그러한 인민재판식 행동을 강행한 측은 문화의 차이라고 할지 모르나 좁아지는 세계에서 절대적 가치인 인간존엄성의 입장에서 볼 때 그것은 야만적인 살인 행위인 것이다.

학생은 이상하게 여겨지는 다른 문화의 행동이 종종 그 행동을 하는 사람에게는 아주 의미 있고 기능적이라는 것을 알 수가 있기 때문에 문화적 상대주의의 개념을 알아야 한다. 그러나 그 개념의 제한점도 알아야 한다.

카. 문화의 보편성

어떤 문화 요소와 특징이 많은 다른 형태로 존재할지라도 모든 사회에서 발견된다는 것이 문화의 보편성이다. 가족, 남성과 여성 역할의 구분 그리고 근친 금혼은 모든 문화에서 발견된다. 인류학자들은 많은 문화의 보편성은 생물학적 욕구 때문에 존재한다고 제시한다. 예를 들어 근친 금혼은 부모와 자손 사이의 성적 관계는 가족에 파괴적이기 때문에 모든 문화에 존재하고 어린이들은 그들의 기본적 욕구를 만족시키기 위해 가족에 의존해야 한다고 가정을 한다.

타. 인종

인종은 많은 생물학적 특징을 공유하는 사람들, 또는 특수한 유전적 결합의 결과로 나타난 특색 있는 신체적 특징을 공유하고 있는 사람들을 가리키는 말이다. 유아는 인종문제에서 인종의 중요성이 신체적이라기보다 사회적이라는 사실을 인식해야 한다.

파. 민족집단

민족집단의 구성원은 집단 동일시 의식, 일련의 공동가치, 행위 유형, 한 사회의 다른 집단과는 다른 문화요소를 공유한다. 그러나 미국에서 이러한 민족집단은 정치·경제적 이익 단체로 간주되기도 한다. 즉, 그리스계 미국인, 이탈리아계 미국인, 영국계 미국인 등을 들 수 있다.

하. 소수민족 집단

일련의 공동가치, 행위 유형, 문화 특징, 그리고 공동체 의식을 공유하지만, 소수민족 집단은 몇 가지 독특한 속성 때문에 민족집단과는 구별된다. 소수 민족 집단은 다른 집단의 구성원이 쉽게 소수민족 집단의 구성원을 확인하고 나아가서 차별적으로 대우하게 되는 신체적 문화적 독특한 특성을 소유하고 있나고 한나. 예를 들변 아메리카 흑인, 유태계 미국인, 푸에리토리코계 미국인, 멕시코계 미국인 등을 들 수 있다.

제 5 절 교육사조별 내용선정

교육 사조에 따른 주요 교육과정을 분류하면 지식중심이냐 경험(활동)중심이냐에 따라서 일련의 연속선상에서 분류할 수 있다. 먼저 지식 자체에 경사된 교육과정으로 교과중심 교육과정을 들 수 있고 그 다음 경험 쪽으로 가면서 학문중심 교육과정, 그리고 인간중심 교육과정 활동중심 교육과정으로 대별해 볼 수 있다.

1. 교과중심 교육과정에서의 내용선정

교과중심 교육과정은 체계적 전달이 매우 중요하다. 교사의 지도 하에 학생이 배우는 모든 교재와 지식이 중심이 되며 전달의 대상이 명료하다. 지식은 그 자체의 논리적 체계에 따라 배열한다. 주된 내용은 문화유산을 전달하는 것이다. 그러나 교과중심 교육과정은 앞서 논의한 바와 같이 형식도야론(formal discipline)에 근거해 내용을 선정한다. 인간의 정신(mind)을 서로 뚜렷이 구별되는 몇 가지 능력들(faculties) 즉 지각, 기억, 상상, 추리, 감정, 의지로 나누고 이들 능력을 도야할 수 있다고 판단되는 내용들을 반복적으로 훈련, 연마하여 정신적으로 도야할 수 있다고 본다.

특히 동양과 서양의 전통적 인문교과는 모두 형식도야를 의도하고 도야의 가치가 큰 과목들을 주요 내용으로 삼았다. 즉, 서양에서 7자유교과(Seven Liberal Arts)는 도야의 가치가 큰 교과로서 문법, 수사학, 논리학, 대수, 기하, 천문학, 음악을 통해 정신을 도야하고자 하였다. 즉 음악 공부를 통해 감정이 풍부해지고, 자신의 감정 잘 다루고 표현할 수 있다는 것이다. 그리고 의지력을 도야하기 위해 특정내용을 단련하면 실제 상황에서 의지력이 전이되어 난관을 극복할 수 있다고 보는 것이다.

그리고 동양의 유교교육에서 중국의 고전을 읽게 한 것은 그 고전에 담긴 내용자체가 생활에 유용하다기보다는 고전을 통해 도야된 정신이 인간관계나 사물을 판단하고 추리하는데 유용하다는 이유에서였을 것이다.

여기서 중요한 것은 교과에 있어서 그것이 담고 있는 구체적 내용이 중요한 것이 아니라 그 내용을 담고 있는 형식이 중요하다고 보는 것이다. 예를 들어 어떤 내용을 기억하고 추리하는 것이 중요한 것이 아니라 그 내용이 무엇이든 간에 기억하고 추리하는 자체가 중요한 것이다.

이렇게 하는 이유는 형식을 도야하는 것이 구체적이고 수많은 내용을 습득하는 것보다 일반 전이력이 높다고 보는 것이다.

2. 경험중심 교육과정에서의 내용선정

경험중심 교육과정은 진보주의 교육철학을 배경으로 하여 발전한 교육사조이다. 민주사회를 살아갈 학생들에게 자발성을 길러 주고 과학·기술의 발전으로 인해 급변하는 현실사회에 학생들을 적응시키기 위해서 아동의 흥미와 사회적 유용성에 기초하여 자발성을 길러 주어 스스로 학습하게 하는 것이다.

경험중심 교육과정은 교과의 내용을 실제로 성인의 활동을 분석하거나, 사회기능, 청소년의 흥미와 필요, 항상적 생활장면을 조사함으로써 내용을 구성하였다(김호권 외, 1982 : 203-212 참조).

(1) 활동분석중심 교육과정

활동분석중심 교육과정은 장차 성인활동에 잘 적응하도록 하기 위해 성인의 생활 직접 조사하여 교육과정을 구성하였다.

보비트는 성인의 생활을 조사하여 10가지 활동으로 분석하였다(1924). 즉, 언어활동, 건강활동, 시민활동, 사교활동, 여가활동, 지적 활동, 종교활동, 결혼과 자녀교육의 양친활동, 비직업적(직업이외의 실제적 활동)활동, 직업활동이다. 이러한 활동들은 현재의 아동들이 장차 성인이 되었을 때 중시해야 할 활동들이며 교육을 통해 준비를 갖추어야 할 활동들이다. 그러기 위해서 활동내용을 상세하게 분석하여 구체적 내용을 탐색하여 학년수준에 맞게 구성하였다.

(2) 사회기능중심 교육과정

미국의 대공황은 학교교육의 사회적 기능과 역할을 요청하였다. 캐즈웰(H. L. Caswell), 캠벨(D. S. Campbell)은 학습자가 사회적 기능을 수행하도록 하기 위해서 실제조사를 하였다(1935).

사회기능이라는 것은 “모든 조직적인 집단에 공통된 인간활동의 구심점"을 의미하는 것이다. 이러한 '사회기능'의 관점을 받아들인 버지니아 주 교육과정(1934)에는 11가지의 사회기능이 포함되어 있다. 즉 ① 생명, 재산, 자연자원의 보존과 활용, ② 물자의 생산 및 생산물의 분배, ③ 물자 및 시설의 소비, ④ 물자 및 인간의 교통과 수송, ⑤ 오락, ⑥ 심미적 욕구의 표현, ⑦ 종교적 욕구의 표현, ⑧ 교육, ⑨ 자유의 확장, ⑩ 개성의 통합, ⑪ 탐색의 11가지 사회기능을 강조하였다.

(3) 청년욕구중심 교육과정

청년욕구중심 교육과정은 알버티(H. B. Alberty)를 중심으로 한 오하이오주립대학 연구진이 청소년의 필요(needs)와, 흥미를 교육과정 기초로 하여 교육과정을 구성하였다.

청년욕구중심 교육과정은 아동과 청소년의 필요를 개인생활, 직접적인 개인사회관계, 사회시민관계, 경제관계 등의 분야로 나누고 개인생활의 필요는 개인의 건강에 관한 것, 자기 확신에 관한 것, 바람직한 세계관과 생활철학에 관한 것, 개인적 흥미와 심미적 만족에 관한 것 등이 있으며, 직접적인 개인사회관계에 관련된 필요로서는 가정과 가족생활에서의 원만한 관계에 관한 것, 동성 및 이성의 동년배들과의 원만한 관계에 관한 것이며, 사회시민관계에 관련된 필요로서는 사회적으로 중요한 활동에의 책임 있는 참여에 관한 것, 사회적 인정에 관한 것이며, 경제적 관계에 관련된 필요로서는 직업선택을 위한 가이던스와 직업준비에 관한 것, 물품의 현명한 선택과 이용에 관한 것, 기본적인 경제문제해결을 위한 활동에 관한 것 등이 지적 되고 있다. 그리고 다시 미국교육연합회(1944)는 모든 미국 청년의 '절대적 필요(imperative needs)'라고 하여 ① 사용할 수 있는 기술의 개발, ② 건강과 신체적 기능, ③ 민주사회 시민으로서의 권리와 의무에 관한 이해, ④ 성공적인 가정생활을 위한 조건에 관한 이해, ⑤ 소비자교육, ⑥ 과학적 방법과 과학의 주요사실에 관한 이해, ⑦ 예술의 감상능력의 개발, ⑧ 여가의 선용, ⑨ 다른 사람에 대한 존경, ⑩ 합리적으로 사고하는 능력, 명료하게 의사를 표시하는 능력, 듣고 읽은 내용을 이해하는 능력의 성장 등을 들었다.

(4) 항상적 생활장면중심 교육과정

항상적 생활장면이란 학습자의 경험배경, 성장단계에 관계없이 모든 아동들이 당면하게 될 공통적 생활사태를 말하는데 콜롬비아대학의 교육과정 연구팀의 스트라티메이어(F. B. Stratemeyer)를 중심으로 연구되었다(김경배 외, 2007:87). 이 교육과정에서는 민주적 가치, 민주사회 시민의 기능 개발, 학습자의 일상생활, 문제해결, 학습자 및 학습과정 등을 교육목표에서 강조하고 있다(김경배 외, 2007:88에서 재인용). 스트라티메이어 등이 제시한 항상적 생활사태는 개인능력의 성장을 요구하는 사태, 사회적 참여의 성장을 요구하는 사태, 환경적 요인 및 세력들을 다루는 능력의 성장을 요구하는 사태이며 이들 각각 사태별로 청소년이 갖추어야 할 요소들을 상세하게 열거하였다.

(5) 교육내용으로서의 반성적 사고과정

경험중심교육과정에서 주된 교육의 목적은 생활사태에서 접하게 되는 문제에 대한 해결이며, 문제를 해결하기 위해 필요한 능력이 반성적 사고이다. 듀이(Dewey)에 의해 교육현장에서 반성적 사고는 매우 중시하였다.

"반성적 사고(reflective thinking)란 심의(心意) 속에서 사고의 문제를 발견하고 그 문제를 중시하고 그 문제를 연속적으로 사고하는 과정"(임한영, 1986: 14)이다. 이러한 반성적 사고는 5가지 국면(임한영, 118-126)을 가지게 되는 데 암시-지적정리-가설설정-추리-가설의 검증이다.

반성적 사고는 구체적 내용이라기보다 하나의 방법론이다. 반성적 사고로 다루게 될 내용으로 어떤 것을 가져올 것인가는 현장에서 교사들이 판단해야 할 문제이다.

그렇지만 일상생활에 학생들이 당면하는 문제가 학생들의 사고 활발히 자극할 것으로 보인다. 학습자의 현실 생활과 관련된 문제를 수업으로 가져와야 할 것으로 판단된다. 여기서 지식자체가 하나의 목적이라기보다 지식은 문제해결을 위한 수단으로서의 가치를 가진다. 학습자가 흥미를 느끼고 자발적이며 능동적으로 진행할 수 있는 내용이어야 한다.

3. 학문중심 교육과정에서의 내용선정

경험중심 교육과정이 지나치게 아동의 흥미와 자발성에 치중한 나머지 교육이 무의미해지고 목적성을 상실하여 마침내 전반적인 학력 저하를 가져왔다. 그리고 그러한 교육은 현실적 사회변화와 학문의 발전을 따라 가지 못하였다. 즉, 급속한 과학·기술의 발전으로 변모한 사회와 급속한 학문의 발달로 인한 지식의 폭발, 교육과정이론의 발전을 바탕으로 학문중심 교육과정이 발생하였다. 지식의 효율성을 도모하기 위해 학문의 구조를 중시하여 내용 선정에 있어서 지식의 학문적 체계와 개념, 일반화, 원리, 법칙을 중심으로 선정하였다. 교육의 내용은 사회생활의 필요를 충족시키기 위한 것이 아니라 교과 내지 학문이야 하며, 교육과정이론은 교과자체를 분석함으로써 정립되어야 한다고 주장하였다.

학문중심교육과정의 내용구성의 원리로서 지식의 구조와 일반적 전이를 들 수 있다.

(1) 지식의 구조에 따른 내용구성

브루너는 교과의 구조를 파악한다면 한 가지 현상을 여러 가지 현상과의 관련시켜 이해할 수 있다. 요컨대 구조를 학습하는 것은 사물이나 현상이 어떻게 관련되어 있는 가를 학습하는 것이다. 즉 사물이나 개념들을 관련지어 이해하는 것이 구조적 학습이다. 구조적 학습에서 중요한 것은 그 개념이나 원리의 이름으로 아는 것이 아니라 개념이나 원리를 사용할 줄 아는 것이다.

예를 들어 모국어 학습에서 아이는 일단 한 문장의 미묘한 구조를 파악하고 나면 이 구조를 기초로 급속도로 많은 문장을 만들어 낸다. 이렇게 만든 문장은 처음에 배운 문장과 다르지만 그 구조에 있어서는 동일한 것이다. 이렇게 말을 배우는 동안 언어의 구조상의 규칙을 올바로 사용할 줄 알게 되겠지만 그 아이가 반드시 그 규칙의 이름을 안다고 할 수 없고 또 알 필요도 없다(Bruner, 1960 : 8)는 것이다.

(2) 일반적 전이를 위한 내용 구성

학습의 결과가 나중의 일을 보다 효율적으로 하는 또 하나의 길은 일반적 전이(nonspecific transfer) 내지 원리와 태도의 전이(the transfer of principles and attitudes)이다. 일반적인 아이디어를 학습하고 나면 그 뒤에 오는 문제들은 이미 습득한 일반적 아이디어의 특수한 사례로 보고 그 아이디어에 비추어 새로운 들을 해결할 수 있는 것이다. 이 일반적 전이야말로 교육과정의 핵심이며 기본적이고 일반적인 아이디어의 견지에서 지식을 계속적으로 심화하고 확장하는 것이다.

따라서 교과의 구조인 기초개념과 일반적 원리를 학습하고 실제에 적용할 수 있도록 내용을 구성하는 것이다.

4. 인간중심 교육과정에서의 내용선정

산업화로 인한 인간소외를 극복하고 어떻게 하면 인간성을 회복할 것인가에 착안하여 학생이 학교생활 중 가지는 모든 경험을 통해 전인적 발달을 의도하며 교육은 궁극적으로 학생의 자아실현을 목표로 해야 한다고 본다. 잠재적 교육과정을 중시하며 학교환경의 인간화와 인간주의적 교사를 필요로 한다. 그러나 교육의 본질에 대한 논지가 불명확하여 현실적 적용에 한계가 있다.

인간중심 교육과정은 인본주의 관점과 사회학적 관점으로 나누어지는데 인본주의 관점은 주로 개인의 주관적 경험 이해하는데 초점을 맞추고 경험의 주관적 조건을 형성하는 동기, 감정, 자아개념 등에 관심을 갖고 각 개인에게 만족스럽고 의미 있는 경험 제공해 주어야 학습자가 전인으로 성장 가능하다고 본다.

사회학적 관점은 학교교육이 강압적, 권위적이어서 수동적, 소외된 인간을 육성한다고 한다. 그러므로 교육프로그램에 타인과 더불어 사는 방법, 사회적 환경 개선에 참여하는 활동을 포함할 것을 제안한다.

인본주의 교육과정은 교과의 통합을 중시한다. 정서, 사고, 행위를 통합하도록 학습자를 도와주는 과정에서 효과적인 통합조직을 이루고자 하였다. 그러나 인본주의 교육과정은 계열성이 약한 경향이 있다(이경섭, 1987 : 27-28).

제 6 절 교과내용의 조직

1. 교육사조별 조직

(1) 교과중심 교육과정에서 내용조직

교과중심 교육과정은 지식의 체계적 전달이 매우 중요하다. 그러므로 내용조직에 있어서 형식도야를 위한 지식의 체계적 조직이 강조된다. 학습자에 대한 고려 보다 지식의 논리적 순서에 따라 교과의 내용을 조직한다. 교사는 논리적으로 조직된 지식을 해석하는 전달하는 방식으로 일방적 획일적 수업을 하므로 설명식 수업이 일반적인 교수법이다. 교사가 권위를 가지고 지식을 전달하는 교사 중심의 교육과정이다. 비민주적이며 아동의 흥미와 자발성을 경시한다는 비판을 받는다.

(2) 경험중심 교육과정에서의 내용조직

경험중심 교육과정은 과학·기술의 발전으로 인해 급변하는 현실사회에 학생들을 적응시키기 위해서 아동의 활동과 경험을 중시한다. 아동의 흥미와 사회적 유용성에 기초하여 자발성을 길러 주어 스스로 학습하게 하는 것이다. 내용의 조직은 교과가 아동의 경험에 담긴 것과 동일한 세계를 담고 있어야 하므로(Dewey, 이홍우 역, 1987 : 288) 교과의 조직 원리는 학생들의 경험을 기준으로 적용해야 한다. 탐구의 과정에 있는 지식을 중시하여 학습자의 심리적 과정에서 획득되어 가는 도중에 있는 지식을 중시한다. 따라서 사고의 과정이 반성적이어야 하므로 학습자의 경험을 내용으로 하여 문제상황 속에서 문제를 반성적으로 해결할 수 있도록 내용을 조직해야 한다. 결국 교과의 조직을 아동의 경험과 결합하여 심리적으로 조직해야 한다.

아동의 흥미와 필요에 근거하여 경험의 범위를 좁은데서 넓은 곳으로 확대해 가는 경험확대법 내지 동심원 확대법을 활용한다. 그리고 현실의 적응이 중심이 되므로 현실의 문제를 해결하기 위한 사고력을 함양하기 위해 문제해결학습을 활용하였다.

(3) 학문중심 교육과정에서의 내용조직

지식이 쓸모 있기 위해서는 학문의 구조인 기초개념과 일반원리를 중심으로 내용을 조직하여야 한다. 원리와 태도를 중심으로 하여 사실들을 정리할 수 있게 해야 한다. 교과의 구조를 선정하여 계열성 있게 배열함으로써 일반적 전이력을 최대한 높이도록 조직하여야 한다. 내용의 배열은 종적 단계가 높아질수록 학문의 폭과 깊이를 심화시켜나가는 나선형(spiral) 교육과정을 활용하였다. 그리고 학문적 지식과 구조화를 중시하면서 학문적 방법에 의한 지식의 생성 시스템 즉 탐구를 중시하였다. 따라서 학생들에게 탐구력을 어떤 방법으로 형성시킬 것인가가 중요한 관건이었다.

(4) 인간중심 교육과정에서의 내용조직

인간중심 교육과정은 정의적 교육을 중시하면서도 지적교육을 소홀히 하지 않고 조화를 이루게 함으로써 전인적 발달을 의도한다. 학생이 학교생활 중 가지는 주관적 경험을 이해하고 각 개인에게 만족스럽고 의미 있는 경험을 제공해 주어 전인적 발달을 의도하며 교육은 궁극적으로 학생의 자아실현을 목표로 해야 한다고 본다. 그리고 사회구조에 의해 소외되고 억압된 인간성을 회복하기 위해 학교환경을 개선할 것을 제안한다. 결국 인간주의 교육과정은 통합적 조직을 지향한다. 또한 교육환경에 대한 관심은 잠재적 교육과정을 중시하며 학교환경의 인간화와 인간주의적 교사를 필요로 한다. 그러나 교육의 본질에 대한 논지가 불명확하여 현실적 적용에 한계가 있다.

2. 수준별 조직

교육과정을 편성·조직하는 기본틀로서 조직구조 교과를 조직하는 수준으로 구분할 수 있다(Tyler, 1971 : 89-91).

(1) 최고수준의 조직 형태

가장 넓은 의미에서 교육과정의 전체적 테두리를 결정하는 문제로 다음과 같이 구분된다.

가. **교과구조** : 국어, 수학, 일반사회, 산수, 역사 등 구체적인 교과목으로 교육과정을 묶는 구조이다. 이런 방식으로 구조화된 교육과정을 흔히 교과중심 교육과정이라고 한다. 교과별 분과주의를 채택한다.

나. **광역구조** : 교과를 세분하지 않고 보다 폭 넓게 묶어서 그 속에 포함된 여러 분야의 내용을 통합시키고자 하는 교육과정 조직 형태이다. 일반사회, 역사, 지리를 묶어서 사회라고 하거나 물리, 화학, 생물, 지구과학을 묶어서 과학이라고 하는 것 등이다.

다. 중핵구조 : 학생들에게 의미 있는 공통문제를 중심으로 중핵적인 경험을 갖도록 교육과정을 구조화하는 것이 중핵교육과정이다. 사회문제나 사회기능을 중심으로 여러 교과목을 통합하여 교육과정을 조직하는 형태이다.

라. 활동구조 : 교과의 구별을 완전히 배제하고 학생들의 흥미나 활동을 중심으로 학습경험을 조직하는 미분화 교육과정(undifferentiated curriculum)이다. 예를 들어 소년·소녀단의 활동이나, 방학기간의 갖가지 수련활동과 같은 비형식적 교육체제에서 채택된다.

(2) 중간수준의 조직형태

교육과정의 큰 테두리가 정해지면 그 다음 하위영역이 중간수준의 조직이다.

가. 계열구조 : 어느 한 학문영역에서 전반적인 교육내용을 검토한 다음 계열적이고 통합적인 조직요소를 찾아내어 교육과정을 계열성 있게 배열하는 구조이다. 예를 들어 물리, 화학, 생물을 각각의 별개의 교과로 조직하지 않고 자연과학 Ⅰ, 자연과학 Ⅱ, 자연과학 Ⅲ과 같이 조직하는 방식을 들 수 있다. 계열구조에서는 공통의 조직요소가 비교적 장기간에 걸쳐서 강조된다.

나. 비계열구조 : 장기간을 내다보는 계열적, 통합적인 계획 없이 학기나 학년과 같은 일정기간에 맞추어 교과목을 비연속적으로 배열시키는 구조이다. 예를 들어 수학 교육과정에서 1학년에서 대수, 2학년에서 기하 등과 같이 분할하여 배열시키는 방식이다. 비계열 구조는 학습경험의 계속성, 계열성, 통합성이 낮다.

(3) 최저수준의 조직형태

학습내용을 가장 작은 단위로 조직하는 문제이다. 일반적으로 과목, 주제, 단원 등이 교육과정 조직의 최저 단위가 된다.

가. 과(lesson) : 한두 시간 또는 하루 이틀의 짤막한 단위로 학습내

용을 구획해 놓은 교육과정 최저 구조의 조직 형태이다. 교과 내에서 개별적인 개념이나 원리, 기능을 조직요소로 잡고 제1과, 제2과... 하는 식으로 학습내용을 분할하여 조직하는 과별 구조방식이다.

나. **주제**(topic) : 어떤 특정한 문제나 주제에 관한 여러 가지 학습 경험들을 한 단위로 통합하여 묶는 조직 구조이다. 과별 보다 비교적 길다. 그러나 과처럼 주요개념이나 원리가 조직의 초점이다.

다. **단원**(unit) : 단원이란 어떤 주제를 중심으로 통합성 있게 조직된 일련의 학습내용과 학습활동을 뜻한다. 단원은 교사를 위한 자료단원과 학생의 학습활동을 위한 학습단원으로 구분된다. 단원은 대개 단원의 교육목표를 비롯하여 여러 학습활동, 평가방법, 참고도서, 보조 학습자료 등으로 구성된다.

교육의 상황과 조건에 따라 적합한 교육과정의 조직형태를 채택해야 하며 일반적인 관점에서 교과의 조직 원리인 계속성, 계열성, 통합성의 원리에 충실한 조직구조일 수로 바람직하다고 할 수 있다.

3. 논리적 조직과 심리적 조직

교과의 조직에서 있어서 전문가나 교사의 견해를 중심으로 조직하느냐 아니면 학습자의 경험을 중시하느냐에 따라 전자는 논리적 조직이라 하고 후자는 심리적 조직이라고 한다(이하 논의는 김경배 외, 2006 : 155-166의 내용을 참조함).

교과별로는 수학, 과학은 논리적 조직을 중심으로 하고 사회, 기술, 음악, 미술 등은 심리적 조직을 중시한다. 교육사조별로는 교과중심 교육과정과 학문중심 교육과정은 논리적 조직을 주로 하고, 경험중심 교육과정과 인간중심 교육과정은 학습자의 입장에서 심리적 조직을 중시한다.

듀이(Dewey)는 『아동과 교육과정』(*The Child and Curriculum*)에서

처음으로 경험의 논리적 측면과 심리적 측면을 구분하고 이를 관련짓는 것이 유용할 것이라고 하였다. 허스트(Hirst)는 논리적 조직을 듀이는 심리적 조직을 중시하였다.

(1) 논리적 조직

학문의 개념구조나 논리적 체계를 중심으로 논리적으로 조직하는 것이다. 먼저 학문에 대한 논리적 분석을 하고 논리적 관계의 수준을 결정한다. 교과의 전문가나 교사의 관점에서 교과를 조직하게 된다.

먼저 미시적으로 교과의 '개념들 간의 관계망'을 규정하여 명제를 형성하게 된다. 명제를 구성할 때는 논리적 문법에 맞아야 의미 있는 명제를 형성한다. 예를 들어 물리학에서 "전자는 핵 주위를 돈다"는 명제는 의미를 형성하지만 "전자가 아름답다"고한 한다면 의미를 형성하지 못한다. 즉 논리적 문법에 맞지 않게 된다. 즉, 개념과 개념을 논리적 문법에 맞게 관련시켜야하며 개념들 간 논리적 순서와 관련정도는 교과별로 차이가 있다. 예를 들어 수학과 과학은 논리적 순서가 타 교과에 비해 뚜렷하다.

다음에 거시적으로 '명제들 간의 관계망'을 구성해야 한다. 명제들 간의 관계망은 명제를 논리적으로 타당하게 진술하는 것인데 명제의 제시 순서와 관련된다. 그러므로 명제가 제시되면 명제 간 제시 순서를 결정해야 한다. 이것이 논리적 계열이다. 명제제시의 순서는 교수 순서와 관련된다. 그러나 그 순서는 논리적 문법과 달리 여러 계열이 존재할 수 있다. 예를 들어 같은 수학 문제 일지라도 푸는 과정, 증명의 방법은 여러 가지가 있을 수 있다.

논리적 문법만 중시하고 논리적 계열을 경시하면 단순한 사실만 전달하게 되어 지식 전체의 논리적 관계나 타당성을 파악하지 못하게 된다. 그러므로 학습자의 단편적 지식에 암기에 치중하게 된다.

(2) 심리적 조직

심리적 조직은 교사나 전문가가 아닌 학습자의 입장에서 학습자의 경험을 중시하는 조직 방식이다. 허스트의 논리적 조직에 대한 주장은 아동이 어떠한 과정을 통하여 지식을 획득하는가에 대한 고려는 소홀히 하고 있다. 타일러는 교과는 학생들의 경험을 기준으로 조직되어야 하며 학습내용을 이미 파악하고 있는 사람들의 견해를 기준으로 적용해서는 안 된다고 한다.

듀이는 경험의 논리적 측면과 심리적 측면을 구분하였다. 논리적 측면은 사고의 산물로서 완성의 단계에 도달한 지식을 말하며 실제의 사고과정에는 사용되지 않는 것을 말한다. 심리적 측면은 학습자의 심리적 과정에서 획득되어 가는 도중에 있는 지식 즉, 탐구의 과정에 있는 지식을 말한다(Dewey, 1916 :19).

심리적 과정은 오류발생이 가능하다. 그렇다면 어떻게 하여 완성의 단계에 도달 가능한가? 구체적 사고 과정에 있어서 따라야 하는 논리는 조직적, 합리적, 반성적이어야 한다. 그렇다면 개인의 사고과정(심리적 과정)도 논리적이라고 할 수 있다. 즉, 사고의 과정이 반성적이라면 심리적 과정과 논리적 형식을 관련지을 수 있다고 본다.

교과의 심리적 조직은 교과에서 반성적 사고의 대상이 될 수 있는 학습자의 경험을 내용으로 하여야 한다. 문제 상황 속에서 문제를 반성적 사고과정을 통해 해결하여 지식의 논리적 형식 도달하도록 조직하여야 한다. 그러므로 교과의 심리적 조직은 아동의 경험과 결합해야 한다.

4. 통합적 조직

(1) 교과의 통합적 조직의 의의

교과를 분과 상태로 조직하는가? 아니면 통합적 조직을 하는가?는 교육과정의 변화과정에서 매우 중요한 문제였다. 교과에서 분과 조직은 교과가 바탕으로 하는 학문의 체계를 중시하고, 통합조직은 학습자에게 제공되는 경험을 중시한다. 그러므로 분과조직은 교과중심 교육과정이나 학문중심 교육과정에서 교과를 조직할 때 채택하는 경향이 있으며, 통합조직은 경험중심 교육과정이나 인간중심 교육과정에서 학습자에 초점을 맞출 때 주로 채택하는 경향이 있다.

그리고 또 한 가지는 분과주의는 학습자보다 교사나 교과의 전문가의 집단에 의해 형성되는 교과공동체에 의해 주장되는 경우가 현실적으로 많이 나타난다. 이미 조직된 대학의 학문적 체계와 교원양성체제, 이미 분과에 종사하고 있는 교사집단 등은 통합에 대하여 부정적이 될 수밖에 없다. 그러므로 교과 통합의 문제는 교육현장에서 학습자에게의 어떤 경험을 제공하여야 하는가에 초점을 두고 논의되어야 그 정당성을 찾을 수 있다.

경험중심 교육과정이 현실적 삶과 교육을 연계하고자 실제조사를 하였던 것은 이미 기술하였다. 현실 생활에 적응하기 위한 의미 있는 교육을 위해 통합은 가치가 있다. 통합된 아동의 제 경험을 위해 교과 간 통합은 불가피 한 것이다.

우리나라에서의 본격적 통합에 관한 논의는 제4차 교육과정(1981)이후부터이다. 당시 인간중심의 교육과정을 지향하며, 인간의 통합 지향적 경향성과 통합적 안목을 길러주어야 한다는 목적을 가지고 인근 교과의 통합을 시도하였다. 그러나 실제 각론에 있어서는 교과의 편철만 통합의 형식을 갖춘 미흡한 수준이었고 현장에서는 분과별로 교사가 나누어 가르치는 현상을 낳게 되었다.

(2) 교과 통합의 유형

교과의 통합적 조직은 각기 다른 학습경험들을 상호관련지어 의미 있는 전체로서 학습하여 전체적인 인격의 통합을 의도하는 것이다. 통합적 조직은 우선 시간상 먼저 배운 것과 나중 배운 것을 통합한다는 의미를 가지며, 그리고 학교에서 배운 것과 생활 속의 경험과 통합한다는 의미이다. 마지막으로 교과와 교과 간 또는 한 교과에서 다른 내용 간에 통합을 한다는 의미를 가진다(김경배 외, 2006 : 167).

그러므로 통합은 지식의 체계보다는 학습자의 필요와 생활의 장면에 비추어 재구성하는 것이다(김경배 외, 2006 : 167).

인그램(J. B. Ingram, 1979 : 49-69)은 교과 간 통합의 유형을 구조적 통합과 기능적 통합으로 분류한다. 구조적 통합은 각 교과에 해당하는 지식의 구조를 재구조화하여 지식중심을 통합을 하는 것이다. 이것은 논리적·인식론적 고려에 의한 통합이다. 기능적 통합은 학습자의 통합적 경험을 촉진하기 위해 학생중심의 통합을 하는 것이다. 따라서 심리적·사회적 고려에 의한 통합이다.

가. 구조적 통합

구조적 통합은 교사나 지식의 차원에서 아동에게 통합된 세계관을 제공하고자 하는 것이다. 구조적 통합에는 교과요소의 병렬적 통합을 의도하는 양적 통합과 학문요소를 재조직한 질적 통합으로 나눌 수 있다.

(가) 양적 통합

① **합산적 통합** : 둘 이상의 교과를 하나로 묶어 단일의 명칭을 사용하는 것이다. 내용 간 통합은 없다. 예를 들어 물리, 화학, 생물을 과학이라고 칭하는 것이다.

② **기여적 통합** : 상관적 통합으로 교과 간 공통요소로 통합하는 것이다. 각 교과 간 내용은 살아 있다. 예를 들어 역사적 사건과 관련된 문학작품을 수업한다든지, 체육교과에 심리학, 생리학, 사회학 등 교과가 기여하는 것 등이다. 중핵교육과정의 일부 유형은 기여적 통합에 속한다. 하나의 교과가 전체 프로그램의 핵심이 되고 다른 교과들은 핵심에 기여하는 형태이다.

(나) 질적 통합

① **융합적 통합** : 교과 간 중복되는 원리, 공통적인 문제, 공통의 관

심사에 기초하여 프로그램을 완전히 재구성하는 것이다. 예를 들어 자본주의를 주제로 했을 때 정치, 경제 교과가 융합되어 제시 된다. 이 때는 원리 등이 융합되어 원리 간 교과의 장벽이 없어진다.

② **종합적 통합** : 개별교과나 학문에 초점을 두지 않고, 교과들 간에 공통적인 개념을 확인하고 공유되고 있는 의미를 탐색한다. 서로 다른 탐구 방식을 비교하고, 현실에 대한 여러 접근 방법을 해석한다. 서로 다른 가치관에 대한 평가와 이미 알려진 사실들을 발견하는 방식에 대한 평가를 하고 지식의 통일성을 주장하지 않는다. 새로운 지식의 관점에서 개념적 구조를 수정한다.

나. 기능적 통합

학습자의 직접적인 경험에 바탕을 두고 조직한다. 지식이 발달하면 창조된 지식이 분화한다. 그렇게 되면 지식의 원천이 된 경험과 지식이 분리되는 경향이 있다. 지식을 가르칠 때 지식의 원천인 경험을 수반하지 않으면 지식은 비현실적이며 학습자의 삶과 관계가 없는 것으로 인식된다. 그러므로 아동의 경험을 중심으로 접근해야 하며 아동의 학습 경험을 개발해야 한다.

기능적 통합에는 내재적 접근과 외재적 접근이 있다. 내재적 접근은 통합의 요인은 학습자 개인에서 도출하는 것으로 학습자의 흥미를 중시한다. 외재적 접근은 개인이 생활하는 학교나 사회문제들에서 통합의 요인을 도출하는 것이다.

(가) **내재적 접근** : 학습자의 심리적 측면에 기초하여 학습자의 필요와 흥미, 활동, 탐구, 경험을 통한 통합의 의도한다.

① 필요와 흥미를 통한 통합 : 학습자의 직접적인 경험에 기초하여 필요나 흥미를 중심으로 교과를 조직 한다.

② 활동을 통한 통합 : 학습자가 자신의 인지구조를 재구성하는 능동적 존재라는 가정 에 근거한다. 킬패트릭(Kilpatrick)과 듀이(Dewey)가 제안한 구안학습은 실제 생활 상황에서 교재를 통합하고 학교내외

의 학습을 연결한다.

③ 탐구를 통한 통합 : 학생 자신이 탐구하여 지식을 획득함으로써 능동적 창의적 인지적 과정을 경험하는 것이다.

④ 경험을 통한 통합 : 아동을 실제적 활동(직접경험)에 참가하게 하거나 학교와 지역사회를 연결함으로써 지식과 현실과의 차이를 메운다.

(나) **외재적 접근** : 학습과정보다 사회적 맥락에서 통합의 목적과 기능을 도출한다. 이 통합은 심리적 접근 보다 사회적 접근을 중시한다.

① 문제중심 접근 : 특정 사회문제 해결하기 위해 간학문적 협력이 이루어진다. 예를 들어 환경오염, 이성교제와 성, 취업 등의 주제를 통해 학교 학습과 삶에 대한 통합을 의도한다.

② 목적론적 접근 : 특정 이데올로기, 신념에 의해 구성된 교육과정이다. 예를 들어 특정 종교나 공산주의 이념, 민주주의 이상을 전파하기 위한 교육과정은 목적론적 통합을 하고 있다.

제 7 절 유아사회과 교육과정의 본질적 조직

교육 사조 면에서 볼 때 각 시대 별로 어느 부분을 강조하느냐에 따라 교육의 성격 또한 달라 질 수 있다. 형식 도야를 강조하던 전통적인 교과관에서 아동의 흥미와 사회과정을 중시하던 교육으로 그리고 다시 교과중심과 관련이 깊은 학문의 구조를 강조하는 형태로 나타난 것을 보면 학문과 경험(생활)사이를 중심이동이 반복되고 있음을 알 수 있다. 또한 교수-학습과정에서도 교수와 학습의 중심이동과정이었다고 말할 수 있다. 즉, 도야론을 그 배경으로 하여 지식을 중시하던 교과 중심 교육과정에서는 교수의 비중이 높았고, 아동의 흥미와 생활을 중시하던 경험중심교육과정에서는 학습 쪽으로 기울었다. 지식의 구조의 중시하던 학문중심교육과정에서는 인지발달에 관한 교육이론의 발달과 더불어 교수와 학습을 조화시키려는 시도가 있었다. 결국 교수를 중시하는 교과중심교육과정과 학습을 중시하는 경험중심교육과정을 양극으로 하는 선상에서, 중점이동에 있어서 약간의 차이는 있다고 하더라도 교육과정과 교수-학습과정의 조화된 형태로 나아가는 것으로 보인다. 교과나 학문의 성과인 지식자체를 중시하는 내용주의와 그 내용이 있기까지의 과정과 그 과정에서의 반성적 탐구, 의사결정, 그리고 그 지식을 이용한 문제해결과정을 중시하는 방법주의의 대립으로 구분해 볼 수 있다.

따라서 내용주의는 교과중심과 관계 깊으며 방법주의는 경험주의와 가깝다고 할 수 있다. 유아사회과의 경우 생활영역에 기반을 두고 교육과정을 편성하고 있으므로 생활영역 속에서의 활동 내지 경험을 중심으로 교육과정을 조직하게 될 것이다. 그러나 이 경우에 있어서도 교육과정을 조직할 때, 사회과학 지식의 체계를 내포하여야 할 것이다. 구성주의의 개념에 의해 생활경험을 중심으로 교육과정을 구성한다 할지라도 전적으로 지식체계를 무시해서는 안 되는 것이다. 다만 그것이 전면에 나오느냐 귀납적 구성요소로서 내면에 내포되느냐의 차이일 뿐이다.

1. 내용주의 교육과정

내용주의는 교과중심 교육과정을 중심으로 하여 전개되어 왔다고 할 수 있다. 교과 중심이라 함은 지식의 내용자체와 내용의 계열성을 중시하며 그 자체의 폭넓은 소양과 암기를 통하여 정신적 도야를 의도하는 것이다. 이 방식대로라면 교육의 대상인 지식자체에 경사되어 주체자인 학생의 성장 발달과 심리 내용에 대한 고려는 소홀하게 될 것이다. 수업방법에서도 자연히 지식자체의 주입이나 전수에 초점이 맞추어 질 것이므로 교사 중심적 교수 학습이 될 것으로 보인다. 따라서 가장 오랜 전통을 가진 내용주의는 근대 민주주의 교육 방법의 발달과 함께 비판되고 변모되어 왔다. 그러나 이러한 변모에도 불구하고 교과 중심의 종적인 교과의 계열성은 수업방법이나 교육이론이 아닌 학문 자체에 귀속되는 것이므로 사고의 체계와 더불어 계속적으로 의미를 갖게 된다.

(1) 내용주의의 근거

형식적인 학교교육이 시작되면서 학교가 유한 귀족계급에 독점되고 교육이 언어화 추상화되어 사물보다 언어 신체적 행위보다 마음, 구체적 생활사태보다 추상적 관념 실천보다 이론이 배타적으로 존중되는 가치체계가 확립(브루바허)되었으며 이러한 교육관을 관념론적(김수천)이라고 할 때 관념론적 교육관은 행위 삶 사물 자체 보다 이와는 유리된 관념 언어 지식을 강조하는 경향이 있으며 교육의 방법에 있어서도 경험보다 이성의 도야를 통해서 정신적 도야를 추구한다. 이렇게 볼 때 전통적 교육관은 내용주의를 바탕으로 하고 있음을 알 수 있다. 교과의 내용을 강조하는 것은 결국 사물에 대한 폭넓은 이해를 바탕으로 하여 인간의 마음을 자유롭게 하고자 하는 의도를 내포하고 있다고 볼 수 있다. 그러므로 구체적인 생활 사태보다는 추상적 관념을 중시하는 교육체계는 형식도야론과 밀접한 관련을 찾아 볼 수 있다.

형식도야론은 능력심리학(faculty psychology)에 기초를 두고 있다. 능력심리학은 인간의 정신(mind)을 몇 개의 능력으로 나누어(지각, 기억, 상상, 추리, 감정, 의지) 이를 육체의 근육에 비유한다.

따라서 교육의 목적은 육체의 근육을 단련하듯이 정신에서는 심근(心筋)을 단련하여 정신의 도야(mental discipline)를 꾀하는 것이다.

교육의 내용 면에 있어서도 각각의 정신적 능력을 도야하는 데 적합한 교과를 선정한다. 즉, 수학, 문법은 기억력, 추리력을 기르기 위하여, 음악은 감정의 능력을 기르기 위하여, 종교와 도덕은 의지력을 기르기 위하여 선정되었다. 스콜라 철학과 함께 정비된 중세의 7자유교과(Seven Liberal Arts)[1]도 이 예에 속한다고 할 수 있다. 교과의 중요성은 내용보다 그 내용을 담고 있는 형식 때문에 인정 된다-무엇을 기억하고 추리하느냐 보다 기억하고 추리할 수 있는 능력 자체가 중요시된다.

교육의 방법은 신체적인 근육을 단련하는 것과 마찬가지로 특정한 교과가 갖고 있는 능력을 반복적으로 연습시킴으로써 구체적 능력과 무관한 일반적 능력을 도야-훈련의 전이가 자동적으로 이루어진다고 생각함-시키고자 한다. 예컨대, 문장을 열심히 암기하다 보면 기억력이 향상된다고 생각하는 것이다. 또한, 동양의 유학교육에서 성현들의 글을 읽고 외우다 보면 도덕적 품성이 도야된다고 생각하는 것과 같은 것이다.

교육을 학문으로서 승화시킨 헤르바르트(S. F. Herbart, 1776-1841)는 아동에게 선을 선택하고 악을 버릴 수 있도록 깨닫게 해주는 것을 품성도야라고 하며 이러한 도덕적 품성의 도야를 교육의 필수적인 목적으로 하여 사상의 틀(Gedankenkreis)을 정리, 확충, 심화시키고자 하였다. 이러한 목적을 달성하기 위해서 교수의 절차를 4개의 단계로 나누었다.

명료(개념형성) → 연합(비교) → 계통(정리) → 방법(응용)

헤르바르트는 마음이 하나의 흥미에 완전히 몰입할 때 일어나는 전심의 원리를 강조했다. 또한 이 원리는 한 교과의 초점을 두면서 관계되는 교과들과 관련성을 맺도록 하는 상관의 원리에 의해 보충된다고 보았다.[2]

1) 문법, 수사학, 논리학의 3학(trivium)과 대수, 기하, 음악, 천문학의 4과(quadrivium)를 말하며 그리스시대이래 서양교육의 전통이 되었고 르네상스이후 인문학적 전통을 거쳐 오늘날 교양교육으로 이어져 내려오고 있다.

2) John D. McNeil, *CURRICULUM A Comprohensive Intoduction*(Boston : Little, Brown and Company, 1985), pp. 327-328. 헤르바르트는, 교육을 구성요소로서 분리해서 무관한 인접으로 생각한다는 점에서, 능력 심리학을 전적으로 지지하는 것은 아니었다〈이근엽, 『헤르바르트의 교육학에 관한 현상학적 변증법적 고찰』(연세대학교 박사학위 논문, 1985), p. 90〉

라인(Rein, W., 1847-1929)은 헤르바르트의 교수 단계론을 계승하여 다시 5단계로 구성하였다.

예비(흥미) → 제시(구체적 관념을 형성) → 비교(새로운 아이디어) → 총괄(일반적 규칙, 법칙, 원리 형성) → 응용(다른 상황·실천도구)

헤르바르트의 추종자들은 도덕적 행위가 최고의 교육목적이며 교육은 그 문화의 최고 이상을 지닌 삶을 준비하는 것이라고 믿었다. 더욱이 그들은 역사, 문학과 같은 몇몇 교과는 도덕적 관념을 기르는 데 탁월하다고 믿었다(D. McNeil).

교육이론으로서의 형식도야론은 능력 심리학을 바탕으로 하며 인간에게는 기성의 어떤 능력이 내재되어 있다고 보는 것이다. 이를 인식론적 입장에서 볼 때 로크(J. Locke)가 인간의 마음을 '백지(Tabula Rasa)'- '외계의 사물로부터 오는 인상을 받아들이고 종합하고 추상하는 잠재력'-로 보는 것과 관련되며, 몸과 마음, 사물과 관념, 감각과 이성을 분리 대립시키는 데카르트(R. Descartes)의 '심신이원론적 철학'과도 일치한다(김호권 · 이돈희 · 이홍우).

(2) 내용주의에 대한 도전

형식도야론은 그 후 심리학의 발달에 따라 능력심리학이 부정됨으로써 많은 비판을 받게 되었다. 즉, 제임스(William James)의 기억의 훈련이 기억력의 향상에 도움이 되는지에 관한 것과 손다이크(E. L. Thorndike)의 길이, 무게, 지우기 능력의 전이에 관한 실험에서 능력심리학은 설득력을 상실하게 되었다. 그리고 손다이크는 한 걸음 더 나아가 학습속도상의 개인차를 밝히면서 한 장면에서 학습된 사실이 다른 장면에 전이되는 것은 그것들 사이에 공통의 요소가 있을 때 뿐(Bigge)이라고 함으로써 동일 요소설을 주장하게 된다. 예컨대, 수학을 공부한 결과가 물리학을 공부하는 데 도움이 되는 것은 형식도야가 아니라 '동일 요소'가 있기 때문이라고 하는 것이다.

그러나 형식도야론에 결정적인 타격을 가한 사람은 '듀이(J. Dewey)'

라고 할 수 있다. 듀이는 인간의 마음은 기성의 능력으로 되어 있는 것이 아니라 본능적 "반응의 경향"을 의미한다고 하였다. 그리고 인간의 마음이 몇 가지 능력으로 구분될 수 있는 것이 아니라 우리가 마음을 쓸 때(사고 할 때) 여러 가지 방식으로 복잡하게 작용되며 사고는 실제 문제가 있을 때 일어난다고 하였다. 듀이에게서 교육은 '문제 상황'에서 적절한 지력을 활용할 수 있는 능력을 개발(J. Dewey, 1966 : 61-67)하는 것이며 교육내용은 사회 내에서 가치가 있는가에 따라 선정해야하며, 아동의 경험과 성장에 도움 될 수 있는가에 따라 가치(J. Dewey, 1966 : 61-67)가 결정된다고 보았다.

이러한 형식도야론에 대한 비판은 구체적 생활 사태보다 관념적 추상적 지식을 강조하는 내용주의 교육과정에 대한 비판으로 연결된다.

2. 방법주의 교육과정

(1) 발생 배경

산업혁명기의 미국사회는 도시화의 진행으로 말미암아 생활 패턴이 달라지고 지역사회의 성격이 변모하였다. 지역사회의 교육력이 떨어지고 급증하는 이민으로 인하여 사회문제가 빈발하였다. 여기에 어떤 교육적 대응책이 요구되었다. 산업구조의 변화와 초기 자본주의 병폐는 사회개혁운동을 불러일으키게 되었다(권오정, 1987:49-51). 교육이론에 있어서도 앞서 논의한 바와 같이 일반적이고 상식적인 많은 지식을 전수하면 형식도야가 일어난다고 보는 형식도야설은 비판을 받게 되고, 듀이는 학습자의 동기-흥미를 학습이론의 중간에 위치시키게 되었다. 그리고 20세기 초 미국의 사회과학은 실제적인 사회문제들에 대한 실증적 과학적 연구방법을 채택하기 시작하여 경험과학으로서의 사회과학의 색채를 띠게 되었다. 이러한 사회적 요청과 교육이론, 사회과학의 발달 속에서 민주주의 교육을 담당할 수 있는 교과로서 현대적 의미의 사회과가 교과의 중핵을 차지하게 되었다. 사회과의 내용은 자연히 사회적 문제나 상황을 중심으로 구성되어야 하고 사회과학과 여타 학문의 지식은 사회적 문제 상황을 이해하기 위한 도구에 지나지 않는다고 봄으로써 교육은 방법주의로 경사되게 되었다.

또한 교육과정의 과학적 연구에 박차를 가하게 한 요소는 제1차 세계 대전 중 전쟁관련 산업에 단기간에 인력을 충원하기 위하여 기술자들의 활동을 분석하여 기술자훈련 프로그램(R. W. Tyler, 1971 : 26)을 훈련했던 것이 생활 사태에서의 아동의 문제나 사회적 기능 사회적 필요 파악을 위한 실지조사의 바탕이 되었다.

(2) 교육과정 개혁

가. 기본교육 원리

경험 중심 교육의 기본원리는 듀이의 실용주의 철학에 근거한다. 즉 진리이기 때문에 필요하다는 입장보다 필요하기 때문에 진리라는 관점에서 인간 또는 인간생활에 유용한 것을 인간경험에서 찾고자한다(진리의 상대성).

학습자의 활동과 현재의 생활을 중시하고 학습자의 흥미, 욕구, 성취도, 환경 등을 교육과정에 반영한다. 듀이의 입장에서 볼 때 몸과 마음, 감각과 이성, 이론과 실천처럼 양자를 구별해서 보는 심신이원론은 단순한 구별이라기보다 양자간을 대립적 관계로 보는 것 이어서 여간 곤혹스러운 일이 아니었다. 따라서 듀이는 양자간의 단절을 막고 지식과 실제를 완전히 일치하는 것으로 봄으로써 심신일원론의 입장을 취한다.

학습경험 및 활동은 교과선을 횡단(지식에 의한 것이 아니라 직접 생활면에서 습득)하고 반성적 사고 과정을 기저로 한 민주적 생활양식을 교육에 도입하기 위해 주된 학습방법으로 문제해결학습을 폈쳤다.

나. 교육과정의 과학적 연구(미국 1920년대-1950년대 초)

여기서 과학적 연구라 함은 사회적 필요를 실지로 조사하여 교육과정 개발의 기초로 삼고자 하는 것을 말한다.

다양한 학습경험의 선정 조직 방법을 개관하면 다음과 같다.

(가) 활동분석법: 성인의 생활활동분석 교육과정 구성- F. Bobbitt, W. W. Charters, H. Harap

(나) 사회기능분석법: 사회가 유지·발전되는 데 필요한 기능을 분석-H. L. Caswell, D. S. Campbell

(다) 청소년 욕구법: 청소년들의 고통욕구나 문제를 중심을 교육과정 구성-미국교육연합회 중등교육과정 위원회

(라) 항상적 생활장면 분석법: 아동들이 당면하게 될 공통적인 생활사태를 중심으로 교육과정구성-F. B. Stratemeyer(이경섭, 1974 : 204-257).

다. 교육목적

교육의 목적은 생활에의 적응 내지 반성적 사고력 함양을 의도한다. 여기서 대표적 교육과정은 광역교육과정과 중핵교육과정이다.

라. 교육방법(문제해결학습) : 경험중심 교육과정 하에서의 통합

아동의 경험과 성장은 그가 사회활동을 해가면서 부딪치는 여러 가지 문제 사태 속에서 반성적으로 사고하고 그 문제를 해결하는 과정에서 계속적으로 이루어진다(Dewey). 교과별로만 조직되던 교육과정 이론을 지적 실천적 문제사태의 해결이란 관점에서 통합적으로 조직하였다.

경험이란 환경과의 접촉에서 일어나는 상호작용을 뜻하며 변화하는 사회에의 적응은 경험의 개조이고 성장이다. 학습은 경험의 재구성을 의미한다. 인간이 사고를 할 때는 그 과정에서 수없이 다양한 능력들이 복잡하게 작용한다. 교육은 이러한 사고능력을 키워야하는 이상 교육내용의 조직은 당연히 환경에서 나타나는 문제사태를 중심으로 경험의 내용들을 서로 관련시켜 조직해야한다. 그렇게 함으로써 교과간의 단절을 막을 수 있고 아동들의 흥미를 더욱 유발할 수 있다. 이 때의 문제사태란 단순히 생활에서 부딪치는 것만을 뜻하는 것이 아니고 사회적

으로 결정되어야 하며 경험은 통합적으로 조직될 필요가 있다.

문제해결학습은 여러 가지 경험 중에서 지금까지의 경험으로는 간단히 풀 수 없는 문제사태에 있어서의 해결적 경험을 의도적으로 교육의 장에 도입하여 학습방법으로서 조직한 것이라고 할 수 있다. 학문상의 지식이나 기능을 체계적으로 습득시키려고 하는 것과는 다르다.

우리나라는 1955년 교육과정 개편 시 이를 도입하였다. 즉, 내용선정(Scope)은 사회기능(생산 소비 교통 통신 생명 재산의 보전 후생 위안 교육 문화 정치 국방 등)을 중심으로 하며, 내용의 배열(Sequence)은 동심원 확대법에 따랐다.

이 교육과정은 학문적 체계에 따르는 내용의 선정과 배열이 아니라, 아동이 사회생활을 할 때 봉착하는 문제를 해결하기 위해 꼭 알아두어야 할 제반 사회기능을 아동이 구체적으로 경험할 수 있는 세계의 확대과정에 따라 조직하므로 실천의 장에서는 문제해결학습으로 나타난다. 문제해결학습의 특징은 다음과 같다.

학습원리는 아동의 경험에 의해 결정하고 문제를 해결하는 과정에서 목표에 도달하고자하며 듀이의 반성적 사고 과정을 학습과정에 이용한 것이다 아동의 개별적 특성과 자주성을 최대한 존중 이용하고자 하며 또한 단원학습과 관련되는데 이는 의문에서 해결되기까지의 연속적 과정이기 때문이다.

그러나 문제해결학습은 기초학력과, 과학의 성과를 무시한다는 비판도 있으나 반성적 사고 과정은 신교육 탐구학습이론의 기반이 되었다.

(3) 방법주의의 비판

듀이는 교사가 유목적적인 문제해결과정에 활용되어야 하며 그때 비로소 교과는 아동에게 흥미 있게 된다는 것이다. 교과와 유목적적인 활동수행(문제해결) 사이의 관련이야말로 교육에 있어서의 참된 흥미이론의 알파요 오메가이다(J. Dewey, 135).

-흥미는 아동에 귀속되는 특징이라기보다 오히려 교과에 구속되는

특징이라고 볼 수 있다.

그러나 진보주의 교육자들은 생활의 필요, 적응, 생활사태, 흥미(아동의), 자발적 활동 등을 중요한 교육원리로 삼았다. 이러한 원리 위에 실시된 진보주의 교육은 학생들에게 아무 것도 가르쳐 주는 것도 없이 아동의 흥미만 존중하여 즐겁게 시간을 보내도록 하는 일밖에 하지 않는 다는 점에서 형편없이 비판을 받았다. 생활적응을 위한 교육은 형식도야론에 대한 낭만적 저항에서 비롯되었으므로 그것과 관련을 가질 때만 의의가 있다. 즉 무조건적 암기를 교육의 주된 것으로 생각하던 때에 교육과 생활을 관련시키고자 했던 것은 충격이었다고 할 수 있다. 교육의 무방향, 무핵심은 또 다른 문제를 야기시키게 되었던 것이다(김호권 외, 1982 : 209).

3. 내용주의와 방법주의의 접근

(1) 학문중심교육과정의 발생

가. 배경

진보주의 교육과정은 급격한 사회변동과 지식의 팽창에 효과적으로 대처하지 못함으로써 다시 학문적 체계를 강조하는 학문중심교육과정을 낳게 되었다. 그러나 진보주의 교육과정 하에서의 아동중시나 방법주의도 사라진 것은 아니었다.

학문중심 교육과정은 특히 브루너(J. S. Bruner)가 '교육의 과정(The Process of Education(1960)'-지식의 구조 강조-을 통하여 본격적으로 논의를 하였다.

나. 지식의 구조

교육의 내용은 '지식의 구조'이다. 학문중심 교육과정에서는 학문마다 다른 지식의 구조와 그러한 학문들에서 지식을 발견하고 검증하는 과정을 중시한다.

"교과의 구조를 파악한다는 것은 다른 많은 사상(事象)을 이에 관련시킬 수 있는 방식을 이해하는 것이며 구조를 학습한다는 것은 곧 여러 사물이 어떻게 관련지어 있는가를 파악하는 것"이다. 지식의 구조를 가르친다고 하는 것은 그 지식을 이해, 기억 적용할 수 있도록 가르친다는 것을 의미한다. 이해, 기억, 적용할 수 있도록 하는 것은 서로 단절된 사실이 아니라 기초적 개념, 일반적 원리이므로 흔히 구조를 나타내는 말로도 사용된다.

"물리학을 배우는 학생은 다름 아니라 물리학자이며, 물리학을 배우는 데는 다른 무엇보다도 물리학자들이 하는 일과 꼭 같은 일을 하는 것이 훨씬 쉬운 방법일 것이다. 물리학자들이 하는 일과 꼭 같은 일을 한다는 것은 물리학자들이 하듯이 물리현상을 탐구한다는 뜻이다"(Bloom, 1960 : 68).

여기서 지식의 구조는 곧 각 학문을 특징짓는 "사물을 보는 안목" 또는 각 학문의 "사고방식"이라고 할 수 있다.

결국 각 학문의 사물을 보는 안목은 각 교과의 전문가에 맡길 수밖에 없으므로 "한 교과의 교육과정은 그 교과의 구조를 가장 깊이 이해하고 있는 사람들에 의하여 결정되어야 한다"(Bloom, 1960 : 97).

다. 발견학습

(가) 발견학습의 논리

학문중심교육과정을 가장 잘 반영하는 수업 형태가 발견학습이라고 할 수 있을 것이다. 브루너(Bruner)는 "지식의 최전선에서 새로운 지식을 만들어 내는 학자들이 하는 것이거나 초등학교 3학년 학생이 하는 것이거나를 막론하고 모든 지적 활동은 동일하다"(J. S. Bloom, 1960 : 68)고 하였다. 물리학을 토픽으로 가르치는 것이 아니라 사고방식으로 가르치는 것이라고 하면서 물리학자와 동일한 지적활동을 하도록 가르치고 배우는 방식을 발견학습이라고 하였다. 발견학습의 핵심적인 아이디어를 '이해'라고 본다면 교과전문가는 교과의 원리법칙 등을 이해하고 있으나 학생은 그것을 이해하고 있지 못하다. 그러므로 교과 전문가는 교과의 원리를 일방적으로 학생들에게 주입시킬 가능성이 크다. 발견학습은 사실상 이 말을 경계한 아이디어이며 교과내용을 가르치되 그 내용이 학생에게 이해 될 수 있도록 가르쳐야 한다는 아이디어라고 할 수 있다. 이 점에서 발견학습의 아이디어는 지식의 구조와 동일한 아이디어를 나타내고 있는 것이다.

피아제(Piaget)에 의하면 어떤 것을 안다고 하는 것은 어떤 것에 행위를 가하는 것이거나 그 어떤 것과의 상호작용의 결과이다. 만약 어린이가 모르면서 어떤 것을 암기했을 경우 곧 잊어버리게 된다. 왜냐하면 그가 받은 정보에 의미를 부여하는 정신구조(schema)가 없기 때문이다. 반대로 어린이가 알려고 하는 대상에 행위를 가하거나 그 대상과 상호작용을 한다면 그것을 하는 동안 학습경험을 가지며, 그 결과 정신구조가 생긴다(박재문).

어떤 학생이 교과의 어떤 내용이 이해가 되지 않는다면(정신적 불균형상태), 그는 이해하려고 노력할 것(균형을 취하려고 애쓸 것)이다. 구조는 균형을 유지하려고 하나 그 균형은 깨지고 다시 균형을 이루게 될 것이고 이를 통해서 구조는 더욱 정련되어 가고 균형-불균형을 통해 이해는 심화되어 갈 것이다(John L. Phillips, 1969 : 10).

발견학습은 학생들에게 몇 가지 관련된 사실을 제시해 주고 그 사실들로부터 그것에 함의된 원리를 학생들 자신이 발견해 내도록 하는 교수방법이라고 할 수 있다(이홍우, 1979 : 63).

(나) 발견학습 과정

발견학습은 과학의 기본 개념이나 일반 원리를 그것들이 형성되어온 과정을 학습시킴으로써, 아동의 것으로 습득시키려는 수업방식이다. 과학의 존재를 인정하며 학문의 계통을 중시하며 어린이의 주체적 사고를 존중한다는 점에서 문제해결적 학습의 일면도 갖고 있다(권오정 외, 126). 발견학습이 도달하려는 능력이나 태도 목표는

① 지적 능력이나 태도의 육성

② 외발적동기부여로부터 내발적 동기 부여에로의 이행
③ 발견방법의 학습
④ 기억보존의 원조

교수-학습의 과정은 학습과제의 파악-가설 설정-가설의 정교화-가설의 확인-가설의 발전으로 체계화할 수 있다.

(2) 학문중심 교육과정 하에서의 통합

대표적인 내용주의는 교과중심 교육과정 하에서의 교수활동을 의미하며, 방법주의는 경험중심 교육과정 하에서의 학습활동을 들 수 있으나 교육과정의 사조나 교수-학습이론이 변했다고 해서 어느 한 부분이 완전히 없어졌다거나 무시된 것은 아니었다. 다만 중점을 두는 곳이 달랐을 뿐이다.

한 학문은 독특한 개념, 탐구방식 내지 탐구결과의 진위를 판별하는 독특한 준거를 가지고 있다고 한다면 이러한 기본가정은 학문중심교육과정에서의 통합을 어렵게 만들고 있다. 1959년 미국의 기본교육위원회(Council for Basic Education)가 기본교육의 필요성 주장과 함께 12개의 필수과목을 정한 것은 오히려 교과를 분리시키고 있다.

학문중심교육과정에서 통합문제를 다룬 사람들은 피터스(R. S. Peters), 허스트(P. H. Hirst), 화이트(J. P. White), 링(R. Ring), 기본스(J. A. Gibbons), 켈리(A. V. Kelly)등을 들 수 있다.

① **피터스(R. S. Peters)와 허스트(P. H. Hirst)** : 교육내용을 지식의 형식(forms of knowledge)이라고 규정하고 있다. 지식의 형식은 각각 독특한 개념과 그 자체의 독특한 논리적 구조 또는 논리체계를 가지고 있어서 이를 통해 경험 또는 현상들이 상이한 방식으로 이해되며, 각각 독특한 탐구방식과 객관적 검증방법에 있어서 각각의 영역에서 인간 경험의 폭과 깊이를 더해 나갈 수 있다고 전제하고 지식의 형식으로 7가지를 들고 있다.

형식논리학과 수학, 자연과학, 자기 자신과 다른 사람의 감정에 관한 이해(인문과학), 도덕적 판단, 심미적 경험, 종교적 주장, 철학적 이해이다(P. H. Hirst, 1965 : 122). 각각의 지식은 다른 어떤 지식의 형태로 환원(reduction)될 수 없다고 한다. 여기서 통합에 관한 논의는 두 가지 측면에서 이루어질 수 있다고 말한다(P. H. Hirst, 1967 : 44-59).

하나는 지식의 형식 안에서 통합은 논리적으로 가능하다는 것, 또 하나는 지식의 형식들 사이의 통합으로써 어떤 주제나 문제를 중심으로 서로 다른 지식의 형식들을 관련시켜 조직할 수도 있다는 것이다.

허스트와 피터스는 지식의 형식을 잘 가르치기 위해서는 교육내용을 교과별로 분리해 조직하는 것과 각각의 교과를 관련시켜 통합적으로 조직하는 것이 동시에 요청된다고 한다. 왜냐하면 지식의 형식을 잘 가르친다는 것은 아동들로 하여금 지식의 형식을 통달하도록 가르치는 것과 각각의 지식의 형식사이에서 상호관련성을 파악할 수 있도록 가르치는 것을 뜻하기 때문이다. 이 때 각각의 지식의 형식들 사이의 상호관련성을 파악하도록 하기 위해 단원을 통합적으로 구성하는 것이 필요하다.

허스트는 지식의 관련 모습을 4가지 형태로 제시하고 있다.

㉮ A형의 명제가 B형의 명제를 이루는 구성요소가 되는 경우(예: 수학과 과학의 관계)

㉯ A형의 명제가 B형의 명제를 이해하는 수단이 되지만 그것의 구성요소는 되지 않는 경우(예: 영어와 영어로 쓰인 물리학의 관계)

㉰ A형의 명제가 B형의 명제에 대한 증거가 되는 경우(예: 사실적 명제가 규범적 명제의 증거가 되는 경우)

㉱ A형의 명제가 B형의 명제의 필요조건이 되는 경우, 이 때 A형 명제의 진이 B형 명제의 진을 함의하지 않을 수도 있다(예: 심리학적 판단은 도덕적 판단의 필요조건이 된다).

② 맥닐(J. D. McNeil): 학문중심 교육과정에서는 교육내용의 조직유형이 다양함을 언급하면서 통합과 관련시켰다(McNeil, 1977 : 54-58).

㉮ 집중화: 여러 가지 학문으로부터의 주제가 교과를 조직하는 데

도움을 준다(예: 에너지).

㉯ 통합화: 한 교과에서 배운 탐구방식은 다른 분야의 학습에 도구로 사용될 수 있다(수학과 과학).

㉰ 연합: 각 학문은 분리되어서 배우지만 한 학문에서 알게 된 것은 다른 학문과 관련되어서 심화된다.

㉱ 종합적인 문제해결: 물건의 소비, 조사, 오락 등과 같은 현대사회의 관심으로부터 해결되어야 할 문제가 나타나고 학생들은 이 문제를 해결하기 위해 자연과학, 사회과학, 수학, 예술 등으로부터 기술을 끄집어낸다.

이어서 학문중심교육의 경향을 교과조직과 관련시켜 크게 세 가지로 밝히고 있다(McNeil, 1977).

㉮ 지식의 구조적 접근에 강조 : 교과의 분화 강조

㉯ 교과의 통합에 대한 경향 : 학문중심교육이 소기의 성과를 거두지 못하는 원인을 교과간의 통합적인 목표의 결여와 관련내용이 통합적으로 관련을 이루지 못하는 데서 오는 것이라고 보고 둘 혹은 셋 이상의 교과를 통합하여 교육과정을 전개하려는 것이다.

③ 교육과정의 통합을 위한 시도

㉮ 단일의 주제를 선정 : 사회적 문제 같은 일반적이고도 큰 아이디어를 중심으로 내용을 선정

㉯ 몇몇의 특수화된 과학으로부터 병합적인 학습활동을 전개한다 : 사회과학이나 자연과학으로부터 내용과 과정을 도출하고 이를 연합된 활동으로 묶어 상호 관련되게 수업을 전개한다.

㉰ 다양한 학습모형을 병합 시킨다 : 특별한 영역에서 학습자의 관심과 필요를 반영하는 구체적인 경험을 중심으로 내용을 묶는다.

④ 기본적 교과를 강조하는 입장이다. 즉, 읽기, 쓰기, 산수 등을 강조하는 등 문제 해결과 관련된 교과를 중시

이상의 학문중심 교육에서의 통합 논의는 경험중심 교육의 통합과 구별된다.

경험중심 교육에서의 통합의 기준은 학생들의 경험 또는 문제해결의 과정이고 통합의 가치는 사회의 필요 또는 경험의 통합성에 비추어 정당화된다. 여기에 비하여 학문중심 교육에서의 통합의 기준은 지식의 형식이나 구조 또는 의미의 상호간의 논리적 관련성이며, 지식의 형식이나 구조 자체를 잘 가르치기 위한 시도로서 가치를 지닌다.

제 8 절 영 · 유아 교육과정상의 사회관련 내용선정과 조직

1. 유치원 교육과정 사회생활 영역

현행 우리나라의 유치원 교육과정(교육인적자원부 고시 제2007-153) 즉, 제7차 유치원 교육과정의 사회생활 영역의 내용체계를 근거로 내용의 선정과 조직을 기술한다.

유치원 교육과정 사회생활 영역의 내용체계는 다음과 같다.

(1) 내용 체계

내 용	하위 내용
나를 알고 사랑하기	나를 소중하게 여기기 나의 일 스스로 하기 나의 감정 알고 조절하기
가족과 함께 생활하기	가족과 화목하게 지내기 가족과 협력하기
이웃과 더불어 생활하기	예절 바르게 생활하기 다른 사람을 이해하고 존중하기 질서와 규칙 지키기 두레의 소중함을 알고 협력하기
사회 현상에 관심 가지기	주변 지역에 관심 가지기 경제생활에 관심 가지기 우리나라와 우리 전통문화에 관심 가지기 다양한 문화에 관심 가지기

(2) 수준별 내용

<table>
<tr><th rowspan="2">내 용</th><th rowspan="2">하위 내용</th><th colspan="2">수준별 내용</th></tr>
<tr><th>Ⅰ</th><th>Ⅱ</th></tr>
<tr><td rowspan="8">나를 알고 사랑하기</td><td rowspan="2">나를 소중하게 여기기</td><td colspan="2">· 나에 대해 알아보고 소중하게 생각한다.</td></tr>
<tr><td colspan="2">· 내가 하는 일에 자신감을 가진다.</td></tr>
<tr><td rowspan="4">나의 일 스스로 하기</td><td colspan="2">· 내가 할 수 있는 일을 스스로 한다.</td></tr>
<tr><td colspan="2">· 해야 할 일을 책임 있게 한다.</td></tr>
<tr><td>· 하고 싶은 일을 스스로 선택하고 해 본다.</td><td>· 하고 싶은 일을 계획하고 실천한다.</td></tr>
<tr><td>· 하루 일과에 적응한다.</td><td>· 하루 일과를 알고 생활한다.
· 규칙적인 생활을 한다.</td></tr>
<tr><td rowspan="2">나의 감정 알고 조절하기</td><td>· 여러 가지 감정이 생길 수 있음을 안다.</td><td>· 상황에 따라 감정이 변할 수 있음을 안다.</td></tr>
<tr><td>· 나의 감정을 조절해야 할 필요성을 안다.</td><td>· 나의 감정을 조절하여 적절하게 표현한다.</td></tr>
<tr><td rowspan="4">가족과 함께 생활하기</td><td rowspan="2">가족과 화목하게 지내기</td><td colspan="2">· 가족의 소중함을 알고 화목하게 지낸다.</td></tr>
<tr><td colspan="2">· 부모, 형제 등 가족과 사이좋게 지낸다.</td></tr>
<tr><td rowspan="2">가족과 협력하기</td><td>· 가족 구성원을 안다.</td><td>· 다양한 가족 구조에 대해 알아본다.</td></tr>
<tr><td>· 가정에서 내가 할 수 있는 일을 찾아보고 해 본다.</td><td>· 가족을 위해 할 수 있는 일을 알아보고 실천한다.</td></tr>
<tr><td rowspan="8">이웃과 더불어 생활하기</td><td rowspan="4">예절 바르게 생활하기</td><td colspan="2">· 정직하게 말하고 행동한다.</td></tr>
<tr><td colspan="2">· 친구와 어른께 바르게 인사한다.</td></tr>
<tr><td>· 도움을 받거나, 잘못했을 때 표현하는 말을 안다.</td><td>· 도움을 받거나, 잘못했을 때 적절한 말과 태도로 표현한다.</td></tr>
<tr><td colspan="2">· 옷차림을 바르게 한다.</td></tr>
<tr><td rowspan="2">다른 사람을 이해하고 존중하기</td><td colspan="2">· 친구와 사이좋게 지낸다.</td></tr>
<tr><td>· 사람은 서로 다르다는 것을 안다.</td><td>· 사람의 서로 다른 점을 존중하며 함께 지낸다.</td></tr>
<tr><td rowspan="2">질서와 규칙 지키기</td><td colspan="2">· 다른 사람과 한 약속을 지킨다.</td></tr>
<tr><td>· 질서를 지켜야 함을 안다.</td><td>· 질서를 지킨다.</td></tr>
</table>

		· 공공장소에서 지켜야 할 규칙을 알고 지킨다.	
	두레의 소중함을 알고 협력하기	· 친구와 함께 활동에 참여해 본다.	· 친구의 의견을 존중하며 집단 활동에 참여한다.
		· 다른 사람을 도와주는 경험을 해 본다.	· 다른 사람과 협력한다.
		· 물건을 함께 사용해 본다.	· 물건을 나누어 쓰고 양보한다.
사회 현상에 관심가지기	주변 지역에 관심 가지기	· 우리 동네의 이름과 집의 위치를 알아본다.	· 우리 동네의 특징을 알아본다.
		· 우리 동네에 있는 여러 기관을 알아본다.	· 우리 동네에 있는 여러 기관의 역할을 알아본다.
	경제생활에 관심 가지기	· 물건을 잘 간수하고 아껴 쓴다.	
		· 다시 쓸 수 있는 물건을 재활용한다.	
		· 물건을 살 때 돈이 필요함을 안다.	· 필요한 물건을 계획해서 사 본다.
		· 우리 가족의 직업에 대해 알아본다.	· 여러 가지 직업에 대해 알아보고 모든 직업이 소중함을 안다.
	우리나라와 우리 전통문화에 관심 가지기	· 태극기, 애국가, 무궁화 등 우리나라 상징에 관심을 가진다.	· 태극기와 애국가에 대한 예절을 알고 지킨다.
			· 통일에 관심을 가진다.
		· 전통문화에 관심을 가진다.	· 전통문화를 존중하고 친밀감을 가진다.
	다양한 문화에 관심 가지기	· 여러 나라 사람에 대해 관심을 가진다.	· 여러 나라의 사람에 대해 알아보고 존중한다.
		· 여러 나라의 문화에 관심을 가진다.	· 여러 나라의 문화를 알아보고 존중한다.

이상의 교육과정 내용체계에서 보듯이 기본 내용은 사회 생활영역의 목표에 근거하여 '나를 알고 사랑하기', '가족과 함께 생활하기', '이웃과 더불어 생활하기', '사회현상에 관심 가지기'로서 4개 영역은 유아를 중심으로 한 생활영역에서 활동을 중심으로 한 내용 선정을 하고 있다. 그리고 4개 영역을 나, 가족, 이웃, 사회로 점차 경험의 범위를 넓혀가는 경험확대법 내지 동심원 확대법에 의한 조직을 하고 있다. 4개 영역에서 다시 하위 내용으로 세분화하여, '나(3개 영역)', '가족(2개 영역)',

'이웃(4개 영역)', '사회현상(4개 영역)'으로 총 13개의 하위 내용으로 분류하였다. 그리고 다시 하위내용별로 Ⅰ, Ⅱ의 2개의 수준으로 내용을 분류하였다. 수준은 유치원 원아의 수준에 맞게, 지역적 특성에 따라서 조정할 수 있을 것으로 본다.

2. 표준보육과정 사회관계 영역

(1) 연령별 목표와 내용

내용범주	만 2세 미만	만 2세	만 3~5세
자기 존중	· 자신을 분리된 존재로서 인식하기	· 자신을 다른 사람과 구별하기 · 자신에 대해 긍정적으로 생각하기 · 독립적으로 행동하기	· 자신의 소중함을 알기 · 자신감과 독립심 기르기 · 성정체감 형성하기
정서인식과 조절	· 자신의 정서를 느끼고 표현하기	· 자신의 정서를 적절하게 표현하기 · 다른 사람의 정서에 관심 가지기	· 자신과 다른 사람의 다양한 정서를 인식하고 표현하기 · 자신의 정서를 조절하고 활용하기
사회적 관계	· 다른 사람에게 관심 가지기 · 양육자와 애착 형성하기	· 가족관계 이해하기 · 또래에게 관심 가지기 · 자신이 속한 집단 알기	· 가족과 화목하게 지내기 · 또래와 사이좋게 지내기 · 공동체 정신 기르기
사회적 지식			· 지역사회에 관심 가지고 이해하기 · 우리나라에 관심 가지고 이해하기 · 세계와 여러 문화에 관심 가지기 · 경제생활에 관심 가지고 이해하기

(2) 만 2세 미만

수준별 내용

<table>
<tr><th>내용범주</th><th>내용</th><th>1수준</th><th>2수준</th><th>3수준</th></tr>
<tr><td rowspan="3">자기존중</td><td rowspan="3">자신을 분리된 존재로서 인식하기</td><td colspan="3">거울속의 자신을 보고 웃거나 알아본다.</td></tr>
<tr><td></td><td colspan="2">자신의 모습과 다른 사람의 모습을 구별한다.</td></tr>
<tr><td></td><td colspan="2">자신의 몸을 스스로 움직일 수 있음을 안다.</td></tr>
<tr><td rowspan="3">정서인식과 조절</td><td rowspan="3">자신의 정서를 느끼고 표현하기</td><td colspan="3">여러 가지 표정에 반응한다.</td></tr>
<tr><td>여러 가지 음성과 소리를 듣고 반응한다.</td><td colspan="2">자신의 감정과 욕구를 다른 사람이 알도록 표현한다.</td></tr>
<tr><td colspan="2"></td><td>자신에게 여러 가지 정서가 있음을 안다.</td></tr>
<tr><td rowspan="4">사회적 관계</td><td rowspan="2">다른 사람에게 관심 가지기</td><td>다른 사람과 시선을 맞춘다.</td><td colspan="2">다른 사람을 관찰하고 모방한다.</td></tr>
<tr><td>양육자의 목소리를 인식한다.</td><td colspan="2">친숙한 사람에게 애정을 표현한다.</td></tr>
<tr><td rowspan="2">양육자와 애착 형성하기</td><td colspan="3">양육자와 안정적인 애착을 형성한다.</td></tr>
<tr><td colspan="3">양육자와 친숙해지고 신뢰감이 생긴다.</td></tr>
</table>

(3) 만 2세

수준별 내용

<table>
<tr><th>내용범주</th><th>내용</th><th>1수준</th><th>2수준</th></tr>
<tr><td rowspan="6">자기존중</td><td rowspan="2">자신을 다른 사람과 구별하기</td><td colspan="2">자신의 신체 부분을 안다.</td></tr>
<tr><td colspan="2">다른 사람이 자신을 부를 때 반응한다.</td></tr>
<tr><td rowspan="2">자신에 대해 긍정적으로 생각하기</td><td colspan="2">자신의 생김새와 신체적 능력에 대해 긍정적으로 느낀다.</td></tr>
<tr><td>스스로 할 수 있는 일에 대해 즐거움을 느낀다.</td><td>자신이 노력해서 성취한 일에 대해서 자부심을 갖는다.</td></tr>
<tr><td rowspan="2">독립적으로 행동하기</td><td colspan="2">자신이 할 수 있는 일을 경험한다.</td></tr>
<tr><td colspan="2">혼자서 할 수 있는 일을 스스로 해본다.</td></tr>
<tr><td rowspan="2">정서인식과 조절</td><td rowspan="2">자신의 정서를 적절하게 표현하기</td><td colspan="2">자신의 정서와 욕구를 인식한다.</td></tr>
<tr><td>자신의 감정을 동작과 언어로 표현한다.</td><td>긍정적 정서와 부정적 정서를 적절한 방법으로 표현한다.</td></tr>
</table>

	다른 사람의 정서에 관심가지기	다른 사람의 정서에 관심을 보인다.	
			다른 사람의 정서를 인식하고 반응을 보인다.
사회적 관계	가족관계 이해하기	자신에게 가족이 있음을 안다.	가족 구성원을 안다.
	또래에게 관심가지기	다른 영아와 함께 지내는 것을 경험한다.	
			다른 영아와 의사소통을 한다.
			다른 영아와 함께 놀이한다.
	자신이 속한 집단 알기	자신이 속한 반과 교사를 안다.	자신이 속한 반과 보육시설에는 기본적인 규칙과 약속이 있음을 안다.
		자신이 속한 반의 활동에 참여한다.	다른 사람에게 인사하고 고마움을 표시한다.

(4) 만 3~5세

수준별 내용

내용범주	내용	1수준	2수준	3수준
자기존중	자신의 소중함을 알기	자신과 다른 사람의 같은 점과 다른 점을 안다.		자신과 다른 사람의 차이를 인정한다.
		자신에 대해 긍정적으로 생각하고, 자신의 소중함을 안다.		
	자신감과 독립심 기르기	자신이 할 수 있는 일을 알고 실천한다.		자신이 할 수 있는 일을 혼자서 자신 있게 해본다.
		자신이 하고 싶은 일을 한다.		자신이 하고 싶은 일을 계획하고 마무리 한다.
				자신감과 독립심을 가지고 새로운 경험을 시도한다.
	성정체감과 양성평등 의식가지기	자신의 성별을 안다.	남자와 여자의 특성과 차이를 안다.	자신이 일생동안 같은 성을 가지며, 외모와 행동이 변해도 성은 변하지 않음을 안다.
			양성평등 의식을 갖는다.	
정서인식과 조절	자신과 다른 사람의 여러 가지	자신과 다른 사람이 여러 정서를 가질 수 있음을 인식한다.		자신과 다른 사람의 다양한 정서를 이해하고 공감한다.

<table>
<tr><th>내용범주</th><th>내용</th><th>1수준</th><th>2수준</th><th>3수준</th></tr>
<tr><td rowspan="4"></td><td>정서를 인식하고 표현하기</td><td colspan="3">다른 사람과 상황을 고려하여 자신의 정서를 긍정적인 방법으로 표현한다.</td></tr>
<tr><td rowspan="3">자신의 정서를 조절하고 활용하기</td><td colspan="3">자신의 정서를 긍정적으로 조절한다.</td></tr>
<tr><td></td><td colspan="2">자신의 정서가 다른 사람에게 미치는 영향을 이해한다.</td></tr>
<tr><td colspan="2"></td><td>문제해결과정에서 적절하게 정서를 이용한다.</td></tr>
<tr><td rowspan="10">사회적 관계</td><td rowspan="3">가족과 화목하게 지내기</td><td colspan="3">가족의 소중함을 안다.</td></tr>
<tr><td colspan="2">가족구성원을 안다.</td><td>가족구조가 다양하다는 것을 이해한다.</td></tr>
<tr><td colspan="2">가족을 위하여 내가 할 수 있는 일을 한다.</td><td>가족이 행복해지기 위해서는 함께 노력해야 한다는 것을 이해한다.</td></tr>
<tr><td rowspan="3">또래와 사이좋게 지내기</td><td colspan="3">다양한 상황에서 또래와 놀이하는 것을 즐긴다.</td></tr>
<tr><td></td><td colspan="2">또래와 협동한다.</td></tr>
<tr><td></td><td>자신과 다른 사람의 의견에 차이가 있음을 안다.</td><td>또래와의 갈등을 여러 방법으로 해결한다.</td></tr>
<tr><td rowspan="4">공동체 정신 기르기</td><td colspan="3">도움이 필요할 때 다른 사람과 도움을 주고받는다.</td></tr>
<tr><td colspan="2">자신이 속한 집단의 구성원으로서 소속감이 생긴다.</td><td>집단 구성원의 상호 협조 관계를 이해하고 협력한다.</td></tr>
<tr><td colspan="2">보육시설, 가정, 사회에서 지켜야 할 규칙을 지킨다.</td><td>교실에서 필요한 규칙을 협의하여 만들고 지킨다.</td></tr>
<tr><td colspan="2">자신의 소유물과 다른 사람의 소유물을 구별한다.</td><td>자신과 다른 사람의 감정, 권리, 소유물을 존중한다.</td></tr>
<tr><td rowspan="6">사회적 지식</td><td rowspan="3">지역사회에 관심 가지고 이해하기</td><td>우리 동네의 이름을 안다.</td><td colspan="2">우리 동네의 좋은 점을 안다.</td></tr>
<tr><td colspan="2">우리 동네에 있는 익숙한 기관의 위치를 알아본다.</td><td>지도에서 자신에게 의미 있는 곳을 찾아본다.</td></tr>
<tr><td colspan="2"></td><td>시간의 흐름에 따른 지역사회의 변화를 안다.</td></tr>
<tr><td rowspan="3">우리나라에 관심가지고 이해하기</td><td colspan="3">우리나라 명절과 풍습 등의 전통문화에 대하여 알아보고 경험한다.</td></tr>
<tr><td colspan="2">우리나라를 상징하는 것을 안다.</td><td>국경일을 알고 기념한다.</td></tr>
<tr><td></td><td>남북분단에 대해 관심을 가진다.</td><td>통일에 대해 관심을 가진다.</td></tr>
</table>

내용범주	내용	1수준	2수준	3수준
사회적 지식	세계와 여러 문화에 관심 가지기	세계 여러 나라의 사람들에 대해 관심을 가진다.		
			세계 여러 나라의 이름과 상징, 문화적 특징에 대해 관심을 가진다.	
				평화를 위해 세계 여러 나라가 협력해야 함을 안다.
		다양한 능력과 문화를 존중한다.		
				자신과 다른 사람이 차이점 때문에 어려움을 겪을 때 적극적으로 대처한다.
	경제생활에 관심가지고 이해하기	물건을 사기 위해서는 돈이 필요함을 안다.	돈의 가치를 안다.	돈의 소중함을 알고, 아껴 쓰며 저축한다.
			필요한 물건과 원하는 물건의 차이를 안다.	계획을 세워 물건을 구입해 본다.
		다양한 직업에 관심을 가진다.	다양한 직업의 특성을 안다.	자신의 장래의 직업에 대해 관심을 가진다.
			다양한 직업에 종사하는 여러 사람에게 고마운 마음을 가진다.	

표준보육과정은 유치원 교육과정의 사회생활 영역에 해당하는 "사회관계"영역을 두고 있다. 만 2세 미만은 사회관계를 자아존중, 정서인식과 조절, 사회적 관계의 3개의 하위영역에 3단계의 수준을, 만 2세는 여기 3개 하위영역에 2단계의 수준을, 다시 만 3-5영역에서 자아존중, 정서인식과 조절, 사회적 관계에 사회적 지식을 두어 4개 하위영역에 3단계의 수준을 두었다.

여기서 유아(보육)교사는 수업계획을 짤 때 관련 내용을 가져와야 하는데 사회생활(사회적 관계)영역의 내용을 가져와 활동 위주의 수업계획을 하게 된다. 그러나 이 경우에 있어서도 관련 사회과학의 내용을 염두에 두어야 한다.

제 6 장

유아사회과교육의 교수-학습 방법

유아사회과교육의 과정(process)상 교과의 목표가 정립되고 그 목표를 달성하기 위한 내용이 선정되고 조직되었다면 유아사회과교육에서 어떻게 교수-학습 활동을 할 것인가?에 대하여 고찰해야 한다. 물론 유아사회과는 현장에서는 교과로서보다는 사회생활영역으로 전개되어야 하지마는 교과의 의미가 없어지는 것은 아니므로 본장에서는 일반적인 교수-학습 방법에서 출발하여 유아사회과교육에 필요한 교수-학습의 방법으로 논하고자 한다.

제 1 절 교수-학습의 의의

교육을 의도적이고 계획적으로 인간행동을 변화시키는 작용이라고 한다면, 교육의 과정에는 반드시 가르치고 배우는 과정이 있기 마련이다. 모든 인간은 가르치고 배우는 과정 속에서 지적, 정의적 제 영역의 제요소를 습득하여 인간다운 인간으로 되어가는 것이다. 여기서 가르치는 행위를 교수(teaching)라고 하고, 배우는 행위를 학습(learning)이라고 한다면, 학교교육의 가장 핵심적 요소로서의 교수-학습과정은 동시에 일어나는 하나의 포괄적 과정이지만, 양자 간의 개념 차이는 있다.

1. 학습

학습이란 "주어진 사태에 반응함으로써 어떤 행동이 발생하거나 변화되는 과정"(Ernest R. Hilgard, 1956 : 3)이라고 정의할 수 있지만 이를 분석하면 주어진 환경(문제상황)에서 개인이 그 환경과 관련하여 어떤 경험이나 연습을 통하여 행동(내적, 외적)행동의 변화를 일으키는 것을 말한다. 여기에는 인간을 둘러싼 환경적 요소와 그 환경과의 상호작용, 그리고 행동의 변화라는 요소가 있으며, 최종적으로 행동의 변화에 초점을 맞춘다. 행동의 변화는 지속적이며, 후천적이어야 하며, 약물 등에 의한 일시적인 것이나 자연적인 성숙의 결과 나타난 인간 행동의 변화는 학습이라고 하지 않는다. 그리고 학습은 의도적일 수도 있고, 무의도적일 수도 있다. 인간의 행동은 의도적으로 계획하지 않더라고 환경과의 관계 하에서 변할 수도 있는 것이다. 그러나 학교교육과 관련하여 볼 때는 의도적인 것을 주로 말한다.

2. 교수

교수란 "개인으로 하여금 특정한 조건이나 상황에 반응하여 특정한 행동을 나타내거나, 참여할 수 있도록 환경을 계획적으로 조작하는 과정"(Stephen M. Corey, 1967 : 6)을 말한다. 여기서 중요한 것은 환경과 관련한 개인행동의 변화(학습)가 이루어 질 수 있도록 환경을 계획적으로 조작한다는 것이다. 그러므로 교수는 학습에 비해 의도적이며 조작적인 경향을 강하게 내포하고 있다. 결국 학습이 주어진 상황에서 가장 잘 이루어질 수 있도록 교사가 어떤 의도를 갖고 계획하고 실행한다는 의미가 담겨 있다.

3. 교수와 학습의 관계

교수는 교사가 학생들에게 어떤 학습이 일어날 수 있도록 학생들에게 의도적으로 어떤 경험을 시키는 것이며, 이를 가르친다고 하는 것이다. 그러므로 교수가 수단이라면 학습은 목적이 되는 것이다. 그러므로 교수는 목표인 학습에 효과적으로 도달하게 하는 방법 내지 수단인 것이다.

따라서 본 장에서는 교사의 입장에서 목표를 세우고 학습이 효과적으로 이루어질 수 있도록 하는 방법의 탐색을 고찰하고자 한다. 그리고 수업이라 함은 교수 중에서도 주로 교실상황에서 일어나는 가르치는 활동을 말하나 가르친다는 점에서 교수와 같이 사용해도 별 문제가 없을 것으로 본다.

제 2 절 교수 과정의 변인

실제 수업에서 교수활동을 진행하려고 한다면 교수과정에는 여러 가지 요인이 작용하고 있음을 알 수 있다. 어떤 목표를 세우고 학습자로 하여금 도달하게 하고자 할 때, 효율성의 문제가 대두되는 것이다. 여기서 효율성이라 함은 보다 쉽게 목표에 도달하게 하거나, 같은 노력으로 많은 목표를 달성하게 하는 것이며, 나아가서는 다음 목표를 달성하는 데 기여하여야 하는 것이다. 효과적인 목표달성을 탐색하기 위해서 교수과정을 본다면, 먼저 교사가 어떤 학생을 대상으로 하여 특정한 과제(내용, 경험)를 가르쳐야 하므로, ① 교사(수업) ② 학습과제(내용과 행동) ③ 학습자 변인을 추출할 수 있다.

1. 수업변인

실제 수업에서 교사가 선정·조직된 내용을 학생에게 가르치고자 할 때, 절차와 활동, 동원되는 수업자료(매체)와 집단의 조직(교사, 학생)을 사전에 계획하여야 한다.

(1) 수업의 절차

수업을 진행시키는 순서는 역동적인 상황에서 교사가 선택할 일이지만 일반적으로 동기를 유발하고 본시의 목표를 인식시키는 "도입", 본 수업을 어떤 방법에 의해 진행하는 "전개", 그리고 진행된 수업을 요약·정리하는 "정리", 마지막으로 본 시간에 학습한 내용에 대한 성취도를 확인하는 "평가"의 4개 단계로 나누어 볼 수 있다. 그리고 마지막에 오는 평가는 형성평가로서 수업 중간 중간에 할 수 있다.

(2) 수업활동

수업중의 활동은 교사가 사전에 면밀하게 계획하지마는 수업이 교사와 학생의 양자 간에 이루어지는 활동이므로 어느 쪽의 활동을 보다 활성화시키느냐에 따라 "교사주도활동"과 "학생주도활동"으로 나누어 볼 수 있다. 물론 이것은 하나의 이념형으로서 실제에 있어서 교사의 활동과 학생의 활동이 같이 일어나지마는 활동의 초점을 어디에 맞추는가에 따라 수업의 진행 방법이 달라진다. 또한 어디에 맞출 것인가는 학생의 수준과 과제, 교사의 역량 등에 따라 달라질 수 있을 것이다. 그리고 같은 방법이라 하더라도 교사가 중심이 될 수도 있고, 학생이 중심이 될 수도 있다. 예컨대 "토의식 수업"이라 하더라도, 교사의 관여 정도는 차이가 있을 것이다. 따라서 그 방식과 진행은 교사가 역동적인 상황을 판단하여 결정할 일이다.

(3) 수업매체(자료)

교수의 목표를 효과적으로 달성하게 하는 중요한 요소 중의 하나가 수업에 동원되는 매체와 자료인 것이다. 교사는 다양한 자료와 내용을 보다 효과적으로 전달하며 학생의 흥미를 이끌 수 있는 교수기기를 적절하게 활용하여야 할 것이다. 교사는 실제 수업에서 어떤 자료를 어떤 기기를 어느 정도 이용해서 전달할 것인지도 사전에 연구하여야 한다.

(4) 수업조직

현실적으로 수업이 1:1 상황에서 일어난다기보다, 교사 1인이 다수의 학생, 또는 복수의 교사가 다수의 학생을 가르치는 형태로 진행된다.

여기서 학생이나 교사의 조직이 그 효과를 결정하는 변수로 작용할 수 있는 것이다. 그리고 유사한 효과라면 경제성을 생각해야하고, 이상적인 형태뿐만 아니라 현실적 형태를 어떻게 조직할 것인가의 문제도 있다.

학생의 집단조직은 대집단(100명 이상), 소집단(12-15명), 개별화(2-3명) 등과 능력별 반편성, 특수학급의 편성 등으로 나누어 볼 수 있으며, 교사의 집단조직은 교과담임, 학급담임, 티임 담당(team teaching) 등으로 나누어 볼 수 있다.

2. 학습과제 변인

학습과제는 교수를 통해 어떤 목표를 달성하고자 할 때, 그 목표를 달성하기 위한 수단으로서 동원되는 내용과 내용을 통하여 달성하고자 하는 인간 행동을 말한다. 그러므로 학습의 과제는 목표를 달성하기 위한 수단적 의미로 사용되면서, 아울러 내용과 행동의 포괄적 구조로 결정된다. 즉 어떠어떠한 내용을 가지고 어떠어떠한 행동의 변화를 의도한다는 것이다. 이렇게 볼 때 학습의 과제는 교수 목표를 분석하여 그

것을 구체화하고 실제 상황에 적용한 것이라고 할 수 있다.

학습과제에는 내용적 요소와 행동적 요소가 있다. 내용적 요소는 수업시간에 학생들에게 경험시킬 요소로서 용어의 정의, 사실적 지식, 개념적 지식, 일반화, 원리·법칙, 이론 등과 기타 정의적인 내용 등이 들어갈 수 있다. 행동적 요소는 인지적, 정의적, 심리·운동적 영역의 요소로 분류 해볼 수 있다.

3. 학습자변인

학습자인 학생 자신의 특성에 의해 교수과정의 효율성을 결정하는 요소로서 학습자간의 개인차가 존재하며, 학습자가 어느 정도의 능력을 갖고 있느냐하는 것은 교수성패를 결정할 수도 있다. 그러므로 이것은 학생의 출발점 행동과 관련이 있다. 출발점 행동은 지적 출발점 행동과, 정의적 출발점 행동으로 나눌 수 있다. 지적 출발점 행동은 학습적성, 일반지능, 관련 선수학습정도, 학습양식을 들 수 있으며, 정의적 출발점 행동은 학습의 동기, 흥미, 학습에 대한 자신감 등이다. 블룸(B. S. Bloom)에 의하면 지적 출발점 행동이 학습 성과의 약 50%를 결정하며, 정의적 출발점 행동이 약 25%를 결정하게 된다고 한다. 그리고 학습에 관하여 지적 행동은 정의적 행동에 긍정적 영향을 미치는 바 중복 부분이 10% 정도라고 한다.

제 3 절 교수과정의 일반모형

각 교과와 교사가 의도하는 바에 따라서 구체적인 교수의 과정은 달라지게 될 것이다. 그러나 학생들을 대상으로 가르친다는 행위에 비추어 볼 때, 그 효율성을 높이기 위해 포괄적인 일반 모형은 상정해 볼 수도 있다. 이러한 일반적 모형으로서 글레이저(R. Glaser, 1962 : 1-30)의 교수 모형을 예로서 제시할 수 있다.

그에 의하면 교수과정은 교수목표의 설정-출발점행동의 진단-교수절차-학습성과의 평가의 4단계로 구분하고 평가에서 앞의 각 단계에 대하여 피드백(feed-back)한다.

[그림 6-1] 글레이저(Glaser)의 수업모형

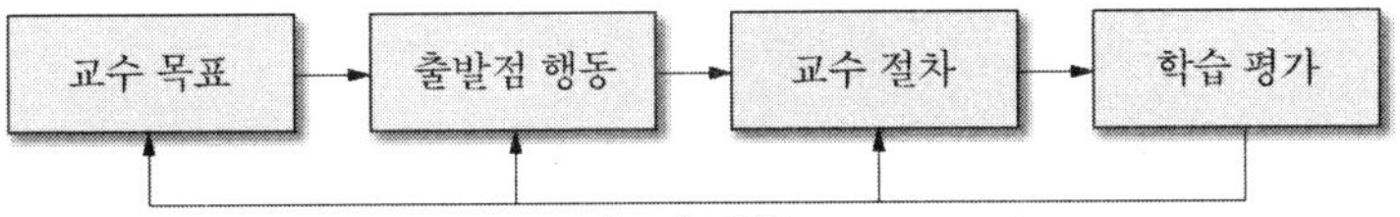

1. 교수 목표의 설정

수업이 진행될 학습 단원에서 교수목표(수업목표)를 설정하는 단계로서, 일반 교육목표나 교과목표보다 구체화시켜야 한다. 교수목표는 단순한 지표가 아니라 실천적이며 행동적이어야 한다. 교육과정과 교과서를 철저히 분석하여 가르칠 내용의 요소와 그 내용으로 도달하고자 하는 행동의 성격과 단계를 정한 후 교수목표를 진술하여야 한다. 교수목표의 구성요소는 블룸(Bloom, 1956) 등에 의하면 '내용과 행동'으로 구성되며, 행동의 분류를 체계적으로 제시하였다. 그의 '교육목표 행동 분류학'은 행동을 지석(Cognitive), 정의적(Affective), 운동·기능적(Psychomolor) 영역으로 나누고, 그 중에서도 특히 지적 영역은 복잡성의 원리에 따라 6단계로 세분하였다.

Mager(1962)는 교수목표의 진술에서 보다 관찰 가능한 행동을 강조하여 ① 도달점행동(terminal performance) ② 조건 ③ 수락기준(acceptance level) 등의 요건을 내포할 것을 주장하였다. 여기서 내용은 조건에 들어가며, 수락기준이 있다는 것이 더 구체적이며 조작적이라 할 수 있다. 그러나 모든 목표 설정에 있어서 이러한 요건을 충족시키기는 현실적으로 어렵다.

2. 출발점 행동의 진단

출발점 행동은 새로운 도달점 행동을 습득하기 전에 이미 습득하고 있어야 할 행동을 말하는 것으로 학습과제를 성공적으로 완수하기 위한 선수학습의 수준을 의미한다. 이 단계는 새로운 학습과제를 시작하기 전에 진단평가를 통하여 실제 학생의 선수학습의 수준을 파악하여, 미달할 경우 보충 지도를 하여 요구되는 수준에 도달하게 함으로써 학습과제를 성공적으로 수행하기 위한 준비를 갖추게 하는 것이다.

학생이 현재 지니고 있는 어떤 특정교수목표와 연관된 자질(Ausubel, 1959 : 245-254)을 의미하는 준비도(readiness)란 개념과도 통하나 준비도는 성숙이라는 개념과 혼동되어 사용될 수도 있어 선수학습의 수준을 의미하는 출발점 행동과 완전히 합치하는 개념이라고 보기는 어렵다.

3. 교수 절차

교수목표를 설정하고, 출발점 행동을 진단하여 준비를 갖추고 난 후, 본 수업에 들어가는 과정을 말한다. 크게 도입-전개-정리-평가 4개 단계의 절차를 거친다. 이 절차는 반드시 고정되어 있다기보다 역동적으로 교사가 활용할 수 있을 것이다. 여기서의 평가는 총괄평가라기보다 형성평가를 말하며 수업의 과정에서 신축적으로 사용하는 것으로 수업 속도의 조절, 완전학습의 강화, 학습곤란의 발견, 학습지도방법 개선의 효과가 있다.

수업의 질이라고 하면 교사가 수업절차에 따라 본 수업을 전개할 때 나타나는 교사의 치밀한 준비와 열의에 의해 결정될 것이나, 여러 가지 상황에 따라 다르게 나타날 수 있을 것이다. 똑 같은 방법을 같은 대상에게 시간을 달리하여 전개해도 결과는 다를 수가 있는 것이다.

그러나 캐롤(Carrol, 1963 : 723-733)은 학교학습에 수업의 질을 나타내는 4가지 잠정적 기준을 제시하였다.

① 학습자들이 무엇을 학습해야 하며, 어떻게 학습해야 하는지를 분명히 할 것

② 학습자가 학습해야할 자료와 감각적 접촉을 할 수 있도록 할 것

③ 학습의 각 단계가 다음 단계의 충분한 준비가 될 수 있도록 자세하게 그리고 적절한 순서로 제시할 것

④ 수업의 전 과정이 학습자 개개인의 특수한 필요와 성격에 맞게 조절될 것

이 기준은 교사가 수업절차를 전개하는데 있어서 유념해야 할 일반적 사항을 말해주고 있으며, 교사의 행동 지침을 말하고 있는 듯하다. 여기서는 교사의 자질이나 성격보다 교사의 수업과정에서의 행동에 초점을 맞추고 있다.

블룸(Bloom, 1963 : 4-14)은 질이 높은 수업의 요건으로서 3가지를 들고 있다.

① 학생이 무엇을 학습해야 하며, 그 학습을 위해 무엇을 해야 하며, 어떻게 해야 하는지에 관한 단서를 제공하는 것이다.

② 학습자로 하여금 학습과정에 적극적으로 참여하게 하는 것이다. 학생들의 정신을 수업에 집중시키는 행위도 포함한다.

③ 수업의 과정에서 적절한 강화가 이루어져야 한다. 강화는 칭찬, 인정과 같은 적극적인 것과 처벌이나 꾸중과 같은 소극적인 것이 있다. 그리고 강화는 학생에 따라 효과가 다를 수가 있으며, 학생의 필요에 따라, 자주, 즉각적으로 주어져야 한다.

4. 학습 성과의 평가

일정한 학습과제(한 단원, 한 학기, 한 학년 등)에 대한 교수과정이

끝났을 때, 그 동안 학습의 성과를 총괄적으로 평가하는 것이다. 여기서의 평가는 출발점 행동을 진단하는 평가와 수업절차의 전개 중에 실시하는 형성평가와 구별하여 총괄평가라고 한다. 이 총괄평가는 목표의 달성도를 알아볼 뿐만 아니라 학생들의 상대적인 순위를 결정하기도 한다. 따라서 평가 도구는 수업목표를 잘 나타낼 수 있으며, 학습한 내용을 잘 대표할 수 있도록 작성하여야 한다. 이렇게 하기 위해 교육목표 2원 분류표를 작성하는 것이다. 그리고 평가내용과 수업목표 내지 내용과의 합치도 여부를 타당도(validity)라고 한다. 타당도 중에서도 내용 타당도에 속한다.

총괄평가의 내용 타당도를 검증하기 위해서는 역으로 평가도구를 보고 목표를 찾아내고, 그 목표가 수업의 목표와 일치하는지를 알아보는 것이다. 이 과정을 2인 이상의 교사나 교과전문가가 시행해서 그 합치도가 높다면 내용 타당도는 높다고 할 수 있을 것이다.

총괄평가의 기능으로는 ① 성적의 결정, ② 장래성적의 예측, ③ 교육의 질적 관리를 들 수 있다. 성적은 점수나 평점으로 표기되며 석차를 결정해 준다. 그러나, 단일 점수와 평점은 개별적인 교수목표의 성취도를 나타내지 못하고 교과목별 점수에 불과하여 전체적인 판단은 가능하나 보다 구체적이며 학습과 연계된 실천적인 정보를 주기 어렵다는 난점이 있다. 장래성적의 예측은 장차의 성적을 예측함으로써 진학지도나 생활지도에 활용하는 것이며, 교육의 질적 관리는 평가 결과를 통해 교사의 경험을 체계적으로 활용할 수 있게 해준다.

이러한 평가의 결과는 다시 교수의 전 과정에 피드백(환류) 되어 수업의 질을 개선하기 위한 자료로 사용된다.

제 4 절 교수-학습의 모형

교수-학습의 과정에서 가장 핵심이 되는 것은 역시 실제로 학습지도를 하는 과정이다. 이것은 교수-학습의 과정에서 어떤 모형을 선택하여 수업을 진행할 것인가의 문제이다. 교수-학습의 모형은 학습의 과제, 학습의 목적, 학습의 활동, 학습의 조직, 학습의 매체, 수업의 절차 및 수업의 이론면에서 분류(한면희 외, 1994 : 332-334)할 수 있으며, 여러 모형을 통해 다양한 모형을 구축할 수 있다. 본 절에서는 실제 사회과수업에서 교사가 활용할 수 있으며, 그 사용을 통하여 수업을 질을 향상시키기 위한 교수-학습 지도의 방법을 제시하고자 한다. 유아사회과교육에서도 단순 설명식 교육이나 단순 활동보다는 교사의 치밀한 계획에 의한 교수-학습의 모형을 현장에 적용하는 것이 중요하다.

1. 개념학습

(1) 정의

개념은 어떠한 공통적인 속성들로 이루어진 일련의 현상에 대한 심상(心象: image)이며, 일정한 존재를 가르치는 의미체이다. 따라서 개념이란 공통적인 특성을 지닌 자극의 부류 또는 어떤 부류의 공통적인 속성을 추상화한 것이라고 할 수 있다. 개념은 모두 그 개념의 ① 속성, 즉 실체적 요소 ② 형태 혹은 내적 관계의 구조를 포함하고 있다. 그러므로 개념은 한 부류의 대상이 소유해야 할 속성을 조합하는 방법을 제시하며, 그 규칙을 구체화하는 것이다. 그러므로 개념적 진술은 "총각은 결혼하지 않은 남자이다." "상업이란 상품의 매매로 생산과 소비를 연결하고 이익을 취하는 영업이다."와 같은 분석적 진술의 형태를 취한다. 개념의 기능은 첫째, 복잡한 여러 현상이나 조직되지 않은 정보를 단순화시켜 볼 수 있게 한다. 특히 구체적 속성을 추상화 해 놓은 것이기 때문에 비가시적, 비감각적인 현상에 대하여도 이해할 수 있는 방법을 강구해 준다. 둘째, 대상을 관계 짓고 또 사태를 관계짓는 데 도움을 준다. 따라서 개념은 일반화를 형성하는 도구적 역할을 한다. 셋째, 개념은 언어나 기호로 표시되고 또 체계성을 이루고 있기 때문에 지식의 축적 및 확장을 가능하게 한다. 넷째, 우리 주위의 대상을 확인 도는 재확인이 가능하게 하므로 우리들의 경험을 일련의 의미 있는 범주나 개념으로 조직한다. 즉 기억에서 쉽게 재생할 수 있도록 체계화하고 관계 지으며 저장한다. 다섯째, 우리가 어떤 문제를 연구할 때 그 연구의 출발점과 방향, 범위를 정해주고 조작 과정에서 연구의 변수와 지표를 설정해 준다. 학생들은 학습된 개념을 통하여 복잡한 사회 현상을 단순화시켜 볼 수 있고 의사소통을 자유롭게 할 수 있으며, 새로운 자료나 개념을 접할 때 여러 가지 의문의 근거를 마련해 주며, 사회 현상에 관한 새로운 탐구와 발견을 할 수 있는 도구를 마련하게 된다. 그렇게 함으로써 자기 나름대로 사회적 지식을 체계화하고 나아가 주변의 여러 현상을 확인 또는 재확인할 수 있으며 학습 시간을 절약할 수 있게 된다.

(2) 교수-학습 과정(Barry K. Beyer)

크게 '안내하기'와 '확대하기'로 나누고 이를 다시 5단계로 제시하였다.

가. 개념 정의하기 : 주어진 호칭, 사례, 혹은 기술된 사항에 의해서 정의한다.

나. 잠정적인 의미 귀납과 연역 : 속성의 확인, 속성의 분류, 공통적인 규칙의 발견, 관계형태의 확인

다. 잠정적인 개념의 의미 적용하기 : 긍정적 · 부정적 사례에 대하여

라. 새로운 속성과 관계를 설명하기 위하여 개념적 의미 수정하기

마. 새로운 긍정적 사례와 부정적 사례에 적용하고 의미를 수정하기

안내하기 단계에서는 일반적으로 개념을 기술하거나 개념 자체를 분석하는데 중점을 두고 잠정적인 개념을 형성하고, 확대하기 단계에서는 앞서 형성된 잠정적인 이미지의 속성에 대한 실제 여부를 확인해 가는 과정이다. 그러므로 긍정적 · 부정적 사례를 통해서 속성을 보다 명료하게 하고 관련 형태를 수정하고 다른 속성과의 관계를 분명하게 밝히는 것이다.

2. 문제해결학습

(1) 정의

학습자가 직면하는 문제의 해결을 위한 활동을 중심으로 하는 학습을 말한다. 인간과 인간과의 상호 작용, 인간과 환경과의 상호 작용을 경험이라고 할 때, 여러 가지의 경험 중에서 지금까지의 경험으로는 간단하게 해결할 수 없는 문제 사태에 직면하여 여러 가지의 경험을 의도적으로 조직하여 문제를 해결하려는 학습 방법이다.

이는 종래의 지식 중심의 학습이 현실 생활에 아무런 도움을 주지 못하고, 특히 민주 사회를 건설하기 위해서는 학습자들이 스스로 문제를 발견하고, 민주적으로 그 문제를 해결할 수 있도록 하지 않으면 안 된다는 생각에서 출발한 것이다. 학습자가 직접적으로 사회생활에서 문제되는 상황들을 학습하고 참가, 개선하는 태도와 기능을 갖추기 위해서는 스스로 문제를 발견하고 그 해결책을 찾지 않으면 안 되기 때문이다.

(2) 교수-학습 과정

교수- 학습 과정은 대체로 해결해야할 문제에 대한 목적의식을 갖는 단계 → 문제를 어떻게 해결할 것인가 계획을 세우는 단계 → 문제 해결을 수행하는 단계 → 활동의 결과를 비판, 평가하는 단계 등의 과정을 거친다.

제1단계 : 한 단원이 시작될 때 학습자 개개인이 그 단원의 내용, 학습 대상과 어떠한 관계를 맺고 있는가를 찾아내어 학습자가 그 교재나 학습 대상에서 어떠한 문제의식을 갖고 있는가를 확인한다. 처음부터 학습자가 어떠한 문제의식을 가지고 있다고 볼 수는 없으므로 학습자와 그 학습 내용, 교재와의 관련성을 확인해 나가는 과정에서 문제의식을 찾아낼 수 있다.

제2단계 : 학급 전체의 문제를 설정하는 단계이다. 이 단계에서는 그룹 별로 제기된 여러 문제를 교재의 구성 관점이나 학습자의 문제의식을 고려하여 서로 토론하면서 중핵적인 문제를 찾아내도록 유도해야 한다.

제3단계 : 공통 문제를 추구하여 해결하는 단계로서 자료 수집, 견학, 상호 토론 등의 과정을 통하여 문제 해결을 추구하는 과정이며 가장 중요한 학습 과정이다. 이 단계에서는 문제의 핵심을 벗어나지 않도록 하는 논점을 분명히 하고 개방적인 자세를 견지하여 학습자의 사고 과정이 닫혀지지 않도록 하는 것이 중요하다.

제4단계 : 공통문제를 해결하려고 하는 과정에서 새로이 생겨난 문제를 확인하는 과정이다. 문제해결을 추구하면 할수록 더 많은 문제가 나타나게 될 것이므로 새로운 문제가 생겨난다는 사실을 확인하는 것만으로도 학습 과정은 성공적이라 할 수 있다. '알 수 없음'을 확인한다는 것은 학습자가 다시 거기서부터 새로운 문제를 추구해 나갈 가능성이 남아 있기 때문이다.

3. 토의학습

(1) 의의

사회 현상에 관한 여러 학습 과제를 해결하기 위하여 학습자들 상호간에 자기 의견을 발표함과 동시에 다른 사람의 의견을 경청하고 존중하면서 학습을 전개하는 공동학습의 형태이다. 학생들은 토의를 통해 자기의 의사를 올바르게 표현할 수 있을 뿐만 아니라 다른 사람의 의사를 존중하며, 여러 가지 집회 활동에 적극 참여할 수 있는 민주 시민의 능력을 기를 수 있다.

(2) 교수-학습 과정

가. 토의 주제 선정 : 학생들의 요구, 수용, 관심 등을 고려하여 교사와 학생이 협의하여 결정한다. 주제가 선정되면 토의할 내용에 대하여 조사하고 연구할 기회를 준다.

나. 토의 활동 전개 : 토의 전개 시에는 모든 발표자가 자유롭고 개방적인 분위기에서 의사를 충분히 교환할 수 있도록 한다.

다. 토의 방식

(가) 배심토의(panel discussion)

의장과 패널(4-6명)이 주제토론을 하고 경우에 따라 청중에게도 발언이나 질문의 기회가 주어진다. 패널은 대체로 관련주제에 관한 전문가로서도 사전에 내용을 조사해야 한다. 진행은 의장의 진행에 따라 패널들 간에 상호토론이 이루어진다.

(나) 원탁토의(round table discussion)

대체로 5명 내외의 비공식 집단에서 참가자 전원은 상호 대등한 관계에서 자유롭게 의견을 교환한다. 상대방의 의견을 듣고 자신의 의견이나 관점을 변경할 수 있으며 민첩하게 대응하는 방법을 숙달시킬 수 있다.

(다) 강연식 토의(symposium)

2-3명의 연사가 주제 관해 서로 다른 관점을 제시하는 연설을 하고 청중들과 질의 응답하는 형식을 취한다. 강연자, 사회자, 청중 모두 주제에 관해 전문가이거나 주제에 관해 많은 경험과 지식을 갖춘 사람들이다.

(라) 공개토의(forum discussion)

1-2명의 전문가가 10-20분 정도의 공개연설을 하고 청중과 토론하는 방식을 취한다. 사회자는 공개 연설의 시간을 조절하고 청중들의 질문을 유도하는 역할을 한다. 여기서 청중은 반드시 전문가일 필요는 없다.

(마) 형식적 토론(formal debate)

상호 반대되는 2가지 입장(찬반 등)에 있는 사람들이 자기 입장과 관련된 주장을 하고 반론을 제기하는 방식을 이어가는 토론이다.

라. 정리 · 반성 : 협의한 내용을 정리하고 토의가 민주적으로 이루어졌는지를 반성한다.

4. 역할놀이(role-playing)

(1) 의의

현실 또는 역사 속에서 당면하고 있는 문제나 가치 판단 등의 학습에서 개인 또는 집단의 역할을 실연해 봄으로써 개인 간 및 사회적 갈등을 해결하기 위한 학습 방법이다. 역할놀이법은 학생들에게 구체적 문제 상황을 실제로 경험해 볼 수 있는 기회를 마련해 줌으로서 학생들에게 스스로가 지닌 '가치'나 '의견'을 좀 더 분명히 깨닫게 하고 또 사람들이 어떻게 타인의 행동에 영향을 미치는가를 더 잘 이해할 수 있도록 도와준다. 그러므로 시장 놀이, 모의국회, 모의재판, 가족놀이 등 다양한 주제에 대하여 적용할 수 있는 방법이며, 가상적인 역할을 하여 봄으로써 문제 상황의 핵심을 더욱 깊이 이해할 수 있게 된다.

(2) 교수-학습 과정

가. 분위기 조성 단계 : 학생들에게 사건, 딜레마, 논쟁거리 등을 제시하여 학생들이 그 문제를 학습할 필요가 있다는 점을 인지하게 한다. 이 때 상황 설명이나 시청각 자료의 사용 등의 이용으로 문제 상황을 분명하게 인지할 수 있도록 하여야 하며, 갈등 상황에 도달하였을 때 중지함으로써 그 갈등의 대립되는 측면을 분명히 하고, 각각의 관점에서 그 결과를 예측해 보도록 한다.

나. 장면 설정 단계 : 문제 상황에서 필요한 역할들을 간단히 기술하

게 하고 등장 인물의 성격, 가치관, 행동 방식을 검토해 본 후 참여자를 선정하거나 지원을 받아 배역을 결정한다.

다. 무대 설치 단계 : 행동 순서, 공간의 이용, 역할에 대해 학생들이 가지고 있는 의문점에 대하여 토론해 보고 그 결과를 바탕으로 하여 간단하게 교실의 비품 등을 이용하여 무대를 설치한다.

라. 관찰자를 준비시키는 단계 : 역할놀이에 참가하는 학생과 관찰자 모두가 역할놀이의 경험으로부터 배워야 하기 때문에 역할극에 참여하지 않는 학생들에게 역할 놀이의 현실성, 연기자 행동의 계열성, 그 결과 등에 대한 논평, 연기를 통해 묘사된 인물의 감정과 사고방식의 규명 등과 같은 과제를 부여함으로써 학생들을 수업에 참가시킬 수 있다. 관찰자에게 중요하게 보아야 할 점과 기록해야 할 점이 무엇인지 파악하게 하여 역할놀이가 실연되는 동인 보고 들은 것을 정확하게 진술하고 해석하며 자기의 기준에 비추어 평가할 수 있도록 하여야 한다.

마. 실연단계 : 주어진 역할에 따라 실재 역할을 수행하여 보는 단계이다. 이 때 여러 가지 대안적 역할을 추출하기 위하여 역할 수행자를 바꾸어 볼 수도 있고, 제안된 역할 행동이 분명해지고 행동적 기능이 연습될 수 있도록 교사는 지도 조언을 할 수도 있다. 그리하여 역할에 내포된 기본 아이디어나 연기의 기본적 관점이 형성되도록 한다.

바. 토의와 평가하는 단계 : 토의는 역할 수행에 대한 각자의 의견이 일치하지 않는 부분에 초점을 맞추어 토의하며, 그 결과에 대하여 평가하고 또 다른 변화를 생각해 보게 한다.

사. 경험의 교환과 일반화 : 처음에 제기된 문제 상황을 학생들의 경험에 비추어 재조명해 보고 제시된 해결책을 탐구해 봄으로써 그것을 일반화시키도록 한다.

5. 시뮬레이션(simulation)

(1) 의의

시뮬레이션은 가공의 상황을 실제적인 것처럼 재연하여 위험요소나 문제의 소지가 있는 것을 제거하거나 어떤 기능을 연마하거나, 가공 상황에서 실제 상황에서 벌어질 사건들을 예측하는 등 여러 방면에서 활용할 수 있다. 실제 현장에 투입되기 전 모형에서 비행기, 트럭, 배 등을 다루기와 어떤 상황을 주어 발생할 수 있는 사건들을 예측하고 문제를 사전에 발견한다든지, 컴퓨터를 활용하여 모의 전쟁을 한다든지, 모의 증권투자를 한다든지 하는 것을 통틀어 시뮬레이션이라고 할 수 있는데 모의재판 등과 같이 모의상황을 토대로 역할을 하게 한다면 역할 놀이와 구분이 쉽지 않다.

(2) 교수-학습 과정

가. 필요한 기구, 장비, 소품준비
나. 계획소개 : 목적 지시사항, 유의사항 등을 숙지시킨다.
다. 역할배정 내지 모의 상황 설정
라. 시뮬레이션 실시
마. 일반화 도출 및 비평

6. 법리적 탐구

(1) 의의

사람들은 서로 다른 견해를 가지고 있으며 사회 가치들이 서로 충돌하는 것은 당연하다는 전제 아래 중요한 사회적 쟁점들을 둘러싼 상이한 가치 입장을 분석하는 가운데 학생들로 하여금 그 문제에 대한 자신의 입장과 관점을 가지게 하는 수업 모형으로 분석(1, 2, 3단계)과 논쟁(4, 5, 6단계)으로 이루어진다. 사회적 문제에 대한 분석과 논쟁의 과정을 통하여 가치문제 분석 능력, 정책적 문제를 확인하는 기술, 사회적 가치를 정책적 입장에서 적용하는 능력, 문제를 탐구하기 위한 유추능력, 정의상의 문제, 사실적 문제, 가치상의 문제를 확인하고 해결하는 능력 등의 향상을 가져올 수 있으며, 분석활동을 통하여 탐색할 자료가 준비되며 대결적인 형태로 이루어지는 논쟁을 통하여 가능한 한 강력한 입장을 이끌어 내는데 의의가 있다.

(2) 교수-학습 과정

가. 사건 소개 단계 : 문제점으로 제기되는 사건의 사실 즉 역사적 사실, 가치 갈등을 묘사하는 영화, 사회적으로 문제가 되는 여러 사건 등과 그에 관련되는 자료를 소개한다.

나. 문제 확인 단계 : 사실들을 종합하여 공공 정책 문제를 형성하고 이에 포함되는 가치 기준의 특징을 묘사하며 가치 기준 사이의 갈등 상황을 확인한다.

다. 입장 선택 : 제기된 문제에 대한 갈등적인 입장 사이에서 자기 자신의 입장을 분명하게 밝히고 그 입장을 선택한 근거를 진술하도록 한다.

라. 선택한 입장의 근거의 탐색 : 앞에서 택한 입장의 근거가 되는 점을 탐색하는 단계이며 논쟁적인 형태를 취한다. 교사는 학생들이 선택한 입장에서 가치가 침해되는 부분을 확인하고 그 견해의 바람직하지 못한 결과를 입증하며 비유를 통하여 가치 갈등을 분명히 하고, 가치가 충돌하는 부분에서 학생이 택한 가치가 다른 가치보다 더 중요함을 주장하여 교사가 제시한 다른 가치를 심하게 침해하지 않음을 설명하게 한다.

마. 입장의 정밀화 : 다시 입장을 취한 이유를 설명하고 비슷한 상황에서도 적용될 수 있는지를 검토해 보도록 한다. 자신이 택한 입장에서

그 입장을 수정하거나 완화할 수 있는 기회를 제공하도록 한다.

바. 사실, 정의, 결과에 대한 검증 : 사실적 가정을 확인하고 그것들이 적절한지를 결정한다. 예상되는 결과를 정하고 사실적 타당성을 조사한다.

7. 과학적 탐구

(1) 정의

과학자가 주로 높은 수준의 과학적 지식 즉 일반화 내지 원리나 법칙을 찾아내는 과정에서 사용하는 방법을 말한다. 비록 학생들이 전문적인 지식을 찾아내지는 못한다 할지라도 교실에서 사용하여 이론적인 지식을 찾아낸다면 이를 과학적 탐구라 할 수 있다. 과학적 탐구의 방법이나 과정은 일정한 것은 아니며 다루어야 할 사회 현상이나 사용하는 자료에 따라서 다를 수는 있다. 그러나 과학자들에 의하여 공통적으로 사용되는 기본적인 방법은 다음과 같은 절차를 거친다고 할 수 있다. 다음은 사회현상을 대상으로 하는 과학적 탐구 수업의 예를 제시한 것이다.

(2) 수업 절차

가. 문제의 인식 : 사회현상에 대한 해결해야 할 분명한 문제점이나 쟁점을 분명히 하는 단계이다. 사회 현상에 대하여 혼란을 일으키고 당혹감을 느끼고 이러한 문제를 상식을 통해서는 해결할 수 없다는 분명한 아이디어가 있어야 한다. 이러한 과정은 어떤 용어의 사용이 아니라 해결되지 않는 어떤 문제점을 정확하게 진술하는 것이다.

나. 가설의 설정 : 가설이란 제기된 문제에 대한 잠정적이 결론이나 해결책에 대한 언급이다. 여기서는 분석, 유사 개념의 적용, 추론, 예측, 유추 등을 통하여 해결 방안을 모색한다. 좋은 가설이란 제기된 문제와 직접 관련이 맺어지는 것이어야 하며, 가설 자체는 반드시 검증될 수

있는 것이어야 하고, 기존의 일반화나 이론에 입각하여 제시되어야만 한다.

다. 증거의 수집 : 제기된 문제나 설정된 가설은 연구자가 수집한 증거 자료나 정보에 의하여 해결되거나 검사되어질 수 있다. 주로 사용하는 방법은 실험연구, 표본조사, 사례연구, 역사적 연구, 내용분석법 등이다. 그러나 전문적인 연구자와 같은 방법으로 학생들이 이를 수집하기는 대단히 어려우므로 어느 정도 간략한 방법으로 자료를 수집하여 검증하도록 하는 것이 좋다. 예를 들면 직접 실험이나 표본조사를 행하기보다는 이미 비슷한 주제로 연구한 선행연구 결과를 찾아서 가설을 검증하는 자료로 이용한다거나 신문 등에서 사실적인 자료를 구하여 가설을 검증할 수 있다.

라. 일반화의 도출(가설검증) : 자료가 수집, 분석되면 입수된 자료에 입각하여 가설을 입증 또는 부정할까를 결정하여야 한다. 즉 의미 있는 여러 연구 결과에 의하여 가설을 입증하거나 그렇지 못할 경우 기각 또는 수정하여야 한다. 만약 탐구의 과정에서 가설이 입증되면 그것은 일반화가 된다. 왜냐하면 변인들 간의 인과 관계를 나타내는 진술이 입증되었기 때문이다.

이러한 탐구과정을 거쳐 일반화에 도달하게 되면 학생들은 사회 현상을 분석 설명할 수 있는 눈이 생긴다. 선행 요인과 특수 사실 사이에 존재하는 가능한 관계를 발견할 수 있고 단순히 어떤 현상이 무엇이냐를 아는데 그치지 않고 그 원인을 캐내고 그 현상이 작용하는 바를 알 수 있다. 또 한 일반화를 가짐으로써 새로운 조건에서도 작용하는 방법에 대한 예측을 할 수 있다. 한 일반화가 적용될 수 있는 미래의 사건이나 혹은 현재까지 관찰되지 않은 현상에 대한 예측을 할 수 있게 되는 것이다.

8. 가치명료화

(1) 의의

가치명료화는 개인이 가치가 있는 것에 대해서 알게 되어 가치의 함축적 의미를 검토하고 선택된 가치를 중요한 위계질서 내에 위치를 정하도록 하여 자신의 미래의 선택이 좀더 합리적이며 인간적이고 긍정적일 수 있게 하는 일련의 가치를 채택하고 긍정하도록 하는 수업 과정이다.

가치명료화 수업은 학생들이 자신이 주장하는 것 또는 믿고 싶어 하는 것과 자신들이 실제로 행위하는 것 간에 존재하는 차이에 대하여 자각하고 그것에 직면하도록 도와주는 것에 있다. 일단 이러한 자각이 이루어지면 학생들은 자연적으로 그 차이를 줄여보고자 열망하게 되고 그러한 열망은 이들에게 결론이나 선택에 이르는 사고과정을 추구하고 그 선택을 이후의 상황에 적용해 보고자 하는 본질적인 동기를 제공하게 될 것이다. 이러한 과정을 되풀이하게 될 때 이들은 보다 긍정적이고 목적적이며 일관성 있고 열렬한 행동을 하게 될 것이다. 법리적 탐구 모델과 달리 가치명료화 모델은 자신의 입장을 방어하거나 다른 사람의 입장을 공격할 필요를 느끼는 대결 상황을 만드는 것이 아니라 개인적 문제에 대하여 자기의 판단에 따른 입장을 선택하고 대안을 검토하여 선택하는 과정이다. 그러므로 학생들이 다양한 가치를 적극적으로 선택하여 복잡한 가치문제나 딜레마를 해결할 수 있는 통합된 가치체계를 가지도록 하는 것이 이 모델의 궁극적인 목적이다.

(2) 교수- 학습 과정

가. 자유로운 선택 : 수업의 시작 단계에서 개인은 특정한 가치 상황을 확인하고 자기 스스로의 생각에 의하여 제약과 강제가 없이 특정한 입장을 선택하게 한다.

나. 여러 대안 중에서 선택 : 자기가 택할 수 있는 행동의 방향을 여러 가지 면에서 생각해 보고 그 중에서 가장 적절한 방법을 택하게 한다. 즉 다양한 도덕적 대안을 제시해 보고 그 중에서 자유롭게 선택하는 것이다. 제시된 가치는 보는 입장에 따라 견해의 차이가 있을 수 있으며 이를 충분히 인정해 주어야 한다. 만약 한 가지 입장 외에는 달리 해석할 수 없다면 이는 철칙이 되고 만다.

다. 결과를 고려한 후의 선택 : 자기가 어떤 가치를 택하고 그것을 행하였을 때 자기에게는 물론 다른 사람에게는 어떤 일이 일어날 것인가를 충분히 생각해 본 후에 선택하도록 하여야 한다. 의타적이거나 깊은 생각 없이 선택한 것은 자기 몸에 밸 수 없을 뿐만 아니라 반대되는 입장에 대한 충분한 이해가 없는 선택은 쉽게 변경될 수가 있다.

라. 선택한 가치의 존중 : 학습자들이 여러 가치 중에서 자기가 선택한 가치에 대해서 즐거움과 행복을 느끼는 점을 찾아서 제시하도록 한다.

마. 확언 : 자기가 택한 가치를 다른 사람에게 분명하고 자신 있게 표현하도록 한다. 이때에는 과거의 경험이나 현재의 사실에 비추어 충분히 정당화하는 것이며, 가치 확인은 좀 더 활발하게 하도록 하기 위하여 자기가 옳다고 생각하는 바에 대하여 근거나 믿음을 분명히 말하게 한다. 자기가 가진 가치를 은폐하거나 공언하기를 꺼려하는 것은 그 가치를 지니고 있는 것이 아니고 다른 것을 지니고 있음을 의미하는 것이다.

바. 행위와 반복 : 자기가 택한 가치를 행동으로 옮기고 또 행위를 반복적으로 행함으로써 습관화, 태도화하는 것이다. 우리가 지닌 가치관이 무엇인가는 우리 전신의 행동으로 나타나야 할 것이다. 그리고 그 행동은 일관성 있게 반복되는 형태로 나타나야 일정한 태도가 형성되었다고 볼 수 있다.

9. 문답법

(1) 의의

문답법은 교사가 발문하고 이에 대하여 학생이 응답하거나 학생이 질문하고 학생이 응답하는 상호 작용에 의하여 전개되는 교수-학습 방법으로 발문과 응답을 통하여 학생이 자발적으로 인식을 깊게 하는 방법이다. 원래 학교생활은 이와 같은 상호작용에 의하여 지식이 형성되는 것이므로 고대 소크라테스의 문답법 이래 많은 사람에 의하여 본받을 만한 교수법으로 널리 인식되고 있다. 질문은 여러 가지 목적으로 이용되고 있는데 교재의 단원의 끝 부분에서 주로 학생의 지식을 시험하는 수단으로 흔히 이용된다.

이 때 이용되는 질문은 대부분 사전에 학습한 답을 기억하여 응답하는 수준에 그치고 있는 것이 보통이다. 그러나 학생의 사고를 자극하고 지식의 상기만이 아니라 지식의 형성을 목표로 하는 더 수준 높은 수업에서는 개념 형성, 가설 설정, 일반화 개발과 같은 정도의 응답을 요구하는 발문을 하도록 노력하여야 할 것이며, 수렴형 질문보다는 학생의 사고력과 창의력을 발전시킬 수 있는 확산적 질문의 형태를 취하도록 노력하여야 한다.

(2) 교수-학습 과정

가. **문제점 인식** : 학습 단원을 시작하기 전에 교사는 먼저 부조화, 모순, 불만의 형태를 도입하여 학생들이 문제점을 인식하여 해결할 필요성을 느끼도록 하는 상황 설정을 계획하여야 한다. 이 때는 강한 논쟁적 요소와 감정적인 색조를 포함하는 가치 관련 질문으로부터 시작하거나 '모순된 사건'을 도입함으로써 (*ex*-온대 지방에서 북쪽으로 이주한 사람들은 새로운 기후에 적응하는데 어려움을 겪는데, 에스키모인들은 한 대 기후에서 어떻게 살 수 있을까? 등) 학생의 호기심을 자극

하여 탐구하고자 하는 동기를 유발하여야 한다.

나. 문제 설정 : 호기심을 가지고 탐구하고자 하는 문제에 대하여 성격을 분명하게 하도록 하여야 한다. 이 과정에서 교사는 요약, 편견의 발견, 강하고 약한 논쟁의 구별, 사실과 의견의 구분, 의문의 제기, 유사성의 발견에 관한 여러 가지 질문을 할 수 있다.

다. 가설의 개발 : 주어진 문제의 해결 방안을 명백히 하기 위하여 각 사실들 간에 예상되는 관계를 추측하는 질문을 하도록 한다. 진술에 대답하는 형식은 “만일 … 이라면, … 일 것이다”라는 조건-결론의 형식을 취하게 된다. 가능한 한 부정적인 문장보다는 긍정적인 문장으로 기술하게 하고, 복잡하고 추상적인 용어들이 사용될 때에는 용어를 주의 깊게 정의함으로서 가설을 명료화하고 정밀하게 하는 것이 중요하다.

라. 자료의 수집 및 분석 : 가설을 검증할 수 있는 자료를 수집하도록 하며 그 자료가 가진 증거력에 대하여 질문을 하도록 하여 그 자료가 1차적인 자료인지 가공된 2차 자료인지를 분석하여 자료의 타당성을 밝히는 질문을 하도록 한다. 그리고 수집된 자료를 근거로 한 요인간의 관계 밝히기, 타당한 이유에 의한 가설의 확인에 관한 질문을 한다.

마. 일반화 도출 : 수집, 분석된 자료를 바탕으로 하여 비교와 대조, 상호간의 관련성, 인과 관계에 대한 설명, 자료의 해석으로부터 나오는 추론, 그리고 이러한 여러 가지를 종합한 결론에 관한 질문을 한다.

10. 의사결정모형

(1) 의의

의사결정은 결정자의 마음을 정하고, 판단을 하여 결론에 도달하는 과정이라 할 수 있다. 학생들이 합리적인 의사결정을 하려면 과학적인 방법을 통하여 가장 정확한 예측을 할 수 있는 지식의 형태인 높은 수준의 일반화와 이론을 끌어낼 수 있어야 한다. 합리적 의사결정이란 의사결정자가 과학적 방법을 통하여 지식을 구하고 그 지식에 근거하여 가장 해결력이 뛰어난 방안을 구하는 것이다. 어느 한 학문 분야의 지식만으로는 복잡한 문제에 대하여 합리적 의사결정을 내릴 수 없기 때문에 이 때 지식이란 간학문적이 될 수밖에 없다. 그러므로 어떤 의사결정 문제가 제기되면 그 문제와 관련되는 과학적 탐구를 거쳐 가장 해결력이 뛰어난 지식을 구하고, 그 의사결정 문제와 관련된 가치를 분석한다. 사실적 지식과 가치를 함께 고려하여 의사결정을 내리게 되며 그 의사결정에 따라 행동으로 이어지게 될 때 가장 합리적인 의사결정이 이루어지게 되는 것이다.

이러한 의사결정모형을 학습에 도입하게 되는 중대한 의의는 단순히 지식을 전수하거나 가치를 주입하게 되면, 그 지식은 전이력을 상실하고, 가치는 주입하는 교사의 권위에 따라 달라지며 교사의 권위가 미치는 범위 밖에 있을 때 가치는 아무런 효과가 없는 것이다. 더구나 역동적인 현대생활에서 특정한 지식이나 가치의 주입은 의미를 잃어가고 있다. 다만 주어진 상황에 대처하여 상호 대립하는 지식이나 가치를 발견하고 이들을 비교하고 결과를 예측해 봄으로써, 가장 합리적인 대안을 찾고 그것을 선택하는 과정이다.

(2) 의사결정 과정

가. 문제의 인식과 명료화 : 당면한 문제를 인식하고 그 성격과 의미를 파악하는 단계이다. 여기서는 용어의 개념을 정의하고, 문제의 특성을 규명하고 무엇이 문제인지를 명료하게 한다. 즉, 얽힌 부분을 찾아내어 결정의 목표를 확인하고, 대체적인 결정 방법을 강구한다.

나. 자료의 수집과 분석 : 문제의 결정을 위해 다양한 정보를 수집하는 과정이다. 합리적인 결정을 위해서는 과학적인 자료와 상반되는 자료, 문제의 사태를 예측할 수 있는 자료 등 다양한 자료를 수집하여야 한다. 자료가 수집되면 자료의 타당성을 평가하여 자료를 선별하여 분

류하고, 자료의 의미와 자료간의 관계를 파악한다.

다. 대안의 제시 : 수집된 자료를 분석함으로써, 문제의 전망이나 추이를 예측하여 가능한 대안을 작성한다. 여기서는 브레인스토밍과 같은 활발한 토의를 거쳐 문제를 해결할 수 있는 가급적 창의적이며 다양한 방안을 마련한다.

라. 대안의 분석 : 제시된 여러 대안들의 실행 가능성, 목표 달성가능성, 비용, 실행의 결과, 결과는 단기적· 장기적 결과 등을 분석한다.

마. 대안의 평가 및 결정 : 분석된 대안 중에서 가장 합리적이며, 가장 바람직한 것은 무엇인가? 선택에 의해 미칠 영향을 고려하여 대안을 평가하여 우선순위를 결정한 다음 선택을 하는 것이다.

11. 협동학습

참여의 능력을 함양하기 위한 수업으로서는 협동수업(학습)을 들 수 있다. 교실에서의 수업을 바탕으로 하여 참여를 통한 협동력을 길러 주고자 하는 것이다. 민저 교실상황에서의 협동은 3가지 측면에서 의미가 구분된다.

첫째 구조로서의 협동이다. 학습을 구성하는 전반적인 목표구조를 의미하며 목표를 공동으로 달성할 때 발생하는 상호작용을 의미한다.

둘째 특성으로서의 협동이다. 협동은 학습자의 인성적 특성과 관련된 것으로 참여 동기와 자발성을 중시한다. 협동 목표구조를 통해 학생들의 수용성을 촉진시키며, 협동학습을 실제경험시킴으로써 학생들의 협동적 성향을 강화, 확장하는 것이다.

셋째 행동으로서의 협동이다. 학교학습 상황에서 학생들의 행동을 관찰함으로써 파악하는 것이다. 협동의 방해 상황으로는 시험 준비로 인한 긴장 상태가 개별적 활동을 하게 한다. 다른 집단 구성원을 대하게 되면 경쟁적 활동을 하는 것 등이다(Owens, 1986: 345-347). 이러한 협동의 내재된 행동적 요소가 바로 참여인 것이다.

협동학습은 미국 미네소타대학에서 1975년 개발한 Johnson 협동학습(Johnson, 1975) 방법과 1978년 미국 텍사스 대학에서 개발한 Jigsaw 협동학습(Aronson, 1978)의 방법을 들 수 있다.

(1) Johnson 협동학습

가. 구성원 : 5-6명

나. 과제 수행 : 집단별로 과제 부여하고 보상도 집단별로 부여

다. 평가 : 시험은 개별적으로 응시

성적은 소속집단의 평균점수 부여(자기 집단 내 다른 학생의 성취정도가 개인성적에 영향을 미침)

보너스 점수 : 집단의 모든 구성원들이 정해진 수준 이상 도달할 때 부여

라. 협동적 행위 : 보상과 격려로서 조장

(2) Jigsaw 협동학습

가. 구성원 : 3-7명(이상적 5-6명)

나. 과제 수행 : 학습할 단원을 집단 구성원 수에 맞게 분할하여

- 집단 내 각 구성원에게 1부분씩 할당
- 각 집단의 같은 부분 담당학생은 따로 전문가 집단 형성
- 분담된 내용 토의 학습하고
- 각기 소속 집단에 돌아가 학습한 내용 집단 구성원에 가르침

다. 평가 : 시험은 개별적으로 응시-개인성적대로 점수부여

라. 협동적 행위 : 문제해결의 상호의존성은 높으나 보상의존성이 낮다.

작업 분담구조가 집단구성원 간 상호의존성과 협동 야기

협동학습의 기법을 통하여 수업상황에서의 참여력을 통해 협동력을 높일 수 있을 것으로 본다. 소규모의 집단의 학생들이 적극 참여를 하지 않고서는 목표를 달성할 수 없을 것이기 때문에 그 효과가 기대되

나, 구성원들의 지적능력이나 성실도의 차이가 클 때는 자칫 불공정한 상황을 야기시킬 수 있다. 이러한 점을 유의하지 않으면 오히려 다른 차원의 부작용을 낳을 우려가 있다.

12. 설명식 수업과 선행조직자

(1) 설명식 수업

설명식 수업은 가장 전통적인 수업법이며 현대에서도 흔히 사용되는 수업기법이다. 주로 강의에서 가장 많이 쓰는 방식이어서 강의법이라고도 불린다. 지적으로 잘 훈련된 강사가 지식이나 기술을 체계적으로 설명하여 이해를 시키는 방식이다. 최근 음향기기의 발달과 대중매체의 발달로 한사람이 일시에 많은 사람들에게 가장 효과적으로 정보를 전달할 수 있는 수업방식이다. 최근에 활기를 띠고 있는 인터넷 강의도 이 방식을 사용하며 시청각 교재의 활용도 결국 설명식 수업의 범주를 벗어나지 못한다. 수업에 임하는 교사 내지 강사의 능력에 따라 강의의 수준은 천차만별이다. 강사의 능력은 강의내용에 관한 능력과 전달능력으로 구분된다. 내용에 관하여 잘 모르고 있으면 강의가 혼란스럽고 깊이가 없다. 반대로 내용을 잘 알고 있다하더라도 전달하는 방식이 적절하지 못하면 강의를 듣는 사람을 이해시키기가 힘들다. 그리고 현대적 개념으로 보면 강의는 재미가 있어야 된다. 강사의 유머 감각이 필요한 대목이다.

비용면에서도 매우 저렴하다. 한사람의 강사가 적게는 작은 강의실에서 크게는 전 세계적으로 일시에 많은 정보를 체계적으로 전달할 수 있다. 그럼에도 불구하고 설명식 수업이 많은 비판을 받는 이유는 강사의 능력에 기인하는 경우도 있지만 전달과 이해가 주목적이어서 일방적이라는 것이다. 교사와 학습자간에 상호작용이 일어나지 않는다는 것이다. 그리고 이해하지 못하는 학생이 있을 때 인간소외를 가져올 수 있다는 것이다. 그리고 학습자를 수동적으로 만들며 탐구 욕구를 자극하지 못한다는 것이다.

이러한 문제들은 교사가 수업을 어떻게 조직하고 제시하는가에 따라 달라질 수 있다고 본다. 선불리 답을 제시하기보다 호기심을 자극하여 탐구 의욕을 불러일으키는 방식으로 수업진행이 가능하다고 본다. 그리고 강의에 있어서 문답법을 병행하면 단점을 상당 부분 보완할 수 있을 것으로 본다. 설명식 수업이 앞서 논의한 바와 같은 막대한 장점이 있다면 섣불리 비판하거나 폐기하기보다 그 장점을 살려나가고 단점을 보완 방법을 연구해야 한다.

(2) 선행조직자(the advance organizer)

설명식 수업의 단점을 보완하는 방법 중 하나가 오수벨(Ausubel)이 제시한 선행조직자이다(Joyce, 1980 : 75-80). 오수벨은 강의법과 프리젠테이션의 효과를 개선하기 위해 "의미 있는 학습은 우리가 전에 배운 것과 지적으로 연결되는 것이며, 우리는 새로운 지식을 변형시키고 그것을 새로운 상황에 창의적으로 적용하는 것"이라고 했다. 오수벨은 사람의 현존하는 인지구조는 새로운 자료가 의미 있게 되고 어떻게 획득되고 유지되는가를 통제하는 최초의 요소라고 본다. 학생의 인지구조를 확장하기 위해 선행조직자를 사용했다. 추상적 개념은 하위의 일반적 개념을 포섭하여 인지구조는 위계를 형성한다.

그러므로 제시된 선행조직자는 하나의 거점으로서 지적 발판의 역할을 한다. 학습자의 현재 인지구조를 파악하면 새로운 강의를 이해할 지적 발판(선행조직자)을 갖고 있는지 확인할 수 있다. 만약 그것이 없다면 미리 제공해야 학습자가 능동적으로 정보를 처리할 수 있다.

수업이론이라 함은 결국 어떻게 하면 가장 효과적으로 가르칠 수 있는가? 하는 점을 논한다. 교수의 과정에서 상정할 수 있는 여러 변인들이 있다. 사실상 모든 변인들을 가장 이상적으로 고려하는 수업은 존재치 않는다. 또한 이론적인 면을 다 충족했다고 해서 좋은 수업이 되는 것도 아니다. 수업의 성패는 결국 교사가 학생에게 어떤 능력을 길러주었느냐 하는 데 있다. 이를 위해 교사는 교수의 과정에서 발생할 수 있는 문제점을 발견하고 시정하기 위한 끊임없는 노력을 기울이는 수밖에는 다른 방법이 없다.

교사가 질 높은 수업을 하기 위해 교수-학습과정에서 여러 방법을 활용할 수 있을 것이다. 그러나 중요한 것은 그 방법이 아니라 학생의 행동을 얼마나 의도하고 계획된 수준으로 변화시키느냐의 문제이다. 이것은 교육의 본질의 문제이다. 어떤 모형을 사용하느냐, 어떤 절차를 거쳐야 하느냐, 어떤 변인을 고려해야 하느냐 하는 모든 문제는 교육의 본질에 기여하기 위한 것이다. 따라서 무엇을 선택하고, 평가하는 기준은 어떤 새로운 교수방법이냐, 새로운 교육이론을 받아들이는 것이냐가 아니라 바로 '교육의 본질'에 어느 정도 기여할 것이냐이다. 교사는 교수과정이라는 역동적 상황에서 거기에 걸맞고, 자신이 잘 할 수 있는 방법을 동원하여야 하며, 끊임없이 탐구하는 실험정신을 가질 때 교사의 전문성은 길러지는 것이다.

제 5 절 유아사회과교육에 유용한 교수기법

1. 기본 생활습관 지도

기본 생활습관은 모든 교육활동의 기초가 된다. 기본 생활습관이 잘 된 유아는 긍정적 자아감을 갖고 남을 신뢰하고 이해하며 다른 사람과 원만한 관계를 유지하며 적응을 잘한다.

기본 생활습관을 잘 지도하기 위하여 유의할 점은 다음과 같다(윤기영 외, 2006).

첫째 유아들이 무슨 생각을 하고 있는지, 무엇을 원하는지, 무엇을 하고 있는지 알아야 한다. 유아들과 충분한 접촉이 필요하다.

둘째 친절하면서도 엄격하게 지도해야 한다. 어떤 행동은 허용되고 어떤 행동은 허용되지 않은지 확고하고 명확한 기준을 세우고 그 기준을 지키도록 한다.

셋째 규율은 유아와 함께 정하여 모든 유아들이 공평하게 규율을 지키도록 한다.

넷째 위협하지 않으면서 신뢰관계를 형성하도록 해야 한다. 문제 행동이나 잘못된 점은 개별적으로 해결하여 왜 잘못되었는지 잘못된 행동을 분명하게 이해하고 자연스럽게 받아들이도록 한다.

다섯째 유아들을 꾸짖거나 타이른 뒤에는 가능한 빨리 신뢰관계를 회복하도록 한다.

여섯째 명확하고 일관성 있는 지도가 이루어지도록 한다.

일곱째 참을성 있고 끈기 있게 지도하도록 한다.

여덟째 유아의 흥미를 고려하여 스스로 성취감을 갖고 즐겨 되풀이 하는 동안에 저절로 습관화 되도록 하여야 한다.

2. 자유선택 활동 지도

(1) 실내

실내 자유선택 활동 시간은 유아에게 개별학습과 소집단 활동을 실시 할 수 있으므로 인지적 발달을 도모할 수 있으며, 교사와 또래 유아, 교구와의 상호작용을 통해 언어발달과 사회·정서 발달을 도모하며, 신체적으로 대·소근육을 골고루 발달시키므로 영유아 교육 및 보육활동에 있어서 가장 중요한 시간이라 할 수 있다.

실재 자유선택 활동 시 고려할 사항은 다음과 같다(윤기영 외, 2006).

먼저 자유선택 활동 시간에 지켜야 할 규칙과 약속을 미리 정한다. 그리고 유아가 원하는 것을 무조건 받아 주어서는 아니 되며, 유아에게 해도 되는 일과 해서는 안 되는 일을 구분할 수 있도록 일관성 있게 분명히 지도하여야 한다. 유아들의 문제는 가급적 교사가 개입하지 말고 유아들 스스로 해결할 수 있도록 상황을 관찰하면서 기다려 주어야 한다. 유아들 스스로 해결이 어려울 때는 교사가 자연스럽게 개입하여 공정하게 들어 주면서 유아들이 상황을 정확하게 이해하고 잘잘못을 스스로 판단하도록 돕는 역할을 한다.

놀이가 끝난 후에는 정리정돈을 유아가 스스로 할 수 있도록 지도한다.

(2) 실외

실외 자유선택 활동은 유아들이 신체발달과 긴장해소에 도움을 주므로 균형 있는 하루 일과에 꼭 있어야 하는 중요한 시간이다.

실외 자유선택 활동은 기본 운동기술을 학습하는 단계에 있는 유아들에게 대근육의 발날을 도와주는 여러 놀이기구를 실외에 제공하여 다양한 놀이를 경험 할 수 있도록 하고 동・식물의 사육과 재배, 자연물의 관찰, 탐구 등의 활동이 이루어지도록 한다(윤기영 외, 2006).

실외 자유선택 활동에 반드시 고려할 사항은 안전에 관한 것이다. 안전에는 놀이기구와 시설의 사전, 사후 안전점검과 놀이 중 유아의 안전지도이다. 놀이의 안전규칙이 순서를 엄격히 지킬 수 있도록 지도한다.

3. 이야기 나누기 지도

이야기 나누기는 매우 나양한 주제를 다룰 수 있다. 친구의 출・결석 알아보기, 날짜와 날씨 알아보기, 하루 일과 계획하기와 평가하기, 집단생활에서의 규칙 토의 정하기, 새소식 발표하기, 주말 지낸 경험 발표하기, 작품 발표하기, 계절의 변화나 연중행사, 자연과학과 사회과학에 관한 생활주제에 대한 활동들이다(윤기영 외, 2006). 자연스런 대화를 통한 상호작용과 토의하기, 발표하기, 이야기를 통해 탐구하기 등 매우 다양한 기법들을 활용할 수 있는 시간이기도 하다. 특히 유아사회과의 경우 사회개념을 언어적 이해를 통해 전달할 수 있는 시간이기도 하다.

시간은 유아의 주의 집중과 내용에 따라 5-25분 정도로 계획하고 유아가 흥미를 잃기 전에 마쳐야 한다.

여기서 교사의 역할은 내가 공부해서 알게 된 새로운 것을 주입식으로 많이 가르쳐 주는 것이 아니라, 유아가 이미 경험하여 알고 있는 것을 밖으로 꺼낼 수 있도록 해줌으로써 계속 흥미를 갖고 활동 범위를 넓히고 사고를 확장해 나갈 수 있도록 한다.

4. 동화 지도

동화 지도는 유아가 가장 집중을 잘하는 시간이다. 동화를 들려 줄 때는 내용전개나 등장인물에 따라 자연스럽게 억양과 어조를 달리 표현해야 유아들이 재미있어 하고 실감나지만 과도한 성대모사나 제스처는 오히려 유아들을 혼란스럽게 한다.

동화 지도 시 다음과 같은 점에 유의해야 한다(윤기영 외, 2006).

첫째 동화를 들려 줄 때 교사의 자세는 의자에 등을 깊숙이 대고 앉아 상체를 펴고 두 무릎과 다리를 붙여 직각이 되도록 한다.

둘째 동화의 순서와 크기가 적절한지 확인해야 한다.

셋째 시선은 유아들을 두루 쳐다보도록 한다.

넷째 동화를 다 들려 준 후 교훈적인 설명은 하지 않도록 한다.

5. 동극 지도

동극은 교사가 들려준 동화의 내용을 실제로 유아들이 주인공이 되어 극화하는 활동이다. 계절, 주제, 유아의 흥미와 발달단계에 맞는 적합한 동화를 선택하는 것이 중요하다(윤기영 외, 2006).

동화선정 시 일반적으로 길이가 짧고 반복되는 대화체로 구성되어 있고 역할을 신체로 표현하기에 쉽고 등장인물이 많아서 여러 명의 유아가 동시에 참여할 수 있는 것을 선택한다. 동화를 들려 준 뒤 회상의 시간을 가진 후 무대를 설치하고 배역을 정하고 동극을 실시한다.

6. 게임 지도

유아들은 게임을 좋아 한다. 게임에는 승패가 있어 긴장하게 되고 스릴을 느끼게 한다. 게임에는 이미 약속된 일정한 규칙이 있다. 규칙을 미리 숙지하고 게임을 하게 된다. 게임은 개별적으로 참가하는 게임이 있고, 조를 나누어 집단으로 참가하는 게임이 있다. 어떤 게임이든 규칙이 있고 규칙이 허용하는 범위 내에서 친구와 경쟁하고 조별로 협동하게 된다. 이러한 상호작용을 통해 유아는 규칙을 내재화시키고 사회성을 형성하게 된다. 그러면서 자신에 대한 통제력을 향상시킨다.

게임에는 모든 유아들이 즐겁게 참여할 수 있도록 하고 성패보다 게임에서 의도하는 목적 행동을 주의해서 보아야 한다.

7. 견학

견학은 유아들로 하여금 실제로 현장을 방문하여 어떤 작업현장이나 사무실 등을 직접 관찰하고 경험하게 하는 것이다.
견학을 하기 위해서는 유아들을 집단적으로 현장까지 이동시켜야 하므로 견학의 목적, 안전지도 등 사전에 치밀한 계획을 세워야 한다.

먼저 지역사회에서 견학이 가능한 장소를 조사하고 견학의 목적에 맞는 장소를 선정한다. 견학의 목적을 달성할 수 있도록 견학의 계획을 짠다. 계절과 날씨 등의 외부적 요소도 고려하여야 한다.

(1) 사전활동

먼저 견학 장소를 사전 답사하고 필요한 복장, 안전점검, 화장실, 안내인 등을 알아보아야 한다. 견학에 대한 가정 통신문을 보내고 필요하면 견학승인 용지도 가정에 미리 보내 부모의 동의를 받아야 한다.

교육의 목적을 달성하기 위해 견학 장소에서 무엇을 할 것인지, 알고 싶은 것, 안전규칙 등에 대하여 유아들과 미리 이야기 시간에 토의를 하여야 하며 사진이나 슬라이드, 동영상 등을 통해 사전경험을 시킨다. 그리고 안전지도 계획을 세우고 대책을 사전에 논의하여야 한다. 보조교사의 배치, 자원봉사자 결정, 비상시 대책, 응급치료 물품 준비 등에 대하여 사전 점검을 하여야 한다.

(2) 본 활동

안전에 유의하면서 견학을 지도한다. 유아의 흥미가 견학의 목적에 집중되도록 한다. 유아가 스스로 관찰하고 탐색하고 발견할 수 있도록 하며 질문 시간을 주도록 한다.

(3) 사후활동

견학 후 견학의 효과를 극대화하기 위해 유아가 견학을 회상해서 자신의 경험 재구성하도록 하며, 사건과 생각 연결하여 창의적으로 표현하게 한다. 이를 위해

이야기 나누기, 게임, 놀이 등을 할 수 있으며 창의적 표현을 위해 찰흙, 그림물감, 음률활동, 역할놀이 등을 할 수 있다.

8. 자원인사의 활용

유치원 교육에 현장감을 주고 유아들의 경험의 범위를 넓히기 위해 유아가 현실 생활에서 관심가지는 사람들 직접 만날 수 있는 기회를 제공하는 것이 자원인사의 활용이다. 자원인사는 직업별 근로자, 특별한 분야에 종사하는 사람, 특정 분야에 지식이 있거나 역사적 사실을 알고 있거나 경험한 사람 등 다양한 사람들을 자원인사로 교육기관에 초빙하거나 방문할 수 있다. 방문할 경우는 견학과 유사한 형태를 띠게 된다.

자원인사로 활용되는 인사는 유아에게 깊은 관심을 가지고 유아교육

을 이해할 수 있는 사람이어야 한다. 지역사회 인사나 특정 인물을 대상으로 사전에 계획을 세우고 유치원의 교육계획과 일치하도로 하여야 한다.

제6절 수업의 요체

실제 수업을 진행하다 보면 여러 교수-학습의 방법을 교사는 탄력적으로 활용할 수 있을 것이다. 그런데 지나치게 어떤 방법에 치중하고 몰두하다보면 수업의 본질적 요소를 놓치기 쉽다. 본 절에서는 실제 수입을 진행하는데 있이서 반드시 염두에 두어야할 핵심적 요소를 정리한다.

1. 준비

먼저 준비 단계로 무엇보다 중요한 것은 목표에 대하여 인지하고 통찰하는 것이다. 추상적인 목표를 실질적이고 구체적으로 재구성 내지 해석하여 어느 수준까지 수업해야 할 것인지를 결정한다. 그러므로 목표에 대하여 인지하고 통찰하는 것이 중요하다.

다음 단계가 자료조사연구이다. 목표를 달성하기 위한 내용선정 및 내용의 정리 가감 작업이 필요하다. 자료를 가공하여 조직하고 순서를 정하고 단계를 정한다. 그런 다음 정리된 내용을 이해한다. 가르치고자 하는 교사의 이해정도에 따라 수업의 정도가 결정되는 것이다. 그 다음 단계가 내용에 대한 독자적인 깨달음이 있어야 한다. 이것을 바탕으로 구조화하고 독자적 구성이 가능한 것이다. 가능하면 모델 빌딩(model-building)이나 이미지화하는 것이 효과적이다.

준비단계의 마지막 요소가 전달 방법의 연구이다. 이 때 수업모델을 어떤 것으로 할지 결정하고 몇 가지 모델을 복합적으로 쓸 것인지 단순 강의식에서 어느 부분에서 질문할 것인지, 발문하여 의문을 유도할 것인지 등을 구체적으로 결정한다. 그리고 특히 프리젠테이션(presentation) 방법에 대한 연구도 필요하다. 학습자의 규모나 학습장소(교실)의 형태와 규모에 따라 그 방법과 규모는 달라져야 한다. 이와 관련하여 자료제시의 적절성을 연구하여야 한다.

2. 전개

다음은 수업을 구체적으로 어떻게 전개하느냐이다. 이 단계는 계획의 단계가 아니라 역동적인 수업상황에서의 실제단계이다. 수업의 내용(자료)과 활동(교수-학습)의 연속적인 연결이다. 교사는 준비된 자료를 가지고 수업상황을 능동적으로 운영하는 것이다.

이 때 중요한 것은 먼저 자신감이다. 교사가 자신의 수업에 자신감을 잃으면 그러한 수업은 생명력을 상실하게 된다. 그러므로 교사는 자신감을 가지고 당당한 음성으로 의미상 단락을 주어가며 수업을 진행해야 한다. 그리고 특히 강의식 수업일 경우 시선처리가 매우 중요하다. 교사의 시선을 학습자들을 끊임없이 관찰해야 한다. 시선으로 학습자들의 상태를 확인하고 역동적으로 대응해야 한다.

그리고 호흡이다. 호흡은 학습자와 일치도이다. 앞서 시선과 외형적으로 같은 개념이나 보다 내적인 면이다. 학생의 학습태도, 움직임, 이해도 파악과 다양성을 구사해야 한다. 다양성은 수업을 지루하지 않게 하는 요소가 중요하다. 즉 유머감각, 제시방법과 제시 순서, 접근법, 문제해결법 등 다양하게 구사하는 연습을 해야 한다.

3. 정리

정리는 전개된 수업을 요약하고 마무리를 하는 단계이다. 그리고 본시에 진행된 수업의 형성정도를 평가하는 작업을 해야 한다. 가벼우면서도 효과적으로 할 수 있는 방법을 연구해야 한다. 평가가 지나치게 부담가지 않도록 학습자를 배려하는 것이 중요하다. 그리고 차시 소개를 하고 마친다.

4. 학습지도안의 예시

학습지도안

<table>
<tr><td>단원명</td><td></td><td>본시
(주제)</td><td></td><td>수업
일시</td><td colspan="3">2011. .</td></tr>
<tr><td>대상</td><td colspan="3">학생의 수준, 발달단계 명기</td><td>담당
교사</td><td colspan="3"></td></tr>
<tr><td>목표</td><td colspan="7">1. 학습할 내용(요지) + 행동(관찰 가능한 행동)
2.
* 목표는 전개와 정리 및 평가의 3자가 일치해야 함</td></tr>
<tr><td>단계</td><td>학습문제</td><td colspan="2">교수 - 학습활동</td><td>시간
(분)</td><td>수업
매체</td><td>수업
방법</td><td>도달
점</td></tr>
<tr><td>도입</td><td>동기유발</td><td colspan="2">동기유발을 위해 어떤 예시나 영상자료를 보여주거나 본시를 대표할 인상적인 장면을 보여 줌으로써 학생들로 하여금 본시의 목표를 알게 한다.
본시 목표 소개</td><td>5</td><td>비디오</td><td>시연</td><td>목표
이해</td></tr>
<tr><td>전개</td><td>1. 제목(간결하게)
2.
3.</td><td colspan="2">내용 + 활동(교사, 학생)
다양하고 효과적인 방법 동원
활동을 구체적으로 기술할 것
presentation 효과 사전 점검(그림, 글씨 크기 조정)</td><td>각요
소별
시간
표시</td><td>각요
소별
매체
표시</td><td>각요
소별
수업(
전달)
방법
표시</td><td>각요
소별
하위
목표
표시</td></tr>
<tr><td>정리
및
평가</td><td></td><td colspan="2">1. 목표와 관련한 질문 또는 요약
2.
3.</td><td></td><td></td><td></td><td></td></tr>
<tr><td>차시
예고</td><td></td><td colspan="2">차시의 주제, 준비물, 장소 등 예고</td><td></td><td></td><td></td><td></td></tr>
<tr><td colspan="8">참고자료</td></tr>
</table>

제 7 절 유아교육 사회생활 영역의 교수-학습방법

현행 우리나라의 유치원 교육과정(교육인적자원부 고시 제2007-153호) 즉, 제7차 유치원 교육과정에서 제시한 지도상의 유의점에 대하여 논하고자 한다.

교수·학습방법은 유치원 교육 전 과정을 대상으로 제시한 것이며, 지도상의 유의점은 사회생활 영역에서 제시한 것이다.

1. 유아교육 교수·학습방법

가. 유아의 발달과 흥미를 고려하여 놀이 중심의 통합적인 교육 활동을 전개 한다.

나. 하루의 교육 활동 운영은 동적인 활동과 정적인 활동, 실내 활동과 실외 활동, 개별 활동과 소집단·대집단 활동, 유아 주도 활동과 교사 주도 활동 등이 균형 있게 이루어지도록 한다.

다. 유아가 또래와 교사 및 주변 환경과 다양한 상호작용을 할 수 있도록 한다.

라. 긍정적이고 수용적이며 사랑과 정성이 담긴 언어와 태도로 유아를 대한다.

마. 교육 활동별 특성에 따라 다양한 질문을 하여 창의적 사고를 유도한다.

바. 개별 유아의 잠재력이 최대한 발현될 수 있도록 유아를 지속적으로 관찰하고 적절한 지원을 한다.

사. 주변의 다양한 자료와 자연물을 적극 활용하여 유아들이 직접적이고 구체적인 경험을 할 수 있도록 한다.

아. 흥미 영역은 계절, 주제, 행사 및 유아의 요구 등에 따라 재구성한다.

자. 시간 연장제 및 종일제의 오후 일과는 오전의 교육 활동을 그대로 반복하거나 지식 및 기능 위주 교육을 하기보다는, 편안한 휴식과 함께 바깥 놀이와 개별 유아의 특성을 충분히 고려한 놀이 중심의 활동으로 구성한다.

2. 사회생활 영역 지도상의 유의점

교사는 다음 사항에 유의하여 지도하도록 한다.

첫째, 사회생활에 관한 교육 활동의 계획과 운영은 유아가 기초적인 사회적 태도와 기능, 지식 등을 포괄적으로 익히고 활용하는 데 중점을 둔다. 유아가 규범이나 사회적 지식을 아는 데 그치지 않고 그것을 행동에 옮겨 습관화하여 바람직한 사회생활 태도를 가지도록 지도한다.

둘째, 현대사회에서 사회생활 영역이 갖는 교육적 개념은 상호 존중과 상호 의존임을 명확히 인식하고 이러한 개념들이 유아의 생활 속에서 자연스럽게 형성되도록 교육 활동을 계획하고 운영한다. 인간과 인간 간의 관계가 더욱 중요시 되는 현대사회에서 유아들이 자신과 다른 사람의 유사점, 차이점을 인식하고 존중하며 더불어 살아갈 수 있도록 하며, 특히 다문화 교육, 반편견 교육에 대한 교육 내용 요소를 교사가 먼저 바르게 인식하여 교육 활동을 계획하고 사회생활 영역 진반에 걸쳐 지도한다.

셋째, 기본 생활 습관은 생활 전반에 걸쳐 반복적으로 꾸준히 지도하여 유아가 바른 생활 습관을 자연스럽게 형성하도록 한다. 교사는 좋은 모범을 보이도록 하며, 특히 가정에서 기본 생활 습관의 기초가 이루어지므로 유치원과 가정에서의 교육이 일관성 있는 교육이 되도록 학부모와 밀접한 관계를 갖고 협력하여 지도한다.

넷째, 유아가 다양한 사회적 관계를 경험할 수 있도록 교사의 언어적 설명이나 지시보다는 따뜻한 격려와 직접적인 문제 제기, 문제 해결을 위한 유도, 확산적 질문 등을 사용하도록 한다. 그리고 공동 작업, 협동 게임, 소집단 토의 활동, 극화 활동 등을 통해 유아들 간의 갈등과 경쟁을 극복하여, 경험을 공유하고 협동하는 능력을 기르도록 한다. 또한 현장을 견학하거나 자원 인사를 초빙하여 일터의 소중함과 일하는 사람의 보람 등을 직접 공감하는 기회를 갖도록 한다.

다섯째, 각 지역의 특성과 문화적 자원을 충분히 활용하도록 한다. 유아가 생활하는 지역 사회의 특성과 문화를 경험하게 함으로써 지역 사회 문화에 대한 이해와 더불어 애향심, 공동체 의식, 지역에 대한 자긍심 등을 기를 수 있도록 지도한다.

이상의 유치원 교육과정상 교수·학습방법과 사회생활 영역의 지도상의 유의점을 종합해 보면 생활 속에서 경험과 활동을 통해 유아가 사회를 인식하고 생활을 익히도록 구상하고 있다. 구체성은 떨어지지만 현장에서의 지침으로서는 유용하게 적용될 것으로 기대된다. 사실상 어떤 교수·학습방법을 도입할 것인지는 교육 계획에 따라 교사가 선택하고 구상하여야 한다. 그리고 상황에 맞게 응용하여야 한다. 유아교사는 정해진 지식의 틀 보다는 보다 다양한 차원에서 수업을 창의적으로 이끌고 가야 할 것이다.

제 7 장

유아사회과교육의 평가

유아사회교육의 목표가 정립되고 목표를 달성하기 위한 내용이 선정·조직되고 이 내용을 중심으로 수업이 이루어졌다면 이제 과연 목표를 제대로 달성했는지를 확인하는 작업이 남았다. 이를 교육평가라고 한다. 유아교육에서 인지적 평가를 외형적 방식으로 하는 것은 다소의 무리가 따른다. 유아사회과에서는 사회생활영역에서의 유아의 활동을 교사가 면밀히 관찰해서 당해 유아의 발달단계를 인식하고 자연적 상황에서 사회와 문화에 대한 지식을 획득할 수 있도록 고려하여야 한다. 그리고 무엇보다도 유아교사는 유아의 잠재적 능력을 발견하고 그것을 계발하는데 주력해야 하며 그것을 보는 안목을 가져야 한다. 이러한 안목의 형성에 평가의 요소를 이해하고 응용할 수 있는 능력이 매우 중요하다고 생각한다. 아래의 내용 중 유아사회과교육에 있어서 직접적 관련성이 적은 부분도 있지만 평가에 관한 안목 형성의 요소로서 제시하였다.

제 1 절 유아사회과교육 평가의 의의

1. 유아사회과교육 평가의 개념

인간은 태어나면서부터 교육과 관련되며 교육이 계속되면서 평가는 부단히 존재한다. 유아사회과영역에 대한 교육평가(educational evaluation)는 유아사회과교육사회생활 영역에서 목표를 달성하고자 선정, 조직, 실천된 학습경험들이 실제에서 어느 정도로 그 목표를 달성하였는지를 평가, 반성, 검토하는 일이라 하겠다. 사회과에서 교육평가는 미시적 관점에서는 학생들의 학업성적의 평가, 판정 내지는 일정 교육과정에서의 사회과교육의 목표 달성도를 측정하는 것이라고 할 수 있다. 거시적 관점에서는 학생평가만이 아니라 일정한 교육과정에서 교육목표를 달성하기 위하여 동원된 모든 방법, 원칙 설비의 교육적 유효도를 평가하는 것이 목적인 것인바, 교육자의 교육계획 및 교육활동에 대한 반성과 연구, 교육개선을 위한 행위라고 할 수 있다.

현대 학교교육에 있어서 교육평가의 이론정립과 실천에 많은 영향을 끼친 바 있는 타일러(R. W. Tyler)는 "평가의 과정이란 본질적으로 교육과정 및 수업의 프로그램에 의하여 교육평가가 실지로 어느 정도나 실현되었는지를 밝히는 과정이다"라고 정의하고 있다. 다시 말해서 어떤 특성에 비추어 '무엇'을 기술하고 그것이 어느 정도 수용될 수 있으며 어느 정도 적합하냐를 판단하는 과정을 교육평가라고 정의할 수 있는 것이다. 이러한 교육평가는 유치원 교육에서도 예외일 수는 없다. 어떤 교육이든 평가를 통해서 그 과정이 완성되는 것이다.

현행 유치원 교육과정(2007)에서의 평가에 관한 지침은 다음과 같다.

가. 교육과정 목표와 내용을 준거로 유아의 특성과 변화 정도를 평가

한다.

나. 유아의 태도, 지식, 기능 등이 종합적으로 포함되도록 평가한다.

다. 유치원 일과 속에서 생활과 교육 활동 전반에 걸쳐 포괄적으로 평가가 이루어지도록 한다.

라. 관찰, 활동 결과물 분석, 면담 등 다양한 방법을 사용하여 종합적으로 평가하고, 그 결과를 기록한다.

마. 평가 결과는 유아에 대한 이해와 유아 지원을 위한 의사결정, 교수·학습방법 개선, 교육과정의 편성과 운영, 부모 면담, 생활 기록부 작성 등을 위한 기초 자료로 활용한다.

이상에서 보는 바와 같이 유아교육에 있어서의 평가의 특징은 유아의 특성과 행동변화의 정도를 평가하기 위해 목표영역을 유치원의 일과와 활동 전반에 걸쳐 포괄적이며 종합적으로 평가하여야 한다. 분리된 어떤 항목이라기보다는 다른 상황과 연결되어 평가를 한다는 의미이다. 그러나 이러한 점이 자칫하면 너무 난해하거나 너무 쉽게 포괄적으로 되어 유아의 변화된 행동이나 특성 정보를 보여주지 못한다면 그 평가는 무용지물이 되는 것이다. 그러므로 종합적인 일상의 활동 속에서 평가하되 분야별 냉정한 분석과 평가가 요청되는 것이다. 제대로 하기 위해서는 고도의 전문적 기술이 필요한 부분이다. 그러므로 유아교육에서의 평가는 유아의 전인적 발달의 정도를 확인하는 것이며 이를 위해 구체적으로 행동의 변화를 분석하여 유아를 올바르게 지도하고, 유아의 잠재력을 발견하는 데 주된 의의가 있다.

2. 교육평가 용어의 구분

교육평가에서 사용되는 용어는 비슷한 의미를 가진 것이 많다. 이들 용어는 어디다 강조를 두느냐에 따라 가려 쓰는 것이 타당하다고 본다.

(1) 시험(examination)

이 말은 교육평가사상 제일 선행되어 쓰여 내려오고 있는 것 같다. 이 용어의 뜻은 교사제작의 필답시험을 생각하게 한다. 광범한 교육평가체제에서 볼 때 극히 전통적으로 필답시험에 한정된 범위 내에서 사용된다.

(2) 고사(test)

교사제작이란 점과 대개 필답시험에 한정되어 쓰여지고 있는 것은 시험이란 개념과 동일하다. 시험과 구별되는 점은 주로 총합시험에 한정하여 쓰이고 있다는 점이다.

(3) 검사(test)

이 용어는 측정운동이 왕성했던 20세기 초반의 산물이다. 시험, 고사에서 뜻하는 교사제작검사 및 각종 교육 및 심리표준화검사까지를 검사라는 용어로 포괄적으로 써도 좋다고 본다.

그런데 위의 세 가지 용어는 어떤 형태든 간에 제작되어 있는 도구라는 의미에 초점을 맞추고 있다.

(4) 측정(measurement)

측정이라는 것은 어떤 행동이나 사물이나 사건의 증거를 수집하는 것이며 이러한 증거를 수량으로 표시하는 것을 의미한다. 이 말이 학술용어로 채택된 것은 손다이크(E. L. Thorndike)를 비롯한 교육측정 운동자들에 의해서라고 할 것이다. 손다이크는 "만약 어떠한 것이 존재한다면 그것은 어떤 양으로서 존재한다. 만약 그것이 어떤 양으로서 존재한다면 그것은 측정할 수 있는 것이다"

시험, 고사, 검사 등의 측정도구(measurement instrument)라는 개념은 측정에 내포되는 좁은 개념이라 볼 수 있다.

(5) 평가(evaluation)

평가는 측정의 뜻인 양적 기술을 포함할 뿐만 아니라 말로써 무엇을 표시하는 것과 같은 질적 기술도 포함한다. 이보다 더욱 특징적인 것은 평가는 양적 질적 기술뿐만 아니라, 그러한 기술에 대하여 가치판단(value judgement)을 내리는 것을 포함한다는 것이다.

3. 유아교육 평가의 기능

교육평가의 기능에 대해서 학자들 간에 상이한 관점을 제시하고 있다. 린드퀴스트(E. F. Lindquist)는 학습촉진의 기능, 학습지도개선의 기능, 카운셀링(counselling)의 기능, 교육정치(教育定置)에 주는 기능으로 나누고 있으며, 레머스(H. H. Remmers)와 가네(N. L. Gage)는 표준유지의 기능, 진단적 기능, 선발의 기능, 동기화의 기능, 평가의 기능, 학습의 기능으로 나누고 있다.

유아교육현장에서 이루어지는 유아교육 평가의 기능으로는 유아교육 목표의 달성도를 파악하는 기능, 유아교육 활동의 개선방안을 모색하는 기능, 유아의 이해를 위한 기초자료 수집하는 기능, 부모에게 필요한 이해자료를 제공하는 기능, 유아를 지도하는 교사의 교수법을 개선하는 기능, 유아의 학습동기를 유발하는 기능, 제반 유아교육 활동에 관한 효과를 파악하는 기능을 들 수 있다(황해익, 2009).

제 2 절 교육평가의 유형

교육평가의 유형은 결과의 해석방식에 따라 그 형태를 상대평가와 절대평가로 나누고, 수업과정에서의 평가시기에 따라 평가방법을 진단

평가, 형성평가, 총합평가로 나누어 볼 수 있다.

1. 상대평가와 절대평가

한국교육계는 1950년대에 들어와서야 발전된 교육평가이론을 도입하였다. 이 때 각종 표준화 검사 등이 제작 보급되고 5단계 평가 또는 상대평가라고 불리는 평가의 방법이 각급 학교에 새로운 평가 원리로서 널리 받아들여지게 되었다. 그러다가 1976년에 이르러 훈령 제286호를 공포하여 전국의 초등학교 및 중·고등학교의 생활기록부의 개정을 단행함으로써 절대기준평가라고 하는 새로운 시대를 열었다.

(1) 상대평가

상대평가를 규준지향적 평가(norm-referenced evaluation)라고도 한다. 이것은 한 학생의 학업성취도를 그가 속해 있는 집단의 결과에 비추어 상대적으로 나타내는 평가 방법인 것이다. 한 집단 속의 여러 개인이 보여주는 점수들의 평균치를 기준으로 삼고 이 기준으로부터 각 개인의 점수가 얼마나 이탈되어 있느냐에 따라 새로운 점수를 부여하면 된다는 생각이 성립될 수 있다.

상대평가의 장점으로는 개인차의 변별이 가능하다는 점과 경쟁을 통하여 외발적 동기를 유발하는 데 적합한 방법이라는 것을 지적할 수 있다. 단점은 교수목표의 달성도에 관계없이 서열을 규정짓게 되므로 지적 계급주의이념을 학생들에게 고취시킬 수 있으며 경쟁을 학교교육의 당연한 논리로 받아들이게 된다는 것과 학습목표의 달성도에 따라 성적이라는 강화가 체계적으로 주어지는 것이 아니라 집단의 결과에 의해서 좌우되므로 학습행동을 체계적으로 강화해 주지 못할 가능성이 많다. 또한 학습효과를 비교할 수 없다.

(2) 절대평가

절대평가는 절대기준평가 또는 준거지향적 평가(criterion referenced evaluation)라고도 하는데 이것은 한 학생이 성적이 그가 속해 있는 집단의 검사결과와는 상관없이 주어진 교수목표를 어느 정도 달성하였느냐하는 교수목표 달성도에 의하여 그의 성적을 표현하는 방법이다. 이러한 견지에서 절대평가를 목표기준평가(objective based evaluation)라고도 한다. 이 절대기준은 한 학문영역 또는 교과영역에 대한 체계적인 분석을 통하여 학습자 개개인에게 성취시키려고 하는 교수목표라는 형태로 설정되는 것이다. 절대평가에서도 「수, 우, 미, 양, 가」의 5단계 척도나 백분위 등을 사용하고 있다.

절대평가의 장점은 평가기준이 분명하고 교육목표 달성도에 관심을 두기 때문에 지적 계급주의이념을 고취시킬 수 있는 비교육적 영향을 극복할 수 있다. 불필요한 경쟁관계나 적대관계를 초월할 수 있고 협동관계에 의한 협동학습이 가능하게 된다. 강화이론에 합당한 평가방법이다. 교사의 수업능률을 반성 개선하는 자료로 활용하기에 알맞고 학교수업의 질적 향상을 가능하게 한다.

절대평가의 단점은 다수의 학생 중에서 소수의 학생을 반드시 선별해야 하는 경우에는 개인차를 변별해주지 못하는 것이다. 절대평가의 기준이 되는 절대기준과 그 수준을 정하기 어렵다.

2. 평가의 방법

(1) 진단평가(diagnostic evaluation)

계획된 목표달성을 위하여 교수와 학습활동이 전개되기 이전에 그 학생이 일정한 학습을 받아들이기에 어느 정도의 준비성(readiness)이 이룩되고 있는가를 진단해 보는 평가라고 할 수 있다. 즉, 일정계획의 학습을 받아들이기 위한 시발행동이 갖추어져 있는가의 여부, 또는 학생이 교육목표를 달성하기 위하여 신체적, 정서적, 문화적, 환경적 결함 등의 소위 교수와 학습의 외적 방해요인이 없는가? 등을 진단하여 학습의 효율화를 기하려는 평가이다. 이 진단평가는 대개 일정한 단위의 학습을 하기 이전에 하는 것이 보통이나 경우에 따라서는 학습의 중간 단계에서도 실시할 수 있다.

(2) 형성평가(formative evaluation)

학습이 진행되는 동안 수시로 학생들의 학습·미학습의 정도 내지는 그것에 관련된 오류나 미비점 등을 발견하여 시정할 수 있게 하는 진단 및 치료의 기능을 갖는 평가를 의미한다. 시기적으로 보아 학습이 진행되고 있는 유동적인 학습사태에서 학습활동의 일부로서 이루어 질 수 있고 수시로 시행할 수 있으며, 반드시 지필식 문항구성이 아닌 언어적 화답으로서도 행해질 수 있다는 점에서 보다 융통성 있는 평가라는 특색을 갖는다. 그러므로 학생들의 학습, 즉 행동변화 또는 실력향상은 바로 이 형성평가에서 이루어진다고 볼 수 있다. 그러고 보면 형성평가의 교육적 의의는 매우 중요한 평가의 기능적 위치를 점유하고 있는 것이다.

(3) 총합평가(summative evaluation)

한 학습과제가 끝난 다음에 중간시험이니 학기말 고사니 하며, 총합적으로 평가하여 성적일람표나, 생활기록부에 영구적으로 남겨 놓기 위한 평가라 볼 수 있다. 따라서 이 결과는 교육목표의 달성도, 학습내용, 학습지도방법, 행정지원에 대한 전반적인 시정책 내지는 계획을 수립하는데 활용되는 것이다.

형성평가와의 차이점은 목적(기대하는 정도에서), 포함하는 교과의 정도(시간), 평가에 사용하는 문항의 일반성의 정도, 문항의 성질, 채점의 기준의 다섯 가지로 요약할 수 있다.

제 3 절 사회과교육평가의 절차

타일러(Tyler)는 교육평가의 절차를 7단계로 들고 있다. 즉, ① 교육목표설정 ② 교육목표 분류 ③ 교육목표를 아동의 행동의 형태로 표현 ④ 아동에게 기대할 수 있는 행동의 상태마련 ⑤ 그러한 상태에서 나타나는 행동을 적절히 평가할 수 있는 방법 선정 실시 ⑥ 평가 결과 종합·해석 ⑦ 평가 결과 기록·지도의 단계를 들고 있다.

여기서는 교사제작 검사의 경우를 들어 6단계로 평가의 절차를 개관하고자 한다.

1. 교육목표의 재확인

교육의 목적을 교사 개개인이 전개하여 나가는 단원상의 목적으로 직접 도입할 수 없는 것임은 명백하다. 평가의 대상이 되는 구체적인 목표는 교사가 재진술하게 된다. 교육목적의 진술은 내용과 행동이라는 두 가지 차원의 문맥 속에서 진술되어야 하며 교사 자신이 명석하게 변별할 수 있도록 설정해 놓아야만 한다. 예를 들어 "단원을 조직할 수 있다", "가계와 기업의 소득의 순환을 설명할 수 있다"와 같이 목표를 설정했다면 여기에서 '단원' '소득의 순환' 등은 내용이 되며, '조직하기' '설명하기' 등은 행동의 면이 되는 것이다. 이처럼 교육 목표는 어떤 내용에서의 어떠한 행동이냐로 내용과 행동의 2원적인 요소가 되도록 설정하여야 한다.

2. 교육목표의 구체적 분석

교육목표 설정에 있어 가장 높은 빈도를 차지하고 있는 행동형은 이해, 사고, 기능, 태도, 습관, 흥미, 감상력, 적응 등의 8개 행동이다. 이 단계에서는 이들의 행동을 다시 세분하여 분석하고 정의하는 일이다. 과연 교육목표에 표현된 행동이 어떤 동작을 말하는 것인지를 구체적으로 정의하여야 한다. 예를 들어 '이해'라는 행동은 아동의 실제상의 행동에 있어서 어떤 형태로 표현되는 것인지를 명백히 하지 않으면 안 되는 것이다. 이처럼 정의하는 데는 보통 조작적 정의(operational definition)를 하게 된다.

이 작업의 결과를 흔히 2원 분류표로 작성한다.

3. 검사상태의 구안

교육목표에 나타난 행동을 평가하는 데 있어서 여하한 장면과 기회를 마련하여야만 교육목표의 2원 분류표에 명시된 행동의 증거를 가장 잘 드러낼 수 있도록 하는 것인가를 구안하는 것이다. 사용 빈도가 높은 몇 가지 상태를 소개하면 다음과 같다.

필답검사 : 이에는 선택형과 서답형이 있다. 선택형에는 진위형, 배합형, 선다형이 있고, 서답형에는 단답형, 완결형, 논문형이 있다. 주로 지적인 행동의 포착에 쓰인다.

질문지법 : 사실을 위한 것과 의견을 위한 것이 있다. 광범한 행동영역을 측정할 수 있지만 주로 흥미 태도 적응력 습관 등은 이 검사상태로 측정하기에 적합하다.

관찰법 : 우연적 자연적 관찰에서부터 극히 계획적이고 통제적인 관찰에 이르기까지 여러 방법이 있다. 관찰법은 습관, 태도, 기능, 흥미 등을 측정할 수 있다.

면담법 : 교육목적의 달성도를 측정할 수 있는 것은 물론이려니와 개인상담, 정신분석학 또는 학습지도 등에 있어서 더욱 효과적으로 이용할 수 있는 검사상태이다. 면담에는 구조적 면담과 비구조적 면담이 있다.

기타 기록물 분석법, 작품 분석법, 현장실습 등이 있다. 유아사회과교육에서는 현실적으로 관찰법과 면담법, 작품분석법 등을 많이 사용한다.

4. 평가도구의 제작

도구제작의 실제에 있어 구체적인 절차로는 평가도구의 성립여부를 검토한 이원분류표에 준하여 제작하여 나가는 것이다. 이 단계에서는 평가에 대한 투철한 이해와 창의성이 요구된다. 평가도구란 지적영역에서는 주로 지적영역의 내용과 행동을 확인하는 문항을 의미하지만 정의적 영역과 심리·운동적 영역에서는 활동 자체나 표현, 표현물, 의사표현, 심리상태 등을 확인할 수 있는 방법이면 평가도구가 될 수 있을 것이다.

5. 실시와 결과의 정리 및 분석

평가도구를 작성했으면 이제 교육목표에 나타난 행동의 증거를 수집하는 단계이다. 이 단계에서는 학생들이 행동을 충분히 발현할 수 있는 장면을 만들어 주어야 한다. 그리고 실시 후에는 채점과 기록이 이루어진다.

6. 결과의 해석 및 활용

교육목표에 비추어 그 달성도 다시 말하면 변화량을 따져보는 일, 그야말로 평가를 하여야만 하는 것이다. 개별적 또는 집단적으로 해석적인 평가를 하는 것이다.

유아의 경우 주로 관찰이나 면담, 포트폴리오에 대한 작품 분석 등을 통해 생활 내지 활동을 분석하게 되므로 포괄적이면서도 종합적인 해석을 해야 한다.

제 4 절 유아사회과교육목표와 평가

지적 영역의 문항작성의 분류는 교육목표의 행동분류에 따른 문항의 작성과 외형적 형식에 따른 문항의 작성으로 나누어 볼 수 있다. 전자는 지적 영역 분류에서의 위계를 말하고, 후자는 문항의 표현 형식을 의미한다. 따라서 본 장에서는 교육목표에 따른 문항의 작성 실제와 형식에 따른 문항작성의 실제로 나누어 기술하고자 한다.

평가의 절차를 크게 목표의 분석과 진술, 검사상태의 구안 및 도구제작, 평가의 실시 채점 해석 활용으로 나누어 볼 때 먼저 교육목표를 구체화하고 그 것을 평가의 지침으로 삼고 상태를 전환시켜 나가는 것이 중요하다는 것을 알 수 있다. 결국 평가란 목표와 관련해서 목표의 달성정도를 판단하는 것이라 할 수 있다.

1. 교육목표분류

교육목표는 내용과 행동으로 분류할 수 있는 데 내용의 분류는 교육의 진행과정으로 볼 때 학습경험을 선정하는 과정이 있으니 이 때 선정되는 모든 경험은 교육목표에 도달하기 위한 수단으로서 내용이 되는 것이다. 내용분류는 설정한 교육 목표에 부합된 학습경험의 자료를 논리성, 배열의 전후관계, 난이도 등을 고려하여 학습경험의 조직원칙에 따라 적의 분류하면 된다. 내용은 교과별로 차이는 있으나 사실, 개념, 일반화, 원리, 법칙, 가치, 이념, 과정과 절차 등으로 나타난다.

교육목표의 행동분류 중 대표적이라 할 수 있는 것이 블룸(Bloom) 등이 발달시킨 교육목표분류학을 생각해 볼 수 있다. 앞서 기술한 바와 같이 지적영역, 정의적 영역, 심리 · 운동적 영역(운동 · 기능적 영역)으로 나누고 있다. 이 중에서 지적영역의 체계화는 복잡성의 원리(principle of complexity)에 따라 능력이나 작용으로 보아서 단순한 것에서 점차 복잡한 것으로 차례대로 위계를 지우고 있다.

1. 지식(Knowledge)
2. 이해력(Comprehension)
3. 적용력(Application)
4. 분석력(Analysis)
5 종합력(Synthesis)
6. 평가력(Evaluation)

2. 교육목표 이원분류표

검사문항이 학습결과를 최선으로 대표할 수 있도록 하기 위하여 현실적으로 많이 쓰이는 것이 교육목표 이원분류표(two-way specification table)이다.

일반적으로 행동분류를 가로로 제시하고 내용분류를 세로 즉 아래로 제시하는 것이 보통이며 이 때 두 분류의 하위분류들이 교차되어 이루는 칸을 교차부분(cell)이라고 한다. 이 교차부분에 출제될 검사 문항 수 또는 검사문항수의 비율을 표시한다. 표시된 문항 수나 비율이 각 학습결과와 각개의 교과내용에 대한 비중이다. 이러한 비중을 매길 때는 각 영역의 중요성, 시간배당, 학습결과의 전이효과, 교과전문가들이 보는 각 영역간의 상대적 중요성 등이다.

3. 목표분류별 평가

블룸(Bloom)의 교육목표 행동분류 중 지적영역의 분류에 따라 기본적인 이론과 평가문항의 예시를 하고자한다. 여섯 단계의 지적 영역의 분류는 크게 지식과 지적 능력 및 기능으로 나누어 볼 수 있다. 지식은 바로 지식의 상기 그 자체를 말하며, 지적 능력 및 기능은 이해 이상의 단계를 말한다. 지적 능력 및 기능의 목표에서는 특정한 목표를 달성하기 위해 자료를 재조직하는 정신과정을 강조하는 것이며, 이 자료는 주어진 것일 수도 있고 학생이 기억하고 있는 것일 수도 있다. 여기서의 위계는 상위단계는 하위단계보다 더 복잡하여, 하위단계를 포괄하며 선수할 것을 요구한다. 단순한 지적 행동에서 복잡한 행동으로 위계화 되어 있다. 즉, 이해를 위해서는 지식이 전제되어야 하고, 적용을 위해서는 지식과 이해가 전제되어야 한다는 것이다. 그러나 그 분류는 절대적이 아니며, 매우 상대적이다. 즉, 같은 문항이라도 사람에 따라, 같은 사람이라도 경우에 따라 달라 질 수도 있다. 유아교육의 경우 지적 영역의 평가가 무리라고 하는 사람도 있으나 현대사회의 유아의 인지 발달수준을 고려할 때 초등과 연계되는 수준에 근거하여 발달단계에 맞는 지적 수준을 파악하기 위한 연구를 하여야 한다. 특히 사회과학적 개념에 관한 지식은 매우 중요한 것이다.

(1) 지식의 평가

지식은 자료나 사실, 원리 방법과정, 유형 및 장면과 같은 것을 기억해 내는 것을 말한다. 즉, 학습한 내용을 기억하거나 재생하는 것을 말한다. 이 영역의 평가는 학습한 내용을 거의 그대로 끄집어 낼 것을 요구한다. 문항형식으로 보아 선택형(객관형)을 많이 쓰며, 그것이 이 영역의 평가에 쉽게 적용할 수 있고 내용 표집을 많이 할 수 있으며 채점에 있어서도 객관성을 기할 수 있기 때문이다.

하위분류로는 특수사상(特殊事象)에 관한 지식, 특수사상(特殊事象)을 다루는 방법과 기술에 관한 지식, 보편적 추상적 사상(事象)에 관한 지식을 들 수 있다.

특수 사상에 관한 지식은 구체적이며 단편적인 정보의 상기로 이루어지며, 구체적 대상의 특징이 강조된다. 특수사상에 관한 지식은 복잡하고 추상적인 지식을 이루는 기본 요소가 된다. 용어와 특수사실에 관한 지식으로 세분된다.

특수사상을 다루는 방법과 기술(수단)에 관한 지식은 조직방법, 연구방법, 판단방법 및 비판방법에 관한 지식으로 학문 영역을 결정하고 그것을 내적으로 조직하는 조직구조가 포함된다. 이것은 방법의 성질을 보다 수동적으로 인식하는 것이기 때문에 학생들에게 자료를 사용하는 활동을 요구하지는 않는다. 형식에 관한 지식, 경향과 순서에 관한 지식, 분류와 유목에 관한 지식, 준거에 관한 지식, 방법론에 관한 지식으로 세분된다.

그리고 보편적 및 추상적 사상에 관한 지식은 현상과 개념들이 조직되는 주요개념, 구조 및 형태에 관한 지식, 이것은 한 학문분야를 지배하거나 현상을 연구하고 문제를 해결하는 데 대체로 늘 쓰이는 학문체계, 학설 및 통칙을 말한다. 원리와 통칙(generalization)에 관한 지식, 학설과 구조에 관한 지식으로 세분류할 수 있다.

(2) 이해력의 평가

이해력이란 자료의 의미를 파악하고 자료에서 전달되는 것을 아는 능력 또는 다른 자료를 관련시키거나 보다 깊은 의미를 알 필요 없이 전달되는 자료나 아이디어를 이용할 수 있는 능력 등을 의미한다. 이러한 능력은 자료의 형태를 달리하여 해석토록 하거나 의미를 풀이하게 하거나, 주어진 자료의 의미 이상으로 더 확장하도록 하는 검사문항으로 측정할 수 있다. 이해력의 하위 영역에는 번역(translation), 해석(interpretation), 추론(extrapolation)이 있다.

번역은 의사소통의 자료를 부연하거나 한 언어 또는 형태로 된 것을 다른 것으로 옮겨놓는 주의와 정확성으로 나타난다. 즉, 의사소통의 형태가 바뀌더라도 원래의 자료에 포함된 내용을 얼마나 담고 있는가를 따라 판정되는 것이다. 예를 들면 수적 언어적 자료를 기호적인 진술로 옮기거나 그 반대로 하는 것 등을 들 수 있다.

해석은 의사소통의 자료를 설명하거나 요약하는 능력으로, 번역은 의사소통자료를 객관적인 부분 대 부분으로 표현하는 것을 포함하지만 해석은 자료를 재정리, 재배열하거나 새로운 견지에서 보는 것을 가리킨다. 예를 들면 여러 가지 형태의 사회적인 자료를 해석하는 능력이나 문학작품의 사상을 요구되는 일반성의 정도에 따라 전체적으로 파악하는 능력 등을 말한다.

추론은 주어진 자료를 넘어서 거기에 함축된 의미, 귀결, 계론, 효과 등을 결정하기 위해 원래의 자료에 기술된 조건과 일치하는 경향과 추세를 확장하는 능력을 말한다. 예컨대 나타난 진술로부터 직접적으로 추리하여 다음 단계를 예측하는 능력이다.

(3) 적용력의 평가

적용력은 응용력이라고도 하며 지식과 이해력을 먼저 선수할 것을 요구한다. 적용력이란 정보의 의미를 파악할 수 있어야 할뿐만 아니라 부딪치게 되는 새로운 구체적 장면에서 그들 정보를 응용하는 능력을 말한다. 즉, 사실, 원리, 방법이나 이론같은 지식의 면을 구체적으로 활용하는 능력을 말한다. 적용력은 학습의 전이에 관한 것으로 문항은 선다형과 같은 단일형을 쓰는 경우와 도입자료가 있고 일련의 검사문항이 있는 복합형을 쓰는 수도 있다.

예를 들면, 한 논문에서 사용된 과학적 용어와 개념을 다른 논문에서 논의된 현상에 적용하는 것이나 평형상태에 있던 생물학적인 사태에서 한 요인의 변화가 가져올 효과를 예언하는 경우 등을 들 수 있다.

(4) 분석력의 평가

분석력이란 자료를 그 상대적인 위계가 뚜렷해지도록, 그리고 표시된 아이디어가 분명해 지도록 구성요소나 부분으로 분할하는 능력, 부분의 확인, 부분간의 관계의 확인, 부분들의 조직원리를 찾아내는 능력을 포함한다. 분석력의 문항은 나타나 있지 않은 전제의 인식, 사실과 의견의 구별 또는 목적이나 견해 등을 찾아내도록 하는 문항들이다. 기초적인 분석에 관한 문항은 단일형을 택하나 복합형을 쓰는 것이 보다 효과적이다. 분석력의 하위 영역에는 요소의 분석력, 관계의 분석력, 조직원리의 분석력이 있다.

요소의 분석력은 자료 속에 포함된 요소를 발견하는 것으로 진술되지 않은 가정을 인식하는 능력이나 사실과 가설을 구별하는 기능 등을 포함한다.

관계의 분석력은 자료의 요소와 부분간의 연결, 상관관계의 발견을 말하며, 주어진 정보와 가정으로 가설의 일치성을 검토하는 능력과 글 속의 아이디어간의 상호관계를 파악하는 기능 등이 여기에 속한다.

조직원리의 분석력은 자료를 결합하고 있는 조직, 체계적 배열 및 구조의 분석, 여기에는 명시된 구조는 물론 암시된 구조도 포함된다. 또한 자료를 한 덩어리로 만드는 기저, 필요한 배열 및 기제 등도 포함된다. 문학 또는 예술작품의 의미를 이해하는 수단으로서 그 형식과 유형을 인식하는 능력이나 광고, 선전문 등 설득 자료에 사용된 일반적인 방법을 인식하는 능력 등이 그 예이다.

(5) 종합력의 평가

종합력이란 전에 없었던 어떤 전체를 구성하도록 요소와 부분을 함께 모으는 능력을 말한다. 종합력에는 요소나 부분을 알고 더 나아가 이들을 조합하고 배열하여 지금까지는 명백하지 않던 새로운 어떤 양식이나 구조를 만드는 두 과정을 모두 포함한다. 종합력에는 새로운 것을 짜내고 또 새로운 것으로 무엇을 조직하는 창의력이 중요하기 때문에 객관형 검사는 이 영역에서 큰 역할을 하지 못한다.

하위영역으로는 독특한 의사전달 자료의 생산, 조작의 계획 및 절차의 창안, 추상적 관계의 도출이 있다.

독특한 의사 전달 자료의 생산은 필자나 화자가 자기의 생각, 감정, 또는 체험을 전달하려는 자료를 만드는 것으로서 아이디어나 문자를 훌륭하게 조직해서 작문하는 능력이나 개인적인 경험을 효과 있게 말하는 능력 등을 말한다.

조작의 계획 및 절차의 창안은 작업계획을 짜거나 절차의 계획을 제안하기이며, 이러한 계획은 학생들에게 주어지거나 학생들이 만드는 과제를 수행할 수 있어야 한다. 예컨대 가설을 검증하는 방법을 제시하는 능력이나 특정한 학습지도를 위하여 지도단원을 계획하는 능력 등을 포괄한다.

추상적 관계의 도출은 특정한 자료나 현상을 분류 또는 설명하기 위하여 추상적 관계를 도출하는 것이거나 기본적 명제나 상징적인 표시에서 명제나 관계를 연역해 내는 것을 말한다. 포함된 요인을 분석할 결과에 기초하여 적절한 가설을 형성하는 능력이나 수학적인 발견 또는 통칙을 만드는 능력 등을 말한다.

(6) 평가력의 평가

평가력이란 어떤 준거에 비추어 어떤 자료와 방법이 주어진 목적에 대하여 얼마만큼의 가치를 갖느냐를 판단하는 능력이다. 자료와 방법이 준거를 만족시키는 정도에 대해 양적 또는 질적 판단을 내리는 능력이다. 평가력은 논리적 정확성, 일관성 기타 내적 준거의 증거에 의해 의사소통 자료의 정확성을 판단할 수도 있고, 선택된 또는 기억된 준거에 따라 자료를 평가할 수도 있다. 후자는 외적 기준에 의한 판단으로 한 작품을 그 분야의 최대수준과 비교하는 능력을 말한다. 평가력은 객관형 문항으로 잴 수 있는 것도 있지만 서답형을 쓰는 것이 바람직할 때가 많다.

평가력의 하위영역에는 내적 증거에 의한 판단과 외적 준거에 의한 판단이 있다.

내적 증거에 의한 판단은 논리적 정확성, 일관성, 기타 내적 준거의 증거에 의해 의사소통자료의 정확성을 판단하는 능력을 말한다. 내적 기준에 의한 판단 진술, 고증, 증명의 정확성을 판단하는 능력이나, 주장의 논리적 오류를 찾아내는 능력을 말한다.

외적 준거에 의한 판단은 선택되거나 기억된 준거에 따라 자료를 평가하는 능력을 말한다. 예컨대 어떤 특정 문화에 관한 주요학설, 통칙, 사실의 비교나 외적 기준에 의한 판단으로 한 작품을 그 분야의 최대 수준, 특히 우수하다고 알려진 다른 작품과 비교하는 능력을 말한다. 이러한 형태의 평가에는 그 작품이 달성하려고 하는 목표에 비추어 본 작품의 분류와 사용된 수단이 효율성, 경제성, 유용성이란 견지에서 그 목표에 적합하였는지에 관한 판단이 포함된다.

제 5 절 사회과교육 지적 행동영역의 위계에 의한 발문법

비판적 사고가 교육목표로 오래전부터 인정되어 왔지만 실제에 있어서는 자주 소홀히게 다루어지는 경향이 있다.[1)] 로렌스(Lawrence)에 의하면 남부 캘리포니아 63개 고등학교가 제출한 검사로부터 무작위로 선택한 74개 검사에서 4,562개의 검사항목을 연구한 결과, 항목(문제)의 98%가 학생들에게 단지 기억하기를 요구하였고, 75%가 특수한 사실의 암기를 요구하였다(Fraser, 1969).

기억에 대한 과도한 강조는 교육의 질적 저하를 가져왔다. 이러한 문

1) 주된 영역은 지리, 미국역사, 세계 역사, 미국 정부론(U.S. government)이었다. Lawrence, Gordon D. Analysis of Teacher-Made Tests in Social Studies According to the Taxonomy of Educational Objective. Claremont, Calif.: Claremont Colleges, 1963.

제에 대처하기 위한 탁월한 방법은 교사가 질문의 분류학을 사용하는 것이다. 이와 관련하여 블룸(Bloom)과 그의 동료들은 7종류의 사고를 정의하는 분류체계를 개발했다.2) 유아교육이 초등교육에 비해 발달 단계 낮다는 것 외에 지적 평가를 발문이 불필요하다고 볼 수는 없을 것이다. 다만 표현방법과 내용의 문제일 것이다. 유아의 경험 환경을 통해 지적 영역의 발문구사가 가능하며 실제로도 체계적이지 않지마는 이루어지고 있는 것이다.

여기 기술된 질문의 분류학은 블룸의 7가지 형태의 사고로 이끄는 7가지종류의 수업 중 질문을 말한다.3)

질문의 분류학

(1) 암기(Memory)

(2) 번역(Translation)

(3) 해석(Interpretation)

(4) 적용(Application)

(5) 분석(Analysis)

(6) 종합(Synthesis)

(7) 평가(Evaluation)

1. 암기 질문(Memory Questions)

암기 질문은 학생들이 읽기나 듣기에서 전에 그들에게 제시된 아이디어를 재생하거나 인식하도록 한다. 암기 질문은 학생들이 단순한 사실이나 더 많이 관련된 아이디어를 재생하도록 요구한다.

---

2) Bloom, Benjamin S., editor. Taxonomy of Educational Objectives, Handbook Ⅰ:Cognitive Domain. New York: Longmans, Green and CO., 1956

3) 지적영역은 6단계로 분류되는 데 이해부분을 번역과 이해로 2분하여 7단계가 되었다.

암기 질문의 예시

(1) 이 질문의 상황: 학생들은 몽테스키외가 삼권분립의 주창자라는 것을 배웠다.

질문: 삼권분립의 주창자는 누구인가?

(2) 이 질문의 상황: 학생들은 우리나라의 주요 수출품에 대하여 배웠다.

질문: 우리나라의 주요 수출품은 무엇인가?

_______휴대폰 _______우라늄 _______자동차

(3) 이 질문의 상황: 학생들은 현재 세계적 환경오염문제에 대한 기사를 읽었다.

질문: 오늘날 지구가 처한 환경오염 문제는 어떤 것이 있는가?

(4) 이 질문의 상황: 세종대왕의 업적을 설명하고 그 시대의 과학적 발명에 대하여 설명하였다.

질문: 정 또는 오: 측우기는 세종대왕 때의 과학적 발명이다.

(5) 이 질문의 상황: 학생들은 미국의 민주주의와 비교하여 한국 민주주의의 발전에 대하여 토론하였다.

질문: 한국 민주주의와 미국 민주주의의 특성을 상호 비교하시오.

(주의: 학급에서 질문이 처음으로 토론되었을 때, 학생들은 해석적 사고 내지 분석적 사고를 한다. 그러나 같은 질문이 시험에서 반복될 때, 단지 기억한 것을 재생할 것을 요구한다.)

* 비교는 해석수준이지만 해석된 것들의 기억을 요하는 것은 암기수준이다.

이러한 발문을 위한 질문은 수없이 만들어질 수 있으며 해석수준의 암기는 단순사실의 암기보다 상위단계로의 전이가 더 용이한 요소를

이미 내포한다고 할 수 있다.

2. 번역 질문(Translation Questions)

번역에서 학생들은 어떤 아이디어를 제시받고, 그 다음에 같은 아이디어를 교사가 질문에서 제시한 다른 형태로 하도록 요청받는다. 학생들은 아이디어를 추론할 필요는 없으나 단순 어떤 직역의 형태로 재진술하는 것이다. 그러므로 표상이 바뀌거나 표현형태가 바뀌는 것 즉 한 언어를 다른 나라의 언어로 번역하거나, 언어적 표현을 표로 만들거나, 그래프로 표시하거나, 그래프를 읽어서 언어로 진술하는 것은 번역의 예이다.

번역 질문의 예시

(1) 이 질문의 상황: 교사는 가족간의 유대를 다루기 위해 가족구성원들의 역할을 설명해주었다.

질문: 교사는 학생들이 아버지, 어머니, 형, 아우 등 가족 구성원의 역할을 하도록 한다. 역할극(role playing)에서 학생들은 교사가 설명해준 역할을 할 수 있다.
(주의: 교사는 언어적 설명의 형태로 가족구성원이 어떻게 유대관계를 형성하는지에 관하여 설명한다. 학생들은 이 설명을 역할극을 통해 같은 아이디어를 재진술하는 것이다.)

(2) 이 질문의 상황: 학생은 신문에서 특정 기사를 읽었다.

질문: 네가 읽은 기사를 네 자신의 말로 나게 말해 보아라.

(3) 이 질문의 상황: 학생은 독서토론에 참여하기 위해 단테의 신곡을 읽었다.

질문: '신곡'의 내용을 요약하라.

(4) 이 질문의 상황: 문화사 시간에 밀레의 '만종'이라는 그림을 본다. 이를 통해 당시의 화풍이나 느낌을 말한다면 보다 차원 높은 수준이지만 먼저 그림의 문자적 의미(메시지)를 인식하게 한다.

질문: 네가 이 그림을 보고 이 그림을 보지 못한 다른 사람이 마음속으로 그릴 수 있도록 상세하게 묘사하라.

(5) 이 질문의 상황: 학생은 지리시간에 기후도를 보는 것을 배웠다.

질문: (다른 지역의 기후도를 제시하며) 기후도를 보고 기후를 설명하라.

(6) 이 질문의 상황: 학생은 영어시간에 특정구문이 들어 있는 번역을 배웠다.

질문: (그러한 구문이 들어 있는 다른 문장을 제시하며) 다음 영문을 한국어로 번역하라.

이러한 번역이야 말로 지적기능으로 가는 출발점이다. 이렇게 번역질문을 할 수 있느냐가 수업의 질을 결정한다. 번역은 그 정도에 따라 쉽게 해석수준에 도달할 수 있다.

3. 해석 질문(Interpretation Questions)

해석 질문은 번역과 적용의 중간단계로서 적용과 유사한 상황으로 진행된다. 학생들이 어떤 아이디어를 비교하거나 그에게 새로운 문제를 해결하기 위해 전에 학습한 기능적 아이디어를 사용하도록 요청하는 것이다. 그 아이디어는 기능, 정의, 이론, 분류, 원칙, 공리, 법칙, 규칙 또는 조직의 형태로 있을 수 있다. 학생들은 해석에 어떤 아이디어가 사용될지를 결정할 필요가 없다. 왜냐하면 그 질문이나 수업의 맥락이 그것을 말해 주기 때문이다. 그 질문은 짧은 답이나 토론 형태로 나타날 수 있다. 보통 대답은 매우 객관적이다. 다른 말로 하면, 학생이 해결하도록(to reason out) 교사가 기대하는 정답이 보통 있다. 그러나 기능적 아이디어 자체를 스스로의 생각에 따라 활용한다면 그것은 적용 수준인 것이다.

해석 질문의 예시

(1) 이 질문의 상황: 학생은 아마존 원시부족의 결혼풍습을 준비된 자료영상을 통해 보았다.

질문: 자료속의 원시부족의 결혼과 우리나와 전통혼례방식과 어떤 점이 유사하며 어떤 점이 다른가?

(주의 : 이것은 해석의 비교유형이다. 사회과에서는 이러한 종류의 질문을 통해 해석 수준의 질문을 구상할 수 있다. 그렇지만 그 비교는 수업시간에 끌어들일 충분한 가치가 있어야 한다.)

(2) 이 질문의 상황: 경제학 시간에 생산의 3요소에 대하여 개념을 들었다. 수업시간에 재화의 생산에 대해서 배웠다. 여기서 학생들이 전에 생각지 못했던 새로운 생산 즉, 서비스의 생산에서 적용할 것을 요청한다.

질문: 서비스의 생산을 제시하며 이 경우 생산의 3요소를 설명하시오.

(주의: 기능적 아이디어는 생산의 3요소이다. 이 아이디어를 새로운 상황에 적용하는 것이다. 여기서 적용과 다른 점은 특정 아이디어를 사용하라고 제시하는 것이다.)

(3) 이 질문의 상황: 사회·문화 관련 수업에서 문화 전승, 문화 진화, 문화 지체가 학습되었다.

질문: 우리나라는 자동차산업이 발달하여 세계로 수출하고 있다. 그런데 교통질서는 아직 선진국 수준에 못 미친다고 한다. 이 경우의 적절한 개념은 다음 중 어느 것인가? (1) 문화 전승, (2)

문화 진화 (3) 문화 지체

(4) 이 질문의 상황: 경제시간에 자본주의의 기본요소와 장점과 문제점을 배웠다.

질문: 자본주의의 특징과 장점과 문제점을 나타내는 자료를 찾아서 그 제목을 달아라.

(5) 이 질문의 상황: 학생은 헌법과 관련하여 민주주의의 원리를 배웠다(인간의 존엄성, 자유, 평등, 청구권 등)

질문: 민주주의원리에 위배되는 기사를 찾아 어떤 점이 위배되는 지 기술하라.

번역에 이어 해석 질문은 고등사고능력으로 가는 길이다. 해석 질문을 할 수 있다면 그 이상의 사고를 유발할 수 있으므로 특히 사회과에서 해석 질문은 매우 중요하다.

4. 적용 질문(Application Questions)

적용 질문은 미리 배운 기능적 아이디어를 사용한다는 점에서 해석 질문과 같다. 그러나 해석 질문은 새로운 상황에서 구체적으로 그렇게 하도록 요구되나, 적용 질문은 그렇게 하노톡 요구된다기보다 문제가 그것을 요구하기 때문에 아이디어를 사용한다. 즉, 스스로가 어떤 원리나 지식을 활용할 지를 결정해야 한다. 어떤 원리를 제시받거나 그 원리를 배우고 난 직후라면 해석 수준이 될 것이다. 적용 질문은 훈련의 전이이다.

적용 질문의 예시

(1) 이 질문의 상황: 사회과 관련 내용을 백과사전에서 색인과 목차

를 이용하여 찾는 방법을 배웠다.

질문: 그 후 한국의 전통 상례에 관하여 자료를 조사하라.

(2) 이 질문의 상황: 학생들은 분업의 효율성에 관한 아이디어를 배웠다. 학급 내에서 학예회를 준비하기로 했다.

질문: 학예회를 잘 하기 위해 우리는 어떤 계획을 가지고 우리 자신들을 조직할 것인가?

(주의: 질문이 이렇게 행해진다면 해석이다. 즉, 이러한 장식을 하기 위해 분업을 어떻게 사용할 수 있는가?)

(3) 이 질문의 상황: 지리 시간에 산업의 입지조건을 배웠다. 산업체를 삭제한 주변 환경이 있는 사진을 보여준다.

질문: 사진을 잘 보고 여기서 생산될 수 있는 것들이 어떤 것인지 설명하라. 그리고 그 이유를 들어라.

(4) 이 질문의 상황: 경제시간에 수요, 공급의 법칙을 배웠다.

질문: (수요, 공급의 문제와 관련한 자료를 제시하며) 현재의 경제상황을 설명하라.

(주의: 학생들이 경제학의 법칙을 전혀 새로운 상황에서 사용할 수 있다면 적용수준의 사고이다. 여기서 수요, 공급의 법칙을 사용하라고 지시한다면 그것은 해석수준이다.)

적용 질문이 가능하면 드디어 전이가 가능하다는 것이다. 전이가 이루어져야만 사회과목표에 이르는 과정 속(추정훈, 2002)에서 더 높은 목표단계로 이행이 가능한 것이다.

5. 분석 질문(Analysis Questions)

논리적 과정의 수업이 일단 선행되어야 한다. 즉, 분류, 귀납, 연역, 인과 관계, 비공식적 오류, 논리적 필요, 의미론적 원칙, 사고에 대한 심리학적 장애 등에 대해 학생들은 충분한 이해를 하고 있어야 한다. 분석적 질문은 문제에 내포된 규칙을 의식적으로 관찰하여 문제를 해결하도록 하는 것이다.

분석 질문의 예시

(1) 이 질문의 상황: 경제시간에 '희소성의 원리'에 관하여 배웠다.

질문: 물은 다이아몬드보다 훨씬 중요하지만 그 가격은 다이아몬드가 훨씬 비싸다.
여기서 무엇이 문제인가?

(2) 이 질문의 상황: 학생은 마르크스와 베버의 사상에 대하여 배우면서 계급의 분류에 대하여 배웠다.

질문: 한 사회의 인간을 부르주아와 프롤레타리아로 분류할 때 어떤 문제가 있습니까?

(3) 이 질문의 상황: 학생은 사회적 지위를 분류하는 기순과 인간의 행복에 대하여 학습하였다. 즉, 학력, 소득, 재산정도, 주거 등.

질문: 농촌 지역주민의 사회적 지위를 조사했더니 대체로 학력수준, 소득, 재산정도, 주거 등에서 매우 낮았다. 학생들은 농촌지역 주민들은 불행하다고 결론 내렸다. 여기서 문제는 무엇인가? 이 결과에 동의하는가? 어떻게 하면 이 조사를 개선할 수 있는가?

(4) 이 질문의 상황: 학생들은 준법정신에 대하여 학습하였다.

질문: 이러한 사례에서 생각을 발표하라.

A. 소크라테스는 절대 진리를 밝히고자 상대주의자들에 맞서다가 독배를 마시게 되었다. 전날 제자들이 탈출을 권유했지만 거절하였다.

B. 우리나라에서 아파트의 개조에 관하여 불법시비가 있었다. 구청은 아파트를 불법개조한 사람들에 대해 건물붕괴의 위험을 들어 시정을 촉구하였다. 일부시민은 이에 복종하고 일부시민은 불복하였다. 그러다 법을 개정하여 불법개조가 합법화되었다.

분석수준의 질문은 사회과 현장에서 접근하기 어렵다. 그렇지만 필요할 경우 현상을 제시하며 그 속에 숨은 원리나 모순 등을 발견할 수 있도록 치밀한 준비를 통해 학생의 사고를 자극하여 자료를 분석하고 탐색하게 하는 분석질문을 준비해야 한다.

6. 종합 질문(Synthesis Questions)

학생들에게 어떤 것을 창조하도록 요구한다. 창조될 생산품은 물리적 목적물, 전달, 조작의 계획, 일련의 추상적인 관계 등이다. 종합에서 독특한 것은 무엇이 창조되어야 하고, 어떻게 창조되어야 할지를 결정하는 데 있어서 학생들이 갖는 큰 자유이다. 종합 질문은 결코 하나의 정답을 갖지 있지 않다. 학생들이 배운 것들을 총 동원하여 새로운 어떤 것을 만들어 내는 것이다.

종합 질문의 예시

(1) 이 질문의 상황: 교사는 지역의 산업체를 현장조사 함으로써 지역의 생산에 관하여 더 잘 이해할 수 있다고 생각한다. 이에 그 교사는 학생들이 현장 조사를 계획하도록 한다.

질문: 지역의 산업체를 현장조사하기 위한 계획을 작성하라.

(2) 이 질문의 상황: 학교에서 타임캡슐을 만들어 30년 후 열어 보기로 결의하였다.

질문: 타임 캡슐에 들어가야 하는 것들을 어떻게 해야 할지를 구상하여 발표하라.

(3) 이 질문의 상황: 교사가 어떤 주장에 대하여 반론하는 방법을 가르쳤다.

질문: 본 논설을 읽고 그 반대 논의를 제시하라.

(4) 이 질문의 상황: 학생들은 고려시대의 역사를 배웠다.

질문: 고려시대의 사람늘의 생활에 대하여 써라.

(5) 이 질문의 상황: 학생들은 21세기 사회의 변화를 학습하였다.

질문: 21세기 사회의 특징을 살려 미래사회의 발전방향을 논술하라.

사회과에서 종합 질문은 과제를 통해 형성될 수 있다. 주로 논술과제를 통해 종합적 능력의 평가가 이루어질 수 있다. 교사는 제출된 과제에 대한 첨삭지도를 통해 종합력을 향상시켜야 한다.

7. 평가 질문(Evaluation Questions)

어떤 생산품, 전달, 사건, 상황에 대한 가치판단. 가치판단은 어떤 것에 대하여 좋고 나쁘고, 옳고 그르고 혹은 아름답고 추하고를 평가하는 것이다. 대답의 일부는 항상 학생들이 어떤 생각으로 그러한 판단을 하게 되었는지 말하게 한다.

평가 질문의 예시

(1) 이 질문의 상황: 학생들은 공공장소에서의 공중도덕을 배웠다.

질문: 초등학생이 도서관에서 장난하면서 떠들었다. 도서관 직원이 아이들에게 도서관 출입금지를 시켰다. 여기서 누가 잘못했는가? 그 이유는 무엇인가?

(2) 이 질문의 상황: 고려시대 말의 역사를 배웠다.

질문: 정몽주는 고려를 유지하면서 개혁을 하고자 하였고, 정도전은 역성혁명을 도모하였다. 누구의 판단이 옳다고 보는가? 그 이유를 설명하라.

(3) 이 질문의 상황: 학생들은 사회적 계층에 대하여 배웠다.

질문: 적절한 기준을 세워 상위, 중위, 하위로 다음 직업들을 분류하라. 너의 선택과 기준에 대한 이유를 밝혀라. 초·중·고등학교 교사, 경찰, 고위공무원, 중하위공무원, 대기업의 부장, 대기업 생산라인 노동자, 중소기업 노동자, 판(검)사, 변호사, 대학 교수, 택시(버스) 운전사 , 출판사 편집자, 신문(방송)기자, 보험 등 세일즈맨, 이발사(미용사), 은행직원, 은행 지점장, 대기업 회사원, 중소기업 회사원, 최고 사업 경영자, 의사, 등.

(4) 이 질문의 상황: 학생들은 인간의 천부인권 내지 자연권과 준법정신을 배웠다.

질문: 현행법이라 하더라도 도덕적으로 부당하다고 믿는 법을 국민이 어긴다면 이것은 정당한 것인가?

종합과 더불어 평가력은 종합에서 자신의 관점과 내적 일관성 그리고 외부의 자료를 적절히 활용하여 어떤 관점을 형성하고 그 관점에 의해 대상을 평가하고 대안을 마련하는 것들을 내포함으로써 그 냥 종합만 하는 것 보다 한 단계 더 나아간다고 할 수 있다.

8. 단계별 질문 분류학의 활용

가. 질문의 범주는 언급되는 순서에 있어서 계열적이며 누적적이다. 상위의 범주는 하위 범주의 사고의 종류를 포함한다.

나. 7가지 질문의 정의는 겹친다. 그리고 같은 질문이라고 상황에 따라, 교사에 따라 질문의 분류가 다를 때도 있다.

다. 암기 이상의 단계 중 가장 많은 질문 기회를 제공하는 것은 해석이다.

라. 교과의 어떤 내용은 해석 적용 수준의 질문이 용이하나 일부는 그렇지 아니하다. 많은 사회과 교재는 주로 암기적 사고를 요구하는 비활성의 내용으로 채워져 있다. 해석은 기능어를 요구한다. 그것을 분류, 설명, 풀이(해결), 내포하는데 사용할 수 있다. 그리고 해석과 적용 질문은 기능어와 관련하여 새로운 상황을 요구한다.

마. 시험은 사전 교수와 같은 종류의 사고를 요구해야 한다.

-단, 종합과 평가에서는 예외-

바. 교사는 다양한 질문을 구성하는데 숙달되었다 할지라도 학생들이 협동하고 싶어 하는 심리적 분위기를 만들지 못하면 구조적 사고를 자극할 수 없다.

사. 좋은 질문이 애매하거나 문맥적 실마리를 제공하는 빈약한 질문 때문에 망쳐지기도 한다.

아. 완성형, 진위형, 배합형, 선다형의 문제가 분석범주의 질문에서 사용될 수 있지만, 그 이상은 거의 사용하기 힘들다. 토론이나 논문형 문제는 모든 7단계에서 사용 가능하다.(Fraser)

자. 유아의 경우 발달단계에 맞는 언어를 구사해야 하며 지적능력을 고려하여 사용하되 반드시 문자로 표현할 필요는 없을 것이다.

차. 유아교육의 사회생활영역에서의 평가는 매우 포괄적인 생활영역에서 사회성과 사회인식가 공동체의식이 어느 정도 형성되었는가를 알

아보는 것이므로 지적영역에 한정할 필요는 없으나 반드시 지적영역의 발달 계열성을 염두에 두고 발문을 구사해야 한다.

질문의 분류학은 학생의 행동보다 질문하는 교사의 행동에 초점을 두고 있다. 학생의 행동에서 훈련의 전이(transfer of training)는 학생들로 하여금 새로운 상황에서 적절한 아이디어(개념, 원리, 일반화)를 사용하는 것을 실습시킴으로써 촉진된다. 그러므로 교사는 내용과 도달점 행동에 관한 치밀한 준비를 통해 어느 수준에 목표에 도달할 것인지를 결정하고 그에 부합한 발문을 준비해야 한다.

제 6 절 유아교육 사회생활 영역에서의 평가 방법과 실제

1. 유아교육 사회생활 영역 평가의 특징

유아교육에서의 평가는 유치원 교육과정의 목표와 내용을 준거로 하여 유아의 특성과 변화를 확인하기 위하여 유치원의 일과 속에서 생활과 교육활동 전반에 걸쳐서 포괄적이며 종합적으로 한다(유치원 교육과정, 2007)는 특징이 있다. 그리고 이러한 생활 영역의 포괄적, 종합적 평가를 위해 관찰활동, 결과물 분석, 면담 등 다양한 방법을 사용할 것을 권고하고 있다.

이렇게 본다면 사회생활 영역 목표와 내용을 준거로 하여 평가 계획을 세워야 한다. 즉 내용별로 평가방법을 선정하고 연간, 월간, 주간, 일일 계획안에서 평가계획을 종합적으로 세워야 한다.

사회생활 영역의 포괄적 목표는 "자신과 다른 사람을 존중하고, 더불어 살아가는 능력을 기른다."로 되어 있으며 이 목표를 수행하기 위한 하위 목표와 목표달성을 위한 내용과 하위 내용은 다음과 같다.

〈표 7-1〉 목표와 내용별 평가 방법

하위목표	내 용	하위 내용	평가 방법
자신을 소중하게 여기고 스스로 생각하여 행동하며 감정을 조절한다.	나를 알고 사랑하기	나를 소중하게 여기기 나의 일 스스로 하기 나의 감정 알고 조절하기	면담법, 관찰법, 투사법 등
가족과 화목하게 지내며 서로 협력한다.	가족과 함께 생활하기	가족과 화목하게 지내기 가족과 협력하기	부모 면담법, 관찰법 등
예절 바르게 행동하고 질서를 지키며 이웃과 더불어 생활한다.	이웃과 더불어 생활하기	예절 바르게 생활하기 다른 사람을 이해하고 존중하기 질서와 규칙 지키기 두레의 소중함을 알고 협력하기	면담법, 관찰법, 사회성 측정법, 학습활동 일지 등
우리가 살고 있는 사회현상에 대하여 관심을 가진다.	사회 현상에 관심 가지기	주변 지역에 관심 가지기 경제생활에 관심 가지기 우리나라와 우리 전통문화에 관심 가지기 다양한 문화에 관심 가지기	작품분석법, 관찰법, 학습활동 일지 등

유치원 교육과정(2007)에서 사회생활 영역은 목표에 따라 포괄적 내용과 하위 내용으로 나누어지고 하위내용은 다시 수준별 내용 Ⅰ, Ⅱ로 나누어 2단계의 수준으로 구성되었다. 위의 내용 영역 별 평가의 방법은 예시이며 현장에서 교사는 보다 다양한 방법들을 구사할 수 있을 것이다.

2. 유아교육 사회생활 영역 평가의 방법

현장에서 유아의 활동이나 행동특성을 파악하기 위해 주로 사용하는 방법은 관찰법과 면담법, 작품분석법 및 수행평가이며 그리고 사회성 측정법과 내면의 심리를 파악하기 위한 투사법을 들 수 있고 종합적 평가의 형태를 띠는 학습활동 일지 분석이 있다. 이 중에서 관찰법이 가장 많이 사용되며 관찰의 방법도 다양하다. 관찰법에는 '표본기술법(specimen description)', '일화기록법(anecdotal records)', '평정척도법

(rating scale method)', '행동목록법(behavior check list)' 등이 있다.

이러한 방법들을 사회생활 영역에 적용한다면 유아의 행동 특성과 변화를 효과적으로 진단하고 개선할 수 있을 것이다. 그런데 여기서 강조할 것은 사회생활영역의 행동들을 관찰할 때 막연히 행동으로만 볼 것이 아니라 사회생활의 개념이 사회과학의 개념과 어떻게 연결되는지 생각해보고 현 상태와 발전시킬 상태를 설정하고 고민해보아야 한다. 그렇게 해야만 유아사회과교육이 초·중등과 연계되어 목표달성의 효과를 극대화할 수 있을 것으로 보인다.

(1) 관찰법

관찰법은 유아의 행동, 작품 등을 직접보고 자료를 수집하는 방법으로 유아의 정의적 영역이나 심리·운동적 영역의 행동특성에 관한 자료를 수집하는데 유리하다. 관찰에 시간과 노력이 많이 소요되며 관찰자의 주관이 개입될 소지가 크다는 단점이 있다. 또한 관찰되고 있는 대상이 관찰되고 있다는 것을 의식하게 되면 반응이 왜곡될 가능성도 있다.

사회생활 영역에서는 사회생활영역에서는 '사랑하기', '소중하게 여기기', '일 스스로 하기', '조절하기', '생활하기', '화목하게 지내기', '협력하기', '존중하기', '지키기', '관심 가지기' 등으로 행동 용어가 구성되어 있다. 교육과정에 제시된 '나, 가족, 이웃, 사회현상에 관한 내용'과 이러한 행동 용어를 조합해서 사회생활영역의 단위 시간별 학습목표를 매우 다양하게 구상할 수 있다. 이러한 목표가 제대로 달성되었는지를 확인하여 자료를 얻고자 한다면 관찰이 매우 효과적이고 일반적인 방법이 될 것이다. 유아사회과교육의 관점에서 사회생활 영역을 본다면 관찰된 행동들이 내포하는 사회과학의 개념을 파악하고 유아의 사회적 개념을 진단하고 단계적 발전의 계획을 세워야 한다는 것이다. 즉 관찰이 행동의 막연한 기술에만 그친다면 그 효과성이 떨어질 것으로 보인다.

이러한 관찰법에는 '표본기술법(specimen description)', '일화기록법(anecdotal records)', '평정척도법(rating scale method)', '행동목록법(behavior check list)' 등이 있다.

가. 표본기술법

표본기술법은 관찰할 유아를 표본으로 선정하고, 관찰 장소, 시간 등을 미리 정해서 그 상황에서 일어나는 유아의 행동과 주변상황을 상세하게 기록하는 것이다. 일화기록법이 관찰대상 유아의 특별한 행동에 대해서만 기록한다는 점에서 표본기술법과는 구분된다. 표본기술법은 유아의 행동, 상황을 보지 않은 사람도 당시의 상황을 재현할 수 있을 정도로 자세하게 기록하며, 상황을 있는 그대로 기록한 원 자료를 가능한 한 많이 수집한다. 관찰대상 유아의 발달을 여러 측면에서 볼 수 있어야 한다.

그러므로 관찰되는 말과 행동도 실제로 사용하는 그대로 기술하며, 사건이 일어난 시간 순서대로 기록한다. 표본기술법은 행동장면이 연결되는 시간대별로 유아의 행동을 자세하게 기록하므로 유아에 대한 많은 정보를 얻을 수 있지만 관찰과 분석에 시간이 많이 걸리고, 한 번에 한명의 유아밖에 관찰을 하지 못하며, 관찰자의 주관적인 해석에 흐를 수 있다는 단점이 있다. 그러나 유아의 일상행동에 대한 시간대별 자세한 기록은 유아의 행동을 분석하고 파악하는데 가장 중요한 자료가 될 것이다.

〈표 7-2〉 표본기술법 관찰 예시

<table>
<tr><td>관찰 유아</td><td colspan="2">공진우</td><td>생년월일</td><td>2007년 5월 1일(남·여)</td></tr>
<tr><td>관 찰 자</td><td colspan="2">김정임</td><td>관 찰 일</td><td>2011년 2월 22일</td></tr>
<tr><td>관찰 장면</td><td colspan="2">자유선택놀이 활동중 조작영역</td><td>관찰 시간</td><td>13:00-13:15</td></tr>
<tr><td>시 간</td><td colspan="3">기 록</td><td>영역관련 활동 및 사회 개념</td></tr>
<tr><td>13:00-
13:10

13:10-
13:15</td><td colspan="3">진우가 오색끈으로 모자를 만들어 쓰고 오색끈을 길게 연결해 허리에 두르고 앉아 있다. 재역이가 진우의 긴 오색끈 안으로 들어가서 앉자 진우는 "칙칙폭폭"하며 엉덩이를 들어 3번 앞으로 가더니 뒤를 쳐다보며 "안전벨트매요. 이건 3명밖에 못타요."하고 일어나자.
...... 중략......
자리를 옮겨 앉고는 여러 가지 도형을 맞춘다. 도형을 맞추며 "따따따" 하고 노래를 부른다. ... 중략...
정재는 "안돼, 안돼"하며 자기가 만든 것을 자기 앞으로 가져온다. 진우가 정재에게 "빌려줘, 친구야!, 친구야!"하고 말하자 정재는 "나두 없는데"하고 말한다. 진우는 "나두 없는데"하고 말하고는 일어나 다른 곳으로 간다(전남련 , 2006 : 내용 발췌).</td><td>협동, 규칙

소유권 관계의 인식 대화를 통한 해결</td></tr>
<tr><td colspan="5">요약 : 진우는 협동놀이를 할 수 있다., 진우는 다른 사람의 물건을 사용할 때 허락을 구한다. 진우는 높은 단계의 사회적 놀이(집단놀이)와 인지적 놀이(역할 놀이)를 할 수 있다.</td></tr>
</table>

나. 일화기록법

일화기록법은 어떤 짧은 내용의 사건에 대한 행동사례를 구체적으로 기록하는 방법이다. 한 가지 행동이나 사건에 초점을 맞추어 기록하기 때문에 관찰자는 유아 행동의 변화, 패턴, 특기할 만한 사건 등을 기록하는 것이다. 유아들의 특정한 행동 영역의 발달에 관심을 갖고 그 영역에 관한 일화만 기록할 수 있다. 예를 들어 관찰자가 유아의 공격성에 관심을 갖는다면 유아들의 자유 놀이 시간에 장난감을 갖고 놀이하는 것을 관찰하면서 장난감을 서로 빼앗기지 않기 위해 친구를 때린다거나 언어적 공격을 가한다면 그 상황을 있는 그대로 묘사하여 기록할 수 있다. 그리고 유아들의 편식이나 식생활 습관을 알고 싶으면 간식시간이나 점심시간을 이용해서 기록할 수 있다. 일화기록법은 이와 같이 직접 관찰의 형태를 띠게 된다.

일화기록의 특징은 어떤 행동이 어떤 조건하에 발생되었는가에 대한 사실적 기술이 있어야 한다. 이러한 행동에 대한 해석과 처리방안은 분리되어 기록하여야 한다. 그리고 하나의 일화기록은 하나의 사건의 기록이 되어야 하며 여러 시기의 사건을 총괄하여 종합적으로 기록해서는 아니 되며, 그 하나의 기록된 사건은 아동의 발달과 성장을 이해하는 데 의의가 있는 것이어야 한다(전남련, 2006).

일화기록의 작성요령은 일화는 발생 즉시 기록해야 하며, 관찰대상 유아의 말과 행동을 구분해서 기록해야 한다. 일화가 일어난 순서대로 기록하며, 관찰대상 유아가 사용한 말을 그대로 사용해 정확한 의미를 파악해야 한다. 유아의 행동을 기술할 때는 동일한 용어로 일관성 있게 기술하여야한다. 객관적이고 사실적인 기록이어야 한다.

이러한 일화기록이 반복되게 되면 다른 관찰기록들과 비교될 수 있으며 교사가 유아의 독특한 발달 패턴, 행동변화, 유아의 능력, 필요로 하는 것 등을 정확하게 이해할 수 있다. 그러나 일화기록이 객관적이고 정확한 기록이 되지 못하고 관찰자의 주관이나 감정이 포함될 경우 유아에 대한 편견을 낳을 수 있으며 기록된 일화가 유아 행동의 일부임에도 불구하고 관찰대상 유아의 전체를 대표하는 것처럼 판단될 수 있다. 그리고 평정척도나 체크리스트 보다는 시간과 노력이 많이 들어 교사가 부담을 가질 수 있다(전남련, 2006).

〈표 7-3〉 일화기록법 관찰 예시

관찰 유아	김예찬	생 년 월 일	2003년 3월 29일(남 · 여)
관 찰 자	담임교사	관 찰 일	2008년 5월 21일
관찰 장면	실외 바깥 놀이터의 모래놀이 영역	관찰 시간	오후 4시 40분-4시 45분(5분)
기록 : 실외놀이시간에 예찬이가 모래놀이 영역에서 소꿉놀이를 하고 있는 4명의 여아들에게 다가간다. 예찬이가 그 곳에 쪼그려 앉아 오른손으로 모래를 판다. 양팔을 쭉 펴서 모래를 모으더니 다시 헤쳐 버린다. 오른손으로 모래를 쥐어 바닥에 뿌리고 다시 오른손에 쥔 모래를 뿌린다. 미진이가 "하지 마!"라고 말하고 소영, 선희, 수경이는 예찬이를 3-4초 노려본다. 예찬이는 아이들을 힐끔 보더니 다른 곳으로 떠나간다. 교육 과정 영역: 사회생활 영역-공격성, 사회개념 : 상호작용			
요약 : 모래를 친구에게 뿌리는 공격적인 행동을 보이므로 친구에게 그런 행동을 하면 안되며, 그런 행동 후에는 친구들에게 사과해야 한다는 것을 지도할 필요가 있다. 그리고 예찬이가 왜 그런 행동을 하게 되었는지의 원인을 알 필요가 있다. 만약 예찬이가 여자 친구들과 같이 놀이하고 싶은 의도로써 그런 행동을 했다면 그럴 때에는 어떻게 표현해야 되는지도 함께 지도할 필요가 있다.			

출처 : 황해익 외 , 2009

다. 평정척도법

평정척도법은 연구 대상의 행동을 관찰 한 후 일정한 위치에 평정하여 수량화된 점수를 부여할 수 있도록 한 방식을 말하며 수량화를 위해 고안된 것이다. 관찰대상 유아의 어떤 특성이나 신체적 특질, 성격 등을 미리 정해진 척도에 의해 평정하므로 관찰자는 관찰하려는 행동 영역의 특질을 잘 알고 있어야 한다. 행동목록법(check list)은 행동의 유무만 기록하는데 반해 평정척도법은 행동의 질적 특성을 몇 등급으로 구분하여 기록하거나 행동출연 빈도를 기록하고자 할 때 유용하다(전남련, 2006).

평청척도를 제작할 때 염두에 두어야 할 사항(전남련, 2006 재인용)은 평정척에는

첫째 가능한 한 명확하고 간결하게, 짧고, 분명한 용어를 사용한다.

둘째 단어나 단서들이 평정하는 특성과 일치하는 것이어야 한다.

셋째 여러 척도에서 의미가 중복되는 단어를 사용하지 않는다.

넷째 '평균적, 우수, 아주'와 같은 일반적 용어는 사용하지 말아야 한다.

다섯째 좋은 행동이나 나쁜 행동 등을 의미하는 가치 판단적 용어는 사용하지 말아야 한다.

여섯째 한 가지 특성에 대하여 모든 피험자를 평정한 후에 다음 특성을 평정한다.

일곱째 평정할 대상이 모르는 상태에서 평정한다.

이러한 평정법은 만들기 쉽고 사용하기 편리하다는 점과 시간이 걸리지 않고 많은 발달영역을 한꺼번에 평가할 수 있다는 점과 단계를 두어 행동의 질도 평가할 수 있다는 장점이 있는 반면에 단지 행동의 수준만 기록하기 때문에 행동의 원인이나 전후 사정을 설명해주지는 못한다. 그리고 관찰하고자하는 행동을 정확하게 나타내는 항목을 개발하는 것이 쉽지 않다.

평정척도법에는 척도로서 기술평정척, 숫자평정척 등이 있다.

(1) 기술 평정척도

행동의 한 차원을 연속성 있는 몇 개의 범주로 나누어 기술하고 행동을 가장 잘 나타내는 진술문을 선택하게 하는 방법이다.

〈예시〉

관찰 대상 유아의 공격성은 어느 정도입니까?

( ) 매일 다른 유아를 괴롭힌다.

( ) 가끔씩 다른 유아를 괴롭히는 행위를 한다.

( ) 다른 유아들과 잘 어울려 논다.

〈표 7-4〉 사회생활영역 평정

구분	평가항목	단계	평정 기준	평정	
				1회	2회
나를 알고 사랑하기	1. 나를 소중하게 여기기	1	나에 대해 잘 알지 못하며 자기존중감과 자신감이 없다.		
		2	나에 대해 알고 있으나 자기존중감과 자신감은 없다.		
		3	나에 대해 알고 소중히 여기며 자신감이 있다.		
	2. 나의 일 스스로 하기	1	내가 할 수 있는 일과 하고 싶은 일을 알지 못하여 스스로 하지 못한다.		
		2	내가 할 수 있는 일을 알고, 하고 싶은 일을 선택하여 수행하나 책임감이 없다.		
		3	내가 하고 싶은 일과 할 수 있는 일을 알고 스스로 선택하여 계획하고 책임감 있게 실천한다.		
	3. 나의 감정 알고 조절하기	1	여러 가지 감정이 생길 수 있음을 잘 모르며 감정 조절의 필요성을 모른다.		
		2	여러 가지 감정이 생길 수 있음을 알고 감정 조절의 필요성을 안다.		
		3	상황에 따라 감정이 변할 수 있음을 알고 감정을 조절하여 표현한다.		
가족과 함께 생활하기	4. 가족과 화목하게 지내기	1	가족이 소중한 이유를 잘 알지 못한다.		
		2	가족이 소중함을 안다.		
		3	가족의 소중함을 알고 가족과 사이좋게 지낸다.		
	5. 가족과 협력하기	1	가족의 구성원을 모르며 가정에서 내가 할 수 있는 일을 하지 않는다.		
		2	가족의 구성원을 알며 가정에서 내가 할 수 있는 일을 찾아보고 해 본다.		
		3	다양한 가족 구조에 대해 알고 가족을 위해 할 수 있는 일을 알고 실천한다.		
이웃과 더불어 생활하기	6. 예절 바르게 생활하기	1	대상과 상황에 적절한 인사법, 말, 태도, 옷차림을 잘 알지 못한다.		
		2	대상과 상황에 적절한 인사법, 말, 태도, 옷차림을 알지만 그대로 표현하지는 못한다.		
		3	대상과 상황에 적절한 인사법, 말, 태도, 옷차림을 알고 실천한다.		
	7. 다른 사람을 이해하고 존중하기	1	사람을 서로 다르다는 것을 안다.		
		2	사람은 서로 다르다는 것을 알고 다른 점을 존중한다.		
		3	사람의 서로 다른 점을 존중하며 함께 사이좋게 지낸다.		
	8. 질서와 규칙 지키기	1	정해진 약속, 규칙, 질서를 지켜야 함을 안다.		
		2	정해진 약속, 규칙, 질서를 알고 지킨다.		
		3	공공장소에서 지켜야 할 약속, 질서, 규칙을 만들고 지킨다.		
	9. 두레의 소중함을 알고 협력하기	1	집단 활동에 참여한다.		
		2	집단 활동에서 다른 친구를 도와준다.		
		3	친구의 의견을 존중하며 집단 활동에서 협력하고 양보한다.		

<table>
<tr><th rowspan="2">구분</th><th rowspan="2">평가항목</th><th rowspan="2">단계</th><th rowspan="2">평 정 기 준</th><th colspan="2">평정</th></tr>
<tr><th>1회</th><th>2회</th></tr>
<tr><td rowspan="12">사회현상에 관심 가지기</td><td rowspan="3">10. 주변 지역에 관심 가지기</td><td>1</td><td>우리 동네의 이름과 집의 위치를 안다.</td><td></td><td></td></tr>
<tr><td>2</td><td>우리 동네에 있는 여러 기관을 알고 있다.</td><td></td><td></td></tr>
<tr><td>3</td><td>우리 동네의 모습과 특징을 알고 여러 기관의 역할을 안다.</td><td></td><td></td></tr>
<tr><td rowspan="3">11. 경제생활에 관심 가지기</td><td>1</td><td>물건을 아끼나 보관 및 재활용이 서툴다.</td><td></td><td></td></tr>
<tr><td>2</td><td>물건을 아끼고 잘 보관한다.</td><td></td><td></td></tr>
<tr><td>3</td><td>물건을 잘 보관하고 아껴 쓰는 방법을 알고 재활용한다.</td><td></td><td></td></tr>
<tr><td rowspan="3">12. 우리나라와 우리 전통 문화에 관심 가지기</td><td>1</td><td>태극기, 애국가, 무궁화 등 우리나라 상징에 관심을 가진다.</td><td></td><td></td></tr>
<tr><td>2</td><td>우리나라 상징 및 전통문화에 관심을 가진다.</td><td></td><td></td></tr>
<tr><td>3</td><td>우리나라 상징에 대한 예절을 알고 지키며 전통 문화를 존중하고 통일에 관심을 가진다.</td><td></td><td></td></tr>
<tr><td rowspan="3">13. 다양한 문화에 관심 가지기</td><td>1</td><td>여러 나라 사람에 대해 관심을 가진다.</td><td></td><td></td></tr>
<tr><td>2</td><td>여러 나라의 사람과 문화에 대해 관심을 가진다.</td><td></td><td></td></tr>
<tr><td>3</td><td>여러 나라의 사람과 문화를 알아보고 존중한다.</td><td></td><td></td></tr>
</table>

출처 : 경북 안동 꿈터유치원

(2) 숫자 평정척도

각 척도치에 숫자를 부여하여 일종의 점수로써 평정된 자료를 수량화하고 통계적인 분석을 가능하게 하는 방법이다.

〈예시〉

유아의 친사회적 행동(prosocial behavior)에 대해 평정하시오.

구 분	아주 못함	못함	보통	잘함	아주 잘함
1. 놀이할 때 친구와 장난감을 교환한다.	1	2	3	4	5
2. 교사에게 인사를 잘 한다.	1	2	3	4	5
3. 일을 할 때 친구들과 협동을 잘한다.	1	2	3	4	5
4. 친구들의 일을 잘 도와준다.	1	2	3	4	5
5. 자기물건을 나누어 주기를 좋아 한다.	1	2	3	4	5

라. 행동목록법

관찰할 행동목록을 만들어 놓고 해당 하는 행동이 나타나면 표시하는 방법이다. 관찰하고자 하는 행동 유무를 확인하는데 주로 사용된다. 어느 한 시점에서 행동의 출현여부를 확인하지만, 시간차를 두고 같은 목록을 확인 하면 행동의 변화를 알 수 있다. 목록법은 체크리스트(check list)법이라고도 하는데 관찰시간이 절약되고 학습계획이나 유아의 행동평가에 쉽게 적용할 수 있다.

〈표 7-5〉 사회생활영역 행동목록법

영역	내용	행 동 목 록	예	아니오
사회생활	나를 알고 사랑하기	1. 나를 소중하게 여기기		
		2. 나의 일 스스로 하기		
		3. 나의 감정 알고 조절하기		
	가족과 함께 생활하기	4. 가족과 화목하게 지내기		
		5. 가족과 협력하기		
	이웃과 더불어 생활하기	6. 예절 바르게 생활하기		
		7. 다른 사람을 이해하고 존중하기		
		8. 질서와 규칙 지키기		
		9. 두레의 소중함을 알고 협력하기		
	사회현상에 관심 가지기	10. 주변 지역에 관심 가지기		
		11. 경제생활에 관심 가지기		
		12. 우리나라와 우리 전통 문화에 관심 가지기		
		13. 다양한 문화에 관심 가지기		

〈표 7-5〉는 예시로서 사회생활 영역에 관한 내용체계를 중심으로 행동 목록을 구성해 본 것이다. 실제 행동관찰을 위한 목록은 일상에서의 유아의 행동을 보다 구체적으로 관찰하여, 사회생활 영역과 관련하여 일어나는 행동을 나열하고 정리하여 세분화된 행동목록을 정할 수 있다. 즉, 교사가 당해 유치원이나 어린이집의 상황에 맞게 행동유형을

정할 수 있을 것이다.

(2) 면담법

면담법(interview)은 면담자가 피면담자와의 대화를 통해 자료와 정보를 얻거나 태도를 관찰하는 방법이다. 면담자는 미리 질문을 준비하여야 한다. 구조적 면담과 비구조적 면담이 있다.

면담에는 구조적 면담과 비구조적 면담이 있다. 구조적 면담은 면담의 내용과 순서 등을 일관성 있게 미리 준비한 면담표에 의해 면담을 진행하는 것을 말하며, 면담자에 유통성을 부여하지 않는다. 그러므로 면담의 타당도와 신뢰도가 높다는 장점이 있지만 면담표에서는 예상하지 못한 새로운 사실을 발견하기는 어렵다. 비구조적 면담은 면담목적에 크게 벗이나지 않으면 질문의 내용, 순서, 이법 등은 면담자가 융통성 있게 진행할 수 있는 것을 말한다. 비구조적 면담은 현장 변화에 대한 적응성이 높고 새로운 사실을 발견할 가능성이 높으나 면담자에게 고도로 훈련된 능력이 요구된다. 그렇지 못할 경우 타당도와 신뢰도가 낮을 수 있다.

면담법은 시간과 노력 많이 소요되며 면담자가 피면담자에게 영향을 주어 결과의 신뢰도 낮을 수 있다는 공통된 문제를 지니고 있다.

〈표 7-6〉 유아 면담의 예

유아명	정연욱(㊚·여)	생년월일	2005년 5월 17일
면담일자	2009년 3월 31일(자유선택활동)		
면담장면	나의 좋은 점		
면담내용	교사 : 연욱이는 무얼 하는 것을 좋아하니? 유아 : 저는 양보하는 것을 좋아해요 교사 : 양보하는 것이 좋으니? 왜 그럴까? 유아 : 양보하고 나눠 주면 기분이 좋아져요. 교사 : 그래, 그럼 그것을 누가 가르쳐 주었니? 유아 : 우리 형이요. 우리 형은 양보를 참 잘 해요. 그래서 저도 형처럼 양보하는 것을 참 좋아해요. 전 양보대장이에요. 교사 : 모든 걸 다 나눠 주고 양보해서 네가 가지는 것이 없어도 괜찮니? 유아 : 그래도 좋아요. 교사 : 컴퓨터는 2명씩 같이 사용하기로 했잖아. 네 차례가 되었는데 뒤에 기다리는 친구들 3명이 자기들이 먼저 하면 안되겠냐고 한다면 어떻게 할 거야? 유아 : 음...		
비 고	친구와 사이좋게 잘 지내는 유아로 친구들에게 양보를 잘 해 양보대장이라 불린다. 상황에 맞게 물건을 나누어 쓰고 기회를 양보하는 것에 대해 이해시킬 필요가 있다.		

출처 : 황해익 외, 2009

(3) 작품분석법

작품분석법은 유아가 일정기간 동안 학습한 결과를 모아 포트폴리오(portfolio)를 구성하고, 이들 작품을 분석하여 유아의 행동이나 인지의 발달을 확인하는 것이다. 작품을 분석하기 위해서는 일정기간 동안 한 영역 혹은 영역별로 의도적으로 유아의 작품을 모아야 하며, 이 자료들에는 유아의 발달 상황이 내포되어있어야 한다. 이렇게 유아의 활동과 상호작용의 결과 형성된 결과물을 모으는 것을 포트폴리오라 한다.

포트폴리오는 유아교육과정에 입각해 영역별로 조직하는 것이 현실적으로 영역별 발달단계를 분석하는데 유리할 것으로 보인다. 포트폴리오는 유아의 행동 변화와 발달을 보여 줄뿐만 아니라 유아를 제작과정에 능동적으로 참여시킨다는 장점이 있으며, 이를 통해 교사, 부모, 유아자신에게 일정기간 교육활동에 대한 의미 있는 정보를 제공해 준다.

(4) 투사법

어떤 계획된 자극을 제시하여 개인적 욕구, 특수한 지각, 해석을 표출하게 하여 인성을 측정하는 방식을 말한다. 그러므로 투사법(projective method)은 비구조적이며 애매모호한 자극을 제시한 다음, 반응을 분석하여 심층에 내재된 성격특성, 욕구 측정하는 방법을 말한다(권대훈, 2007).

로르샤하가 개발한 잉크반점검사(Rorschach Ink Blot Test)와 머리와 모건(Murry & Morgan)이 개발한 주제통각검사(Thematic Apperception Test-TAT) 등이 있나.

로르샤하의 잉크반점검사는 잉크를 떨어뜨려 접어 펴서 만든 좌우대칭그림 10개 카드를 보여주고 반응을 분석하여 잠재된 욕구 분석하는 방법이다. 주제통각검사는 피검자에게 애매한 그림을 보여주어 상상적 이야기를 작성하게 한다. 이를 통해 어떤 욕구가 어느 정도 존재하는지를 측정한다.

(5) 사회성 측정법

사회성 측정법은 집단 내 구성원들 간의 상호관계, 즉 상호 수용하거나 배척하는 정두와 집닥의 사회구조를 측정하기 위한 방법이다. 현장에서는 교우관계 조사라고도 한다. 사회성 측정법에는 동료평정법, 추인법, 지명법, 사회적 거리척도 등이 있다(권대훈, 2007).

동료평정법은 동료학생이 다른 유아의 준법성, 사려성 등을 평가하는 것이다.

추인법은 어떤 특성을 내포한 진술문을 제시하고 가장 일치하는 사람이름을 적도록 한다.

지명법은 특정한 어떤 사람(옆자리에 앉고 싶은 사람, 함께 공부/식사 하고 싶은 사람)을 지명하게 하는 방법이다.

사회적 거리척도는 각 개인별로 일련의 문항에 대하여 모든 학생들에게 반응하도록 하여 특정 개인이 집단을 수용 또는 거부하는 정도를 분석하는 것이다.

(6) 학습일지 분석법

학습일지는 유아 개개인의 가족관계, 가정환경, 성장기록, 교우관계, 취미와 특기, 적성, 습관, 부모의 기대 등 개인적 배경, 지도하는 동안 발생한 사건, 성장에 대하여 기록한 것이다. 이러한 학습일지는 유아에 대한 종합기록으로 유아의 성장 발달에 대하여 분석할 수 있는 자료이다.

그리고 학급일지는 집단속에서 유아가 어떤 역할, 행동, 사회생활을 하였는지 기록한 자료로 유아의 사회성 발달을 이해하는데 도움이 된다.

(7) 표준화 검사

유아의 특정 심리적 특성 측정하기 위해 일정한 조건하에서 미리정한 과제로서 특정 장면에 부과하여 반응을 하게하고 유아의 특성을 분석한다. 분석은 일정한 준거를 가지고 유아의 행동에 대하여 양적・질적 기술하는 조작적 절차이다. 필기 능력이 부족한 유아들을 상대로 할 때는 그림과 간단한 문자를 이용한 유아용 검사를 사용해야 한다. 표준화 검사로는 사회 정서 발달 평정척도, 생활지도 진단검사, 행동진단검사, 적응행동검사, 사회성숙도 검사 등이 있다.

3. 유아교육 사회생활 영역 평가의 활용방안

유아의 사회생활 영역에 대한 평가는 유아의 사회적 발달 상황을 해하는 데 도움을 준다. 그리고 가정통신이나 부모와의 면담을 통해 유아에 대한 구체적인 행동발달 자료를 제시하여 부모의 이해를 돕는다. 이러한 유아의 행동에 대한 상호이해를 통하여 행동발달의 개선에 유치원과 가정이 연계하여 노력할 수 있으며, 다음 행동발달 계획 및 인지발달 계획에 반영할 수 있다.

제 7 절 평가도구의 기준

1. 타당도

검사의 타당도란 평가도구가 무엇을 재고 있느냐, 혹은 측정하려는 것을 얼마나 정확하게 측정하느냐 또는 측정하려는 것을 얼마나 오류 없이 측정하느냐를 말하는 것이다. 예를 들어 국어고사가 「국어의 능력」을 측정해야지 「사회생활의 능력」을 측정하고 있다면 타당도가 있다고 할 수 없을 것이다. 따라서 타당도를 검사의 진실성 혹은 정직성이라고도 한다.

미국심리학회(APA)에서는 타당도를 내용타당도(content validity), 준거에 관련된 타당도(criterion-referenced validity), 구인타당도(construct validity)로 나누고 있으며, 다시 준거에 관련된 타당도를 다시 공인타당도(concurrent validity), 예측타당도(predictive validity)로 세분하여 설명하기도 한다.

(1) 내용타당도

내용타당도는 평가도구가 측정하려는 학습 또는 행동영역을 얼마나 잘 대표하고 있느냐를 체계적으로 검토해 봄으로써 얻어진다. 주로 학력검사에서 검사의 내용이 학습의 목표와 내용을 얼마만큼 잘 반영하고 있는가를 말한다. 검사의 내용이 측정하려는 교과 내용을 얼마나 잘 대표하고 있느냐는 것이다. 여기서 준거가 되는 것은 교육의 목표와 학습내용이 된다. 교육의 목표가 내용타당도 판단의 기준이 되려면 보다 구체적이고 명백하게 관찰할 수 있도록 진술되어야한다. 그리고 교과내용을 적절하게 표집하고, 영역별로 균형 있게 문항 비율을 결정하는가 하는 것이다. 따라서 내용타당도는 완전히 주관적이며 전문적인 판단에 따라서 결정되기 때문에 어떠한 숫자로 표현될 수 없으며 '높다' '적당하다' '낮다'와 같이 언어적 표현을 하게 된다.

내용타당도를 높이기 위해서는 먼저 측정하려는 학습결과와 교과내용을 확인하고, 교육목표 이원분류표를 작성하여 그것에 의한 문항을 작성한다. 특히 절대평가에서 내용타당도가 중요하지만 타당도 계수를 제시할 수 없는 것이 약점이다.

(2) 예언타당도

어떤 검사의 결과가 피험자의 미래 행동이나 특성을 어느 정도로 정확하고 완전하게 예언하느냐에 관심을 두는 것이 예언타당도이다. 예를 들어 대학 입학시험에서 성적이 좋았던 사람이 자신의 전공과목에 있어서도 성적이 높을 것인가를 생각해 볼 수 있다. 내용타당도는 내적준거에 의해 판단하지만, 예언타당도는 외적 준거에 관련하여 해석된다. 비행기 적성검사에서 우수한 피험자가 실제의 비행기록에서 실패하는 결과를 보인다면 적성검사의 평가도구는 예언타당도가 낮다고 할 것이다.

예언타당도는 선행검사 X와 준거 Y와의 상관계수로 표시된다. 상관계수가 크면 그만큼 예언의 정확성이 높다. 그리고 검사 X와 준거 Y의 두 평가도구의 신뢰도에 영향을 받기도 한다. 두 개의 검사가 모두 신뢰도가 높으면 예언타당도가 높고, 둘 중 하나라도 낮으면 그만큼 타당도도 내려간다. 즉, 예언타당도는 검사와 준거의 신뢰도 계수 중 낮은 것의 제곱근 이상의 값을 갖지 못한다.

(3) 공인타당도

공인타당도는 검사 X와 준거 Y사이의 상관계수로 나타낸다는 점에서 예언타당도와 같다. 다만 시간차원과 준거의 성질에 있어서 차이가 있다.

즉, 공인타당도는 선행검사와 준거가 본질적으로 동시에 측정되며, 한 행동특성을 측정한 검사 X와 검사밖에 존재하는 준거 Y와의 사이에 현재 어느 정도로 잘 일치하느냐로 판단된다. 예언타당도는 행동의 준거가 미래에 있지만 공인타당도는 현재에 있다. 실제적으로 필요에 의해 시간적으로 후에 측정할 수도 있으나 본질적으로 동시에 측정할 수가 있는 것이다. 그리고 공인타당도는 예언보다는 공통된 요인의 존재여부에 관심을 갖는다. 예를 들어 지능검사와 학력검사의 상관, 지능검사와 학습습관검사의 상관 등을 예로 들 수 있다.

그러므로 공인타당도는 특성 X를 측정하고 있는 검사 X와 특성 Y를 측정하고 있는 검사 Y 사이의 경험적 공인관계를 밝히는 것이다. 예컨대, 수학학업성적검사와 지능, 학교에 대한 태도, 수학과목에 대한 태도, 일반적 자아개념, 수학 자아개념 등과의 상관계수를 내고, 어느 변인이 수학학업성적에 가장 영향을 미치는가를 판단할 수 있다.

(4) 구인타당도

구인타당도는 아직 조작적으로 정의되지 않고, 과학적으로 이론이 제대로 정립되지 아니한 새로운 개념 혹은 구인을 측정하는 검사에 과학적 이론과 타당화를 부여하는 과정이라고 규정할 수 있다(황정규, 1984: 128). 여기서 개념 혹은 구인은 인간의 어떤 가정적 속성(예컨대 사회성, 지능, 사고력, 추리력 등)을 말하며, 구체적 장면에서의 행동을 설명해 주기 위한 가정적 성질의 것이다.

구인타당도는 이론을 발전시키고 확인하는 과학적 과정과 전혀 다를 것이 없다. 먼저 상상적 추리를 통해 구인 X가 이 검사의 원인이 되고 있으리라는 가정을 하고, 잠정적 이론을 수립한다. 「검사점수 X가 높은 사람은 Y라는 상황 아래서는 Z와 같은 행동을 나타낼 것이다」라는 가설을 이끌어 내고 이러한 가설을 검증하기 위해 실제 실험이나 연구를 통해 경험적 검증을 하여, 이 가설의 타당성 여부를 결정한다. 교우도 검사를 예를 든다면 교우도 검사에서 측정할 수 있는 구인은 한 개인의 사회성이라고 추정된다. 「만약 그렇다면 교우도 검사에서 점수가 높은 사람은 이 검사에서 점수가 낮은 사람보다 친구가 많을 것이다」라는 추리가 가능하다.

또 다른 예로서 "신앙심이 높은 사람은 사회봉사를 잘 할 것이다"라는 가설을 설정했다면 이 가설에 대한 검증과정이 구인타당도를 측정하는 과정이 될 것이다. 먼저 '신앙심'이라는 추상적 용어에 대하여 조작적 정의가 필요하다. 즉, 기도회에의 참여정도, 교리실천 정도 등이다. 이러한 조작적 정의의 내용이 바로 '구인'이며 그러한 구인의 정도가 높은 사람이 사회봉사를 열심히 하면 그 구인의 타당도가 높은 것이다.

구인타당도를 밝히는 과정에는 모든 형태의 연구방법이 쓰인다. 즉, 집단간의 차이, 상관분석, 요인분석, 시간적 공간적 변화상태 비교, 심리적 과정의 연구, 검사문항의 분석, 실험 등 모든 방법이 이용되어야 한다. 그리고 타당도 지수도 점수 차의 비교, 상관계수, 시간상 변화점수 등 여러 가지 방법이 활용될 수 있다.

2. 신뢰도

타당도가 '무엇을(what)' 재고 있느냐를 문제 삼는다면 신뢰도는 검사가 재려고 하는 것을 '어떻게(how)' 정확하게 재고 있느냐를 문제 삼는다. 따라서 신뢰도는 믿음성, 안정성, 일관성, 예측성, 정확성 등과 동의어로 쓰이고 있다. 어떤 종류의 평가도구이든 절대적인 엄밀성을 보장할 수는 없는 일이지만 고장 난 저울로 물건을 달 수 없듯이 변덕이 심한 평가도구로 인간의 행동을 측정할 수는 없는 일이다. 인간행동의 측정은 자연과학과 달라서 어느 한계의 측정 오차를 감수해야 하나 문제는 이러한 오차를 최소한도로 줄이는 데 있다. 타당도가 평가도구에서는 필수 조건이지만 신뢰도가 낮다면 타당도도 자연히 낮아진다. 따라서 신뢰도는 타당도의 선행조건이라고도 할 수 있다. 신뢰도를 평가도구의 측정에 일관성이 있는가? 또는 측정의 오차가 얼마나 적으냐? 하는 것이다.

신뢰도를 결정하는 방법에는 재검사 신뢰도, 동형검사 신뢰도, 반분검사 신뢰도, 문항내적 합치도, 크론백(Cronbach)의 α계수 등이 있다.

(1) 재검사 신뢰도

재검사 신뢰도는 한 개의 평가도구 혹은 검사를 같은 집단에서 두 번 실시하여 그 전후의 결과에서 얻은 점수를 기초로 해서 상관계수를 산출하는 방법이다. 이것은 전과 후의 점수 사이에 어느 정도 안정성이 있느냐를 보는 관점이기 때문에 안정성 계수라고도 한다.

여기에는 몇 가지 난점이 있다. 먼저 전후 검사의 실시 간격인데 검사의 목적에 따라 달라질 수 있겠으나 대개 2-4주를 적정선으로 보고 있다. 너무 짧으면 연습효과와 기억효과로 상관이 과대하게 높아지고, 너무 길면 그 동안 행동변화가 있을 수도 있기 때문이다. 문항의 오차변량이 진짜 변량으로 다루어지며, 전후검사 실시에서의 여러 가지 조건(동기 상태, 수험태도, 검사지시, 검사시간 등)들을 똑 같이 통제하기는 어렵다는 것이다. 어쨌든 재검사 신뢰도는 진짜 신뢰도보다 과대 추정될 가능성이 높다는 것을 고려해야 한다.

(2) 동형검사 신뢰도

미리 두 개의 동형검사를 제작하고 그것을 같은 피험자에게 실시하여 두 동형검사에서 얻은 점수 사이의 상관을 산출하는 방법이다. 이것을 동형성 계수라고도 한다. 이 방법은 기억효과, 연습효과를 최소한으로 감소시키며, 문항표본에서 파생하는 오차도 오차변량으로 취급하게 되어 좋으나, 거의 같거나 완전히 같은 동질적인 검사로 구성한다는 것이 난점이다. 이런 점에서 재검사 신뢰도가 갖는 오차변량 이외의 오차도 함께 지니고 있다.

(3) 반분신뢰도

한 개의 평가도구 혹은 검사를 한 피험집단에게 실시한 다음 그것을 적절한 방법에 의해 두 부분의 점수로 분할하고 분할된 두 부분을 독립된 검사로 생각해서 그 사이의 상관을 계산하는 방법이다.

분할하는 방법에는 전후 꼭 반이 되게 나누는 방법, 기우법으로 나누는 방법, 난수표에 의해 나누는 방법(문항이 어떻게 선택되어도 무방한 경우), 의식적으로 문항의 난이도 및 내용에 따라 비슷한 것끼리 짝지어 반분하는 방법이다.

반분하여 부분점수를 내어 상관을 계산하면 이때 얻는 신뢰도는 검사 전체의 신뢰도가 아니라 반분된 부분 검사의 신뢰도가 된다. 이 두 부분을 합쳤을 때의 검사 전체의 신뢰도를 계산해 주기 위해 Spearman-Brown공식을 사용해서 교정한다.

$$\gamma_{xx} = \frac{nr}{1+(n-1)\gamma}$$

γ_{xx} : n배 늘렸을 때의 신뢰도 계수

n : 분할된 부분검사의 수

γ : 얻은 부분검사의 신뢰도 계수

반분신뢰도는 손쉽고 편리한 신뢰도 계산 방법이다. 그러나 검사 실시에 있을 수 있는 특수한 조건, 피검사자의 시간에 따른 우연적 변동 등이 진짜 변량으로 취급될 가능성이 있다. 또한 순수한 속도검사에서는 두 부분으로 나누어진 부분점수 사이의 상관은 자연히 크기 때문에 이 방법을 사용할 수 없다.

(4) 문항내적 신뢰도

검사 속의 한 문항, 한 문항을 모두 독립된 한 개의 검사단위로 생각하고, 그 합치성, 동질성, 일치성을 종합하는 입장이다. 문항내적 합치도라고도 하고, Kuder 와 Richardson이 개발하였기 때문에 Kuder-Richardson

방법이라고도 한다.

Kuder-Richardson 추정 신뢰도는 문항의 동질성에 기초를 두고 있다. 그런 의미에서 동형검사 신뢰도의 대체가 된다.

K-R 20 : $\gamma_{xx} = \frac{n}{n-1}[1 - \frac{\Sigma pq}{S_x^2}]$

K-R 21 : $\gamma_{xx} = \frac{n}{n-1}[1 - \frac{X(n-X)}{nS_x^2}]$

n : 검사 속의 문항수

p : 각 문항에 정답을 한 학생의 비율

q : 각 문항에 오답을 한 학생의 비율(q=1-p)

Σ : 和의 기호

S_x^2 : 전체검사 점수의 변량(검사점수의 표준오차의 자승)

X : 전체검사 점수의 평균

(5) Cronbach의 α 계수

신뢰도의 추정을 상관계수의 방법에 의존한다는 것은 곧 두 번의 검사나 두 개의 검사, 혹은 반으로 나누는 절차 속에서 오차의 원천을 더 많이 끌어들일 가능성이 있다. 한 개의 검사를 한 집단에서 실시하고 거기에서 오차의 변량을 제외한 진점수변량을 추정해 보려는 노력이 시도되기 시작하였다.

Cronbach는 양분 문항 뿐 아니라 논문형 문항과 같이 한 개의 문항이 여러 단계의 점수로 채점되는 경우에도 사용할 수 있게 그 제약에서 일반화할 수 있는 일반화 계수로서 α 계수 방법을 제안하였다. 흔히 급내 상관이라고 한다.

$$\alpha_k = \frac{n}{n-1}[1 - \frac{\Sigma S_i^2}{S_x^2}]$$

S_i^2 : 각 단일 문항의 변량

S_x^2 : 전체 검사 점수의 변량

3. 객관도

객관도란 측정의 결과에 대해 여러 검사자 혹은 채점자가 어느 정도로 일치된 평가를 하느냐 하는 것이다. 신뢰도가 측정도구의 변덕에 의해 결정되는 것이라면, 객관도는 채점자의 변덕에 의해 결정되는 신뢰도라고 할 수 있을 것이다. 흔히 채점자 신뢰도라고도 한다.
객관도는 도구의 객관화, 평가자의 소양, 기준의 구체화, 오류의 제거, 다인수 평가 등 몇 가지 측면이 고려되어야 한다.

4. 실용도

실용도는 한 개의 평가도구 혹은 검사를 얼마나 시간과 정력을 적게 들이고 「써먹을 수 있느냐의 정도」로 정의할 수 있다. 실시의 용이성, 채점의 용이성, 해석의 용이성, 비용과 체제 등의 측면에서 살펴볼 수 있다.

제 8 절 유치원 교육과정과 표준보육과정에서의 평가

1. 유치원 교육과정에서의 평가

현행 우리나라의 유치원 교육과정(교육인적자원부 고시 제2007-153호)의 평가에 대하여 논하고자 한다.

2. 교육 평가

가. 교육과정 목표와 내용을 준거로 유아의 특성과 변화 정도를 평가한다.

나. 유아의 태도, 지식, 기능 등이 종합적으로 포함되도록 평가한다.

다. 유치원 일과 속에서 생활과 교육 활동 전반에 걸쳐 포괄적으로 평가가 이루어지도록 한다.

라. 관찰, 활동 결과물 분석, 면담 등 다양한 방법을 사용하여 종합적으로 평가하고, 그 결과를 기록한다.

마. 평가 결과는 유아에 대한 이해와 유아 지원을 위한 의사결정, 교수·학습 방법 개선, 교육과정의 편성과 운영, 부모 면담, 생활기록부 작성 등을 위한 기초 자료로 활용한다.

3. 표준보육과정에서의 평가

표준보육과정(2010)에 근거하여 원문을 소개한다.

보육과정에 대한 평가는 보육 목표의 달성 정도, 보육 내용과 교수학습 방법의 적절성 등에 대한 정보를 제공하며, 영유아의 발달 및 성취 정도를 알려준다. 따라서 보육시설은 보육과정에 대한 정기적인 평가를 통해 보육의 질적 수준을 향상시키고 영유아의 전반적인 발달 수준을 파악하도록 한다.

평가는 보육과정 평가와 영·유아 평가로 이루어지며 보육과정의 목표와 내용을 준거로 한다.

(1) 보육과정에 대한 평가

가. 보육과정의 질 관리를 위하여 각 보육시설에서 주기적으로 보육과정 구성과 운영에 관한 적절성과 실효성을 평가한다.

나. 보육과정의 모든 내용을 포괄적으로 포함하여 평가한다.

나. 영유아의 발달수준, 흥미, 요구에 적합한 경험 및 학습을 촉진할 수 있는 다양한 활동과 교수학습 방법이 계획되고 통합적으로 운영되는지를 평가한다.

다. 평가 결과는 다음 년도의 효율적인 보육과정 수립 및 운영에 반영한다.

(2) 영 · 유아에 대한 평가

가. 영 · 유아의 전반적인 발달 특성과 정도를 평가한다.

나. 영 · 유아의 성장 변화를 질적이고 종합적으로 기술하되 총체적으로 평가한다.

다. 관찰기록, 작품분석, 부모면담 등 다양한 평가 방법을 사용하여 영 · 유아 자신 뿐 아니라 영 · 유아를 둘러싼 총체적 환경을 포함하여 평가한다.

다. 평가결과는 영 · 유아의 전인적인 성장, 생활기록부 작성, 학부모와의 면담자료로 활용한다.

이상의 유치원 교육과정 상의 교육평가와 표준보육과정상이 평가는 특정 교과나 영역의 문제라기보다 포괄적으로 평가의 지침을 제시한다. 그러나 지나치게 포괄적이어서 보다 영역별로 구체화하고 보다 명료하게 정리할 필요가 있다.

제3부

유아사회과교육의 실제

제 8 장

마이크로티칭(Microteaching)

제 1 절 마이크로티칭의 의의

1. 마이크로티칭의 개념과 목적

교사가 교사 양성기관(교육대학, 사범대학 등)에서 교직과목과 전공영역의 공부를 충실히 이수하고 교육현장에서 학생을 대상으로 수업을 한다고 할 때 그 수업이 얼마나 효과적이며 적절한가에 대하여 생각해 볼 필요가 있다. 물론 현장에서 수업연구를 하고 공개수업을 하지마는 현실에 있어서는 형식에 그칠 우려가 있으며, 지속적으로 교사의 교육행동이나 자세를 시정시킬 실질적인 장학이 되기는 어렵다고 본다. 그래서 그 수업을 녹음하거나 녹화해서 재연할 수 있다면 당해 교사의 수업의 잘된 점과 시정할 점 등을 분석하여 피드백할 수 있고, 그 후 다시 재연하거나 다른 수업을 시연한다면 효과적으로 수업기술을 발전시킬 수 있을 것으로 본다.

이러한 점에 착안하여 1963년 스탠포드 대학의 알렌(Cooper & Allen, 1970) 등에 의해 시도된 것이 마이크로티칭(Microteaching)의 기법이다. 마이크로티칭은 교사가 수업의 사후 분석을 위해 어떤 시점에서 수업을 녹화하여 재검토하는 훈련 기법이다(Wikipedia). 여기서 의도하는 것은 특정 주제나 항목에 대한 수업기술의 개발이다. 그러므로 마이크로티칭은 이론적 개념이나 연구결과에 근거한다기보다 교수기술 개발에 관한 하나의 아이디어인 것이다. 그러면서도 교육학에서 이미 수립된 수업모델을 현장과 당해 교사에 맞게 수정해가는 과정이라고도 할 수 있다.

마이크로티칭은 교사가 무엇을 어떻게 가르쳤는가에 대한 정보를 주고 그 수업이 어떻게 받아들여졌는가에 대하여 참관자들로부터 피드백을 받는 것이다. 교사로서는 수업기법의 개선은 물론 평소에 사용하지 않던 교수전략을 시험해보는 기회로서 활용할 수도 있다.

그리고 최근에는 녹화 장비의 발달로 더욱 더 간편하게 수업을 녹화하고 분석하는 것이 훨씬 용이해졌다. 심지어 스마트 폰의 발달로 다른 장비 없이 폰 하나로도 충분할 정도로 기기가 발달하였다. 스마트 폰이나 관련 통신기기의 발달은 새로운 형태의 기법을 발전시키는 계기가 될 것이다.

2. 마이크로티칭의 내용

마이크로티칭도 처음에는 한 시간 전체의 수업을 단순 녹음 또는 녹화하여 내용을 수정하고 보완하는 방법을 연구하였는데, 그러다가 단일 아이템을 어떤 수업기법을 활용하여 수업할 것인가 그리고 수업내의 시간대별 전개 내용 즉, 도입, 전개, 정리 및 평가 등에 대한 분석, 강의 토론, 발문법, 숙제를 내주는 방법, 심지어는 교사의 언어구사 내용과 태도, 목소리, 시선처리, 체스처 등 수업의 모든 부분이 마이크로티칭의 대상이 되었다. 마이크로티칭은 말 그대로 짧은 시간 내, 소규모 집단을 대상으로 단일 아이템을 단일 기법에 의해 수업하고 평가하고 피드백하는 것이다.

제 2 절 마이크로티칭의 활용

1. 마이크로티칭의 방법

마이크로티칭의 방법은 간단히 말하면 단순하다. 즉 먼저 교사(예비교사)에게 짧은 수업을 준비하게 한다. 대개 5-15 내외의 수업이다. 평소 그의 수업을 받지 않는 소규모 집단(5명 내외)의 학습자들을 대상으로 한다. 수업을 하게 되면 수업과정을 녹화한다. 그리고 수업 후 교사와 교사의 동료, 장학사, 아니면 매우 숙달된 멘토에 속하는 교사, 그리고 수업에 참가한 학생들이 함께 녹화된 수업장면을 보고 교사의 학습 목표(지향점)는 무엇인지, 수업기법의 문제, 수업 중 교사의 동작, 언어구사습관, 시선처리, 목소리 등 수업의 모든 분야에 대하여 의견을 나누고 교사에게 피드백을 하는 것이다. 그리고 다시 그것을 염두에 두고 수업을 하는 것이다. 이러한 일련의 과정이 반복되면 교사의 수업기법은 보다 숙달되고 목표의 설정과 달성에 효과적일 것이라는 가정에서 출발한다.

마이크로티칭은 전반적인 수업을 압축한 것이다. 실제 수업의 내용을 압축하거나 부분별로 잘라서, 수업의 모양을 갖추게 하여 실제와 유사한 상황에서 경험하게 하고 분석을 하는 것이다. 경우에 따라서는 축소해서는 안 되는 부분도 있을 수 있지만 마이크로티칭은 순간 순간의 미세한 부분까지도 포착해야 하므로 소규모이며, 시간적으로 짧아야 긴밀한 진행과 분석이 가능하다.

그러므로 학습자 집단규모, 시간, 수업내용, 업무 모든 것을 단순화해야 하다. 그리고 녹화된 내용은 늦어도 24시간 내에 고찰하고 피드백을 해야 효과적이다. 가급적이면 즉시 분석하는 것이 좋다고 본다.

마이크로티칭을 위해 소규모의 학습자 집단을 구성할 때 어떤 사람들로 구성하는가의 문제도 있다.

첫째 실제로 교사가 수업을 진행하기 위해서 그 내용의 수준에 맞는 학생들을 대상으로 하는 것이 현실감이 있다. 이해도 및 목표달성도를 관찰하는데도 유리하다. 그리고 학생은 가급적 현재 수업자의 지도를 받지 않는 학생들이 더 목표에 부합된다. 처음 보는 교사의 경우 교사의 음성이나 자료제시 습관을 통해 이해의 정도를 관찰할 수 있기 때문이다.

둘째 유아교육과, 교육대학, 사범대학과 같은 교사양성기관의 경우, 대상 학생들을 학습자로 상시로 부르기 어려우므로 팀을 구성하여 지도교수의 지도를 받으면서 팀 동료 중 한명이 교사 역할을 하고 소규모의 집단에 속한 나머지 학생은 학습자의 역할을 하는 것이다. 그리고 팀별로 하더라도 전체 학생이 동시에 마이크로티칭에 참가한다면 팀에 속하지 않은 나머지 학생은 장학사의 역할을 하면 효과적이다. 이럴 경우 마이크로티칭에 실제 참가하는 학생들과 나머지 학생들은 일정한 간격을 두어 구분하는 것이 좋다.

셋째 교사연수기관인 교원연수원에서 수업기법의 개선이나 새로운 수업모형의 도입을 위한 시범 수업을 할 수 있다. 이 경우 주변 학교의 도움으로 단계에 맞는 학생들을 지원받을 수도 있지만, 교사 집단 내에서 소규모 팀을 구성하여 교사역할과 학생역할을 돌아가면서 하는 것이 쉽게 접근 가능한 방법일 것이다.

그러나 둘째와 셋째의 방법은 둘 다 학생들이 받는 느낌이나 이해도 등을 피드백하기가 어려우며 현장감도 떨어지는 단점이 있지만 스스로 학생의 입장을 해봄으로써 동료 학생이나 동료 교사의 입장을 이해할 수 있다는 장점이 있다.

2. 마이크로티칭의 모형

마인크로티칭은 교사교육을 위한 하나의 기법으로 여러 학자나 기관에서 제시하는 절차는 대동소이하다. 먼저 알렌(Allen) 등에 의해 제시된 스탠포드 대학의 모형을 보면 [그림 8-1]과 같다.

[그림 8-1] 마이크로티칭의 절차

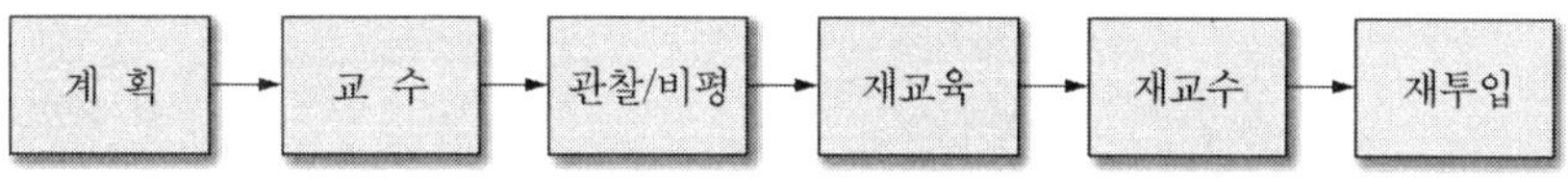

먼저 수업계획을 하고 수업을 한 내용을 녹화한 테이프를 보고 관찰 비평하고 수업자가 이를 수용하면 다시 수업을 진행해서 녹화하고 비평하는 일련의 과정을 거치게 된다. 반복되는 수업을 통해 바람직하지 못한 모습들은 점차 정리가 되는 것이다.

여기서 마이크로티칭을 위한 기준은 한 수업에 하나의 수업기술만 사용한다는 것과 5-10분 정도의 수업을 하며, 5-7명 정도의 소규모 집단의 학생이나 동료교생, 혹은 동료교사의 집단으로 구성하는 것 등이다. 수업의 기록은 녹화하여 수업의 기술이 일정한 수준에 이를 때까지 계속 적용한다는 것이다. 그리고 단순 수업기술이 숙달되면 몇 개의 기술을 결합하여 복잡한 기술로 발전시키고, 종합화하여 수업기법에 있어서 숙달된 교사를 양성하는 것이다(Cooper & Allen, 1970).

평가 분석에 있어서 분석 준거는 교사의 언어행동 발문유형, 발문의 길이, 발문의 수준, 교사의 발문과 아동의 반응간의 비교, 언어행동 경향, 교사의 비언어적 행동분석, 교사와 아동, 아동과 아동간의 비교이다.

그리고 미국의 볼 주립대학(Ball State University)에서 제시한 수준별 수업의 기술을 보면 1수준에서 3수준까지 제시되어 있는데

제1수준의 수업 기술

- 강화 : 참여를 유인하기 위해 교사가 긍정적 강화
- 침묵 또는 비언어적 지시 : 말을 하지 않고 학습토의를 통제 조절 지시
- 자극의 변화 : 수업시간이 지루하지 않도록 언어적 비언어적으로 학생들을 자극
- 반복 : 강의, 토의의 요지, 핵심단어 개념원리 명확히 함
- 준거틀의 변화 : 하나의 개념을 관점을 달리하여 고찰함

예) 노예제도를 구조적 측면, 소유자측면

- 질문하기 : 교사가 가능한 한 많은 질문 던지도록 강조

- 특히 강의법에 의존하는 교사에게 새로운 교수유형을 발전시키기 위해 필요

- 탐사 : 즉각적 대답 이상을 요구함, 어떤 정보는 깊은 의미의 질문을 함, 자신의 대답에 대하여 합리적 정당화를 요구, 어떤 단서를 제공하여 반응 유발, 다른 학생에게 첫 번째 학생의 대답에 반응하게 하여 토의에 끌어들이는 방법
- 고도의 질문 : 기억이나 단순한 감각적 묘사만으로 대답하기 어려운 질문, 정의된 이상의 규칙원리를 찾아야 함
- 확산적 질문 : 정답이 없다는 특징, 논의의 여지를 남김, 학생들은 창조적 사고를 함, 알려진 사실에 만족하지 않고 미지의 세계 추적 (학생은 가설설정, 상상력 동원하여 개념을 새로운 형태로 재조직)
- 단서주기 : 학생의 질문에 대답을 하여 해설하면서 성공의 경험을 교사가 유도, 시간 진행하면 지식, 단서 제공
- 행동에 주의하기 : 학생들의 행동을 관찰하여 교실상황을 민감하게 파악하는 기술-교사는 학생들의 표정, 자세, 활동·비활동 지향적 행동, 대화 등을 관찰하여 흥미수준과 주의력 정도를 알 수 있다.
- 예들기 : 예시의 사용은 훌륭하고 심도 있으며 명백한 교수의 기

본개념을 분명히 설명하고 구체화함, 귀납적인 것과 연역적 예시 모두 사용

제2수준의 수업 기술

• 도입단계 : 수업으로 유도하여 학생이 수업을 준비하도록 하고, 교사, 학생간 효과적인 의사소통을 하여 공동의 준거틀을 정한다.

• 끝맺기 : 수업에 제시된 주요관념, 사실적 정보를 논리적, 조직적으로 파악하여 주요 요점 조직, 이미 배운 것과 새로 배운 지식을 인지적으로 연결시켜 학생들에게 성취감을 줌

제3수준의 수업 기술

• 강의하기 : 강의를 통해 성공적 기술 연습

- 전달기술, 시청각 자료의 사용, 재구성, 강의 속도 조절
- 끝맺기, 계획된 반복, 그 외 강의와 관련된 기술 포함

• 의사소통의 완벽화 : 이해한다는 것의 중요성을 알고, 감각에 대한 감수성 훈련을 통해 교사는 잘못된 의사소통에 민감하게 대처하여야 함

이상의 기준은 교사가 자신의 위치를 확인하고 수업기술을 향상시키려고 하는 의지를 갖게 하는데 중요한 의미가 있다고 본다.

3. 교사양성기관과 교사연수기관에서의 활용

마이크로티칭은 첫째 현장교사의 수업기술을 개선하는 데 유용하다. 그리고 새로운 기법의 효용성을 점검하는 데도 효과가 있을 것이다. 그러므로 교사가 의지만 갖는다면 현재 자신의 수업을 스마트 폰 하나로 쉽게 녹화가 가능하다고 본다.

둘째 교사양성기관에서 예비교사들에게 현장에 투입되기 전 일정한 아이템을 효과적으로 교수하는 방법을 숙달시키는 데 사용될 수 있다. 그리고 교육학 등에서 배운 특별한 수업모델을 실제로 적용해보는 기회를 제공할 수가 있다.

셋째 교사연수기관 내지 재교육기관에서 교사들을 상대로 마이크로티칭의 기법을 활용할 수 있을 것이다.

마이크로티칭을 위한 공간과 장비를 충분히 구비하고 교사들의 마이크로티칭을 각 기관 및 각 교과별로 전담하는 인력을 배치하고 반복적인 훈련이 이루어지도록 해야 한다. "교육은 교사의 질을 넘지 못한다"고 하는 명제에서 보듯 교사의 실습훈련의 중요성을 먼저 깨닫는 것이 중요하다.

제 9 장

사회생활 영역 내용별 지도의 실제

제 1 절 사회생활 영역의 목표와 내용

유아교육에 있어서 현행 교육과정에서 제시하는 사회생활 영역은 먼저 자아를 인식하고 가족과 상호작용을 통해 더불어 사는 것에 대한 가치를 깨닫게 시작하면서 이웃과 더불어 살기 위한 제 규칙과 태도를 학습한다. 이러한 생활경험의 과정을 통해 사회과학에 기반을 둔 지식을 구성하여 사회를 보는 안목을 형성하여 자신에게 처해지는 사회적 문제해결 능력을 기르고자 하는 것이라고 본다. 그러나 현행 유치원 교육과정(교육인적자원부 고시 제2007-153호)의 시회생활 영역은 이러한 내용들을 열거하고 있지만 체계성이 부족하여 생활영역의 단순 활동에만 그칠 우려가 있다. 이러한 점에 착안하여 현장에서 이를 보완하는 노력이 필요하다. 현행 교육과정의 관련 목표와 내용을 관련시키고 하위 내용을 연결하면 다음과 같다.

포괄적 목표 : “자신과 다른 사람을 존중하고, 더불어 살아가는 능력을 기른다.”

〈표 9-1〉

하 위 목 표	내 용	하 위 내 용
자신을 소중하게 여기고 스스로 생각하여 행동하며 감정을 조절한다.	나를 알고 사랑하기	나를 소중하게 여기기 나의 일 스스로 하기 나의 감정 알고 조절하기
가족과 화목하게 지내며 서로 협력한다.	가족과 함께 생활하기	가족과 화목하게 지내기 가족과 협력하기
예절 바르게 행동하고 질서를 지키며 이웃과 더불어 생활한다.	이웃과 더불어 생활하기	예절 바르게 생활하기 다른 사람을 이해하고 존중하기 질서와 규칙 지키기 두레의 소중함을 알고 협력하기
우리가 살고 있는 사회 현상에 대하여 관심을 가진다.	사회 현상에 관심 가지기	주변 지역에 관심 가지기 경제생활에 관심 가지기 우리나라와 우리 전통문화에 관심 가지기 다양한 문화에 관심 가지기

현행 유치원 교육과정에서 사회생활 영역은 목표에 따라 포괄적 내용과 하위 내용으로 나누어지고 다시 수준별 내용 Ⅰ, Ⅱ로 나누어 2단계의 수준으로 구성되었다. 이러한 사회생활 영역의 내용과 하위내용에 근거하여 생활주제와 관련하여 활동명과 활동형태를 구성함으로써 앞서 논의한 학습지도안의 양식에 의거 실제 내용별 학습지도안을 구성하였다. 다음에 구성된 내용별 학습지도안은 실제 마이크로티칭을 통해 수업을 시연해 본 내용[1]들이다.

1) 제시된 학습지도안은 유아교육과 학생(경북도립대학)들이 실제 학습지도안을 작성하여 마이크로티칭을 하고 지도를 받고 수정한 내용들이다.

제 2 절 사회생활 영역 내용별 지도의 실제

〈표 9-2〉 사회생활영역 내용별 활동 목록

사회생활 영역내용	하위내용	생활주제	활동명	활동 형태
나를 알고 사랑하기	나를 소중하게 여기기	유치원과 친구	1. 나를 소개해요	이야기나누기
		나와 가족	2. 나는 이렇게 태어났어요.	과학
			3. 나에게는 꿈이 있어요.	이야기나누기
		건강과 안전	4. 싫다고 분명히 말해요.	역할극
	나의 일 스스로 하기	나와 가족	5. 벌써 나 혼자 했어요.	동시
		나와 유치원	6. 내가 스스로 결정해야 할 때가 있어요.	역할극
			7. 장난감 자리 찾기	조형-수·조작
	나의 감정 알고 조절하기	유치원과 친구	8. 다양한 감정 표현하기	신체표현
			9. 나의 희, 로, 애, 락	N.I.E 활동
			10. 꾹 참았네.	음률
		건강과 안전	11. 뽀뽀하기 싫어요!	동화
가족과 함께 생활하기	가족과 화목하게 지내기	나와 가족	12. 우리 집	음률
			13. 부모님께 사랑의 편지 쓰기	언어
			14. 우리 가족을 소개해요	이야기나누기
		동식물과 자연	15. 우리 가족이 사용하는 물건 분류하기	조작
	가족과 협력하기	생활도구	16. 우리 집 청소하기	신체표현
		동식물과 자연	17. 자연물을 이용해 우리 집 정원 꾸미기	바깥
		나와 가족	18. 내가 할 수 있는 일	이야기나누기

이웃과 더불어 생활하기	다른 사람을 이해하고 존중하기	우리 동네	19. 고마운 이웃들	이야기 나누기
		우리나라	20. 군인 아저씨께 영상편지를 보내요.	VTR
		유치원과 친구	21. 바르게 말하는 어린이	이야기 나누기
	질서와 규칙 지키기	유치원과 친구	22. 도서관에서 지켜야 할 예절	이야기 나누기
			23. 양보하는 마음을 가져요.	이야기 나누기
	두레의 소중함을 알고 협력하기	봄	24. 모내기 노래	음률
			25. 다함께 텃밭을 가꿔요	바깥
		겨울	26. 엄마는 왜 집집마다 김장을 하러 갈까요?	이야기 나누기
		환경과 생활	27. 오늘은 우리 동네 청소하는 날	동극
사회 현상에 관심 가지기	주변 지역에 관심가지기	유치원과 친구	28. 유치원 가는 길	이야기 나누기
	경제생활에 관심가지기	환경과 생활	29. 어느 가게에서 파는 물건인가요?	게임
		나와 가족	30. 용돈 기입장 만들기	조형
	우리나라와 우리전통 문화에 관심가지기	우리나라	31. 김치의 종류	이야기 나누기
			32. 인간 윷놀이	게임
	다양한 문화에 관심가지기	세계 여러 나라	33. 세계 여러 나라 국화	이야기 나누기
			34. 세계 여러 나라 인사	신체 표현
			35. 세계 여행을 떠난 아기 곰 무크	동화

1. 나를 알고 사랑하기

<table>
<tr><td>주제</td><td colspan="2">유치원과 친구</td><td>활동명</td><td>1. 나를 소개해요</td><td>수업일시</td><td colspan="2"></td></tr>
<tr><td>대상</td><td colspan="4">만 4세</td><td>담당교사</td><td colspan="2"></td></tr>
<tr><td>목표</td><td colspan="7">· 다른 사람에게 자신을 소개할 수 있다.</td></tr>
<tr><td>단계</td><td>학습
문제</td><td colspan="2">교수학습활동</td><td>수업
시간</td><td>수업
매체</td><td>수업
방법</td><td>도달점</td></tr>
<tr><td>도입</td><td>동기
유발</td><td colspan="2">· 손유희로 주의를 집중시킨다.
- 〈친구야 나는 너를 사랑해〉
친구야 나는 너를 사랑해
친구야 나는 너를 사랑해
사랑해 좋아해 사랑해 좋아해
나는 너를 사랑해
(친구 대신에 유아의 이름을 넣어 부른다.)
· 다롱이(다람쥐 인형)가 지기소개를 한다.

- 얘들아 안녕? 만나서 반가워~
나에게도 인사 해 줄래(유아들의 인사 유도)?
내 이름은 다롱이야. 앞으로 다롱이라고 불러줘^^
난 블록 쌓기를 아주 잘해. 그리고 만들기를 참 좋아해~
우리 친구들은 이름이 뭐니? 무엇을 좋아하니?
나에게 이야기해줄 수 있니?</td><td>3분</td><td>손유희

손인형</td><td>시연</td><td>관심
집중</td></tr>
<tr><td>전개</td><td>다롱이의
자기소개

자기소개
하는
방법</td><td colspan="2">· 다롱이의 자기소개에 대해 이야기 나눈다.
- 어떤 친구를 만났나요?
- 그 친구가 무엇을 이야기 해 주었나요?
· 자기소개에 대해 이야기 나눈다.
- 새로운 친구들에게 나에 대해 알려주려면 어떻게 해야 할까요?
- 무엇을 이야기 해 주어야 할까요?
· 자기를 소개하는 방법에 대해 이야기 나눈다.
- 이름을 말해주어요.
- 내가 사는 곳을 말해주어요.
- 내가 잘 하는 것을 이야기해요.
- 내가 좋아하는 것을 이야기해요.</td><td>12분</td><td>이야기
나누기</td><td>시연

시연</td><td>자기소개를
할 수
있다.</td></tr>
</table>

	자기 소개	- 앞으로 잘 지내자는 인사를 해요. · 유아들이 직접 자기소개를 한다.  - 우리 반 친구들의 이름카드에요. 다롱이가 한 장씩 뽑아서 보여줄 거예요. - 자신의 이름이 나오면 앞으로 나와서 나에 대해 친구들에게 알려줘요.		자기 소개		
정리 및 평가	느낌 말하 기	· 자기소개를 한 후 느낌에 대해 이야기 나눈다. - 친구들의 발표를 들어 본 소감. - 내가 발표를 해 본 소감. - 우리 모두 잘 해냈음을 이야기 하고 서로에게 박수쳐준다.	2분	이야 기 나누 기		느낀 점을 말 할 수 있다.
차시 예고	차시 예고	· 차시예고를 한다. - 다음시간에는 〈나를 소개할게〉라는 노래를 배워봐요~	20초		시연	
참고 자료	· 다람쥐 손 인형, 유아들의 이름 카드, 자기소개 방법이 적힌 활동판					

<table>
<tr><td>주제</td><td colspan="2">나와 가족</td><td>활동명</td><td>2. 나는 이렇게 태어났어요.</td><td>수업일시</td><td></td></tr>
<tr><td>대상</td><td colspan="4">만 4세</td><td>담당교사</td><td></td></tr>
<tr><td>목표</td><td colspan="6">· 자신이 태어난 과정을 설명할 수 있다.
· 생명의 소중함을 알고 고마움을 느낄 수 있다.</td></tr>
<tr><td>단계</td><td>학습
문제</td><td>교수학습활동</td><td>수업
시간</td><td>수업
매체</td><td>수업
방법</td><td>도달점</td></tr>
<tr><td>도입</td><td>동기
유발</td><td>· 손유희로 주의를 집중시킨다.
- 〈나의 몸〉
큰 솔밭 밑에 작은 솔밭
오뚝이 밑에 찔찔이
찔찔이 밑에 냠냠이
냠냠이 밑에 내 찌찌
내 찌찌 밑에 내 배꼽
내 배꼽 밑에 예쁜 내 무릎
랄랄랄라라 랄랄라 랄랄랄라라 랄랄라</td><td>1분
30초</td><td>손유희</td><td>시연</td><td>관심
집중</td></tr>
<tr><td>전개</td><td>태아의
탄생
과정</td><td>· 우리는 어떻게 태어나게 되었는지 이야기 나눈다.
- 우리친구들은 어디서 어떻게 태어나게 되었어요?
- 엄마와 아빠는 우리를 어떻게 낳으셨을까요?
- 오늘은 우리친구들이 어디서 어떻게 태어났는지에 대해 이야기 해보도록 할 거예요.
· 태아가 탄생되기까지의 과정을 설명한다.
- 우리친구들은 사랑하는 엄마의 뱃속에 숨어 있다가 예쁜 세상 속으로 태어난 거예요.
- 엄마의 뱃속에는 어떤 것들이 있을까요?
- 우리친구들은 엄마의 뱃속에서 어떤 모습이었을까요?
· 그림 자료를 보며 태아의 탄생 과정에 대해 설명한다.
- 엄마와 아빠는 어떻게 결혼하게 되었을까요?
(엄마와 아빠가 만나 서로 사랑을 해서 결혼을 해요)
- 엄마의 난자와 아빠의 정자가 만나면 어떻게 될까요?
(엄마와 아빠의 아기씨가 엄마 배 속에서 만나 아기집에서 점점 자라요)
- 엄마가 아기를 갖게 되면 배의 모양은 어떻게 될까요?
- 엄마 배 속에 있는 아기는 어떻게 먹을까요?</td><td>12분</td><td>이야기나누기

동영상
그림자료</td><td>시연

시연</td><td>태아의
탄생
과정
이해</td></tr>
</table>

		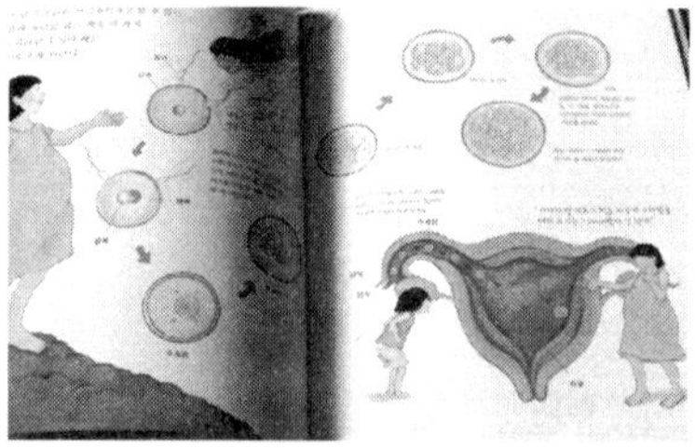 (엄마 배 속에서는 탯줄을 통해 엄마가 먹는 음식물의 영양분을 먹고 살아요) 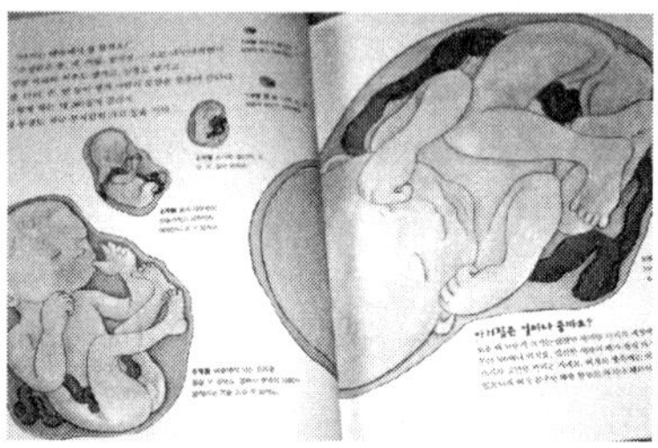 - 엄마 배 속에서 점점 자라서 엄마 배 속이 좁아서 더 이상 있을 수 없으면 어떻게 될까요? - 엄마 배 속에서 어떻게 밖으로 나오게 될까요? (엄마 배 속에는 아기가 밖으로 나올 수 있는 길이 있는데 그 길을 통하여 아기는 바깥세상으로 나오게 돼요. 그 때 산부인과 의사 선생님께서 도와주시면 아기가 밖으로 나오게 돼요) - 엄마 몸 밖으로 나온 아기는 어떻게 될까요? (엄마의 젖을 먹고 자라면서 엄마와 아빠를 닮아가요)				
정리 및 평가	느낌 말하기	· 생명의 소중함을 알고 고마움을 느낀다. - 오늘 우리친구들과 아기가 어떻게 태어나는지에 대해 알아보았어요. - 사랑하는 엄마랑 아빠가 우리친구들이 세상에 태어나기까지 얼마나 많은 사랑을 주는지 알았지요? - 엄마, 아빠에게 감사한 마음 가지도록 해요.	2분	이야기 나누기		생명의 소중함을 느낄 수 있다
차시 예고	차시 예고	· 차시예고를 한다.	20초		시연	

<table>
<tr><td></td><td></td><td>

- 다음시간에는 〈엄마, 엄마 배 속에 뭐가 들었어?〉라는 동화를 읽어봐요~</td><td></td><td></td><td></td><td></td></tr>
<tr><td>참고 자료</td><td colspan="7">·〈아기는 어떻게 태어날까?〉 동영상, 그림 자료</td></tr>
</table>

주제	나와 가족	활동명	3. 나에게는 꿈이 있어요.	수업일시		
대상	만 4세			담당교사		
목표	·자신이 장래에 하고 싶은 일을 말할 수 있다.					
단계	**학습 문제**	**교수학습활동**	**수업 시간**	**수업 매체**	**수업 방법**	**도달점**
도입	동기 유발	·비밀 주머니 속에 들어있는 소품을 살펴보며, 퀴즈를 통해 직업을 맞혀본다. - 비밀 주머니에 무엇이 들어있을까요? - 이 물건은 무엇일까요? - 누가 사용하는 물건일까요? - ○○가 움직이는 모습을 보니 어떤 직업인 것 같나요? (예: 가위-머리카락 자르는 행동)	3분	비밀 주머니	시연	관심 집중
전개	직업의 종류와 역할 장래 희망	·자신이 좋아하는 일에 대해 이야기 나눈다. - 여러분이 가장 좋아하는 일은 무엇인가요? - 여러분은 어떤 일을 할 때 가장 행복하나요? ·그림 자료를 보며 다양한 직업의 종류와 역할에 대해 이야기 나눈다.  - ○○○은 어떤 일을 하나요? - ○○○은 언제 보람을 느낄까요? - 힘들고 어려운 점은 없을까요? ·실물 화상기를 이용하여 가정에서 준비해온 활동지를 보며 이야기를 나눈다. - 어른이 되었을 때 나는 어떤 사람이 되어 있을까요? - 왜 ○○○이 되고 싶은 지 친구들에게 이야기	1분	이야기 나누기 활동지 녹음	시연 시연 시연	장래희망을 말할 수 있다

		해줄 수 있나요? - ○○○이 되기 위해서는 지금 무엇을 해야 할까요? · 내가 하고 싶은 일을 현재 하고 있는 사람에게 궁금한 것을 이야기하여 녹음(녹화) 해본다. - ○○○에게 궁금한 것이 있나요? - 궁금한 이야기들을 녹음해서 그 사람들에게 물어볼까요?				
정리 및 평가	느낌 말하기	· 활동을 한 후 느낌을 이야기 나눈다. - 어떤 점이 가장 재미있었나요? - 어떤 직업들이 있었나요? - 오늘 알아본 직업 말고 또 어떤 직업들이 있을까요?	2분	이야기나누기		느낀 점을 말할 수 있다
차시 예고	차시 예고	· 차시예고를 한다. - 다음시간에는 여러분의 꿈을 가지고 그래프를 만들어 보도록 해요~	2초		시연	
참고 자료	· 여러 직업 그림카드, 사전활동지 (가정에서 준비해온 활동지), 실물 화상기, 직업소품, 녹음기					

주제	건강과 안전	활동명	4. 싫다고 분명히 말해요	수업일시	
대상	만 4세			담당교사	
목표	· 위험한 상황에서 자신의 몸을 지킬 수 있다.				

단계	학습 문제	교수학습활동	수업 시간	수업 매체	수업 방법	도달점
도입	동기 유발	· 여러 위험한 상황에 대해 예측해보고 어떻게 대처할 것인지에 대해 이야기 나눈다. - 낯선 사람이나 아는 사람이 우리 몸을 만지려고 하면 어떻게 해야 할까요? - 부모님이 아닌 아는 사람이 어디를 가자고 하면 어떻게 해야 할까요? - 늦게까지 혼자서 놀이터에서 놀면 어떤 일이 일어날까요?	2분 30초	이야기 나누기	시연	관심 집중
전개	내 몸을 지키는 법	· (성교육-나는 야! 내 몸 지킴이) 교수자료를 보면서, 위험한 상황들로부터 내 몸을 지키는 방법에 대해 알아본다.  1) 싫어요/안돼요/하지 마세요. - 누군가 내 몸을 만지려고 하면 어떻게 해야 할까요? - 싫다고 이야기해야 하는 이유는 무엇일까요? - 싫은 데 자꾸 이런 만지려하면 어떻게 해야 할까요? - 나쁜 일이 있고 나서 가장 먼저 누구에게 알려야 할까요? 2) 절대 따라가지 않아요./부모님께 꼭 말씀을 드려요.	13분	이야기나누기 역할극	시연	내 몸을 지키는 법을 알 수 있다

		- 모르는 사람이나 아는 사람이 자꾸 어디에 같이 가자고 하면 어떻게 해야 할까요? - 어디를 갈 때는 누구에게 꼭 허락을 받아야 할까요? - 꼭 이야기를 해야 하는 이유는 무엇일까요? 3) 늦게까지 밖에서 놀지 않아요. - 밤늦게까지 밖에서 놀아본 적이 있나요? - 밤이 되면 어떻게 해야 할까요? - 늦게까지 밖에서 놀면 어떤 일이 일어날 수 있을까요? - 혼자서 놀면 어떤 일이 일어날 수 있을까요? · 위험한 상황을 연출하여 친구들과 역할극을 해본다. - 여러 가지 상황극(역할놀이) [어떻게 해야 할까요?]			시연	
정리 및 평가	내 몸 지키는 법을 상기	· 우리 몸을 지키기 위한 방법에 대해 다시 이야기 나눈다. - 누군가 우리 몸을 만지면, "싫어요. 안돼요. 하지 마세요."라고 분명히 말해요. - 부모님께 말씀드려요. - 부모님이 아닌 다른 사람을 따라가지 않아요. - 다른 곳에 가게 되면 부모님께 꼭 말씀을 드려요. - 밖에서 늦게까지 놀지 않아요. - 혼자 놀지 않아요.	2분	이야기 나누기		
차시 예고	차시 예고	· 차시예고를 한다. - 다음시간에는 여러분의 꿈을 가지고 그래프를 만들어 보도록 해요~	20초		시연	
참고 자료	· 〈성교육-나는 야! 내 몸 지킴이〉 그림 자료, 역할 목걸이					

주제	나와 가족	활동명	5. 벌써 나 혼자 했어요.	수업일시		
대상	만 4세			담당교사		
목표	·혼자 할 수 있는 일을 스스로 할 수 있다.					
단계	학습 문제	교수학습활동	수업 시간	수업 매체	수업 방법	도달점
도입	동기 유발	·손유희로 주의를 집중 시킨다. -〈약속〉 아침에 일어나면 이불을 정리하고 세수를 하고 이를 닦고 옷을 입어요. 엄마가 해주지 않아도 나 혼자 하기로 새끼손가락 걸고 약속해요.	1분 30초	손유 희	시연	관심 집중
전개	혼자 할 수 있는 일 〈벌 써 나혼 자 했어 요〉 동시 동시 재구 성	·유아들이 혼자서 할 수 있는 일을 찾아본다. - 여러분이 혼자서 하는 일에는 어떤 것들이 있나요? - 아직 부모님이나 다른 사람이 도와주어야 하는 일에는 어떤 것들이 있나요? ·〈벌써 나 혼자 했어요〉동시를 들려준다. 〈벌써 나 혼자 했어요〉 똘이야 세수하자 벌써 나 혼자 씻었어요. 똘이야 옷 입자. 벌써 나 혼자 입었어요. 똘이야 신발 신자. 벌써 나 혼자 신었어요. 나도 이제 5살인걸요. ·동시에서 어떤 말들이 있었는지 이야기 한다. - 동시에서 어떤 말들이 나왔어요? ·그림 자료를 붙이면서 유아와 교사가 나누어 읽는다.  ("똘이야" 대신에 유아의 이름을 넣어 읽어본다.) - 선생님이 엄마의 부분을 읽으면 여러분이 똘이처럼 대답해 보세요.	10분	이야 기 나누 기 동시 재구 성	시연 시연	자신의 일을 스스로 할 수 있다

		- 이번에는 여러분이 엄마가 되어볼래요? · 동시를 재구성해본다. - 여러분이 혼자 할 수 있는 일이 또 무엇이 있나요? - 세수하자 부분에 어떤 다른 말을 넣어볼까요? (머리빗자, 양말신자, 밥 먹자, 이 닦자 등)				
정리 및 평가	느낌 말하기	· 활동을 한 후 느낌에 대해 이야기 나눈다. - 동시를 들어보니 어땠나요? - 동시를 바꾸어서 읽어보니 어땠나요? - 여러분도 혼자 할 수 있는 일은 스스로 하도록 해요.	2분	이야기 나누기		느낀 점을 말 할 수 있다
차시 예고	차시 예고	· 차시예고를 한다. - 다음시간에는 〈나 혼자서도 잘해요〉라는 동요를 배워보도록 해요~	20초		시연	
참고 자료	· 〈벌써 나 혼자 했어요〉 동시판					

<table>
<tr><td>주제</td><td colspan="2">나와 유치원</td><td>활동명</td><td>6. 내가 스스로 결정해야 할 때가 있어요.</td><td colspan="2">수업일시</td><td></td></tr>
<tr><td>대상</td><td colspan="4">만 4세</td><td colspan="2">담당교사</td><td></td></tr>
<tr><td>목표</td><td colspan="7">· 자신의 일을 스스로 결정할 수 있다.
· 자신이 결정한 일에 책임을 질 수 있다.</td></tr>
<tr><td>단계</td><td>학습
문제</td><td colspan="3">교수학습활동</td><td>수업
시간</td><td>수업
매체</td><td>수업
방법</td><td>도달점</td></tr>
<tr><td>도입</td><td>동기
유발</td><td colspan="3">· 손유희로 주의를 집중 시킨다.
-〈우리 모두 다 같이〉
우리 모두 다 같이 손뼉을 짝짝
우리 모두 다 같이 손뼉을 짝짝
우리 모두 다 같이 즐거웁게 노래해
우리 모두 다 같이 손뼉을 짝짝</td><td>1분
30초</td><td>손유희</td><td>시연</td><td>관심
집중</td></tr>
<tr><td>전개</td><td>스스로
결정
해야
하는
일</td><td colspan="3">· 유아들에게 동화를 들려준다.
『철수, 용이, 민식, 재영이는 ○○유치원에 다니고 있어요. 그리고 같은 동네에 살고 있어요.
철수는 힘도 세고 좋은 자전거를 가지고 있어요. 또 좋은 장난감도 아주 많아요.
용이는 얌전하고 말도 별로 없는 아이예요.
어느 날, 유치원에서 놀이 시간에 생긴 일이예요.
철수, 민식, 재영이는 유치원에서 바깥놀이를 하다가 들어와서 소꿉놀이를 하려고 했어요.
그런데 아기 역할을 할 사람이 없어서 옆에서 블록놀이를 하고 있는 용이를 불렀어요.

철수 : 얘, 용이야. 너 여기 소꿉방에 와서 애기 해 (용이는 조그맣게 "싫어."하고 말했어요.).
민식 : 얘, 용이야. 너 빨리 철수 말 들어.
철수 : 너 빨리 소꿉방에 오지 않으면 자전거 못 타게 할거야(용이는 친구들이 안 놀아줄까봐 걱정이 되기도 했지만, 지금은 블록놀이를 한참 재미있게 하고 있었고, 소꿉놀이는 하고 싶지 않았어요. 이 때였어요. 이번에는 재영이가 또 소리쳤어요.).
재영 : 용이야, 빨리 너 철수 말 안 들을 거야?(용이는 어떻게 해야 할지 몰라 말도 못하고 쩔쩔맸어요.』

· 원래 주어진 상황대로 역할을 정해서 역할극을 한다.</td><td>20분</td><td>동화</td><td>시연</td><td>동화</td></tr>
</table>

		《역할극을 통해 유아들이 제시된 갈등 상황을 자기들의 상황으로 느낄 수 있다.》 · 역할극 후 용이와 철수의 역할을 한 유아의 느낌을 들어본다. - 용이의 역할을 한 친구는 느낌이 어땠나요? - 철수의 역할을 한 친구는 느낌이 어땠나요? · 자신이 용이라면 어떻게 했을지 물어본다. - 소꿉놀이를 하러 가기 싫었는데도 용이가 철수 말대로 소꿉놀이를 하러 간다면 그 이유는 무엇일까요? - 그 때 용이의 기분은 어떨까요? - 철수가 용이한테 그렇게 말한 것은 옳은 것일까요? · 내가 민식이나 재영이라면 철수에게, 또 용이에게 뭐라고 말했을지 이야기해본다. · 스스로 결정해야함을 이해한다. - 자신의 일이기 때문에 스스로 결정할 수밖에 없어요. - 자신이 결정한 일에는 책임을 져야 해요. - 스스로 자신의 일을 결정하는 친구들이 되도록 해요.		역할극 이야기나누기		내용으로 역할극을 할 수 있다 자신의 일을 스스로 결정할 수 있나
정리 및 평가	느낌 말하기	· 활동을 한 후 느낌에 대해 이야기 나눈다. - 역할극을 해보니 느낌이 어땠나요? - 여러분도 자신의 일은 스스로 결정하도록 해요.	1분 30초	이야기 나누기		느낀 점을 말 할 수 있다
차시 예고	차시 예고	· 차시예고를 한다. - 다음시간에는 내가 스스로 할 수 있는 일에는 어떤 일이 있는지 이야기 나누어 봐요~	20초		시연	
참고 자료	· 동화자료, 역할 머리띠					

<table>
<tr><td>주제</td><td colspan="2">나와 유치원</td><td>활동명</td><td>7. 장난감 자리 찾기</td><td>수업일시</td><td></td></tr>
<tr><td>대상</td><td colspan="4">만 4세</td><td>담당교사</td><td></td></tr>
<tr><td>목표</td><td colspan="6">·장난감을 제자리에 정리할 수 있다.</td></tr>
<tr><td>단계</td><td>학습
문제</td><td>교수학습활동</td><td>수업
시간</td><td>수업
매체</td><td>수업
방법</td><td>도달점</td></tr>
<tr><td>도입</td><td>동기
유발</td><td>·손유희로 주의를 집중 시킨다.
-〈 주먹 위에 주먹 〉
주먹 위에 주먹 눈사람
주먹 위에 가위 산토끼
보자기와 보자기가 만나서
예쁜 나비가 되었네.</td><td>1분
30초</td><td>손유
희</td><td>시연</td><td>관심
집중</td></tr>
<tr><td>전개</td><td>정리
되지
않은
장난
감

장난
감
정리
하는
방법

장난
감
정리</td><td>·정리시간이 끝나고 정리가 잘 안된 장난감, 교구 등을 유아들에게 보여준다.
- 친구들이 정리를 열심히 해줬는데 정리가 잘 못된 장난감이 있어 선생님이 가져 왔어요.
- 교실에 있는 장난감은 모두 친구들처럼 자기 자리가 있어요.
- 장난감을 정리하지 않으면 어떤 일이 일어날까요?
·장난감 정리에 대한 이야기를 나눈다.
- 장난감을 가지고 놀다가 제자리에 두지 않으면 어떻게 될까요?
- 장난감 때문에 친구가 다칠 수도 있고, 장난감이 망가질 수도 있어요.
- 그럼 우리가 가지고 놀았던 장난감은 어떻게 하면 좋을까요?
- 어떤 방법으로 장난감을 정리 할 수 있을까요?
- 또 다른 방법으로는 어떻게 정리 할 수 있을까요?
·유아들이 직접 장난감을 정리 해본다.
- ○○이가 가지고 놀던 장난감인데 누가 정리하면 좋을까요?
- 그래, ○○가 가지고 놀던 장난감이니까 ○○가 정리 해 볼까요?
- ○○이는 장난감의 자리가 어디인지 알고 있어요?
- 어떤 방법으로 정리 할 수 있을까요?</td><td>16분</td><td>이야
기
나누
기

조작
(정
리)</td><td>시연</td><td>장난감
을
제자리
에
정리할
수
있다</td></tr>
<tr><td>정리
및
평가</td><td>느낌
말하
기</td><td>·활동을 한 후 느낌에 대해 이야기 나눈다.
- 장난감을 정리 해보니 느낌이 어땠나요?
- 장난감을 가지고 논 후에는 장난감을 제자리에 정리하도록 해요.</td><td>3분</td><td>이야
기
나누
기</td><td></td><td>느낀
점을
말 할
수</td></tr>
</table>

		· "그냥 두고 나갔더니" 노래를 부르며 마무리 한다. - 〈그냥 두고 나갔더니〉 장난감을 갖고 놀다가 그냥 밖에 두고 나갔죠. 한참 놀다 들어 와보니 장난감이 울며 하는 말 나를 바닥에 두고 그냥 나갔기 때문에 지나가는 사람이 나를 빵 찼단 말이야. 또 그러면 안돼. 또 그러면 안돼. 또 그러면 난 싫어.		노래		있다
차시 예고	차시 예고	· 차시예고를 한다. - 다음시간에는 장난감을 안전하게 가지고 놀 수 있는 방법에 대해 알아보도록 해요~	20초		시연	
참고 자료	· 여러 종류의 장난감들, 정리 바구니, 〈그냥 두고 나갔더니〉 노래					

<table>
<tr><td>주제</td><td colspan="2">유치원과 친구</td><td>활동명</td><td>8. 다양한 감정 표현하기</td><td>수업일시</td><td colspan="2"></td></tr>
<tr><td>대상</td><td colspan="4">만 4세</td><td>담당교사</td><td colspan="2"></td></tr>
<tr><td>목표</td><td colspan="7">· 다양한 감정을 표정과 동작으로 표현 할 수 있다.</td></tr>
<tr><td>단계</td><td>학습
문제</td><td colspan="2">교수학습활동</td><td>수업
시간</td><td>수업
매체</td><td>수업
방법</td><td>도달점</td></tr>
<tr><td>도입</td><td>흥미
유발</td><td colspan="2">· '재미있는 내 얼굴' 동화를 들려준다.

- 친구들 동화에서 친구가 표정이 어떻게 변하는지 잘 보면서 동화를 들어봐요.</td><td>3분</td><td>동화
책</td><td>동화
들려
주기</td><td>동화에서 표정변화를 관찰한다.</td></tr>
<tr><td>전개</td><td>다양한
감정
알기</td><td colspan="2">· 동화책에서 나온 표정들을 다시 보며 이야기 나눈다.
* 웃는 모습

- 어떻게 하고 있는 얼굴 표정일까요?
- 이 친구는 왜 이런 감정을 느꼈었죠?
- 친구들은 언제 이런 감정을 느끼게 되나요?
- 그런 감정을 느낄 때 어떻게 했나요?
* 화난 모습

- 이 그림은 왜 이런 표정을 짓고 있는 것 같나요?
- 이 친구가 왜 이런 감정을 느꼈었죠?
- 친구들은 언제 이런 감정을 느꼈나요?
- 혹시 내가 화가 난다고 해서 다른 사람에게도</td><td>15분</td><td>동화
책</td><td>이야
기나
누기</td><td>다양한 감정에 따 른 표정을 안다.</td></tr>
</table>

<table>
<tr>
<td></td>
<td>감정을
표정짓기</td>
<td>화를 내진 않았나요?
* 놀란 표정

- 이 친구는 어떤 표정일까요?
- 이 친구가 왜 이렇게 놀랐을 까요?
- 친구들도 이렇게 놀랐던 적이 있나요?
* 겁먹은 표정

- 이 친구는 왜 이런 표정을 짓고 있을까요?
- 친구들도 겁먹었던 적이 있나요?
* 슬픈 표정

- 이 친구가 왜 이렇게 슬퍼했었죠?
- 친구들도 이렇게 슬펐던 적이 있나요?
- 그럴 때 어떻게 했나요?
· 다시 한 번 그림을 보여주며 유아들이 표정을 지어볼 수 있게 한다.

- 친구들 여기에 있는 이 친구처럼 표정을 한 번 지어 볼까요?</td>
<td></td>
<td></td>
<td></td>
<td>신체
표현</td>
<td>다양한
감정을
신체로
표현한
다.</td>
</tr>
</table>

	감정을 동작으로 표현하기	- 친구들이 행복했을 때를 떠올리며 표정을 지어 보자. - 친구들이 화났을 때를 떠올리며 표정을 지어 보자. - 친구들이 놀랐을 때를 떠올리며 표정을 지어 보자. - 친구들이 겁먹었을 때를 떠올리며 표정을 지어 보자. - 친구들이 슬펐을 때를 떠올리며 표정을 지어 보자. · 일어나서 감정을 동작으로 표현해 보도록 한다. - 친구들 우리는 감정을 느낄 때는 얼굴로도 나타나지만 몸으로도 나타날 수 있어요. - 행복했을 때를 떠올리며 동작으로 표현 해보자. - 화났을 때를 떠올리며 동작으로 표현 해보자. - 놀랐을 때를 떠올리며 동작으로 표현 해보자. - 겁먹었을 때를 떠올리며 동작으로 표현 해보자. - 슬펐을 때를 떠올리며 동작으로 표현 해보자.				
정리 및 평가	정리 및 평가	· 신체 표현 한 느낌을 이야기 하며 활동을 정리한다. - 친구들이 느꼈던 감정을 얼굴과 몸으로 표현해 보니 어땠나요?	1분		이야기 나누기	느낀점을 말할 수 있다.
차시 예고	예고	· 다음 시간에 배울 내용에 대해 알려준다. - 다음 시간에는 다양한 표정을 신문에서 찾아 찢어붙이는 활동을 해봐요.	10초		시연	
참고 자료	· '동화'- 재미있는 내 얼굴					

주제	나의 감정	활동명	9. 나의 희, 로, 애, 락	수업일시		
대상	만 4세			담당교사		
목표	·희로애락에 대해 이해한다. ·신문에서 나의 감정을 변화시키는 것을 찾을 수 있다.					
단계	학습 문제	교수학습활동	수업 시간	수업 매체	수업 방법	도달점
도입	동기 유발	·유아가 수업에 집중할 수 있도록 분위기를 조성한다. ('사랑은' 손유희) 사랑은 이렇게 기쁨은 이렇게 슬픔은 이렇게 조용한건 이렇게 ·희로애락에 대해 말해준다. - 손유희에서 기쁨은 어떻게 표현한다고 했죠? 슬픔은요? 또 다른 감정들은 어떤 게 있을까요? - 희로애락이란 기쁘고, 화나고, 슬프고, 즐거운 것을 말하는 한자어에요.	2분		시연	관심 집중
전개	희로 애락 알기	·사람들의 감정사진을 보여주며 감정에 대해 이야기 나눈다. * 기쁨(희)  -사진 속 사람들의 기분이 어때 보여요? -친구들이 이렇게 기뻤을 때는 언제에요? * 화남(로) 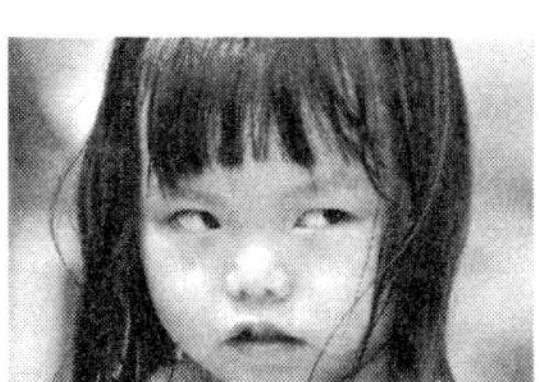	10분	그림 자료	이야기 나누기	사람이 느낄 수 있는 감정 중 희로애락에 대해 안다.

	나의 감정을 변화시키는 것에 대해 알기	- 친구들도 이렇게 화가 난 적 있었나요? - 화가 났다고 짜증을 내지 말고 침착하게 풀도록 해야해요. * 슬픔(애)  - 우리는 슬프면 표정이 어떻게 되죠? - 친구들은 언제 이렇게 슬펐었던 적이 있나요? * 즐거움(락)  - 우리 친구들은 무엇을 할 때 즐거워요? - 즐거운 것도 겉으로 표현을 하면 더욱 즐거워지고 표정이 웃으면 우리의 마음도 웃으니까 항상 웃어요. · 신문과 활동지를 나눠주고 신문에서 자신의 희로애락을 찾아보게 한다. - 신문에는 여러 사진도 있고, 글자도 있어요. 이 중에서 친구들을 기쁘고, 즐겁고, 화나고, 슬프게 만드는 것들을 찾아 오려서 활동지에 붙여보는 거예요. · 교사가 한 것을 보여주어 유아가 활동을 어떻게 해야 하는지 이해시킨다. - 선생님은 김연아 선수를 보면 기뻐요. 그리고 고기를 먹으면 즐거워지고, 배추값이 올랐다는 것을 보면 화가 나요. 그리고 얼마 전에 선생님이 본 영화는 정말 슬펐어요.		신문지	N.I.E 활동	신문속에서 나의 감정을 변화시키는 것을 찾는다.
정리 및 평가	정리 및 평가	· 유아가 신문 활동지 한 것을 나와 발표해본다. - 앞에 나와 신문에서 오려 붙인 것을 보여줄 친구 있나요? · 오늘 활동이 어땠는지 이야기 나눈다.	2분 10초		이야기나누기	

		- 오늘 신문지 활동을 해보니 어땠어요?				
차시 예고	예고	· 다음 시간에 배울 내용에 대해 알려준다. - 다음시간에는 '나는 느껴요'라는 동시에 대해 배워보도록 해요.	10초		시연	
참고 자료	· 네이버 이미지 · 책 '유아를 위한 NIE 신문으로 놀자'					

<table>
<tr><td>주제</td><td>나의 감정</td><td>활동명</td><td colspan="2">10. 꾹 참았네</td><td colspan="2">수업일시</td><td></td></tr>
<tr><td>대상</td><td colspan="4">만 4세</td><td colspan="2">담당교사</td><td></td></tr>
<tr><td>목표</td><td colspan="7">· 다양한 방법으로 동요 '꾹 참았네'를 부를 수 있다.</td></tr>
<tr><td>단계</td><td>학습 문제</td><td colspan="2">교수학습활동</td><td>수업 시간</td><td>수업 매체</td><td>수업 방법</td><td>도달점</td></tr>
<tr><td>도입</td><td>동기 유발</td><td colspan="2">
· 손인형으로 이야기를 하여 주의를 집중시킨다.
- 토순이가 친구들에게 해줄 이야기가 있데요.
친구들 안녕? 난 오늘 화가 나는 일이 있었어. 오늘 쌓기영역에서 있었던 일이야. 내가 블록으로 열심히 집을 만들었는데, 지나가던 토돌이가 내 집을 쓰러트렸지 뭐야. 나는 토돌이를 때려주고 싶었지만, 꾹 참고 다음부터 조심하라고 말해주었어.
- 토순이의 기분이 어땠을 까요?
- 토순이는 화가 났지만 어떻게 행동했나요?</td><td>1분 30초</td><td>손인형</td><td>시연</td><td>관심 집중</td></tr>
<tr><td>전개</td><td>'꾹 참았네'를 들어 본다.</td><td colspan="2">· 동요 '꾹 참았네'를 들어본다.
- 오늘은 토순이의 이야기를 노래로 만든 동요 '꾹 참았네'를 불러보도록 해요.
- 먼저 어떤 노래인지 잘 들어봐요.
· 동요 '꾹 참았네'를 듣고 난 뒤 느낌을 이야기 나눈다.
- 동요 '꾹 참았네'를 들으니 어떤 노래인 것 같나요?
- 친구들도 이랬던 경험이 있나요?
- 다시 한 번 동요를 들어 보아요.
· 동요 '꾹 참았네'를 다른 말로 불러본다.
- 그럼 먼저 동요를 랄랄라로 불러볼까요?
- 친구들은 어떤 말로 동요를 불러보고 싶나요?
- ○○이가 부르고 싶어 한 '하'로 동요를 불러볼까요?</td><td>8분 30초</td><td>'꾹 참았네' 동요</td><td>노래 듣기</td><td>다양하게 노래를 부를 수 있다.</td></tr>
</table>

<table>
<tr><td></td><td>'꾹 참았네'를 불러 본다.</td><td>· 노랫말 판을 보며 한 소절씩 부른다.
- 이 동요 가사를 모르는 친구들을 위해 노래판을 준비해 왔어요.
- 노래판을 보며 선생님을 따라 한 소절씩 불러 봐요.

♥꾹 참았네♥
친구가 내 곁을
지나가다가
내가 만든 집을
무너뜨렸네
콩 하고 싶지만
꾹 참았네
친구야 친구야
다음부터 그러지마라
다음부터 그러지마라

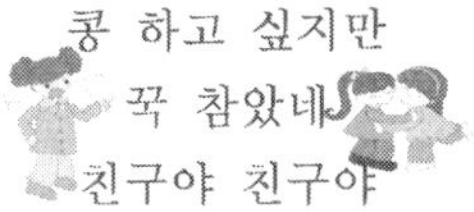

· 선생님과 유아가 동요를 앞부분, 뒷부분으로 나누어 부른다.
- 선생님이 먼저 앞부분을 불러 볼 테니 뒷부분은 친구들이 불러주세요.
- 이번에는 친구들이 앞부분을 부르고 선생님이 뒷부분을 불러볼게요.</td><td></td><td>'꾹 참았네' 노래판</td><td>노래 부르기</td><td></td></tr>
<tr><td>정리 및 평가</td><td>느낌 말하기</td><td>· 정리 및 평가를 한다.
- 동요 '꾹 참았네'를 불러보니 어땠나요?
- 다른 친구가 잘 못을 했더라도 용서 할 줄 아는 어린이가 되도록 해요~</td><td>1분</td><td></td><td>이야기 나누기</td><td>느낀점을 말할 수 있다.</td></tr>
<tr><td>차시 예고</td><td>예고</td><td>· 다음시간에 배울 내용을 알려준다.
- 다음 시간에는 나의 다양한 감정에 대해 알아보도록 해요~</td><td>10초</td><td></td><td>시연</td><td></td></tr>
<tr><td>참고 자료</td><td colspan="6">· 동요 '꾹 참았네' 노래</td></tr>
</table>

주제	건강과 안전	활동명	11. 뽀뽀하기 싫어요!		수업일시	
대상	만 4세				담당교사	
목표	·좋은 감정과 싫은 감정에 대해 분명하게 표현할 수 있다. ·나의 몸은 소중하다는 것을 알 수 있다.					
단계	학습문제	교수학습활동	수업시간	수업매체	수업방법	도달점
도입	동기유발	·유아들에게 동화책 '뽀뽀하기 싫어요!'를 소개해준다. - 선생님이 오늘 동화를 들려 줄 거예요. - 여기 맨 처음 그림이 무슨 그림인 것 같아요? - 여기엔 우리가 꼭 알아 할 내용이 나온 데요. 어떤 내용인지 들어봐요.  ·'뽀뽀하기 싫어요!' 동화책을 읽어준다. - 아무리 친한 어른이라도 친구들의 몸을 함부로 만지거나 뽀뽀하는 것은 옳지 않은 일이에요.	4분	동화책	동화 읽어주기	동화책에 흥미를 가진다.
전개	동화책내용확인하기 싫을 때는 싫다고 말해야 함을 알기	·동화의 내용을 유아들과 이야기 나눈다. - 토마스가 엄마의 뽀뽀를 싫다고 했을 때 여자아이가 어떻게 행동 했나요? - 삼촌이 여자아이에게 뽀뽀하고 볼을 비볐을 때 여자아이가 뭐라고 말했나요? - 여자아이가 '싫어요.'라고 말했지만 삼촌은 어떻게 행동했나요? ·싫을 때는 '싫어요.'라고 분명히 말해야 한다는 것을 알려준다. - 만약에 다른 사람이 나의 몸을 만지면 기분이 어떨까요? - 그럴 때는 뭐라고 말해야 하죠? - 친한 어른이라도 친구들도 뽀뽀하기 싫을 때가 있을 거예요. 그럴 때에는 '싫어요.'라고 친구의 기분을 분명히 말하는 거예요. ·기분 좋은 접촉과 기분 나쁜 접촉을 알려준다. - 선생님이 기분 좋은 접촉과 기분 나쁜 접촉을	8분 30초		이야기 나누기	동화의 내용을 이해한다. 싫을 때는 싫다고 분명히 말해야 함을 안다.

<table>
<tr>
<td></td>
<td>기분 좋은 접촉 과 기분 나쁜 접촉 알기</td>
<td>
알려줄게요. 누군가가 친구들에게 기분 나쁜 접촉을 하려고 할 때는 '싫어요!'라고 말하는 거예요.

* 기분 좋은 접촉

- 사랑하는 엄마가 꼭 안아 주면 기분이 좋아요.
- 할머니의 품은 언제나 따스하고 포근해요.
- 아빠가 번쩍 안아 주면 신이나요.
- 누군가가 친구들에게 기분 좋은 접촉을 한다면 친구들도 똑같이 안아주세요.

* 기분 나쁜 접촉

- 소중한 곳을 만지는 건 기분 나빠요.
- 허락 없이 몸을 더듬는 건 기분 나빠요.
- 억지로 뽀뽀하는 건 좋지 않아요.
- 누군가 친구들에게 기분 나쁜 접촉을 한다면 '싫어요!' 하고 친구들의 감정을 분명히 말해주세요.
</td>
<td></td>
<td></td>
<td>PPT</td>
<td>기분 좋은 접촉과 기분 나쁜 접촉에는 무엇이 있는지 안다.</td>
</tr>
<tr>
<td>정리 및 평가</td>
<td>정리 및 평가</td>
<td>· 오늘 배운 내용을 유아들에게 질문한다.
- 누군가가 친구들에게 억지로 뽀뽀하려고 하면 뭐라고 말해야 한다고 했죠?
- 우리 친구들의 몸과 마음은 친구들 거예요. 그러니 몸과 마음을 소중히 해야 해요.</td>
<td>40초</td>
<td></td>
<td>이야기나누기</td>
<td></td>
</tr>
<tr>
<td>차시 예고</td>
<td>예고</td>
<td>· 다음 시간에 배울 내용에 대해 알려준다.
- 다음 시간에는 '내가 아플 때 먹어야 하는 약이 있어요.'에 대해 알아보도록 해요~</td>
<td>10초</td>
<td></td>
<td>시연</td>
<td></td>
</tr>
<tr>
<td>참고 자료</td>
<td colspan="6">· '뽀뽀하기 싫어요!' 동화책
· 네이버 블로그-http://blog.naver.com/cc002313?Redirect=Log&logNo=110095841048</td>
</tr>
</table>

2. 가족과 함께 생활하기

주제	나와 가족		활동명	12. 우리 집		수업일시	
대상	만 4세					담당교사	
목표	·동요 '우리 집'의 가사를 익힐 수 있다. ·동요 '우리 집'을 부를 수 있다.						

단계	학습문제	교수학습활동	수업시간	수업매체	수업방법	도달점
도입	동기유발	·손유희로 주의를 집중시킨다. - 이 손가락 맘 좋은 아빠 손가락, 이 손가락 상냥한 엄마 손가락, 이 손가락 씩씩한 오빠 손가락, 이 손가락 어여쁜 언니 손가락, 이 손가락 귀여운 아기 손가락, 모두 다 행복한 다섯 손가락	2분	손유희	시연	관심집중
전개	가족에 대해 이야기나누기 '우리 집' 들어보기 '우리 집' 불러보기	·가족에 대해 이야기 나눈다. - 손가락 가족에는 누가 있었어요? - 그럼 다른 친구들에게 우리 가족에 대해 이야기 해 줄 친구 있나요? ·여러 가족사진을 붙이면서 동요 '우리 집'을 소개한다. - 가족에는 누가 있을까요? - 그럼 오늘 선생님이 여러 가족이 사는 '우리집'이라는 노래를 알려 줄게요. ·'우리집'을 들어본다. - '우리집'이라는 노래를 들어봤어요. 잘 부를 수 있겠어요? - 노랫말 판을 보면서 선생님따라 한 줄씩 불러 봐요~ ·노랫말 판을 보면서 한 소절씩 부른다. - 그럼 이번에는 노랫말 판을 보면서 음악에 맞춰 다 같이 불러 봐요. ·음악에 맞춰 노래 부른다. - 그럼 이번에는 어머니 대신에 다른 가족을 넣어서 불러 볼 수도 있어요. 누구를 넣어볼까요? - 이번에는 아버지로 바꿔서 '우리집'을 불러 봐요~	8분	노래부르기	시연	우리집 노래를 부르면서 가족의 소중함을 느낄 수 있다.

정리 및 평가	느낌 말하 기	· 활동의 느낌에 대해 물어보고, 마무리 한다. - 오늘 여러 가족이 사는 '우리 집' 노래를 불러 봤는데 어땠나요? - 노래 부를 때 힘들거나 어려운 점은 없었나요?	1분	이야 기나 누기	시연	느낀점 말하기
차시 예고		· 차시예고를 한다. - 다음 시간에는 '우리집' 노래를 우리 친구들이 동작을 만들어 보도록 할거예요~	15초	-	시연	-
참고 자료	· 참고자료  (할아버지 그림)  (할머니 그림)  (아버지 그림)  (어머니 그림)  (언니 그림)  (오빠 그림)  (동생 그림)  (노랫말 판)					

<table>
<tr><td>주제</td><td>나와 가족</td><td>활동명</td><td colspan="2">13. 부모님께 사랑의 편지 쓰기</td><td>수업일시</td><td></td></tr>
<tr><td>대상</td><td colspan="4">만 4세</td><td>담당교사</td><td></td></tr>
<tr><td>목표</td><td colspan="6">·부모님을 사랑하는 마음을 글로 표현할 수 있다.</td></tr>
</table>

단계	학습 문제	교수학습활동	수업 시간	수업 매체	수업 방법	도달점
도입	동기 유발	·동요 '아빠, 힘내세요'를 함께 부른다. 딩동댕 초인종 소리에 얼른 문을 열었더니 그토록 기다리던 아빠가 문 앞에 서 계셨죠. 너무나 반가워 웃으며 아빠하고 불렀는데 어쩐지 오늘 아빠의 얼굴이 우울해 보이네요. 무슨 일이 생겼나요. 무슨 걱정 있나요. 마음대로 안 되는 일 오늘 있었나요. 아빠 힘내세요! 우리가 있잖아요. 아빠 힘내세요! 우리가 있어요. - 동요 '아빠, 힘내세요'라는 노래를 불러봤어요.	1분	노래 부르기	시연	동기 유발
전개	사랑하는 부모님에 대해 이야기 나누기 부모님께 사랑의 편지 쓰기	·사랑하는 부모님에 대해 이야기 나눈다. - 친구들, 부모님을 사랑하나요? - 선생님도 선생님 부모님을 사랑해요. ·사랑하는 부모님께 감사하는 마음을 어떻게 표현해야 하는지 이야기 나눈다. - 이렇게 부모님을 사랑하는 마음을 어떻게 표현할 수 있을까요? - 말을 하지 않고 표현하는 방법에는 어떤 방법이 있을까요? - 말을 하지 않고 글로 표현하는 것을 '편지'라고 해요. - 부모님께 어떤 말을 하고 싶나요? ·부모님께 사랑의 편지를 쓴다. - 부모님께 하고 싶은 이야기를 편지로 써보도록 할게요. - 선생님이 나눠주는 편지지에 부모님께 사랑한다고 써 보도록 해요! - 잘 못 쓰는 친구들은 선생님이 도와줄게요. - 그림을 그려도 좋아요!		이야기나누기	시연	부모님께 사랑의 편지를 쓸 수 있다.

		 · 부모님께 쓴 편지를 친구들에게 보여준다. - 편지를 친구들에게 보여줄 수 있는 친구 있나요? - 머리를 예쁘게 묶은 ○○이가 보여 주세요~ - 친구들 모두 잘 해주었어요. - 오늘 친구들이 부모님께 쓴 편지는 선생님이 부모님께 잘 전해 드리도록 할게요.				
정리 및 평가	느낌 말하기	· 활동을 마무리 한다. -오늘 부모님을 사랑하는 마음을 편지로 표현해 보았는데, 어땠나요? - 힘들거나 어려웠던 점은 없었나요?		이야기나누기	시연	느낀점 말하기
차시 예고		· 차시 예고를 한다. - 다음 시간에는 여러 가족이 함께 사는 동요 '우리 집'을 배워 보도록 할게요.				
참고자료	· 동요 '아빠, 힘내세요', 편지지					

주제	나와 가족		활동명	14. 우리 가족을 소개해요.	수업 일시			
대상	만 4세				담당 교사			
목표	· 우리 가족을 소개할 수 있다.							
단계	학습 문제	교수학습활동			수업 시간	수업 매체	수업 방법	도달점
도입	동기 유발	·'곰 세 마리'로 손유희를 한다. 곰 세 마리가 한 집에 있어. 아빠 곰, 엄마 곰, 아기 곰 아빠 곰은 뚱뚱해 엄마 곰은 날씬해 아기 곰은 너무 귀여워 으쓱 으쓱 잘한다. ·'곰 세 마리'에 나오는 가족에 대해 이야기 나눈다. - 손유희를 해보았는데, 곰 가족에는 누가 나왔나요? - 아빠 곰의 모습은 어땠나요? - 엄마 곰의 모습은 어땠나요? - 아기 곰의 모습은 어땠나요?			2분	이야기나누기	시연	관심 집중
전개		· 가족 구성원에 대해 이야기 나눈다. - 가족에 대해 이야기 해 볼 거예요. - 우리 가족에는 누가 누가 있나요? - 가족에 누가 있는지 말해 줄 수 있는 친구 있나요? - 빨간 티를 입고 있는 ○○이가 나와서 이야기 해주세요. · 가족이 하는 일을 이야기 나눈다. - 우리 가족은 어떤 일을 하나요? - 가족이 하는 일을 말해 줄 수 있는 친구 있나요? - 노란 바지를 입은 ○○이가 나와서 이야기 해주세요. · 유아들의 가족사진을 보며 이야기 나눈다. - 이 사진은 어떤 친구의 가족일까요? - 왜 그렇게 생각하나요? - ○○이 나와서 가족사진에 나와 있는 가족들에 대해 씩씩하게 소개해 주세요.			10분	이야기 나누기	시연	가족을 소개할 수 있다.
정리 및	느낌 말하	· 활동에 대해 마무리 한다. - 가족에 대해 알아보고 우리 가족을 소개해봤는			1분	이야기나	시연	느낀점 말하기

평가	기	데, 어땠나요? - 어렵거나 힘든 점은 없었나요? - 이렇게 다양한 가족들이 있어요.		누기		
차시 예고		· 차시 예고를 한다. - 다음 시간에는 우리 가족들이 사용하는 도구에 대해 알아보도록 할 거예요. - 우리 가족들은 어떤 도구를 사용하는지 관찰해 봐요~	20초	-	시연	-
참고 자료	· 다양한 가족 그림, 유아들의 가족 사진  (할아버지 그림) (할머니 그림) (아버지 그림) (어머니 그림)  (언니 그림) (오빠 그림) (동생 그림)					

<table>
<tr><td>주제</td><td colspan="2">생활 도구</td><td>활동명</td><td colspan="2">15. 우리 가족이 사용하는 물건 분류하기</td><td>수업일시</td><td></td></tr>
<tr><td>대상</td><td colspan="5">만 4세</td><td>담당교사</td><td></td></tr>
<tr><td>목표</td><td colspan="7">· 가족 구성원에 따라 사용하는 물건을 분류할 수 있다.</td></tr>
<tr><td>단계</td><td>학습 문제</td><td colspan="2">교수학습활동</td><td>수업 시간</td><td>수업 매체</td><td>수업 방법</td><td>도달점</td></tr>
<tr><td>도입</td><td>동기 유발</td><td colspan="2">· 손유희로 주의를 집중시킨다.
아빠별이 올라갑니다. 번쩍
엄마별이 올라갑니다. 반짝
둘이 서로 만났습니다. 뽀뽀쪽
뽀뽀하며 내려옵니다. 무릎손
· 오늘 할 활동에 대해 설명한다.
- 오늘은 재미있는 조작 놀이를 할 거예요.</td><td>1분</td><td>이야기나누기</td><td>시연</td><td>관심 집중</td></tr>
<tr><td rowspan="2">전개</td><td>가족 물건 설명</td><td colspan="2">· 가족 물건의 사진을 보고 이야기 나눈다.

- 이 물건은 누가 사용하는 물건인가요?
- 이 물건의 이름은 무엇인가요?

- 이 물건은 누가 사용하는 물건인가요?
- 이 물건의 이름은 무엇인가요?

- 이 물건은 누가 사용하는 물건인가요?
- 이 물건의 이름은 무엇인가요?

- 이 물건은 누가 사용하는 물건인가요?
- 이 물건의 이름은 무엇인가요?

- 이 물건은 누가 사용하는 물건인가요?
- 이 물건의 이름은 무엇인가요?</td><td rowspan="2">12분</td><td rowspan="2">이야기나누기</td><td rowspan="2">시연</td><td rowspan="2">가족의 물건을 안다.

가족의 물건을 분류할 수 있다.</td></tr>
<tr><td>가족 물건 분류</td><td colspan="2">· 가족의 물건을 분류한다.
- 가족들이 사용하는 물건을 알아보았어요.
- 여기 물건들이 정리가 되어 있지 않아요.
- 친구들이 가족들의 물건을 정리해 줄 수 있겠</td></tr>
</table>

<table>
<tr><td></td><td></td><td>나요?
- 친구 한 명씩 나와서 물건을 하나씩 정리해 보도록해요.
- 어떤 친구가 먼저 해 볼까요?
- 모자가 달린 노란 티를 입은 OO이가 먼저 해봐요.</td><td></td><td>분류하기</td><td></td><td></td></tr>
<tr><td>정리 및 평가</td><td>느낌 말하기</td><td>· 활동에 대해 마무리 한다.
- 가족의 물건을 분류해 보았는데, 어땠나요?
- 힘들거나 어려웠던 점은 없었나요?
- 이렇게 가족에 따라 사용하는 물건이 달라요.</td><td>1분</td><td>이야기나누기</td><td>시연</td><td>느낀점 말하기</td></tr>
<tr><td>차시 예고</td><td></td><td>· 차시 예고를 한다.
- 다음 시간에는 직접 가족의 물건으로 역할 놀이를 할 거예요.</td><td>15초</td><td>-</td><td>시연</td><td>-</td></tr>
<tr><td>참고 자료</td><td colspan="6">· 가족 물건 그림, 가족 이름이 적힌 바구니
 지팡이  유모차  자전거  넥타이  화장품</td></tr>
</table>

주제	생활 도구	활동명	16. 우리 집 청소하기	수업일시	
대상	만 4세			담당교사	
목표	· 청소하는 모습을 몸으로 표현할 수 있다.				

단계	학습 문제	교수학습활동	수업 시간	수업 매체	수업 방법	도달점
도입	동기 유발	· 청소하는 소리를 들려준다. - 이 소리는 어떤 소리일 것 같아요? - 왜 그렇게 생각 하나요? · 닦는 소리를 들려준다. - 이 소리는 어떤 소리일 것 같아요? - 왜 그렇게 생각 하나요?	2분	이야기나누기	시연	관심 집중
전개	청소에 대해 이야기 나누기 청소할 때의 도구에 대해 이야기 나누기	· 청소하는 것을 본 적이 있는지 이야기 나눈다. - 누군가가 청소하는 것을 본 적이 있나요? - 누가 청소를 했나요? - 어떻게 청소를 했나요?  · 청소를 직접 해 본적이 있는지 이야기 나눈다. - 직접 청소를 해 본적이 있나요? - 언제 청소를 해 보았나요? - 무엇을 가지고 청소를 했나요? - 기분이 어땠나요? · 청소할 때 도구에 대해 이야기 나눈다. - 청소를 할 때는 어떤 도구를 사용하나요? · 청소기 돌리는 모습을 몸으로 표현해본다. - 청소기를 돌릴 때는 어떻게 하나요? - 몸으로 표현해 볼까요? · 닦는 모습을 몸으로 표현해본다. - 닦을 때는 어떻게 하나요? - 몸으로 표현해 볼까요? · 먼지를 털 때의 모습을 몸으로 표현해본다. - 먼지를 털 때는 어떻게 하나요? - 몸으로 표현해 볼까요? · 굴러다니는 먼지를 몸으로 표현해본다.	15분	이야기나누기	시연	청소하는 모습을 몸으로 표현할 수 있다.

	몸으로 표현해 보기	- 그럼 청소해야 하는 먼지는 어떻게 하나요? - 먼지를 몸으로 표현해 볼까요? · 먼지, 청소기, 걸레, 먼지 털이로 역할을 나누고 몸으로 표현해본다. - 먼지가 되어 보고 싶은 친구 있나요? - 청소기가 되어 보고 싶은 친구 있나요? - 걸레가 되어 보고 싶은 친구 있나요? - 먼지 털이가 되어 보고 싶은 친구 있나요? - 그럼 깨끗하게 청소하는 모습을 다 같이 표현해봐요.				
정리 및 평가	느낌 말하기	· 몸으로 표현해 본 기분을 이야기 나눈다. - 청소하는 모습을 몸으로 표현해 봤는데, 어땠나요? - 힘들거나 어려웠던 점은 없었나요? - 엄마, 아빠를 도와주는 착한 어린이가 되도록 해요~	2분	이야기나누기	시연	느낀점 말하기
차시 예고		· 차시 예고를 한다. - 다음 시간에는 우리 가족들이 사용하는 도구를 분류해보는 게임을 하도록 해요.	15초	-	시연	-
참고 자료	· 청소기 돌리는 소리, 닦는 소리					

주제	동식물과 자연	활동명	17. 자연물을 이용해 우리 집 정원 꾸미기		수업일시	
대상	만 4세				담당교사	
목표	· 자연물을 이용해 정원을 꾸밀 수 있다. · 가족과 함께 정원을 꾸밀 수 있다.					
단계	학습 문제	교수학습활동	수업 시간	수업 매체	수업 방법	도달점
도입	동기 유발	· 손유희로 주의를 집중 시킨다. 아프리카 사람들은 만두를 좋아해 너무 많이 먹어 배탈이 났어 병원에 가니 마음씨 예쁜 간호사 주사 맞으세요! 오예! · 오늘 할 활동에 대해 설명한다. - 오늘은 바깥에 나가서 자연물로 정원을 꾸며볼 거예요.	1분	이야기 나누기	시연	관심 집중
전개	자연물알아보기 정원 꾸미기	· 자연물에 대해 이야기 나눈다. - 바깥에는 어떤 자연물들이 있나요? - 이런 자연물로 무엇을 할 수 있을까요? · 정원에 대해 설명한다. - 나무와 풀이 많이 모여 있고 잘 자랄 수 있도록 돌보아 줄 수 있도록 해둔 곳이 정원이에요. - 집에 정원이 있는 친구 있나요? - 정원이 있으면 어떨 것 같아요? · 정원을 어떻게 꾸밀지 이야기 나눈다. - 우리 유치원의 놀이터 일부분을 정원으로 꾸며 볼 거예요. - 어떻게 꾸미면 좋을까요? - 어떤 자연물로 꾸미면 좋을까요? · 유아들이 직접 정원을 꾸며본다. - 친구들이 사용하고 싶은 자연물을 가지고 정원을 직접 꾸며 보도록 해요.	15분	이야기 나누기 정원 꾸미기	시연	정원을 꾸밀 수 있다.

<table>
<tr><td></td><td></td><td>
· 확장 활동으로 집의 정원도 꾸밀 수 있음을 설명한다.
- 이렇게 정원을 꾸며 본 것처럼 집에 가서도 가족들과 함께 집의 정원을 꾸며볼 수 있어요.
- 가족들과 협력하여 정원을 꾸며보도록 해요.</td><td></td><td></td><td></td><td></td></tr>
<tr><td>정리 및 평가</td><td>느낌 말하기</td><td>· 활동을 마무리 한다.
- 자연물로 정원을 꾸며 봤는데, 어땠나요?
- 어렵고 힘든 점은 없었나요?
- 집에 가서 가족들과 함께 정원을 꾸며볼 수 있겠나요?</td><td>1분</td><td>이야기 나누기</td><td>시연</td><td>느낀점 말하기</td></tr>
<tr><td>차시 예고</td><td></td><td>· 차시 예고를 한다.
- 다음 시간에는 집에서 내가 할 수 있는 일이 무엇이 있는지 알아보도록 할게요.</td><td>15초</td><td>-</td><td>시연</td><td>-</td></tr>
<tr><td>참고 자료</td><td colspan="6">· 여러 가지 자연물</td></tr>
</table>

주제	나와 가족	활동명	18. 내가 할 수 있는 일	수업일시	
대상	만 4세			담당교사	
목표	· 혼자 할 수 있는 일을 실천할 수 있다.				

단계	학습 문제	교수학습활동	수업 시간	수업 매체	수업 방법	도달점
도입	동기 유발	· 손유희로 주의를 집중 시킨다. 이 손가락 맘 좋은 아빠 손가락 이 손가락 상냥한 엄마 손가락 이 손가락 씩씩한 오빠 손가락 이 손가락 어여쁜 언니 손가락 이 손가락 귀여운 아기 손가락 · 유아들이 스스로 한 일에 대해 이야기 나눈다. - 친구들은 유치원에 오기 전에 어떤 일을 스스로 했나요? - 부모님의 도움 없이 혼자서 한 일은 무엇인가요?	3분	이야기나누기	시연	관심 집중
전개	혼자 할 수 있는 일 알아보기	· 오늘의 활동을 설명한다. - 오늘은 친구들이 어떤 일을 스스로 할 수 있는지 알아보고 이야기 나누도록 해요. · 그림을 보고 이야기 나눈다.  - 할아버지 허리가 아파요. 우리는 어떻게 할 수 있을까요? - 안마를 해드린 적이 있나요?  - 이 그림은 어때요? - 엄마가 아플 때 엄마를 도와드린 적이 있나요? - 친구들도 할 수 있겠죠? 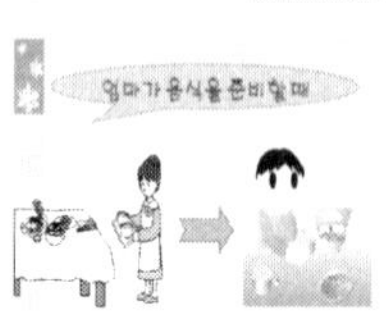 - 엄마가 음식을 준비할 때, 엄마를 도와드린 적이 있나요? - 도와드리면 어때요? - 도와드릴 수 있겠나요?  - 몸이 더러워 졌을 때, 어떻게 해요? - 혼자 씻어 본 적이 있나요?	10분	이야기 나누기	시연	혼자 할 수 있는 일을 실천할 수 있다.

<table>
<tr><td></td><td></td><td>-혼자 씻을 수 있겠나요?
· 혼자 할 수 있는 일에 대해 이야기 나눈다.
- 이렇게 우리 가족들을 위해서 우리가 스스로 할 수 있는 일은 많아요.
- 어떤 것을 혼자 할 수 있었는지 기억이 나나요?
- 이제는 혼자 할 수 있겠나요?</td><td></td><td></td><td></td><td></td></tr>
<tr><td>정리 및 평가</td><td>느낌 말하기</td><td>· 활동에 대해 마무리 한다.
- 혼자 할 수 있는 일에 대해 알아보았는데, 어땠나요?
- 힘들거나 어려웠던 점은 없었나요?
- 우리 가족들을 위해 혼자 할 수 있는 일은 어떤 것이 있나요?
- 이제는 스스로 잘 할 수 있겠죠?</td><td>2분</td><td>이야기나누기</td><td>시연</td><td>느낀점 말하기</td></tr>
<tr><td>차시 예고</td><td></td><td>· 차시 예고를 한다.
- 다음 시간에는 우리 집을 청소하는 모습을 몸으로 표현 해 보도록 할 거예요.</td><td>15초</td><td>-</td><td>시연</td><td>-</td></tr>
<tr><td>참고 자료</td><td colspan="6">·'혼자 할 수 있는 일' 그림 자료

안마하기

간호하기

돕기

씻기</td></tr>
</table>

3. 이웃과 더불어 생활하기

주제	우리동네	활동명	19. 고마운 이웃들	수업일시		
대상	만 4세			담당교사		
목표	·우리들을 도와주는 고마운 이웃이 하는 일에 대해 알 수 있다. ·우리들에게 도움을 주는 이웃에게 감사의 마음을 가질 수 있다.					
단계	학습 문제	교수학습활동	수업 시간	수업 매체	수업 방법	도달점
도입	동기 유발	·손유희로 주의를 집중시킨다. 사랑은 이렇게 기쁨은 이렇게 슬픔은 이렇게 조용한건 이렇게 ·선생님의 경험을 이야기 하며 동기유발 시킨다. - 선생님이 어제 이가 아파 병원에 갔는데 의사 선생님께서 아프지 않게 해주셨어요. 선생님은 의사선생님께 정말 고마운 마음을 가졌어요.	50초	시연	이야기 나누기	주의를 집중한다.
전개	우리 주변의 고마운 이웃들 알기	·우리를 도와주시는 고마운 이웃에 대해 이야기를 나눈다. - 우리 주변에서 친구들은 어느 분께 고마움을 느꼈었나요? - 경찰관 아저씨, 소방관 아저씨, 의사 선생님, 우체부 아저씨들 모두 우리 주변에 고마운 분들 이예요. ·주변에 고마운 사람들과 하는 일에 대해 알아본다. - 우리들을 위해 열심히 일을 하시는 고마운 분들이 우리 유치원에 오셨대요. 선생님이 문제를 낼테니 우리 누구인지 맞춰 볼까요? * 의사 - 이 분은 우리가 아프면 낫게 도와주시는 분이래요. 이분은 누구일까요? - 의사 선생님은 무슨 일을 할까요? - 의사 선생님이 일 하는 곳은 어디일까? - 의사 선생님이 없다면 어떻게 될까요?	7분	그림 자료	이야기 나누기	우리주변의 고마운 이웃에게 감사한 마음을 갖는다. 고마운 이웃들이 어떤 일을 하는지 안다.

* 우체부
- 우리가 우체통에 편지를 넣으면 이분은 편지를 전해주신대요. 이분은 누구일까요?
- 우체부 아저씨는 어떤 일을 하시지요?
- 우체부 아저씨들이 일하는 곳은 어디일까요?
- 우체부 아저씨가 없다면 어떻게 될까요?

* 소방관
- 불이 나면 불을 끄는 일도 하신대요. 이 분은 누구일까요?
- 소방관아저씨는 무슨 일을 할까요?
- 우리들의 안전을 위해 뜨거운 불을 꺼주는 일을 하세요. 그리고 소방관이 일 하는 곳은 어디일까요?
- 소방관 아저씨가 없다면 어떻게 될까요?

* 경찰관
- 자동차 사고가 나지 않게 교통정리를 해주신대요. 그리고 도둑을 잡는 일도 하신대요. 이 분은 누구일까요?

		- 경찰관 아저씨가 하는 일은 무엇이 있을까요? - 만약 경찰관 아저씨가 없다면 어떻게 될 것 같아요? 				
정리 및 평가	정리	· 오늘 이야기 나눈 고마운 분들은 누구였는지 물어본다. - 우리 어떤 고마운 분들에 대해서 이야기 나누었죠? - 친구들도 나중에 커서 고마운 분이 되고 싶은 친구 있나요?	1분		이야기 나누기	
차시 예고	예고	· 다음 시간에 배울 내용에 대해 이야기 해준다. - 다음 시간에는 우리가 이야기 나눈 분들에게 편지를 써보아요.	10초		시연	
참고 자료	· 꼬망세-클립아트					

주제	우리나라	활동명	20. 군인 아저씨께 영상편지를 보내요.	수업일시	
대상	만 4세			담당교사	
목표	·나라를 위해 수고하시는 군인아저씨께 감사한 마음을 갖는다.				

단계	학습 문제	교수학습활동	수업 시간	수업 매체	수업 방법	도달점
도입	동기 유발	·수수께끼로 주의를 집중시킨다. - 오늘 우리 유치원에 찾아오신 분이 있어요. 선생님이 문제를 낼 테니 누구신지 맞춰봐요. - 이 분은 초록색 옷을 입고 계세요. - 이 분은 나라를 지키는 일을 하세요. 	40초	그림 자료	이야기 나누기	관심 집중
전개	군인 아저씨가 하는 일알기	·군인아저씨에 대해 이야기 나눈다. - 군인 아저씨는 어떤 일을 하실까요? - 군인 아저씨를 본 적 이 있나요? - 군인 아저씨가 어때 보였어요? ·군인 아저씨에게 어떤 이야기를 하고 싶은지 이야기 해본다. - 친구들은 군인 아저씨에게 어떤 이야기를 해주고 싶어요? - 왜 그런 이야기를 하고 싶어요? ·자신의 이야기를 전달할 수 있는 방법을 생각해 본다.	15분		이야기 나누기	군인아저씨는 어떤 일을 하시는지 안다.
	군인 아저씨께 감사한 마음 갖기	- 친구들이 군인아저씨께 해주고 싶은 말을 직접 말로 하는 것 말고 다른 방법으로 전하려면 어떤 방법이 있을까요? ·군인 아저씨께 보내는 영상편지를 찍는다. - 친구들이 군인 아저씨께 하고 싶은 얘기를 비디오카메라에 담아서 군인아저씨들께 보낼 거예요.		캠코더	동영상찍기	군인아저씨에게 감사한 마음을 갖는다.

정리 및 평가	정리	· 활동을 정리한다. - 친구들은 군인 아저씨께 무슨 이야기를 했나요? - 군인 아저씨에게 감사한 마음을 갖도록 해요.	1분		이야기 나누기	군인아저씨께 감사한 마음을 갖는다.
차시 예고	예고	· 다음 시간에 배울 내용에 대해 알려준다. - 다음 시간에는 우리가 군인아저씨가 되어 몸으로 표현해 보는 시간을 갖도록 해요.	10초		시연	
참고 자료	· 네이버 이미지					

<table>
<tr><td>주제</td><td colspan="2">유치원과 친구</td><td>활동명</td><td colspan="2">21. 바르게 말하는 어린이</td><td>수업일시</td><td colspan="2"></td></tr>
<tr><td>대상</td><td colspan="5">만 4세</td><td>담당교사</td><td colspan="2"></td></tr>
<tr><td>목표</td><td colspan="8">·듣는 사람의 기분을 생각하며 바르게 말 할 수 있다.</td></tr>
<tr><td>단계</td><td>학습 문제</td><td colspan="3">교수학습활동</td><td>수업 시간</td><td>수업 매체</td><td>수업 방법</td><td>도달점</td></tr>
<tr><td>도입</td><td>동기 유발</td><td colspan="3">·이 전 시간에 친구들과 무슨 이야기를 나누었는지 질문한다.
- 친구들 자유선택시간에 다른 친구들과 무슨 이야기를 나누었나요?
- 친구들은 혹시 다른 친구에게 기분이 상하는 말을 한 적이 있나요?</td><td>40초</td><td>PPT</td><td>이야기나누기</td><td>주의 집중</td></tr>
<tr><td>전개</td><td>친구와 사이좋게 이야기하는 방법 알기

긍정적인 언어와 부정적인 언어 알기</td><td colspan="3">·친구와 사이좋게 말하려면 어떻게 해야 할지 이야기 나눈다.
- 이야기를 할 때 말하는 목소리 크기는 어때야 할까요?
- 너무 소리를 크게 낸다면 듣는 친구가 어떨까요?
- 하나의 소리를 길게 낸다면 듣는 친구의 기분은 어떨까요?
- 옆 사람과 귓속말을 하면 듣는 친구의 기분은 어떨까요?
·언어카드를 보며 긍정적인 언어와 부정적인 언어에 대해 이야기 나눈다.

* '싫어' 카드

싫어

- 어떤 때 이런 말을 하게 되나요?
- 친구가 이렇게 말하면 듣는 사람의 기분은 어떨까요?
- 이 말과는 다른 친구의 기분을 좋게 해주는 말에는 어떤 것이 있을까요?
- 친구의 기분이 상하지 않게 이야기를 하려면 '싫어' 라는 말 대신 어떤 말을 하는 게 좋을까요?

* '안돼' 카드</td><td>7분</td><td>언어 카드</td><td>이야기 나누기</td><td>친구와 사이좋게 이야기 하려면 어떻게 해야 하는지 안다.

긍정적인 언어와 부정적인 언어가 어떤 것인지 안다.</td></tr>
</table>

		안돼 - 어떤 때 이런 말을 하게 되나요? - 친구가 이런 말을 하면 듣는 사람의 기분은 어떨까요? - 이 말과는 다른 친구의 기분을 좋게 해주는 말에는 어떤 것이 있을까요? - 친구의 기분이 상하지 않게 이야기를 '안돼' 라는 말보다 어떤 말을 하는 게 좋을까요?				
정리 및 평가	정리 및 평가	· 유아들과 말하는 태도에 대해 약속을 한다. - 앞으로 친구들과 이야기 할 때는 어떻게 말해야 할까요? - 친구의 생각이 나와 다를 때는 어떻게 말해야 할까요? - 오늘 이야기 한 내용을 잊지 말고 다른 친구들과 이야기 할 때 지키도록 해요.	1분		이야 기나 누기	
차시 예고	예고	· 다음 시간에 배울 내용을 알려준다. - 다음 시간에는 우리반 규칙을 만들어 보도록 해요.	10초		시연	
참고 자료	· http://cafe.daum.net/dkdlnamu					

주제	유치원과 친구	활동명	22. 도서관에서 지켜야 할 예절	수업일시	
대상	만 4세			담당교사	
목표	· 도서관에서 지켜야 할 예절을 알고, 지킬 수 있다.				

단계	학습 문제	교수학습활동	수업 시간	수업 매체	수업 방법	도달점
도입	주의 집중	· 도서관에서의 행동을 나타내는 그림 카드를 보여주면서 주의를 집중 시키고 유아의 생각을 물어본다.  〈책을 찢어서 날리는 모습〉 - 어떤 상황을 나타내는 그림인가요? · 도서관에서 지켜야 할 예절에는 어떤 것들이 있는지 알아볼 것이라고 말한다. - 도서관에서는 지켜야 할 약속들이 있어요. 선생님과 함께 알아보도록 해요.	3분	그림 자료	이야기나누기	주의 집중
전개	도서관에서 지켜야 할 예절	· 도서관이 어떤 곳 인지에 대해서 유아에게 정확하게 알려준다. - 도서관은 여러 종류의 책이나 문서, 신문 같은 자료들을 모아 두고 모두가 볼 수 있도록 한 공공시설 중의 하나예요. · 도서관에서 지켜야 할 예절과 관련된 동화를 들려주고 유아의 생각을 말해보게 한다. **– '도서관에서는 모두 쉿'** 주인공 캐리가 책을 읽고 사서가 되는 상상 속에서 펼쳐지는 내용으로 책을 읽는 아이들에게 도서관에 관한 예절이나 규칙을 자연스럽게 알려준다. - 뛰면 안돼요 - 책을 찢으면 안돼요 - 큰 소리로 읽으면 안돼요 · 유아들에게 도서관에서 지켜야 할 예절에 대해 그림 자료를 보여주면서 다시 이야기 나눈다.	10분	동화책	동화 읽기	도서관에서 지켜야 할 예절 알기

전개		 - 대화는 작은 소리로 한다. - 책을 읽을 때는 바른 자세로 소리 내지 않고 읽는다. - 책을 찢거나 낙서를 하지 않는다. - 음식물을 반입하지 않는다.		그림 자료	이야기 나누기	
정리 및 평가	목표 도달 확인	· 도서관에서 지켜야 할 예절에 대해서 말해본다. - 대화는 작은 소리로 한다. - 책을 찢거나 낙서를 하지 않는다.	2분		이야기 나누기	목표 도달
차시 예고	예고	· 다음 확장 활동 시간에 할 내용에 대해 이야기 한다. - 도서관에서는 어떻게 행동하는지 역할놀이를 통해 기억해보는 시간을 갖는다.	1분			
참고 자료	http://www.edupre.co.kr 꼬망세 , http://www.kidkids.net					

<table>
<tr><td>주제</td><td colspan="2">유치원과 친구</td><td>활동명</td><td>23. 양보하는 마음을 가져요.</td><td colspan="2">수업일시</td><td></td></tr>
<tr><td>대상</td><td colspan="4">만 4세</td><td colspan="2">담당교사</td><td></td></tr>
<tr><td>목표</td><td colspan="7">· 다른 사람을 배려하고 양보하는 마음을 가진다.</td></tr>
<tr><td>단계</td><td>학습
문제</td><td colspan="2">교수학습활동</td><td>수업
시간</td><td>수업
매체</td><td>수업
방법</td><td>도달점</td></tr>
<tr><td>도입</td><td>주의
집중</td><td colspan="2">· 그림 자료를 보여주면서 유아들과 이야기 나눈다.

- 어떤 사진일까?
- 남자 친구가 할머니께 어떻게 했을까?
· 양보에 대해서 설명하고 유치원에서 다른 사람에게 양보할 수 있는 것에는 어떤 것들이 있는지 알아본다.
- 양보란 길이나 자리, 물건 등을 남에게 먼저 주거나 다른 사람을 배려해서 행동하는 것을 말해요.
- 버스나 지하철이 아닌 유치원에서 다른 사람에게 양보할 수 있는 것에는 어떤 것들이 있는지 알아보도록 해요.</td><td>3분</td><td>그림
자료</td><td>이야
기나
누기</td><td>주의
집중</td></tr>
<tr><td>전개</td><td>유치
원에
서
양보
하는
상황
이해</td><td colspan="2">· '나는 양보를 잘해요'라는 동화책을 들려준다.
- 나는 양보를 잘해.
나는 장난감 비행기를 갖고 놀 때도 따리딴지에게 양보해, 왜냐면 난 어제 실컷 갖고 놀았으니까.
나는 유치원 버스를 탈 때도 양보를 잘해. 왜냐면 내 몸집이 커서 다른 친구가 밖이 안 보이니까 창가 자리를 양보해.
· 동화를 듣고 난 뒤의 느낌에 대해 유아들과 이야기 나눈다.
- 따리딴지 친구는 어떤 것 같아요?
- 어떤 행동을 했었나요?
- 이 친구처럼 유치원에서 양보할 수 있는 것에는 어떤 것들이 있을까요?
· 유치원에서 일어날 수 있는 상황을 말해주고 어떻게 대처할 수 있는지 유아의 의견을 들어본다.
- 다른 친구가 꼭 그 장난감을 가지고 싶다고</td><td>10분</td><td>동화
책</td><td>동화
읽기</td><td>유치원
에서
일어나
는
상황을
이해하
고
양보할
수
있다.</td></tr>
</table>

<table>
<tr><td>전개</td><td></td><td>하면 친구 들은 어떻게 할까요?
- 화장실이 급한 친구 앞에 길게 줄을 서 있다면 어떡 할까요?
· 그림카드를 제시하여 상황에 따라 다른 사람에게 양보하는 모습을 말해준다.

- 다른 친구에게 장난감 양보하기

- 맛있는 음식 나눠먹기

- 친구에게 창가자리 양보하기</td><td></td><td>그림 자료</td><td>이야기나누기</td><td></td></tr>
<tr><td>정리 및 평가</td><td>목표 도달 확인</td><td>· 유치원에게 다른 친구에게 양보할 수 있는 것에는 어떤 것들이 있었는지 함께 말해본다.
- 많이 가지고 놀았던 장난감 양보하기
- 화장실이 급한 친구에게 양보하기 등</td><td>2분</td><td></td><td>이야기나누기</td><td>목표 도달</td></tr>
<tr><td>차시 예고</td><td>예고</td><td>다음시간에는 횡단보도를 건널 때 주의할 점에 대해서 할 것이라고 말한다.</td><td>1분</td><td></td><td></td><td></td></tr>
<tr><td>참고 자료</td><td colspan="6">http://www.edupre.co.kr 꼬망세 , http://kr.infant.kids.yahoo.com</td></tr>
</table>

<table>
<tr><td>주제</td><td>봄</td><td>활동명</td><td colspan="3">24. 모내기 노래</td><td>수업일시</td><td></td></tr>
<tr><td>대상</td><td colspan="5">만 4세</td><td>담당교사</td><td></td></tr>
<tr><td>목표</td><td colspan="7">· 모내기 노래를 통해 우리의 정서를 이해하고 서로 협력하는 마음을 가진다.</td></tr>
<tr><td>단계</td><td>학습 문제</td><td colspan="2">교수학습활동</td><td>수업 시간</td><td>수업 매체</td><td>수업 방법</td><td>도달점</td></tr>
<tr><td>도입</td><td>주의 집중</td><td colspan="2">· 우리가 먹는 쌀들이 어떤 과정을 거쳐 만들어져 왔는지 이야기하며 힘든 농사일에 대해 알려준다.
- 볍씨를 물에 불려서 말려요.
씨를 뿌려 모를 만들어요.
모내기를 해요. 물 관리를 하면서 병충해 약을 치는 등 벼농사를 해요. 수확을 해요.
- 이렇게 복잡하고 힘든 일을 농부아저씨들이 혼자서 어떻게 하셨을까요?
- 선생님과 농부아저씨가 힘든 농사일을 하셨을 때의 이야기를 좀더 들려줄게요.</td><td>3분</td><td></td><td>이야기나누기</td><td>주의 집중</td></tr>
<tr><td>전개</td><td>서로 돕고 협력하는 마음</td><td colspan="2">· 서로서로 도와가며 농사일을 도왔던 이야기를 들려주고 모내기 노래에 대하여 이야기한다.
- 모내기 노래는 일이 힘들고 지칠 때면 기운내서 더 힘차게 일을 하기 위해서 부르는 노래예요.

모를 찔 때나, 모를 심을 때, 점심 오기 전, 점심 뒤에, 비 오고 흐릴 때, 한 필지 끝나고, 해질 무렵에, 하루 종일 작업하고 피로할 때 등으로 구분하여 부르고 있어요.
· 모내기 노래를 들려주고 유아와 함께 불러본다.
- 저기가는 저구름아 비들었나 눈들었나
눈도비도 아니들고 소리명창 내들었네
저기가는 저구름에 어느신선 타고가노
웅천하고 천자봉에 놀던신선 타고가네</td><td>10분</td><td>음률

그림 자료</td><td>노래 부르기

이야기 나누기</td><td>서로 돕고 협력하는 마음을 이해하고 실천할 수 있다.</td></tr>
</table>

전개		 ·유아에게 노래를 부르고 난 후의 느낌에 대해서 이야기 나눈다. - 친구들, 다 같이 노래를 불러보니까 무슨 생각이 들었나요? ·유아가 생각을 말할 수 있도록 충분한 시간을 제공한다. - 힘든 일도 할 수 있을 것 같은 생각이 들었어요. - 다 같이 모여서 하면 힘든 것을 잊어버릴 것 같아요. ·다른 사람을 돕고 협력하는 것에 대해서 이야기 나눈다.				
정리 및 평가	목표 도달 확인	·농부들은 왜 모내기 노래를 부르면서 일을 했을지 다시 한 번 생각할 시간을 제공하고 말해 보게 한다.	2분		이야기 나누기	목표 도달
차시 예고	예고	·다음 시간에는 우리의 전통문화인 한복을 입는 법에 대해서 할 것이라고 말한다.	1분			
참고 자료	http://www.edupre.co.kr 꼬망세 , http://kr.infant.kids.yahoo.com					

<table>
<tr><td>주제</td><td colspan="2">봄</td><td colspan="2">활동명</td><td colspan="2">25. 다 함께 텃밭을 가꾸어요.</td><td>수업일시</td><td></td></tr>
<tr><td>대상</td><td colspan="6">만 4세</td><td>담당교사</td><td></td></tr>
<tr><td>목표</td><td colspan="8">· 함께 텃밭을 가꾸면서 두레의 소중함을 알고 협력한다.</td></tr>
<tr><td>단계</td><td>학습 문제</td><td colspan="3">교수학습활동</td><td>수업 시간</td><td>수업 매체</td><td>수업 방법</td><td>도달점</td></tr>
<tr><td>도입</td><td>주의 집중</td><td colspan="3">· '씨앗' 손유희로 주의를 집중시킨다.
- 씨 씨 씨를 뿌리고, 꼭꼭 물을 주었죠. 하룻밤, 이틀 밤, 쉿 쉿 쉿! 뽀드득 뽀드득 뽀드득 싹이 났어요.
- 친구들 만나서 반가워요.</td><td>1분</td><td>손유희</td><td></td><td>주의 집중</td></tr>
<tr><td>전개</td><td>텃밭 가꾸기</td><td colspan="3">· 오늘 할 수업에 대해 유아에게 설명 한다
- 오늘은, 친구들과 함께 유치원 뒤뜰에 있는 텃밭에 씨앗을 심으러 갈 거예요. 가기 전에 선생님과 주의해야 할 점에 대해 알아볼게요.
· 뒤뜰에 가기 전에 조심해야 할 사항들에 대해 숙지시킨다.
- 친구에게 흙을 던지지 않아요.
- 호미나 삽을 든 채로 친구와 장난치지 않아요. 등
· 유아와 텃밭을 가꾸어 보는 시간을 갖는다.

· 유아들에게 씨 뿌리기, 땅 파기 등 역할을 나누어 할 수 있도록 지도한다.
· 교실로 돌아와서 정리정돈 후, 텃밭을 가꾼 뒤의 느낌이나 생각을 유아에게 물어본다.
- 친구들과 함께 텃밭을 가꾸어보니 어땠니?
- 힘든 점은 없었니?
- 혼자 할 때와는 어떤 점이 달랐니?
· 협력의 중요성과 소중함을 알 수 있도록 한다.</td><td>20분</td><td>텃밭 가꾸기</td><td>실외 활동</td><td>텃밭을 가꾸며 협력하는 자세를 배운다.</td></tr>
</table>

정리 및 평가	목표 도달 확인	· 협력해서 텃밭을 가꾸었을 때의 상황에 대해서 좀 더 이야기 나눈다.	2분			
차시 예고	예고	· 다음 시간에는 친구와 함께 우리 동네 모습 블록으로 만들기를 할 것이라고 말한다.	1분			
참고 자료						

<table>
<tr><td>주제</td><td colspan="2">겨울</td><td>활동명</td><td colspan="2">26. 엄마는 왜 집집마다 김장을 하러 갈까요?</td><td>수업일시</td><td></td></tr>
<tr><td>대상</td><td colspan="5">만 4세</td><td>담당교사</td><td></td></tr>
<tr><td>목표</td><td colspan="7">· 서로 도와가며 김치를 담그는 우리의 정서를 이해한다.</td></tr>
<tr><td>단계</td><td>학습
문제</td><td>교수학습활동</td><td>수업
시간</td><td>수업
매체</td><td>수업
방법</td><td colspan="2">도달점</td></tr>
<tr><td>도입</td><td>주의
집중</td><td>· 김치에 대해 이야기 나눈다.
- 우리친구들은 김치를 먹어 본 적 있어요?
- 어떤 맛이었어요? 어떻게 생겼어요?
- 김치는 우리나라 사람들이 옛날부터 담가서 먹은 소중한 음식이에요.
· 그림 자료를 보여주고 김장에 대해 이야기 나눈다.

- 어떤 그림인가요?
- 추운 겨울이 되면 김치를 만드는 배추가 얼어 버려서 김치를 담글 수가 없어요. 긴 겨울동안 가족들이 먹을 수 있는 김치를 한 번에 많이 담그는 것을 김장이라고 해요.</td><td>3분</td><td>그림
자료</td><td>이야
기
나누
기</td><td colspan="2">주의
집중</td></tr>
<tr><td>전개</td><td>집집
마다
서로
도와
가며
김장
을
해요</td><td>· 김장을 도왔거나 담그는 모습을 보았던 경험에 대해 유아와 이야기 나눈다.
- 친구들은 김장하는 모습을 본 적이 있나요?
- 김장을 도운 경험이 있나요?
- 어땠나요?
· '오늘은 김장하는 날' 이라는 동화를 들려준다.
</td><td>10분</td><td>동화
책</td><td>이야
기
나
누기</td><td colspan="2">집집마
다
서로
도와가
며
김장을
하는
이유를
알 수
있다.</td></tr>
</table>

전개		- 책에서 누가 나왔었니? - 모든 사람이 도와가며 김장 하는 걸 보니까 어땠니? - 왜 집집마다 김장하는 것을 도와 줬을까? · 서로 도와가며 김치를 담그는 우리의 정서를 이해할 수 있도록 유아에게 설명한다. - 옛날부터 우리나라 사람들은 정이 많아 이웃이나 친척들이 기쁜 일이 생기면 함께 기뻐하고, 안 좋은 일이 생기면 서로 위로하고 자신들의 일인 것처럼 슬퍼했어요. 김장을 담그는 힘든 일도 윗집 아랫집 너나 할 것 없이 도와주고 나눠 먹으면서 정을 주고 받았어요. 그래서 집집마다 김장을 도와주고 협력하는 두레의 소중함을 많이 느낄 수 있었어요.		동화책	이야기 나누기	서로 도와가며 김치를 담그는 우리의 정서를 이해한다.
정리 및 평가	목표 도달 확인	· 서로 도와 가며 김장하는 모습을 보고 느낀 점이나 유아의 생각을 말해보게 한다.	2분		이야기 나누기	목표 도달
차시 예고	예고	· 다음 시간에는 직접 김장을 담가 보는 체험활동 시간을 가질 것이라고 말한다. - 다음 시간에는 친구들과 함께 김치를 담가 보는 시간 을 가질 거예요.	1분			
참고 자료	http://www.edupre.co.kr 꼬망세 , http://book.naver.com					

<table>
<tr><td>주제</td><td colspan="2">환경과 생활</td><td>활동명</td><td colspan="2">27. 오늘은 우리동네 청소하는 날<동극></td><td>수업일시</td><td></td></tr>
<tr><td>대상</td><td colspan="5">만 4세</td><td>담당교사</td><td></td></tr>
<tr><td>목표</td><td colspan="7">· 다함께 동네를 청소하며 이웃과 더불어 사는 법을 익힌다.</td></tr>
<tr><td>단계</td><td>학습
문제</td><td colspan="2">교수학습활동</td><td>수업
시간</td><td>수업
매체</td><td>수업
방법</td><td>도달점</td></tr>
<tr><td>도입</td><td>주의
집중</td><td colspan="2">· '사랑은' 손유희로 주의를 집중시킨다.
- 사랑은 이렇게(손 허리를 한 다음 "이렇게" 할 때 하트를 그린다.)
기쁨은 이렇게(웃는 행동을 한다.)
슬픔은 이렇게(우는 행동을 한다.)
조용한건 이렇게(검지를 입에 갖다 대고 쉿 한다.)
- ○○반 친구들 안녕하세요.</td><td>2분</td><td></td><td>이야
기
나누
기</td><td>주의
집중</td></tr>
<tr><td>전개</td><td>다같
이
우리
동네
를
청소
해요</td><td colspan="2">· '하나뿐인 우리 동네'이라는 동화를 들려준다.

- 우리 동네에 어떤 것들이 있었니?
- 이 책을 읽고 무슨 느낌이나 생각이 들었니?
· 우리 동네를 생각하면서 우리가 할 수 있는 일에 대해 알아본다고 말해준다.
- 소중한 우리 동네를 가꾸고 아름답게 유지하기 위해선 어떻게 해야 할까?
- 동네를 위해 우리 친구들이 할 수 있는 일에는 어떤 것들이 있을까?
- 길가에 버려진 쓰레기를 줍거나 빗자루로 쓰는 작은 일부터 시작하면 어떨까?
· '우리 동네 청소하는 날'이라는 주제로 동극으로 표현해 볼 것이라고 알려준다.
- 우리가 할 수 있는 청소를 친구들과 다같이 동극으로 표현해보는 시간을 가질 거예요.
· 유아에게 여러 가게의 주인, 앞집 아저씨, 등</td><td>10분</td><td>동화</td><td>동화
읽고
이야
기
나누
기</td><td>다같이
청소
하며
더불어
살아가
는
방법
알기</td></tr>
</table>

전개		역할을 정해 주고 다함께 동네를 위해 한마음으로 청소해 보는 모습을 동극으로 표현해 보게 한다.		동극		
정리 및 평가	목표 도달 확인	· 혼자 하기 힘든 넓은 동네 청소하기를 다 함께 협력해서 했을 때 어땠는지 유아의 생각과 느낌을 물어본다.	2분		이야기 나누기	목표 도달
차시 예고	예고	· 다음 시간에는 이웃과 함께 기쁜 일, 슬픈 일을 함께 나누었던 경험에 대해 알아볼 것이라고 이야기한다.	1분			
참고 자료	http://www.edupre.co.kr 꼬망세 , http://book.naver.com					

4. 사회현상에 관심가지기

주제	유치원과 친구	활동명	28. 유치원 가는 길	수업일시		
대상	만 4세			담당교사		
목표	·유치원 가는 길에 주변을 둘러보고 무엇이 있는지 알 수 있다.					
단계	학습 문제	교수학습활동	수업 시간	수업 매체	수업 방법	도달점
도입	주의 집중	·'사랑은' 손유희로 주의를 집중시킨다. - 사랑은 이렇게(손 허리를 한 다음 "이렇게" 할 때 하트를 그린다.) 기쁨은 이렇게(웃는 행동을 한다.) 슬픔은 이렇게(우는 행동을 한다.) 조용한건 이렇게(검지를 입에 갖다 대고 쉿 한다.) - ○○반 친구들 안녕하세요.	2분	손유희	이야기 나누기	주의 집중
전개	주변 둘러 보기	·평소에 유치원 가는 길에 볼 수 있었던 것들에 대해 이야기 나눈다. - 친구들, 유치원 가는 길에는 무엇을 볼 수가 있나요? - 주위의 건물들은 어떻게 생겼을까? - 관심을 가지고 본 것들이 있나요? ·유치원 가는 길에 볼 수 있는 것에 대한 사진 자료를 제시한다. 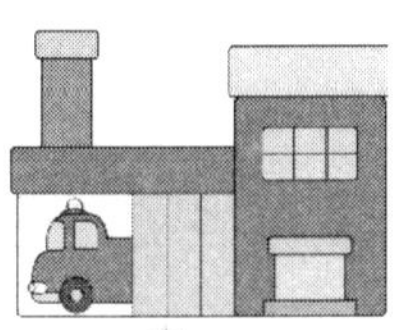 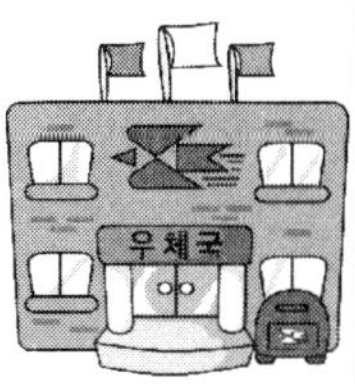   - 어떤 그림인가요? - 어디서 보았었나요?	10분	그림 자료	이야기 나누기 이야기 나누기	유치원 가는 길을 둘러 보고 관심갖기

전개		· 유아와 미처 보지 못했던 건물이나 상가 등은 없었는지 알아보고 주변에 관심을 가질 수 있도록 지도한다.				
정리 및 평가	목표 도달 확인	· 유치원 가는 길에는 어떤 것들이 있었는지 물어보고 유아가 이번 수업을 통해 느낀 점을 이야기하도록 한다.	2분		이야기 나누기	목표 도달
차시 예고	예고	· 다음 시간에는 우리 동네 지도 그리기 활동을 할 것이라고 이야기한다.	1분			
참고 자료	http://www.edupre.co.kr 꼬망세					

주제	나와 가족	활동명	29. 어느 가게에서 파는 물건인가요?	수업일시		
대상	만 4세(소그룹)			담당교사		
목표	· 가게 놀이를 통해 가게의 종류에 따라 파는 물건을 바르게 말할 수 있다.					
단계	학습 문제	교수학습활동	시간(분)	수업 매체	수업 방법	도달점
도입	동기 유발	· 교사는 유아들을 한자리에 모은다. · 유아가 수업에 집중할 수 있도록 손유희로 주의를 집중시킨다. · '사랑은' 손유희로 주의를 집중시킨다. '사랑은' 사랑은 이렇게 사랑은 이렇게 화날 땐 이렇게 기쁠 때는 이렇게 기도 손은 이렇게 무릎 손! · 유아들과 가게에 갔던 경험을 이야기 나눈다. - 시장에 가본 적이 있나요? - 시장에는 어떤 가게들이 있나요? - 어느 가게에 가본 적이 있나요? · 각 가게에서 파는 물건들을 이야기 나눈다. - 장난감가게에는 어떤 물건들을 팔까요? - 과일가게에는 어떤 물건들을 팔까요? · 각 가게에 맞는 물건들을 찾아 분류한다. - 장난감 가게와 과일기게의 물건들 중 유아들에게 각 가게에 맞는 물건을 찾아서 분류하게 한다. - 한명씩 나와서 분류하게 한다.	2분	가게의 간판(장난감, 과일), 각 가게에서 파는 물건들, 바구니 2개, 신호악기	이야기 나누기	목표 이해
전개		· 게임의 방법을 이야기 나눈다. · 교사가 시범을 보이면서 게임방법을 이야기 해준다. 〈게임방법〉 - 두 팀으로 나뉘어 앉는다. - 출발점에서 2m쯤 떨어진 곳에 가게의 간판그림을 붙이고 그 앞에는 빈 바구니를 놓는다. - 각 팀에서 한 명씩 나와 찾을 물건을 선택한다. - 교사의 신호음을 듣고 출발하여 물건에 맞는	8분	가게의 간판(장난감, 과일), 각 가게에서 파는	게임, 신체표현	1. 가게의 종류에 따라 파는 물건이 다름을 안다.

		가게를 찾아 바구니 안에 넣는다. - 출발선으로 다시 돌아온다. · 게임을 할 때 지켜야 할 약속을 이야기 나누고 게임을 한다. - 다칠 위험이 있으니 급하게 뛰지 않기 - 선생님의 신호를 잘 듣고 출발하기 - 순서 지키기		물건들, 바구니 2개, 신호악기		
정리 및 평가	정리	· 게임이 끝난 뒤, 게임 활동이 어땠는지 느낌 점을 이야기한다. - 가게에 맞는 물건들을 잘 찾았나요? - 게임은 즐거웠나요? - 과일가게에서 팔았던 물건들은 어떤 것들이 있었죠? - 장난감 가게에서 팔았던 물건들은 어떤 것들이 있었죠?	1분 20초		이야기 나누기	
차시 예고	예고	· 다음시간에 배울 내용을 예고한다. - 다음 시간에는 용돈기입장 만들기를 해보기로 한다.	20초		다음 시간 예고	
참고 자료	가게의 간판(장난감, 과일), 각 가게에서 파는 물건들, 바구니 2개, 신호악기					

과일가게

장난감가게

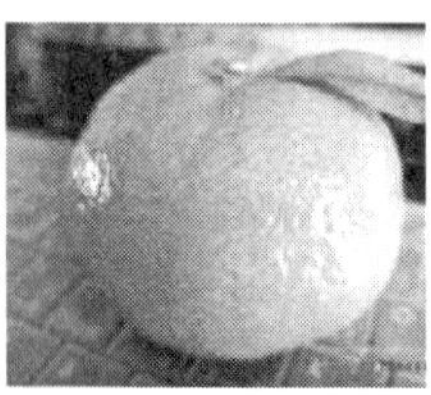

<table>
<tr><td>주제</td><td>나와 가족</td><td>활동명</td><td>30. 용돈 기입장 만들기</td><td colspan="2">수업일시</td><td colspan="2"></td></tr>
<tr><td>대상</td><td colspan="3">만 4세(소그룹)</td><td colspan="2">담당교사</td><td colspan="2"></td></tr>
<tr><td>목표</td><td colspan="7">· 용돈 기입장을 만듦을 통해 용돈기입장을 만들 수 있다.</td></tr>
<tr><td>단계</td><td>학습 문제</td><td colspan="2">교수학습활동</td><td>시간(분)</td><td>수업 매체</td><td>수업 방법</td><td>도달점</td></tr>
<tr><td>도입</td><td>동기 유발</td><td colspan="2">· 교사는 유아들을 한자리에 모은다.
· 유아가 수업에 집중할 수 있도록 손유희로 주의를 집중시킨다.
· '사랑은' 손유희로 주의를 집중시킨다.

'사랑은'
사랑은 이렇게
사랑은 이렇게
화날땐 이렇게
기쁠 때는 이렇게
기도 손은 이렇게
무릎 손!

· 유아들과 용돈에 대해 이야기를 나눈다.
- 용돈을 받는 친구가 있나요?
- 얼마씩 용돈을 받나요?
- 받은 용돈을 잘 쓰고 있나요?
· 용돈기입장에 대해 말해준다.
- 용돈 기입장이라고 알고 있나요?
- 왜 용돈기입장을 쓰는지 알고 있나요?</td><td>3분</td><td></td><td>이야기 나누기</td><td>목표 이해</td></tr>
<tr><td>전개</td><td></td><td colspan="2">· 용돈 기입장을 만들어 볼 것이라고 이야기해준다.
- 준비물은 잘라 놓은 A4용지와 색연필, 크레파스, 자, 연필, 지우개 등이 필요하다.

- 미리 만들어 놓은 교사가 만든 용돈기입장을 보여준다.
· 용돈 기입장을 만드는 방법을 알려준다.
- 잘라 놓은 A4용지에 연필로 용돈기입장에</td><td>15분

15분</td><td>용돈기입장을 만드는 재료(A4용지, 크레파스, 색연필, 스템플러</td><td>이야기 나누기

만들기 실제</td><td>용돈기입장을 만듦을 통해 용돈기입장을 만들 수 있다.</td></tr>
</table>

		칸을 그린다. - 겉표지는 크레파스나 색연필을 이용해서 꾸며준다. - 그려놓은 용돈기입장 종이들과 표지를 스탬플러를 이용해 집는다. (스탬플러는 위험하기 때문에 교사가 도와준다.) · 용돈 기입장 만드는 방법을 유아들에게 알려주고, 유아들이 만들게 한다. · 용돈 기입장을 쓰는 방법을 알려준다. · 용돈 기입장을 완성 후에 나와서 한명씩 자신이 만든 용돈기입장을 보여준다.				
정리 및 평가	정리	· 용돈 기입장을 다 만든 뒤, 용돈기입장을 왜 만드는지 조형활동은 어땠는지 느낌 점을 이야기 한다. - 용돈 기입장을 왜 만든다고 했었죠? - 용돈 기입장을 만드는데 어려운 점은 없었나요? - 모두들 용돈을 아껴서 쓰고 용돈기입장을 잘 쓸거죠?	1분30초		이야기 나누기	
차시 예고	예고	· 다음시간에 배울 내용을 예고한다. - 다음 시간에는 가게놀이를 할 거예요.	20초		이야기 나누기	다음시간예고
참고 자료	미리 잘라둔 A4용지, 색연필, 크레파스, 스탬플러, 완성된 용돈 기입장					

단원명	우리나라 전통음식	본시(주제)	31. 김치의 종류에는 무엇이 있을까요?	수업일시		
대상	만 4세(소그룹)			담당교사		
목표	·이야기 나누기를 통해 김치의 종류에 대해 말할 수 있다.					
단계	**학습문제**	**교수학습활동**	**시간(분)**	**수업매체**	**수업방법**	**도달점**
도입	주의집중 동기유발	·교사는 유아들을 한자리에 모은다. ·유아가 수업에 집중할 수 있도록 분위기를 조성한다. ·'김치가족' 이라는 동시를 읽어준다. (동시판) 빨강치마 배추김치 동글동글 총각김치 네모네모 깍두기 출렁출렁 물김치 길쭉길쭉 오이김치 우리는 한국의 김치가족이에요.  ·유아들이 집중하면 교사는 유아들과 활동을 시작하기 전에 유아들과 이야기를 나눈다. - 오늘 아침에는 무엇을 먹고 왔는지에 대해 이야기 나눈다. 오늘 아침에는 무얼 먹고 왔나요? - 유아들에게 알고 있는 김치의 종류를 물어 본다. - 김치의 종류에 대해 알아보기로 한다.	2분	동시판	이야기나누기	목표이해
전개	'김치의 종류'	·'김치의 종류' 라는 글자를 판에 붙인다. ·PPT자료를 띄운다. - PPT자료를 보면서 이야기 나눈다. ·'김치의 종류' 에 대해 이야기 나눈다.	9분	그림자료 및 ppt	시연, 참여	

<table>
<tr>
<td></td>
<td></td>
<td>
- 포기김치에 대해 이야기 나눈다.
친구들은 포기김치 먹어 본적 있나요?
포기김치를 왜 먹어야 할까요?

- 총각김치에 대해 이야기 나눈다.
총각김치 먹어본 친구 있어요? 총각김치는 왜 총각김치일까요?

- 열무김치에 대해 이야기 나눈다.
열무김치를 먹어 본 친구 있어요?
열무김치를 언제 먹어 봤어요?
- 교사는 준비한 그림 자료를 유아들에게 보여주고 이야기를 나누어 본다.

 </td>
<td></td>
<td></td>
<td>이야기 나누기</td>
<td>'김치의 종류' 대해 이야기를 나눈다.</td>
</tr>
<tr>
<td>정리 및 평가</td>
<td>정리</td>
<td>· 김치의 종류에 대해 어떤 것들이 있었는지 이야기한다.
- 김치의 종류에는 어떤 것들이 있었나요?</td>
<td>50초</td>
<td></td>
<td>이야기 나누기</td>
<td>목표 도달 확인</td>
</tr>
<tr>
<td>차시 예고</td>
<td>예고</td>
<td>· 다음시간에는 김장을 직접해 보기로 한다.
- 다음 시간에는 우리가 직접 김장을 해봐요.</td>
<td>10초</td>
<td></td>
<td>이야기 나누기</td>
<td>다음 시간 예고</td>
</tr>
</table>

참고 자료	· 동시 융판 자료 · PPT자료 · 김치 사진 자료

<table>
<tr><td>주제</td><td>우리
나라</td><td>활동명</td><td colspan="2">32. 인간 윷놀이</td><td colspan="2">수업일시</td><td></td></tr>
<tr><td>대상</td><td colspan="4">만 4세(소그룹)</td><td colspan="2">담당교사</td><td></td></tr>
<tr><td>목표</td><td colspan="7">· 인간 윷놀이 게임을 통해 윷놀이를 할 수 있다.</td></tr>
<tr><td>단계</td><td>학습
문제</td><td colspan="2">교수학습활동</td><td>시간
(분)</td><td>수업
매체</td><td>수업
방법</td><td>도달점</td></tr>
<tr><td>도입</td><td>동기
유발</td><td colspan="2">· 교사는 유아들을 한자리에 모은다.
· 유아가 수업에 집중할 수 있도록 손유희로 주의를 집중시킨다.
· '윷놀이' 손유희로 주의를 집중시킨다.

나는 윷 나는 윷
윷놀이 하러 들어갔었지. 아,
들어갔었지
도 한 칸, 개 두 칸, 걸 세 칸,
윷 네 칸, 모 다섯 칸,
앞으로 앞으로 나아가지요.
아, 나아가지요.

· 유아들과 윷놀이를 해 본적이 있는지에 대해 이야기를 나눈다.
- 윷놀이를 해 본적이 있나요?
- 윷놀이는 어떤 놀이일까요.</td><td>2분</td><td></td><td>이야
기
나누
기</td><td>목표이
해</td></tr>
<tr><td>전개</td><td></td><td colspan="2">· 유아들과 인간 윷놀이를 할 것이라고 이야기 해준다.
 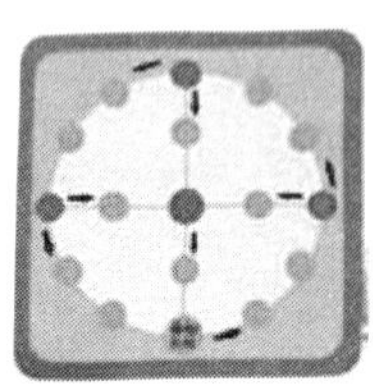
· 먼저, 작은 윷으로 시범을 보이면서 윷놀이 하는 방법을 알려준다.

① 도, 개, 걸, 윷, 모에 대해 알려준다.
- 윷가락이 한 개 뒤집어지면 도 : -1칸
- 윷가락이 두 개 뒤집어지면 개 : -2칸
- 윷가락이 세 개 뒤집어지면 걸 : -3칸
- 윷가락이 네 개 뒤집어지면 윷 : -4칸
- 윷가락이 네 개 모두 뒤집어지면 모 : -5칸</td><td>10분</td><td>작은
윷,
윷판

윷
옷,
윷판,
말</td><td>시범,
이야
기
나누
기

게임
실제</td><td>인간
윷놀이
게임을
통해
윷놀이
하는
방법을
알 수
있다.

인간</td></tr>
</table>

<table>
<tr><td></td><td></td><td>간다.
② 윷판의 진행 방향을 알려주고 말을 정한다.
- 말은 여러 개 정해서 할 수 있다.
③ 유아들이 좋아하는 동물로 말을 만들 수 있다.
④ 유아들끼리 가위, 바위, 보를 해서 이기는 팀이 먼저 게임을 시작한다.
⑤ 유아들이 팀별로 나온 윷만큼 말을 옮겨간다.
⑥ 말을 옮겨가다가 상대편 말과 같은 자리에 놓이게 되면 상대편 말을 잡을 수 있다.
⑦ 상대편 말을 잡으면 다시 한 번 윷을 던질 수 있고 상대편 말은 처음부터 다시 놓아야 한다.
⑧ 윷이나 모가 나와도 다시 한 번 한다.
⑨ 먼저 도착하는 팀이 이기게 된다.

· 배운 윷놀이 방법을 다시 한 번 확인 한 뒤, 인간 윷놀이 게임을 한다.
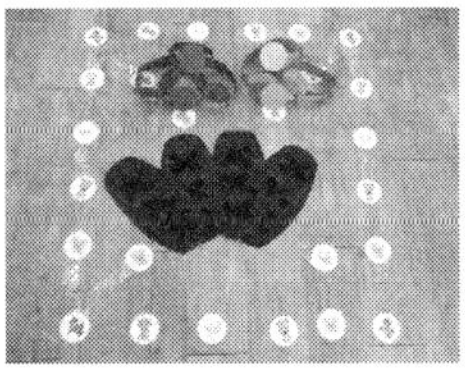</td><td>10분</td><td></td><td></td><td>윷놀이 게임을 통해 윷놀이 하는 방법을 알 수 있다</td></tr>
<tr><td>정리 및 평가</td><td>정리</td><td>· 게임이 끝난 뒤, 게임 활동이 어땠는지 느낌점을 이야기한다.
- 직접 윷이 되어서 윷놀이를 해보니 어땠나요?
- 윷놀이를 어떻게 하는지 알았나요?
- 인간 윷놀이 놀이를 하면서 힘든 점이 있었나요?</td><td>2분</td><td></td><td>이야기 나누기</td><td></td></tr>
<tr><td>차시 예고</td><td>예고</td><td>· 다음시간에 배울 내용을 예고한다.
- 다음 시간에는 송편 만들기를 해요.</td><td>20초</td><td></td><td>이야기 나누기</td><td>다음 시간 예고</td></tr>
<tr><td>참고 자료</td><td colspan="6">놀이판(29개의 동그라미를 그린 윷판), 윷 옷, 작은 윷</td></tr>
</table>

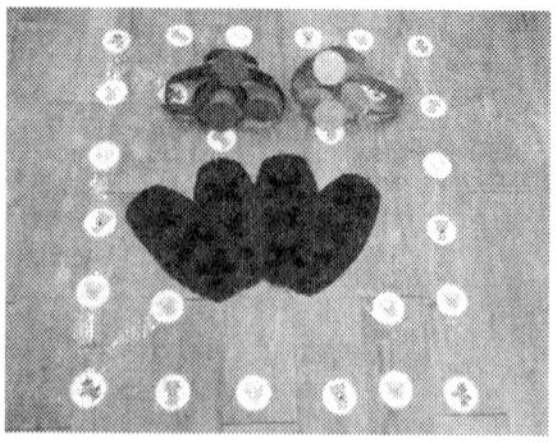

<table>
<tr><td>주제</td><td>세계 여러 나라</td><td>활동명</td><td>33. 세계 여러 나라 국화들(6개의 국가)</td><td>수업일시</td><td colspan="3"></td></tr>
<tr><td>대상</td><td colspan="3">만 4세(소그룹)</td><td>담당교사</td><td colspan="3"></td></tr>
<tr><td>목표</td><td colspan="7">· 이야기나누기를 통해 세계 여러 나라를 상징하는 국화들에 대해 말할 수 있다.</td></tr>
<tr><td>단계</td><td>학습
문제</td><td>교수학습활동</td><td>수업
시간</td><td>수업
매체</td><td>수업
방법</td><td>도달점</td></tr>
<tr><td>도입</td><td>동기
유발</td><td>· 교사는 유아들을 한자리에 모은다.
· 유아가 수업에 집중할 수 있도록 손유희로 주의를 집중시킨다.
· '사랑은' 손유희로 주의를 집중시킨다.

'사랑은'
사랑은 이렇게
사랑은 이렇게
화날땐 이렇게
기쁠 때는 이렇게
기도 손은 이렇게
무릎 손!

· 나라를 대표하는 국화의 의미에 대해 관심을 갖도록 한다.
- 선생님이 오늘은 여러 가지 꽃 친구들을 데리고 왔어요. 어떤 꽃들을 데리고 왔을까요?

· 여러 가지 꽃에 대해 이야기를 나눈다.
· 꽃 '장미' 에 대한 수수께끼를 낸다.
- 나는 누구일까요?
가시가 뾰쪽 뾰족 나있어요.
사람들은 나를 꽃다발에 포장해서 선물로 많이 준답니다. 나는 노란색, 분홍색도 있지만 대부분 빨간색을 가진 꽃이랍니다.

· 그림 자료로 장미를 보여준다.
· 꽃 '카네이션' 에 대한 수수께끼를 낸다.
- 자~ 이번에는 어떤 꽃일까요?
- 나는 어버이날에 "엄마 아빠 감사합니다"하며 가슴에 달아드리는 꽃이랍니다.
- 우리친구들은 카네이션을 본 적이 있어요?
- 어떤 모양이었어요?

· 그림 자료로 다양한 꽃들에 대해 이야기 나눈다.
· 꽃에 대한 관심을 일으킨 후, 나라를 대표하는</td><td>4분</td><td></td><td>이야기
나누기</td><td>목표
이해</td></tr>
</table>

		꽃이 국화라는 것을 알려준다. - 국화는 무엇을 말하는 것일까요?				
전개		·세계 여러 나라의 국화들에 대해 알아본다고 이야기 해준다. ·세계 여러 나라를 대표하는 국화에 대해 이야기 나눈다. 《세계 여러 나라 국화 그림 자료를 보여준다》 여러 나라의 국화들  네델란드-튤립. 영국-장미. 러시아-해바라기. 일본-벚꽃. 중국-매화. 한국-무궁화. - 이 꽃은 무슨 꽃일까요? - 이 꽃은 어느 나라의 꽃일까요? ·국화로 정한 이유에 대해 이야기를 나눈다. - 영국은 왜 장미꽃을 국화로 했을까요? - 왜 우리나라는 무궁화를 국화로 했을까요? 그 나라에 많이 있거나 또는 그 나라 사람들이 좋아 하거나 예뻐하고 또 의미가 있어서 소중하게 생각하는 꽃으로 정한다.	8분	그림 자료,	이야기 나누기	이야기 나누기를 통해 세계 여러 나라를 상징하는 국화들에 대해 안다.
정리 및 평가		·국화의 의미에 대해 다시금 생각해보면서 마무리 한다. - 나라를 대표하는 꽃 국화에 대해 이야기 해보았어요. 어땠어요? - 우리친구들이 국화를 정한다면 어떤 꽃으로 하고 싶어요? - 그 이유는 무엇이에요?	1분		이야기 나누기	
차시 예고		·다음시간에 배울 내용을 예고한다. - 다음시간에는 '세계여행을 떠난 아기 곰 무크 동화'를 읽어봐요.	20초			다음시간예고
참고 자료	 ·세계 여러 나라 국화 그림 자료					

주제	세계 여러 나라	활동명	34. 세계 여러 나라 친구들과 인사해요.	수업일시		
대상	만 4세(소그룹)			담당교사		
목표	· 게임을 통해 세계 여러 나라의 인사말을 할 수 있다.					

단계	학습 문제	교수학습활동	시간 (분)	수업 매체	수업 방법	도달점
도입	동기 유발	· 교사는 유아들을 한자리에 모은다. · 유아가 수업에 집중할 수 있도록 손유희로 주의를 집중시킨다. · '사랑은' 손유희로 주의를 집중시킨다. '사랑은' 사랑은 이렇게 사랑은 이렇게 화날땐 이렇게 기쁠 때는 이렇게 기도 손은 이렇게 무릎 손! · 각 나라의 인사 나누는 방법에 대하여 관심을 가진다. - 친구들을 만나면 어떻게 인사해요? - 다른 나라 사람들도 우리처럼 인사할까요? - 다른 나라 사람들이 서로 인사하는 모습을 본 적이 있어요? · 세계 여러 나라의 인사법에 대해 알아본다. · PPT자료로 유아들에게 질문을 하고 세계 여러 나라 인사법을 따라해 보게 하면서 알려준다. 〈세계 여러 나라 인사법〉 	3분	PPT 자료	이야기 나누기	목표이해

<table>
<tr>
<td></td>
<td></td>
<td>

- 우리나라 : 허리를 굽혀 인사하며 '안녕하세요'라고 한다.

- 인도 : 손끝을 부드럽게 입에 대었다 떼면서 '살라모어'라고 말한다.

- 중국 : 양 팔꿈치를 잡고 허리를 굽히면서 '세세'하면서 인사한다.

- 이스라엘 : 서로 양팔을 펼쳐 상대방 어깨를 주무르며 '샬롬' 한다.

- 하와이 : 한 사람은 상대방의 목, 다른 사람은 상대방의 허리를 감싸 안고 왼쪽 뺨을 비비면서 '알로하'하고 인사한다.
</td>
<td></td>
<td>PPT 자료</td>
<td>이야기 나누기</td>
<td></td>
</tr>
<tr>
<td>전개</td>
<td></td>
<td>
· 유아들에게 '세계의 친구들과 반갑게 인사해요' 활동방법을 설명해 주며 교사는 시범을 보인다.

1) 유아들을 두 팀으로 나눈다.
</td>
<td>8분</td>
<td>세계 여러 나라의 인사말 카드</td>
<td></td>
<td>1. 세계 여러 나라의 인사말을 할 수 있다.</td>
</tr>
</table>

		2) 각 팀의 유아들은 일렬로 상대 팀과 서로 마주보고 서 있는다. 3) 음악을 들으면서 좌- 우로 움직이다가 음악이 멈추면 교사가 제시하는 카드를 보고 상대팀과 인사를 나눈다.				
정리 및 평가	정리	· 게임이 끝난 뒤, 게임 활동이 어땠는지 느낌 점을 이야기한다. - 세계 여러 나라 친구들의 인사를 해보았어요. 어땠어요? - 어떤 인사가 가장 기억에 남아요? - 어떤 나라의 인사법에 대해 더 알고 싶어요?	1분 20초		이야기 나누기	활동 후 정리 및 평가
차시 예고	예고	· 다음시간에 배울 내용을 예고한다. - 다음 시간에는 세계 여행을 떠난 아기 곰 무크동화책을 읽을 거예요.	20초		이야기 나누기	다음 시간 예고
참고 자료	PT자료, 인사말 카드					

		- 일본에 간 무크는 어떤 축제를 보았니? - 그리고 무크는 또 어디에 갔니? · 동화를 들은 후 느낌을 이야기 나눈다. - 동화를 다 읽으니까 어때요? - 선생님은 다른 나라를 여행하고 싶은데, 우리 반 친구들은 어떤가요? 〈확장활동〉 · 우리 반 친구들이 가고 싶은 나라를 조사하여 그래프로 나타낸다. - 어느 나라를 가고 싶은지 손을 들어 볼까요? - 가고 싶은 나라가 정말 다양하네요. - 그럼 이렇게 다양한 나라들을 그래프로 나타내어 볼까요?				
정리 및 평가		· 동화 읽는 활동 후 정리 및 평가한다. - 세계 여러 나라에 관심을 가지는가? - 동화의 내용을 이해하며 즐겨 듣는가?	1분 20초		이야기 나누기	
차시 예고		· 다음시간에 배울 내용을 예고한다. - 다음시간에는 '누가 내 머리에 똥쌌니'를 읽어 볼게요.	20초			다음시간예고
확장 활동	- 동화 뒷 이야기 짓기 활동을 할 수 있다. - 동화를 들은 후 가장 기억에 남는 장면을 그리는 활동을 할 수 있다.					
참고 자료	세계지도, 스티커, 동화책					

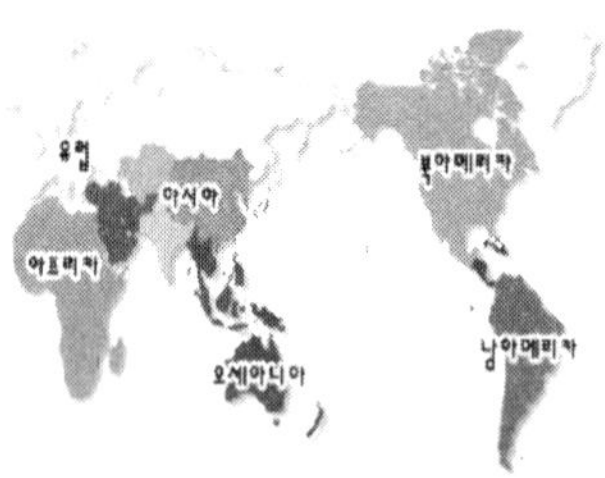

제10장

생활주제별 사회생활 지도의 실제

제1절 생활주제의 선정

생활주제는 유아가 유치원에 들어와서 경험하게 될 주요 동적인 요소들을 동질적인 특성에 따라 묶은 것이다. 유치원 교육과정과 관련하여 추구하는 인간상, 교육목표와 내용을 기초로 하여 유아의 발달 특성, 흥미와 욕구, 사회문화적 필요, 교육적 가치 및 학문적 체계 등을 고려하여 생활주제를 선정한 것이다. 교육부에서 제시한 생활주제는 대다수 유아교육기관에서 사용하고 있다.

따라서 생활주제는 각 주제별로 매우 복합적 요소를 지니고 있다. 예를 들어 같은 주제라도 사회생활 영역과 관련지을 수도 있고 언어생활 영역 등에 관련지을 수가 있다. 이것은 당해 유치원이나 지도하는 교사의 계획에 따라 주된 영역을 상정하고 제 영역을 고르게 발달시키는데 초점을 맞추는 것이 중요하다고 본다. 따라서 생활주제에 따라 교육을 하고자 할 때 교육과정에서 제시한 5개 생활영역과 교육과정이 간과한 영역을 시대 상황에 맞게 담을 수 있다고 본다.

그러므로 생활주제는 교육과정의 생활영역과의 관련성을 생각해야 하고 또 같은 영역 예를 들어 같은 사회생활 영역이라도 내용과 하위 내용을 구분하여 관련지어 교육 계획을 수립하고 실행하는 것이 제 영역을 조화롭게 발달시키는데 중요한 요소이다.

생활주제는 다음과 같이 11개로 선정할 수 있으며 그것을 다루는 관점에 따라 유아교육과정의 제 영역 내지 사회생활 영역의 내용과 하위 내용과 연결시킬 수 있다.

1. 유치원과 친구

유치원의 물리적 환경을 탐색하면서, 가족을 떠나 유치원에서 교사, 또래와의 새로운 상호작용을 하며 원만한 관계를 형성할 수 있다.

2. 나와 가족

우선 자신의 몸과 마음을 인식하여 자아 개념과 자아 존중감을 형성하고 태어나서 처음으로 애착관계를 맺는 가족과의 포근한 관계와 협동을 학습할 수 있다.

3. 우리 동네

우리 동네는 가정에서 확대되어 유아가 살고 있는 주변 환경에 대한 탐색이다. 동네의 환경과 동네에는 어떤 사람들이 살고 있으며 무엇을 하는지를 알고 이웃 간에 어떻게 상호의존을 하며, 공동체를 유지하는지를 인식하는 것이다.

4. 동식물과 자연

인간이 살고 있는 자연환경을 알고 자연과 인간이 어떠한 관계를 유지하면서 살고 있는지 자연에 따라 인간의 생활이 어떻게 달라지는지를 탐색하는 것이다. 또한 자연 속에서 생명체로서 인간과 접하게 되는 동물과 식물은 인간과 어떤 관계를 가지고 있는지를 깨닫고 유아가 자연의 소중함과 생명의 존엄함을 깨닫게 하는 것이다.

5. 건강과 안전

모든 활동의 기초로서 유아가 안전하고 건강해야 한다. 그런데 유아 혼자의 힘으로는 그것을 지키기가 어렵다. 유치원과 가정의 긴밀한 연계 아래 각종 안전사고에 대비하여야 하며, 건강에 대하여 항상 관찰하여야 한다. 그리고 유아자신도 안전에 대한 의식과 건강을 유지하는 방법들을 학습하여야 한다.

6. 생활도구

생활도구는 현대 문명과 더불어 매우 폭넓은 개념이다. 우선 유아가 접할 수 있는 여러 도구들을 올바르게 사용하고 정리하는 습관을 가지도록 해야 하며, 생활도구의 대부분 전기 에너지와 관련되며 그 편리함과 그 뒤의 위험함, 에너지의 한계성을 의식하게 된다. 그리고 컴퓨터, 스마트 폰 등의 생활도구를 올바르게 활용하는 방법과 태도, 예절 등도 학습되어야 할 것이다.

7. 교통기관

교통기관은 편리함과 위험요소를 동시에 지니고 있다. 교통질서를 지키는 습관은 유아시절에 형성해야 하며, 그것이 나와 공동체에 어떤 영향을 미치는지도 깨달아야한다. 그리고 각종 교통기관을 질서를 지키면서 편리하게 활용할 수 방법도 학습하게 된다.

8. 우리나라

우리나라의 개념은 매우 포괄적이다. 우선 전통문화에 대한 인식과 소중함을 알게 해야 하고, 나라라는 개념과 국가의 역할, 국민으로서의 자긍심, 그리고 조상들이 나라를 어떻게 지켜왔으며, 장차 민주시민으로서 나라를 건전하게 유지하고 공동체에 기여하여야 나라가 발전하는가에 관점을 두고 학습해 나가야 한다.

9. 세계 여러 나라

국제화되고 개방화된 사회, 그리고 대중매체와 교통·통신 수단이 고도로 발달한 현대사회에서 세계 여러 나라는 더 이상 단순한 남의 나라가 아니다. 새로운 이웃처럼 교류하고 상호 활동을 하는 현실이다. 따라서 우리나라와 다른 언어, 다른 외모, 피부색, 다른 옷과 집 등 문화가 다양하다는 것을 깨달아야하며 그들과 한 이웃이라는 사실도 알아야 한다. 그리고 다르지만 더불어 살아야 보다 폭넓은 문화를 향유하며 발전할 수 있다는 것을 깨달아 가야 한다.

10. 환경과 생활

앞의 자연과 더불어 환경은 우리가 살고 있으며, 우리의 생활에 절대적인 영향을 주는 요소이다. 우리의 일상생활과 환경이 어떤 관계에 있는지를 인식하고, 환경오염의 원인은 무엇이며 환경이 오염되었을 때 어떠한 피해를 받는가를 깨달아야 한다. 그리고 환경과 자원을 어떻게 보존하고 가꾸어 나가야 하는가에 대하여 가치와 태도를 유아시절부터 갖도록 해야 한다.

11. 봄 · 여름 · 가을 · 겨울

우리나라의 사계는 아름답고, 생활과 정서에 있어서 많은 변화를 준다. 사계절의 날씨와 자연의 변화를 관찰하고 탐구할 수 있다. 그런데 사회생활 영역과 관련지으려면 이러한 사계의 변화와 인간생활의 변화, 계절에 따른 인간관계의 변화 등을 탐색하는 것도 흥미로울 것이다.

제 2 절 생활주제별 활동의 목록과 지도의 실제

〈표 10-1〉 생활주제별 활동 목록

생활주제	주제	활동명	활동형태	관련 사회생활 내용
유치원과 친구	유치원에서의 나의 일	1. 점심을 준비해요.	이야기나누기	나를 알고 사랑하기 - 나의 일 스스로 하기
	유치원에서의 친구	2. 내 친구를 소개해요.	게임	이웃과 더불어 생활하기 - 다른 사람을 이해하고 존중하기
	유치원의 환경	3. 우리 반 규칙을 만들어요.	이야기나누기	이웃과 더불어 생활하기 -질서와 규칙 지키기
나와 가족	나의 몸과 마음	4. 안돼요! 싫어요!	역할극	나를 알고 사랑하기 - 나의 감정알고 조절하기
	소중한 나	5. '나'는 이 세상에서 하나 뿐이에요	이야기나누기	나를 알고 사랑하기 - 나를 소중하게 여기기
	소중한 가족	6. 닮은 곳이 있대요.	음률	가족과 함께 생활하기 -가족과 화목하게 지내기
우리 동네	우리 동네 기관	7. 고마운 우체국	이야기나누기	사회현상에 관심가지기 - 주변 지역에 관심가지기
	우리 동네 이웃	8. 고마운 분들	동시	사회현상에 관심가지기 - 주변 지역에 관심가지기
동식물과 자연	동물과 자연	9. 동물이 우리에게 주는 것	N.I.E 활동	사회현상에 관심가지기 - 주변 지역에 관심가지기
	식물과 자연	10. 나만의 진달래와 개나리 - 손가락도장	조형	사회현상에 관심가지기 - 주변 지역에 관심가지기
건강과 안전	깨끗한 나의 몸	11. 병균이의 여행	동화	나를 알고 사랑하기 -나의 일 스스로하기
	운동과 건강	12. 운동과 휴식이 필요한 이유	이야기나누기	나를 알고 사랑하기 - 나를 소중하게 여기기
	안전한 놀이와 생활	13. 놀이터에서 놀 때는	이야기나누기	이웃과 더불어 생활하기 - 질서와 규칙 지키기
생활	다양한 생활도구	14. 빙글빙글 믹서기	신체	이웃과 더불어 생활하기

도구			활동	- 두레의 소중함을 알고 협력하기
	생활 도구로서의 미디어	15. 내가 좋아하는 TV 프로그램	이야기나누기 / 미술	나를 알고 사랑하기 - 나를 소중하게 여기기
교통기관	여러 가지 탈 것	16. 수상 교통에는 무엇이 있을까?	이야기 나누기	사회 현상에 관심가지기 - 주변지역에 관심가지기
	고마운 교통기관	17. 불이 날 때 달려오는 차	동시	사회 현상에 관심가지기 - 주변지역에 관심가지기
	교통통신과 교통생활	18. 표지판을 보고 걸어요.	역할극	이웃과 더불어 생활하기 - 질서와 규칙 지키기
우리나라	우리나라음식	19. 비빔밥 만들기	요리	사회현상에 관심가지기 - 전통 무화에 관심가지기
	우리나라의 자랑거리	20. 자랑스러운 우리 한글	동화	사회현상에 관심가지기 - 전통 문화에 관심가지기
세계 여러 나라	세계 여러 나라의 문화	21. 세계 여러 나라의 축제	이야기나누기	사회 현상에 관심가지기 - 다양한 문화에 관심가지기
	세계 여러 나라와의 교류	22. 다른 나라와 서로 사고 팔아요.	이야기나누기	사회 현상에 관심가지기 - 경제생활에 관심가지기
	세계의 자연과 사회 현상	23. 지구 온난화를 예방해요.	이야기나누기	사회 현상에 관심가지기 - 주변지역에 관심가지기
환경과 생활	물과 우리 생활	24. 물놀이를 안전하게 하려면	이야기나누기	사회현상에 관심가지기 - 경제생활에 관심가지기
	갯벌과 우리 생활	25. 가족과 갯벌에 가요.	현장체험	가족과 함께 생활하기 - 가족과 협력하기
	소리와 우리 생활	26. 친구와 교실에서 자연의 소리를 찾아보아요.	음률	이웃과 더불어 생활하기 - 두레의 소중함을 알고 협력하기
봄 여름 가을 겨울	봄	27. 황사 대비 마스크 만들기	조형	나를 알고 사랑하기 - 나를 소중하게 여기기
	여름	28. 우리 모두 물놀이 하기 전에는 준비운동을 해요.	신체활동	나를 알고 사랑하기 - 나를 소중하게 여기기
	가을	29. 땅콩을 캐러 가요.	체험	사회 현상에 관심가지기 - 주변지역에 관심가지기
	겨울	30. 김장을 해요.	요리	이웃과 더불어 생활하기 - 두레의 소중함을 알고 협력하기

1. 유치원과 친구

주제	유치원에서의 나의 일	활동명	1. 점심을 준비해요.	수업일시	
대상	만 4세			담당교사	
목표	· 점심 식사 예절을 지킬 수 있다. · 점심 식사 준비를 위한 태도를 취할 수 있다.				

단계	학습 문제	교수학습활동	수업 시간	수업 매체	수업 방법	도달점
도입	동기 유발	· 하루 일과표를 보며 점심시간이 언제인지 알아본다. - 오늘은 어떤 활동을 하기로 했었나요? - 오늘의 활동 중 지금은 어떤 시간인가요? - 이야기 나누기가 끝나면 어떤 시간인가요? (※일과표를 계획할 때 이야기 나누기 다음 시간을 점심시간으로 하여 함께 활동한 것을 바로 적용할 수 있도록 한다)	2분	일과표	이야기 나누기	동기 유발
전개	점심 식사 예절	· 점심시간에 해야 할 일에 대해 알아본다. - 점심시간은 어떤 시간인가요? - 점심시간에는 어떤 것을 할까요? - 밥 먹기 바로 전에 무엇을 하면 좋을까요?  - 밥을 먹기 전에 손을 씻지 않는다면 어떻게 될까요? - 밥을 먹기 전에 자리에 잘 앉아있지 않고 친구들과 이야기를 하거나 놀잇감을 가지고 논다면 어떻게 될까요? - 밥을 먹고 난 후에는 어떤 것을 할까요? - 밥을 먹은 뒤에 이를 닦지 않으면 어떻게 될까요? - 밥을 다 먹지 않고 놀이를 하면 어떻게 될까요?	10분	그림 자료	이야기 나누기	점심 식사 예절 알기

<table>
<tr>
<td></td>
<td></td>
<td>
- 밥을 먹은 뒤에 자기가 먹은 자리를 정리하지 않으면 어떻게 될까요?
·배식을 받는 태도와 방법에 대해 이야기 나눈다.

- 손을 씻고 밥을 먹기 전에 너희가 모두 밥과 반찬을 받으려면 어떻게 해야 할까요?
- 식판을 들고 나올 때 어떤 걸음으로 나와야 할까요?
- 줄을 섰을 때 어떻게 해야 할까요?
- 밥과 반찬이 있는 식판을 어떻게 들고 자기 자리로 가야 할까요?
·밥을 먹기 전에 어떤 활동을 하면 좋을지 이야기 나눈다.
- 밥을 먹기 전에 우리에게 밥을 주시는 분께 어떤 마음을 가져야 할까요?
- 밥을 잘 먹겠다는 인사를 어떤 방법으로 하면 좋을까요(기도, 말, 노래 등)?
·밥을 먹을 때는 어떤 태도를 보여야 할지 이야기 나눈다.

- 밥을 먹을 때 친구들과 많은 이야기를 하면 어떻게 될까요?
- 밥을 먹는 다른 친구를 방해하면 어떻게 될까요?
- 좋아하지 않는 반찬이 나오면 어떻게 해야 할까요?
·밥을 먹고 난 후 정리하는 방법에 대해 이야기 나눈다.
- 밥을 먹고 난 다음에 떨어진 밥알이나
</td>
<td></td>
<td></td>
<td></td>
<td></td>
</tr>
</table>

		반찬은 어떻게 해야 할까요? - 만약 자기가 먹고 난 자리를 치우지 않는다면 어떻게 될까요?				
정리 및 평가	점심 식사 예절 알기	· 점심식사 예절을 퀴즈를 통해 정리한다. - 밥 먹기 전에는 뭘 해야 하나요(손 씻고 자리에 앉아 있기)? - 밥을 먹을 때는 어떻게 해야 하나요(친구들과 이야기하지 않는다.)? - 밥은 다 먹은 후에는 어떻게 해야 하나요(식판을 정리한다.)?	1분		이야기 나누기	목표 도달 확인
차시 예고		· 차시 예고를 한다. - 다음시간에는 직접 배식을 해 볼 거예요.	30초			
참고 자료	그림자료					

<table>
<tr><td>주제</td><td colspan="2">유치원에서의 친구</td><td>활동명</td><td>2. 내 친구를 소개해요.</td><td>수업일시</td><td></td></tr>
<tr><td>대상</td><td colspan="4">만 4세</td><td>담당교사</td><td></td></tr>
<tr><td>목표</td><td colspan="6">· 친구의 특징을 찾아 설명할 수 있다.
· 게임의 규칙을 잘 지킬 수 있다.</td></tr>
<tr><td>단계</td><td>학습
문제</td><td>교수학습활동</td><td>수업
시간</td><td>수업
매체</td><td>수업
방법</td><td>도달점</td></tr>
<tr><td>도입</td><td>동기
유발</td><td>· 자리에 앉아 있는 유아들 중 한 유아를 수수께끼 형식으로 소개한다.
- 선생님이 이야기하는 친구가 누군지 한 번 맞춰보아요.
- 이 친구는 6살이에요.
- 이 친구는 여자에요.
- 이 친구는 머리가 아주 길어요.
- 이 친구는 분홍색 치마를 입고 있어요.
- 누구일까요?</td><td>1분</td><td></td><td>이야기 나누기</td><td>동기
유발</td></tr>
<tr><td>전개</td><td>친구
소개
하기</td><td>· 친구를 소개하는 것에 대해 이야기 나눈다.
- 선생님은 친구들에게 ○○친구를 소개했어요.
- 나의 친구를 소개한 경험이 있나요?
- 우리는 언제, 누구에게 친구를 소개하나요?
- 친구를 소개할 때는 친구의 어떤 점을 이야기 하나요?
· 오늘 할 게임에 대해 설명한다.
- 오늘은 '내 친구를 소개해요'라는 게임을 할 거예요.

〈게임방법〉
① 각 유아들의 사진을 준비한다.
② 한 명이 앞에 나와 몰래 한 유아의 사진을 본다.
③ 친구들에게 그 유아의 이름을 제외한 여러 가지 특징들을 설명한다.
④ 설명을 들은 유아들은 손을 들고 그 친구가 설명하는 친구가 누구인지 맞춘다.
⑤ 맞춘 유아에게 스마일 스티커를 1장씩 붙여준다.

〈유의점〉
① 앞에 나온 유아가 설명을 잘 못할 수도 있으므로 교사는 힌트를 주어 그 유아를 격려한다.
② 정답을 맞추려는 유아들이 너무 흥분해서 교실이 소란해지지 않도록 '조용히 손들고, 지목된</td><td>17분</td><td>유아
들의
사진</td><td>게임</td><td>친구의
특징을
찾아
설명하기</td></tr>
</table>

		유아만 말하기' 등의 규칙을 정한다. ③ 모든 유아가 스티커를 받을 수 있도록 진행한다. - 게임 규칙을 잘 지킬 수 있겠나요? - 누가 먼저 해볼까요? · 게임을 진행한다.  - ○○친구가 나와서 사진을 보고 친구들에게 사진 속 친구를 소개해보아요. - 앉아 있는 친구들은 ○○친구의 이야기를 잘 듣고 ○○친구가 누굴 소개하는 것인지 맞춰보아요.				
정리 및 평가	친구 소개 하기	· 게임을 끝낸 후 느낀 점에 대해 이야기 나눈다. - 내 친구를 소개해 보니 어땠나요? - 실제로 다른 사람에게 내 친구를 소개할 수 있겠나요?	2분		이야기 나누기	목표도 달확인
차시 예고		· 차시 예고를 한다. - 다음 시간에는 우리 가족을 소개하는 시간을 가져 보아요.	30초			
참고 자료						

주제	유치원에서의 규칙	활동명	3. 우리 반 규칙을 만들어요.	수업일시	
대상	만 4세			담당교사	
목표	· 우리 반에서 지켜야 할 규칙을 말할 수 있다. · 우리 반 규칙을 지킬 수 있다.				

단계	학습문제	교수학습활동	수업시간	수업매체	수업방법	도달점
도입	동기유발	· 여러 가지 규칙에 대해 이야기 나눈다.  - 친구들, 아침에 유치원에 들어오면서 신발을 어떻게 하나요? - 신발을 벗어 자기 신발장에 넣지 않는다면 어떻게 될까요? - 밥을 먹을 때는 어떻세 하나요? - 줄을 서지 않는다면 어떻게 될까요? - 신발을 벗고 자기 신발장에 넣는 것과, 밥을 먹을 때 차례차례 줄을 서는 것은 우리 유치원의 규칙이에요. · 다른 규칙들을 찾아본다. - 우리 유치원에 다른 규칙들이 있나요? - 유치원이 아닌 다른 장소에도 규칙들이 있을까요? - 어떤 규칙들이 있을까요?	5분		이야기 나누기	동기유발
전개	우리 반 규칙	· 우리 반 규칙에 대해 이야기 나눈다. - 우리 반에는 규칙이 있나요? - 어떤 규칙들이 있나요? - 우리 반 안에서 지켜야 할 새로운 규칙들이 필요한가요? · 우리 반 규칙을 만든다. - 우리 반에서 지켜야할 규칙들을 만들어 보아요. - 선생님은 우리 반에서는 '친구를 때리지 않아요.'라는 규칙을 만들고 싶어요. - 친구들은 어떤 규칙을 만들고 싶나요? · 유아들이 말하는 여러 가지 규칙들을 종이나 화이트보드에 적는다.	13분	종이나 화이트보드	이야기나누기	우리 반 규칙 만들기

<table>
<tr><td></td><td></td><td>〈우리 반에서 꼭 지켜야 할 규칙〉
① 친구를 때리지 않아요.
② 장난감을 던지지 않아요.
③ 몸이 아플 때는 꼭 선생님에게 먼저 말해요.
④ 친구의 놀잇감을 빼앗지 않아요.
⑤ 집에 있는 물건을 가져오지 않아요.
- 친구들은 왜 이런 규칙을 만들고 싶나요?
- 친구들이 만든 규칙을 잘 지킬 수 있나요?
- 지키지 못할 땐 어떻게 해야 할까요?</td><td></td><td></td><td></td><td></td></tr>
<tr><td>정리 및 평가</td><td>규칙 만들기</td><td>· 우리 반 규칙을 만든 것에 대한 느낀 점을 이야기 나눈다.
- 우리 반 규칙을 만들어 봤는데 어땠나요?
- 우리가 직접 만든 규칙이니 잘 지킬 수 있겠죠?
- 새로운 규칙이 필요하다고 생각될 땐 어떻게 해야 할까요?</td><td>2분</td><td></td><td>이야기 나누기</td><td>목표도 달확인</td></tr>
<tr><td>차시 예고</td><td></td><td>· 차시 예고를 한다.
- 다음 시간에는 오늘 만든 규칙들에 대한 상황들을 사진으로 찍어보는 활동을 해보아요.</td><td>30초</td><td></td><td></td><td></td></tr>
<tr><td>참고 자료</td><td colspan="6"></td></tr>
</table>

2. 나와 가족

<table>
<tr><td>주제</td><td>나의 몸과 마음</td><td>활동명</td><td colspan="2">4. 안돼요! 싫어요!</td><td>수업일시</td><td colspan="2"></td></tr>
<tr><td>대상</td><td colspan="4">만 4세</td><td>담당교사</td><td colspan="2"></td></tr>
<tr><td>목표</td><td colspan="7">· 역할극을 통해 나의 감정을 명확하게 말할 수 있다.
· 다른 사람이 내 몸을 만지려고 할 때 '싫어요! 안돼요!'라고 말할 수 있다.</td></tr>
<tr><td>단계</td><td>학습
문제</td><td colspan="2">교수학습활동</td><td>수업
시간</td><td>수업
매체</td><td>수업
방법</td><td>도달점</td></tr>
<tr><td>도입</td><td>동기
유발</td><td colspan="2">· 지난 주에 읽은 동화책 '도와줘요, 빨래할머니'에 대해 이야기 나눈다.

- 지난주에 읽었던 동화 '도와줘요, 빨래할머니'가 기억나나요?
- 어떤 내용이었는지 말해볼까요?
· 오늘 할 역할극에 대해 이야기 나눈다.
- 오늘은 '도와줘요, 빨래할머니'에 나왔던 상황들을 역할극으로 표현해 볼 거예요.</td><td>3분</td><td>동화
책</td><td>이야
기나
누기</td><td>동기
유발</td></tr>
<tr><td>전개</td><td>상황
별
나의
감정
표현
하기</td><td colspan="2">· 동화책에 나왔던 상황들에 대해 이야기 나눈다.
- '도와줘요, 빨래할머니'에 어떤 상황들이 나왔나요?
- 그 상황 속에서 어린이들은 어떻게 행동했나요?
- 친구들이 만약 그런 상황에 처한다면 어떻게 행동해야 할까요?
· 역할극을 할 상황들을 그림으로 보여준다.

- 이 상황을 역할극으로 한번 해 볼 거예요.
- 이 상황 속에서 친구들은 어떻게 행동해야 할까요?
· 그림속의 상황들을 역할극으로 표현해 본다.
- 그림속의 상황을 역할극으로 표현해 볼까요?</td><td>15분</td><td>그림
자료</td><td>역할
극</td><td>나의
감정을
알고
상대방
에게
명확하
게
말하기</td></tr>
</table>

정리 및 평가	나의 감정 알고 표현하기	· 역할극에 대한 느낌을 이야기 나눈다. - 역할극을 해보니 어땠나요? - 그림 속 상황처럼 실제로 저런 일이 일어난다면 어떻게 해야 할까요? - 다른 사람에게 나의 감정을 명확하게 말할 수 있나요? - 누가 나를 만지려고 한다면 '안돼요! 싫어요!'라고 말할 수 있나요?	2분		이야기 나누기	목표도 달확인
차시 예고		· 차시 예고를 한다. - 다음 시간에는 소중한 나의 몸에 대해 이야기 나누는 시간을 가져보아요.	30초			
참고 자료	· 성교육 동화 '도와줘요, 빨래할머니'					

<table>
<tr><td>주제</td><td colspan="2">소중한 나</td><td>활동명</td><td>5. '나'는 이 세상에서 하나뿐이에요.</td><td>수업일시</td><td colspan="2"></td></tr>
<tr><td>대상</td><td colspan="4">만 4세</td><td>담당교사</td><td colspan="2"></td></tr>
<tr><td>목표</td><td colspan="7">· 나의 특징과 장점을 찾아 말할 수 있다.
· 나의 특별함을 알고 나를 소중하게 여길 수 있다.</td></tr>
<tr><td>단계</td><td>학습 문제</td><td colspan="2">교수학습활동</td><td>수업 시간</td><td>수업 매체</td><td>수업 방법</td><td>도달점</td></tr>
<tr><td>도입</td><td>동기 유발</td><td colspan="2">· 큰 거울을 보고 모두 서로 다르게 생겼다는 것에 대해 이야기 나눈다.
- 친구들, 앞에 큰 거울이 있어요.
- 내 얼굴과 친구의 얼굴을 보세요.
- 나는 친구와 똑같이 생겼나요?
- 내 키는 친구의 키와 똑같나요?
- 나 머리는 친구의 머리와 똑같나요?
- 친구와 다른 점을 찾아보세요.
· 자리에 앉아 내가 잘 하는 것에 대해 이야기 나눈다.
- 친구들은 무언가 잘하는 것이 있나요?
- ○○친구는 무엇을 잘하나요?
- 내가 잘 하는 것과 친구가 잘 하는 것이 같을까요?</td><td>5분</td><td>전신 거울</td><td>이야기 나누기</td><td>동기 유발</td></tr>
<tr><td>전개</td><td>특징과 장점 찾아보기</td><td colspan="2">· 나의 특징을 찾아본다.
- 선생님은 머리가 아주 길어요. 이건 선생님의 특징이에요.
- 특징이란 다른 것에 비하여 특별히 눈에 띄는 점을 말해요.
- 특징은 다른 사람과 같은 것일 수도 있지만, 나 혼자만 가지고 있는 것일 수도 있어요.
- ○○친구의 특징은 무엇인가요?
- 친구들의 특징들은 모두 같나요?
- 어떤 것들이 다른가요?
- 왜 다를까요?
· 나의 장점에 대해 이야기 나눈다.
- 선생님의 장점은 친구들의 이야기를 잘 들어주는 것이에요.
- 장점이란 좋거나 잘하는 점을 말해요.
- ○○친구의 장점은 무엇인가요?
- 친구들의 장점은 모두 같나요?
- 어떤 것들이 다른가요?
- 왜 다를까요?
· 특징과 장점을 통해 나는 세상에서 하나뿐 이라는 것에 대해 이야기 나눈다.</td><td>10분</td><td>유아들의 이야기를 적을 종이나 화이트보드</td><td>이야기 나누기</td><td>나의 특징과 장점을 찾아 말하기</td></tr>
</table>

		- 머리가 길고, 친구들의 이야기를 잘 들어주는 ○○유치원 ○○반 선생님은 이 세상에서 단 하나 뿐이에요. - 우리 친구들은 다른 어딘가에 또 다른 '나'가 있나요? - 우리 친구들도 나만의 특징과 장점을 가진 세상에서 단 하나 뿐인 사람이죠? - 이 세상에서 단 하나뿐인 우리 친구들은 너무 너무 소중해요.				
정리 및 평가	나의 소중함 알기	· 나의 소중함에 대해 이야기 나눈다. - 나는 왜 소중할까요? - 소중한 나를 위해 무엇을 할 수 있을까요?	3분		이야기 나누기	목표 도달 확인
차시 예고		· 차시예고를 한다. -소중한 나를 위험으로부터 지키는 이야기가 나오는 동화책을 읽어볼 거예요.				
참고 자료						

<table>
<tr><td>주제</td><td colspan="2">소중한 가족</td><td>활동명</td><td colspan="2">6. 닮은 곳이 있대요.</td><td>수업일시</td><td colspan="2"></td></tr>
<tr><td>대상</td><td colspan="5">만 4세</td><td>담당교사</td><td colspan="2"></td></tr>
<tr><td>목표</td><td colspan="8">· 엄마 아빠와 닮은 점을 찾으며 즐겁게 노래를 부를 수 있다.</td></tr>
<tr><td>단계</td><td>학습 문제</td><td colspan="3">교수학습활동</td><td>수업 시간</td><td>수업 매체</td><td>수업 방법</td><td>도달점</td></tr>
<tr><td>도입</td><td>동기 유발</td><td colspan="3">· 가족사진을 보며 이야기를 나눈다.
- 선생님의 가족사진이에요
- 선생님의 가족을 소개할게요.
- 선생님과 선생님의 가족들이 닮았나요?
어디가 닮았나요?
- 유아들의 가족사진을 소개한다.
- 유아들의 가족사진을 보며 닮은 점을 찾는다.</td><td>2분</td><td>가족 사진</td><td>이야기 나누기</td><td>동기 유발</td></tr>
<tr><td>전개</td><td>닮은 곳 찾기 & 노래 부르기</td><td colspan="3">· '닮은 곳이 있대요.' 노래를 CD 플레이어로 듣는다.
♬엄마하고 나하고 닮은 곳이 있대요
엄마하고 나하고 닮은 곳이 있대요.
눈 땡! 코 땡! 입 딩동댕!
· 노래를 들은 후 느낌을 이야기 나눈다.
- 노래를 들으니 어떤가요?
- 노래 속에서 무엇이라고 이야기 했나요?
- 어디가 닮았다고 했지요?
· 가사판을 보고 한 소절씩 나누어 부른다.
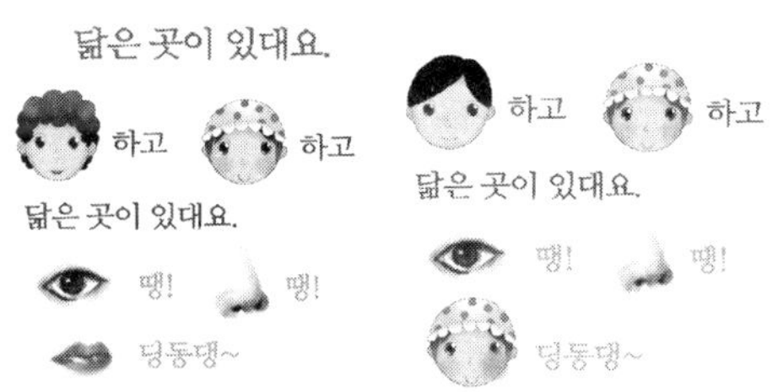

- 가사판을 보고 선생님을 따라 노래를 불러볼까요?
· 피아노 소리에 맞추어 노래를 부른다.
- 선생님의 피아노 반주에 맞추어 노래를 불러볼까요?
· 노래가 익숙해지면 다양한 방법으로 노래를 부른다.
- 한음으로 부르기(ex- 라, 음, 코, 눈...등)
- 남자유아/ 여자유아 나누어 부르기.
- 부분을 나누어 부르기(ex- 눈*코*입 부분은 여자유아가 부르기, 땡*딩동댕 부분은 남자유아가 부르기). 등
· 율동으로 만들어 노래를 부른다.
· 가사를 바꾸어 노래를 부른다.</td><td>10분</td><td>CD 플레이어 & 가사판 & 피아노</td><td>이야기나누기 & 노래부르기</td><td>닮은 곳 찾기 & 노래 부르기</td></tr>
</table>

		(*ex* - 엄마하고 나하고 닮은 곳이 있대요, 엄마하고 나하고 닮은 곳이 있대요, 눈 땡! 다리 땡! 배꼽 딩동댕!)				
정리 및 평가	느낀 점 말하기	· 노래를 부른 느낌에 대해 이야기 나눈다. - 노래를 배워보니 어땠나요? - 아빠, 엄마와 닮은 곳이 또 어디 있을까요?	1분		이야기 나누기	목표 도달 확인
차시 예고		· 차시 예고를 한다. - 다음시간에는 엄마, 아빠 얼굴 그리기를 해 볼 거예요.				
참고 자료	· 박상문 뮤직웍스 CD-즐거운 놀이나라 어린이집 Vol. 3 '닮은 곳이 있대요'					

3. 우리 동네

<table>
<tr><td>주제</td><td colspan="2">우리 동네 기관</td><td>활동명</td><td>7. 고마운 우체국</td><td colspan="2">수업일시</td><td colspan="2"></td></tr>
<tr><td>대상</td><td colspan="4">만 4세</td><td colspan="2">담당교사</td><td colspan="2"></td></tr>
<tr><td>목표</td><td colspan="8">·우체국이 하는 일을 알고 고마움을 가진다.
·우리 주변에 있는 기관들을 말 할 수 있다.</td></tr>
<tr><td>단계</td><td>학습 문제</td><td colspan="3">교수학습활동</td><td>수업 시간</td><td>수업 매체</td><td>수업 방법</td><td>도달점</td></tr>
<tr><td>도입</td><td>우리 동네 기관</td><td colspan="3">·우리 동네에는 어떤 기관이 있는지 생각해 보게 한다.
- 우리 동네에는 어떤 기관들이 있을까?
·우리 동네 여러 기관들의 사진을 한 개씩 보며 간단하게 이야기 나눈다(기관들의 사진 자료-우체국, 소방서, 병원, 경찰서)

- (우체국사진을 보며) 이곳은 무엇을 하는 곳인가요?
- 이곳은 언제 가나요?

- (소방서 사진을 보며) 이곳은 무엇을 하는 곳인가요?
</td><td>4분</td><td>사진 자료</td><td>이야기 나누기

상호 작용</td><td>우리 동네 여러 기관이 있음을 안다.

우리 동네주변기관이 하는 일 알기</td></tr>
</table>

		- (병원사진을 보며) 이곳은 무엇을 하는 곳인가요? - 이곳은 언제 가나요?  - (경찰서사진을 보며) 이곳은 무엇을 하는 곳인가요? - (우체국, 소방서, 병원, 경찰서, 사진을 가리키며) 우리 동네에는 이렇게 많은 기관들이 있어요.				
전개	우체국이 하는 일	· 여러 기관들 중 어떠한 기관에 대해서 자세히 이야기 나누어 볼 것인지에 대해 힌트를 준다. - 오늘은 무슨 기관에 대해서 자세히 이야기를 해 볼 것 같니? - 힌트를 주자면, 멀리 있는 할머니께 하고 싶은 이야기를 할 수 있어요. · 우체국에 대해 자세히 이야기 나누어 볼 것을 말한다. - 오늘은 우체국에 대해 자세히 이야기 나누어 볼 거예요. · 소식을 알려주는 방법에 대해서 이야기를 나눈다. - 선생님이 저기 멀리 있는 할머니께 하고 싶은 이야기가 있는데 어떻게 이야기 할 수 있을까요? - 직접 가서 이야기 하고 싶지만 너무 멀어서 갈 수가 없답니다. - 직접 가지 않고는 이야기 할 수 없을까요? - 그래요. 여러 가지 방법이 있겠지만 선생님은 편지를 쓰기로 했어요. · 편지를 보여준다.  - 자, 여기 편지가 있답니다. · 우체국에서 하는 일에 대해 이야기를 한다. 편지지에 글을 쓰고 편지 봉투에 넣어 할머니 댁의	12분			우체국이 하는 일을 안다.

<table>
<tr>
<td></td>
<td>우체부가 하는 일</td>
<td>주소를 아래에 쓰고 선생님 주소를 위에 썼어요. 어? 한 가지 잊은 것 같아요. 무엇일까요?

- 그래요. 여기에 우표를 붙여야지 갈 수 있답니다. 그리고 여기에 여섯 자리의 우편번호를 적어야 한답니다.
- 이제 이 편지를 누구에게 주면 될까요?
- 그래요. 우체국에 가져다 주거나 빨간 우체통 안에 넣으면 된답니다.

· 편지가 어떻게 전달이 되는지 설명한다.
- 우체국이나 우체통에 모인 편지를 어떻게 전달해줄까요?
- 우체국에서는 편지를 모아서 각 지역별로 나눈답니다.

- 나눈 편지는 그 지역에 있는 우체국으로 차를 타고 간답니다.</td>
<td></td>
<td></td>
<td></td>
<td>우체국에 감사하는 마음을 갖는다.

우체부에게 감사하는 마음을 갖는다.</td>
</tr>
</table>

		 · 우체부가 하는 일에 대해 이야기를 한다. - 차를 타고 도착한 편지는 그 우체국의 우체부가 가방에 넣고 편지를 받을 사람들에게 나누어 준답니다. - 선생님이 쓴 이 편지도 우체통 안에 넣으면 우리 동네에 있는 우체국에 가서 나누어 진 다음 선생님이 보내려는 곳으로 차를 타고 가서 그 우체국의 우체부가 할머니께 전해드리는 것이랍니다. - 우리들의 편지를 전달해주기 위해서 힘들게 일하시는 우체부에게 감사의 마음을 갖도록 해요.				
정리 및 평가		· 만약에 우체국이 없다면 어떻게 될까요?	15초		이야기 나누기	
차시 예고		· 다음시간에는 소방서에 대해 자세히 이야기 나누어 볼 것을 예고한다.	5초		이야기 나누기	
참고자료	· 우리 동네에서 볼 수 있는 기관들 사진(우체국, 소방서, 병원, 경찰서) · 편지, 우표					

<table>
<tr><td>주제</td><td colspan="2">우리 동네 이웃</td><td>활동명</td><td>8. 고마운 분들</td><td>수업일시</td><td></td></tr>
<tr><td>대상</td><td colspan="4">만 4세</td><td>담당교사</td><td></td></tr>
<tr><td>목표</td><td colspan="6">·우리 동네 고마운 분들에게 감사하는 마음을 가진다.
·동시를 듣고 느낌을 이야기 할 수 있다.</td></tr>
<tr><td>단계</td><td>학습 문제</td><td>교수학습활동</td><td>수업 시간</td><td>수업 매체</td><td>수업 방법</td><td>도달점</td></tr>
<tr><td>도입</td><td>고마운분들</td><td>·우리 동네 이웃이 누가 있을지 생각해보게 한다.
- 우리 동네에는 어떤 이웃이 있을까?
·우리 동네 여러 이웃의 사진을 한 개씩 보며 간단하게 이야기 나눈다(이웃의 사진 자료-의사, 소방관 우체부).
·의사, 우체부, 소방관이 하는 일을 이야기 나눈다.

- (의사 그림자료를 보며) 이 분은 누구인가요?
- 이 분은 어떤 일을 하시는 분인가요?
- 의사 선생님이 계셔서 어떤가요?
- 이 분들에게 뭐라고 이야기하고 싶어요?

- (우체부 그림자료를 보며) 이 분은 누구인가요?
- 이 분은 어떤 일을 하시는 분인가요?
- 우체부 아저씨가 계셔서 어떤가요?
- 이 분들에게 뭐라고 이야기 하고 싶어요?
</td><td>4분</td><td>그림 자료</td><td>이야기 나누기</td><td>우리 동네 고마운 분들을 안다.</td></tr>
</table>

		- (소방관 그림자료를 보며) 이분은 누구인가요? - 이 분은 무슨 일을 하시는 분인가요? - 이 분들에게 뭐라고 이야기하고 싶어요?				
전개		· 오늘은 위에서 말한 고마우신 분들에 대한 동시를 읽어 볼 것이라 말한다. - 선생님이 동시판을 만들어 왔어요. - 선생님이 먼저 동시를 읽어 줄게요. [동시] 〈고마운 분들〉 의사 선생님이 계셔서 참 좋아요. 배 아플 때 찾아가면 되니까. 우체부 아저씨가 계셔서 참 좋아요. 편지랑 엽서랑 전해 주니까. 소방관 아저씨가 계셔서 참 좋아요. 불이 나면 얼른 와서 도와주니까. · 동시의 느낌을 이야기 나눈다. - 동시를 들으니 어떤 느낌이 드나요? - 의사 선생님이 계셔서 어때요? - 왜 좋다고 했나요? - 우체부 아저씨가 계셔서 어때요? - 왜 좋다고 했나요? - 소방관 아저씨가 계셔서 어때요? - 왜 좋다고 했나요? · 동시를 함께 읽는다. - 이제 동시를 같이 읽어보자. 〈고마운 분들〉 의사 선생님이 계셔서 참 좋아요. 배 아플 때 찾아가면 되니까. 우체부 아저씨가 계셔서 참 좋아요. 편지랑 엽서랑 전해 주니까. 소방관 아저씨가 계셔서 참 좋아요. 불이 나면 얼른 와서 도와주니까. · 우리 이웃에 다른 고마운 분들이 어떤 분들이 있을지 생각해 보게 하고 동시를 재구성 해 보도록 한다. - 우리 이웃에 다른 고마운 분들은 어떤 분이 있을까? - 다른 고마운 분들을 넣어서 동시를 만들어 보자. (예-경찰 아저씨가 계셔서 참 좋아요. 나쁜 사람들을 잡아주니까요 미용실 아줌마가 계셔서 참 좋아요. 우리의 머리를	13분	동시판	이야기 나누기	동시의 느낌을 이야기 나눌 수 있다. 동시를 함께 읽을 수 있다. 우리 동네 고마운 분들을 생각할 수 있다.

		잘라주니까요. 슈퍼아줌마가 계셔서 참 좋아요. 우리에게 맛있는 음식을 파니까요. 등)				
정리 및 평가		· 동시에 다른 고마운 분들을 넣고 만들어 본 느낌을 말할 수 있도록 한다. - 선생님과 다른 고마운 분들을 넣어 보았는데, 어때요? · 우리 동네 이웃의 고마운 분들을 말해주어 유아들이 머릿속으로 정리할 수 있게 도와준다. - 우리 이웃에는 이렇게 의사, 우체부, 소방관, 경찰, 미용사, 슈퍼아줌마 등 고마운 분들이 아주 많답니다. - 우리는 이분들에게 어떻게 해야 하나요?	2분		이야기 나누기	우리 동네 고마운 분들을 안다.
차시 예고		· 다음시간에는 아랫집 윗집이라는 노래를 불러 볼 것이라 예고한다. - 다음 시간에는 아랫집 윗집이라는 재미있는 노래를 배워 볼 거예요.				
참고 자료	· Tip 의사, 우체부, 소방관 그림자료 · 동시판					

4. 동식물과 자연

<table>
<tr><td>주제</td><td colspan="2">동물과 자연</td><td>활동명</td><td>9. 동물이 우리에게 주는 것</td><td>수업일시</td><td></td></tr>
<tr><td>대상</td><td colspan="4">만 4세</td><td>담당교사</td><td></td></tr>
<tr><td>목표</td><td colspan="6">· 동물이 우리에게 무엇을 주는지 찾아낼 수 있다.</td></tr>
<tr><td>단계</td><td>학습
문제</td><td>교수학습활동</td><td>수업
시간</td><td>수업
매체</td><td>수업
방법</td><td>도달점</td></tr>
<tr><td>도입</td><td>동물이 우리에게 주는 것</td><td>· 여러 사진들을 보며 이야기 나눈다.
- (치킨 사진자료를 보며)

- 무엇인가요?
- 우리가 좋아하는 치킨이에요!
- (이불 사진자료를 보며)

- 이것은 무엇인가요?
- 우리를 따뜻하게 해주는 이불이에요!
- (우유 사진자료를 보며)
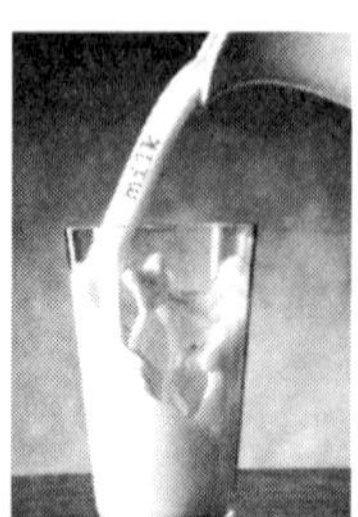
- 이것은 무엇인가요?
- 아까 간식으로 먹었던 우유예요!</td><td>5분</td><td>사진 교구</td><td>이야기 나누기</td><td>닭, 오리, 소가 주는 것을 안다.</td></tr>
</table>

		· 각 동물이 우리에게 주는 것들을 찾아 분류한다. - 동물들은 우리에게 여러 도움을 준대요.  - 소는 우리에게 무엇을 줄까요? (소 사진을 제시하며) 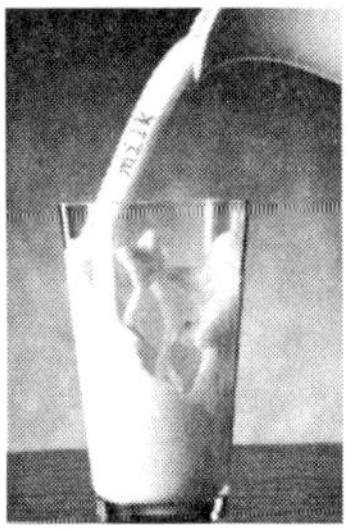 - 그래요. (우유 사진자료를 제시하며) · 소의 젖에서 우유가 나와서 우리가 우유를 먹을 수 있지요. 또 무엇을 줄까요?  - (치즈 사진자료를 제시하며) · 소는 우리에게 치즈도 주지요! 					

- (소가죽 신발 사진자료를 제시하며)

· 또 우리가 신는 가죽신발도 소의 껍질로 만든 거래요.

- (쇠고기 사진자료를 제시하며)
  우리가 좋아하는 고기도 있어요! 쇠고기요!

- 그럼 닭은 우리에게 무엇을 줄까요?
  (닭 사진을 제시하며)

- (계란 사진자료를 제시하며)
  닭은 우리에게 계란을 주지요.

- (치킨 사진자료를 제시하며)
  그리고 닭은 우리에게 치킨도 준대요.

전개		 - 오리는 우리에게 무엇을 줄까요? - (오리의 털로 만든 따뜻한 이불을 제시하며) - 오리의 털로 만든 따뜻한 이불을 주어요!				
전개	동물이 우리에게 주는 것	· 활동방법을 이야기 나눈다. - 선생님과 동물이 주는 것에 대해 이야기 나누어 봤어요. - 어떤 동물들이 나왔나요? - 그래요. 소, 닭, 오리가 주는 것에 대해 이야기 나누어 봤어요. (활동지와 잡지책을 제시하며) - 소와 닭, 오리가 우리에게 많은 도움을 주지요? - 어떤 것들을 주는지 잡지에서 찾을 수 있어요? 〈활동방법〉 - 소와 닭, 오리가 우리에게 주는 것들을 잡지에서 찾아 활동지에 붙인다. · 활동을 한다.	12분	잡지책	이야기 나누기 NIE 활동	동물이 우리에게 주는 것을 찾을 수 있다.
정리 및 평가		· 마무리하고 느낌을 이야기 나눈다. - 동물들이 우리에게 주는 것들이 무엇인지 잘 찾을 수 있었나요? - 동물들에게 감사하는 마음을 가져야하겠지요? 어떻게 전할 수 있을까요?	1분		이야기 나누기	동물에게 고마운 마음을 가진다.
차시 예고		· 다음시간에는 우리가 동물들에게 해 줄 수 있는 것을 이야기 할 것이라고 예고한다.				
참고 자료	· 가위, 풀, 잡지, 활동지(소, 닭, 오리가 그려진 그림), 동물이 우리에게 주는 것들의 사진자료(우유, 고기, 가죽신발, 치즈, 치킨, 이불 등)					

<table>
<tr><td>주제</td><td colspan="2">식물과 자연</td><td>활동명</td><td>10. 나만의 진달래와 개나리-손가락도장</td><td colspan="2">수업일시</td><td></td></tr>
<tr><td>대상</td><td colspan="4">만 4세</td><td colspan="2">담당교사</td><td></td></tr>
<tr><td>목표</td><td colspan="7">· 진달래와 개나리의 사진을 관찰 후 자신만의 꽃을 표현할 수 있다.</td></tr>
<tr><td>단계</td><td>학습 문제</td><td colspan="2">교수학습활동</td><td>수업 시간</td><td>수업 매체</td><td>수업 방법</td><td>도달점</td></tr>
<tr><td>도입</td><td></td><td colspan="2">· 꽃 중 아는 것이 있는지 물어본다.
- 친구들이 아는 꽃은 무엇이 있나요?
· 진달래와 개나리의 사진을 보며 꽃의 특징에 대해 이야기를 나눈다.

- (사진을 보며)
- 이 꽃은 무엇일까요?
- 본 적이 있나요?
- 맞아요! 이 꽃은 분홍색 진달래예요!
- (사진을 유아들의 코에 대고 꽃의 향기를 맡는 흉내를 내며) 진달래에서는 어떤 향기가 나요?
- 유아들이 꽃의 향기에 대한 표현을 자유롭게 할 수 있도록 한다.

- 이 꽃을 본 적이 있나요?
- 이 꽃의 이름은 무엇일까요?
- 이 꽃은 개나리예요!
- 개나리꽃의 색깔은 어떤가요?
- 어떻게 생겼나요?</td><td>3분</td><td>사진 자료</td><td>이야기 나누기</td><td>진달래와 개나리를 관찰하여 말할수 있다.</td></tr>
<tr><td></td><td></td><td colspan="2">· 준비된 자료를 보며 활동방법에 대해 이야기를 나눈다.
- 아름다운 진달래와 개나리를 우리가 표현 할 수 있을까요?
- (종이에 가지 그림이 그려진 활동지를 제시)</td><td></td><td>나뭇</td><td></td><td></td></tr>
</table>

전개	나만의 꽃	무엇이 그려져 있나요? - 나뭇가지에게 꽃이 아직 찾아오지 않았나 봐요. 우리가 가지에 꽃을 피워 줄까요? - 선생님은 노란 개나리를 피워줄래요! - (물감과 물감접시를 제시) 여기 있는 재료를 사용하여 어떤 방법으로 꽃잎을 만들 수 있을까요? - 그런데 붓이 없어요! 우리 손가락으로 콩! 콩! 찍어 작은 꽃송이들을 표현해 볼까요? · 활동방법을 이야기 나눈다. - 이 나뭇가지에 내가 꾸미고 싶은 꽃을 꾸며주어요! 자신이 하고 싶은 색깔로 나만의 진달래와 개나리를 꾸미도록해요. 엄지손가락에 물감을 찍어 가지 끝에 콩! 콩! 찍어 예쁜 꽃잎을 표현해요! 꽃잎이 하나! 둘! 셋! · 활동할 때 지켜야 할 약속을 이야기 나누고 작업을 시작한다. - 물감활동을 할 때 지켜야 할 점은 무엇이 있나요? - 친구 얼굴에 장난치지 않고, 종이 위에 작업을 해요! 약속을 잘 지키며 활동을 시작하도록 해요!	10분	가지가 그려진 활동지, 물감		나만의 진달래와 개나리를 표현할 수 있다
정리 및 평가	나만의 진달래와 개나리	· 활동을 마무리 하고 느낌을 이야기 나눈다. - 나만의 꽃을 표현해 보았는데 어때요? - 나와서 나만의 꽃을 보여주고 싶은 친구 있나요? (유아들을 발표시킨다.) - 선생님이 친구들이 만든 꽃을 파일에 끼워 두도록 할게요.	3분		이야기 나누기 유아 발표	나만의 진달래와 개나리를 발표할 수 있다.
차시 예고		· 유아들의 작품은 교실의 벽면에 게시한다.				
참고 자료	· 진달래와 개나리 사진, 활동지, 물감(노랑색, 분홍색), 물감접시, 휴지					

5. 건강과 안전

<table>
<tr><td>주제</td><td colspan="2">깨끗한 나의 몸</td><td>활동명</td><td colspan="2">11. 병균이의 여행</td><td>수업일시</td><td></td></tr>
<tr><td>대상</td><td colspan="5">만 4세</td><td>담당교사</td><td></td></tr>
<tr><td>목표</td><td colspan="7">·동화를 듣고 몸을 깨끗이 할 수 있다.
·더러운 몸과 깨끗한 몸의 차이를 알 수 있다.</td></tr>
<tr><td>단계</td><td>학습
문제</td><td colspan="2">교수학습활동</td><td>수업
시간</td><td>수업
매체</td><td>수업
방법</td><td>도달점</td></tr>
<tr><td>도입</td><td>깨끗한 나의 몸</td><td colspan="2">·유아가 수업에 집중할 수 있도록 손유희로 시작한다(요기 여기).

요기 여기
눈은 어디있나 요기
코는 어디있나 요기
입은 어디있나 요기
귀는 어디있을까 여기

·아침에 일어나서 제일 먼저 하는 일에 대해 이야기 나눈다.
- 친구들, 아침에 일어나서 가장 먼저 무엇을 하나요?
- 그래요, 세수를 하고 이도 닦고 밥을 먹기도 해요.
- 만약 깨끗이 씻지 않으면 어떻게 될까요?
- 몸이 더러워져서 병균들이 친구하자고 우리 몸에 놀러온대요.
- 양치질을 하지 않으면 어떻게 될까요?
- 이를 닦지 않으면 충치가 생겨 이가 아파요.
- 깨끗이 씻고 양치질도 잘해야 병균과 충치가 생기지 않고 건강한 우리 몸을 지킬 수 있어요.</td><td>3분</td><td></td><td>이야기나누기</td><td>이를 닦지 않으면 병균과 충치가 생기는 것을 안다.</td></tr>
<tr><td>전개</td><td>동화</td><td colspan="2">·동화 〈병균이의 여행〉을 듣는다.
- 호돌이라는 친구는 씻는 것을 싫어한대요. 그런 호돌이에게 병균이 나타났대요.
- 병균과 호돌이의 이야기를 들어볼까요?
- 동화읽기</td><td>8분</td><td>병균이의 여행 동화</td><td>교사가 동화책을 읽어준다.</td><td>주의를 기울여 동화내용을 들을 수 있다.</td></tr>
<tr><td>정리 및</td><td>동화 내용</td><td colspan="2">·동화의 내용을 회상한다.
- 동화를 잘 들었나요?</td><td></td><td></td><td></td><td>동화책의</td></tr>
</table>

<table>
<tr>
<td>평가</td>
<td>· 회상</td>
<td>- 왜 호돌이에게 병균이가 나타났을까요?
- 호돌이는 병균이 나타나서 어떻게 되었나요?
- 병균이는 또 어디로 갔나요?
- 병균이는 토순이를 왜 싫어했나요?
- 토순이의 몸에서 병균이는 어떻게 됐나요?
- 호돌이는 어떻게 해야 감기에 걸리지 않을까요?
- 호돌이처럼 병균이 몸속에 들어왔던 적이 있나요?
- 왜 그랬나요?
- 그래요. 병균은 더러운 몸을 좋아한대요. 그래서 우리가 몸을 깨끗이 씻고 청결히 해야지 병균이 찾아오지 않아요. 그러면 감기에 걸리지 않고 건강한 생활을 할 수 있어요!
· 병을 예방하는 방법에 대해 이야기 나눈다.
미리 병을 예방할 수 있는 방법은 무엇일까요?
- 그래요. 우리도 병균이 생기지 않도록 항상 몸을 깨끗이 씻어요.
- 그리고 밥을 먹은 후에는 양치질을 꼭 해야 해요.
- 바깥놀이를 한 후에는 손을 꼭 씻어요.</td>
<td>6분</td>
<td></td>
<td>이야기나누기</td>
<td>내용을 말할 수 있다.

깨끗한 몸이 병균이 들어오지 않음을 안다.</td>
</tr>
<tr>
<td>차시 예고</td>
<td></td>
<td>· 다음시간에는 '치카치카' 노래를 불러 볼 것이라고 예고한다.</td>
<td></td>
<td></td>
<td></td>
<td></td>
</tr>
<tr>
<td>참고 자료</td>
<td colspan="6">· 〈병균이의 여행〉 동화자료</td>
</tr>
</table>

주제	운동과 건강	활동명	12. 운동과 휴식이 필요한 이유	수업일시	
대상	만 4세			담당교사	
목표	· 운동과 휴식이 필요한 이유에 대해 말할 수 있다.				

단계	학습 문제	교수학습활동	수업 시간	수업 매체	수업 방법	도달점
도입		· 유아가 수업에 집중할 수 있도록 분위기를 조성한다. ('손유희') 사랑은 이렇게 기쁨은 이렇게 슬픔은 이렇게 조용한건 이렇게 · 사진을 보며 이야기 나눈다.     - 이 사람들이 지금 무엇을 하고 있어요? - 운동을 하고 있는 사람과 휴식하는 사람이에요.	1분	사진 자료	이야기 나누기	운동하는 사람과 휴식을 취하고 있는 사람을 알 수 있다.
전개		· 운동을 해 본 경험에 대해 이야기한다. - 우리친구들은 운동을 해 본 적이 있어요? - 언제 해 보았어요? - 누구랑 해보았나요? - 운동을 하고 나서 기분이 어땠어요? · 운동을 하는 이유에 대해 이야기해 본다.	10분		이야기 나누기	운동을 해본 경험에 대하여 말할 수

		- 운동은 왜 하는 것일까요? - 우리 몸을 튼튼하게 해 줄 수 있어요. - 운동을 하면 어떤 점이 좋을까요? - 운동을 해야 우리가 평소에 쓰지 않던 근육도 쓸 수 있고 근육이 생겨서 더욱 튼튼해질 수 있단다. · 휴식이 필요한 이유에 대해 알아본다. - 운동을 하고 나서 휴식을 취하는 이유는 무엇일까요? - 우리가 운동할 때 필요했던 산소를 마셔야 하고, 숨가쁘게 운동했던 우리의 몸도 쉬도록 해주어야 한단다. - 쓰지 않고 굳어 있던 근육을 써서 몸이 힘들 수 있으니 휴식을 취해야 한단다. - 휴식을 취하지 않으면 어떻게 될까요? - 우리가 운동을 하고 열심히 활동하는 동안 우리 몸은 에너지를 많이 사용하였기 때문에 그것을 보충하기 위해 긴장을 풀고 휴식을 해야 한단다.				있다. 운동을 하는 이유에 대해 안다. 휴식을 취하는 이유에 대해 안다.
정리 및 평가		· 운동을 해야 하는 이유와 휴식을 취해야 하는 이유를 말할 수 있도록 한다. - 우리친구들 운동을 해야 하는 이유는 뭐라구요? - 운동을 하고 난 후에는 무엇을 해야 한다구요? - 우리친구들도 밥도 잘 먹고 운동도 씩씩하게 열심히 하고 휴식도 가지는 그런 튼튼한 어린이가 되도록 해요.	1분		이야기 나누기	운동과 휴식이 필요한 이유를 말할 수 있다.
차시 예고		· 다음시간에는 트니트니 체조에 대해 배워본다고 예고한다.	10초		이야기 나누기	
참고 자료	· 사진자료(운동하는 사람과 휴식하는 사람)					

		할까 일어서야 할까? - 미끄럼틀 탈 때에는 꼭 앉아야 해요. 그리고 몸을 뒤로 돌려서 타고 내려와서도 절대로 안돼요! - 미끄럼틀 탈 때에는 손잡이를 꽉 잡고 타야 해요. - 눈이 왔거나 비가 온 후에 미끄러울 수 있느니 타기 전에 확인해보고 타야 해요. - 미끄럼틀 위에선 절대로 장난쳐서도 안되고 친구를 밀어서도 안돼요. · **시소 탈 때 안전을 알려준다.** - 친구들 시소 많이 타보았죠? - 시소는 어떻게 타는 걸까요? - 맞아요. 앉아서 손잡이를 꽉 잡고 타는 거예요. - 시소는 몸을 뒤로해서 타면 안되고 앞을 보고 반대쪽 친구와 마주보고 타는 거예요. - 시소를 탈 때 에는 절대로 서서타서는 안돼요. - 시소 탈 때에는 한쪽에 몰려서 타면 위험해요				
정리 및 평가	배운 내용 확인하기	· **오늘 배운 내용을 한 번 더 이야기한다.** - 친구들 오늘 선생님과 무슨 놀이기구에 대해서 이야기 나누었나요? - 놀이기구를 탈 때에 안전은 무엇 무엇이 있었죠? - 놀이터에서 놀 때에는 장난을 치면 될까요? - 우리 친구들 오늘 놀이터에서 놀 때에는 조심히 놀아야 한다는 것을 배웠는데 실외활동시간에 오늘 배운 내용을 생각하면서 잘 놀 수 있겠죠?	1분		이야기 나누기	
차시 예고		· 실외 놀이 활동을 하러가요~	0.5초		이야기 나누기	
참고 자료	· 꼬망세 (http://www.edupre.co.k) 그림, 동요 자료					

6. 생활도구

주제	다양한 생활도구	활동명	14. 빙글빙글 믹서기	수업일시	
대상	만 4세			담당교사	
목표	· 믹서기가 돌아가는 모습을 몸으로 표현 할 수 있다				

단계	학습 문제	교수학습활동	수업 시간	수업 매체	수업 방법	도달점
도입	동기 유발	· 손유희로 유아들을 집중 시킨다. - 친구들 안녕하세요~ - 선생님과 요리박수 손유희로 시작해 볼까요? **요리 박수** 지글지글 짝짝 보글보글 짝짝 지글 짝 보글 짝 지글보글 짝짝 · 수수께끼로 동기유발을 한다. - 선생님이 수수께끼를 내 볼 거예요. 친구들 맞혀 보세요. - 나는 부엌에서 볼 수 있어요. - 나는 주스를 만들어 줘요. - 나는 여러 가지를 갈아 주어요. - 나는 위험해서 장난을 쳐서는 안돼요. - 무엇일까요? - 빨간 머리띠를 한 ○○친구 말해 볼까요? - 맞아요. 정답은 믹서기예요. · 믹서기가 돌아가고 있는 그림을 보여준다.   - 믹서기를 본적 있나요? - 믹서기는 주로 어디서 볼 수 있었나요? - 맞아요. 엄마가 맛있는 요리를 해주시는 부엌에서 볼 수 있어요. - 믹서기로 무엇을 할 수 있나요? - 이 그림에 나오는 믹서기는 무엇을 하고 있나요? - 믹서기가 어떻게 돌아가고 있죠? - 믹서기가 돌아갈 때 무슨 소리가 나는지 알고 있	2분	손유희	이야기 나누기	부엌에서 볼 수 있는 도구에 대해서 안다.

		나요? - 오늘은 부엌에 있는 도구 중 믹서기를 몸으로 표현해 볼 거예요.				
전개		· 믹서기의 구조를 설명해 준다. - 믹서기 안에는 날개가 들어 있어요. - 왜 날개가 들어 있을까요? - 날개는 음식을 갈아주는 역할을 해요. · 믹서기를 몸으로 표현하는 방법을 알려준다. - 믹서기에는 무엇이 있다고 했죠? - 날개 역할에는 우리 친구 한명이 양팔을 벌려서 서고 양팔사이에 다른 친구가 들어가서 같이 돌아 주는 거예요. - 가운데에 있는 친구는 날개가 된 것이고 다른 한 친구는 음식이 되어 돌아가는 거예요. - 믹서기가 돌아갈 때 무슨 소리가 난다고 했었죠? - 우리 소리도 함께 내어 돌아볼까요? - 친구들이 믹서기가 되어 돌아볼 때에는 천천히 너무 새게 돌아서도 안되고 장난쳐서도 안돼요.	7분		신체 표현	믹서기가 어떻게 돌아가는지를 안다.
정리 및 평가	내용 확인 하기	· 놀이 후 느낌을 물어본다. - 친구들 자기 자신이 믹서기가 되고 음식이 되어 돌아 본 놀이 어땠나요? - 친구들이 하나가 되어 함께 했는데 재미있었나요? - 이 놀이를 친구들끼리 할 경우에는 장난을 쳐서는 안돼요. 우리친구들 약속할 수 있죠~?	1분			
차시 예고		· 다음 시간에는 세탁기가 되어 빨래 놀이를 해보아요.	0.5초			
참고 자료	· 네이버 그림자료					

<table>
<tr><td>주제</td><td>생활 도구로서의 미디어</td><td>활동명</td><td colspan="2">15. 내가 좋아하는 TV 프로그램</td><td>수업일시</td><td></td></tr>
<tr><td>대상</td><td colspan="4">만 4세</td><td>담당교사</td><td></td></tr>
<tr><td>목표</td><td colspan="6">· TV프로그램들에 대해 관심을 가져본다.
· 창의적인 표현활동을 한다.</td></tr>
<tr><td>단계</td><td>학습 문제</td><td>교수학습활동</td><td>수업 시간</td><td>수업 매체</td><td>수업 방법</td><td>도달점</td></tr>
<tr><td>도입</td><td>동기 유발</td><td>· 인사를 나눈 후 동요로 유아들을 집중시킨다.
- 친구들 안녕하세요.~친구들 텔레비전 동요 알고 있나요? 선생님과 함께 따라 불러볼까요?

텔레비전에 내가 나왔으면 정말 좋겠네 정말 좋겠네 춤추고 노래하는 예쁜 내 얼굴
텔레비전에 내가 나왔으면 정말 좋겠네 정말 좋겠네 텔레비전에 내가 나왔으면 정말 좋겠네 정말 좋겠네

· 준비물을 보면서 어떤 활동을 할 것인지 이야기 나눈다.
- 이 동요에 무엇이 나오나요?
- 맞아요. 텔레비전에 나와요 친구들도 텔레비전 속에서 친구들 얼굴이 나왔으면 좋겠죠.~ 오늘은 선생님과 함께 텔레비전을 만들어 볼 거예요.
- 우리친구들은 텔레비전을 본 적이 있나요?
- 어떤 프로그램을 가장 좋아해요?
- 제일 재미있는 프로그램이 뭐예요?
- 왜 제일 재미있는 프로그램이라고 생각해요?
- 그렇구나 텔레비전에는 재밌는 것도 많이 나오지만 우리에게 좋은 정보도 알려주기도 해요.
- 하지만 텔레비전을 너무 오래보거나 텔레비전을 가까이 보게 되면 눈이 나빠져서 안돼요.
- 텔레비전을 볼 때에는 너무 오래 보지 않기! 가까이 보지 않기로 약속해요.</td><td>2분</td><td>동요</td><td>이야기 나누기</td><td>유아들이 좋아하는 텔레비전 프로그램을 안다</td></tr>
<tr><td>전개</td><td></td><td>· 친구들 선생님이 오늘 친구들과 함께 텔레비전을 만드려고 준비물을 가지고 왔어요.
· 내가 좋아하는 TV 프로그램을 그려 보도록 한다.
- 선생님이 먼저 텔레비전을 만드는 방법을 알려줄게요.
1) 검은 도화지를 TV모양으로 자른다.
2) TV 모양 안에 쿠킹호일을 네모 모양으로 붙인다.
3) 매직으로 쿠킹호일 안에 가장 좋아하는 프로그램</td><td>7분</td><td>검은 도화지, 쿠킹호일, 매직, 풀, 스티커</td><td>이야기나누기/미술활동</td><td>유아자신만의 텔레비전을 만들어 본다.</td></tr>
</table>

		을 그린다. 4) 스티커로 검은 도화지 위에 버튼을 붙인다. 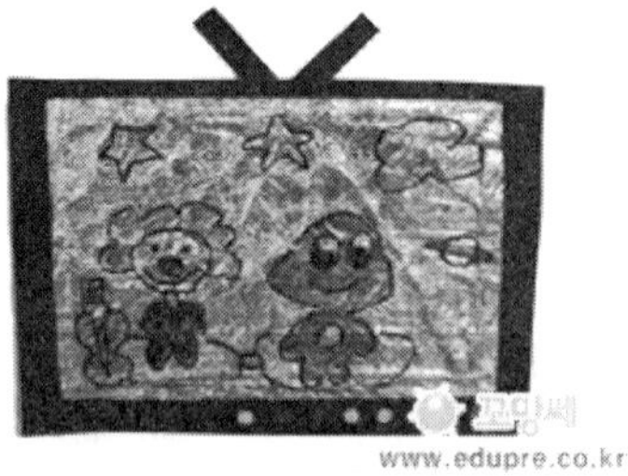				
정리 및 평가	배운 내용 확인 하기	· 내가 좋아하는 TV프로그램 활동을 마친 후 느낀 점을 이야기한다. - 우리친구들이 만든 텔레비전에 대해 이야기해 보도록 해요. - 우리 친구가 만든 텔레비전으로 어떤 것들을 볼 수 있나요? · 사용한 재료는 정리한다. - 오늘 텔레비전 만들고 남은 재료는 제자리에 정리하기로 해요. · 유아들의 작품을 전시한다. - 선생님이 게시판에 우리 친구들이 만든 작품을 붙여 놓을 테니 보고 싶을 때마다 보기로 해요.	2분			자신이 만든 텔레비전에 대해서 이야기한다
차시 예고		· 컴퓨터에 대해서 알아보기로 해요~	0.5초			
참고 자료	· 꼬망세 (http://www.edupre.co.k) 그림 · 네이버 동요자료					

7. 교통기관

주제	여러 가지 탈 것	활동명	16. 수상교통에는 무엇이 있을까?	수업일시	
대상	만 4세			담당교사	
목표	· 수상교통이 우리 생활에 주는 도움을 알 수 있다. · 수상교통의 이용 방법과 특징을 알 수 있다.				

단계	학습 문제	교수학습활동	수업 시간	수업 매체	수업 방법	도달점
도입	동 기 유발	· 친구들과 인사를 나눈다. - 친구들 안녕하세요. - 오늘은 어떤 수업을 했으면 좋겠나요? - 선생님이 오늘의 수업을 수수께끼로 내 볼게요. - 우리 친구들이 알아 맞혀 보세요. - 나는 땅에서는 다닐 수가 없어요. - 나는 물에서는 자유롭게 다닐 수가 있어요. - 나는 사람도 태워주고 물건을 운반하는 일도 해요. - 나는 무엇일까요? - 친구들 수수께끼에 나오는 나는 무엇일 것 같아요. 맞아요. 정답은 배였어요. - 친구들 중에 배를 타본 친구가 있는 사람~ - ○○친구 말해 볼까요? - 배를 타보니 어땠어요? 재미있었나요? - 배를 어디서 타보았죠? - 맞아요. 배는 우리 친구들을 태워주기도 하지만 무거운 짐도 운반해주는 고마운 친구랍니다. - 그러면 오늘은 선생님과 함께 배처럼 바다에서 다니는 수상교통에 대해서 알아보기로 해요.	2분		이야기 나누기	배의 고마움을 알려준다
전개		· 동화를 보여주며 이야기 나눈다. 	8-9분		동화 이야기자료 (그림)	수상교통수단을 알 수 있다.

(이야기 자료를 보여준다.)

토끼 : 안녕 나는 여우야 ! 만나서 반가워~

여우 : 안녕 나는 토끼야 ! 어~ 너 어디 가는 길이니?

토끼 : 저기 바다를 지나서 가야하는 데 갈 수가 없어. 흑흑~

여우 : 바다를 건너가야 해?

토끼 : 응. 나는 수영도 못하고 물도 너무 깊어서 갈 수가 없어.

여우 : 울지 마~ 토끼야 내가 방법을 알려줄게.

토끼 : 어떤 방법인데?

여우 : 물이 있는 곳에는 자동차나 기차를 타고 갈 수 없지만 딱 한 가지는 갈 수 있단다.

토끼 : 그게 뭔데?

여우 : 우리 친구들~ 그게 무엇일까요?
그래요. 바로 배에요. 배는 물이 있는 곳에서 움직일 수 있기 때문에 토끼를 태우고 건너갈 수 있답니다.

토끼 : 정말? 우와~ 그런 방법이 있었구나.

해설 : (배가 보이고 배에 토끼와 여우를 태운다.)

토끼와 여우는 배를 타고 무사히 바다를 건너갈 수 있었답니다.

- 우리친구들 동화 잘 들었어요? 물이 있는 바다에는 자동차도 기차도 갈 수가 없었어요.
  그래서 토끼와 여우는 무엇을 타고 갔어요?
  그래요. 물이 있는 곳에서는 배를 타고 갈 수 있답니다.
- 우리는 이렇게 물이 있는 곳에서 타는 교통수단을 수상 교통수단이라고 한답니다.
- 우리친구들은 수상 교통수단을 이용해 본 적이 있어요? 어떤 기분이었어요?
- 수상 교통수단에는 배 말고 또 어떤 것들이 있을까요?
- 수상 교통수단의 특징은 무엇일까요?
- 수상 교통은 물이 없으면 움직이지 못 한답니다.

		- 다른 교통수단과는 어떤 점이 다를까요? - 수상교통이 다른 교통수단들에 비해 좋은 점, 나쁜 점은 무엇일까요? - 우리 친구들 정말 잘 아는 구나. - 맞아요. 자동차처럼 빠르지는 않지만 차가 막힐 일도 없고 많은 양의 짐을 실어 나를 수가 있어요.				
정리 및 평가		· 오늘 배운 내용을 다시 한 번 묻는다. - 친구들 오늘 무엇에 대해 배웠죠? - 수상교통에 좋은 점 나쁜 점은 무엇이라고 했죠? - 우리친구들 정말 수업을 잘 들어줬네요.	1분			
차시 예고		· 다음 시간에는 하늘에서 다니는 교통에 대해서 배워볼게요.	0.5초			
참고 자료	· 꼬망세					

<table>
<tr><td>주제</td><td>고마운 교통기관</td><td>활동명</td><td colspan="2">17. 불이 날 때 달려오는 차</td><td>수업일시</td><td colspan="3"></td></tr>
<tr><td>대상</td><td colspan="4">만 4세</td><td>담당교사</td><td colspan="3"></td></tr>
<tr><td>목표</td><td colspan="8">· 동시를 즐겨 들을 수 있다.
· 불이 나면 고마운 자동차들과 함께 달려오는 사람들이 있다는 것을 알 수 있다.</td></tr>
<tr><td>단계</td><td>학습 문제</td><td colspan="3">교수학습활동</td><td>수업 시간</td><td>수업 매체</td><td>수업 방법</td><td>도달점</td></tr>
<tr><td>도입</td><td>동기 유발</td><td colspan="3">· 인사를 나눈다.
- 친구들 안녕하세요.
- 친구들 요즘 날씨가 너무 춥죠?
- 날씨가 추우니까 옷을 따뜻하게 입고 다녀야 해요 알겠죠. 친구들~?
- 친구들 집에서 전기장판을 사용하는 친구 있나요?
- 친구들 전기장판 사용 후에는 꼭 코드를 뽑아야 해요. 겨울에는 전기장판이나 가스가 밖에서 불이 나는 경우가 많데요.
- 친구들 불이 난 것을 본적 있나요?
- 불이 나는 것을 본 친구 어땠나요?
- 맞아요. 무섭기도 하고 정말 위험해요 불로 인해서 사람이 다칠 수도 있고 심할 경우 사망에 이르기도 해요.
- 친구들은 절대로 불장난을 해서는 안 돼요 알겠죠?
- 오늘은 친구들을 위해 선생님이 동시판을 준비했어요 궁금하지 않아요?
- 다 같이 동시를 불러 볼까요? 동시야~ 하면 나와라 해주세요.</td><td>2분</td><td></td><td>이야기 나누기</td><td>불로인한 사고를 알 수 있다.</td></tr>
</table>

전개		 불조심 불은 사람들이 잘못해서 난다. 불이 나면 경찰차도 오고 구급차도 오고 불자동차도 온다. 소방관 아저씨는 불을 꺼 준다. 나는 소방관 아저씨가 좋다. 우리 모두 불조심해요. · 동시판을 보여주고 동시를 들려준다. · 동시를 듣고 난 후, 어떤 교통기관이 있었는지 이야기를 나눈다. - 친구들 동시 잘 들었나요? - 동시 속에는 어떤 교통기관이 나왔는지 기억하고 있나요? - 다들 잘 들어 주었구나. 오늘은 동시에 나오는 교통기관을 알아보기로 해요 · 불이 났을 때 경찰차, 구급차, 소방차의 하는 일에 대하여 이야기를 나눈다. - 친구들 불이 났을 때 달려오는 차가 무엇일까요? - 맞아요. 경찰차도 오고 구급차 소방차도 와요. 그럼 경찰차는 왜 오는 길까요? - 경찰차는 불이 난 원인을 찾아줘요. - 구급차는 왜오는 걸까요? - 맞아요. 다친 사람이 있으면 빨리 병원으로 옮겨줘요. - 소방차는 왜 오는 걸까요? - 맞아요. 불이 났을 때 제일 중요한 역할을 해줘요 소방차는 불을 꺼주는 중요한 역할을 해줘요. - 우리 주변에는 고마운 교통기관이 많은 거 같아요. · 동시에 나오는 교통기관에 소리를 흉내 내어본다. - 친구들 소방차 경찰차 구급차가 달려올 때 나는 소리 들어 본 적 있나요?	9분	동시판, 그림자료 (경찰차, 구급차, 불자동차, 소방관)	이야기 나누기	불이 날 때 달려오는 교통기관을 알 수 있다.

		- 소리를 흉내 내어 볼 친구~? · 불조심을 해야 하는 이유에 대하여 생각해 본다. - 친구들 오늘 불조심에 대해서 이야기 해보았는데 불을 왜 조심해야 할까요?				
정리 및 평가	배운 내용 확인 하기	· 교통기관의 느낌을 독창적으로 표현해 본다. - 동시에 관심을 가지고 내용을 이해하는가? - 바쁜 자동차들의 모습을 독창적으로 표현하는가?	1분			
차시 예고		· 경찰차, 구급차, 불자동차의 소리를 그림으로 표현해 본다.	0.5초			
참고 자료						

주제	교통통신과 교통생활	활동명	18. 표지판을 보고 걸어요.	수업일시	
대상	만 4세			담당교사	
목표	· 표지판에 대해 관심을 갖는다. · 표지판을 보고 표지판의 지시에 따라 걸을 수 있다.				

단계	학습 문제	교수학습활동	수업 시간	수업 매체	수업 방법	도달점
도입	동기 유발	· 유아와 인사를 나눈다. - 친구들 안녕하세요.~ - 오늘 배울 내용을 선생님이 수수께끼로 내 볼게요. - 알아 맞춰 보세요. · 자동차에 대해 관심을 가져본다. - 나는 누구일까요? - 나는 4개의 바퀴를 가지고 있어요. - 나는 빠르게 움직일 수 있어요. - 사람들은 내가 있어서 먼 곳을 갈 수 있대요. - 그래요. 부릉 부릉 자동차에요.^^ - 우리 친구들은 자동차를 타 본적이 있어요? - 누구와 함께 탔었어요? - 자동차를 타고 어디를 갔었어요? - 자동차를 타고 갈 때에 우리 친구들은 표지판을 본적이 있어요?	2분		이야기 나누기	자동차에 대해서 이야기 나눈다
전개		· 표지판에 대해 이야기 나눈다. 《Tip 표지판 멀티 자료를 보여준다.》  - 이것은 무엇이에요?	9분	표지판 멀티 자료	이야기 나누기/ 게임	표지판을 알 수 있다.

		- 이 표지판의 화살표는 어디를 가리키고 있어요? - 이 표지판은 어디로 가라는 뜻일까요? · 표지판의 의미에 대해 이야기 나눈다. - 여러 가지 표지판들이 있어요. - 표지판은 우리들에게 무엇을 알려주는 것일까요? - 그래요. 표지판은 우리들에게 교통 약속을 알려 준답니다. - 표지판에는 어떤 약속들이 숨어 있는지 선생님과 함께 알아보도록 해요.  · 교통 안전 표시판(규제표시) - 자전거 통행금지:자전거를 타서는 안 되는 곳을 나타낸 표지  · 교통 안전 표시판(규제표시) - 횡단 금지: 보행자(걷는 사람)의 횡단을 금지한 곳을 나타낸 표지  · 교통 안전 표시판(규제표시) - 보행금지 :보행자(걷는 사람)가 다닐 수 없는 곳을 나타낸 표지					

		 · 교통 안전 표시판(주의표시)  · 교통 안전 표시판(주의 표시) 《Tip 표지판 멀티 자료를 보여준다.》 · 표지판 보고 걸어 보세요. 활동방법 1) 출발선과 반환점을 표시한다. 2) 표지판과 차도를 꾸며놓는다. 3) 한 명씩 유아가 출발한다. 4) 표지판을 보며 걸어가도록 한다. 5) 표지판의 의미에 따라 바르게 걸어갈 수 있도록 한다.				
정리 및 평가		· 활동 후 평가의 시간을 가진다. - 표지판을 보면서 걸어 가보니까 기분이 어때요? - 왜 표지판을 잘 지키면서 걸어가야 할까요? - 표지판은 교통질서를 위한 약속이랍니다. 우리 친구들은 약속을 잘 지키는 그런 친구들이 되도록 해요.	2분			
차시 예고		· 경찰아저씨에 대해서 알아보기로 해요~				
참고 자료	· 꼬망세						

8. 우리나라

<table>
<tr><td>주제</td><td colspan="2">우리나라 음식</td><td>활동명</td><td>19. 비빔밥 만들기</td><td>수업일시</td><td></td></tr>
<tr><td>대상</td><td colspan="4">만 4세</td><td>담당교사</td><td></td></tr>
<tr><td>목표</td><td colspan="6">· 비빔밥을 직접 만들어 보고 어떤 재료가 들어가는지 알아 볼 수 있다.
· 오감을 통한 요리활동을 경험할 수 있다.</td></tr>
<tr><td>단계</td><td>학습
문제</td><td>교수학습활동</td><td>수업
시간</td><td>수업
매체</td><td>수업
방법</td><td>도달점</td></tr>
<tr><td>도입</td><td></td><td>· 오늘 할 활동에 대해 이야기 나눈다.
- 친구들 즐거운 요리시간이 돌아 왔어요.
- 우리나라 음식에는 무엇이 있을까요?

- 오늘은 그중에 비빔밥을 함께 만들어 볼 거예요.
- 비빔밥은 우리 옛 조상님들이 먹다 남은 음식들을 모아서 비벼 먹는 밥이에요.
- 잘 만들 수 있겠나요?</td><td>3분</td><td>이야기 나누기</td><td>시연</td><td>비빔밥이 우리나라 음식인 것을 알 수 있다.</td></tr>
<tr><td>전개</td><td></td><td>· 비빔밥 만드는 재료를 설명한다.
- 먼저 비빔밥을 만들기 위해서는 어떤 재료들이 필요할까요?
- 그래요. 오늘은 밥, 콩나물, 시금치, 쇠고기, 달걀, 참기름, 깨소금, 간장, 수저, 그릇, 프라이팬이 필요해요.
- 친구들 비빔밥을 만들 때 에는 순서를 지켜가며 만들도록 해요.
· 비빔밥 만드는 순서도를 보여준다.
- 친구들 여기에 있는 순서도를 보면서 비빔밥을 만들도록 해요.
· 비빔밥 만드는 순서도를 보며 비빔밥을 만들어 본다.
① 달걀은 노른자와 흰자를 분리하여 별도로 지단을 만들어 채를 썰어 준비하거나, 달걀을 기름에 프라이 하여 준비를 한다.
② 비빔그릇에 준비한 콩나물, 도라지나물, 고사리</td><td>15분</td><td>요리</td><td>시연</td><td>비빔밥 만드는 순서를 보며 비빔밥을 만들 수 있다.</td></tr>
</table>

		나물, 시금치나물을 적당량씩 담고 위에 달걀지단을 놓고 위에 쇠고기 볶은 것을 적당량 얹어 준비한다. ③ 먹을 때 각기 나물이 들어 있는 비빔그릇에 밥을 적당량 넣어 참기름, 깨소금을 적당량 넣어 비벼서 먹는다.				
정리 및 평가		· 비빔밥을 만들고 난후 느낀 점에 대해 말한다. - 오늘 비빔밥을 만들어 보았는데 어땠어요? - 친구들이 기쁘다고 하니깐 선생님도 기분이 좋아요.	2분	이야기 나누기	시연	
차시 예고		· 차시예고를 한다. - 다음 시간에는 자랑스러운 우리 한글에 대해 알아보도록 해요.				
참고 자료	· 비빔밥 순시 요리도					

주제	우리나라의 자랑거리	활동명	20. 자랑스러운 우리 한글	수업일시	
대상	만 4세			담당교사	
목표	· 한글을 만들게 된 배경과 훈민정음의 우수성을 알 수 있다.				

단계	학습문제	교수학습활동	수업시간	수업매체	수업방법	도달점
도입		· 우리가 사용하고 있는 한글에 대해 이야기를 나눈다. - 친구들 우리가 지금 사용하고 있는 한글은 누가 만들었는지 아는 친구가 있나요? - 그래요. 모두 다 잘 알고 있어요. - 왜 한글을 만들게 되었을까요? - 오늘은 자랑스러운 한글에 대해서 알아 볼거에요.	2분	시연	이야기 나누기	
전개		· 동화 "자랑스러운 한글"을 들려준다. 제목 : 자랑스러운 한글 [지은이 : 김정미] "어, 이게 무슨 뜻이지?" 돌이는 편지를 들고 고개를 갸우뚱 갸우뚱 거립니다. "도대체 무슨 뜻인지 모르겠어." 돌이는 편지를 옆으로 보고 뒤로 보고 앞으로 봐도 도무지 이해할 수가 없었습니다. 그때 "돌이야, 여기서 뭐해? 이게 뭐야?" 지나가던 말순이가 돌이가 들고 있던 편지를 뺏으며 물어봅니다. 돌이: "말순아, 너 이게 무슨 내용인줄 아니?" 말순: "야, 내가 어떻게 알겠어. 서당 근처에도 안 가봤는데" "에이. 돌이야, 모르는 거 신경 쓰지 말고 우리 비석치기 하고 놀자. 자, 가자~" 말순이는 돌이의 손을 잡고 동네 어귀로 비석치기를 하러 갑니다. "어허, 이럴 수 가 있단 말인가. 쯧쯧쯧" 먼발치에서 돌이와 말순이를 지켜보고 있던 여러 무리의 사람들 중 한 대감이 혀를 끌끌 차며 안타까워했습니다. 옛날에 우리는 우리말이 없어서 중국에서 쓰는 한자를 썼습니다. 서당에서 글을 배우지 못한 많은 아이들과 어른들은 한자를 읽거나 쓰지 못했습니다. "제 나라에 살면서 서로 글을 몰라서 의사소통을 못하다니, 이를 어떻게 하면 좋을까?" 백성들이 글을 모르는 것을 안타깝게 생각한 분은 다름 아닌 조선의 제4대왕인 대왕세종이었던 것이	20분	시연	동화	동화를 듣고 한글의 소중함을 알 수 있다.

다. 세종대왕은 백성들이 글을 몰라서 읽고 싶어도 읽지 못하는 것이 너무 안타까웠습니다.

"허허. 이를 어쩌면 좋을꼬" 한참을 고민하던 세종대왕은 글을 연구하는 집현전 학자들을 불렀습니다.

"여봐라. 내 백성이 읽고 쓸 수 있도록 우리글을 만들어야겠소. 그대 들이 수고해 주시오"

"예, 마마"

그때부터 집현전 학자들은 밤낮을 가리지 않고 연구를 하기 시작했습니다.

"이보시게, 하품 한 번 해 보시게"

"아하~"

집현전 학자들은 서로의 입모양을 본떠 자음은 '소리'에 근거하여 사람의 '발음 기관'의 모양을 보고 만들었습니다. "이번엔 아 해봐. 아~" 집현전 학자들은 발음을 할 때의 혀, 입술, 이, 목구멍의 변화를 잘 관찰해서 그 모양을 본떠서 기본 글자 'ㄱ, ㄴ, ㅁ, ㅅ, ㅇ'을 만들었습니다. ㄱ과 ㄴ은 혀가 입안에서 구부러지는 모습을 본 따고 ㅁ은 입 모양, ㅅ은 이 모양, ㅇ은 목구멍 모양을 본 따서 만들었습니다. 또, 모음은, 성리학에서 말하는 우주의 기본 요소인 '하늘(천, 天), 땅(지, 地), 사람(인, 人)'의 삼재(三才)의 모양을 본떠서 기본 글자 'ㆍ, ㅡ, ㅣ'를 만들었습니다.

이렇게 해서 모두 28개의 글자가 만들어졌습니다. 세종대왕은 무척 기뻐하셨습니다. "비로소 내 백성들이 글을 읽고 쓸 수 있게 되었구려. 장하오. 장하오" 세종대왕은 집현전 학자들이 자랑스러웠습니다.

"만백성에게 공포 해야겠소" 세종대왕님은 온 신하들과 백성들 앞에서 우리의 글인 '훈민정음'을 발표했습니다. '훈민정음'은 글자이가도 하고 책이기도 합니다. '훈민정음'은 '백성을 가르치는 바른 소리'라는 뜻입니다. 훈민정음을 들은 신하들과 백성들은 세종임금을 대왕세종이라고 부르며 자랑스러워했습니다. "대왕세종 만세!" "훈민정음 만세!"

- 동화 내용에 대해 이야기를 나눈다.
  - 우리나라 글인 한글은 누가 만들었나요?
  - 세종대왕은 왜 한글을 만들었을까요?
  - 만약 한글이 없다면 어떤 일들이 생길까요?
- 동화자료를 다시 보여주면서 한글이 만들어지게 된 배경에 대해 한 번 더 설명한다.
  - 한글은 세종대왕이 우리 국민들을 많이 사랑하신다는 증거예요.
  - '한글'의 뜻이 뭐라고 하였나요?

		- 그래요. 한글의 '한'은 크다, 으뜸이다, 바르다 '라는 뜻이에요.				
정리 및 평가		· 세계에서 우리처럼 훌륭한 자신들의 말을 사용하는 나라는 많지 않다는 것을 알려주고 자랑스러운 한글에 자부심을 가질 수 있도록 지도한다. - 친구들 오늘 우리 한글의 소중함을 느꼈나요? - 우리 친구들은 바른말 고운말을 쓰도록 해요.	이야기 나누기	시연	2분	
차시 예고		· 차시예고를 한다. - 다음 시간에는 재미있는 한글을 배워 보도록 해요.				
참고 자료	· 그림동화 자료					

9. 세계 여러 나라

주제	세계 여러 나라의 문화	활동명	21. 세계 여러 나라의 축제	수업일시		
대상	만 4세			담당교사		
목표	· 세계 여러 나라의 축제에 관심을 가질 수 있다. · 축제를 통해 그 나라의 문화를 이해 할 수 있다.					
단계	학습 문제	교수학습활동	수업 시간	수업 매체	수업 방법	도달점
도입		· 축제에 대해서 이야기 나눈다. - 친구들~축제라는 말을 들어 보았나요? - 축제는 무엇을 말하는 걸까요? - 그래요. 축제는 어떤 의미가 있는 날을 축하하며 즐겁고 신나게 보내는 날을 말하는 거예요. - 저번시간에는 우리나라 축제를 알아보았는데, 이번 시간에는 세계 여러 나라에 어떤 축제가 있는지 알아 볼 거예요.	2분	이야기 나누기	시연	
전개		· 스페인의 토마두 축제에 대해 이야기 나눈다.  - 무엇을 하고 있는 사진 같아요? - 왜 하는 것일까요? - 이 축제의 이름은 무엇일까요? - 어느 나라의 축제일까요 (토마토 축제는 매년 8월 마지막 주 수요일 오전 11시에 시작한다. 서로에게 물을 뿌리다가 옷을 벗거나 찢은 후 12시가 되면 토마토를 던지면서 축제를 즐긴다. 한 시간 가량 축제를 즐기다가 참여자 모두 힘을 합쳐 거리를 청소한다. 토마토 축제는 1944년 토마토 가격이 폭락한 것에 분노한 농부들이 시의원들에게 토마토를 던진 것이 유래가 되었다.) · 태국의 송크란 축제에 대해 이야기 나눈다.	13분	이야기 나누기	시연	스페인, 태국, 미국의 축제를 알 수 있다.

		 - 무엇을 하고 있는 사진 같아요? - 왜 하는 것일까요? - 이 축제의 이름은 무엇일까요? - 어느 나라의 축제일까요? (매년 4월 13일부터 15일까지 송크란 축제를 한다. 우리나라의 설날과 같은 의미의 축제이다. 물 축제로 알려진 송크란 축제는 물총, 호스 등 물을 퍼 부을 수 있는 모든 도구들이 다 동원되어 축제 기간 동안 태국이 물바다로 변한다.) · 미국의 할로윈데이에 대해 이야기 나눈다.  - 무엇을 하고 있는 사진 같아요? - 왜 하는 것일까요? - 이 축제의 이름은 무엇일까요? - 어느 나라의 축제일까요? (매년 10월 31일에 열린다. 이 날에는 귀신이 나온다고 믿고 그것을 놀려주기 위해 사람들은 유령이나 괴물 복장을 하고 축제를 즐긴다. 이날 밤 아이들은 호박을 도려내어 안에 초를 세운 등불을 만든다. 집집마다 돌며 사탕, 과자, 초콜릿 등을 받는다.)				
정리 및 평가		· 활동을 정리하고, 평가한다. - 오늘 이렇게 여러 나라의 축제에 대해 알아보았는데 어땠나요?	2분			
차시 예고		· 차시예고를 한다. - 다음 시간에는 친구들이 만들고 싶은 축제에 대해 그림으로 그려보도록 해요.				
참고 자료	· 스페인, 태국, 미국의 축제 사진					

<table>
<tr><td>주제</td><td colspan="2">세계 여러 나라와의 교류</td><td>활동명</td><td colspan="2">22. 다른 나라와 서로 사고팔아요.</td><td>수업일시</td><td></td></tr>
<tr><td>대상</td><td colspan="5">만 4세</td><td>담당교사</td><td></td></tr>
<tr><td>목표</td><td colspan="7">· 여러 나라 사람들이 필요한 물건을 서로 사고판다는 것을 알아 볼 수 있다.
· 자신의 경험, 생각, 느낌을 바른 태도로 말할 수 있다.</td></tr>
<tr><td>단계</td><td>학습 문제</td><td colspan="2">교수학습활동</td><td>수업 시간</td><td>수업 매체</td><td>수업 방법</td><td>도달점</td></tr>
<tr><td>도입</td><td></td><td colspan="2">· 원산지가 붙여진 수입품을 보며 이야기 나눈다.

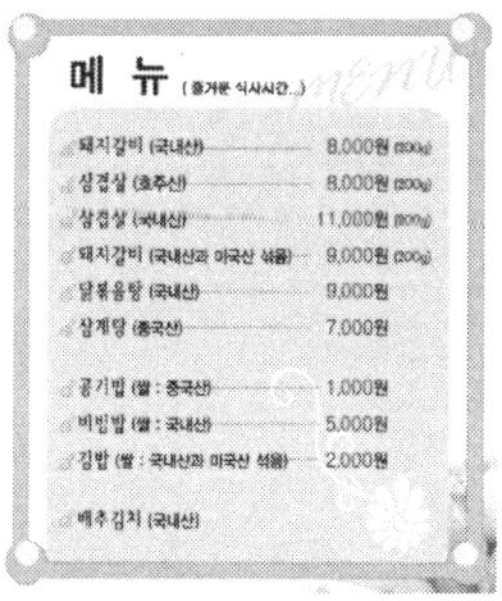

- 친구들~이것은 무엇일까요?
- 사용해 본적이 있나요?
- 어느 나라에서 만들어진 물건일까요?
- 이 물건이 어떻게 우리나라에 왔을까요?
- 가져 올 때 무엇을 주고 가져 왔을까요?</td><td>3분</td><td>이야기 나누기</td><td>시연</td><td>수입품과 국산품에 대해 알 수 있다.</td></tr>
<tr><td>전개</td><td></td><td colspan="2">· 우리나라가 다른 나라에서 가져오는 물건에 대해 이야기 나눈다.
- 우리나라가 돈을 주고 다른 나라에서 어떤 것들을 사왔을까요?
- 그래요~이런 물건들을 다른 나라에서 사오는 이유는 무엇일까요?
- 다른 나라는 우리나라의 어떤 물건들을 사갈까요?
- 그 물건들을 친구들이 본적이 있나요?
- 어디서 보았나요?</td><td>12분</td><td>이야기 나누기</td><td>시연</td><td>수출과 수입에 대해 이야기 나눌 수 있다.</td></tr>
</table>

		· 나라끼리 물건을 사고파는 이유에 대해 이야기 나눈다. - 우리나라와 다른 나라가 물건을 사고파는 이유가 무엇일까요? - 물건을 서로 주고받으면 어떤 점이 좋을까요? · 우리나라의 좋은 물건을 다른 나라에 더 많이 팔기 위해 할 수 있는 방법에 대해 이야기 나눈다. - 다른 나라에서 우리나라 물건을 많이 사게 할 수 있는 방법에는 어떤 것들이 있을까요?				
정리 및 평가		· 나라끼리 물건을 사고팔지 않으면 어떻게 될지 이야기 나눈다. - 친구들~이렇게 다른 나라와 물건을 사고팔지 않으면 어떻게 될까요?	2분	이야기나누기	시연	
차시 예고		· 차시를 예고한다. - 다음 시간에는 여러 나라의 축제에 대해 이야기 나눠 볼 거예요.				
참고 자료	· 원산지 가 붙여진 실물 수입품 ,수출품, 그림자료					

<table>
<tr><td>주제</td><td colspan="2">세계의 자연과 사회 현상</td><td>활동명</td><td>23. 지구 온난화를 예방해요</td><td>수업일시</td><td colspan="2"></td></tr>
<tr><td>대상</td><td colspan="4">만 4세</td><td>담당교사</td><td colspan="2"></td></tr>
<tr><td>목표</td><td colspan="7">· 지구 온난화에 대해 관심을 가질 수 있다.
· 온난화의 원인을 알아보고 우리가 할 수 있는 일을 생각해 볼 수 있다.</td></tr>
<tr><td>단계</td><td>학습 문제</td><td colspan="2">교수학습활동</td><td>수업 시간</td><td>수업 매체</td><td>수업 방법</td><td>도달점</td></tr>
<tr><td>도입</td><td></td><td colspan="2">· 여름 날씨에 대해 이야기 나눈다.
- 친구들~ 이번 여름의 날씨는 어땠나요?
- 옛날 우리 조상들의 여름도 지금처럼 이렇게 더웠을까요?
- 여름의 날씨가 점점 더워지는 이유는 무엇일까요?
- 오늘은 빙하가 섬섬 녹고 있나는 깃에 대해 알아 볼 거예요.</td><td>2분</td><td>이야기 나누기</td><td>시연</td><td>관심 집중</td></tr>
<tr><td>전개</td><td></td><td colspan="2">· 지구 온난화의 뜻에 대해 이야기 나눈다.
- 지구 온난화라는 말을 들어 보았나요?
- 지구 온난화란 무엇을 말하는 것일까요?
- 지구 표면의 온도가 올라가 더워지는 현상이에요.
· 지구 온난화의 원인에 대해 이야기 나눈다.
- 이렇게 날씨가 점점 더워지는 이유는 무엇일까요?
- 날씨가 더우면 친구들은 어때요?
(온실기체가 온난화의 가장 중요한 원인으로 꼽힌다. 온실기체로는 이산화탄소가 가장 대표적이다. 이산화탄소의 배출량이 증가하면서 지구 밖으로 열이 빠져나가지 못해서 지구의 기온이 올라가게 된다.)
· 온난화로 인한 피해에 대해 이야기 나눈다.
- 우리 지구에서 온난화가 계속되면 어떻게 될까요?
- 온난화를 줄일 수 있는 방법이 있을까요?
- 어떤 방법들이 있을까요?

· 지구 온난화를 줄일 수 있는 방법의 그림을 보여</td><td>10분</td><td>이야기 나누기</td><td>시연</td><td>지구온난화의 뜻을 알고, 온난화를 줄일 수 있는 방법을 알 수 있다.</td></tr>
</table>

		준다.  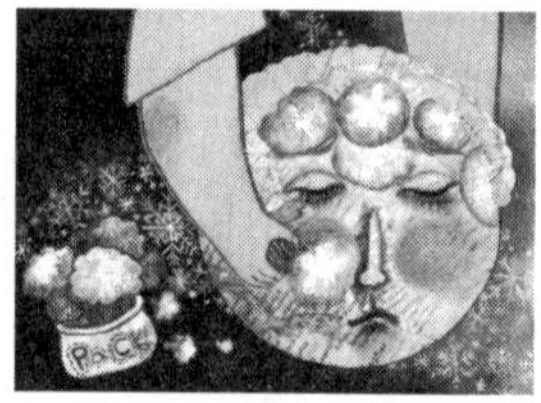 - 이렇게 재활용품으로 연필꽂이를 만들면 도움이 된데요. - 나무를 많이 심으면 온난화를 예방할 수 있어요.				
정리 및 평가		· 온난화에 관한 동영상을 보며 활동을 마무리 한다. - 지구 온난화에 대해 알아보니 어땠나요? - 앞으로 우리가 온난화를 줄이기 위해 어떤 노력을 해야 할까요?	2분	이야기 나누기	시연	
차시 예고		· 차시예고를 한다. - 다음 시간에는 재활용품으로 학용품을 만들어 볼 거예요.	1분			
참고 자료	· 지구 온난화에 관한 동영상 자료 · 온난화를 줄일 수 있는 방법 그림 자료					

10. 환경과 생활

<table>
<tr><td>주제</td><td colspan="2">물과 우리 생활</td><td>활동명</td><td>24. 물놀이를 안전하게 하려면</td><td>수업일시</td><td colspan="2"></td></tr>
<tr><td>대상</td><td colspan="4">만 4세</td><td>담당교사</td><td colspan="2"></td></tr>
<tr><td>목표</td><td colspan="7">· 물놀이 안전에 대해 알아 볼 수 있다.
· 물놀이 안전을 지켜 사고에 주의할 수 있다.</td></tr>
<tr><td>단계</td><td>학습 문제</td><td colspan="2">교수학습활동</td><td>수업 시간</td><td>수업 매체</td><td>수업 방법</td><td>도달점</td></tr>
<tr><td>도입</td><td></td><td colspan="2">· 여름철 물놀이에 대해 이야기 나눈다.
- 친구들~여름에 어디에 놀러가 보았나요?
- 그래요~여름에는 날씨가 더워서 물이 있는 곳으로 많이 놀러가죠?
- 물이 있는 곳으로 여행을 가면 어떤 약속들을 지켜야 할까요?
- 오늘은 선생님과 함께 물놀이를 할 때 지켜야 하는 안전규칙에 대해 알아보도록 할 거예요.</td><td>2분</td><td>이야기 나누기</td><td>시연</td><td></td></tr>
<tr><td>전개</td><td></td><td colspan="2">· 물놀이 안전규칙에 대해 알아본다.
- 물놀이를 할 때 지켜야 할 규칙들은 어떤 것들이 있을까요?
- 물놀이는 너무 재미있지만 우리 친구들이 약속과 규칙을 지키지 않으면 위험할 수도 있어요.
· 물이 있는 바닥에서 뛰어다니는 그림을 보여준다.

- 그림 속에 이 친구는 무엇을 하고 있을까요?
- 물이 많이 있는 곳에서 뛰어다니면 어떻게 될까요?
- 바닥이 미끄럽기 때문에 물이 있는 곳에서는 절대로 뛰어다니면 안돼요.
· 주의 경계선을 넘어가서 수영을 하는 그림을 보여준다.</td><td>13분</td><td>이야기 나누기</td><td>시연</td><td>물놀이를 할 때 안전규칙에 대해 알 수 있다.</td></tr>
</table>

<table>
<tr><td></td><td></td><td>

- 그림 속에 이 친구는 무엇을 하고 있을까요?
- 경계선 밖에서 수영을 하면 어떻게 될까요?
- 경계선 밖은 물 속이 깊기 때문에 위험해요.</td><td></td><td></td><td></td><td></td></tr>
<tr><td>정리
및
평가</td><td></td><td>· 올바른 물놀이 안전규칙을 지키고 사고에 주의한다.
- 오늘은 물놀이 안전규칙에 대해 이야기해 보았어요.
- 물놀이는 재미있지만 자칫하면 위험할 수가 있어요.
- 우리 친구들은 안전한 물놀이를 해야 해요.</td><td>2분</td><td></td><td></td><td></td></tr>
<tr><td>차시
예고</td><td></td><td>· 차시예고를 한다.
- 다음시간에는 물놀이를 하고난 후 느낀 점을 그림으로 그려 볼 거예요.</td><td></td><td></td><td></td><td></td></tr>
<tr><td>참고
자료</td><td colspan="6">· 물놀이 안전 그림 자료</td></tr>
</table>

주제	갯벌과 우리생활	활동명	25. 가족과 갯벌에 가요	수업일시	
대상	만 4세			담당교사	
목표	·가족과 함께 갯벌에서 즐거운 시간을 보낼 수 있다.				

단계	학습 문제	교수학습활동	수업 시간	수업 매체	수업 방법	도달점
도입	동기 유발	·갯벌 현장체험에 대해 이야기 나눈다.  - 갯벌이 무엇인지 알고 있는 친구 있나요? - 갯벌에 가본 경험이 있는 친구 있나요? - 갯벌이란 썰물 때 나타나는 진흙이 쌓인 땅이에요. - 오늘은 가족과 함께 갯벌에 가는 날이에요. - 가서 갯벌에는 어떤 친구들이 사는지 잘 관찰해 보도록 해요.	3분	이야기 나누기	이야기 나누기	흥미 유발
전개	갯벌 현장 학습	·체험학습장소: 경기도 시흥시 정왕동 오이도 ·대상: 경도유치원 경도반 유아들 ·견학 일시: 2010년 6월 22일 ·준비물: 여벌옷, 모자, 카메라, 세면도구 등 ·체험시간 및 예상 소요시간 ·08:20 - 08:30 인원점검 및 안전지도 ·08:30 - 08:40 출발 ·08:40 - 10:00 오이도 갯벌 도착 ·10:10 - 10:30 오이도 정보화 센터 동영상관람 ·10:40 - 12:30 갯벌 체험학습 ·12:40 - 13:40 점심시간 ·13:40 - 15:00 갯벌 체험학습 ·15:30 - 17:00 출발/어린이집 도착 및 귀가		체험	체험	가족과 함께 갯벌체험하기
정리 및 평가		·갯벌 현장체험학습을 다녀온 후 소감을 이야기 나눈다. - 가족과 함께 갯벌에 다녀온 느낌이 어땠나요?	3분	이야기 나누	이야기 나누	목표 도달

		- 갯벌에서 어떤 친구들을 만났나요?		기	기	
차시 예고		· 다음 활동시간에 배울 내용에 대해 이야기 나눈다. - 다음 시간에는 갯벌에 가서 본 것들을 그림으로 그려보는 시간을 가져 볼 거예요.	2분			
참고 자료						

<table>
<tr>
<td></td>
<td>2.
마스크따라만들기</td>
<td>2. 창구멍을 남기고 박음질을 한다. 박음질을 한 후 모서리를 뒤로 접어 넣는다.
- 가지고 온 천을 끝부분을 선생님이 박음질해 주면 친구들이 모서리를 뒤로 접어 넣어보도록 해요.

3. 1.5~ 2cm 정도 뒤로 넘겨서 고정을 시킨다.
- 손마디만큼 뒤로 넘겨서 고정을 시키도록 해봐요.

4. 유아에게 맞도록 고무줄을 넣는다.
- 각자 고무줄을 잘라서 마스크에 넣어 봐요.

5. 묶인 부분을 안으로 집어넣으면 완성!</td>
<td>15분</td>
<td>실제</td>
<td>시범</td>
<td></td>
</tr>
</table>

		 6. 완성 후 세탁을 한다.  7. 각자 만든 마스크를 쓰고 뽐내기				
정리 및 평가		· 마스크를 만들어본 느낌을 이야기 나눈다. - 오늘 황사로부터 우리 몸 속에 나쁜 먼지가 들어오지 못하게 마스크를 만들어 봤는데 어땠나요? - 어려운 점은 없었나요? - 앞으로 밖에 나갈 때 오늘 만든 마스크를 쓰고 나가도록 해봐요.	2분	이야기 나누기		목표 도달
차시 예고		· 다음 시간에 배울 내용에 대해 이야기 나눈다. - 다음 시간에는 손을 깨끗이 씻는 방법에 대해 이야기 나누어 보도록 해요.	1분			
참고 자료	· 블로그- 초 간단! 황사대비 마스크 만들기					

주제	여름	활동명	28. 우리 모두 물놀이 전에는 준비운동을 해요.	수업일시	
대상	만 4세			담당교사	
목표	· 물놀이 전 준비운동을 따라 할 수 있다.				

단계	학습문제	교수학습활동	수업시간	수업매체	수업방법	도달점
도입	동기유발	· 물놀이 전에 해야 할 준비운동에 대해 이야기 나눈다. - 물놀이를 가본 적이 있나요? - 물놀이를 하기 전 무엇부터 해야 하나요? - 물놀이 전에 준비운동 하지 않으면 어떻게 되나요? - 물놀이 전에 준비운동은 어떤 것이 있나요?	2분	경험물어보기	이야기나누기	학습목표이해
전개	1. 물놀이전에 해야 할 준비운동을 배우기	· 물놀이 전에 해야 할 준비운동을 알려준다. - 물놀이 전에 해야 할 쥬비운동을 알려 줄 기예요. 친구들도 같이 따라 해 보아요. · 교사가 먼저 시범을 보이면 유아는 교사를 따라 한다.  1. 양손 엄지손가락으로 목 뒤로 젖혀 들기 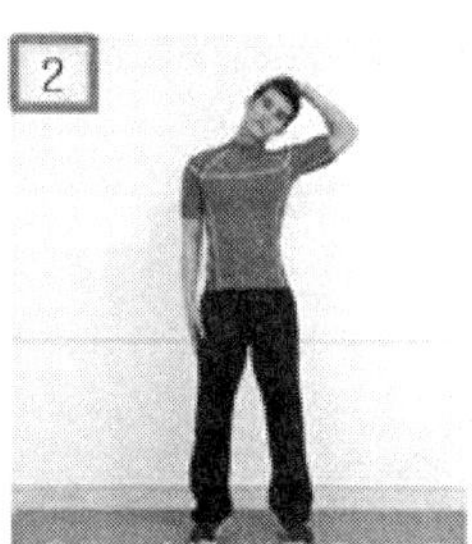 2. 한 손으로 서서히 머리당겨주기(좌, 우)	15분	스트레칭 사진자료	시범보이기 & 따라하기	물놀이 전 해야 할 준비운동을 따라 할 수 있다.

		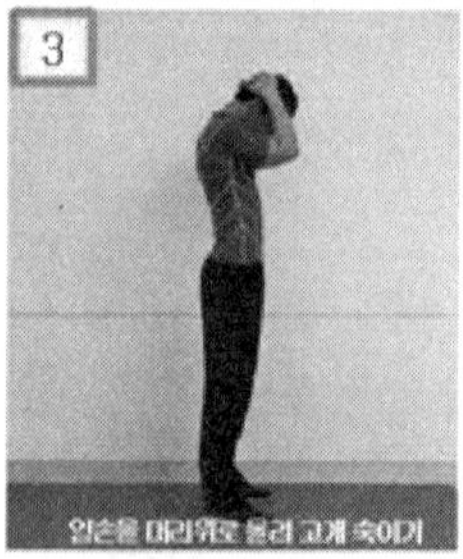 3. 양 손을 머리 위로 올려 고개 숙이기  4. 양 손을 뻗고 최대한 위로 늘리기  5. 양 손을 뻗어 상체 옆으로 기울이기(좌, 우)  6. 깍지 낀 팔과 함께 상체 숙이기	15분	스트레칭 사진 자료	시범 보이기 & 따라 하기	

		· 준비운동을 한 번 더 해본다.				
정리 및 평가	배운 내용 상기	· 이번 시간에 배운 물놀이 전 해야 할 준비운동에 대해 느낌을 말해 본다. - 물놀이 전에 해야 할 준비운동을 배워 보았는데 어땠나요? - 물놀이를 가게 되면 이번 시간에 배운 준비운동을 할 수 있겠나요? - 물놀이를 하기 전에 준비운동을 하지 않으면 다칠 위험이 크니까 꼭 물놀이 전 준비운동을 해요.	2분	소감 물어 보기	이야기 나누기	목표도 달확인
차시 예고		· 다음 시간에 배울 내용을 알려준다. - 다음 시간에는 물놀이를 하다가 위험한 상황이 벌어졌을 때의 대처하는 방법에 대해 배워 보기로 해요.	1분			
참고 자료	· 네이버 카페 http://www.cafe.naver.com					

<table>
<tr><td>주제</td><td>가을</td><td>활동명</td><td>29. 땅콩을 캐러가요.</td><td colspan="2">수업일시</td><td colspan="2"></td></tr>
<tr><td>대상</td><td colspan="3">만 4세</td><td colspan="2">담당교사</td><td colspan="2"></td></tr>
<tr><td>목표</td><td colspan="7">· 친구와 함께 땅콩을 캘 수 있다.</td></tr>
</table>

<table>
<tr><th>단계</th><th>학습
문제</th><th>교수학습활동</th><th>수업
시간</th><th>수업
매체</th><th>수업
방법</th><th>도달점</th></tr>
<tr><td>도입</td><td>동기
유발</td><td>· 가을에 수확하는 것들에 대해 이야기 나눈다.
- 친구들, 수확이 무엇인지 알고 있나요?
- 가을에 수확하는 것들에는 무엇이 있는지 알고 있나요?
- 가을에는 배추, 벼, 고구마, 사과, 땅콩 등 여러 가지를 수확해요.
- 오늘은 우리가 직접 가까운 텃밭에 나가서 땅콩을 캐보도록 할 거예요.</td><td>3분</td><td>이야기 나누기</td><td>이야기 나누기</td><td>흥미
유발</td></tr>
<tr><td>전개</td><td>땅콩
캐기</td><td>· 직접 텃밭에 나가서 유아가 힘을 모아 땅콩을 캐보도록 체험하게 한다.

- 땅콩을 캘 때 사용하는 도구는 조심히 사용하도록 해요.
- 친구와 함께 힘을 모아서 땅콩을 캐보도록 해요.

- 도움이 필요할 때는 선생님의 도움도 받아요.</td><td>20분</td><td>체험</td><td>체험</td><td>땅콩을
캘 수
있다.</td></tr>
</table>

	땅콩 캐기	 - 짜-잔 땅 속에 있던 땅콩이 모습을 드러냈네요.  - 우리 반이 오늘 함께 캔 땅콩이에요.				
정리 및 평가		· 땅콩 캐기 체험을 해본 소감을 이야기 나눈다. - 오늘 땅콩을 캐 본 느낌이 어땠나요? - 앞으로 땅콩을 감사한 마음으로 맛있게 먹을 수 있겠나요?	2분			
차시 예고		· 다음 시간에 활동할 내용에 대해 이야기 나눈다. - 다음 시간에는 가을에 수확하는 고구마로 고구마 샌드위치를 만들어 보도록 해요.	1분			
참고 자료	· http://blog.naver.com/winbebe?Redirect=Log&logNo=60117542908					

주제	겨울	활동명	30. 김장을 해요	수업일시	
대상	만 4세			담당교사	
목표	・배추김치를 담글 때 필요한 재료를 가지고 김치를 담글 수 있다.				

단계	학습 문제	교수학습활동	수업 시간	수업 매체	수업 방법	도달점
도입	동기 유발	・수수께끼로 오늘의 활동을 이끌어 낸다. - 이것은 우리나라의 대표적인 음식이에요. - 이것은 배추, 무, 파 등 여러 가지 재료로 만들었어요. - 이것은 빨갛고 매워요. ・이번 시간에는 배추김치 만들기를 한다는 것을 알려 준다. ・앞치마와 머리띠를 모두 착용했는지 확인한다.	1분	이야기 나누기	수수께끼	목표 이해
전개	1. 배추김치의 재료를 알아본다.	・배추김치의 재료를 물어본다. - 배추김치의 재료에는 무엇이 들어가나요? ・배추김치의 재료를 보여준다.  배추  무  쪽파  미나리  양파  마늘  생강  고춧가루	2분	배추재료를 이용해 설명	시연	배추김치의 재료를 알 수 있다.

	2. 배추김치 만드는 순시를 알아본다.	 새우젓  소금  젓갈 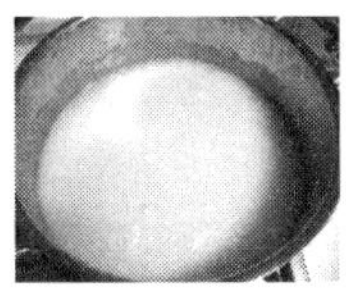 찹쌀풀 - 사진에 무엇 무엇이 보이나요? · 배추김치 만들기 순서를 보여주며 설명한다.  - 배추는 4조각으로 나누어 굵은 소금에 6시간 정도 절인 후, 깨끗한 물에 헹구어 물기가 빠지도록 채반에 차곡차곡 쌓아 둔다. 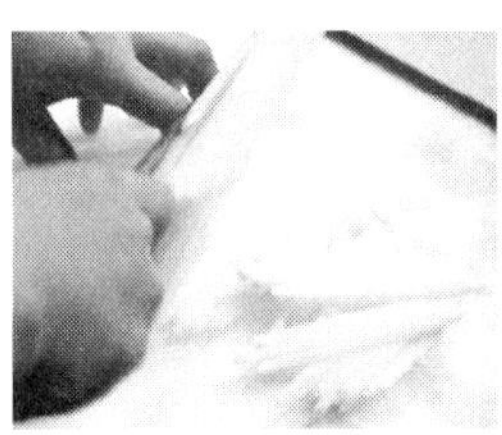 - 무를 약간 도톰하게 채를 썬다. 	5분	칠판에 만드는 순서를 보며 설명	시연 시범보이기 &	배추김치를 만드는 순서를 설명할 수 있다.

	3. 배추김치를 직접 만들어 본다.	 - 쪽파와 미나리는 적당한 크기로 썬다.  - 썰어둔 무에 고춧가루, 액젓, 새우젓, 찹쌀풀, 양파, 다진 마늘, 다진생강, 쪽파, 미나리를 넣어 배추 속을 만든다.  - 물기를 뺀 절인배추에 만들어둔 배추 속을 골고루 묻혀 준다. · 유아는 교사의 도움을 받아 배추김치를 직접 만들어 본다. - 2명씩 짝을 지어 볼까요? - 배추김치에 쓰일 재료들을 모두 선생님이 준비해 왔어요. 2명의 친구가 서로 도와가며 앞에 놓여있는 배추 속 재료들을 큰 그릇에 모두 넣어 보아요. - 배추 속을 다 만들었죠? · 교사는 절인배추에 배추 속을 넣어 시범을 보인다. - 이제 우리 친구들도 절인배추에 배추 속을 넣어볼 수 있겠죠? 배추 속이 담긴 큰 그릇에 절인배추를 두고 배추 속을 사이사이에 골고루 넣어 보아요. · 배추 속을 골고루 묻힌 배추를 준비해 둔 통에	11분		시연	스스로 배추김치를 만들 수 있다.

		차곡차곡 담아본다.				
정리 및 평가	소감 말해 보기	· 배추김치를 만들어 본 소감을 물어본다. - 오늘 배추김치를 만들어 보니까 어땠어요? - 엄마나 할머니가 김장담그실 때의 느낌을 알겠나요? - 이제부터 집에서 김치를 담그실 때 도와드릴 수 있을 것 같나요?	1분		이야기 나누기	소감을 말할 수 있다
차시 예고		· 다음 시간에 배울 내용을 알려준다. - 다음 시간에는				
참고 자료	- 네이버 블로그 http://blog.naver.com/jungwondiary? - 네이버 이미지 http://www.naver.com					

부 록

부록 1. 유치원 교육과정(2007)

유치원 교육과정 개정 고시

교육인적자원부 고시 제 2007-153 호

유아교육법 제13조 제2항에 의거하여 유치원 교육과정을 다음과 같이 고시합니다.

2007년 12월 19일

부총리 겸 교육인적자원부장관

부 칙

1. 이 교육과정은 2009년 3월 1일 신입생부터 시행합니다.
2. 교육부 고시 제1998-10호 유치원 교육과정(1998. 6. 30)은 2009년 2월 28일로 폐지합니다.

교육과정의 성격

이 교육과정은 유아교육법 제13조 제2항에 의거하여 고시한 국가 수준의 교육과정으로 유치원의 교육 목적과 목표를 달성하기 위하여 유치원에서 편성·운영하여야 할 학교 교육과정의 공통적, 일반적인 기준을 제시한 것이다.

이 교육과징의 성격은 다음과 같다.

가. 국가 수준의 공통성과 지역, 유치원, 개인 수준의 다양성을 동시에 추구하는 교육 과정이다.

나. 유아의 전인적인 성장 발달과 행복을 추구하기 위한 교육과정이다.

다. 유아의 자율성과 창의성을 신장하기 위한 유아 중심의 교육과정이다.

라. 유아의 일상생활과 놀이 속에서 통합적으로 실현해 가는 교육과정이다.

마. 교육청과 지역 사회, 유치원, 교원, 유아, 학부모가 함께 실현해 가는 교육과정이다.

바. 유치원 교육의 질적 수준을 유지, 관리하기 위한 교육과정이다.

제1장 교육과정의 편성과 운영

Ⅰ. 교육과정 구성의 방향

1. 추구하는 인간상

우리나라의 교육은 홍익인간의 이념 아래 모든 국민으로 하여금 인격을 도야하고, 자주적 생활 능력과 민주 시민으로서 필요한 자질을 갖추게 하여 인간다운 삶을 영위하게 하고, 민주 국가의 발전과 인류 공영의 이상을 실현하는 데 이바지하게 함을 목적으로 하고 있다.

이러한 교육 이념을 바탕으로, 유치원 교육과정이 추구하는 인간상은 다음과 같다.

가. 전인적 성장의 기반 위에 개성을 추구하는 사람
나. 기초 능력을 토대로 창의적인 능력을 발휘하는 사람
다. 폭넓은 교양을 바탕으로 진로를 개척하는 사람
라. 우리 문화에 대한 이해의 토대 위에 새로운 가치를 창조하는 사람
마. 민주 시민 의식을 기초로 공동체의 발전에 공헌하는 사람

2. 교육과정의 구성 방침

이 교육과정은 21세기 지식 정보화 시대를 주도할 '사람과 자연을 존중하고 사랑하는 한국인 육성'을 기본 방향으로 한다. 이에 따른 구성 방침은 다음과 같다.

가. 사람과 자연을 존중하고 사랑하는 세계관을 바탕으로 구성한다.
나. 유아의 기본 생활 습관과 전통문화, 창의성을 강조하여 구성한다.
다. 지역과 유치원의 자율성을 확대하도록 구성한다.
라. 유치원 교육의 정체성을 살리며 초·중등학교와 연계하여 구성한다.
마. 유아의 발달 특성을 고려하여 수준별 교육과정을 구성한다.
바. 교육과정 평가 체제를 통하여 교육에 대한 질 관리를 강화하도록 구성한다.

Ⅱ. 유치원 교육 목적과 목표

유치원 교육은 유아에게 알맞은 교육 환경을 제공하여 유아를 교육하고 심신의 조화로운 발달을 돕는 것을 목적으로 한다. 이를 실현하기 위하여 다음과 같은 교육 목표를 둔다.

가. 몸과 마음을 건강하게 하며 기본 생활 습관을 기른다.
나. 더불어 사는 태도와 우리 전통문화를 사랑하는 마음을 가진다.
다. 자신의 생각과 느낌을 자유롭고 창의적으로 표현하는 경험을 가진다.
라. 의사소통을 위한 언어 능력을 기르며, 바른 언어 사용 습관을 기른다.
마. 호기심을 가지고 주변 세계를 탐구하며 자연을 존중하는 태도를 가진다.

Ⅲ. 교육과정의 영역과 시간

가. 교육과정은 건강 생활, 사회 생활, 표현 생활, 언어 생활, 탐구 생활의 5개 영역으로 구성한다.
나. 연간 교육 일수는 180일, 하루 교육 시간은 180분을 최소 기준으로 하되, 연간 교육 일수 및 하루 교육 시간은 시·도 교육청의 지침과 유치원 실정에 따라 유치원에서 자율적으로 결정한다.

Ⅳ. 교육과정 편성·운영 지침

1. 지역 및 유치원에서의 편성·운영

1) 시·도 교육청

(1) 편성

가. 시·도 교육청은 유아, 교원, 유치원의 실정, 학부모 및 지역 주민의 요구, 지역의 특수성 등에 대한 조사 결과를 기초로 하여 시·도의 교육 중점을 설정하며, 다음 사항이 포함된 유치원 교육과정 편성·운영 지침을 작성하고, 이를 관내 지역 교육청과 유치원에 제시한다.
① 교육 일수에 관한 사항
② 교육 시간에 관한 사항
③ 학급 편성에 관한 사항
④ 교육 활동 계획 및 운영에 관한 사항
⑤ 환경 구성에 관한 사항
⑥ 교육과정 편성·운영에 관한 평가와 질 관리에 관한 사항
⑦ 부모 교육 및 참여에 관한 사항
⑧ 특수아, 귀국자 및 다문화 가정의 자녀 교육에 관한 사항
⑨ 초등학교 교육과의 연계에 관한 사항
⑩ 기타 필요한 사항
나. 시·도 교육청은 교육과정 편성·운영에 관한 조사·연구와 자문 기능을 담당할 교육과정 위원회를 구성하여 운영한다. 이 위원회에는 교원, 교육 행정가, 교육과정 전문가, 학부모, 지역 사회 인사, 산업체 인사 등이 참여할 수 있다.
다. 시·도 교육청은 유치원이 새 학년도 시작에 앞서 교육과정 편성·운영에 관한 계획을 세울 수 있도록 교육과정 편성·운영 자료를 개발, 보급한다.

(2)운영

가. 시·도 교육청은 교원 연수 및 수급과 전보계획을 수립하여 단위 유치원의 교육과정이 원활하게 운영될 수 있도록 한다.

나. 시 · 도 교육청은 관내 지역 교육청의 교육과정 운영 지원 실태 및 유치원의 교육과정 편성과 운영 실태를 정기적으로 파악하고, 교육과정의 효과적인 운영과 질 관리에 필요한 행 · 재정적 지원, 지도, 조언을 한다.

① 유치원 교육과정에 제시된 각 영역이 통합적으로 운영되도록 지도와 조언을 한다.

② 교육과정 운영에 필요한 각종 교육 활동 자료를 연구, 개발하여 보급한다.

③ 교육과정 편성 · 운영의 개선을 위한 연구 · 시범 유치원을 운영하고, 수업 개선을 위한 연구 교사를 두어 적극적으로 지원한다.

④ 학부모의 요구와 지역의 실정에 알맞게 하루의 교육 시간을 조정할 수 있도록 지원한다.

⑤ 특정 분야에서 탁월한 재능을 보이는 유아와 학습 장애가 있는 유아를 위한 교육 기회를 마련하고 지원한다.

⑥ 귀국자 자녀와 다문화 가정의 자녀가 가진 교육 경험의 특성과 배경을 고려하여, 이 교육과정을 이수하는 데 어려움이 없도록 지원한다.

2) 지역 교육청

(1) 편성

가. 지역 교육청은 시 · 도 교육청의 유치원 교육과정 편성 · 운영 지침을 기초로 하여 다음 사항이 포함된 유치원 교육과정 편성 · 운영에 관한 장학 자료를 작성하여 유치원에 제시한다.

① 지역의 특수성에 바탕을 둔 중점 교육 활동에 관한 사항

② 유치원 교육과정의 편성 · 운영에 필요한 교육 자료 및 지원에 관한 사항

③ 유치원 간 교육과정 편성 · 운영의 협조에 관한 사항

④ 유치원 간 교원의 순회 및 수급 협조에 관한 사항

⑤ 유치원 간 교육시설과 설비의 공동 활용에 관한 사항

⑥ 유치원 교육과정의 평가와 질 관리에 관한 사항

⑦ 기타 필요한 사항

나. 지역 교육청은 지역 특성에 적합한 유치원 교육과정 편성 · 운영을 지원하기 위하여 교원, 교육 행정가, 교육과정 전문가, 학부모 등이 참여한 교육과정 위원회를 구성하여 운영한다.

다. 유치원 간에 공동으로 협의하여 유치원 교육과정을 편성, 운영할 수 있도록 지원한다.

(2) 운영

가. 지역 교육청은 각 유치원의 교육과정 운영이 충실히 이루어질 수 있도록 장학 활동 계획을 수립하고, 정기적으로 시행한다.

나. 지역 교육청은 관내 유치원의 교육과정 편성과 운영 실태를 정기적으로 파악하고, 효과적인 교육과정의 운영과 개선 및 질 관리에 필요한 적절한 행 · 재정적 지원, 지도, 조언을 한다.

① 유치원 교육과정 편성 · 운영 방법에 관한 지역별 교원 연수를 다양하게 실시한다.

② 관내 유치원의 교육과정 편성 · 운영을 지원하기 위한 각종 자료를 개발, 보급한다.

③ 특수아, 귀국자 및 다문화 가정의 자녀를 위한 교육 기회를 마련하여 운영한다.

④ 유치원 교육과정의 효과적인 운영을 위하여 유치원 교원의 원활한 교류, 유치원 간 시설과 설비의 공동 활용, 자료의 공동 개발 활용에 관하여 유치원 간, 인접 교육청 간, 유치원과 교육청 간의 협조 체제를 구축한다.

⑤ 관내 유치원의 교육과정 편성 · 운영의 개선을 위한 연구 · 시범 유치원을 운영하고, 수업 개선을 위한 연구 교사를 두어 적극적으로 지원한다.

3) 유치원

(1) 편성

가. 유치원은 이 교육과정과 시・도 교육청의 유치원 교육과정 편성・운영 지침, 지역 교육청의 유치원 교육 과정 편성・운영에 관한 장학 자료를 바탕으로, 모든 교원이 전문성을 발휘하여 참여하는 민주적인 절차와 과정을 거쳐 유치원 실정에 알맞은 유치원 교육과정을 편성, 운영한다.

나. 교육과정을 합리적으로 편성하고 효율적으로 운영함으로써 교육의 질 관리를 위하여 노력한다.

다. 교육 활동 전반을 통하여 기본 생활 습관 교육, 사람과 자연을 존중하는 인성 교육, 전통문화 교육, 창의성 교육을 강조하고, 교육과정에 적극 반영한다.

라. 이 교육과정의 5개 영역의 내용은 지도의 순서를 의미하는 것이 아니므로, 각 영역의 내용을 시기와 상황, 필요에 따라 선정하여 통합적으로 편성한다.

마. 이 교육과정의 각 영역의 수준별 내용은 연령별 내용을 의미하는 것이 아니므로, 유아의 발달 및 흥미의 연속성을 고려하여 수준별 교육과정을 편성・운영한다.

바. 연간 교육 일수와 하루의 교육 시간은 시・도 교육청의 지침 및 유치원과 유아, 학부모의 요구와 필요 등을 고려하여 결정한다.

(2) 운영

가. 유치원은 다음과 같은 사항에 유의하여 유치원 교육과정을 운영한다.

① 유아의 일상생활과 놀이를 중심으로 교육과정을 통합적으로 운영한다.

② 유치원의 실내외 교육 환경은 다양한 흥미 영역으로 구성하여 운영한다.

③ 유아의 성별, 종교, 가족 배경, 신체적 조건, 민족 배경으로 인한 편견을 가지지 않도록 편성, 운영한다.

나. 유치원 교육과정을 편성・운영함에 있어서는 교원 조직, 유아의 실태, 학부모의 요구, 지역 사회의 실정, 교육 시설・설비 및 교육 여건과 환경이 충분히 반영되도록 한다.

① 지역 사회의 실정과 특수성을 반영하고 학부모 자원을 활용하여 운영한다.

② 부모 교육은 부모와 유치원의 실정에 따라 다양하게 실시한다.

다. 유치원은 장애아를 위한 특수 학급을 설치하는 경우, 유아의 장애 정도와 능력에 따라 이 교육과정을 조정하여 운영하거나 특수학교 교육과정 및 교수・학습 자료를 활용할 수 있다.

라. 유치원은 특수 교육 대상 유아가 부모와 관계 전문가의 도움을 받아 적절한 교육을 받도록 안내한다.

마. 유치원은 교사 모임, 현장 연구, 지역 연수 등을 통해서 교사들의 교육 활동 개선이 이루어지도록 한다.

바. 유치원은 유치원 교육과정 편성과 운영의 적합성, 타당성, 효과성을 자체 평가하여 문제점과 개선점을 추출하고, 다음 학년도의 교육과정 편성・운영에 그 결과를 반영한다.

사. 민주 시민 교육, 인성 교육, 환경 교육, 경제 교육, 에너지 교육, 근로정신 함양 교육, 보건 교육, 안전 교육, 성 교육, 소비자 교육, 진로 교육, 통일 교육, 한국 문화 정체성 교육, 국제 이해 교육, 해양 교육, 정보화 및 정보 윤리 교육, 청렴 교육, 물 보호 교육, 양성 평등 교육, 장애인 이해 교육, 인권 교육, 안전・재해 대비 교육, 저출산・고령 사회 대비 교육, 여가 활용 교육, 호국・보훈 교육, 효도・경로・전통 윤리 교육, 아동・청소년 보호 교육, 다문화 교육, 문화 예술 교육, 농업・농촌 이해 교육, 지적 재산권 교육, 미디어 교육, 의사소통・토론 중심 교육 등 범교육과정적 주제는 유치원에서 필요할 경우에 교육과정의 편성・운영에 융통성 있게 반영하고, 지역 사회 및 가정과의 연계 지도에도 힘쓴다.

2. 교육과정 평가와 질 관리

가. 국가 수준에서는 교육과정의 질 관리를 위하여 주기적으로 교육과정 편성 · 운영에 관한 평가를 실시한다.

① 유치원의 교육과정 편성 · 운영에 대한 교육청의 지원 상황을 파악하기 위하여 주기적으로 교육청에 대한 평가를 실시한다.

② 교육과정 편성 · 운영과 지원 체제의 적절성과 실효성을 평가하기 위한 연구를 수행한다. 교육과정 평가 연구는 교육과정의 편성 · 운영 지침의 적절성과 그 적용 효과에 중점을 둔다.

나. 국가 수준에서는 유치원이 교육과정 평가를 원활히 할 수 있도록 다양한 평가 방법과 절차, 도구 등을 개발하여 유치원에 제공한다.

다. 교육과정 운영 평가는 다음과 같은 사항을 고려하여 이루어져야 한다.

① 교육 내용이 일상생활과 놀이 속에서 통합적으로 편성 · 운영되는지를 평가한다.

② 교수 · 학습 방법이 유아의 흥미와 활동의 특성에 적합한지를 평가한다.

③ 교육 환경 및 교육 활동 자료가 활동 주제, 활동 내용, 유아들의 발달 특성, 교육 활동의 효율성 등을 고려하여 구성되는지를 평가한다.

④ 평가 결과는 다음 학년도의 교육과정 편성 · 운영에 반영한다.

V. 교수 · 학습 방법 및 평가

유치원의 교육 활동에서 교사는 다음 사항에 유의하여 교수 · 학습 및 교육 평가를 하도록 한다.

1. 교수 · 학습 방법

가. 유아의 발달과 흥미를 고려하여 놀이 중심의 통합적인 교육 활동을 전개 한다.

나. 하루의 교육 활동 운영은 동적인 활동과 정적인 활동, 실내 활동과 실외 활동, 개별 활동과 소집단 · 대집단 활동, 유아 주도 활동과 교사 주도 활동 등이 균형 있게 이루어지도록 한다.

다. 유아가 또래와 교사 및 주변 환경과 다양한 상호작용을 할 수 있도록 한다.

라. 긍정적이고 수용적이며 사랑과 정성이 담긴 언어와 태도로 유아를 대한다.

마. 교육 활동별 특성에 따라 다양한 질문을 하여 창의적 사고를 유도한다.

바. 개별 유아의 잠재력이 최대한 발현될 수 있도록 유아를 지속적으로 관찰하고 적절한 지원을 한다.

사. 주변의 다양한 자료와 자연물을 적극 활용하여 유아들이 직접적이고 구체적인 경험을 할 수 있도록 한다.

아. 흥미 영역은 계절, 주제, 행사 및 유아의 요구 등에 따라 재구성한다.

자. 시간 연장제 및 종일제의 오후 일과는 오전의 교육 활동을 그대로 반복하거나 지식 및 기능 위주 교육을 하기보다는, 편안한 휴식과 함께 바깥 놀이와 개별 유아의 특성을 충분히 고려한 놀이 중심의 활동으로 구성한다.

2. 교육 평가

가. 교육과정 목표와 내용을 준거로 유아의 특성과 변화 정도를 평가한다.
나. 유아의 태도, 지식, 기능 등이 종합적으로 포함되도록 평가한다.
다. 유치원 일과 속에서 생활과 교육 활동 전반에 걸쳐 포괄적으로 평가가 이루어지도록 한다.
라. 관찰, 활동 결과물 분석, 면담 등 다양한 방법을 사용하여 종합적으로 평가하고, 그 결과를 기록한다.
마. 평가 결과는 유아에 대한 이해와 유아 지원을 위한 의사결정, 교수·학습 방법 개선, 교육과정의 편성과 운영, 부모 면담, 생활 기록부 작성 등을 위한 기초 자료로 활용한다.

제 2 장　교육과정의 영역

Ⅰ. 건강 생활

1. 성 격

건강 생활은 긍정적 자아 개념과 일상생활에 필요한 기초 체력을 기르며, 유아의 심신을 조화롭게 발달시키기 위한 영역이다.

이 영역은 '나의 몸 인식하기', '나의 몸 움직이기', '건강하게 생활하기', '안전하게 생활하기'의 네 가지 내용으로 구성한다.

'나의 몸 인식하기'는 기본적인 감각 기능을 기르고 자신의 신체를 긍정적으로 인식하도록 하는 데 중점을 둔다.

'나의 몸 움직이기'는 유아기에 해야 할 운동을 체계적이고 규칙적으로 실시하여 기본적인 운동 능력을 기르고 기초 체력을 증진하는 데 중점을 둔다.

'건강하게 생활하기'는 청결, 영양, 질병 예방, 휴식을 통한 신체 건강뿐 아니라 정신 건강을 유지하고 건강한 생활 습관을 형성하는 데 중점을 둔다.

'안전하게 생활하기'는 자신과 타인의 몸을 소중히 여기고, 우리 주변에서 발생할 수 있는 위험을 예방하며, 재난에 대비하는 데 필요한 지식과 기능 및 태도를 기르는 데 중점을 준다.

건강 생활 영역의 교육 활동에서는 다양한 감각 및 신체 활동을 통하여 생활 교육으로 이루어지게 하며 다른 영역의 내용과 통합해 다루도록 한다. 특히 감각 기관을 적극적으로 활용하고 다양한 방법으로 몸을 활발하게 움직일 수 있는 기회를 규칙적으로 제공한다. 또한 실내·외 신체 활동을 통해 긴장감을 해소하고 즐거움을 느끼게 하며, 안전하고 쾌적한 환경을 제공하여 건강한 생활을 할 수 있게 한다.

2. 목 표

자신의 신체를 긍정적으로 인식하고 생활에 필요한 기초 체력을 기르며, 건강하고 안전한 생활 습관을 가진다.
가. 자신의 몸과 주변 세계를 긍정적으로 인식한다.
나. 기본 운동 능력과 기초 체력을 기른다.
다. 건강한 몸과 마음을 기른다.

라. 안전한 생활 습관을 가진다.

3. 내 용

가. 내용 체계

내용	하위 내용
나의 몸 인식하기	감각 기관을 활용하기 나의 몸을 인식하고 움직이기
나의 몸 움직이기	이동하며 움직이기 제자리에서 움직이기 도구 및 놀이 시설을 활용하기 바깥에서 신체 활동하기
건강하게 생활하기	몸과 주변을 깨끗이 하기 바른 식생활 하기 질병 예방하기 즐겁게 생활하기
안전하게 생활하기	나와 다른 사람의 몸을 소중히 하기 안전하게 놀이하기 교통안전 규칙 지키기 위험한 상황을 알고 대처하기 환경오염이나 재난에 대비하기

나. 수준별 내용

내용	하위 내용	수준별 내용	
		Ⅰ	Ⅱ
나의 몸 인식하기	감각 기관을 활용하기	· 감각 기관을 활용해본다.	· 감각 기관을 협응하여 활동한다.
	나의 몸을 인식하고 움직이기	· 몸의 각 부분에 관심을 가지고 움직인다.	· 몸의 각 부분의 특성을 활용하여 움직인다.
		· 자신의 신체 능력을 긍정적으로 인식하고 움직인다.	
나의 몸 움직이기	이동하며 움직이기	· 걷기, 달리기, 뛰기 등을 하면서 몸을 움직인다.	· 걷기, 달리기, 뛰기 등을 하면서 제시된 조건에 따라 몸을 움직인다.
	제자리에서 움직이기	· 제자리에서 몸을 다양하게 움직인다.	· 제자리에서 제시된 조건에 따라 몸을 균형감 있게 움직인다.
	도구 및	· 공, 리본, 후프, 평균대, 매트 등 도구와 놀이 시설을 활용하여 신체 활동	

<table>
<tr><td rowspan="2"></td><td>놀이 시설을 활용하기</td><td colspan="2">을 한다.</td></tr>
<tr><td>바깥에서 신체 활동하기</td><td colspan="2">· 규칙적으로 바깥에서 신체 활동을 한다.</td></tr>
<tr><td rowspan="10">건강하게 생활하기</td><td rowspan="3">몸과 주변을 깨끗이 하기</td><td>· 이를 깨끗이 한다.</td><td>· 스스로 이를 깨끗이 하는 습관을 기른다.</td></tr>
<tr><td>· 손과 몸을 깨끗이 한다.</td><td>· 스스로 손과 몸을 깨끗이 하는 습관을 기른다.</td></tr>
<tr><td>· 자기 주변을 깨끗이 한다.</td><td>· 스스로 자기 주변을 깨끗이 하는 습관을 기른다.</td></tr>
<tr><td rowspan="3">바른 식생활 하기</td><td>· 음식물의 필요성을 알고 골고루 먹는다.</td><td>· 몸에 필요한 음식을 적당한 양으로 골고루 먹는다.</td></tr>
<tr><td colspan="2">· 음식을 소중히 여긴다.</td></tr>
<tr><td colspan="2">· 음식을 바른 자세로 즐겁게 먹는다.</td></tr>
<tr><td rowspan="3">질병 예방하기</td><td>· 질병의 위험성을 알고 주의한다.</td><td>· 질병을 예방하는 방법을 알고 실천한다.</td></tr>
<tr><td colspan="2">· 날씨와 상황에 알맞게 옷을 입는다.</td></tr>
<tr><td colspan="2">· 놀이 후에는 적절한 휴식을 취한다.</td></tr>
<tr><td>즐겁게 생활하기</td><td colspan="2">· 다양한 신체 활동을 통해 긴장감을 해소하고 즐거운 마음으로 생활한다.</td></tr>
<tr><td rowspan="7">안전하게 생활하기</td><td rowspan="2">나와 다른 사람의 몸을 소중히 하기</td><td colspan="2">· 나와 다른 사람의 몸이 소중함을 안다.</td></tr>
<tr><td colspan="2">· 다른 사람이 나의 몸을 함부로 만지지 않도록 한다.</td></tr>
<tr><td rowspan="3">안전하게 놀이하기</td><td colspan="2">· 놀잇감, 도구, 시설물의 사용법을 알고 안전하게 사용한다.</td></tr>
<tr><td colspan="2">· 안전한 장소에서 안전한 방법으로 놀이한다.</td></tr>
<tr><td></td><td>· 미디어에는 유익한 것과 유해한 것이 있음을 알고 바르게 사용한다.</td></tr>
<tr><td rowspan="2">교통안전 규칙 지키기</td><td colspan="2">· 보행 안전 규칙을 지킨다.</td></tr>
<tr><td colspan="2">· 교통수단을 안전하게 이용한다.</td></tr>
</table>

	위험한 상황을 알고 대처하기	· 위험한 물건과 상황에 대해 알고, 대처한다.
		· 위험한 상황에서 도움을 요청하여 자신을 보호한다.
	환경오염이나 재난에 대비하기	· 환경오염의 위험성을 알고 안전하게 생활하는 방법을 실천한다.
		· 환경오염을 예방하는 방법을 알고 실천한다.
		· 인적 재난이나 자연 재난에 대해 알아보고 정기적으로 대피 훈련에 참여한다.

4. 지도상의 유의점

교사는 다음 사항에 유의하여 지도하도록 한다.

첫째, 감각을 통해 자신의 몸과 주변 세계를 바르게 인식하도록 유아의 발달 수준을 고려한다. 이를 위해 다양한 수준의 도구와 활동을 마련하여 제공한다.

둘째, 넓은 공간이나 바깥에서 규칙적으로 활동함으로써 유아기에 필요한 기본 운동 기능과 기초 체력을 기르도록 한다. 교사는 유아의 흥미와 관심이 자연을 향하도록 바깥놀이 활동 범위를 점차 확대하여 계획하고, 안전한 장소에서 유아가 충분히 뛰어놀 수 있도록 한다.

셋째, 대근육 활동 시 교사는 체계적 활동을 통해 유아가 몸을 움직임으로써 신체를 조절하고 성취감을 맛볼 수 있도록 지도한다. 이를 위해 교사는 발달에 적합한 활동을 구성하여 유아의 흥미와 관심을 높여 적극적으로 활동에 참여할 수 있도록 한다.

넷째, 유아의 건강 생활은 일과 중 활동을 통해 생활 교육으로 이루어지게 해야 한다. 무엇보다 유아의 건강 상태와 신체 리듬을 고려하여 규칙적인 생활을 할 수 있도록 지도하며, 스스로 이 닦기와 손 씻기, 주변을 깨끗이 하기, 바른 식생활과 옷 입기 등을 실천함으로써 건강하고 안전한 생활 습관과 태도를 갖도록 한다.

다섯째, 교사는 유아가 안전하게 놀이할 수 있도록 유의해야 한다. 활동 공간에 따른 적절한 인원 수, 기구의 견고성, 공간 바닥 등에 대해 정기적으로 안전 점검을 실시하고, 기구나 도구의 안전한 사용법을 지도하여 유아 스스로 자신의 안전을 지킬 수 있는 능력과 태도를 갖도록 한다.

여섯째, 유아기는 신체를 조절하거나 환경을 지각하는 능력이 부족한 시기이므로 안전사고를 예방해야 한다. 이를 위해 위험한 장소, 위험한 놀이, 여러 가지 재난에 대해 유아가 자신을 보호할 수 있는 지식, 기능, 태도를 기르도록 지속적으로 지도한다.

Ⅱ. 사회생활

1. 성 격

사회생활은 유아가 자신을 알고 소중하게 여기며, 다른 사람과 함께 살아가는 방법을 익히고, 주변 세계에 관심을 갖고 적응해 나갈 수 있는 기초 능력을 기르기 위한 영역이다.

이 영역은 '나를 알고 사랑하기', '가족과 함께 생활하기', '이웃과 더불어 생활하기', '사회 현상에 관심가지기'의 네 가지 내용으로 구성한다.

'나를 알고 사랑하기'는 유아가 자신을 소중하게 여기며 이를 바탕으로 자신의 일을 스스로 하고, 자기감정을 알고 조절하는 데 중점을 둔다.

'가족과 함께 생활하기'는 유아가 가족과 화목하게 지내고, 협력하며 생활하는 태도를 기르는 데 중점을 둔다.

'이웃과 더불어 생활하기'는 유아가 다른 사람들과 함께 살아가는 데 기본적으로 필요한 예절 바른 생활 태도를 가지며 다른 사람을 이해하고 존중하며 협력하는 능력을 기르는 데 중점을 둔다. 특히 친구와 사이좋게 지내고 공공장소에서 지켜야 할 질서와 규칙을 실천하도록 하는 데 중점을 둔다.

'사회 현상에 관심가지기'는 유아를 둘러싼 문화와 생활양식에 바탕을 두어 유아가 생활하는 주변 지역, 경제생활, 우리나라와 세계 여러 나라의 문화에 관심을 갖는 데 중점을 둔다.

사회생활 영역의 교육 활동에서는 유아의 생활을 중심으로 토의, 역할놀이, 공동 작업, 협동게임 등의 다양한 방법을 통하여 다루도록 한다. 교사의 설명이나 지시보다는 유아가 적극적으로 참여하게 하여 사회적 기능, 태도 및 사회 과학적 지식을 형성하도록 한다. 특히, 기본생활습관은 생활 전반에 걸쳐 꾸준히 지도하여 유아가 바른 습관을 자연스럽게 형성하도록 하며, 가정과 긴밀한 협조가 이루어지도록 한다.

2. 목 표

자신과 다른 사람을 존중하고, 더불어 살아가는 능력을 기른다.

가. 자신을 소중하게 여기고 스스로 생각하여 행동하며 감정을 조절한다.
나. 가족과 화목하게 지내며 서로 협력한다.
다. 예절 바르게 행동하고 질서를 지키며 이웃과 더불어 생활한다.
라. 우리가 살고 있는 사회 현상에 대하여 관심을 가진다.

3. 내 용

가. 내용 체계

내 용	하위 내용
나를 알고 사랑하기	나를 소중하게 여기기 나의 일 스스로 하기 나의 감정 알고 조절하기
가족과 함께 생활하기	가족과 화목하게 지내기 가족과 협력하기
이웃과 더불어 생활하기	예절 바르게 생활하기 다른 사람을 이해하고 존중하기 질서와 규칙 지키기 두레의 소중함을 알고 협력하기
사회 현상에 관심 가지기	주변 지역에 관심 가지기 경제생활에 관심 가지기 우리나라와 우리 전통문화에 관심 가지기 다양한 문화에 관심 가지기

데 그치지 않고 그것을 행동에 옮겨 습관화하여 바람직한 사회생활 태도를 가지도록 지도한다.

둘째, 현대사회에서 사회생활 영역이 갖는 교육적 개념은 상호 존중과 상호 의존임을 명확히 인식하고 이러한 개념들이 유아의 생활 속에서 자연스럽게 형성되도록 교육 활동을 계획하고 운영한다. 인간과 인간 간의 관계가 더욱 중요시 되는 현대사회에서 유아들이 자신과 다른 사람의 유사점, 차이점을 인식하고 존중하며 더불어 살아갈 수 있도록 하며, 특히 다문화 교육, 반편견 교육에 대한 교육 내용 요소를 교사가 먼저 바르게 인식하여 교육 활동을 계획하고 사회생활 영역 전반에 걸쳐 지도한다.

셋째, 기본 생활 습관은 생활 전반에 걸쳐 반복적으로 꾸준히 지도하여 유아가 바른 생활 습관을 자연스럽게 형성하도록 한다. 교사는 좋은 모범을 보이도록 하며, 특히 가정에서 기본 생활 습관의 기초가 이루어지므로 유치원과 가정에서의 교육이 일관성 있는 교육이 되도록 학부모와 밀접한 관계를 갖고 협력하여 지도한다.

넷째, 유아가 다양한 사회적 관계를 경험할 수 있도록 교사의 언어적 설명이나 지시보다는 따뜻한 격려와 직접적인 문제 제기, 문제 해결을 위한 유도, 확산적 질문 등을 사용하도록 한다. 그리고 공동 작업, 협동 게임, 소집단 토의 활동, 극화 활동 등을 통해 유아들 간의 갈등과 경쟁을 극복하여, 경험을 공유하고 협동하는 능력을 기르도록 한다. 또한 현장을 견학하거나 자원 인사를 초빙하여 일터의 소중함과 일하는 사람의 보람 등을 직접 공감하는 기회를 갖도록 한다.

다섯째, 각 지역의 특성과 문화적 자원을 충분히 활용하도록 한다. 유아가 생활하는 지역 사회의 특성과 문화를 경험하게 함으로써 지역 사회 문화에 대한 이해와 더불어 애향심, 공동체 의식, 지역에 대한 자긍심 등을 기를 수 있도록 지도한다.

Ⅲ. 표현 생활

1. 성 격

표현 생활은 풍부한 감성과 심미적 태도 및 창의적 표현력을 기르며, 다양한 예술 표현 방식을 존중하고 즐기는 태도를 기르기 위한 영역이다.

이 영역은 '자연과 생활에서 아름다움 찾아보기', '예술적 표현 즐기기', '감상하기'의 세 가지 내용으로 구성한다.

'자연과 생활에서 아름다움 찾아보기'는 유아가 자연과 주변 환경에서 자연스럽게 접할 수 있는 소리나 음악, 움직임, 조형물에 관심을 기울이며, 예술 활동의 기본이 되는 다양한 요소를 찾아보는 경험에 중점을 둔다.

'예술적 표현 즐기기'는 유아가 다양한 예술 활동에 참여하여 생각과 느낌을 자유롭게 표현하는 데 중점을 둔다. 또한 음악, 움직임과 춤, 조형 활동, 극놀이를 통합적으로 경험하며 예술 활동 과정을 즐기는 데 중점을 둔다.

'감상하기'는 유아나 다른 사람이 표현한 예술 작품 및 자연과 생활 속의 아름다움, 우리 전통 예술에 유아가 관심을 가지고 즐기도록 하는 데 중점을 둔다.

표현 생활 영역의 교육 활동에서는 특정한 예술적 개념이나 기능 습득 보다는 생각과 느낌을 자유롭고 창의적으로 표현해보는 경험을 중심으로 한다. 직접 보고, 듣고, 만지고 느껴보는 능동적인 활동 과정을 강조하고 유치원의 일과 중 자연스럽게 다양한 탐색 및 감상활동의 기회를 제공하며, 대·소집단 활동과 자유선택활동에서 골고루 경험하도록 통합적으로 다루도록 한다.

2. 목 표

생각하고 느낀 것을 예술적으로 표현하고 감상함으로써 심미적 태도와 창의적 표현력을 기른다.

가. 자연과 생활 속에서 예술적 요소를 찾아본다.

나. 생각과 느낌을 음악, 움직임과 춤, 조형, 극놀이 및 통합적 활동으로 표현하는 과정을 즐긴다.

다. 자연과 사물, 다양한 예술 작품과 우리 전통 예술 등을 감상함으로써 풍부한 감성과 심미적 태도를 기른다.

3. 내 용

가. 내용 체계

내용	하위 내용
자연과 생활에서 아름다움 찾아보기	소리 · 움직임 · 조형물에 관심 가지기 예술적 요소 찾아보기
예술적 표현 즐기기	음악으로 표현하기 움직임과 춤으로 표현하기 조형 활동으로 표현하기 극놀이로 표현하기 통합적으로 표현하기 창의적인 표현 과정 즐기기
감상하기	아름다움 느끼기 예술적 표현 존중하기 우리 전통 예술 감상하기

나. 수준별 내용

<table>
<tr><th rowspan="2">내용</th><th rowspan="2">하위 내용</th><th colspan="2">수준별 내용</th></tr>
<tr><th>Ⅰ</th><th>Ⅱ</th></tr>
<tr><td rowspan="4">자연과 생활에서 아름다움 찾아보기</td><td>소리·움직임·조형물에 관심 가지기</td><td colspan="2">· 자연과 주변 환경의 소리, 음악, 움직임, 조형물에 관심을 가진다.</td></tr>
<tr><td rowspan="3">예술적 요소 찾아보기</td><td colspan="2">· 목소리, 신체, 사물, 악기로 소리의 빠르기·세기·리듬 등을 찾아본다.</td></tr>
<tr><td colspan="2">· 자연과 주변 환경에서 움직임의 모양·힘의 세기·빠르기·흐름 등을 찾아본다.</td></tr>
<tr><td colspan="2">· 자연과 주변 환경에서 색·형태·질감 등을 찾아본다.</td></tr>
<tr><td rowspan="12">예술적 표현 즐기기</td><td rowspan="3">음악으로 표현하기</td><td>· 노래를 즐겨 부른다.</td><td>· 노래로 자신의 생각과 느낌을 표현한다.</td></tr>
<tr><td colspan="2">· 전래 동요를 즐겨 부르며 관련된 놀이를 한다.</td></tr>
<tr><td>· 신체나 리듬 악기를 사용하여 간단한 리듬 패턴을 만들어 본다.</td><td>· 단순한 즉흥 연주를 해본다.</td></tr>
<tr><td rowspan="3">움직임과 춤으로 표현하기</td><td>· 신체를 이용하여 친숙한 대상의 움직임을 표현한다.</td><td>· 신체를 이용하여 주변의 움직임을 다양하게 표현한다.</td></tr>
<tr><td colspan="2">· 도구를 활용하여 창의적으로 움직인다.</td></tr>
<tr><td colspan="2">· 움직임과 춤을 통해 생각과 느낌을 자유롭게 표현한다.</td></tr>
<tr><td rowspan="3">조형 활동으로 표현하기</td><td colspan="2">· 조형 활동을 통해 자신의 생각과 느낌을 창의적으로 표현한다.</td></tr>
<tr><td></td><td>· 협동적인 조형 활동을 통해 생각과 느낌을 표현한다.</td></tr>
<tr><td>· 조형 활동에 필요한 재료와 도구에 관심을 가지고 사용한다.</td><td>· 조형 활동에 필요한 재료와 도구를 다양하게 사용한다.</td></tr>
<tr><td>극놀이로 표현하기</td><td>· 경험이나 간단한 이야기를 극놀이로 표현한다.</td><td>· 소품, 배경, 의상 등을 계획하여 협동적으로 극놀이를 한다.</td></tr>
<tr><td>통합적으로 표현하기</td><td colspan="2">· 주제에 대한 자신의 생각과 느낌을 음악, 춤, 조형 활동, 극놀이 등을 통합하여 표현한다.</td></tr>
<tr><td>창의적인 표현 과정 즐기기</td><td>· 예술 활동에 참여하여 표현 과정을 즐긴다.</td><td>· 다양한 예술 활동을 스스로 선택하여 시도한다.</td></tr>
<tr><td rowspan="4">감상하기</td><td rowspan="2">아름다움 느끼기</td><td colspan="2">· 자연과 다양한 음악, 춤, 조형물, 극놀이 등을 듣거나 보고 즐긴다.</td></tr>
<tr><td></td><td>· 자연과 다양한 음악, 춤, 조형물, 극놀이 등을 감상하고 생각과 느낌을 나눈다.</td></tr>
<tr><td>예술적 표현 존중하기</td><td>· 나와 다른 사람의 예술 표현을 소중히 여긴다.</td><td>· 나와 다른 사람의 예술 표현의 차이를 느낀다.</td></tr>
<tr><td>우리 전통 예술 감상하기</td><td>· 전통 예술에 관심을 갖고 친숙해진다.</td><td>· 전통 예술을 즐긴다.</td></tr>
</table>

4. 지도상의 유의점

교사는 다음 사항에 유의하여 지도하도록 한다.

첫째, 유아를 둘러싼 자연이나 주변 환경에서 친근하게 접할 수 있는 대상에서 예술적 요소를 자발적으로 찾아보도록 한다. 소리, 음악, 움직임 및 조형물에 대해 관심을 가지고 찾아보는 경험은 유치원의 일과 중에 자연스럽게 이루어지도록 지도한다.

둘째, 유아가 예술적 활동에 대해 개별적인 생각과 느낌을 표현하는 과정을 즐기도록 자유로운 분위기를 조성한다. 교사는 유아가 소리와 음악, 움직임과 춤, 만들기와 그리기, 극놀이 활동의 자유로운 표현 과정에서 자신의 생각이나 느낌을 좀 더 풍부하게 확장해 나가도록 지도한다. 교사가 미리 정해 놓은 활동을 유아가 그대로 따라하게 하거나, 한 가지 정답이나 모델만을 제시하고 언어적으로 표현하도록 하기, 만들어진 결과물에 대해서만 격려하고 전시하기 등은 유아의 창의적인 표현을 감소시킬 수 있으므로 유의한다.

셋째, 소집단·대집단 활동뿐 아니라 자유선택활동에서 예술적 표현활동을 수시로 제공하되 유아가 개별적으로 활동과정에 몰입하도록 적극 지원한다. 유아가 표현활동에 지속적으로 참여함으로써 점차 자신만의 독특한 표현 방식을 시도하고 즐기도록 지도한다.

넷째, 유아가 사전경험이나 흥미에 따라 활동을 스스로 선택하여 자기 나름의 의미를 갖도록 지도한다. 이를 위해 생활 속에서 친근하게 자주 접하는 자연, 음악, 조형작품 등을 자연스럽게 보고, 듣고, 만지는 경험을 통해 아름다움을 느끼고, 표현하며, 이를 즐겨 감상할 수 있도록 배려한다.

다섯째, 교사는 유아의 창의적인 표현을 존중하는 태도를 지닌다. 유아가 창의적이고 개별적으로 표현한 음악, 움직임, 춤, 조형작품, 극놀이에 대해 표정, 몸짓, 언어 등을 이용하여 긍정적으로 지지해 준다.

여섯째, 음악, 춤, 조형, 극놀이 활동 등은 가능한 통합적으로 이루어지도록 한다. 예를 들면 세찬 바람 소리를 그림으로 표현한 후에 이를 움직임이나 춤으로 나타낼 수 있다. 다양한 예술적 요소를 찾아보고 표현하며 감상하는 것은 정해진 순서 없이 한 활동에서 통합적으로 경험되도록 지도한다.

Ⅳ. 언어 생활

1. 성 격

언어 생활은 유아가 일상생활에서 언어 사용을 즐기며, 의사소통 능력을 기르고, 바른 언어 사용 능력과 태도를 기르기 위한 영역이다.

이 영역은 '듣기', '말하기', '읽기', '쓰기'의 네 가지 내용으로 구성한다.

'듣기'는 일상적인 이야기와 문학 작품을 듣는 가운데, 바르게 듣고 이해하는 능력을 기르고, 문학적 흥미와 우리말의 재미를 느끼도록 하는 데 중점을 둔다.

'말하기'는 자신의 생각과 느낌을 바르게 말하는 능력을 기르며, 상대방을 배려하여 말하는 태도를 기르는 데 중점을 둔다.

'읽기'는 주변의 친숙한 글자나 책의 내용에 대해 궁금해 하며 글의 의미에 관심을 가지도록 하는 데 중점을 둔다.

'쓰기'는 자신의 생각과 느낌을 그림이나 긁적거리기 등 다양한 형태로 나타내기를 즐기며, 여러 가지 쓰기도구에 관심을 가지는 데 중점을 둔다.

언어 생활 영역의 교육 활동에서는 이야기 나누기, 동화 읽어주기 등의 교사 주도적인 활동과 또래와의 역할놀이, 동극 등 유아 주도적인 활동 간의 균형을 고려한다. 특히 초등학교 단계의 글자 교육이 아닌 점에 유의하여 읽기, 쓰기에 관심을 가지고, 긁적거리기, 그림책 보고 이야기하기 등의 활동을 통하여 말과 글에 자연스럽게 친숙해지도록 한다.

2. 목 표

말과 글을 즐겁고 바르게 사용하기 위한 기초 능력과 태도를 기른다.
가. 말하는 사람의 의도를 고려하여 주의 깊게 듣고 이해한다.
나. 자신의 생각과 느낌을 적절하게 말한다.
다. 주변의 글자와 책에 친숙해지는 경험을 통하여 읽기에 관심을 가진다.
라. 글자의 기능을 인식하고 자신의 생각과 느낌을 그림이나 글로 나타내는 데 관심을 가진다.

3. 내 용

가. 내용 체계

내용	하위 내용
듣기	낱말과 문장 듣고 이해하기 이야기 듣고 이해하기 문학 작품 즐겨 듣기 바른 태도로 듣기
말하기	낱말과 문장으로 말하기 생각과 느낌 말하기 이야기 지어 말하기 바른 태도로 말하기
읽기	읽기에 관심 가지기 책에 관심 가지기
쓰기	쓰기에 관심 가지기 쓰기 도구 사용하기

나. 수준별 내용

내용	하위 내용	수준별 내용	
		I	II
듣기	낱말과 문장 듣고 이해하기	· 일상생활과 관련된 낱말과 문장을 듣고 이해한다.	
	이야기 듣고	· 다른 사람의 이야기를 주의 깊게 듣고 이해한다.	

<table>
<tr><td rowspan="8"></td><td rowspan="2">이해하기</td><td colspan="2">· 지시를 주의 깊게 듣고 이해한다.</td></tr>
<tr><td></td><td>· 지시를 듣고 적절하게 행동한다.</td></tr>
<tr><td rowspan="3">문학 작품 즐겨 듣기</td><td colspan="2">· 다양한 문학 작품 듣기를 즐긴다.</td></tr>
<tr><td></td><td>· 다양한 문학 작품을 듣고 그 내용을 이해한다.</td></tr>
<tr><td colspan="2">· 전래 동화, 동요, 동시를 듣고 우리말의 재미를 느낀다.</td></tr>
<tr><td rowspan="3">바른 태도로 듣기</td><td colspan="2">· 말하는 사람을 바라보며 듣는다.</td></tr>
<tr><td></td><td>· 반응을 보이며 주의 깊게 듣는다.</td></tr>
<tr><td colspan="2">· 말하는 사람의 이야기를 끝까지 듣는다.</td></tr>
<tr><td rowspan="17">말하기</td><td rowspan="3">낱말과 문장으로 말하기</td><td colspan="2">· 정확하게 발음해 본다.</td></tr>
<tr><td>· 새로운 어휘에 관심을 가진다.</td><td>· 다양한 어휘를 사용하여 말한다.</td></tr>
<tr><td colspan="2">· 문장으로 구성하여 말한다.</td></tr>
<tr><td rowspan="4">생각과 느낌 말하기</td><td>· 사물이나 사건에 대해 말한다.</td><td>· 사물이나 사건에 대해 정확하게 말한다.</td></tr>
<tr><td>· 자신의 요구와 생각을 말한다.</td><td>· 자신의 요구와 생각을 정확하게 말한다.</td></tr>
<tr><td>· 자신의 느낌을 말한다.</td><td>· 자신의 느낌을 적절한 어휘를 사용하여 말한다.</td></tr>
<tr><td colspan="2">· 주제에 대하여 함께 이야기를 나눈다.</td></tr>
<tr><td rowspan="3">이야기 지어 말하기</td><td colspan="2">· 이야기 지어 말하기를 즐긴다.</td></tr>
<tr><td rowspan="2"></td><td>· 다양한 자료를 보고 창의적으로 꾸며 말한다.</td></tr>
<tr><td>· 동화, 동시를 창의적으로 지어본다.</td></tr>
<tr><td rowspan="5">바른 태도로 말하기</td><td>· 듣는 사람의 생각과 느낌에 관심을 가진다.</td><td>· 듣는 사람의 생각과 느낌을 고려하여 말한다.</td></tr>
<tr><td>· 말할 차례를 지켜 말한다.</td><td>· 말할 차례를 지키며 바른 태도로 이야기를 나눈다.</td></tr>
<tr><td colspan="2">· 어른께 존댓말을 사용한다.</td></tr>
<tr><td colspan="2">· 바르고 고운 말을 사용한다.</td></tr>
<tr><td></td><td>· 때와 장소, 대상을 고려하여 상황에 맞게 말한다.</td></tr>
</table>

나. 수준별 내용

<table>
<tr><th rowspan="2">내용</th><th rowspan="2">하위 내용</th><th colspan="2">수준별 내용</th></tr>
<tr><th>Ⅰ</th><th>Ⅱ</th></tr>
<tr><td rowspan="4">탐구하는 태도 기르기</td><td rowspan="2">사물과 현상에 지속적인 관심 가지기</td><td>· 생활 주변의 사물과 현상에 대해 호기심을 가진다.</td><td>· 궁금한 점에 대해 지속적으로 관심을 가진다.</td></tr>
<tr><td colspan="2">· 과학이나 수학에 대한 탐구 이야기에 관심을 가진다.</td></tr>
<tr><td rowspan="2">탐구과정 즐기기</td><td>· 궁금한 점을 알 수 있는 방법을 궁리한다.</td><td>· 내가 궁리한 방법대로 해 본다.</td></tr>
<tr><td>· 다른 사람과 함께 탐구과정에 참여한다.</td><td>· 나의 생각이 다른 사람과 다를 수 있음을 안다.</td></tr>
<tr><td rowspan="14">과학적 기초능력 기르기</td><td rowspan="3">물체와 물질에 대해 알아보기</td><td colspan="2">· 친숙한 물체의 특성을 다양한 방법으로 탐색한다.</td></tr>
<tr><td colspan="2">· 물체와 물질을 변화시킬 수 있는 다양한 방법을 탐색한다.</td></tr>
<tr><td>· 물체와 물질의 변화에 관심을 가진다.</td><td>· 물체와 물질의 변화 과정을 알아본다.</td></tr>
<tr><td rowspan="4">생명체와 자연환경 소중하게 여기기</td><td>· 나의 몸에 대해 관심을 가진다.</td><td>· 나의 출생과 성장에 대해 알아본다.</td></tr>
<tr><td>· 주변의 동식물에 관심을 가진다.</td><td>· 관심 있는 동식물의 특성을 알아본다.</td></tr>
<tr><td>· 주변의 모든 생명체를 존중하고 돌보는 마음을 가진다.</td><td>· 생명체는 서로 함께 살아가는 것임을 안다.</td></tr>
<tr><td></td><td>· 생명체가 살아가기에 좋은 환경에 대해 알아본다.</td></tr>
<tr><td rowspan="3">자연현상에 대해 알아보기</td><td colspan="2">· 생활 주변의 자연물(돌, 물, 흙 등) 탐색을 즐긴다.</td></tr>
<tr><td>· 자연물의 상태와 변화에 관심을 가진다.</td><td>· 자연물의 상태와 변화를 관찰한다.</td></tr>
<tr><td>· 낮과 밤, 계절의 변화에 관심을 가진다.</td><td>· 낮과 밤, 계절의 변화와 규칙성을 알아본다.</td></tr>
<tr><td rowspan="4">간단한 도구와 기계 활용하기</td><td colspan="2">· 관심 있는 도구나 놀잇감을 여러 가지 방법으로 만들고 즐긴다.</td></tr>
<tr><td>· 도구와 기계의 편리함에 관심을 가진다.</td><td>· 편리한 물건이 때로는 해가 될 수 있음을 안다.</td></tr>
<tr><td colspan="2">· 생활 속에서 간단한 도구와 기계를 활용한다.</td></tr>
<tr><td></td><td>· 우리 전통사회에서 발명된 도구와 기</td></tr>
</table>

			계에 관심을 가진다.
수학적 기초능력 기르기	수 감각 기르기	· 생활 속에서 사용되는 수의 여러 가지 의미를 안다.	
		· 생활 속에서 수량의 많고 적음을 비교한다.	
		· 주변의 물체를 10까지 세고 숫자와 연결해 본다.	· 생활 속에서 익숙한 큰 수를 세는 경험을 한다.
			· 구체물을 가지고 더하고 빼는 경험을 해본다.
	공간 및 도형에 대해 알아보기	· 나를 중심으로 위, 아래, 앞, 뒤, 옆을 알아본다.	· 위치나 경로를 여러 가지 방법으로 나타내본다.
		· 기본 입체(둥근기둥, 상자, 공 모양 등) 및 평면 도형(세모, 네모, 동그라미 등)의 생김새를 구별하고 이름을 알아본다.	· 기본 입체 및 평면 도형의 특징을 알아본다.
			· 기본 평면 도형을 합하거나 나누어서 여러 가지 모양을 구성해 본다.
			· 그림을 보고 구성물을 만들거나 만든 구성물을 그려 본다.
	기초적인 측정해 보기	· 주변 물체의 여러 가지 측정 가능한 속성(길이, 크기, 무게, 들이, 시간)을 탐색한다.	
		· 두 물체의 길이와 크기를 비교하고 말한다.	· 길이, 크기, 무게, 들이를 비교하고 순서지어 본다.
		· 임의 측정(손 뼘, 블록 등) 단위에 관심을 가진다.	· 임의 측정 단위를 사용해서 길이, 들이 등의 측정 경험을 한다.
	규칙성 이해하기	· 여러 가지 물체나 무늬의 배열에서 단순하게 반복되는 규칙을 찾아본다.	· 생활 주변에서 반복되는 규칙을 알고 다음에 올 것을 예측해 본다.
	자료 정리 및 결과 나타내기	· 한 가지 기준에 따라 자료를 분류하고 설명한다.	· 처음에 분류한 기준과 다른 기준으로 다시 분류한다.
		· 여러 가지 자료를 모으고 비교해 본다.	· 모은 자료를 다양한 방법으로 나타내 본다.

4. 지도상의 유의점

교사는 다음 사항에 유의하여 지도하도록 한다.

첫째, 일상생활 속에서의 다양한 활동을 통하여 유아가 수학과 과학에 대해 탐구하는 태도를 갖고 그 과정을 즐기도록 지도한다. 이를 위해 유아가 생활 주변의 사물과 환경에 관심을 갖고 자연스럽게 생겨나는 궁금증을 해결하기 위해 스스로 다양한 시도를 해 보고 결론을 내려 보는 경험을 갖도록 격려한다.

둘째, 다른 사람과 함께 관심 있는 현상이나 주제 탐구에 지속적으로 참여하면서 발견한 사실을 나누도록 지도한다. 자신이 알아내고 발견한 사실을 발표하는 기회를 통해 유아의 탐구하는 태도가 길러지게 하며 동시에 다른 유아들에게도 탐구 동기를 유발하도록 한다.

셋째, 유아가 생명체와 자연환경을 소중하게 여기고 이를 보호해야 함을 알 수 있는 상황을 조성해 준다. 유치원에서 동식물을 길러 자연과 인간과의 관계를 일상생활에서 접할 수 있도록 기회를 제공하는 것도 한 방법이 된다. 동식물을 기르는 과정에서 자연스럽게 죽음을 직면하게 될 경우, 유아가 동식물의 입장을 생각해보면서 작은 생명 하나라도 소중히 여겨야 함을 알아가도록 지도한다.

넷째, 유아가 자신에게 의미 있는 수학적 상황을 해결하기 위해 이미 알고 있는 지식을 적용하여 타당한 결론을 이끌어 내도록 지도한다. 이를 위해 생각할 수 있는 충분한 시간을 주어, 각자의 전략으로 문제를 해결할 수 있도록 한다. 또한 유아가 지닌 수학적 생각을 구체물, 그림, 표, 쓰기, 말하기 등으로 다양하게 나타내고, 또래들과 상호 작용을 하도록 격려한다.

다섯째, 유아가 수학이나 과학적 현상에 흥미를 가지고 지속적으로 몰입할 수 있는 활동과 자료를 제시해 준다. 유아는 여러 가지 속성을 동시에 생각하기 어렵기 때문에, 지나치게 다양한 자료를 한꺼번에 제시해 주는 것은 오히려 탐구에 도움이 되지 못함을 유의해야 한다.

부록 2. 표준보육과정(2010)

표준보육과정의 구체적 보육내용

보건복지부 고시 제2010-71호

영유아보육법 시행규칙 제30조에 의거하여 표준보육과정의 구체적 보육내용 및 교사지침 등 필요한 사항을 다음과 같이 고시한다.

2010년 9월 7일

보건복지부 장관

부 칙

1. (시행일) 이 고시는 2010년 9월 7일부터 시행한다.
2. (경과조치) 이 고시 시행 전 표준보육과정에 의거한 보육과정의 영역 및 연령별 구체적 보육내용, 교사지침 등은 여성가족부 고시 제2007-1호에 따른 것으로 본다.

제 1 장 표준보육과정의 구성

1. 표준보육과정의 성격

가. 표준보육과정은 영유아보육법 제29조 제2항 및 제4항에 따라 영유아보육법 시행규칙 제30조에 규정한 것으로 보육시설 영유아의 보육 목적과 목표를 달성하기 위한 국가수준의 보육과정이며, 보육시설에서 운영해야 할 보편적 보육내용을 제시한 것이다.

나. 표준보육과정은 만 6세 미만의 영유아가 갖추어야할 바람직하고 적합한 태도와 가치, 지식과 기술을 포함하며, 이를 통해 영유아의 잠재력을 최대한 발휘하고 영유아가 완전한 어른으로 성장하도록 한다.

다. 표준보육과정 운영을 통해 보육환경의 질을 높이고 교사의 역할을 강화하며 부모, 가족, 지역사회와 협력을 꾀한다. 또한 표준보육과정은 영유아와 보호자의 성, 연령, 종교, 사회적 신분, 재산, 장애, 출생지역, 민족배경 등에 따라 차별하지 않고 운영한다.

2. 표준보육과정의 구성체계

보육과정의 구성 체계는 다음과 같다.

가. 총 6개 영역으로 구성한다.

표준보육과정은 영유아보육법 시행규칙 제30조 [별표 8의 2]에 의거하여 기본생활, 신체운동, 사회관계, 의사소통, 자연탐구, 예술경험의 여섯 영역으로 구성한다. 각 영역은 영유아가 건강하고 안전하며 바르게 생활하는 데 필요한 내용과 신체, 사회, 언어, 인지, 정서 등 전인적 발달을 위해서 영유아가 갖춰야 할 지식, 기술, 태도를 포함한다.

나. 각 영역은 연령집단별로 구분한다.

연령집단은 만 2세 미만, 만 2세, 만 3~5세 영유아로 구분한다. 각 영역은 연령별 목표와 내용을 기술하되, 세 연령 집단의 보육목표와 내용을 계열성 있게 경험하도록 제시한다.

다. 각 연령집단별 보육내용은 각각의 수준으로 나누어서 구분한다.

수준은 연령, 발달, 개인차를 말한다. 보육과정에서 만 2세 미만 보육내용은 1·2·3수준, 만 2세 보육내용은 1·2수준, 만 3~5세 보육내용은 1·2·3수준으로 구분한다.

제 2 장 표준보육과정의 영역별 구체적 보육내용

표준보육과정의 구체적 보육내용은 영유아의 전인적인 성장을 도모하기 위해 건강·안전·바른 생활 태도를 기르는 기본생활, 긍정적으로 신체를 인식하고 기본운동능력을 기르는 신체운동, 긍정적인 자아개념을 형성하고 더불어 살아가는 능력을 기르는 사회관계, 언어생활의 기초가 되는 듣기·말하기·읽기·쓰기 능력을 기르는 의사소통, 탐색 및 문제해결 능력을 기르는 자연탐구, 그리고 예술적 요소를 경험하고 즐기는 예술경험 등 6개영역으로 이루어진다.

1. 기본생활

1) 성격

기본생활 영역은 '건강한 생활', '안전한 생활', '바른 생활'의 세 가지 내용범주로 구성된다. '건강한 생활'에서는 건강·영양·위생적인 생활을 강조하며, 영유아가 신체의 청결과 위생, 수면과 휴식, 바른 식생활 등 의식주에 대한 올바른 습관을 기르도록 하여 발달을 촉진하고 심신을 건강하게 한다. '안전한 생활'에서는 안전사고 예방 · 대처 능력의 향상을 강조하며, 영유아가 안전하게 놀이하는 방법과 위험한 상황을 알고, 위험한 상황에 처하게 되었을 때 침착하고 적절하게 대처하며, 자신의 안전뿐만 아니라 타인의 안전을 배려하며 안전생활을 습관화하도록 한다. '바른 생활'에서는 예절 · 질서 · 절약을 강조하며, 영유아가 공동생활과 인간관계의 기본이 되는 예절과 질서를 알고 지키며 습관화하고, 일상생활 속에서 절약을 실천하여 즐겁고 원만한 사회생활을 영위할 수 있도록 한다.

2) 목표

건강, 안전, 바른 생활에 관한 지식 · 기술 · 태도를 배우고 익히며 올바른 습관을 길러, 자신의 건강과 안전을 자기 스스로 보호 하고 타인을 존중하며 즐겁게 생활한다.

가. 청결과 위생, 수면과 휴식, 바른 식생활, 의생활 및 심신의 건강을 바탕으로 발달을 촉진한다.
나. 위험 요인과 상황에 대해 알고 안전하게 대처하는 능력을 길러서 자신과 타인을 보호한다.
다. 일상 속에서 예의 바르고 질서를 잘 지키며 절약하는 행동을 습관화하여 즐겁게 생활한다.

3) 연령별 목표와 내용

내용범주	만 2세 미만	만 2세	만 3~5세
건강한 생활	· 몸을 깨끗이 하기 · 즐겁게 먹기 · 알맞게 잠자기와 휴식하기 · 즐겁게 생활하기 · 규칙적인 배설 습관 갖기	· 몸을 깨끗이 하기 · 올바른 태도로 먹기 · 알맞게 잠자기와 휴식하기 · 즐겁게 활동하기 · 규칙적인 배설 습관 갖기 · 스스로 옷 입고 벗기 · 건강에 관심 갖기	· 몸과 주변 환경을 깨끗이 하기 · 식생활을 바르게 하기 · 적당한 잠자기와 휴식하기 · 적극적으로 활동하기 · 규칙적인 배설 습관 갖기 · 옷을 상황에 맞게 입기 · 건강에 관심을 갖고 건강생활 실천하기
안전한 생활	· 놀잇감을 안전하게 사용하기 · 위험한 상황을 알기	· 놀이규칙에 따라 안전하게 놀이하기 · 위험한 상황을 알고 조심하기 · 탈것의 위험을 알고 안전하게 다니기	· 안전하게 놀이하고 다른 사람의 안전을 배려하기 · 위험한 상황에 처했을 때 안전하게 행동하기 · 교통안전 실천하기 · 안전교육의 중요성을 알고 참여하기
바른 생활	· 예절 바르게 생활하기 · 질서 지키며 생활하기	· 예절 바르게 생활하기 · 질서 지키며 생활하기	· 예절 바르게 생활하기 · 질서 지키며 생활하기 · 아끼며 생활하기

가. 만 2세 미만

(1) 목표

심신을 건강하게 하고 기본적인 안전생활습관을 길러 최적의 발달을 꾀하고 바른 생활습관을 형성한다.

① 청결과 위생, 수면과 휴식, 바른 식생활, 의생활과 심신의 건강을 바탕으로 발달을 촉진하고 건강을 증진한다.

② 위험 요인을 파악하고 이에 대해 기본적인 대처능력을 길러 자신을 보호한다.

③ 일상 속에서 기초적인 예절과 질서를 익혀 즐겁게 생활한다.

(2) 수준별 내용

내용 범주	내 용	1수준	2수준	3수준
건강한 생활	몸을 깨끗이 하기	몸을 깨끗이 했을 때 기분이 좋음을 안다.		
		도움을 받아 손을 씻는다.		스스로 손 씻기를 시도한다.
			도움을 받아 이를 닦는다.	
건강한 생활	즐겁게 먹기	편안하게 안겨서 우유(모유)를 먹는다.	단단한 음식에 적응한다.	제공된 음식을 골고루 먹는다.
				먹을 수 있는 음식과 먹을 수 없는 음식을 구별한다.
				도구를 사용하여 정해진 자리에서 먹는다.
	알맞게 잠자기와 휴식하기	수면을 충분히 취한다.		
		편안하게 쉰다.		
	즐겁게 생활하기	익숙한 공간에서 안정된 마음을 갖는다.		
		하루 일과에 즐겁게 참여한다.		
	규칙적인 배설습관 갖기		배설의 의사를 표현한다.	정해진 곳에서 배설한다.
안전한 생활	놀잇감을 안전하게	놀잇감을 안전하게 살핀다.		놀잇감을 용도에 맞게 사용한다.

내용 범주	내 용	1수준	2수준	3수준
	사용하기			
	위험한 상황을 알기		위험하다고 알려주면 주의한다.	
바른 생활	예절 바르게 생활하기		만나고 헤어질 때 인사한다.	
	질서 지키며 생활하기			자기 순서를 안다.
			놀잇감이 있는 자리를 안다.	도와주면 놀잇감을 정리한다.

나. 만 2세

(1) 목표

건강하고 건전한 생활습관을 길러 자신의 건강을 보호하고 바르게 생활한다.
① 청결과 위생, 수면과 휴식, 바른 식생활, 의생활 및 심신의 건강을 바탕으로 발달을 촉진하고 건강을 증진한다.
② 위험 요인과 상황에 대해 알고 안전하게 대처하는 능력을 길러서 자신과 다른 사람을 보호한다.
③ 일상에서 예절과 질서 지키기를 생활화하여 즐겁게 생활한다.

(2) 수준별 내용

내용 범주	내 용	1수준	2수준
건강한 생활	몸을 깨끗이 하기	이를 닦는다.	
		손과 얼굴을 씻는다.	
	올바른 태도로 먹기	음식을 골고루 먹는다.	
		먹을 수 있는 것과 먹어서는 안 될 것을 구분한다.	
		식사에 즐겁게 참여하고 올바른 식사태도를 가진다.	
	알맞게 잠자기와 휴식하기	일과에 따라 규칙적으로 잠을 잔다.	
		정해진 시간에 알맞게 휴식한다.	
	건강한 배설습관 갖기	정해진 곳에서 배설한다.	
		배설 후에 손을 씻는다.	

내용 범주	내 용	1수준	2수준
	스스로 옷 입고 벗기	스스로 옷 입기와 벗기를 시도한다.	
	즐겁게 활동하기	또래와의 놀이에 즐겁게 참여한다.	
		하루 일과에 즐겁게 참여한다.	
	건강에 관심 갖기	건강검진과 예방접종 등에 참여함으로써 건강에 관심을 가진다.	
안전한 생활	놀이 규칙에 따라 안전하게 놀이 하기	놀이에 규칙이 있음을 안다.	규칙을 지켜 놀이한다.
		놀이기구와 놀잇감을 안전하고 올바르게 사용한다.	
	위험한 상황을 알고 조심하기	시설물의 위험성을 안다.	
		화재의 위험성을 알고 조심한다.	
		위험물질(약품류, 세제류 등)을 알고 만지거나 먹지 않는다.	
	탈것의 위험을 알고 안전하게 다니기	탈것의 위험을 안다.	탈것의 위험성을 알고 조심한다.
		신호등의 의미를 안다.	신호등의 신호에 맞춰 성인과 함께 횡단보도를 건넌다.
바른 생활	예절 바르게 생활하기	상황에 맞게 인사를 한다.	
		바른 말을 사용한다.	
		다른 사람을 방해하지 않는다.	
	질서 지키며 생활하기	자기 순서를 안다.	순서를 기다린다.
		물건을 제자리에 정리한다.	
		간단한 약속을 지킨다.	

다. 만 3~5세

(1) 목표

건강하고 건전한 생활습관을 길러 자신의 건강을 유지하고 안전하고 바른 생활을 하며 다른 사람을 배려하고 즐겁게 생활한다.

① 청결과 위생, 수면과 휴식, 바른 식생활과 의생활로 발달을 촉진하고 기초 적인 건강관리를 실천하여 질병을 예방하고 건강을 증진한다.

② 위험한 요인과 상황에 대해 인식능력과 대처능력을 키워 자신과 다른 사람을 보호 하는 능력을 기른다.

③ 일상에서 기본적인 예절과 질서를 지키며 절약을 실천하고, 여러 활동에 적극적으로 참여하며 즐겁게 생활한다.

(2) 수준별 내용

내용 범주	내 용	1 수준	2 수준	3 수준
건강한 생활	몸과 주변 환경을 깨끗이 하기	이를 깨끗이 닦기를 시도한다.		스스로 이를 깨끗이 닦는다.
		스스로 손을 씻는다.	손 씻는 습관을 기른다.	
		몸을 씻는다.	스스로 몸을 씻는다.	몸을 씻는 습관을 기른다.
		더러워진 옷을 갈아입는다.		옷을 깨끗하게 입는다.
		주변을 깨끗이 한다.		주변을 깨끗이 하는 습관을 가진다.
	식생활을 바르게 하기	음식을 골고루 먹는다.	적당량의 음식을 골고루 먹는다.	
		영양이 건강에 중요함을 안다.		
		감사하는 마음으로 음식을 소중히 여긴다.		
		안전한 음식을 안다.	안전한 음식을 먹는다.	
		올바른 태도로 식사한다.		식사 예절을 지킨다.
	알맞게 잠자기와 휴식하기	규칙적으로 잠을 잔다.		
		알맞은 휴식이 필요함을 안다.		스스로 알맞게 휴식을 취한다.
	건강한 배설습관 갖기	스스로 화장실에서 배변한다.	배변 후 적절한 뒤처리를 한다.	
		화장실을 깨끗하게 사용한다.		
		배설 후에 손을 씻는다.		
	상황에 맞게 옷 입기	놀이에 적합한 옷을 입는다.		
		날씨에 맞는 옷을 입는다.		때와 장소에 맞는 옷을 선택하여 입는다.
	적극적으로 활동하기	여러 가지 놀이에 적극적으로 참여한다.		
		하루 일과에 즐겁게 참여한다.		
	건강에 관심을 갖고 건강생활 실천하기	건강에 관심을 가진다.	건강의 중요성을 안다.	
		건강검진과 예방접종의 중요성을 안다.	건강검진과 예방접종의 중요성을 알고 적극적으로 참여한다.	
안전한 생활	안전하게 놀이하고	놀이기구나 놀잇감을 가지고 안전하게 놀이	다른 사람을 배려하면서 안전하게 논다.	

내용 범주	내 용	1 수준	2 수준	3 수준
	다른 사람의 안전을 배려하기	한다.		
		안전한 장소에서 놀이한다.		
	위험한 상황에서 안전하게 행동 하기	화재, 재난, 사고 상황을 인식한다.		화재, 재난, 사고가 일어났을 때 안전하게 행동한다.
		시설물을 안전하게 이용한다.		
		학대, 성폭력, 유괴상황을 인식한다.	학대, 성폭력, 유괴상황을 알고 주위에 도움을 요청하는 방법을 안다.	
	교통안전 실천하기	교통규칙을 지켜서 안전하게 보행한다.		
		탈것을 안전하게 이용한다.		
		차량 보호 장구를 올바르게 사용한다.		
	안전교육의 중요성 알고 참여하기	안전교육에 적극적으로 참여하고 안전하게 행동한다.		
바른 생활	예절 바르게 생활하기	정직하게 행동한다.		
		예절바른 언어를 사용한다.		
		약속을 지킨다.		
		실수에 대해 미안하게 생각한다.		실수에 대하여 사과한다.
		다른 사람의 도움과 친절에 고마움을 표현한다.		
	질서 지키며 생활하기	공공규칙을 인식한다.	공공규칙을 지킨다.	
		자신의 물건과 남의 물건을 구별한다.	자신의 물건을 정리·정돈한다.	
	아끼며 생활하기	자원을 아낀다.	자원을 아끼고 재활용 한다.	
				시간의 소중함을 안다.

2. 신체운동

1) 성격

신체운동 영역은 '감각과 신체 인식', '신체조절과 기본 운동', '신체활동 참여'의 세 가지 내용범주로 구성된다. '감각과 신체 인식'에서는 영유아가 감각능력을 기르고 감각기관을 활용하며 자신의 신체를 긍정적으로 인식하도록 한다. '신체조절과 기본 운동'에서는 영유아가 협응력과 신체조절 능력을 기르고 신체균형감을 익히며 이동, 비이동, 조작 운동 등의 기본 운동능력을 습득하여, 자신의 신체를 유연하고 활발하게 움직이는 의지와 능력을 키우도록 한다. '신체활동 참여'에서는 영유아가 신체활동을 할 때 적극적으로 참여하고, 다양한 기구를 활용하여 안전하고 즐겁게 신체활동을 하는 경험을 통해서 기초 체력을 형성하고 생활하면서 규칙적으로 운동할 수 있도록 한다.

2) 목표

자신의 신체를 긍정적으로 인식하고 즐겁게 신체활동에 참여함으로써 영유아기에 필요한 기본 운동능력을 기른다.

가. 기본적 감각능력을 키우고, 자신의 신체를 긍정적으로 인식한다.
나. 신체를 조절하고 기본운동 능력을 기른다.
다. 신체활동에 즐겁게 참여한다.

3) 연령별 내용과 목표

내용범주	만 2세 미만	만 2세	만 3~5세
감각과 신체 인식	· 감각적 자극에 반응하기 · 감각기관으로 탐색하기 · 신체 탐색하기	· 감각능력 기르기 · 감각기관 활용하기 · 신체를 인식하고 움직이기	· 감각능력 기르기 · 감각기관 활용하기 · 신체를 인식하고 움직이기
신체조절과 기본 운동	· 대근육 조절하기 · 소근육 조절하기 · 협응력 기르기 · 균형감 기르기 · 이동 운동 시도하기 · 비이동 운동 시도하기	· 신체조절력 기르기 · 신체균형감 기르기 · 이동 운동하기 · 비이동 운동하기 · 조작 운동하기	· 신체 조절력과 균형감 기르기 · 이동 운동하기 · 비이동 운동하기 · 조작 운동하기 · 움직임의 요소를 인식하고 움직이기
신체활동 참여	· 몸 움직임 즐기기 · 기구를 이용하여 신체활동 시도하기	· 신체활동에 참여하기 · 기구를 이용하여 신체활동 하기 · 안전하게 신체활동 하기	· 자발적으로 신체활동에 참여하기 · 여러 기구를 이용하여 신체활동 하기 · 안전하게 신체활동 하기

가. 만 2세 미만

(1) 목표

기본적 감각능력으로 주변 환경을 탐색하고 자신의 신체를 긍정적으로 인식하며, 신체조절 능력을 획득한다.

① 감각기능을 발달시키고 자신의 신체를 인식한다.
② 신체를 조절하고 기본 운동 능력을 기른다.
③ 신체활동에 참여한다.

(2) 수준별 내용

<table>
<tr><th>내용 범주</th><th>내 용</th><th>1 수준</th><th>2 수준</th><th>3 수준</th></tr>
<tr><td rowspan="4">감각과
신체
인식</td><td rowspan="2">감각적 자극에
반응하기</td><td colspan="3">시각, 청각, 촉각, 후각, 미각 등 감각적 자극을 느낀다.</td></tr>
<tr><td colspan="3">시각, 청각, 촉각, 후각, 미각 등 감각적 자극에 반응한다.</td></tr>
<tr><td>감각 기관으로
탐색하기</td><td colspan="3">감각 기관으로 주변 환경을 탐색한다.</td></tr>
<tr><td>신체 탐색하기</td><td>손과 발 등을 바라보며 탐색한다.</td><td>얼굴, 몸 등 신체부분을 탐색한다.</td><td>팔과 다리 등 신체 부분의 움직임을 탐색한다.</td></tr>
<tr><td rowspan="5">신체조절
과
기본운동</td><td>대근육
조절하기</td><td>목을 가눈다.
뒤집기 등 몸을 조절하여 위치를 바꾼다.</td><td>누웠다 앉기 등 몸을 조절하여 위치를 바꾼다.</td><td>허리를 굽혔다 펴기 등 몸을 조절하여 위치를 바꾼다.</td></tr>
<tr><td>소근육
조절하기</td><td>물체를 잡는다.</td><td>양손으로 물체를 잡거나 놓는다.
엄지와 검지로 물체를 잡는다.</td><td>간단한 쓰기 도구를 잡고 끼적인다.</td></tr>
<tr><td>협응력
기르기</td><td>보이는 물체에 손을 뻗는 등 눈과 손의 협응을 시도한다.</td><td>물체 쌓기 등 눈과 손의 협응을 시도한다.</td><td>물체를 끼우기 등 눈과 손의 협응을 시도한다.</td></tr>
<tr><td>균형감 기르기
이동 운동
시도하기</td><td>앉히면 앉는다.
배밀이 등 이동 운동을 시도한다.</td><td>붙잡고 서 있기, 혼자 서 있기 등 자세를 시도한다.
기기, 붙잡고 걷기, 걷기 등 이동 운동을 시도한다.</td><td>안정되게 서있기 등 자세를 취한다.
걷기 등 이동 운동을 한다.</td></tr>
<tr><td>비이동 운동
시도하기</td><td>팔다리 뻗기 등 간단한 비이동 운동을 시도한다.</td><td>팔다리 흔들기 등 비이동 운동을 시도한다.</td><td>서있기, 앉기 등 비이동 운동을 시도한다.</td></tr>
<tr><td rowspan="2">신체활동
참여</td><td>몸 움직임
즐기기</td><td colspan="2">몸을 활발히 움직인다.</td><td>다양한 몸의 움직임을 시도한다.</td></tr>
<tr><td>기구를
이용하여
신체활동
시도하기</td><td></td><td>밀고 끌기 등 기구를 이용하여 신체활동을 시도한다.</td><td>간단한 기구를 이용하여 신체활동을 시도한다.</td></tr>
</table>

나. 만 2세

(1) 목표

신체활동에 참여함으로써 기본적 운동수행능력의 발달을 꾀하여 기초체력을 기른다.
① 감각적 차이를 알고, 자신의 신체를 긍정적으로 인식한다.
② 신체를 조절하고 기본 운동 능력을 기른다.
③ 안전하게 신체활동에 참여한다.

(2) 수준별 내용

<table>
<tr><th>내용 범주</th><th>내 용</th><th>1수준</th><th>2수준</th></tr>
<tr><td rowspan="4">감각과 신체 인식</td><td>감각능력 기르기</td><td>감각적 차이에 반응한다.</td><td>다양한 감각적 차이에 반응한다.</td></tr>
<tr><td>감각 기관 활용하기</td><td colspan="2">감각 기관으로 주변 환경을 탐색한다.</td></tr>
<tr><td rowspan="2">신체를 인식하고 움직이기</td><td>손, 발, 얼굴 등 기본적인 신체 명칭을 안다.</td><td>신체 각 부분의 명칭을 안다.</td></tr>
<tr><td colspan="2">신체 각 부분의 움직임을 탐색한다.</td></tr>
<tr><td rowspan="6">신체조절과 기본운동</td><td>신체 조절력 기르기</td><td>팔, 다리의 움직임을 조절한다.</td><td>팔, 다리, 목, 허리 등의 움직임을 조절한다.</td></tr>
<tr><td>신체 균형감 기르기</td><td colspan="2">안정된 자세를 시도한다.</td></tr>
<tr><td>이동 운동하기</td><td colspan="2">안정된 걷기 등 이동 운동을 한다.</td></tr>
<tr><td>비이동 운동하기</td><td>몸을 펴고 굽히는 등 간단한 비이동 운동을 시도한다.</td><td>팔과 몸통을 움직여 보는 등 간단한 비이동 운동을 시도한다.</td></tr>
<tr><td rowspan="2">조작 운동하기</td><td colspan="2">간단한 사물을 조작한다.</td></tr>
<tr><td>공 던지기 등 간단한 조작 운동을 한다.</td><td>공차기 등 간단한 조작 운동을 한다.</td></tr>
<tr><td rowspan="4">신체활동 참여</td><td rowspan="2">신체활동에 참여하기</td><td colspan="2">간단한 신체활동에 참여한다.</td></tr>
<tr><td colspan="2">몸의 움직임을 다양하게 시도한다.</td></tr>
<tr><td>기구를 이용하여 신체활동 하기</td><td>아기용 미끄럼틀 등 기구를 이용하여 신체활동을 시도한다.</td><td>아기용 세 발 자전거 등 기구를 이용하여 신체활동을 시도한다.</td></tr>
<tr><td>안전하게 신체활동 하기</td><td colspan="2">안전하게 신체활동에 참여한다.</td></tr>
</table>

다. 만 3~5세

(1) 목표

여러 가지 신체활동을 경험하고, 적극적으로 참여하여 신체운동 능력을 증진한다.
① 기본적 감각능력을 기르고 자신의 신체를 긍정적으로 인식한다.
② 신체를 조절하고 기본 운동 능력을 기른다.
③ 다양한 신체활동에 참여한다.

(2) 수준별 내용

<table>
<tr><th>내용 범주</th><th>내 용</th><th>1 수준</th><th>2 수준</th><th>3 수준</th></tr>
<tr><td rowspan="6">감각과 신체인식</td><td>감각능력 기르기</td><td colspan="2">감각적 차이를 구분한다.</td><td>미세한 감각적 차이를 구분한다.</td></tr>
<tr><td rowspan="2">감각기관 활용하기</td><td colspan="3">여러 감각기관을 활용한다.</td></tr>
<tr><td colspan="2">두 가지 이상의 감각기관을 동시에 활용한다.</td><td>감각으로 대상이나 사물의 특성과 차이를 인식한다.</td></tr>
<tr><td rowspan="3">신체를 인식하고 움직이기</td><td colspan="2">신체 각 부분의 명칭을 안다.</td><td>신체 각 부분의 구조와 기능을 이해한다.</td></tr>
<tr><td>신체 각 부분의 움직임을 인식한다.</td><td>신체 각 부분의 특징을 알고 움직인다.</td><td>신체 각 부분의 특징을 활용하여 움직인다.</td></tr>
<tr><td colspan="3">자신의 신체 능력을 긍정적으로 인식한다.</td></tr>
<tr><td rowspan="8">신체조절과 기본운동</td><td rowspan="3">신체조절력과 균형감 기르기</td><td>안정된 자세를 취한다.</td><td colspan="2">신체균형을 유지하면서 다양한 자세를 취한다.</td></tr>
<tr><td colspan="3">신체 각 부분의 움직임을 조절한다.</td></tr>
<tr><td colspan="2">바른 자세로 앉고 선다.</td><td>바른 자세로 걷는다.</td></tr>
<tr><td>이동 운동하기</td><td>빨리 걷기, 달리기 등 다양한 이동 운동을 시도한다.</td><td>안정된 자세로 달리기 등 다양한 이동 운동을 한다.</td><td>두 발로 뛰기, 빠르게 달리기 등 이동 운동을 능숙하게 한다.</td></tr>
<tr><td>비이동 운동하기</td><td>팔과 몸통을 움직여 보는 등 비이동 운동을 한다.</td><td>몸을 흔들거나 꼬기 등 여러 가지 비이동 운동을 한다.</td><td>한발로 균형 잡기 등 숙련된 자세의 비이동 운동을 한다.</td></tr>
<tr><td rowspan="2">조작 운동하기</td><td>가위나 크레파스 등 간단한 도구를 사용해 본다.</td><td>그리기나 만들기 도구 등을 활용한다.</td><td>그리기나 만들기 도구 등을 능숙하게 활용한다.</td></tr>
<tr><td colspan="2">공을 던지거나 잡기 등 조작 운동을 한다.</td><td>도구를 활용하여 여러 가지 조작 운동을 한다.</td></tr>
<tr><td>움직임의 요소를 인식하고</td><td></td><td>동작의 크기나 빠르기 등 동작의 요소(공간, 시간, 흐름,</td><td>동작의 크기나 빠르기 등 동작의 요소(공간, 시간, 흐름, 힘)를 활</td></tr>
</table>

내용 범주	내 용	1 수준	2 수준	3 수준
	움직이기		힘)를 인식한다.	용하여 움직인다.
신체활동 참여	자발적으로 신체활동에 참여하기	신체활동에 참여한다.	신체활동을 지속적으로 한다.	
		몸을 다양하게 움직인다.	새로운 신체활동과 기술을 시도한다.	
		여러 가지 신체활동을 시도한다.	여러 가지 신체활동에 골고루 참여한다.	집단으로 하는 신체활동에 적극적으로 참여한다.
				신체활동을 할 때 책임감 있게 행동한다.
			자신과 다른 사람의 신체 운동 능력의 차이를 존중한다.	
	여러 가지 기구를 이용하여 신체활동하기	여러 가지 기구를 이용하여 신체활동을 한다.		여러 가지 기구를 이용하여 신체활동을 능숙하게 한다.
	안전하게 신체활동하기	안전하게 신체활동에 참여한다.		

3. 사회관계

1) 성격

사회관계 영역은 '자기존중', '정서인식과 조절', '사회적 관계', '사회적 지식'의 네 가지 내용 범주로 구성된다. '자기존중'에서는 영유아가 자신의 독특한 자아에 대해 인식하고, 자신감과 독립심을 기르도록 한다. '정서인식과 조절'에서는 영유아가 자신과 다른 사람의 다양한 정서를 인식하고, 자신의 정서를 조절하고 표현할 수 있도록 한다. '사회적 관계'에서는 영유아가 가족, 또래와 지역사회의 구성원으로서 관련된 다른 사람들과의 관계를 이해하고, 그들과 더불어 조화롭게 기능하며 살아가는 능력을 기르도록 한다. '사회적 지식'에서는 영유아가 지역사회, 우리나라, 세계의 구성원으로서 필요한 자질을 갖추고 능력을 함양하며, 자신과 관계된 여러 사회현상에 관심을 가지고 이해하도록 한다.

2) 목표

자신에 대해 존중감을 키우고, 자신과 다른 사람의 정서를 인식하고, 이를 사회적 관계에서 적절히 조절하여 활용할 수 있도록 하며, 가족, 또래, 지역사회와 긍정적인 관계를 형성하고, 유능한 사회 구성원으로 기능하게 하기 위하여 필요한 사회적 지식을 획득하도록 한다.

가. 자신의 독특한 자아에 대해 인식하고 자신감과 독립심을 기른다.
나. 자신과 다른 사람의 정서를 이해하고 표현하며, 자신의 정서를 조절하고 활용한다.
다. 다른 사람과의 관계를 이해하고 더불어 살아가는 능력을 기른다.

라. 자신을 둘러싼 사회현상에 관심을 가지고 이해한다.

3) 연령별 목표와 내용

내용범주	만 2세 미만	만 2세	만 3~5세
자기 존중	· 자신을 분리된 존재로서 인식하기	· 자신을 다른 사람과 구별하기 · 자신에 대해 긍정적으로 생각하기 · 독립적으로 행동하기	· 자신의 소중함을 알기 · 자신감과 독립심 기르기 · 성정체감 형성하기
정서인식과 조절	· 자신의 정서를 느끼고 표현하기	· 자신의 정서를 적절하게 표현하기 · 다른 사람의 정서에 관심 가지기	· 자신과 다른 사람의 다양한 정서를 인식하고 표현하기 · 자신의 정서를 조절하고 활용하기
사회적 관계	· 다른 사람에게 관심 가지기 · 양육자와 애착 형성하기	· 가족관계 이해하기 · 또래에게 관심 가지기 · 자신이 속한 집단 알기	· 가족과 화목하게 지내기 · 또래와 사이좋게 지내기 · 공동체 정신 기르기
사회적 지식			· 지역사회에 관심 가지고 이해하기 · 우리나라에 관심 가지고 이해하기 · 세계와 여러 문화에 관심 가지기 · 경제생활에 관심 가지고 이해하기

가. 만 2세 미만

(1) 목표

다른 사람과 분리된 존재로서의 자신을 인식하고, 양육자와 긍정적으로 애착 관계를 형성하며, 기본 정서를 다른 사람과의 관계에서나 주변 환경의 맥락 속에서 느끼고 표현한다.

① 나와 다른 사람을 분리된 존재로서 인식한다.
② 분화된 정서를 느끼고 표현한다.
③ 주변 환경을 탐색하고 주요 어른과 밀접한 관계를 형성한다.

(2) 수준별 내용

<table>
<tr><th>내용 범주</th><th>내용</th><th>1수준</th><th>2수준</th><th>3수준</th></tr>
<tr><td rowspan="3">자기존중</td><td rowspan="3">자신을 분리된 존재로서 인식하기</td><td colspan="3">거울속의 자신을 보고 웃거나 알아본다.</td></tr>
<tr><td></td><td colspan="2">자신의 모습과 다른 사람의 모습을 구별한다.</td></tr>
<tr><td></td><td colspan="2">자신의 몸을 스스로 움직일 수 있음을 안다.</td></tr>
<tr><td rowspan="3">정서인식과 조절</td><td rowspan="3">자신의 정서를 느끼고 표현하기</td><td colspan="3">여러 가지 표정에 반응한다.</td></tr>
<tr><td>여러 가지 음성과 소리를 듣고 반응한다.</td><td colspan="2">자신의 감정과 욕구를 다른 사람이 알도록 표현한다.</td></tr>
<tr><td colspan="2"></td><td>자신에게 여러 가지 정서가 있음을 안다.</td></tr>
<tr><td rowspan="4">사회적 관계</td><td rowspan="2">다른 사람에게 관심 가지기</td><td>다른 사람과 시선을 맞춘다.</td><td colspan="2">다른 사람을 관찰하고 모방한다.</td></tr>
<tr><td>양육자의 목소리를 인식한다.</td><td colspan="2">친숙한 사람에게 애정을 표현한다.</td></tr>
<tr><td rowspan="2">양육자와 애착 형성하기</td><td colspan="3">양육자와 안정적인 애착을 형성한다.</td></tr>
<tr><td colspan="3">양육자와 친숙해지고 신뢰감이 생긴다.</td></tr>
</table>

나. 만 2세

(1) 목표

자아를 정확하게 확립하고 독립적으로 행동하며, 자신의 정서를 적절한 방법으로 표현하고 다른 사람의 정서를 이해한다. 또 주변의 어른, 또래와 긍정적인 관계를 형성한다.

① 자기 존중감을 확고히 형성한다.
② 자신과 다른 사람의 정서를 인식하고 표현한다.
③ 주변 환경에 반응하고 어른, 또래와 사회적 관계를 형성한다.

(2) 수준별 내용

<table>
<tr><th>내용 범주</th><th>내용</th><th>1수준</th><th>2수준</th></tr>
<tr><td rowspan="6">자기존중</td><td rowspan="2">자신을 다른 사람과 구별하기</td><td colspan="2">자신의 신체 부분을 안다.</td></tr>
<tr><td colspan="2">다른 사람이 자신을 부를 때 반응한다.</td></tr>
<tr><td rowspan="2">자신에 대해 긍정적으로 생각하기</td><td colspan="2">자신의 생김새와 신체적 능력에 대해 긍정적으로 느낀다.</td></tr>
<tr><td>스스로 할 수 있는 일에 대해 즐거움을 느낀다.</td><td>자신이 노력해서 성취한 일에 대해서 자부심을 갖는다.</td></tr>
<tr><td rowspan="2">독립적으로 행동하기</td><td colspan="2">자신이 할 수 있는 일을 경험한다.</td></tr>
<tr><td colspan="2">혼자서 할 수 있는 일을 스스로 해본다.</td></tr>
<tr><td rowspan="4">정서인식과 조절</td><td rowspan="2">자신의 정서를 적절하게 표현하기</td><td colspan="2">자신의 정서와 욕구를 인식한다.</td></tr>
<tr><td>자신의 감정을 동작과 언어로 표현한다.</td><td>긍정적 정서와 부정적 정서를 적절한 방법으로 표현한다.</td></tr>
<tr><td rowspan="2">다른 사람의 정서에 관심가지기</td><td>다른 사람의 정서에 관심을 보인다.</td><td></td></tr>
<tr><td></td><td>다른 사람의 정서를 인식하고 반응을 보인다.</td></tr>
<tr><td rowspan="6">사회적 관계</td><td>가족관계 이해하기</td><td>자신에게 가족이 있음을 안다.</td><td>가족 구성원을 안다.</td></tr>
<tr><td rowspan="3">또래에게 관심 가지기</td><td colspan="2">다른 영아와 함께 지내는 것을 경험한다.</td></tr>
<tr><td></td><td>다른 영아와 의사소통을 한다.</td></tr>
<tr><td></td><td>다른 영아와 함께 놀이한다.</td></tr>
<tr><td rowspan="2">자신이 속한 집단 알기</td><td>자신이 속한 반과 교사를 안다.</td><td>자신이 속한 반과 보육시설에는 기본적인 규칙과 약속이 있음을 안다.</td></tr>
<tr><td>자신이 속한 반의 활동에 참여한다.</td><td>다른 사람에게 인사하고 고마움을 표시한다.</td></tr>
</table>

다. 만 3~5세

(1) 목표

자기 존중감을 키우고, 자신과 다른 사람의 정서를 이해하고 표현하며, 다른 사람과 더불어 생활하고, 자신을 둘러싼 사회현상에 관심을 가지며 이해한다.

① 자신의 독특한 자아에 대해 인식하고 자신감과 독립심을 기른다.
② 자신과 다른 사람의 정서를 이해하고 표현하며, 자신의 정서를 조절하고 활용한다.
③ 다른 사람과의 관계를 이해하고 더불어 살아가는 능력을 기른다.
④ 자신을 둘러싼 사회현상에 관심을 가지며 이해한다.

(2) 수준별 내용

<table>
<tr><th>내용 범주</th><th>내용</th><th>1수준</th><th>2수준</th><th>3수준</th></tr>
<tr><td rowspan="7">자기존중</td><td rowspan="2">자신의 소중함을 알기</td><td colspan="2">자신과 다른 사람의 같은 점과 다른 점을 안다.</td><td>자신과 다른 사람의 차이를 인정한다.</td></tr>
<tr><td colspan="3">자신에 대해 긍정적으로 생각하고, 자신의 소중함을 안다.</td></tr>
<tr><td rowspan="3">자신감과 독립심 기르기</td><td colspan="2">자신이 할 수 있는 일을 알고 실천한다.</td><td>자신이 할 수 있는 일을 혼자서 자신 있게 해본다.</td></tr>
<tr><td colspan="2">자신이 하고 싶은 일을 한다.</td><td>자신이 하고 싶은 일을 계획하고 마무리한다.</td></tr>
<tr><td colspan="2"></td><td>자신감과 독립심을 가지고 새로운 경험을 시도한다.</td></tr>
<tr><td rowspan="2">성정체감과 양성평등 의식가지기</td><td>자신의 성별을 안다.</td><td>남자와 여자의 특성과 차이를 안다.</td><td>자신이 일생동안 같은 성을 가지며, 외모와 행동이 변해도 성은 변하지 않음을 안다.</td></tr>
<tr><td></td><td colspan="2">양성평등 의식을 갖는다.</td></tr>
<tr><td rowspan="5">정서인식과 조절</td><td rowspan="2">자신과 다른 사람의 여러 가지 정서를 인식하고 표현하기</td><td colspan="2">자신과 다른 사람이 여러 정서를 가질 수 있음을 인식한다.</td><td>자신과 다른 사람의 다양한 정서를 이해하고 공감한다.</td></tr>
<tr><td colspan="3">다른 사람과 상황을 고려하여 자신의 정서를 긍정적인 방법으로 표현한다.</td></tr>
<tr><td rowspan="3">자신의 정서를 조절하고 활용하기</td><td colspan="3">자신의 정서를 긍정적으로 조절한다.</td></tr>
<tr><td></td><td colspan="2">자신의 정서가 다른 사람에게 미치는 영향을 이해한다.</td></tr>
<tr><td colspan="2"></td><td>문제해결과정에서 적절하게 정서를 이용한다.</td></tr>
<tr><td rowspan="2">사회적 관계</td><td rowspan="2">가족과 화목하게 지내기</td><td colspan="3">가족의 소중함을 안다.</td></tr>
<tr><td colspan="2">가족구성원을 안다.</td><td>가족구조가 다양하다는 것을 이해한다.</td></tr>
</table>

<table>
<tr><th>내용 범주</th><th>내용</th><th>1수준</th><th>2수준</th><th>3수준</th></tr>
<tr><td rowspan="8">사회적
관계</td><td></td><td colspan="2">가족을 위하여 내가 할 수 있는 일을 한다.</td><td>가족이 행복해지기 위해서는 함께 노력해야 한다는 것을 이해한다.</td></tr>
<tr><td rowspan="3">또래와
사이좋게
지내기</td><td colspan="3">다양한 상황에서 또래와 놀이하는 것을 즐긴다.</td></tr>
<tr><td></td><td colspan="2">또래와 협동한다.</td></tr>
<tr><td></td><td>자신과 다른 사람의 의견에 차이가 있음을 안다.</td><td>또래와의 갈등을 여러 방법으로 해결한다.</td></tr>
<tr><td rowspan="4">공동체
정신
기르기</td><td colspan="3">도움이 필요할 때 다른 사람과 도움을 주고받는다.</td></tr>
<tr><td colspan="2">자신이 속한 집단의 구성원으로서 소속감이 생긴다.</td><td>집단 구성원의 상호 협조 관계를 이해하고 협력한다.</td></tr>
<tr><td colspan="2">보육시설, 가정, 사회에서 지켜야 할 규칙을 지킨다.</td><td>교실에서 필요한 규칙을 협의하여 만들고 지킨다.</td></tr>
<tr><td colspan="2">자신의 소유물과 다른 사람의 소유물을 구별한다.</td><td>자신과 다른 사람의 감정, 권리, 소유물을 존중한다.</td></tr>
<tr><td rowspan="9">사회적
지식</td><td rowspan="3">지역사회에
관심
가지고
이해하기</td><td>우리 동네의 이름을 안다.</td><td colspan="2">우리 동네의 좋은 점을 안다.</td></tr>
<tr><td colspan="2">우리 동네에 있는 익숙한 기관의 위치를 알아본다.</td><td>지도에서 자신에게 의미 있는 곳을 찾아본다.</td></tr>
<tr><td colspan="2"></td><td>시간의 흐름에 따른 지역사회의 변화를 안다.</td></tr>
<tr><td rowspan="3">우리나라에
관심가지고
이해하기</td><td colspan="3">우리나라 명절과 풍습 등의 전통문화에 대하여 알아보고 경험한다.</td></tr>
<tr><td colspan="2">우리나라를 상징하는 것을 안다.</td><td>국경일을 알고 기념한다.</td></tr>
<tr><td></td><td>남북분단에 대해 관심을 가진다.</td><td>통일에 대해 관심을 가진다.</td></tr>
<tr><td rowspan="3">세계와
여러
문화에
관심
가지기</td><td colspan="3">세계 여러 나라의 사람들에 대해 관심을 가진다.</td></tr>
<tr><td></td><td colspan="2">세계 여러 나라의 이름과 상징, 문화적 특징에 대해 관심을 가진다.</td></tr>
<tr><td colspan="2"></td><td>평화를 위해 세계 여러 나라가 협력해야</td></tr>
</table>

내용 범주	내용	1수준	2수준	3수준
				함을 안다.
		다양한 능력과 문화를 존중한다.		
				자신과 다른 사람이 차이점 때문에 어려움을 겪을 때 적극적으로 대처한다.
	경제생활에 관심가지고 이해하기	물건을 사기 위해서는 돈이 필요함을 안다.	돈의 가치를 안다.	돈의 소중함을 알고, 아껴 쓰며 저축한다.
			필요한 물건과 원하는 물건의 차이를 안다.	계획을 세워 물건을 구입해 본다.
		다양한 직업에 관심을 가진다.	다양한 직업의 특성을 안다.	자신의 장래의 직업에 대해 관심을 가진다.
			다양한 직업에 종사하는 여러 사람에게 고마운 마음을 가진다.	

4. 의사소통

1) 성격

의사소통 영역은 '듣기', '말하기', '읽기', '쓰기'의 네 가지 내용범주로 구성된다. '듣기'에서는 영유아가 주변의 소리에 관심을 가지고 구분하여 들을 수 있는 기회와 환경을 제공하고, 일상대화나 동요 · 동시 · 동화 등을 잘 듣고 이해할 수 있도록 한다. '말하기'에서는 영유아가 언어적·비언어적 의사소통을 할 수 있는 기회와 환경을 제공하고, 바른 태도와 정확한 발음으로 자신의 생각이나 경험을 대상과 상황에 맞게 표현할 수 있도록 한다. '읽기'에서는 영유아가 주변의 글자나 그림책에 흥미를 가지고 이해하는 능력을 길러 읽기에 흥미를 느낄 수 있도록 한다. '쓰기'에서는 영유아가 소근육을 사용하여 끼적거리기를 해보며 글자의 느낌을 경험하고, 쓰기 도구와 매체를 사용하여 자신의 느낌, 생각, 경험을 쓰기로 표현하기에 흥미를 갖고 참여할 수 있도록 한다.

2) 목표

듣고 말하는 것을 즐기며 상황에 맞는 언어를 익혀 바른 언어생활을 하도록 하고 일상생활에 필요한 의사소통능력과 기초적인 문해능력을 기른다.

가. 다른 사람의 이야기를 주의 깊게 듣는 태도와 이해력을 기른다.

나. 바르게 말하는 태도와 정확한 발음으로 자신의 느낌, 생각, 경험을 말로 표현하는 능력을 기른다.

다. 주위의 사람들과 대화하고 여럿이 함께 토론하며 서로의 의견을 나누는 경험을 하게 한다.

라. 글과 글자에 친숙해지는 경험을 쌓아 읽기와 쓰기에 흥미를 갖게 한다.

3) 연령별 목표와 내용

내용 범주	만 2세 미만	만 2세	만 3~5세
듣기	· 소리 구분하여 듣기 · 경험과 관련된 말의 의미 알기 · 운율이 있는 말 듣기	· 말소리 구분하여 듣기 · 말소리 듣고 의미 알기 · 운율이 있는 말 듣고 즐기기	· 낱말의 발음 경청하기 · 낱말과 문장을 듣고 이해하기 · 이야기 듣고 이해하기 · 동요, 동시, 동화 듣기 · 바른 태도로 듣기
말하기	· 발성과 발음으로 소리내기 · 친숙한 사물의 이름 말하기 · 말소리와 몸짓으로 의사표현하기	· 바르게 발음 해보기 · 사물의 이름 말하기 · 자신의 느낌과 생각 말하기 · 행동에 맞게 말하기	· 바르게 발음하여 말하기 · 낱말과 문장으로 말하기 · 자신의 느낌, 생각, 경험 말하기 · 상황에 맞는 언어 사용하기 · 바른 태도로 말하기
읽기	· 읽어 주는 짧은 글에 흥미 가지기 · 그림책에 흥미 가지기	· 글자 모양에 흥미 가지기 · 읽어 주는 글 즐기기 · 그림책에 흥미 가지기	· 읽기에 흥미 가지기 · 동요, 동시, 동화 읽기 · 읽어 주는 글 이해하기 · 그림책 읽기를 즐기기
쓰기	· 끼적거리기 시도하기 · 쓰기 도구에 흥미 가지기	· 끼적거리기 · 쓰기 도구에 흥미 가지기	· 낱말과 문장으로 쓰기에 흥미 가지기 · 자신의 느낌, 생각, 경험 쓰기에 흥미 가지기 · 쓰기 도구와 매체 사용하기 · 말과 글의 관계 알기

가. 만 2세 미만

(1) 목표

듣고 말하는 것을 즐거워하고, 상황에 따라 적절한 언어로 표현한다.
① 주변의 소리와 말소리를 듣고 좋아하며 반응한다.
② 몸짓과 소리로 의사를 표현하여 주고받기를 즐긴다.
③ 그림책에 관심을 보이며, 끼적거리기를 시도한다.

(2) 수준별 내용

<table>
<tr><th>내용 범주</th><th>내 용</th><th>1 수준</th><th>2 수준</th><th>3 수준</th></tr>
<tr><td rowspan="5">듣기</td><td rowspan="2">소리 구분하여 듣기</td><td colspan="3">여러 가지 소리와 말소리 듣기에 흥미를 보인다.</td></tr>
<tr><td></td><td colspan="2">익숙한 목소리를 듣고 반응한다.</td></tr>
<tr><td rowspan="2">경험과 관련된 말의 의미 알기</td><td colspan="2">일상적인 행동과 말소리를 연결하여 듣는다.</td><td>행동과 관련된 말을 듣고 따른다.</td></tr>
<tr><td></td><td colspan="2">익숙한 사물의 명칭과 자신의 이름을 알아듣는다.</td></tr>
<tr><td>운율이 있는 말 듣기</td><td colspan="3">운율이 있는 짧은 말소리 듣기를 즐긴다.</td></tr>
<tr><td rowspan="5">말하기</td><td rowspan="2">발성과 발음으로 소리내기</td><td>여러 가지 소리를 내고, 옹알이를 한다.</td><td colspan="2">여러 가지 말소리를 낸다.</td></tr>
<tr><td colspan="2">옹알이와 말소리에 대해 말로 반응해 주면 모방하여 소리 낸다.</td><td>교사의 말을 모방하여 발음한다.</td></tr>
<tr><td>친숙한 사물의 이름 말하기</td><td colspan="2">친숙한 사물을 가리켜 말하려 한다.</td><td>친숙한 사물의 이름을 말한다.</td></tr>
<tr><td rowspan="2">말소리와 몸짓으로 의사표현하기</td><td colspan="3">필요에 따라 소리와 몸짓을 사용한다.</td></tr>
<tr><td colspan="2"></td><td>말로 의사표현을 한다.</td></tr>
<tr><td rowspan="3">읽기</td><td>읽어주는 짧은 글에 흥미 가지기</td><td colspan="3">리듬감 있게 읽어 주는 말소리를 즐겨 듣는다.</td></tr>
<tr><td rowspan="2">그림책에 흥미 가지기</td><td colspan="2">그림책 속에 있는 친숙한 그림이나 사진을 본다.</td><td>이야기를 들을 때 그림을 알아본다.</td></tr>
<tr><td></td><td colspan="2">선호하는 그림책을 자주 본다.</td></tr>
<tr><td rowspan="3">쓰기</td><td rowspan="2">끼적이기를 시도하기</td><td></td><td colspan="2">팔 전체를 사용하여 마음대로 끼적인다.</td></tr>
<tr><td colspan="2"></td><td>자신의 끼적이기에 관심을 가진다.</td></tr>
<tr><td>쓰기 도구에 흥미 가지기</td><td></td><td colspan="2">종이와 쓰기 도구를 반복하여 탐색한다.</td></tr>
</table>

나. 만 2세

(1) 목표

듣고 말하는 것을 즐거워하고, 상황에 맞는 언어를 익힌다.
① 주변의 소리와 말소리를 듣고 좋아하며 반응한다.
② 생각과 느낌을 말로 주고받기를 즐긴다.
③ 그림책에 관심을 가지며, 끼적이기를 좋아한다.

(2) 수준별 내용

내용 범주	내 용	1수준	2수준
듣기	말소리 구분하여 듣기	높낮이와 세기 등 말소리의 차이를 구분한다.	
			다양한 말소리에 담긴 감정을 느낀다.
	말소리 듣고 의미 알기	시키는 말에 따라 행동한다.	
	운율이 있는 말 듣고 즐기기	짧은 이야기와 노랫말 듣기를 즐긴다.	짧은 이야기와 노랫말을 듣고 따라한다.
말하기	바른 발음 시도하기	바른 발음으로 말하기를 시도한다.	
	사물의 이름 말하기	사물의 이름을 알아보고 말하기를 즐긴다.	
	자신의 느낌과 생각 말하기	원하는 것을 말로 요구한다.	
			자신의 감정을 말로 표현한다.
	행동에 맞는 말하기	먹는다, 잔다와 같은 행동에 맞는 말을 한다.	
			고마워, 반가워 등 상황에 맞는 말을 한다.
읽기	글자 모양에 흥미 가지기	여러 가지 모양을 탐색한다.	글자의 기초가 되는 모양을 구분한다.
	읽어주는 글 즐기기	읽어 주는 글에 관심을 가진다.	
			글자를 읽는 흉내를 낸다.
	그림책에 흥미가지기	그림책에 있는 그림과 내용에 관심을 보인다.	
		그림책을 보고 읽는 흉내를 낸다.	
쓰기	끼적이기	의도적으로 끼적인다.	글자형태로 끼적인다.
	쓰기 도구에 흥미 가지기	여러 가지 쓰기 도구를 가지고 논다.	

다. 만 3~5세

(1) 목표

일상생활에 필요한 의사소통능력과 기초적인 문해능력을 기르고, 바른 언어생활 태도와 습관을 형성한다.

① 다른 사람의 이야기를 주의 깊게 듣는 태도와 이해력을 기른다.
② 자신의 느낌, 생각, 경험을 말로 표현하는 능력을 기른다.
③ 바르게 말하는 태도와 정확한 발음으로 말하는 능력을 기른다.
④ 주위의 사람들과 대화하고 여럿이 함께 토론하며 서로 의견을 주고받는다.
⑤ 글과 글자에 친숙해짐으로써 읽기와 쓰기에 흥미를 가진다.

(3) 수준별 내용

내용 범주	내 용	1 수준	2 수준	3 수준
듣기	낱말의 발음 경청하기	낱말 각각의 발음에 관심을 가진다.		
		비슷한 발음의 낱말을 주의 깊게 구별하여 듣는다.		
	낱말과 문장 듣고 이해하기	일상생활과 관련된 낱말과 문장을 듣고 뜻을 안다.		
		교사가 제시하는 사항을 듣고 지시에 따른다.		
			질문에 적절하게 대답한다.	
	이야기 듣고 이해하기	이야기를 듣고 내용을 이해한다.		
		이야기를 듣고 기억하여 다시 말한다.		
			이야기를 듣고 궁금한 것에 대해 질문한다.	
	동요, 동시, 동화 듣기	동요, 동시, 동화를 다양한 매체를 통하여 듣는다.		
			동화, 동시, 동요를 듣고 자신의 느낌을 다양하게 표현한다.	
	바른 태도로 듣기	다른 사람이 이야기 할 때 주의 깊게 듣는다.		
			다른 사람의 이야기를 끝까지 듣는다.	
			이야기의 내용을 집중하여 듣는다.	
말하기	바르게 발음하여 말하기	여러 낱말을 바르게 발음한다.		
				정확한 발음으로 또렷하게 말한다.
	낱말과 문장으로 말하기	일상생활의 경험을 낱말과 문장으로 말한다.		
			낱말과 문장을 문맥에 맞게 말한다.	
				여러 상황을 다양한 어휘로 말한다.
	자신의 느낌, 생각, 경험 말하기	자신의 느낌, 생각, 경험을 다른 사람에게 말한다.		
			경험한 것을 동시나 간단한 동화로 꾸며 말한다.	
			주제를 정하여 함께 이야기를 나눈다.	
			간단한 내용의 말을 듣고 다른 사람에게 내용을 전달한다.	
				자신의 느낌, 생각, 경

내용 범주	내 용	1 수준	2 수준	3 수준
말하기				험을 다른 사람이 알아듣도록 말한다.
	상황에 맞는 언어 사용하기	듣는 사람에게 적절하게 말한다.	듣는 사람, 때, 장소에 알맞게 말한다.	
			듣는 사람의 생각과 느낌을 헤아려 말한다.	
	바른 태도로 말하기	듣는 사람과 마주 보며 말한다.		
		말할 차례를 지켜 말한다.	상대방의 반응을 헤아리고 차례를 지켜 말한다.	
읽기	읽기에 흥미 가지기	일상생활에서 자주 접하는 글자를 흥미를 가지고 읽어본다.		
		여러 가지 읽기놀이를 한다.		
			자신의 이름을 알아본다.	
				주변에서 자주 보는 글자를 읽는다.
	동요, 동시, 동화읽기	동요, 동시, 동화를 여러 매체를 이용하여 읽어 본다.		
				동요, 동시, 동화를 읽고 자신의 느낌을 다양하게 표현한다.
	읽어 주는 글 이해하기	읽어 주는 글의 내용에 관심을 보인다.		
			읽어 주는 내용에 대해 서로 이야기를 나눈다.	
	그림책 읽기를 즐기기	책에 흥미를 가지고 그림책을 즐겨 본다.		
		좋아하는 책을 자주 본다.		
		책을 소중하게 다룬다.		
		궁금한 것이 있을 때는 교사와 함께 책을 찾아본다.		스스로 다양한 주제의 그림책을 찾아 읽는다.
쓰기	낱말과 문장으로 쓰기에 흥미 가지기	낱말과 문장을 그림으로 표현하거나 끼적거린다.	낱말과 문장을 글자와 비슷한 형태나 글자로 쓴다.	
			글자를 보고 모방하여 쓰기를 한다.	
				자신의 이름을 쓴다.
	자신의 느낌, 생각, 경험, 쓰기에 흥미 가지기	자신의 느낌, 생각, 경험을 그림으로 표현하거나 끼적거린다.	자신의 느낌, 생각, 경험을 글자와 비슷한 형태나 글자로 쓴다.	
			다른 사람에게 하고 싶은 이야기를 그림과 글자로 쓴다.	
	쓰기 도구와 매체 사용하기	여러 가지 필기구와 종이, 키보드, 마우스 그 밖의 쓰기 관련 매체를 사용한다.		
	말과 글의 관계 알기	유아의 말을 교사가 글로 받아 적을 때, 말이 글로 바뀌는 과정에 관심을 보인다.		

5. 자연탐구

1) 성격

자연탐구 영역은 '탐구적 태도', '수학적 탐구', '과학적 탐구'의 세 가지 내용범주로 구성된다. '탐구적 태도'에서는 영유아가 주변의 사물과 자연현상에 대하여 관심을 가지고 보고 듣고 느끼고 궁금해 하며, 끊임없이 알아가고자 하는 태도를 갖게 하고 이에 필요한 기초기술을 습득하도록 한다. '수학적 탐구'에서는 영유아가 일상생활에서 수량과 공간을 인식하고 비교하며 규칙성을 인식하는 등 구체적인 경험과 조작활동으로 수학의 기초능력을 기르도록 한다. '과학적 탐구'에서는 영유아가 주변의 사물, 생명체, 자연현상에 대하여 관심을 가지고 능동적이고 적극적으로 탐색하는 과정에서 과학적 기초지식을 습득하도록 한다.

2) 목표

주변의 사물과 자연현상을 지각하고 호기심을 가지며, 지속적으로 탐구하는 태도를 가지며 문제해결을 위한 기초능력을 기르고, 자연을 사랑하는 마음을 가진다.

가. 주변사물과 자연환경에 대해 지속적으로 호기심을 가지고 탐구하는 태도를 가진다.
나. 일상생활의 여러 상황과 문제를 수학적으로 이해하고 해결하기 위하여 기초능력을 기른다.
다. 주변사물과 자연현상에 대한 기초 지식을 쌓고 자연을 사랑하는 마음을 가진다.

3) 연령별 목표와 내용

내용 범주	만 2세 미만	만 2세	만 3~5세
탐구적 태도	· 주변의 사물과 자연현상에 관심 가지기 · 반복하여 탐색하기	· 주변의 사물과 자연현상에 호기심 가지기 · 반복하여 탐색 즐기기 · 문제해결에 관심 가지기	· 주변의 사물과 자연현상에 지속적으로 호기심 가지기 · 탐구과정 즐기기 · 기초 탐구 기술 활용하기
수학적 탐구	· 수량 지각하기 · 주변 공간 탐색하기 · 비교하기 · 간단한 규칙성 지각하기	· 수량 인식하기 · 공간과 도형 인식하기 · 비교하기 및 순서 인식하기 · 간단한 규칙성 인식하기 · 구분하기	· 수 개념 형성하기 · 공간과 도형 개념 형성하기 · 측정하기 · 규칙성 이해하기 · 자료 수집하기와 분석하기
과학적 탐구	· 주변의 사물 지각하기 · 주변 생명체에 관심 가지기 · 자연 현상 지각하기	· 물체와 물질의 특성 탐색하기 · 주변 생명체의 외적 특성 알기 · 자연현상 인식하기 · 생활 도구에 관심 가지기	· 물체와 물질의 기본 특성 알기 · 생명체와 환경과의 관계 알기 · 자연현상 이해하기 · 도구와 기계 활용하기

가. 만 2세 미만

(1) 목표

주변 사물과 자연현상에 대하여 관심을 가지고 보고 듣고 만지고 느끼는 등 다양한 감각과 조작으로 지각하고 반복하여 탐색한다.

① 주변의 사물과 자연현상에 관심을 가진다.
② 감각과 조작으로 수학적 경험을 한다.
③ 주변의 사물과 자연현상을 감각적으로 지각하고 탐색한다.

(2) 수준별 내용

<table>
<tr><th>내용 범주</th><th>내용</th><th>1수준</th><th>2수준</th><th>3수준</th></tr>
<tr><td rowspan="2">탐구적 태도</td><td>주변의 사물과 자연현상에 관심 가지기</td><td colspan="3">주변의 여러 가지 사물과 자연현상에 관심을 가진다.</td></tr>
<tr><td>탐색 반복하기</td><td>주변의 사물을 보고 만지고 빨기를 반복한다.</td><td colspan="2">관심 있는 사물을 반복하여 탐색한다.</td></tr>
<tr><td rowspan="7">수학적 탐구</td><td>수량 지각하기</td><td>있고 없는 상황을 지각한다.</td><td>'있다'와 '없다'를 구별한다.</td><td>'한 개'와 '여러 개'를 구별한다.</td></tr>
<tr><td rowspan="3">주변 공간 탐색하기</td><td colspan="3">주변 공간을 탐색한다.</td></tr>
<tr><td></td><td colspan="2">물체가 없어지는 상황에 관심을 보이며(없어진 물체를) 찾는다.</td></tr>
<tr><td></td><td colspan="2">여러 가지 물체의 모양을 지각한다.</td></tr>
<tr><td rowspan="2">비교하기</td><td colspan="3">사물의 여러 가지 속성을 탐색한다.</td></tr>
<tr><td colspan="2"></td><td>크기 관련 어휘를 사용한다.</td></tr>
<tr><td>간단한 규칙성 지각하기</td><td colspan="3">주변의 간단한 규칙성을 지각한다(소리, 동작 등).</td></tr>
<tr><td rowspan="5">과학적 탐구
과학적 탐구</td><td rowspan="2">주변의 사물 지각하기</td><td colspan="3">주변의 여러 가지 자극에 반응한다.</td></tr>
<tr><td></td><td colspan="2">보고 만지고 듣고 맛보는 등의 감각적 행위를 통하여 사물을 지각한다.</td></tr>
<tr><td rowspan="2">주변 생명체에 관심 가지기</td><td colspan="3">주변(환경)의 움직이는 생명체를 지각한다.</td></tr>
<tr><td colspan="3">자신과 주변 사람의 신체의 부분을 탐색한다.</td></tr>
<tr><td>자연 현상 지각하기</td><td colspan="3">주변의 자연현상(바람, 해, 비, 눈 등)을 보고 만지고 느낀다.</td></tr>
</table>

나. 만 2세

(1) 목표

주변의 사물과 자연현상에 호기심을 가지고 여러 가지 방법으로 탐색하며 일상생활에서 충분히 수학적, 과학적 경험을 한다.

① 주변의 사물과 자연환경에 호기심을 가진다.
② 생활에서 수학적 경험을 한다.
③ 주변의 사물과 자연현상을 여러 가지 방법으로 탐색한다.

(2) 수준별 내용

내용 범주	내 용	1 수준	2 수준
탐구적 대도	주변의 사물과 자연현상에 호기심 가지기	주변의 여러 가지 사물과 자연현상에 대해 호기심을 가지고 궁금해 한다.	
	반복적인 탐색 즐기기	관심 있는 사물을 반복하여 탐색하기를 즐긴다.	
	문제해결에 관심 가지기	시행착오를 통해 문제를 해결(하고자) 한다.	
수학적 탐구	수량 인식하기	'하나', '둘' 정도의 수 이름을 말한다.	'하나', '둘', '셋' 정도의 수 이름을 말한다.
		많고 적음을 구별한다.	'많다', '적다' 등의 수량 비교 어휘를 말한다.
			물체가 더해지고 줄어드는 것을 경험한다.
	공간과 도형 인식하기	익숙한 위치와 장소를 안다.	
		물체의 위치 변화를 인식한다.	
		위치와 방향 관련 어휘를 사용한다.	
		물체의 모양에 따라 특성을 인식한다.	
	비교하기와 순서 인식하기	사물의 여러 가지 속성을 탐색한다.	
		일상에서 두 물체의 크기와 길이 비교를 경험한다.	
		용량, 크기, 길이, 시간 관련 어휘를 사용한다.	
		일상의 단순한 순서를 인식한다.	
	간단한 규칙성 인식하기	소리, 동작, 단어 등의 단순한 규칙성을 인식한다.	

내용 범주	내 용	1 수준	2 수준
	구분하기	한 가지 속성에 따라 자료를 구분한다.	
		비슷한 것끼리 짝을 짓는다.	
과학적 탐구	물체와 물질의 특성 탐색하기	물체와 물질에 대한 여러 가지 탐색을 적극적으로 시도한다.	
	주변 생명체의 외적 특성 알기	주변의 애완동물이나 (작은) 곤충 등의 특성을 지각한다.	익숙한 동물의 기본 특성(소리, 생김새, 움직임 등)을 구별한다.
			주변 식물의 기본 특성(색깔, 생김새 등)에 관심을 보인다.
		자신의 신체 각 부분의 특성을 안다.	
		주변 사람의 신체적 특징(목소리, 움직임 등)을 구분한다.	
	자연현상 인식하기	다양한 자연현상(바람, 눈, 비, 낮, 밤 등)을 인식한다.	
	생활 도구에 관심 가지기	쌓고 넣고 끼우는 등의 조작 놀잇감을 사용한다.	
		주변의 단순한 기계와 시설(TV · 녹음기 등의 스위치, 문의 손잡이 등)을 조작한다.	

다. 만 3~5세

(1) 목표

사물과 자연환경에 대해 지속적으로 탐구하려는 마음과 탐구과정을 즐기는 태도를 기르고, 기초 탐구 기술과 과학적 기초지식을 확장하고, 자연을 사랑하는 마음을 가진다.

① 주변의 사물과 자연현상에 대해 호기심을 가지고 지속적으로 탐구하는 버릇을 들인다.

② 논리 수학적으로 사고하고 문제를 해결하기 위한 기초능력을 기른다.

③ 주변의 사물과 자연현상에 대해 기초지식과 탐구능력을 기르고 자연을 사랑하는 마음을 키운다.

(2) 수준별 내용

내용 범주	내 용	1 수준	2 수준	3 수준
탐구적 태도	주변의 사물과 환경에 지속적으로 호기심 가지기	관심 있는 사물과 자연현상에 대해 지속적으로 궁금해 한다.		
			궁금한 점이 무엇인지(를) 분명하게 인식한다.	
	탐구과정 즐기기	궁금한 점에 대해 지속적으로 탐구하여 알아내는 버릇을 들인다.		

<table>
<tr><th>내용 범주</th><th>내 용</th><th>1 수준</th><th>2 수준</th><th>3 수준</th></tr>
<tr><td></td><td></td><td>스스로 답을 찾는다.</td><td>스스로 답을 찾고 이를 적용해 본다.</td><td>자신의 답이 바뀔 수 있다는 인식을 한다.</td></tr>
<tr><td></td><td></td><td></td><td></td><td>여러 사람의 서로 다른 의견을 존중한다.</td></tr>
<tr><td></td><td>기초 탐구기술 활용하기</td><td>궁금한 점을 알 수 있는 방법(관찰, 실험, 질문 등)을 찾는다.</td><td>자신이 알아낸 방법대로 해 본다.</td><td>나타난(탐구) 결과를 모으고 해석한다.</td></tr>
<tr><td>수학적 탐구</td><td>수 개념 형성하기</td><td>다섯 개 가량의 구체물을 세고 (헤아리고) 수량을 안다(이해한다).</td><td>열 개 가량의 구체물을 세고(헤아리고) 수량을 안다(이해한다).</td><td>스무 개 가량의 구체물을 세고(헤아리고) 수량을 안다(이해한다).</td></tr>
<tr><td></td><td></td><td>다섯 개 가량의 구체물을 가지고 '같다/더 많다/더 적다'의 관계를 안다.</td><td>열 개 가량의 구체물을 가지고 '같다/더 많다/더 적다'의 관계를 안다.</td><td>스무 개 가량의 구체물을 가지고 '같다/더 많다/더 적다'의 관계를 안다.</td></tr>
<tr><td></td><td></td><td></td><td>다섯 개 가량의 구체물에서 부분과 전체를 안다.</td><td>열 정도 구체물에서 부분과 전체를 안다.</td></tr>
<tr><td></td><td></td><td></td><td>구체물을 가지고 도합 다섯까지 더하기를 한다.</td><td>구체물을 가지고 도합 열까지 더하기를 한다.</td></tr>
<tr><td></td><td></td><td></td><td colspan="2">구체물을 가지고 다섯 개에서 빼기를 한다.</td></tr>
<tr><td></td><td></td><td>처음과 끝을 안다.</td><td colspan="2">다섯 번째까지 서수를 안다.</td></tr>
<tr><td></td><td></td><td></td><td colspan="2">열 가량의 숫자 읽기와 쓰기를 한다.</td></tr>
<tr><td></td><td>공간과 도형 개념 형성하기</td><td colspan="3">익숙한 위치와 장소를 안다.</td></tr>
<tr><td></td><td></td><td colspan="3">위치와 방향 관련 어휘를 사용한다.</td></tr>
<tr><td></td><td></td><td></td><td colspan="2">단순한 지도를 만들고 사용한다.</td></tr>
<tr><td></td><td></td><td>물체의 모양에 따른 특성을 인식한다.</td><td colspan="2">크기와 방향이 다양한 도형(입체, 평면)의 공통점과 차이점을 인식한다.</td></tr>
<tr><td></td><td></td><td></td><td colspan="2">도형 옮기기, 뒤집기, 돌리기(칠교놀이, 조각그림 맞추기 등)를 한다.</td></tr>
<tr><td></td><td></td><td></td><td></td><td>대칭을 찾는다.</td></tr>
<tr><td></td><td></td><td></td><td colspan="2">도형을 보거나 기억하여 그린다.</td></tr>
<tr><td></td><td></td><td></td><td></td><td>형태에 대한 설명대로 그리거나 만든다.</td></tr>
<tr><td></td><td>측정하기</td><td colspan="3">사물의 여러 가지 속성을 탐색한다.</td></tr>
<tr><td></td><td></td><td colspan="3">길이, 무게, 용량, 크기, 시간 관련 어휘를 사용한다.</td></tr>
<tr><td></td><td></td><td>두 물체의 크기와</td><td colspan="2">길이, 무게, 용량, 면적, 시간의 속성에 따라 비</td></tr>
</table>

내용 범주	내 용	1 수준	2 수준	3 수준
수학적 탐구		길이 비교를 한다.	교하고 순서를 매긴다.	
		일상의 간단한 순서를 인식한다.	사건의 순서를 안다.	
			길이, 용량, 시간을 비표준화 단위를 사용하여 측정한다.	길이, 용량, 시간, 무게, 면적을 비표준화 단위를 사용하여 측정한다.
				어림하여 측정한다.
	규칙성 이해하기	주변에서 반복되는 규칙성(색, 모양 등)을 인식한다.	주변에서 반복되는 규칙성을 파악하고 다음에 올 것을 예측한다.	반복 및 확장되는 규칙성을 파악하고 다음에 올 것을 예측한다.
		소리, 동작, 단어, 문장 등의 간단한 규칙성을 즐긴다.		한 가지 유형의 규칙성을 다른 유형으로 바꾼다.
				스스로 규칙성을 만들어 본다.
	자료 수집과 분석하기			필요한 정보나 자료의 수집 방법을 찾는다.
		관계있는 것끼리 짝을 짓는다.	한 가지 속성에 따라 자료를 분류한다.	다른 속성에 따라 다시 분류한다.
				두 가지 속성을 동시에 고려하여 분류한다.
			구체물이나 그림, 사진을 사용해 그래프로 나타낸다.	기호나 숫자를 사용해 그래프로 나타낸다.
				자료 수집과 분석의 결과를 설명한다.
과학적 탐구	물체와 물질의 기본 특성 알기	여러 가지 물체와 물질의 기본 특성(색, 크기, 모양, 무게, 질감 등)을 여러 가지 방법으로 탐색한다.		
		주변의 여러 가지 물질의 상태를 관찰한다.	주변의 여러 가지 물체와 물질의 상태를 비교한다.	
		물체와 물질의 변화에 관심을 가진다.	물체와 물질을 변화시킬 수 있는 여러 가지 방법을 탐색한다.	
		여러 가지 물체의 움직임을 관찰한다.	물체의 여러 가지 움직임을 비교한다.	
			자신의 행위와 물체의 움직임과의 관계를 안다.	
	생명체와 환경의	주변의 동·식물의 탄생과 성장에 관심	관심 있는 동물과 식물의 탄생, 성장, 죽음에 대하여 알아본다.	

<table>
<tr><th>내용 범주</th><th>내 용</th><th>1 수준</th><th>2 수준</th><th>3 수준</th></tr>
<tr><td rowspan="17"></td><td rowspan="4">관계알기</td><td>을 가진다.</td><td></td><td></td></tr>
<tr><td colspan="2">주변 동·식물의 기본 특성(소리, 움직임, 색(깔), 생김새 등)에 관심을 가진다.</td><td>주변 동·식물의 성장에 필요한 조건(영양, 호흡, 배설 등)을 알아본다.</td></tr>
<tr><td colspan="2">나의 출생과 성장에 대하여 관심을 가진다.</td><td>나의 출생과 성장에 대하여 알아본다.</td></tr>
<tr><td colspan="3">생명의 소중함을 알고 더불어 살려는 마음이 생긴다.</td></tr>
<tr><td rowspan="9">자연현상 이해하기</td><td colspan="3">돌, 물, 흙 등 자연물을 즐겨 탐색한다.</td></tr>
<tr><td colspan="3">돌, 물, 흙 등 자연물의 특성을 비교한다.</td></tr>
<tr><td></td><td colspan="2">지구, 달, 해, 별 등에 관심을 가진다.</td></tr>
<tr><td>계절의 변화에 관심을 가진다.</td><td colspan="2">계절의 변화와 규칙성을 안다.</td></tr>
<tr><td>하루에는 낮과 밤이 있음을 안다.</td><td>낮과 밤의 차이점을 안다.</td><td>낮과 밤의 변화와 규칙성을 안다.</td></tr>
<tr><td colspan="2">자신과 주변 환경의 관계에 관심을 가진다.</td><td>우리가 살아가는 좋은 환경에 대해 안다.</td></tr>
<tr><td colspan="3">자연의 소중함을 알고 더불어 살려는 마음이 생긴다.</td></tr>
<tr><td colspan="2">자연보호에 관심을 가진다.</td><td>자연보호의 방법을 안다.</td></tr>
<tr><td></td><td colspan="2">다시 쓸 수 있는 자원을 찾아보고 재활용한다.</td></tr>
<tr><td rowspan="4">도구와 기계 활용하기</td><td colspan="3">주변의 간단한 도구와 기계를 활용한다.</td></tr>
<tr><td></td><td></td><td>필요에 따라 새로운 도구를 만든다.</td></tr>
<tr><td colspan="3">주변의 여러 가지 물건(적목, 상자 등)을 조립한다.</td></tr>
<tr><td colspan="2">도구와 기계의 편리성에 관심을 가진다.</td><td>편리한 물건이 자연과 사람에게 해가 될 수 있다는 것을 안다.</td></tr>
</table>

6. 예술경험

1) 성격

예술경험 영역은 '심미적 탐색', '예술적 표현', '예술 감상'의 세 가지 내용범주로 구성된다. '심미적 탐색'에서는 영유아가 주변의 친근한 자연이나 생활 환경에서 음악적·동작적·가작적·미술적 요소에 관련된 현상이나 사물을 흥미롭게 보며 집중하여 탐색하도록 한다. '예술적 표현'에서는 영유아가 음악·움직임·모방·미술 경험을 마음껏 시도하고 표현하며 자유롭게 즐기도록 한다. '예술 감상'에서는 친근한 소리나 노래, 아름다운 사물이나 환경, 춤·극놀이·미술작품을 즐기며 생활에서 예술에 대해 지속적으로 흥미를 가지도록 한다.

(2) 수준별 내용

<table>
<tr><th>내용 범주</th><th>내 용</th><th>1 수준</th><th>2 수준</th></tr>
<tr><td rowspan="2">심미적 탐색</td><td rowspan="2">주변 환경의 예술적 요소 탐색하기</td><td colspan="2">주변 환경에서 나는 다양한 소리와 움직임을 탐색한다.</td></tr>
<tr><td colspan="2">주변 환경에서 미술적 요소(색, 질감, 형태)를 탐색한다.</td></tr>
<tr><td rowspan="6">예술적 표현</td><td rowspan="3">리듬 있는 소리, 노래, 춤으로 표현하기</td><td colspan="2">신체, 악기, 사물을 이용하여 간단한 리듬과 소리를 만든다.</td></tr>
<tr><td colspan="2">친근한 노래를 즐겨 부른다.</td></tr>
<tr><td>노래나 리듬에 맞춰 춤추기를 즐긴다.</td><td>간단한 도구를 이용하여 몸 움직이기를 한다.</td></tr>
<tr><td>모방과 단순한 가작놀이하기</td><td>모방 행동을 놀이처럼 즐긴다.</td><td>일상생활에서 경험한 단순한 가작화 놀이를 즐긴다.</td></tr>
<tr><td rowspan="2">단순한 미술활동 즐기기</td><td colspan="2">그리기와 단순한 만들기를 자발적으로 한다.</td></tr>
<tr><td colspan="2">풀 등 미술재료와 도구를 다룬다.</td></tr>
<tr><td rowspan="2">예술 감상</td><td rowspan="2">주변 환경의 예술적 요소에 관심 갖고 즐기기</td><td colspan="2">자연과 생활의 소리나 움직임, 친근한 음악과 춤을 관심 있게 보고 듣는다.</td></tr>
<tr><td colspan="2">자연과 사물에서 미술적 요소(색, 질감)에 관심을 가지고 즐겨 본다.</td></tr>
</table>

다. 만 3~5세

(1) 목표

자연이나 생활, 예술작품에서 아름다움을 발견하고 음악, 움직임, 극놀이, 미술 활동에 적극적으로 참여하는 것을 즐겨 다양한 방법으로 자신의 생각과 느낌을 표현하며, 우리나라의 전통예술을 자연스럽게 경험한다.

① 음악, 춤과 움직임, 극놀이, 미술의 다양한 예술적 요소에 관심을 가지고 자유롭게 탐색한다.

② 노래, 리듬, 움직임, 극놀이, 미술활동에 즐겁게 참여하며 창의적으로 자신의 생각과 느낌을 표현한다.

③ 음악, 춤, 극놀이나 미술작품을 듣고 보는 것을 즐기며 아름다움을 느낀다.

(2) 수준별 내용

<table>
<tr><th>내용 범주</th><th>내 용</th><th>1 수준</th><th>2 수준</th><th>3 수준</th></tr>
<tr><td>심미적 탐색</td><td>음악적 요소 탐색하기</td><td colspan="2">음악적 요소(강약, 속도, 리듬)에 관심을 가지고 다양한 소리, 악기, 음악을 탐색한다.</td><td>음악적 요소(멜로디, 장단)에 관심을 가지고, 다양한 소리, 악</td></tr>
</table>

<table>
<tr><th>내용 범주</th><th>내 용</th><th>1 수준</th><th>2 수준</th><th>3 수준</th></tr>
<tr><td rowspan="5">심미적 탐색</td><td></td><td colspan="2"></td><td>기, 음악을 탐색한다.</td></tr>
<tr><td>움직임과 춤 탐색하기</td><td colspan="2">움직임과 춤에 관심을 가지고 탐색한다.</td><td>움직임과 춤의 요소를 탐색한다.</td></tr>
<tr><td>가작화 요소 탐색하기</td><td>가상적 움직임과 목소리를 탐색한다.</td><td>역할, 사물, 행동이나 상황 등 가작화 요소를 탐색한다.</td><td>관객, 배우, 무대 등 극놀이의 기본적인 요소를 탐색한다.</td></tr>
<tr><td rowspan="2">미술적 요소 탐색하기</td><td colspan="3">자연과 사물에서 미술적 요소(색, 크기, 질감, 형태, 공간)를 적극적으로 탐색한다.</td></tr>
<tr><td>여러 가지 재료와 도구를 자유롭게 탐색한다.</td><td colspan="2">여러 상황에 필요한 재료와 도구를 적절하게 선택한다.</td></tr>
<tr><td rowspan="13">예술적 표현</td><td rowspan="2">리듬 만들기</td><td colspan="2">목소리나 신체, 여러 자료를 이용하여 다양한 소리(속도, 리듬, 셈여림)를 만든다.</td><td>즉흥적으로 리듬과 음악을 만든다.</td></tr>
<tr><td>리듬악기를 이용하여 간단한 리듬을 만든다.</td><td colspan="2">노래에 맞추어 리듬악기를 연주한다.</td></tr>
<tr><td rowspan="2">노래 부르기</td><td>간단한 노래를 듣고 따라 부른다.</td><td>노래를 여러 가지 방법으로 부른다.</td><td>자신의 생각과 느낌을 노래로 표현한다.</td></tr>
<tr><td colspan="3">전래동요를 즐겨 부르며 이와 관련된 놀이를 한다.</td></tr>
<tr><td rowspan="2">춤으로 표현하기</td><td colspan="2">다양한 자극에 대해 느낀 것을 춤이나 움직임으로 자유롭게 표현한다.</td><td>간단한 춤을 만들어서 표현한다.</td></tr>
<tr><td colspan="3">도구를 활용하여 움직임을 창의적으로 표현한다.</td></tr>
<tr><td rowspan="2">극놀이로 표현하기</td><td>일상생활에서 경험한 내용의 역할놀이에 참여한다.</td><td>다양한 역할, 사물, 행동, 상황이 설정된 극놀이에 참여한다.</td><td>사전계획을 세워 협동적으로 극놀이를 한다.</td></tr>
<tr><td>간단한 이야기나 상상한 것을 극화해 본다.</td><td>소품, 배경, 의상 등을 사용하여 극놀이를 한다.</td><td>음악, 미술, 춤을 극놀이에 활용한다.</td></tr>
<tr><td rowspan="3">미술활동 즐기기</td><td colspan="3">미술 활동으로 자신의 생각과 느낌을 독창적으로 표현한다.</td></tr>
<tr><td></td><td colspan="2">미술활동작품을 활용하는 경험을 즐긴다.</td></tr>
<tr><td></td><td colspan="2">협동적인 미술활동에 참여하여 즐긴다.</td></tr>
<tr><td>여러 가지 미술재료 사용하기</td><td>미술 재료와 도구를 적절히 사용한다.</td><td colspan="2">미술 재료와 도구를 다양하게 사용한다.</td></tr>
<tr><td>통합적으로 표현하기</td><td colspan="3">다양한 소재에 대해 음악, 움직임, 미술, 극 놀이를 통합하여 표현한다.</td></tr>
<tr><td>예술</td><td>음악 감상하기</td><td colspan="2">여러 종류의 음악을 듣고 즐긴다.</td><td>좋아하는 음악을 집중하여 듣는다.</td></tr>
</table>

내용 범주	내 용	1 수준	2 수준	3 수준
감상·예술 감상			음악을 듣고 자신의 생각과 느낌을 이야기 한다.	
	춤 감상하기	친근한 여러 종류의 춤을 보고 즐긴다.		
				여러 종류의 춤을 보고 생각과 느낌을 서로 이야기 한다.
	극 놀이 감상하기	극 놀이를 보고 즐긴다.		극 놀이를 보고 생각과 느낌을 서로 나눈다.
	미술작품 감상하기	자연과 사물의 아름다움을 느낀다.	다양한 자연, 사물, 미술작품을 접하고 생각과 느낌을 서로 나눈다.	
		자신과 다른 사람의 미술작품을 소중히 다룬다.		
		우리나라의 전통예술에 관심을 갖고 친숙해진다.		
				다른 문화의 미술작품에 관심을 가진다.

제 3 장 평가

보육과정에 대한 평가는 보육 목표의 달성 정도, 보육 내용과 교수학습 방법의 적절성 등에 대한 정보를 제공하며, 영유아의 발달 및 성취 정도를 알려준다. 따라서 보육시설은 보육과정에 대한 정기적인 평가를 통해 보육의 질적 수준을 향상시키고 영유아의 전반적인 발달 수준을 파악하도록 한다.

평가는 보육과정 평가와 영유아 평가로 이루어지며 보육과정의 목표와 내용을 준거로 한다.

가. 보육과정에 대한 평가

(1) 보육과정의 질 관리를 위하여 각 보육시설에서 주기적으로 보육과정 구성과 운영에 관한 적절성과 실효성을 평가한다.

(2) 보육과정의 모든 내용을 포괄적으로 포함하여 평가한다.

(3) 영유아의 발달수준, 흥미, 요구에 적합한 경험 및 학습을 촉진할 수 있는 다양한 활동과 교수학습 방법이 계획되고 통합적으로 운영되는지를 평가한다.

(4) 평가 결과는 다음 년도의 효율적인 보육과정 수립 및 운영에 반영한다.

나. 영유아에 대한 평가

(1) 영유아의 전반적인 발달 특성과 정도를 평가한다.

(2) 영유아의 성장 변화를 질적이고 종합적으로 기술하되 총체적으로 평가한다.

(3) 관찰기록, 작품분석, 부모면담 등 다양한 평가 방법을 사용하여 영유아 자신 뿐 아니라 영유아를 둘러싼 총체적 환경을 포함하여 평가한다.

(4) 평가결과는 영유아의 전인적인 성장, 생활기록부 작성, 학부모와의 면담자료로 활용한다.

참고문헌

강봉규, 『교육학』, 서울 : 형설출판사, 1999.
강재태 외, 『교육사회학』, 서울 : 교육과학사, 2009.
고문숙 외 , 『유아교과교육론』, 서울 : 창지사, 2007.
곽병선, 『교육과정』, 서울 : 배영사, 1983.
교육과학기술부, 『유치원 교육 과정 해설 Ⅰ』, 2008.
교육과학기술부, 『유치원 교육 과정 해설 Ⅱ』, 2008.
교육부, 『국민학교 교육과정』, 교육부 고시 제1992-16호, 1992.
교육부, 『중학교 교육과정』, 교육부 고시 제1992-11호, 1992.
교육부, 『고등학교 교육과정(1)』, 교육부 고시 제1992-19호, 1992.
교육부, 『사회과 교육 과정』, 교육부 고시 제1997-15호(별책 7), 1997.
교육인적자원부, 『사회과 교육 과정』, 교육부 고시 제2007-79호(별책 7), 2007.
교육인적자원부, 『초 · 중등 교육 과정』, 교육부 고시 제2007-79호, 2007.
교육인적자원부, 『유치원 교육 과정』, 교육부 고시 제2007-153호, 2007.
권건일, 『실기교육방법론』, 서울 : 공동체, 2006.
권대훈, 『교육심리학의 이론과 실제』, 서울 : 학지사, 2007.
권민균 외, 『아동발달』, 서울 : 창지사, 2006.
권오정, "사회과와 사회과학" 『한국의 사회과교육』, 한국사회과교육회, 1987.
권오훈, "사회통합과 시민운동의 역할," 『민족 지성』, 1991.
권재원 · 권성민, 『교육심리학』, 서울 : 형설출판사, 2000.
김경배 · 김재건 · 이홍숙, 『교과교육론』, 서울 : 학지사, 2006.
김경배 · 김재건 · 이홍숙, 『교육과정과 교육평가』, 서울 : 학지사, 2009.
김규수 · 고정곤, 『유아사회교육』, 서울 : 양서원, 2005.
김봉화 · 김봉진, 『교육과정 및 교육평가』, 서울 : 형설출판사, 1999.
김수천, 『J. Dewey의 교과관 연구』, 서울대학교 대학원 박사학위논문.
김영채, 『측정 · 평가 총론』, 서울 : 교육과학사, 1986.
김정환 · 강선보, 『교육학개론』, 서울 : 박영사, 1997.
김태련외, 『발달심리학』, 서울 : 학지사, 2004.
김학수, 『현대교수-학습론』, 서울 : 교육과학사, 1983.
김헌수, 『교과교육의 이론과 실제』, 서울 : 동문사, 2007.
김호권 · 이돈희 · 이홍우, 『현대교육과정론』, 서울 : 교육출판사, 1982.
김호권 외, 『현대교수이론』, 서울 : 교육출판사, 1987.
김종철, 『교육행정의 이론과 실제』, 서울 : 교육과학사, 1985.
도덕교육연구회, 『도덕과 교육』, 서울 : 형설출판사, 1987.

문용린, 『도덕과 교육』, 서울 : 갑을출판사, 1988.
박순이 · 최국남, 『교사를 위한 유아사회교육』, 서울 : 창지사, 1996.
박양조 · 박희숙, 『실기교육방법론』, 서울 : 형설출판사, 1997.
박재문, 『구조주의 인식론에 비추어 본 브루너의 지식의 구조』, 서울대학교 대학원 박사학위 논문.
서울대학교 교육연구소편, 『교육학 용어사전』, 서울 : 도서출판 하우, 1994.
서유헌, 『천재아이를 원한다면 따뜻한 부모가 되라』, 서울 : 문학과 의식, 2001.
손인수, 『교육사교육철학연구』, 서울 : 문음사, 1985.
송명자, 『발달심리학』, 서울 : 학지사, 1995.
신정현 · 신용철 · 권오정, 『민주시민 교육론』, 서울 : 탐구당, 1987.
우수경외, 『유아교과교육론』, 서울 : 창지사, 2009.
유봉호, 정영극, 『교육과정 교육평가』, 서울 : 교육연구사, 1996.
윤기영외, 『유아교육실습지도서』, 서울 : 양서원, 2006.
윤덕중, 『최신사회학』, 서울 : 형설출판사, 1987.
윤덕중, 『현대사회학』, 서울 : 형설출판사, 1994.
이경섭, 『현대교육과정론』, 서울 : 형설출판사, 1974.
이경섭 역, 『최신교육과정』, 서울 : 교육과학사, 1987.
이경영, 『유아를 위한 사회교육』, 서울 : 교육과학사, 1997.
이돈희, 『교과교육학 탐구』, 서울 : 교육과학사, 1998.
이무근 · 김재식 · 김판욱, 『실기교육방법론』, 서울 : 교육과학사, 2000.
이영자 · 유효순 · 이정욱, 『주제중심의 통합적 접근방법에 의한 유아사회교육』, 서울 : 교문사, 2001.
이은화 · 김영옥, 『유아사회교육』, 서울 : 양서원, 2008.
이주한, 『교육의 역사와 철학의 탐구』, 서울 : 창지사, 2007.
이홍우, 『원리는 가르칠 수 있는가』, 한국교육학회, 교육학연구, 제17권 제1호, 1979.
임광명, 『교양교육학개론』, 서울 : 형설출판사, 2003.
임창재, 『교육학의 이해』, 서울 : 형설출판사, 1997.
장찬익, 『칸트의 교육사상』, 서울 : 배영사, 1968.
장혜순, 『유아사회교육의 이론과 실제』, 서울 : 창지사, 2007.
전남련, 『보육실습의 이론과 실제』, 서울 : 양서원, 2006.
전영국 외, 『교육과학과 교과교육의 실제』, 서울 : 교육과학사, 2003.
전예화 외, 『유아사회교육』, 서울 : 양서원, 2006.
정세구, 『탐구수업』, 서울 : 배영사, 1986.
정옥분, 『아동발달의 이론』, 서울 : 학지사, 2003.
정용부 · 오성숙, 『교과교재연구 및 지도법』, 서울 : 학지사, 2007.
정원식 · 이상로 · 이성진, 『현대교육심리학』, 서울 : 교육출판사, 1984.
정태위 역, 『삐아제의 인지 발달론』, 서울 : 배영사, 1986.

and Kegan Paul, 1965.

Hirst P. H. *The Logical and Psychological Aspect of Teaching a Subject*, R. S. Peters(ed). *The Concept of Education*, London : Routledge and Kegan Paul, 1967.

Hirst, P. H. *Knowledge and Curriculum*. London : Routledge and Kegan Paul, 1974.

Hirst, P. H. & Peters, R. S. *The Logic of Education*. London : Routledge & Kegan Paul, 1970.

Ingram, J. B., Curriculum Integration and Lifelong Education, Paris : UNESCO, 1979, 배진수 · 이영만 공역, 『교육과정 통합과 평생교육』, 서울 : 학지사, 1996.

John, Phillips, *The Origin of Intellect : Piaget theory*, Sanfrancisco : W. H. Freeman & W, 1969.

Kirschenbaum, H. Simon, S. Eds., "Beyond Values Clarification," *Readings in Values Clarification*, Minneapolis : Winston Press, 1973.

Kirschenbaum, Howard, "Clarifying Values Clarification : Some Theoretical Issues," in *Moral Education : It Comes with the Territory*, D. Purpel and K. Ryan, Eds. Berkeley, Calf. : McCutchan, 1976.

Kohlberg, L., "Moral Education in Schools," *School Review*, Spring, 1966.

Kohlberg, L., *The Psychology of Moral Development*, 1966 ; 김민남, 진미숙 역, 도덕 발달의 심리학, 서울 : 교육과학사, 2001.

Kolesnik, Walter B., *Mental Discipline in Modern Education*, Univ. of Wisconsin Presss, 1962.

Kopp, C. B., The Growth of self-regulation : Caregivers and Children, In N. Eisenberg (Ed.) *Contemporary topics in developmental psychology*, N. Y. : Wiley, 1987.

Krathwohl, D. R., Bloom, B. S. & Masia, B. B., *Taxonomy of Educational Objectives, Handbook II : Affective Domain*, New York : David McKay, 1964.

Lawrence, Gordon D., *Analysis of Teacher-Made Tests in Social Studies According to the Taxonomy of Educational Objective*, Claremont, Calif.: Claremont Colleges, 1963.

Levin, H. M., *A new model of school effectiveness : A report on recent research on pupil achievement*, Stanford, Calif : Stanford University, Stanford Center for Research and Development on Teaching, 1970.

Lewis, M., Alessandri, S. M., & Sullivan, M. W., Violation of Expectancy, Loss of Control and Anger Expression in young infants, *Developmental Psychology*, 26, 1990, 745-751.

Light, R. J. & Smith, P. V., *A methodological inquiry, Harvard Educational Review*, 1969.

Maccoby, E. E., *Social Development*, San Diego, C. A. : Hartcourt Brace Jovanovich, 1980.

Mager, Robert F., *Preparing Instructional Objectives*, Palo Alto, California : Fearon Publishers, 1962.

Main, M and Solomon, J., "Procedures for identifying infants as disorganised/disoriented during the Ainsworth Strange Situation". M.T. Greenberg, D. Cicchetti and E.M. Cummings (eds) Attachment in the Preschool Years. Chicago, University of Chicago Press, 1990, pp. 121 - 160.

Mallick, S. K., & McCandless, B. R., A Study of catharsis on Aggression, *Journal of Biosocial Science*, 2, 1996, 213-226.

Metcaff, L. E. ed., *Values Education : Rationale, Strategies, and Procedures*, 41st Yearbook, NCSS, 1971.

McDill, Edward and Rigsby Leo, *The Academic Impact for Educational Climates : Structure and Process in Secondary Schools*, Baltimore : The Johns Hopkins University Press, 1973

McNeil, J. D., *Curriculum : A Comprehensive Introduction*, Boston : Little, Brown and Company, 1977.

Mead, G. H., Mind, Self and Society, Chicago : University of Chicago Press, 1934.

Minar, D. W. & Greer, S. *The Concept of Community: Readings with Interpretations*. Chicago : Aldine Publishing Co.,1969.

Miner, H. M. "Community-Society Continua," *International Encyclopaedia of Social Science*. vol. 3, New York : Macmillan, 1968, pp. 174-180

Mischel, H. N., & Mischel, W., The Development of Children's Knowledge of Self-control Strategies, *Developmental Psychology*, 54, 1983, 603-619.

Nisbet, R. A. *The Quest For Community*. New York : Oxford Univ. Press, 1969.

Nisbet, R. A. *The Sociological Tradition*. New York : Basic Book,Inc., Publishers, 1966.

Owens, L., *The International Encyclopedia of Teaching and Teacher Education*, Great Britain : Wheaton & Co., 1986, pp. 345-347.

Persell, C. H. Education and inequality : A theoretical and empirical synthesis, N. Y. : The Free Press, 1977.

Phenix, P. H. *Realms of Meaning*. N. Y. : McGraw-Hill Book Co., 1964.

Piaget, J., *The Construction of Reality in Child*, New York : Basic Books, 1954.

Poplin Dennis E. communities: *A Survey of Theories and Methods of Research* New York : Macmillan Co., 1979.

Polsby, Nelson W. "The Study of Community Power, "*International Encyclopaedia of Social Science*. vol. 3 New York : Macmillan, 1968, pp. 157-162.

Raths, L. Harmin, M. & Simon, S., *Values and Teaching*, 2d ed. Columbus, Ohio : Charles E. Merrill, 1978.

Rogers, C. R., *Client-Centered Therapy*, Boston : Houghton Mifflin Co., 1993.

Rosentha, K. & Jacobson, L. *Pygmalion in the Classroom*, N. Y. : Holt, Rinhart and Winston, 1968.

Santrock, J. W., *A Topical Approach to Life-Span Development*, New York, NY: The McGraw-Hill Companies, 2008.

Schaffer, D. R., *Social and Personality Development* (4th ed.), Belmont, C. A. : Wadsworth, 2000.

Schaffer, H. R., & Emerson, P. E., The Development of Social Attachments in Infancy, *Monographs of Society for Research in Child Development*, 29, 1964.

Simon, S., Howe, L. W., Kirschenbaum, H., *Values Clarification : A Handbook of Practical Strategies for Teachers and Students*, New York : Hart, 1972.

Spady, W. G., "The Impact of School Resources on Student," in F. M. Kerlinger(eds), *Review of Research in Education I*, Itasca : Peacock, 1973.

Sussman, M. B. Ed. *Community Structure and Analysis*. N. Y. : Crowell, 1959.

Tanck, Marlin L., "Teaching Concept, Generalization and Constructs," *In the Social Studies Curriculum Development*. D. M. Fraser. NCSS, 39th Yearbook, pp. 99-138, 1969.

Taylor, Ralph. "An Assessment: The Edge of the Future," *The Social Studies: Curriculum Proposals for the Future*.(Edited by G. Wesley Sowards.) Palo Alto, Calif.: Scott, Foresman and Co., 1963.

Tyler, R. W., "Educability and the Schools,", *The Elementary School*, Journal, 1948.

Tyler R. W., *Curriculum Development in the Twenties and Thirties*, R. M. Mcclure(ed), The Curriculum : Retrospect and prospect, 70th year book, part 1, NSSE, 1971.

Vasta, R., Haith, M. M., & Miller, S. A., Child Psychology : The Modern Science, N. Y. : John Wiley & Sons, 1992.

Walker, L. J., "Cognitive and Perspective-Taking Prerequisites for Moral Development," *Child Development*, 51, 1980.

Warren, R. L. *The Community in America*. 2nd Chicago : Rand McNally & 1972.

Zahn-Waxler, C., Radke-Yarrow, M., Wagner, E., & Chapman, M., Development of Concern for Others, *Developmental Psychology*, 28, 1992, 126-136.

찾아보기

[저자 약력]

경북대학교 사범대학 일반사회교육과 졸업
한국교원대학교 대학원 일반사회교육과 석사
한국교원대학교 대학원 일반사회교육과 사회과교육학 박사
한국교원대학교 대학원 강사
대구교육대학교 대학원 강사
부산대학교 사범대학 일반사회교육과 강사
경북교육연수원 교육연구사
현 경북도립대학 교수

〈주요 논문〉
공동체형성논리에서 본 사회통합교육
Durkheim의 교육론적 시각에서 본 사회과 교육
문제해결학습을 통한 시민성 함양
시민성교육의 본질로서의 사회통합교육
가치교육의 단계적 접근
전통윤리의 본질과 현대사회의 통합
공동체형성의 논리
공동체참여와 시민성교육
교육의 본질과 두뇌발달단계에 따른 교육
사회과교육의 목표로서의 민주시민성
민주시민성교육의 단계적 전략
민주시민성 교육과정 속에서의 민주주의 교육
가치화의 과정과 가치교육의 문제
사회과 지적영역 목표별 발문법
외 논문 다수

〈주요 저서〉
『윤리의 본질과 직업윤리』(형설출판사, 2003)
『교육학의 이해』(형설출판사, 2005)
『실기교육방법론』(도서출판 협신사, 2007)
『교과교육론』(청목출판사, 2010)

유아사회과교육

2011년 6월 1일 초판인쇄
2011년 6월 10일 초판발행

저 자 추 정 훈
발행인 유 성 열
발행처 **청목출판사**
서울특별시 영등포구 신길로 40-20
전화 (02) 849-6157(代) · 2820
FAX (02) 849-0817
등록 제318-1994-000090호

파본은 바꾸어 드립니다. 값 25,000원

http : //www.chongmok.co.kr

ISBN 978-89-5565-412-7